SCHÄFFER
POESCHEL

Roswita Königswieser
Marion Keil (Hrsg.)

Das Feuer großer Gruppen

*Konzepte,
Designs,
Praxisbeispiele
für
Großveranstaltungen*

2008
Schäffer-Poeschel Verlag Stuttgart

Bibliografische Information der Deutschen Nationalbibliothek
Die Deutsche Nationalbibliothek verzeichnet diese Publikation in der
Deutschen Nationalbibliografie; detaillierte bibliografische Daten sind
im Internet über http://dnb.d-nb.de abrufbar.

Gedruckt auf chlorfrei gebleichtem, säurefreiem und alterungsbeständigem Papier.

ISBN 978-3-7910-3043-2

Dieses Werk einschließlich aller seiner Teile ist urheberrechtlich geschützt.
Jede Verwertung außerhalb der engen Grenzen des Urheberrechtsgesetzes
ist ohne Zustimmung des Verlages unzulässig und strafbar. Das gilt insbesondere
für Vervielfältigungen, Übersetzungen, Mikroverfilmungen und die
Einspeicherung und Verarbeitung in elektronischen Systemen.

© J. G. Cotta´sche Buchhandlung Nachfolger GmbH, gegr. 1659, Stuttgart 2000.
Ab Oktober 2008 Schäffer-Poeschel Verlag für Wirtschaft · Steuern · Recht GmbH
2. Auflage
© 2008 Schäffer-Poeschel Verlag für Wirtschaft · Steuern · Recht GmbH
www.schaeffer-poeschel.de
info@schaeffer-poeschel.de

Einbandgestaltung: Dietrich Ebert, Reutlingen
Satz: Typomedia Satztechnik GmbH, Ostfildern
Druck und Bindung: Kösel, Krugzell · www.koeselbuch.de
Printed in Germany
September 2008

Schäffer-Poeschel Verlag Stuttgart
Ein Tochterunternehmen der Verlagsgruppe Handelsblatt

Inhalt

Einleitung *(Roswita Königswieser, Marion Keil)* 9

Teil I: Theorie

1. Unterwegs auf einem schmalen Grat: Großgruppen in Veränderungsprozessen *(Frank Boos, Roswita Königswieser)* 17
2. Das Feuer von Großgruppen *(Roswita Königswieser)* 30
3. Reflexionen zum Thema *Massen und faschistoide Phänomene* und zur Organisation von Großgruppen *(Peter Heintel)* 45
4. Bewußtes und Unbewußtes in Großgruppen. Einige theoretische Überlegungen *(Anton Obholzer, Sholom Glouberman)* 62
5. Die psychoanalytische Großgruppe *(Josef Shaked)* 77
6. Eine neue Geschichte erzählen: Spirit, Mythen, Großgruppen-Interventionen und liturgische Systeme *(Matthias zur Bonsen)* 85
7. Rituale und Systeme für Großgruppen in der kirchlichen Tradition *(Hanna Zapp)* 100
8. Die räumliche Dimension in Beratungsprozessen *(Richard Hummelbrunner, Klaus Jürgen Hütten, Joana Rabitsch, Roger Wüst, Hanna Zapp)* 114

Teil II: Ansätze in der Großgruppenarbeit

9. Zukunftskonferenz: Die gemeinsame Basis finden und handeln *(Marvin Weisbord, Sandra Janoff)* 129
10. Open Space Technology *(Katrina Petri)* 146
11. Der Zukunftsgipfel – Appreciative Inquiry Summit – ist der nächste Schritt der Evolution in der Arbeit mit großen Gruppen *(Walter Bruck, Susanne Weber)* 164
12. Community Building: Die Erforschung persönlicher Zwischenräume *(Jerry Hampton)* 179
13. Der Organisationsworkshop-Ansatz: Eine Großgruppenintervention für die Arbeit mit Basisgruppen *(Isabel und Ivan Labra)* .. 196
14. Künstlerische Intervention in Großgruppen *(Ursula Gerber, Ebru Sonuc, Michael Wimmer)* 208
15. MUT – Maßgeschneidertes UnternehmensTheater *(Walter Kosar)* 218

Teil III: Berichte aus der Praxis

16 RTSC-Konferenz des Internationalen Postzentrums der Deutschen Post AG am Flughafen Frankfurt am Main *(Peter Bauer, Matthias zur Bonsen)* 227

17 Die „ver-rückte" Belegschaft. Schneller Wandel mit dem Großgruppen-Ansatz RTSC *(Hans-Jürgen Krieg, Werner Pfeifer)* 233

18 *Der Markt der Märkte* oder *Das Managementtreffen als Prozeß (Alexander Exner)* 246

19 Von Einzelkämpfern zum virtuellen Unternehmen *(Alexander Doujak, Thomas Endres)* 258

20 Bildungsprozesse als dynamisierende Faktoren. Ein Beispiel aus steirischen Gemeinden *(Grete Dorner)* 269

21 Großgruppen-Soziometrie zusammen mit Future Search und Open Space im Rahmen der Bestandsaufnahme einer Integrierten Gesamtschule *(Rainer Bosselmann)* 281

22 Eine Zukunftskonferenz für eine ganze Region. Die Region Burgwald – eine Grenzregion und eine Region der Grenzen auf dem Weg zu einer gemeinsamen Identität *(Peter Bauer)* 288

23 Kirchen lernen gemeinsam, um sich zu verändern *(Marion Keil, Michael Sande)* 294

24 Nationale Reflexion über Erneuerung und Entwicklungserfahrungen sozialer Organisationen in Indien *(Marion Keil)* 300

25 Eine Reise zwischen asiatischen und europäischen Welten – das etwas andere Symposium *(Christine Lixl, Ulrich Königswieser)* 306

26 Durch den Wandel führen – Herausforderung für das Management. Eine Großveranstaltung zum Thema *Führung* bei einem Großunternehmen der Stahlbranche *(Uwe Cichy)* 323

27 Auf dem Weg zum Klassenbesten *(Christian Partner)* 329

28 Ungleiche Beteiligung und formale Gleichheit in Entscheidungsprozessen *(Michael Patak, Alfred Zauner)* 343

29 Neues Technologiezentrum *(Barbara Klipstein, Uwe Scheutz)* 347

30 Befeuert von 150 Kollegen in den Ruhestand *(Jakob Iwanowitsch)* 355

31 Ein Zukunftsgipfel – Appreciative Inquiry Summit – für die innere und äußere Neuausrichtung bei Syntegra in den Niederlanden *(Walter Bruck, Maarten Thissen)* 370

32 Interview mit Filippo Leutenegger *(Roswita Königswieser)* 377

33 Zukunftskonferenz Personalentwicklung der swb AG Bremen *(Marion Keil, Gisela Kolaska)* 381

34 Den Wandel gestalten mit Großveranstaltungen bei der swb AG – Veränderungsprozesse symbolisieren und vertiefen *(Marion Keil, Roswita Königswieser)* 387

Teil IV: Erfahrungen

35 Vom „Kaninchen vor der Schlange" zum professionellen Anbieter. Großveranstaltungen in der swb AG *(Monika Holleck)* 405
36 In der Vorbereitung liegt die Crux *(Marion Keil)* 410

Herausgeber und Autoren. 419
Register 435

Einleitung

Roswita Königswieser, Marion Keil

Wir – die Herausgeberinnen – sind Organisationsberaterinnen und seit Jahren in ein Netzwerk systemischer Berater eingebunden. Großveranstaltungen haben für uns seit geraumer Zeit einen hohen Stellenwert, und zwar als hochwirksame Intervention bei Veränderungsprozessen, in denen es auch um einen kollektiven Einstellungswandel geht.

Bereits meine ersten Großgruppenerfahrungen – vor Jahren an der Wiener Universität – waren für mich (Roswita Königswieser) sehr beeindruckend. Gruppendynamik – in Kleingruppen, zwischen Gruppen und in Großgruppen – zählte für mich seit Beginn meiner Laufbahn zu den Interventionsstandards von Organisationsberatern.

Ich erinnere mich, mit welch gemischten Gefühlen – schwankend zwischen positivem Berührtsein und Angst – ich mich als Teil der Prozesse in Großgruppen erlebte. Ich verstand die starken archaischen Emotionen nicht, die ich an mir und anderen beobachtete. Ich spürte große Freude und besonderen Gleichklang, wenn ein Teilnehmer mutig ein heikles Thema ansprach, ich hatte jedoch Angst, wenn es zu chaotisch wurde. Als Vortragende mußte ich mein Lampenfieber überwinden – meine Scheu, vor vielen Menschen aufzutreten, laut zu sprechen. Ich erinnere mich an eine Situation, in der ich gestreßt beim Flipchart stand und nicht wagte, einer latent aggressiven Stimmung die Stirn zu bieten, mich in den Raum hineinzubewegen. Mich störte auch die Suggestivität von Großgruppen, obwohl mich die dabei auftretende Energie gleichsam elektrisierte. Ich erlebte sie wie Feuer: Wärme spendend, wenn sie unter Kontrolle war, verschlingend, wenn sie außer Kontrolle geriet. Das weckte in mir den Wunsch, mich theoretisch mit diesen Phänomenen auseinanderzusetzen, ich fand aber nur wenig einschlägige Literatur. Heute weiß ich, daß viele wichtige Wurzeln von Großveranstaltungen auf Schulen in den USA zurückgehen, aus denen meine Lehrer kamen. Ich denke an Traugott Lindner und das NTL (National Training Laboratory) oder an den Systemansatz und das Tavistock-Institut (vgl. den ersten Beitrag des Buchs von Boos/ Königswieser). Für uns spielten Großveranstaltungen im Rahmen von Veränderungsprozessen seit jeher eine Rolle, nun aber haben sie einen speziellen, theoriegeleiteten Stellenwert, und zwar seit wir nach dem systemischen Ansatz vorgehen bzw. diesen spezifisch weiterentwickelt haben. Dem Prinzip der Selbstorganisation kommt nämlich in dieser Interventionsform besondere Bedeutung zu.

Ich (Marion Keil) erlebte die Energie von Großgruppen erstmals auf einem Kongreß der *International Organization Development Association* – eines globalen Netzwerks von Organisationsentwicklungsberatern –, der 1992 in Südafrika stattfand. Dort stellte eine südafrikanische Kollegin die *Open Space Technology* vor. Kurz darauf machte ich Bekanntschaft mit der *Zukunftskonferenz* von Marvin Weisbord. In beiden Fällen war mir noch nicht ganz klar, wie es dann konkret vor sich gehen sollte, mit zum Beispiel 70 oder gar 500 Menschen gleichzeitig zu arbeiten. Ich sammelte aber bald einschlägige Erfahrungen: zunächst während einer *Zukunftskonferenz* in einer deutschen Kommune. Bald bot sich eine weitere Gelegenheit – diesmal in Indien, wo ich ein großes Veränderungsprojekt mit Non-Profit-Organisationen, die über den ganzen Subkontinent verstreut waren, begleitete. Speziell in diesem Fall stellte sich bald die Frage, wie die vielen beteiligten Organisationen ihre Erfahrungen untereinander austauschen und dann noch gemeinsam strategische Überlegungen anstellen könnten (der Fall ist in Kap. 24 „Nationale Reflexion über Erneuerung und Entwicklungserfahrungen sozialer Organisationen in Indien" beschrieben). Mit einer Mischung aus *Zukunftskonferenz*, *Real Time Strategic Change* und *Open Space*, was damals an sich sehr ungewöhnlich war – und im speziellen Kontext besonders –, gestalteten wir eine ausgesprochen erfolgreiche dreitägige Veranstaltung.

Nun gab es, was die angewendeten Techniken anbelangt, kein Halten mehr. Wir bedienten uns des Methodenmix oder der standardisierten amerikanischen Methoden in Reinform, und zunehmend auch davon abweichend. Es entwickelten sich ganz neue und jeweils andere Formen – in Deutschland, Kenia, Kamerun. Die Energie, die Motivation und der Drive, die in großen Gruppen entstehen, sind offensichtliche Qualitäten. Daß sich 70 bis 400 Menschen auf eine gemeinsame Aufgabe konzentrieren und gleichzeitig füreinander offen sind, das zählte für mich als Beraterin zu den bisher bereicherndsten Momenten. Natürlich ergaben sich immer mehr Fragen: Wie kann das gehen? Was passiert, wenn Teile des Designs verändert werden? Was passiert in den Kleingruppen während der Großgruppenarbeit? Was bewirkt eine räumliche Veränderung bei der Gruppe? Was ändert sich in anderen kulturellen Kontexten? Wie wirken Regeln in Großgruppen? Wann sind welche Grenzen erreicht? Ich konnte schließlich mit Freude feststellen, daß es noch andere Menschen gibt, die sich diese Fragen stellen. In der Zusammenarbeit mit Roswita Königswieser nahmen wir dann schließlich die fraglichen Aspekte systematisch in Angriff.

In unseren gemeinsamen Veränderungsprojekten erprobten wir verschiedenste Formen von Großgruppenveranstaltungen, und unsere Überzeugung, daß diese Art der Intervention für Veränderungsprozesse in Organisationen unentbehrlich ist, festigte sich immer mehr.

Im weiteren Verlauf wurde vielfach der Wunsch an uns herangetragen,

Einleitung

über dieses Thema zu schreiben. Dies und die Tatsache, daß wir uns selbst auch schon immer gewünscht hatten, entsprechende Literatur zu finden, motivierte uns schließlich, diese Aufgabe auf uns zu nehmen. Den entscheidenden Anstoß gab Marion mit ihrer konkreten Initiative. Hier sei gesagt: Die Arbeit hat Spaß gemacht und uns bereichert.

Wir wollen mit diesem Buch vor allem Veränderungsmanager, Organisationsentwickler sowie Veranstalter von Festen, Events und Veranstaltungen ansprechen. Es soll ein Buch für Praktiker mit Interesse an Theoretischem sein. Wir möchten nicht nur einen Überblick über verschiedene Arten von Großgruppenveranstaltungen geben, sondern auch das Verständnis hinsichtlich der Phänomene in Großgruppen vertiefen; zudem soll der Einblick in praktische Erfahrungen – speziell die Darstellung konkreter Ablaufdesigns – Anregungen und Impulse hinsichtlich individueller Gestaltungsformen bringen.

Als *Großgruppen* definieren wir, grob gesagt, solche Gruppen, die mehr als 30 Personen zählen und in denen die direkte Kommunikation aller mit allen nicht mehr möglich ist. Wir haben bei der Zusammenstellung der Beiträge großen Wert darauf gelegt, daß in ihnen nicht nur die „Schokoladenseite" dieser Interventionskategorie dargestellt wird – also die positive Veränderungsenergie, der schnelle Wandel, das Zutagetreten der Stimmung und des Geistes der Gruppe –, sondern auch die möglichen unerwünschten Nebenwirkungen und Risiken. Wie bei einer Arznei ist große Sorgfalt bei der Dosierung und hohe Professionalität in der Anwendung vonnöten.

Wir meinen, daß Designs und Abläufe theoriegeleitet sein sollten – und der Moderations- und Beratungsprozeß in hohem Maß reflexiv bzw. selbstreflexiv. Als einen Beitrag in diesem Sinn möchten wir dieses Buch verstanden wissen.

Natürlich gibt es nicht *die* Großveranstaltung schlechthin, sondern eine große Vielfalt an Formen und Ausprägungen, wie etwa die *Zukunftskonferenz* oder *Open space*. Wir versuchen zwar, die Breite der Palette zu zeigen, grenzen aber dennoch ganz bewußt verschiedene Großgruppenkontexte aus. Dazu gehören z. B. Fußballspiele, Sektentreffen, therapeutische Großveranstaltungen, Animationsevents oder große Privatfeste. Im Brennpunkt stehen in erster Linie lernende Organisationen bzw. Veränderungsprozesse, in die Großveranstaltungen eingebettet sind.

Aber selbst innerhalb dieser Eingrenzung gibt es immer noch eine Vielzahl unterschiedlichster Großveranstaltungen. Die Auswahl fiel uns entsprechend schwer. Schließlich entschieden wir uns dafür, im theoretischen Teil bestimmte Großgruppenphänomene zu erklären (Obholzer, Heintel, zur Bonsen) und die Hintergründe einiger im deutschsprachigen Raum nicht so bekannter Großgruppeninterventionen, die uns sehr interessant erschienen (Organisationsworkshop, Community Building, Unternehmenstheater), zu beleuchten. Wir wollten zwar auch die gängigen Modelle beschrieben sehen (Zukunftskonferenz, Open Space), aber weit dringlicher noch ganz andere neue Beispiele zeigen. Ein besonderes Anliegen war es uns, das Thema auch aus der Perspektive des Kunden zu beleuchten; also baten wir eine entsprechende Projektgruppe, ihre Eindrücke schriftlich festzuhalten.

Im praxisbezogenen Teil kam es uns vor allem darauf an, die große Bandbreite der derzeit angewandten Großgruppeninterventionen aufzuzeigen – sowohl hinsichtlich der Methoden als auch der Einsatzbereiche: von der Schule bis zur Post, von der Kirche bis zu ABB, von Audi zur Kommune, von Energieunternehmen zu Non-Profit-Organisationen, von Deutschland bis Zimbabwe. Und nicht zuletzt wollten wir auch gewisse Stolpersteine und eher unliebsame Erfahrungen offenlegen.

Es war uns wichtig – zumal es das für den deutschsprachigen Raum bisher nicht gab –, eine Theorie-Praxis-Verzahnung zum Thema *Großgruppen* zu versuchen. Es gibt zwar bereits amerikanische Veröffentlichungen zu diversen Großgruppenmethoden, doch sind diese allzu häufig hauptsächlich detaillierte Beschreibungen der jeweiligen Interventionsmethodik und vernachlässigen die theoretische, analytische Aufarbeitung der dahinterliegenden Phänomene und Konzepte.

Bestimmte Charakteristika beschreiben die Unterschiede innerhalb der Kategorie *Großveranstaltungen* besonders deutlich: Die Veranstaltungen können standardisiert (z. B. Zukunftskonferenz) oder maßgeschneidert sein. Sie können Teil eines Veränderungsprozesses sein oder einmalige Ereignisse darstellen. Sie können stark oder kaum strukturiert angelegt sein, kurz oder lang dauern. Sie können innerhalb einer Organisation oder extern stattfinden.

Natürlich stellen auch die Fallbeschreibungen nur eine Auswahl dar. Es gibt darüber hinaus noch viele Typen von Veranstaltungen, die hier keinen Platz gefunden haben. Dazu gehören solche, die wir selbst geleitet haben – zum Beispiel Begegnungen zwischen Industrie und Universitäten (VA Stahl Linz und Linzer Universität) oder Konfliktmoderationen (z. B. zwischen Ciba-Geigy und Anrainern) –, aber auch solche, von denen wir nur gehört haben, etwa das „Bremer Tabakstreffen", das ritualisiert gestaltet ist, natürlich ohne Berater stattfindet, aber gleichwohl als *Intervention* bezeichnet werden kann.

Ebenso gibt es eine Fülle erprobter Designelemente, die wir hier nicht aufgenommen haben, weil nicht vollständige Auflistung, sondern vielmehr Anregung unser Anspruch ist. An dieser Stelle nur einige Stichworte:

- Wir haben in einem Saal einen sensationellen „Hürdenlauf" inszeniert, der die als Hürdenlauf erlebten Schwierigkeiten, sich im Markt zu positionieren, widerspiegelte.
- Wir haben mit Hunderten von Menschen „Aufstellungen" vorgenommen und so sehr rasch deren jeweilige Position sichtbar gemacht.

- Wir haben erlebt, wie man mit dem Verteilen unterschiedlicher, kleiner Geschenke große Wirkung erzielt;
  - wie mit einfachen Mitteln – z. B. Glaszylinder beim Ausgang, in die beim Weggehen kleine Bälle gegeben werden – ein Zufriedenheitsbarometer erstellt werden kann;
  - welchen Eindruck die Vorführung neuer Produkte, zum Beispiel neuer Automodelle macht;
  - welche Gefühle spontan inszenierte Sketches auslösen können.

Die Liste der Beispiele wäre beliebig fortzusetzen. Uns geht es aber – und das sollen die folgenden Beiträge deutlich machen – um Prinzipielles, um Beispielhaftes, um Mustererkennung.

Ein Charakteristikum von Großveranstaltungen – in dem von uns definierten Sinn – ist es, daß sie eine große Zahl von Menschen in einem Raum versammeln. Hier können diese am unternehmerischen Geschehen teilhaben und werden als Akteure ernst genommen. Großveranstaltungen ermöglichen es Menschen, die dies für gewöhnlich nicht tun, auch einmal ins Rampenlicht zu treten, und zwingen die Führung zu transparenter Information. Hier kann eine große Anzahl von Mitarbeitern in Visionsbildungsarbeit oder strategische Entscheidungsfindung mit einbezogen werden. Die Arbeit an Gruppen-, Unternehmens- und Abteilungsidentitäten ergibt sich fast automatisch. Es geht um das Durchbrechen gewohnter Muster, es geht um das Vermitteln impliziten Wissens, es geht um Energiearbeit.

Wir danken unseren Koautoren für die unkomplizierte und verläßliche Zusammenarbeit und unserer unersetzlichen Lektorin Nora Stuhlpfarrer und Thomas Reichert für die sorgfältige Durchsicht des Manuskripts, Birgit Kwiatkowski für die Übersetzungen.

Roswita Königswieser, Wien   Marion Keil, Rösrath

Teil I

Theorie

1 Unterwegs auf einem schmalen Grat: Großgruppen in Veränderungsprozessen

Frank Boos, Roswita Königswieser

1. Die Wurzeln

Großgruppenveranstaltungen zählen heute zum *state of the art* in anspruchsvollen Veränderungsprojekten. Unternehmen, Kommunen und Berater haben das Potential dieser Methode entdeckt und setzen sie immer häufiger ein. Bei einer ersten Betrachtung gewinnt man den Eindruck, Großgruppen seien etwas Neues, Modernes, erst kürzlich Entwickeltes. Marvin Weisbord hat sie mit seinem Buch *Future Search* (1995) richtig populär gemacht.

Natürlich gibt es Großveranstaltungen seit längerem. Insbesondere im politischen und religiösen Zusammenhang sind sie geschichtlich überliefert. Großveranstaltungen in unserem Sinn unterscheiden sich davon aber grundlegend durch zwei Aspekte: Sie sind – unabhängig von der Anzahl der Teilnehmer – durch Zweiwegkommunikation, das heißt *Face-to-face*-Gespräche, charakterisiert, und sie sind ins Veränderungsvorhaben eingebettet. Selbst wenn wir diese Einschränkungen machen, können wir feststellen, daß die Wurzeln dieser Methode weit zurückreichen (etwa auf Erkenntnisse Lewins aus den 40er Jahren; vgl. Trist & Emery 1960).

Und noch eine zweite Abgrenzung muß gemacht werden: die der Großgruppe von Kleingruppen oder Teams. Ab 30 Teilnehmern sprechen wir von Großgruppen, da zwar noch eine Face-to-face-Kommunikation möglich ist, nicht jedoch die gemeinsame Arbeit an einem Thema und – wichtiger noch – das Nachvollziehen der emotionalen Entwicklung der Großgruppe. Hier können auch für aufmerksame Beobachter unerwartet Veränderungen der Gefühlslage stattfinden, deren Beeinflussung oder gar Kontrolle dann außerordentlich schwerfällt. Der einzelne hat in der Großgruppe eine ganz andere Rolle, der Stellenwert der Beteiligung bzw. Nichtbeteiligung ist viel extremer, weshalb auch gewisse Interventionstechniken, mit denen Krisen in Kleingruppen behoben werden können (z. B. eine kurze Stimmungsabfrage, das sogenannte „Blitzlicht"), in Großgruppen nicht angebracht sind.

Bunker und Alban (1997) haben die Entwicklung der Großgruppeninterventionen aufgezeigt und übersichtlich dargestellt. Die nachfolgende Grafik veranschaulicht, wie drei unterschiedliche Theorietraditionen – die von Kurt Lewin, die Systemtheorie von Ludwig von Bertalanffy sowie Wilfred Bion und jene des Tavistock Instituts – sich unterschiedlich entwickelt und doch gegenseitig beeinflußt haben.

Da wir – von unseren Lehrern vermittelt – einen engen Bezug zu diesen Traditionen haben, liegt es für uns auf der Hand, die mächtige Interventionsarchitektur Großgruppe in unsere Veränderungsprozeßkonzeptionen mit einzubauen.

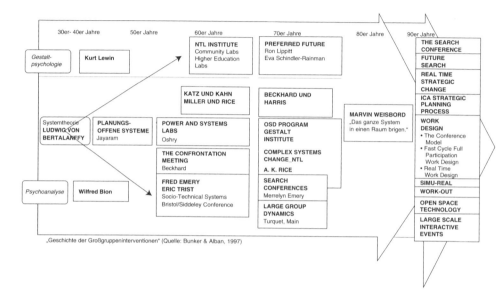

„Geschichte der Großgruppeninterventionen" (Quelle: Bunker & Alban, 1997)

2. Der Veränderungsprozeß als Kontext

In der Tradition dieser drei großen Schulen stehend, sind unsere Großgruppenveranstaltungen keine Firmenfeiern, Betriebsversammlungen oder ähnliches, sondern ein Arbeitsinstrument, um Kommunikation – das „Nadelöhr von Veränderungsprozessen" (D. Baecker) – zu fördern. Unser Fokus ist also die Kommunikation, nicht die Information.

In unserer Arbeit sind Großgruppen immer in Veränderungsprozesse eingebettet, weshalb wir es auch grundsätzlich mit allen für solche Prozesse signifikanten Begleitphänomenen zu tun haben. Das bedeutet, daß man mit großer Verunsicherung, mit Aggression, Kränkung, Widerstand, Trauer und Regressionstendenzen rechnen muß. In dieser hohen Auflading mit Gefühlen liegen die Gefahren, aber gleichzeitig auch die Chancen von Großgruppen.

Ein Beispiel: Ein Unternehmen beschließt, die Kunststoffteilefertigung neu zu positionieren und eventuell auszugliedern. Das Projektteam, welches an Alternativen und deren Erfolgschancen arbeitet, präsentiert seine Ergebnisse in einer Großveranstaltung und erntet einen Sturm der Entrüstung. Die Befürchtungen und Gerüchte, die schon längst in Umlauf waren, finden hier ein Ventil.

Gefühle müssen in einer Großgruppe dieser Form Platz haben – auch wenn in der Organisation alle Angst davor haben –, weil sonst ein Großteil der Teilnehmer zweifach Abwertung erfährt: Zum einen sind die meisten nicht unmittelbar im Projekt oder der Entscheidergruppe – also nicht im Zentrum des Veränderungsprozesses – und haben somit keine Möglichkeit der Mitgestaltung. Wenn sie dann zum andern in der Großgruppe aufgrund des Designs nicht die Möglichkeit eingeräumt bekommen, ihre Ängste und Sorgen zu äußern, werden sie darin bestätigt, nur Objekte in einem fremdgesteuerten Prozeß zu sein. Zugleich ist es jedoch wichtig, diese Unterscheidung – einige machen, gestalten den Veränderungsprozeß, und andere sind davon betroffen und können ihn nur peripher beeinflussen – nicht aufzuheben. Es kann nicht das Ziel sein, alle gleich zu machen, sondern es kommt vielmehr darauf an, einen ehrlichen und adäquaten Umgang mit der Unterscheidung „Wer macht den Prozeß?" und „Wer macht den Prozeß mit?" zu finden. Letztlich geht es um soziale Akzeptanz, um Status und Ansehen, und es ist von hohem Interesse zu sehen, wie andere damit umgehen.

In der Reflexion zu all den Großkonferenzen, die wir selbst durchgeführt, begleitet, beobachtet oder beraten haben, haben sich zwei Elemente – jenseits aller Checklisten und Instrumente – als wesentlich und ausschlaggebend herauskristallisiert: Es gilt, *erstens* die sozialen Elemente (Rang, Zugehörigkeit, Beziehungen etc.) und *zweitens* die Elemente der Reflexion angemessen zu berücksichtigen.

Das heißt, wir sind bestrebt, einen öffentlichen Raum zu schaffen – in der Art eines Wiener Kaffeehauses, in dem man anonym sein kann und trotzdem gesehen wird –, in dem es Zugehörigkeit und Andersartigkeit gibt, in dem es Gute und Böse, in dem es Rituale und Symbole gibt und in dem Wettkampf und sozialer Vergleich stattfinden.

Alle Elemente, die diese menschlichen Grundbedürfnisse berücksichtigen, erzeugen Spannung und erhalten Aufmerksamkeit, während Elemente, die vorprogrammiert sind – wie Vorträge oder auch Berichte aus Arbeitsgruppen – lähmend wirken können. Wir ziehen es vor, lebendige Situationen einzurichten, in denen zum Beispiel Auseinandersetzungen zwischen Untergruppen stattfinden. So konnten im obengenannten Beispiel die Fertigungsmeister der Projektgruppe den Ausverkauf der Produktion und Karriereambitionen vorwerfen, und diese konnte darauf reagieren.

Zu den sozialen Elementen gehört auch die räumliche Symbolik, also die Sitzordnung und die Raumgestaltung im allgemeinen. Hier geht es uns nicht nur um die Möglichkeit der flexiblen Gestaltung, sondern auch um die Sinnlichkeit des Ortes, der eingesetzten Medien, der Musik, der Art und Weise, wie über die räumliche Anordnung Gemeinsamkeit, aber auch Unterschiede sichtbar gemacht werden. Im angeführten Fall zum Beispiel war es ein Fehler, beim Eintreffen der Teilnehmer im Plenarsaal französische Chansons zur Untermalung zu benutzen, weil das Unternehmen von einem französischen Konzern übernommen wurde und dies die angespannte Situation zusätzlich verschärfte.

Die Elemente der Reflexion in Großgruppen sind die zweite, ganz zentrale Notwendigkeit. Durch die geschützte Reflexion in Untergruppen können die Teilnehmer Distanz gewinnen und somit die Sicherheit erlangen, nicht einer neuen raffinierten Manipulationstechnik zu unterliegen. Der „Tratsch" wird nicht auf die Gänge und in die Gerüchteküche verdrängt, sondern ist vielmehr ein wichtiger Bestandteil der Verarbeitung von Veränderungen. Informationen und Fakten können erst richtig verarbeitet und eingeordnet werden, wenn man sie in geschütztem Rahmen bespricht. Dies ist kein hinderlicher, sondern ein notwendiger Bestandteil von Veränderungsprozessen. Latente Themen müssen also nicht ausgegrenzt, sondern sollten im Gegenteil bearbeitet werden.

In unserem Beispiel wurde, nachdem man der ersten Entrüstung Luft gemacht hatte, in Kleingruppen über mögliche Konsequenzen nachgedacht, darüber, welche Vor- und Nachteile die verschiedenen Varianten hätten und welche Handlungsmöglichkeiten offenstünden.

Daß wir der detaillierten Vorbereitung und auch einer Überprüfung der technischen Einrichtungen ausreichend Zeit widmen, soll nicht unerwähnt bleiben. Es ist auch zu einem Standard geworden, die Vorbereitungsgruppe sichtbar werden zu lassen und sie nicht nur zu erwähnen.

Keine andere uns bekannte Interventionsform bietet die Möglichkeiten, die Großgruppen bieten – insbesondere, wenn diese nicht als einmalige Aktionen geplant sind, sondern einen regelmäßigen Bestandteil des gesamten Veränderungsvorhabens bilden. In einem auf diese Weise gestalteten Prozeß entwickelt sich dann auch das Vertrauen, welches notwendig ist, um Verunsicherungen und Orientierungslosigkeit abzubauen. In unseren Veranstaltungen sind daher Kleingruppen elementare Bestandteile der Großgruppe. Kleingruppen, die nach sorgfältig ausgewählten Kriterien zusammengesetzt werden, durchbrechen die Dynamik archaischer Gefühlsströmungen in Großgruppen. Wenn bei der Kleingruppenbildung relevante Kriterien herangezogen werden, dann besteht die Möglichkeit, wichtige Unterschiede sichtbar zu machen und mit diesen zu arbeiten.

3. Warum sind Großveranstaltungen wirkungsvoll?

Das interne Marketing von Veränderungsprozessen ist immer ein Problem. Kleine Gruppen, in denen direkte Kommunikation möglich ist, haben zu wenig Reichweite und erreichen die „kritische Masse" nicht, um in der Organisation über die Veränderungen zu kommunizieren. Unsere Erfahrung zeigt, daß alle Ansätze, die Entscheidungen, Überlegungen und insbesondere Emotionen aus Entscheidungsgruppen, Kernteams und *steering committees* in die Organisation übertragen wollen, nicht wirklich funktionieren. Der hierarchische Weg der Informationsweitergabe hat sich als untauglich erwiesen, weil selbst bei gutem Willen der Beteiligten der notwendige emotionale Bezug nicht vorhanden ist und sich in aller Regel der „Stille-Post-Effekt" einstellt: „Unten" kommt etwas ganz anderes an als „oben" besprochen. Die Informationsweitergabe auf schriftlichem Weg oder via Intranet schließlich leidet darunter, daß sie in der Flut der anderen Mitteilungen und Schriftstücke untergeht. In der Realität trauen die durch viele Veränderungsprojekte erfahrenen Mitarbeiter heute nur noch den verbalen Äußerungen und Erläuterungen bestimmter Personen. Offizielle Informationen, aber auch Gerüchte müssen erschöpfend interpretiert werden, damit sie geglaubt und verstanden werden können. Vertrauen entsteht nicht auf schriftlichem Weg, sondern durch direkte Kommunikation. Schriftstücke können das Verständnis nur absichern und vertiefen.

Um aber Veränderungsimpulse in die Organisation hineinzutragen, ist das interne Marketing – die Kommunikation – der Schlüsselfaktor des Erfolgs. Hier eröffnen gut designte Großgruppenveranstaltungen neue Möglichkeiten, Prozesse plenar selbst mitgestalten zu können: Bei Entscheidungsfindungen dabeigewesen zu sein, die Diskussion live miterlebt zu haben, das vermittelt eine andere Qualität von Verständnis, von Akzeptanz und Glaubwürdigkeit. Viel mehr Menschen bekommen auf diese Weise Information aus erster Hand.

Positive Energie wird besonders dann freigesetzt, wenn zuversichtliche Zukunftsbilder in den Köpfen entstehen, zu einer gemeinsamen Vision werden: wenn die eigenen Wünsche und Sehnsüchte Platz einnehmen dürfen, wenn in der Imagination des gemeinsamen Erfolgs der eigene Beitrag Sinn macht und sich die eigene Energie durch das Kollektiv vervielfacht.

Wichtig sind Authentizität und die Anschlußfähigkeit zu den aktuellen Themen des Unternehmens. Wir grenzen uns in diesem Sinne von Vorgehensweisen ab, die ausschließlich positive Vorstellungen zulassen und nur Gemeinsamkeiten forcieren. Wir meinen, daß auch Sorgen, Ängste und Probleme angesprochen werden sollten, wenn sie die Teilnehmer emotional beschäftigen.

4. Die Balance zwischen den Polen

Trotz aller Stärken von Großveranstaltungen liegen bei keinem anderen Vorgehen Erfolg und Katastrophe so eng beieinander. In Großgruppen hat man es mit starken Polarisierungen zu tun, zwischen denen es eine sensible Balance zu halten gilt. Im folgenden nennen wir jene, bei denen es unserer Erfahrung nach besonders wichtig ist, mit Fingerspitzengefühl zu agieren.

Die Balance von Struktur und Prozeß

Jede gute Großveranstaltung benötigt ein sorgfältig vorbereitetes, ein bis auf fünf Minuten genau geplantes Design. Dieses sollte allen wesentlichen Beteiligten bekannt und mit ihnen vorher durchgegangen worden sein. Trotzdem ist es notwendig, flexibel zu agieren und Spontaneität zuzulassen. So kann aus dem Prozeß heraus etwa ein Kommentar über einen anwesenden Vorstandskollegen zugelassen werden, aber auch die unvorhergesehene Reaktion auf eine Präsentation oder die Frage eines Teilnehmers an den neuen Vorstand: „Was befähigt Sie, diese Aufgabe bei uns zu übernehmen?" Vorkommnisse dieser Art sind das Salz in der Suppe. Sie machen deutlich, daß man ein reales soziales Ereignis miterlebt und sich nicht in einem einstudierten Stück mit fixierten Rollen befindet.

Zu wenig Struktur aber macht angst. Ein Mangel an zeitlicher oder räumlicher Struktur (z. B. Sitzarrangement), an Rollenklarheit (z. B. der Moderatoren) fördert das Zutagetreten chaotischer Massenphänomene, da ohnehin eine starke Tendenz zu Aggression und anderen archaischen Gefühlen vorhanden ist. Zu viel Struktur wiederum reduziert die Lebendigkeit – es herrschen Langeweile, Passivität und Unaufmerksamkeit. Wir kennen das von den üblichen Symposien, Kongressen oder Vortragsveranstaltungen: Man sitzt in Reihen aufgefädelt, die „Musik" spielt von vorne, außer Fragen aus dem Publikum ist kein Kommunikationsprozeß vorgesehen.

„Hand in Hand" mit dem optimalen Verhältnis zwischen Struktur und Prozeß geht auch das Maß an Selbst- und Fremdsteuerung. Im Rahmen von groben Orientierungen selbst Verantwortung zu übernehmen ist unserer Meinung nach der anzustrebende Idealfall.

Die Balance zwischen positiver Zukunfts- und „negativer" Problemorientierung

Großveranstaltungen sind dann besonders energetisierend und zukunftsorientiert, wenn sie Zuversicht vermitteln. Dies allein ist allerdings nicht immer ausreichend. Wenn die Probleme und Ängste der Beteiligten nicht ebenfalls thematisiert werden, besteht die Gefahr, daß die Konferenz zu einer Show gerät oder als Propagandaveranstaltung mißbraucht wird.

Die Teilnehmer erleben es meist als sehr entlastend, wenn sie mit ihren Gefühlen nicht allein sind, ihre Unsicherheiten besprechen können, gemeinsam Problemlösungen finden. Das offene Ansprechen schwieriger Themen – zum Beispiel die Stillegung von Fertigungseinheiten, die Notwendigkeit von Sparmaßnahmen oder die kritische Marktsituation – erhöht die Glaubwürdigkeit enorm.

So wurde zum Beispiel bei einer Großveranstaltung bekanntgegeben, daß innerhalb der nächsten eineinhalb Jahre eine 15prozentige Einsparung an Mitarbeitern geplant war. Anschließend konnte in Kleingruppen der Schock verarbeitet werden, und Mitglieder der Projektgruppe hatten Gelegenheit, bereits vorhandene Lösungsansätze in die Diskussion einzubringen.

Die Balance zwischen Person und Kollektiv
Um Großgruppen von Propagandaveranstaltungen, wie wir sie von totalitären politischen Parteien und Sekten kennen, abzuheben, ist es notwendig, nicht nur die Kraft des Kollektivs spürbar werden zu lassen, sondern auch den Personen – mit ihren individuellen Gedanken und Emotionen – Raum zu lassen.

Das geht nur mit Hilfe von Kommunikationsformen, die diesem Unterschied Rechnung tragen. Diesbezüglich ideal beschaffen sind fixe Gruppen (3 bis 10 Personen), in denen die einzelnen Mitglieder nicht austauschbar sind und als Personen mit ihren Gefühlen, Bedürfnissen und subjektiven Sichtweisen ernst genommen werden. Durch Dialoge in Gruppen, in denen jeder einzelne Gehör findet, werden die massenpsychologischen Phänomene von Großveranstaltungen relativiert bzw. gebrochen. Es entsteht Raum für Unterschiede (innerhalb der Gruppen und zwischen den Gruppen), es ist ausreichend Zeit für Reflexion, für kritische Distanz, für Perspektivenvielfalt vorhanden. Dadurch wird die Bereitschaft, individuell Verantwortung zu übernehmen, stark erhöht.

Es ist wichtig zu wissen, daß kollektive Gefühle, die unterdrückt werden, sich potenzieren. Bei einer Großveranstaltung in einer Schule hatten beispielsweise die Teilnehmer das Gefühl, mit ihren Anliegen nicht ernst genommen zu werden. Die Moderatoren hatten Gruppenarbeit im Plenum vorgeschlagen und wollten weder auf die Fragen noch auf die erhobenen Hände eingehen, was den Unmut der Teilnehmer noch weiter steigerte und zum Ausbruch kommen ließ.

Die Balance zwischen Spannung und Ruhe
Gelungene Großgruppen leben davon, daß alle Beteiligten merken, daß viel auf dem Spiel steht. Trotz aller Planung bleibt Raum für Unvorhergesehenes. Die damit einhergehende Spannung überträgt sich auf alle und sollte mit Phasen der Ruhe und Besinnlichkeit abwechseln.

Wie bei einem schönen Musikstück liegt die Qualität im Wechsel von lauten und leisen, schnellen und langsamen Passagen, von Spannung und Entspannung. Durch das Abwechseln von Aktivitätsphasen (Gruppenarbeiten, Dialoge, Präsentationen) und Ruhephasen (ruhige Einzelarbeiten, Schweigen, Musikhören, Vorlesen einer Kurzgeschichte oder Pausen) wird dramaturgisch und energetisch die Balance zwischen Spannung und Ruhe optimal genutzt.

Anders als bei kleinen Gruppen mit bis zu 25 Teilnehmern sollte man das erhöhte Bedürfnis nach Sicherheit, das die Teilnehmer einer Großveranstaltung haben, berücksichtigen, zum Beispiel indem man zuläßt, daß sie sich zu Beginn neben vertraute Personen setzen.

Die Balance von kognitiven und emotionalen Elementen
Großveranstaltungen im Rahmen von Veränderungsprozessen sollten immer auch einen informativen Teil haben. Ausschließlich auf Begegnungen zu setzen wäre hier zuwenig. Ist der kognitive Teil zu lang, liegt auf Vorträgen das Schwergewicht, wird die emotionale Verarbeitung in die Pausen gedrängt. Obwohl Großgruppen vom Erleben und vom Beobachten des Erlebens anderer leben, ist ein adäquater Informationsteil essentiell. Gefühle sind ansteckend, erst sie machen Großveranstaltungen spannend. Jedes der Grundgefühle hat eine eigene Logik. So sind zum Beispiel Wut und Aggression dynamische, sich schnell ausbreitende Gefühle – was man auf Massenveranstaltungen, etwa beim Fußball, gut beobachten kann – und können daher auch relativ leicht beeinflußt und kanalisiert werden. Trauer und Angst hingegen sind „langsame" Gefühle, die sowohl hinsichtlich ihrer Entstehung als auch ihrer Bearbeitung Zeit benötigen.

Es ist eine Frage des Fingerspitzengefühls und der vorgelagerten Hypothesen, wieviel Information gebraucht wird und wieviel Raum der Verarbeitung und dem Prozeßerleben eingeräumt wird. Zuviel kognitive Elemente ermüden, wirken kalt und energieraubend, zuviel emotionaler Prozeßanteil macht ebenfalls ungeduldig und enttäuscht. Wir arbeiten nach der Faustregel: ein Drittel Information, ein Drittel Emotion und ein Drittel Zeit für Netzwerkarbeit mit den anderen Teilnehmern.

Die Balance zwischen der Illusion von Gemeinsamkeit und der Realität der Vereinzelung
Moderne Großunternehmen weisen heute mehr und mehr Phänomene von anonymen Großstädten auf: Vereinzelung, Zerfall der Institutionen, Entsolidarisierung und Verwahrlosung. Auch Unternehmen bieten immer weniger eine Heimat. Der alte Pakt „Arbeitsplatzgarantie für Loyalität" ist eine Seltenheit geworden. Gleichzeitig wird von den Mitarbeitern immer mehr Leistung verlangt, und sie sind ständig Veränderungsprozessen ausgesetzt. Die paradoxe Botschaft der Unternehmen an die Mitarbeiter lautet: Es wird mehr Leistung und Loyalität zum Unternehmen gefordert, obwohl dieses im Gegenzug dafür nicht länger Sicherheit anbieten kann. Die Seite der Mitarbeiter reagiert ebenfalls paradox: Statt starrer Gefüge wollen sie Freiheit und Flexibilität, ohne dabei jedoch auf Sicherheit verzichten zu wollen. Diese Erwartungshaltungen treffen nun in Veränderungsprozessen aufeinander und spitzen sich zu.

Großgruppen können diese Dilemmas nicht lösen. Sie können jedoch ein wichtiges Element in diesem Spannungsfeld sein, indem sie einen temporären Zusammenhalt ermöglichen. Großgruppen sind ein sozialer Kitt, wenn man darin an einem lebendigen sozialen Geschehen teilhat – eine Art öffentliches „Kaffeehaus", in dem ein Austausch von Informationen und Emotionen stattfindet und die Kommunikation ritualisiert abläuft; dabei hat jeder die Möglichkeit, Beobachter der anderen zu sein, und wird damit, ohne seine Loyalität aufzugeben, doch ein Teil des Ganzen. Es geht um die Balance der Ansprüche, einerseits Zugehörigkeit erlebbar zu machen, ohne andererseits die Illusion zu forcieren, daß das individuelle Sicherheit bedeute.

5. Gefahren und Stolpersteine

Die Arbeit mit Großgruppen ist also ein Sensibilität erfordernder Balanceakt. Sie kann gelingen und einzigartige Wirkungen in Veränderungsprozessen erzeugen, aber auch scheitern. Wir wollen nun einige der wichtigsten Gefahren und Stolpersteine zusammenfassen, die im vorigen teilweise schon implizit beschrieben wurden:

- Großveranstaltungen, die nicht als ein Element eines Prozesses gestaltet werden, sind häufig problematisch. Auch wenn eine positive Stimmung erzeugt werden kann, versiegt diese rasch, weil das Ereignis nicht in einen größeren Sinnzusammenhang eingebettet ist. Das gilt sogar für Feste oder Eröffnungsevents.
- *Massenpsychologische Phänomene.* Eine weitere Gefahr besteht darin, daß latente Themen und Gefühle unkontrolliert zur Sprache kommen, die sonst zum Beispiel nur über Gerüchte laufen. Da sie für gewöhnlich kein öffentliches Forum haben, artikulieren sie sich in Form von Aggression – ja sogar oft „Volkswut" – und können die Veranstaltung zum Kippen bringen. Da Gefühle wie Angst, Trauer, Aggression etc. zum permanenten Bestand von Veränderungsprozessen gehören, sind sie einzukalkulieren. Dabei ist es wichtig zu wissen: Je größer und anonymer das Auditorium ist, desto archaischer ist das Gefühlspotential.
  Die Gefahr von Massenphänomenen, die in mehreren Beiträgen in diesem Buch ausgeführt werden, ist groß. Es werden sehr rasch Schuldige gefunden. Meist sind das Vorstände, Berater, mächtige Abteilungen oder Geldgeber. Auf Nicht-Anwesende ist das Böse, das Feindbild besonders leicht zu projizieren. Mit der Hilfe von Feindbildern erspart man sich, die eigenen unangenehmen Anteile (Wut, Enttäuschung, Versagensangst) zu sehen, spaltet sie ab und projiziert sie auf andere. Zusätzlich kanalisieren äußere Feinde die wechselseitigen internen Aggressionen und verstär-

ken das Zusammengehörigkeitsgefühl bzw. das Gefühl, einer Leidensgemeinschaft anzugehören.
- *Reflexionsmangel.* Da die Regressionsgefahr sehr groß ist, ist die Gegensteuerung durch Reflexionselemente sehr wichtig. Das kann in besinnlicher Einzelarbeit geschehen oder aber in Kleingruppenarbeiten, die die Reflexionsleistung erleichtern. Auch gezielt eingesetzte Deutungen und Rückspiegelungen der Moderatoren oder Beobachtergruppen, in denen die latenten Gefühle zur Sprache gebracht werden, sind oft sehr wirkungsvoll. Auf diese Weise können auch sehr intensive Gefühle wie kollektive Traurigkeit und Wut – wenn zum Beispiel vom Vorstand die schlechte Nachricht kommt, daß betriebsbedingte Kündigungen nicht länger vermieden werden können – zum Ausdruck gebracht und somit fürs erste aufgefangen werden.
- *Illusionäre Euphorie.* Es ist aus erwähnten Gründen relativ einfach, Großgruppen durch manipulative Showeffekte und Events in euphorische Stimmung zu versetzen. Kurze Zeit danach allerdings beschleicht die Teilnehmer ein gewisses Unbehagen. („Das war eine Show, eine Seifenblase.") Das Gefühl, betrogen worden zu sein, stellt sich ein. Besonders in Veränderungsprozessen ist es wichtig, authentisch zu kommunizieren. Alle Gruppen, auch Großgruppen reagieren sehr sensibel auf Echtheit. Das soll nicht heißen, daß „Aufbruch zu neuen Ufern" oder „Unmögliches möglich machen" nicht gewagt werden kann.
- Die modernen Kommunikationsmedien eröffnen eine weitere Gefahr. Mit Hilfe von Laserbeamern, Videokonferenzen etc. kann man leicht eine Multimediashow inszenieren, die an eine moderne Ausgabe von *panem et circenses* erinnert: Es wird Unterhaltung geboten, es werden interne und externe Prominente gezeigt, kurzum, es siegt die Show auf Kosten des Inhalts.
- *Falsche Erwartungen.* Ein weiterer Fehler besteht darin, übersteigerte Erwartungen zu wecken. Nachdem man zum Beispiel einen Tag ausführlich über alles geredet, die Probleme bewußtgemacht, die Dringlichkeit vor Augen geführt hat und sich über die Lösung einig war, erwarten jetzt alle, daß in drei Monaten alles gelöst sein wird. Vom CEO von General Electric, dem mächtigen Jack Welsh, erzählt man, er habe in einer Großgruppe dem mittleren Management, das auch an dieser teilnahm, auf die Klagen, es könne im Unternehmen nichts bewegen, geantwortet: „I empower you, I fully empower you!" Daß sich trotz dieser Ermächtigung seitens des mächtigen Chefs in den folgenden Wochen und Monaten für General Electric nichts veränderte, war Anstoß zu einem Lernprozeß und führte schließlich zu einer eigenen Methode (Bunker & Alban, 1997).
- Wieder eine andere Gefahr ist die übersteigerte Erwartungshaltung der

beteiligten Berater. Diese – wir wissen das aus eigener Erfahrung – neigen dazu, immer noch tollere und trickreichere Designs für Großgruppen zu entwickeln, anstatt die Realität der betroffenen Teilnehmer im Auge zu haben.
- *Schlechte Vorbereitung.* Einer der Kardinalfehler bei Großgruppen ist die schlechte Vorbereitung. Dazu zählt vor allem die ungenügende Planung – neue und heikle Vorhaben können bis zum Dreifachen der eigentlichen Veranstaltungszeit in Anspruch nehmen. Dazu zählt aber auch eine schlechte emotionale Einstimmung. Wir haben es uns aus diesem Grund zur Gewohnheit gemacht, immer mit einem gemischten Team aus Externen und Internen zu arbeiten. Externe ohne Interne unterliegen der Gefahr, nicht anschlußfähig zu sein. Den Internen wiederum kann der Externe neue Impulse und möglicherweise auch ungewöhnliche und somit die Kreativität fördernde Sichtweisen vermitteln.
- *Mangelnde Vorarbeit mit Schlüsselpersonen.* Das fehlende oder ungenügende Briefing von Schlüsselpersonen ist uns fast schon zum Verhängnis geworden. Offenkundig ist, daß Schlüsselpersonen sich inhaltlich auf ihren Beitrag vorbereiten müssen und diesen, so es keine Routine gibt, auch minuziös vorbereiten sollten. Nicht so offensichtlich ist die fundamentale Bedeutung der emotionalen Vorbereitung der Schlüsselpersonen, insbesondere des Auftraggebers. Diese sind sich oft ihrer Wirkung nicht bewußt und müssen daher angehalten bzw. geschult werden, nicht defensiv zu agieren, keine Abwertungen vorzunehmen, zwischen den Zeilen zu lesen und Latentes aufzuspüren. Wir üben mit ihnen ihre Rolle und spielen mit ihnen den *worst case* durch. Dies ist wichtig, weil Veranstaltungen dieser Art häufig auch für Schlüsselpersonen Neuland sind, diese ihre Unsicherheit aber nicht zugeben können. Das Durchspielen von mutmaßlichen schrecklichen Situationen und die Imagination eines positiven Verlaufs dienen auch dem Angstabbau (vgl. A. Exners Aufsatz „*Der Markt der Märkte* oder *Das Managementtreffen als Prozeß*" im dritten Teil dieses Buchs).

6. Und die Zukunft?

Roswita: Frank, stell dir vor, wir wären schon im Jahr 2010 und würden uns über das Thema *Großgruppen* unterhalten. Denkst du, es wird Großgruppen in dem hier beschriebenen Sinn noch geben? Werden sie zum Standardrepertoire gehören, oder waren sie lediglich eine Modeerscheinung, der man dann keine Beachtung mehr zollen wird?

Frank: Ich vermute, daß man gelernt haben wird, sehr genau darauf zu achten, welche Kompetenzen und Fähigkeiten die Leute mitbringen, die Großgruppenveranstaltungen durchführen. Großgruppen haben etwas von einem Stammesritual an sich, und unsere Vermutung ist es ja, daß das Bedürfnis nach sozialem Zusammenhalt und Einbezogensein heute schon vorhanden ist und noch wachsen wird. Wenn die Gesellschaft immer weniger sozialen Zusammenhalt bietet (Familie, Kirche, etc.), wird diese Funktion in größerem Ausmaß von Organisationen übernommen werden müssen, und zwar selbst dann, wenn die Mitarbeiter diesen nur temporär angehören. Man wird jedenfalls die Erwartung haben, in Organisationen so etwas wie eine zeitweilige Heimat zu finden. Diesem Bedürfnis nach sozialem Eingebundensein können gute Großveranstaltungen entsprechen.

Roswita: Großveranstaltungen werden zudem zum Teil Eventcharakter haben. Wie auf einem Marktplatz trifft man Leute, bekommt Informationen und arbeitet an seinen Netzwerken. Dazu werden die Moderatoren solcher Veranstaltungen sich in ihren Fähigkeiten weiter professionalisieren und profilieren müssen, indem sie zum Beispiel mit unterschiedlichen Sprachen und Kulturen umzugehen lernen. Besonders für komplexe Organisationen kann ich mir vorstellen, daß Großgruppen zu einem Teil der Regelkommunikation gehören werden. Man trifft sich zum Beispiel einmal im Quartal und erlebt eine Mischung aus Inputs (Zahlen, Ergebnisse), *Open Space*, Workshops und Netzwerkarbeit.

Frank: Mir drängt sich noch der Vergleich mit den Familien auf: Diese müssen heute und in Zukunft, wenn sie nicht zerfallen wollen, neue Formen des Zusammenkommens entwickeln. Traditionelle Feiern sind für die jungen Mitglieder zersplitterter Familien fad, unattraktiv und entsprechen nicht der aktuellen sozialen Struktur. Moderne Familienfeiern sind offener, vielfältiger (da auch die Grenzziehung schwerfällt), trotz bestimmter Rituale im Ablauf nie gleich und benötigen einigen Aufwand in der Vorbereitung. Gehen wir also davon aus, daß in zehn Jahren alle Organisationen regelmäßig Großgruppen durchführen werden, also ein neuer Markt, ein neues Betätigungsfeld für interne und externe Berater vorhanden sein wird?

Roswita: Vermutlich wird es alles mögliche geben: Unternehmen, die regelmäßig Großgruppenveranstaltungen durchführen und dies als einen Teil ihres Entwicklungsprozesses ansehen; Unternehmen, die Großgruppen in heiklen Phasen ihrer Veränderung zum Einsatz bringen, und eine Vielzahl von Organisationen, die mit dieser Methodik noch überhaupt keine Erfahrung gemacht haben. Ich kann mir vorstellen, daß Großgruppen ein ähnliches Schicksal haben werden, wie wir es heute schon von den Trainingsgruppen der Gruppendynamik kennen: Sie werden eine sehr wirkungsvolle Methode sein, die eine Zeitlang sehr häufig und ausgiebig eingesetzt wird, bis man die dafür notwendigen Voraussetzungen, ihre Einsatzmöglichkeiten und Grenzen erkannt hat. Dann erfolgt eine Relativierung, die zur Folge hat, daß ein bestimmter Anteil von Organisationen sie als elementaren Bestandteil ihrer Professionalisierung ansieht, während etliche andere sie als Modeerscheinung abtun werden.

Frank: Ich denke, ein Drittel aller Organisationen wird Großkonferenzen weiterhin durchführen. Um das zu überprüfen, sollten wir im Jahr 2010 eine richtige Großveranstaltung organisieren.

Literatur

Bunker, Barbara Benedict & Alban, Billie: *Large Group Interventions: Engaging the Whole System for Rapid Change*, San Francisco: Jossey-Bass 1997.

Emery, M. & Purser, R. E.: *The Search Conference: Theory and Practice*, San Francisco: Jossey-Bass 1996.

Jacobs, R. W.: *Real Time Strategic Change*, San Francisco: Berrett-Koehler, 1994.

Mindell, Arnold: *Sitting in the Fire: Large Group Transformation Using Conflict and Diversity*, Portland: Lao Tse Press 1995.

Owen, Harrison: *Open Space Technology: A User's Guide*. Potomac, Maryland: Abbott 1992.

–: *Tales from Open Space*. Potomac, Maryland: Abbott 1995.

Tichy, N. M. / Sherman, S.: *Control Your Destiny or Someone Else Will*. New York: Doubleday 1993.

Trist, E. L & Emery F. E: „Report on the Barford Course for Bristol/Sidely", July 10 – 16, 1960 (Tavistock Document No. 598), London: Tavistock Institute.

Weisbord, Marvin: *Future Search*, San Francisco: Berrett-Koehler 1995.

Das Feuer von Großgruppen*

Roswita Königswieser

1. Einleitung

Wir sind in den letzten Jahren mit zunehmender Selbstverständlichkeit dazu übergegangen, in unsere Architekturen von Beratungsprozessen Großveranstaltungen einzubauen. Diese stellen zwar immer ein großes Risiko dar, bieten aber auch Chancen ganz besonderer Art (vgl. den vorigen Beitrag „Unterwegs auf einem schmalen Grat: Großgruppen in Veränderungsprozessen" von Frank Boos u. Roswita Königswieser).

Seit längerem sind wir auf der Suche nach Erklärungen dafür, warum in derartigen Großveranstaltungen so viel Energie, Spannung, ja Aufregung zu spüren ist. Hier wollen wir versuchen, diese mächtige Interventionsform näher zu beleuchten.

Ich werde zuerst die *Funktionen von Großveranstaltungen* innerhalb unserer Interventionsarchitekturen darstellen. Dann versuche ich anhand von *zwei Praxisbeispielen*, das Feuer von Großgruppen etwas spürbarer zu machen. Anschließend will ich anhand von *acht Thesen* die Beschreibung von konventionellen und neuen *Prinzipien zur Gestaltung von Großgruppen* und mit dem Aufzeigen von Faktoren, die für das Moderieren von Großveranstaltungen wichtig sind, das Bild dieses wichtigen Interventionselements abrunden.

2. Funktionen von Großveranstaltungen

Bei den nachfolgend angeführten angestrebten Wirkungen von Interventionen haben sich Großveranstaltungen in unserer Beraterpraxis als funktional herausgestellt:

---

[1] Erstabdruck als Kapitel 4.3 in: Königswieser, Roswita & Exner, Alexander: *Systemische Intervention. Architekturen und Designs für Berater und Veränderungsmanager*, Stuttgart: Klett-Cotta 1998, S. 313–329. Von der Autorin für den Abdruck in diesem Buch leicht bearbeitet.

- Energiearbeit leisten, Vitalisierung des Systems;
- Resonanzen des Gesamtsystems einholen;
- Multiplikatoreneffekt der Teilnehmer nutzen;
- Beitrag zu Kulturveränderung leisten;
- viele Menschen gleichzeitig erreichen;
- Akzeptanz hinsichtlich Veränderungsprozessen erhöhen;
- Durchbrechen der üblichen Informations- und Kommunikationsmuster – dadurch Impulse zur Weiterentwicklung setzen;
- Gemeinschaftserlebnis ermöglichen;
- Wissen (besonders implizites) generieren.

3. Beispiele von Großveranstaltungen

Zu Anfang möchte ich einen Teil des emotionalen Geschehens in Großgruppen mit zwei Beispielen illustrieren.

3.1 Energiestoß

Ein Sounding-board-Tag: 130 Repräsentanten eines großen Schweizer Industrieunternehmens wurden für einen eintägigen Workshop von der „Steuergruppe" (sie hat die Gesamtverantwortung für den Veränderungsprozeß) eingeladen, ihre Resonanz auf die eigene Arbeit des letzten halben Jahres zu äußern. Die zehn Steuergruppenmitglieder sind vorbereitet, die Konzeptergebnisse ihrer zehn Subprojekte in ungewohnter, das heißt nicht rein kognitiver Weise zu präsentieren. Ziel des Tages ist es, darüber zu orientieren, ob die wichtigsten Themen in der richtigen Weise angegangen wurden, um eine lernende Organisation zu schaffen und den Wandel voranzutreiben. Die Gesamtsituation des Unternehmens ist angespannt, denn der Marktdruck ist groß, die Angst um den Arbeitsplatz blockiert viele Mitarbeiter. Es soll mehr Unternehmertum, Prozeßdenken, Zivilcourage und Teamarbeit entwickelt werden.

Die Teilnehmer sitzen in einem großen Saal zu zehnt an runden Tischen. Nach der Eröffnung folgt ein informativer Überblick über das gesamte Projekt. Danach erfolgen siebenminütige Kurzpräsentationen über die einzelnen Subprojekte. Jeweils dazwischen geben immer drei Teinehmer ein spontanes Feedback.

Die zwischen den Präsentationen und nach den jeweiligen Feedbacks immer wieder eingeplanten Diskussionen der Gruppen an den runden Tischen sind lebendig und offen. An jedem Tisch sitzt ein Steuergruppenmitglied. Die anwesenden Vorstände und Betriebsratsvertreter sitzen ebenfalls jeweils bei einer Gruppe. Immer wieder gehen wir mit Mikrophonen an die Tische und fragen nach den zentralen Themen, Anregungen und Resonanzen.

An Stellwänden kann man in den Pausen Informationen über die Subprojekte einholen und Dialoge führen. Es hängen die Fotos aller Subprojektteilnehmer aus, die Projekte sind beschrieben, es gibt die Möglichkeit, seine Meinung zu den Informationen an den Stellwänden in mündlicher und schriftlicher Form abzugeben.

Die Projektgruppen scheinen auch in einem Wettstreit um Anerkennung und Kreativität zu stehen. Das Spannungsniveau im Raum baut sich rasch auf, ist fast körperlich zu greifen. Für Augenblicke werden die Präsentierenden fast zu Helden oder Opfern, oft genügt schon ein Funke, um kollektive Gefühle auszulösen. Alle Live-Erlebniselemente wie Sketches, Vorführungen usw. lassen die Energie, die Aufmerksamkeit in die Höhe schnellen; abstrakte Analysen, Folien, Vorgelesenes, Gruppenberichte hingegen erzeugen rasch Langeweile.

Vor plenaren Diskussionen wird den Teilnehmern an den Tischen immer wieder die Möglichkeit gegeben, sich vorweg eine Meinung zu bilden. Die Offenheit der Gespräche erstaunt alle – besonders die Vorstände. Nach einem gemeinsamen Mittagessen regen wir an, daß sich die Teilnehmer für unterschiedliche Aufgabenstellungen, die sich aus den Diskussionen des Vormittags ergeben haben, zur Verfügung stellen. Das Resümee wird wieder an den „Heimattischen" gezogen. Der Tag endet mit einem gemeinsamen Fest. Das Resümee: „Es war toll!"

3.2 Die Zitrone

Ein zweitägiges Sounding-board in einem Industrieunternehmen der Stahlindustrie: 14 Projektgruppenleiter (gleichzeitig Mitglieder der Steuergruppe) stellten nach einjähriger Arbeit die endgültigen Konzepte und Umsetzungsvorschläge ihrer Projektgruppen vor. 100 Personen waren eingeladen, ihre Meinung zu den Ergebnissen des ersten Jahres zu äußern und die Umsetzungsphase mitzugestalten.

Den ganzen ersten Tag verbrachte man mit kreativen, gut vorbereiteten Präsentationen der einzelnen Projekte, mit ausführlicher Diskussion und klaren – positiven – Resonanzen. Es schien ein Erfolg zu werden…

Der zweite Tag sollte – nach der Danksagung an die erste Steuergruppe, die von einer neuen abgelöst werden sollte – der Zukunft gewidmet sein: Auf dem Plan standen Umsetzungsentscheidungen, die Konstituierung der nächsten (zweiten) Steuergruppe usw.

Der Veränderungsprozeß hatte es mit sich gebracht, daß vier Schlüsselpositionen mit jungen, dynamischen Führungskräften besetzt worden waren. Einige ältere Führungskräfte wurden trotz langjähriger Dienste ihrer Funktionen enthoben, aber nicht gekündigt. Sie repräsentierten die alte Unternehmenskultur – mit den Inhalten Fleiß, Tradition, Loyalität, Gehorsam, Einzelkämpfertum usw. Träger der neuen Kultur hingegen vertreten Werte wie: pro-

2 Das Feuer von Großgruppen

zeßorientierte Teamarbeit, Innovation, Dynamik, Experimentierfreudigkeit, soziale Kompetenz, Mut u. a. m.

Am Morgen des zweiten Tages sagte einer der „Degradierten" – Herr A., ein Mann der 2. Ebene – im Rahmen eines kurzen Rundumblitzlichts: *„Man hört, daß den früheren Zeiten nachgetrauert wird. Mit unseren Beratern haben wir es nötig, Animateure und Therapeuten ins Unternehmen zu holen, die doch nur ein Surrogat für das, was wir früher hatten, sein können."* Der Vorstandsvorsitzende, der uns geholt hatte und sich mit dem Prozeß sehr identifizierte und auch letztlich die unpopulären Personalentscheidungen getroffen hatte, wurde bleich.

Das Programm ging weiter. Die erste Steuergruppe schilderte in berührenden Bildern ihre Verzweiflung, ihre Ungeduld, ihr Schwanken und ihre Kämpfe – und letztlich den Durchbruch.

Es entstand sehr viel Emotionalität im Raum. Auch wir drei externen Berater präsentierten als „Staff" unser Resümee in analoger Form: mittels einer Zeichnung und verschiedener Musiksequenzen.

Dann kamen alle Steuergruppenmitglieder in die Mitte des Saals, setzten sich in den dort vorbereiteten Sesselkreis und warteten gespannt auf das geplante Abschlußritual – das Dankeschön für ihre Arbeit in der ersten Projektphase durch den Vorstandsvorsitzenden. Plötzlich schritt dieser quer durch den Raum, überreichte dem erschrockenen „Kritiker" (dem „Degradierten") eine Zitrone und sagte mit gepreßter Stimme: *„Was du gesagt hast, war wirklich schlimm! Ich kann das nicht so stehen lassen. Wir sprechen unter vier Augen darüber weiter."* Diese öffentliche Ächtung war wie eine Hinrichtung. Das anschließende Überreichen der Geschenke an die Steuergruppe wirkte gequält. Bleierne Schwere lag im Raum, Stille, Ratlosigkeit, Lähmung…

Nach blitzschneller Unterredung im Beraterstaff setzte ich mich als Projektleiterin in den Innenkreis zur Steuergruppe und sagte: *„Wir haben ja immer wieder alles für den Prozeß Relevante reflektiert. Wie also haben Sie diese Szene erlebt? Ich für meine Person bin sehr betroffen, aber ich kann beide Herren verstehen."* Daraufhin kamen spontan und mit großer Emotion die Kommentare: *„Ich verstehe zwar die Gefühle beider, aber Herr M. (Vorstand) hat überreagiert." „Ich war wie gelähmt, wußte nicht, was ich machen sollte." „Jetzt, wo wir darüber sprechen, geht es mir schon besser. Ich hatte Angst." „Ich glaube, es war ein Mißverständnis. Herr A. hat reale Strömungen ausgedrückt, mit denen wir uns auseinandersetzen müssen." „Wir alle müssen kommunikativ noch viel lernen."* Nachdem jeder Verständnis und Betroffenheit geäußert hatte, sagte Herr M.: *„Ich habe einen Fehler gemacht. Ich habe selektiv gehört. Es tut mir leid."* Große Berührtheit, Erleichterung im Raum. Im Anschluß äußerte sich noch kurz Herr A.: *„Ja, ich hatte es anders gemeint!"*

Wir forderten einige der „Zuschauer" auf, auch noch ein paar kurze Statements zu ihren Eindrücke abzugeben. „Ich bin beeindruckt, wie wir diesen Konflikt besprochen haben. Keinerlei Schuldzuschreibungen!" „Jetzt weiß ich erst, worum es bei diesem ‚weichen Thema' des Projekts geht. Da mache ich mit Begeisterung mit!" „Ich habe dreimal Mut erlebt: einmal von Herrn A., daß er das so gesagt hat, einmal von Herrn M., daß er sich diese spontane Reaktion gestattet hat, und einmal von Frau K., daß sie das mit uns so aufgearbeitet hat." „Wenn wir mit allen Spannungen so umgehen könnten, wären wir ein Haus weiter." Die Schwere und Erstarrung der Großgruppe war Erleichterung, Wärme und Bewegung gewichen. Wir machten Pause.

Die Schilderung dieser Szene ging wie ein Lauffeuer durch das Unternehmen. Das Ereignis wurde zum Anlaß genommen, über die positiven und die gefährlichen Seiten freierer Emotionen und weniger kontrollierter Konflikte zu sprechen.

Um ein Haar wäre alles schiefgegangen. Ein häufiger Kommentar im nachhinein: „Wir hätten das Projekt aus Gründen der Unglaubwürdigkeit abbrechen müssen, wenn wir diesen Zwischenfall nicht aufgearbeitet hätten."

4. Thesen

Warum ist ein und derselbe Inhalt bzw. Meinungsunterschied in kleinem Kreis undramatisch, wirkt aber im öffentlichen Raum wie eine Bombe? Wie kann man die „Kollektivseele" verstehen?

Die für uns treffendsten Analysen finden sich immer noch bei Le Bon und Freud. Le Bon beschrieb die Phänomene, die bei großen Menschenansammlungen auftreten, folgendermaßen: „An einer psychologischen Masse ist das Sonderbarste dies: Welcher Art auch diese zusammengesetzten Individuen sein mögen, wie ähnlich oder unähnlich ihre Lebensweise, Beschäftigung, ihr Charakter oder ihre Intelligenz ist, durch den bloßen Umstand ihrer Umformung zur Masse besitzen sie eine Kollektivseele, vermöge deren sie in ganz anderer Weise fühlen, denken und handeln, als jeder für sich fühlen, denken und handeln würde."

Le Bon und Freud beschreiben,

- wie sich bei Großveranstaltungen das überwältigende Gefühl kollektiver Macht herstellt.
- Sie sprechen von „Ansteckung" der Gefühle, von der Suggestibilität, dem Enthusiasmus, der Faszination, die rasch aufgebaut wird, von der Liebes- und Haßbereitschaft,
- allerdings auch von der Gefahr der Regression, der mangelnden Differenzierbarkeit, der Abnahme der „Ich-Funktionen", zum Beispiel der Kritikfähigkeit, und dem Hang zum magischen Denken,
- und gleichzeitig – auch das ist psychologisch möglich – von einer hohen

Sittlichkeit der Masse, die weit über die Moral der einzelnen hinauszugehen pflegt.
- Freud erklärt die libidinöse Energie auch mit der libidinösen Besetzung der Autorität (des Führers), über deren Idealisierung und Heldenimage das eigene Selbstwertgefühl mittels Identifikation erhöht wird.
- Freud spricht im Zusammenhang mit Massenphänomenen vom Wiederaufleben der „Urhorde".

Die folgenden Thesen sollen beleuchten, was mit uns geschieht, wenn wir in großer Zahl in einem Raum zusammen sind, und Anregungen dafür geben, wie die auftretenden Phänomene für Interventionen zu nutzen sind.

1. These: Großgruppen mobilisieren Gefühle
In unserer modernen Gesellschaft werden Gefühle zumeist stark kontrolliert. Diese Kontrolle geht, wie Elias in seiner Theorie über den Zivilisationsprozeß schildert, mit der Kultiviertheit einher. Besonders im Berufsleben sind wir gezwungen, unsere Gefühle zu kontrollieren. Großgruppen sind jedoch – wenn man sie „schwingen" läßt – voll pulsierender Emotionalität.

Je sicherer wir unser Leben organisiert haben, desto mehr scheinen wir den Spannungsausgleich zu brauchen. Wir sehen uns gerne Krimis an, sind von Geschichten mit ungewissem Ausgang fasziniert. Auf Großveranstaltungen spüren wir um so mehr „thrill", je mehr spontanes Erleben eingebaut ist. Das Miteinbeziehen der Teilnehmer, das Miterleben authentischer Reaktionen, die Erfahrung von Offenheit, all das mobilisiert Großgruppenenergie. Selbst wenn man das Geschehen nur passiv mitverfolgt, werden in einem Gefühle mobilisiert.

2. These: Der Hunger nach Sinnlichkeit wird spürbar
Die gesellschaftliche Modernisierung hat eine abstrakte Gesellschaft geschaffen. Je komplexer die Organisationen, desto mehr müssen ihre Mitglieder mit verzweigten Wirkungsketten innerhalb ihrer Aktivitäten, mit schriftlicher Kommunikation, mit Unübersichtlichkeit und Unsteuerbarkeit rechnen. Intellektualisierung und Abstraktion sind die notwendige Anpassungsleistung.

Der Hunger nach Spürbarem, Erlebbarem, nach Direktheit, die Sehnsucht nach Einfachem, nach Unkompliziertem ist sehr groß. Vielleicht kommen deshalb simple, kurze Sketches, Persiflagen (z. B. über den gelebten Führungsstil), Live-Interviews zu heißen, aktuellen Problemen, analoge Darstellungen von angestrebten Visionen, kurze Theaterstücke über Informationsvermittlungs- und Kommunikationsprobleme besser an als ausgefeilte Analysen und rational-abstrakte Darstellungen. Überraschende Inszenierungen, Gefühle ansprechende Darstellungen schaffen es verblüffend gut, komplexe Inhalte verständlich zu machen, die Herzen zu öffnen.

3. These: Menschen wollen „gesehen" werden, dazugehören

In verschiedensten Lebenskontexten leiden wir unter einem Verlust an Gemeinschaftlichkeit. Die Anonymität von Großstädten, von Großorganisationen, die Struktur unserer Arbeit und die Technisierung sorgen dafür, daß die Menschen einander weniger treffen als früher. Der Verdünnung gemeinschaftsstiftender Begegnungen nimmt der Person eine wichtige Möglichkeit, eine sinnlich wahrnehmbare soziale Bestätigung zu erfahren.

Eine wichtige Funktion der italienischen Piazza oder des Wiener Kaffeehauses besteht darin, daß man im öffentlichen Raum gesehen, wahrgenommen wird – dazugehört. Auszugehen, sich „herzurichten", sich zu schmücken gehört dazu. Das Wahrgenommenwerden modelliert die eigene Identität. Man sieht sich im sozialen Spiegel der anderen.

Auch Großveranstaltungen sind ein Raum öffentlicher Gemeinschaft zwischen einander zum Teil fremden Menschen und vermitteln daher das Gefühl von Zugehörigkeit.

4. These: Menschen möchten die Guten und Bösen sehen

Die Moderne bedeutet auch eine Entzauberung und Profanierung unseres Lebens. Es gibt keine wirklichen Könige, Helden oder bösen Feinde mehr – diese leben nur noch in Fernsehserien, Romanen oder Boulevardzeitschriften. Man ist ja differenziert, rational, unromantisch und aufgeklärt.

Es ist erstaunlich, wie blitzschnell es in Großgruppen zu kollektiven, libidinösen Besetzungen kommt: der Sympathische, der Unsympathische, der Gute, der Böse. Zum Beispiel beim Auftritt von Gruppen, Vorständen oder Moderatoren springt die launische kollektive Sympathie oder Antipathie schnell über. Es scheint beinahe ein archaisch-regressives Bedürfnis zu geben, Menschen zu Helden oder Bösewichten hochzustilisieren.

Besonders die Zuschauerrolle toleriert das Ausleben von Gefühlen nicht nur, sie fordert es sogar. Wer unberührt dasitzt, wirkt deplaziert. Deutliche Reaktionen wie lautes Klatschen werden erwartet – sonst stimmt etwas nicht.

5. These: Die Gefahr, sein Gesicht zu verlieren, ist permanent vorhanden

Großveranstaltungen mit Live-Elementen zeichnen sich durch ein beträchtliches Überraschungspotential aus (vgl. 3.2 „Die Zitrone"). Es können unerwartete Erfolge, aber auch Pannen und Mißgeschicke passieren. Diese sind das Salz in der Suppe. Stockende Vortragende, provozierende Sketches, aus der Rolle fallende Vorgesetzte bieten Nichtalltägliches, Spektakuläres, versetzen die Anwesenden in Wachheit und Aufregung. Je nach Identifikation zittert man mit oder empfindet Schadenfreude. In keinem Fall aber läßt es einen kalt. Was in kleineren Gruppen unbedeutend ist, kann in großen Menschenansammlungen extrem wichtig sein. Der „öffentliche Raum" steigert Bedeutungen, weil die Gefahr, sich zu blamieren, sein Gesicht zu verlieren wegen der sozialen Reichweite viel größer ist. Intuitiv weiß man das und reagiert mit Aufregung, Lampenfieber, oft mit Angst.

6. These: Das Element des Wettkampfs, des sozialen Vergleichs ist zumindest latent immer vorhanden
Wenn verschiedene Projektgruppen oder Teilnehmer Ergebnisse ihrer Arbeit präsentieren, werden ihre Leistungen automatisch miteinander verglichen, das heißt, sie stehen im Wettbewerb zueinander. Somit stellt sich auch der Nervenkitzel des Wettkampfs ein. Wer ist besser, wer wird gewinnen? Das Element des Wettstreits, des Spiels ist uralt. Man denke an die Worte Caesars: „Das Volk braucht Brot und Spiele."

7. These: Menschen wollen wissen, wo ihr Platz in der Gemeinschaft ist
Durch vielfältige Entfremdung und Komplexität der Lebens- und Arbeitswelt fühlen wir uns oft als „Rädchen" eines Riesengetriebes, als Nummer, als Unperson, als fremdbestimmt. Wenn – besonders in betriebsöffentlichen Kontexten – Mitarbeiter ernst genommen werden, indem man ihre Resonanzen einholt, sie nach ihrer Meinung fragt, sie in Meinungsbildungsprozesse mit einbezieht, indem sie nicht nur „von vorn berieselt" und „überzeugt" werden, sondern ein echter Dialog stattfindet, man ihnen zuhört und sie sogar als Akteure im Rampenlicht stehen, dann führt das zu Aktivität und Zufriedenheit sowie dem Gefühl, ein wertvolles Mitglied der ganzen Gemeinschaft zu sein, für die man auch gerne ein Stück Verantwortung übernimmt. Interessanterweise wirkt die Botschaft „Du wirst von uns gebraucht!" in einer öffentlichen Veranstaltung um ein Vielfaches mehr als in einem kleineren Rahmen. In diesem Sinne bekommt man einen wichtigen Platz in der Gemeinschaft. Das wiederum gibt Selbstsicherheit und erzeugt Motivation.

8. These: Menschen brauchen Rituale und Symbole
Wir leben in einer an Symbolen und Ritualen armen Zeit der Entsinnlichung. Aber gerade Rituale und Symbole sprechen archaische Bedürfnisse an; sie stiften Sinn, vermitteln wortlos Orientierung, stellen Vertrautheit her und geben Sicherheit.

So kann vor vielen Menschen zum Beispiel durch die Überreichung kleiner Geschenke an bestimmte Gruppenmitglieder einerseits ein klares Projektende gesetzt werden, andererseits kann dadurch auch der Wert der für die Gemeinschaft geleisteten Arbeit vermittelt werden, indem man auf diese Weise Wertschätzung und Respekt ausdrückt.

Wenn die „Mächtigen" mit dem „Volk" an einem Tisch sitzen, spricht das eine deutlichere Sprache als unglaubwürdige Versicherungen („Wir sitzen alle im selben Boot!"). Auch für diese Form der Zeichensetzung ist der öffentliche Raum von besonderer Bedeutung, weil somit Normen gesetzt werden, Erwartungsbündel internalisiert und Werte vorgelebt werden, die im ganzen System Spuren hinterlassen. Im öffentlichen Raum geschieht dies rascher und nachhaltiger als bei bilateralen Begegnungen.

5. Prinzipien zur Gestaltung von Großgruppen

Unabhängig vom Ziel und Kontext der Veranstaltung gibt es unserer Erfahrung nach zentrale Prinzipien, Annahmen im eigenen Kopf, Weltbilder und Haltungen, die für das Gelingen von Großveranstaltungen wichtig sind. In diesem Zusammenhang sind die Ausführungen von Martin Leith (1997), die im Rahmen des CLGI (The Center for Large Group Interventions) dargestellt sind, sehr hilfreich.

Ich beziehe mich im folgenden auf die von Leith entwickelten Prinzipien, der dabei zwischen *konventionellem* und *neuem Denken* unterscheidet, und ergänze sie fallweise durch eigene Erfahrungen.

Zur Planung, Vorbereitung

1) *Konventionelles Denken:* „Die wesentlichen Hierarchen sollen die Veranstaltung planen."
   - *Neues Denken:* „Eine Projektgruppe (bunte Zusammensetzung aus verschiedenen Bereichen, Hierarchieebenen, Strömungen) soll die Veranstaltung planen." Der Geist der Veranstaltung muß sich in der Gruppe – hinsichtlich Arbeitsweise, verbaler Kommunikation und sinnlicher Erfaßbarkeit – widerspiegeln. Das Motto ist: „Die Veränderung beginnt hier und jetzt – bei uns."
2) *Konventionelles Denken:* „Erstelle ein auf die Minute genaues Programm." Davon darf nicht abgewichen werden. So ist es professionell, und man verhindert Chaos.
   - *Neues Denken:* „Plane das Grundkonzept, skizziere ein Grobdesign, sorge für klare Rahmenbedingungen (Sitzordnung, Rollen usw.). Darüber hinaus vertraue dem Prozeß." Achte sorgsam auf die kollektive Stimmung, sprich behutsam die latenten Themen an, und verändere das Programm innerhalb des fixen Rahmens, wenn die Situation es erfordert.

Zu den Teilnehmern

3) *Konventionelles Denken:* „Geh davon aus, daß die Teilnehmer etwas geboten bekommen wollen, passiv sind."
   - *Neues Denken:* „Geh davon aus, daß die Teilnehmer aktiv sind und ihre Energien der für die Veranstaltung wesentliche Beitrag sind."
4) *Konventionelles Denken:* „Sorge als Moderator durch vorsorgliche Absprachen dafür, daß Leute bestimmte Fragen stellen, Meinungen äußern,

damit sich der Verlauf der Veranstaltung in deinem Sinn gestaltet."
– *Neues Denken:* „Sorge dafür, daß die unterschiedlichen, spontanen, authentischen Meinungen offen auf den Tisch kommen. Vertraue deinen Hypothesen bei der Vorbereitung, dann bist du nicht zu sehr überrascht über unterschiedliche Anliegen. Sei offen für den Prozeß."

5) *Konventionelles Denken:* „Beziehe nicht allzu viele verschiedene Menschen mit ein, der Prozeß könnte sonst außer Kontrolle geraten."
– *Neues Denken:* „Beziehe so viele verschiedene Menschen ein wie nötig, um das Ziel der Veranstaltung zu erreichen." Die Einladungskriterien sind als Intervention von größter Bedeutung. Wieder gelten die Prinzipien, alle Kapitalformen des Systems im Raum repräsentiert zu haben: Mächtige, Betroffene, Know-how-Träger (das Thema betreffend). Es sollten die unterschiedlichen Strömungen des Unternehmens abgebildet sein.

Zum Prozeß/zur Struktur

6) *Konventionelles Denken:* „Die Veranstalter und die Referenten sind verantwortlich für das Gelingen der Veranstaltung."
– *Neues Denken:* „Die Großgruppe (d.h. jeder einzelne) ist verantwortlich für das Gelingen der Veranstaltung."

7) *Konventionelles Denken:* „Großgruppen sind irrational und können sich keine gemeinsame Meinung bilden, schon gar nicht gute Entscheidungen treffen. Man muß straff moderieren."
– *Neues Denken:* „Menschen wollen für sich und ihr Umfeld Verantwortung übernehmen. Sie sind imstande, gute Entscheidungen zu treffen, wenn sie die dafür relevanten Informationen haben und klare Rahmenbedingungen vorhanden sind." Voraussetzung ist ein passendes Interventionsdesign, wie zum Beispiel öffentliche Delegiertenrunden.

8) *Konventionelles Denken:* „Großveranstaltungen benötigen eine Autoritätsfigur, die für Ordnung sorgt. Das verhindert Chaos."
– *Neues Denken:* „Die erfolgreichsten, lebendigsten Veranstaltungen haben ein hohes Maß an Selbstorganisation. Sorge als Moderator für ein Klima der Offenheit, in dem sich Leute etwas zu sagen trauen. Begleite die Menschen durch den aufregenden Prozeß des gemeinsamen Lernens."

9) *Konventionelles Denken:* „Die Musik spielt vorne. Die Kommunikation geht vom Podium zum Publikum. Wichtig ist die ‚Kinobestuhlung'. Es gibt für Fragen und Statements geordnete Rednerlisten, damit nicht Anarchie ausbricht. Vermeide um jeden Preis Chaos."
– *Neues Denken:* „Aktiviere Gespräche zwischen den Teilnehmern bzw. Gruppen. Sorge für Dialog. Sei froh, wenn Leute Risiken eingehen und

Position beziehen – fördere das, und fördere Netzwerkbildungen zwischen den Teilnehmern (bilde z. B. Kleingruppen an runden Tischen, lege Teilnehmerlisten mit Telefonnummern aus usw.)."

10) *Konventionelles Denken:* „Die Referenten, Experten und Vortragenden sollten auf alles eine Antwort wissen. Ihre Präsentationen sollen Sicherheit geben."
   – *Neues Denken:* „Experten sind meistens langweilig. Sie sollten Impulse setzen, welche die Teilnehmer zum Gedankenaustausch animieren. Es ist unglaubwürdig, auf alles eine Antwort zu wissen. Wir müssen lernen, gemeinsam mit Unsicherheit umzugehen.

11) *Konventionelles Denken:* „Zeit ist kostbar und muß zielorientiert genutzt werden." Zu lange Pausen und Gespräche zwischen Teilnehmern sind vergeudete, unproduktive Zeit.
   – *Neues Denken:* „Plane genügend Zeit für Kommunikation zwischen den Leuten ein, dies fördert das gute Arbeitsklima." Schon zu Beginn ist Zeit für ein „warming-up" einzuplanen. Gruppengespräche, Pausengespräche, gemeinsames Essen, geselliges Ausklingen usw. sind unstrukturierte, aber produktive Arbeitszeiten.

12) *Konventionelles Denken:* „Frage die Teilnehmer nicht nach ihren Vorstellungen, sondern gib Ziele vor."
   – *Neues Denken:* „Ermuntere die Teilnehmer, ihre Erwartungen und Vorstellungen zu formulieren und so auch individuelle und kollektive Verantwortung zu übernehmen."

13) *Konventionelles Denken:* „Verlasse niemals die Ebene der linken Gehirnhälfte, also der Rationalität, des analytischen Denkens, das heißt, arbeite mit Vorträgen, Folien, Unterlagen."
   – *Neues Denken:* „Baue die ganze Veranstaltung so auf, daß auch die Ebene der rechten Gehirnhälfte, das heißt Gefühle, Körperlichkeit, Sinnlichkeit, zum Schwingen kommt. Verwende analoge Interventionen, zum Beispiel Musik, Bewegung, Bilder. Gemeinsames, unkonventionelles Erleben fördert die Kooperationsbereitschaft und stellt Nähe her."

14) *Konventionelles Denken:* „Sorge dafür, daß eine geschäftliche Atmosphäre vorhanden ist, um eine professionelle Veranstaltung abzuwickeln. Die Hierarchien sollten sich sachlich und neutral verhalten. Persönliche Themen sind fehl am Platz."
   – *Neues Denken:* „Um eine produktive, kreative Atmosphäre zu erreichen, muß es emotional und menschlich zugehen." Authentizität, Leidenschaft, Betroffenheit stärken das Gemeinschaftsgefühl. Erst persönliche Bezüge stellen den tieferen Zusammenhang mit den Veranstaltungsthemen her.

15) *Konventionelles Denken:* „Die Leute müssen sich immer wohl fühlen."

- *Neues Denken:* „Lernen bzw. Veränderung kann oft sehr unbequem und verunsichernd sein. Laß das zu, aber schaffe Voraussetzungen dafür, daß über die Verunsicherung gesprochen werden kann (z. B. in Kleingruppen)."
16) *Konventionelles Denken:* „Wissen ist Macht. Wichtige Informationen sind nicht für alle da."
    - *Neues Denken:* „Gehe mit Informationen so großzügig und transparent wie möglich um. Das baut Vertrauen und Glaubwürdigkeit auf. Am Ende sollten die Teilnehmer wissen, wie es weitergeht."

Zum Lernen

17) *Konventionelles Denken:* „Der Fokus des Lernens liegt auf der individuellen Ebene."
    - *Neues Denken:* „Der Fokus des Lernens liegt auch auf der kollektiven Ebene."
18) *Konventionelles Denken:* „Menschen lernen am besten, wenn sie die richtigen Informationen bekommen. Überzeugen heißt reden."
    - *Neues Denken:* „Menschen lernen am besten durch Erleben. Sorge also dafür, daß Inputs diskutiert werden, daß gemeinsam experimentiert werden kann, daß Theorieinputs erst nach dem Erleben gegeben werden und daß das Erlebte reflektiert wird. Überzeugen heißt fragen, im Dialog sein."

Zu den Problemlösungen

19) *Konventionelles Denken:* „Es geht darum, die Wurzel des Übels zu analysieren und dann zu eliminieren, um so das Problem zu lösen."
    - *Neues Denken:* „Es geht zuallererst darum, eine Vision von einer guten gemeinsamen Zukunft zu haben, die von möglichst vielen geteilt wird. Auf dem Weg der Umsetzung und durch das forcierte Ausschöpfen der Ressourcen lösen sich die Probleme oft von selbst."
20) *Konventionelles Denken:* „Die Welt ist zu komplex, um verstanden zu werden. Vereinfache Dinge auf die zentralen Botschaften, und sei immer positiv. Tritt die unangenehmen Dinge nicht breit."
    - *Neues Denken:* „Die Welt ist komplex, und Dinge sind nie schwarz oder weiß. Versuche, ein differenziertes Bild zu zeichnen, und akzeptiere vor allem weder Tabus noch Schönfärbereien. Menschen sind hochsensibel und merken, wenn man sie für dumm verkaufen will. Sage, wenn nötig, die ganze Wahrheit, auch wenn sie hart sein sollte. Damit erhöht sich die Wahrscheinlichkeit, gemeinsam aus einer schwierigen Situation herauszufinden."
21) *Konventionelles Denken:* „Veränderung ist ein zielorientierter Prozeß

von A nach B. Wenn man einen genauen Plan hat und sich die Leute konsequent daran halten, ist dies realisierbar."
- *Neues Denken:* „Veränderung ist kein linearer, sondern ein zirkulärer, permanenter Prozeß. Kaum ist man bei einem Teilziel angekommen, verschiebt sich die Definition des nächsten Ziels. Will man der Wirklichkeit Rechnung tragen, muß der Plan angepaßt werden. Der Schlüssel liegt in permanenten Reflexionsschleifen und in der Verschmelzung von Planung und Umsetzung."

Zur Vorgangsweise

22) *Konventionelles Denken:* „Mit mehr als 20 Personen kann man nicht interaktiv arbeiten. Teile die Leute in Untergruppen, und laß sie getrennt in ruhigen Räumen arbeiten."
- *Neues Denken:* „Man kann mit mehreren hundert Leuten interaktiv arbeiten. Wenn du sie in Untergruppen teilst, sollten sie trotzdem alle in einem Raum arbeiten; das erhöht die gesamte Energie und das Gefühl, einer Gemeinschaft anzugehören."

23) *Konventionelles Denken:* „Kleingruppen brauchen einen professionellen Moderator, sonst kommen sie zu keinem guten Ergebnis."
- *Neues Denken:* „Kleingruppen brauchen eine genaue Aufgabenstellung, aber nicht unbedingt einen professionellen Moderator. Ein Gruppenmitglied kann zum Beispiel das Zeitmanagement, ein anderes die Visualisierung, ein drittes die Präsentation übernehmen. Diese Rollen können im Rotationsprinzip vergeben werden."

24) *Konventionelles Denken:* „Konkurrenz zwischen den Teilnehmern ist gut, sie verhindert, daß die Autoritäten in Frage gestellt werden."
- *Neues Denken:* „Konkurrenz ist normal und bestenfalls zu minimieren. Dialoge produzieren oft Gewinner und Verlierer. Versuche dennoch, ein Klima der Offenheit gegenüber anderen Positionen zu etablieren."

Zu den Rahmenbedingungen

25) *Konventionelles Denken:* „Leute kommen nicht gerne zu einer Großveranstaltung, wenn sie früh (9.00 Uhr) beginnt und spät (21.00 Uhr) endet."
- *Neues Denken*: „Wenn Leute den Sinn der Veranstaltung verstehen und wissen, daß sie Mitverantwortung haben, ist die Zeit kein Thema."

26) *Konventionelles Denken:* „Eine Großveranstaltung funktioniert am besten mit Kinobestuhlung – den Blick nach vorne gerichtet."
- *Neues Denken:* „Man sitzt am besten in kleinen Kreisen (4 bis 10 Per-

sonen) oder an runden Tischen (Bistrobestuhlung). Das erinnert nicht an die Autoritätsbilder der Schule und setzt die Aktivität und die Energie der einzelnen in der Geborgenheit der Gruppe frei."

27) *Konventionelles Denken:* „Sorge für professionelle Technik: Folien, Videos, Dias usw."
   – *Neues Denken:* „Achte darauf, daß die Technik nicht dominiert, daß frontale Referate auf ein Minimum beschränkt sind." Leute erinnern sich nicht an Hochglanzfolien, sondern an ihr Erleben, an die Beziehungen, die sie geknüpft oder vertieft haben, an den Platz, an dem sie sich sozial eingebunden gefühlt haben.

28) *Konventionelles Denken:* „Pausen und Essen sind nicht wichtig."
   – *Neues Denken:* „Essen und Trinken bedeuten mehr als nur Nahrungsaufnahme – sie bieten Gelegenheit zu Begegnung und gemeinsamem Erleben. Essen ist ein Ritual, das Menschen einander näher bringt. Wenn die Leute eine lange Anreise haben, sorge dafür, daß sie sofort eine Erfrischung bekommen. Ein liebevolles Essen zu servieren vermittelt symbolisch Wertschätzung."

Zusammenfassend kann man die Resultate des konventionellen bzw. neuen Denkens im Kontext der Gestaltung von Großveranstaltungen wie folgt darstellen:

Resultate des konventionellen Denkens	Resultate des neuen Denkens
Abhängigkeit von Autoritätsfiguren (Verantwortung, Erfolg, Mißerfolg)	Individuelle und kollektive Verantwortung für Erfolg und Mißerfolg
Kritisieren des Verhaltens der Autoritäten, ihrer Entscheidungen (ihre Sache)	Übernehmen der gemeinsam gefundenen Richtungen (unsere Sache)
Wenig Kooperation	Viel Kooperation
Reaktion auf Veränderung: halbherzig, resignativ, ambivalent, widerständlerisch	Reaktion auf Veränderung: engagiert, bejahend, verläßlich
Kein kollektives Lernen	Lernende Organisation

6. Moderation von Großveranstaltungen

Abschließend möchte ich noch einige Faktoren, die mir bei der Moderation von Großveranstaltungen wichtig erscheinen, darstellen:

- eine kraftvolle energetische Präsenz;

- eine positive Persönlichkeit, die Vertrauen, Reife, Gelassenheit, Integrität ausstrahlt;
- Neutralität – es sollten weder Partikularinteressen noch manipulative Tendenzen spürbar sein;
- hohe Sensibilität für kollektiv Unbewußtes und für latente Themen;
- systemische Werthaltung (Vertrauen in Selbstorganisation, Prozesse usw.);
- Lust an offenen Prozessen;
- Anschlußfähigkeit an die Kultur, die Werte, die Sprache des Systems;
- der unerschütterliche Glaube an die Großgruppeninterventionsmethoden;
- Bewußtheit bezüglich der eigenen Stärken und Schwächen.

Literatur

Bette/Schimank: „Auszeit vom Alltag. Freistoß für die Seele"; in: *Psychologie Heute*, 7/97, S. 60–65.

Bohm, David: *Der Dialog*, Stuttgart: Klett-Cotta, 1998.

Bunker, Barbara B. & Alban, Billie T.: *Large Group Intervention*, San Francisco: Jossey-Bass 1997.

Claessens, Dieter: *Das Konkrete und das Abstrakte*, (stw) Frankfurt a. M.: Suhrkamp 1994.

Elias, Norbert: *Prozeß der Zivilisation*, Frankfurt a. M.: Suhrkamp 1997.

Freud, Sidmund: *Massenpsychologie und Ich-Analyse* (1921c); in: Gesammelte Werke Bd. 13, Frankfurt a. M.: S. Fischer 1972 (7. Aufl.).

Königswieser, Roswita: „Teams als Hyperexperten des Komplexitätsmanagements"; in: *Komplexität managen*, Wiesbaden: Gabler 1997.

Königswieser, Roswita, Exner, Alexander & Pelikan, Jürgen: „Systemische Intervention"; in: *Zeitschrift für Organisationsentwicklung 2/95*.

Kreeger, Lionel: *Die Großgruppe*, Stuttgart: Klett 1977.

Le Bon, Gustave: *Psychologie der Massen*, Stuttgart: Kröner 1982.

Leith, Martin: CLGI (Center for Large Group Intervention), Amsterdam 1997.

Nonake, Ikujiro & Takeuchi, Hirotaka: *Die Organisation des Wissens*, Frankfurt a. M.: Campus 1997.

Parin, Paul: *Die Weißen denken zuviel*, Hamburg: Europäische Verlagsanstalt 1993.

Weber, Gunthard: *Zweierlei Glück*, Heidelberg: Carl Auer Verlag 1997.

3 Reflexionen zum Thema *Massen und faschistoide Phänomene* und zur Organisation von Großgruppen

Peter Heintel

Vorbemerkung

Schon der Begriff *Großgruppe* ist von eigentümlicher, Mißverständnisse provozierender Qualität. Er suggeriert, daß Massen als Gruppen auftreten können, daß wir also imstande sind, große Gruppen zu bilden. Wir wissen aber aus der Gruppendynamik, daß jede Gruppe, deren Maximalgröße 15 Personen übersteigt, in Untergruppen zerfällt. Vielleicht entspricht der Begriff dem geheimen Wunsch, auch eine Ansammlung vieler Menschen als Gruppe zu verstehen und zu organisieren, weil eine solche uns als vertrauter, emotionell „verständlicher", auch übersichtlicher und leichter kontrollierbar erscheint – womit wir bereits beim zweiten Begriff unseres Themas, dem *Faschismus*, wären.

Was dieser alles beinhaltet, läßt sich hier nicht aufzählen. Für unseren Zusammenhang könnte aber folgende Hypothese als Ausgangspunkt dienen: Faschismus entsteht aufgrund einer gewollten oder ungewollten (populistisch-manipulativen) Übertragung von Gruppengefühlen, -strukturen, -befindlichkeiten auf viele Menschen, ja Menschenmassen. Und zwar handelt es sich dabei um Gefühle, die unreflektiert wirksam sind. In der Masse bekommen sie dann sozusagen eine energetische Aufladung: Sie werden intensiver, gewaltsamer, mitreißender und lösen individuelle Distanzierungs- sowie kollektive Reflexionsmöglichkeiten *tendenziell* auf. Massen können dann nur innerhalb und mit Hilfe dieser Gefühle „gesteuert" werden. Gelingt dies, sind sie für jedes beliebige Ziel einzusetzen, aber auch zu mißbrauchen.

Auf der anderen Seite neigen unaufgeklärte Gruppen, das heißt solche, die ihre Bedingungen, Strukturen, Prozesse, Grenzen etc. nicht reflektieren und sich folglich auch nicht bewußt steuern, in ihren „starken Emotionen" ebenso zu faschistoiden Verhaltensweisen: Ausgrenzung von „Fremdelementen", Gruppendruck und Gleichmacherei, Unterdrückung von „spaltender" Opposition, Außenseiter-/Symptomträgerbildung etc. Und wie wir wissen, ist für das Überleben von Gruppen ein gewisses Quantum dieser Emotionen und Verhaltensformen notwendig – es kommt nur auf die „Dosis" an. In gruppendynamischen Lernsettings soll man nun diese Emotionen besser kennenlernen, aber auch das rechte „Maß" im Umgang mit ihnen finden. So gesehen hieße *Gruppendynamik*: Aufklärung der Gruppe über sich selbst – zum Zweck besserer Eigensteuerung.

Warum sehen wir eine Ansammlung vieler Menschen gerne als „Groß-Gruppe"?

Organisationsdiagnosen beweisen eines stets aufs neue: Während die Organisation als Ganzes emotionell eher negativ besetzt ist, kommt man meist mit seiner eigenen Abteilung ganz gut zurecht. Über die Organisation schimpft man gern, den eigenen Arbeitsbereich will man eher schützen. Diagnosen, die diesen Widerspruch klar herausstellen, werden oft als unwissenschaftlich abqualifiziert, weil Wissenschaft mit unauflöslichen Widersprüchen schlecht umgehen kann.

Ebenso bestätigen sich Vorstände („Systemrepräsentanten und allgemeine Normträger") gern ihre schlechte Meinung bezüglich ihrer Mitarbeiter, die anscheinend nicht logisch denken können – müßten sie doch sonst einsehen, daß die Organisation als Ganzes maßgeblich daran beteiligt ist, wenn es einzelnen Bereichen gutgeht. Es gehört zur Rolle von Vorständen, daß ihnen der Sinn für Unterschiede und Widersprüchlichkeiten allmählich abhanden kommt. Sie fühlen sich für „das Ganze" – auch für alles Negative – verantwortlich und müssen sich damit identifizieren. Und sie wollen, daß dies nach Möglichkeit *alle* Mitarbeiter tun. Wenn nicht, muß man sie dahin gehend motivieren.

Als Medium, damit aus einer rein funktionellen Organisation ein Ganzes wird, mit dem man sich auf emotioneller Ebene identifizieren kann, erachten viele die *Großgruppe* für geeignet und sind um deren Zustandekommen bemüht.

Diese organisationsdiagnostische Feststellung wurde schon sehr oft durch das Resultat einer Assoziationsübung zu den Begriffen *Gruppe/Team*, *Organisation* und *Institution* bestätigt. *Gruppe/Team* wird zunächst übereinstimmend emotionell positiv besetzt (Teamgeist, Zusammenarbeit, Wirgefühl, Kreativität etc.), und erst nach längerer Zeit können auch negative Besetzungen auftauchen (Gruppendruck, soziale Kontrolle). Im Gegensatz dazu dominiert beim Begriff *Organisation* zunächst die negative Besetzung (starr, Bürokratie, Hierarchie, Macht, Anonymität), erst später kommen positive Assoziationen (Sicherheit, Notwendigkeit etc.) hinzu. Beim Institutionsbegriff halten sich Positiva und Negativa die Waage (z. B. heilig, Ehrfurcht – versus Dogma, Erstarrung). Dieses wiederholt erzielte Resultat läßt den Schluß zu, daß bezüglich Gruppen zunächst emotionsgeleitete Assoziationen für die positive Seite plädieren und erst später Vernunft, Reflexion und Distanz die negative Seite hinzufügen. Organisationen werden umgekehrt bewertet, nämlich vorerst negativ, und erst Nachdenken bringt positive Einsichten. Institutionen werden gleich von vornherein doppelt besetzt. Dies hängt mit ihren Funktionen zusammen, die immer noch als wichtig und unverzichtbar angesehen werden (Entlastung hinsichtlich Reflexion, Entscheidung und Autonomiegebrauch, Verwaltung von unauflösbaren Grundwidersprüchen wie Leben und Tod, Mann und Frau etc.), wenngleich es auch schlechte Erfahrungen mit ihnen gibt (entmündigender Dogmatismus, unbegründbarer Wahrheitsanspruch etc.).

Unsere Ursachenforschung – warum es zu dem beschriebenen Ergebnis kommt – hat mehrere Ebenen identifizieren lassen:

- Allem Anschein nach sind wir als sinnliche Wesen bis in unsere gesamte Physiologie hinein Gruppenwesen. Wir können nur mit einer begrenzten Anzahl von Menschen kommunizieren und bestimmte Gefühle (Vertrauen, Liebe, Freundschaft, Geborgenheit – also vor allem positive Emotionen) nur in direkter Kommunikation entwickeln.
- Historisch gesehen, lebten Menschen über einen weit größeren Zeitraum in Gruppen und gruppenähnlichen Konstellationen als in Organisationen (letztere gibt es in der uns bekannten hierarchischen Form erst seit 2000 bis 10 000 Jahren). Man darf sogar davon ausgehen, daß die Menschen in Organisationen „hineingezwungen" wurden, und zwar durch äußere und innere Umstände (Klima, Überbevölkerung, Kriege, Unterwerfungen), und andernfalls keinen Anlaß hatten, ihr Gruppenleben aufzugeben. Wo diese „zwingenden Umstände" nicht eintraten, haben Menschen bis heute in Gruppenkonstellationen überlebt. Das bedeutet aber, daß es von Beginn an einen Konflikt, zumindest aber einen Widerspruch zwischen Organisation (Hierarchie) und Gruppe gab.
- Gruppen tendieren emotionell immer zur „Selbstgenügsamkeit" und zur Auflösung von Organisation. Daher muß diese dafür sorgen, daß Gruppen nicht zu stark werden (etwa durch Vereins- und Versammlungsverbot). Die neuzeitliche „Organisationsexplosion", die Ausdifferenzierung unserer Gesellschaft, hat diesen Widerspruch noch verschärft und alle „klassischen" Gruppierungen aufgelöst (Dorfgemeinschaften, Zünfte und Gilden, Adelsfamilien etc. – neuerdings steht die Familie auf dem Prüfstand). Damit hat sie zwar das Prinzip *Individuum* forciert (bis zu den Singles), zugleich aber „Heimatlosigkeit" erzeugt und Defizitgefühle angehäuft, die jederzeit ausbrechen können. Darüber hinaus „weiß" die Organisation, daß sie ohne Gruppen nicht funktionieren kann (gemeint sind nicht nur Projektgruppen und -teams, sondern auch übersichtliche Abteilungen, die Gruppencharakteristika reproduzieren).
- Man muß aber zur Kenntnis nehmen, daß Gruppen Organisationen unter anderem auch deshalb negativ wahrnehmen, weil sie sich permanent von ihnen gefährdet fühlen. In Betracht zu ziehen ist zudem, daß die Organi-

sationsentwicklung der Neuzeit einiges an Defizitgefühlen angehäuft hat: Es ist eine oft irrationale, verklärende Sehnsucht nach Gruppen entstanden. Verstärkend kommt noch hinzu, daß dieselbe Entwicklung die Autorität der Institutionen zerstört (Säkularisierung), so daß auch diese in immer geringerem Maß für Geborgenheitsprojektionen zur Verfügung stehen.

Eine Zeitlang versuchten Organisationen, diese Defizite aufzufangen, indem sie Aufgaben übernahmen, die nicht unmittelbar zu ihrem „Produktionsziel" gehörten („Werkssport", Erholungsheime, Betriebsfeste etc.). Sie machten aus dem jeweiligen Unternehmen sozusagen einen eigenen „Mikrokosmos". Die radikale Durchsetzung betriebswirtschaftlicher Logik macht dieses (Universal-)Angebot rückgängig; zugleich wird mehr Flexibilität benötigt und das Ausmaß an Kommunikation und Kontakten reduziert. Es scheint, menschheitsgeschichtlich gesehen, um eine wichtige Frage zu gehen: Können wir uns (auch sinnlich-physiologisch) zu gruppenunabhängigen, „heimatlosen" Organisationswesen entwickeln, oder brauchen wir, wo auch immer, so etwas wie eine unverrückbare Gruppenheimat, einen „sicheren Hafen"? Ich vermute, daß beides zutrifft, was aber die emotionell positive Besetzung von Organisation nicht unmittelbar erleichtert.

Ein naheliegender Ausweg ist der „alte" Versuch, die Organisation als große Gruppe erscheinen zu lassen. Großveranstaltungen dienen oft diesem Zweck, die Festreden strotzen von Gruppenmetaphern („Wir sitzen alle im selben Boot, ziehen am selben Strang, sind alle eine große Familie" etc.), und tatsächlich stellen sich die erwünschten Gefühle auch ein. Daß in derlei *Corporate-identity*-Veranstaltungen eine gewisse Nähe zu faschistischen Veranstaltungen wahrgenommen werden kann, ist wohl nicht zu leugnen. Die „Hochstimmung" solcher Veranstaltungen läßt sich aber nicht ins Tagesgeschäft übertragen und schon gar nicht den Daheimgebliebenen vermitteln. Dort beweisen die Organisationen ihre nüchterne Funktionalität, und der einzelne ist wieder auf sich und diese Nüchternheit zurückgeworfen. Dennoch ist die Situation latent ständig faschismusanfällig (immer mehr Unternehmen erfinden „Schlachtrufe" und verwenden sie bereits rituell).

- Im allgemeinen erleben wir bis zu unserem Eintritt ins Berufsleben unsere unmittelbare Umgebung gruppenmäßig strukturiert (Familie, Kindergarten, Schulklasse, Sportvereine, Jugendbanden etc.). Wenn wir dann mit Bewußtsein in Organisationen eintreten, müssen wir zur Kenntnis nehmen, daß unsere „emotionelle Bildung" weitgehend abgeschlossen ist. Wir können daher zunächst mit ihnen nicht viel anfangen, manche von uns nehmen sie als solche gar nicht wahr, manche lernen es ihr Leben lang nicht, in Strukturen zu denken. Organisationen „lassen uns kalt", interessieren uns eigentlich nicht. Nun haben diese aber den Hang dazu, sich uns aufzudrängen, uns zu beschäftigen und nicht in Ruhe zu lassen. Wir müssen auch feststellen, daß sie einiges mit uns anstellen, daß wir als einzelne ihnen gegenüber ohnmächtig sind. All dies zusammengenommen erklärt, warum wir Organisationen als negativ wahrnehmen. Nachweisbar wird daher immer wieder versucht, das ganze anonyme Gebilde in bekanntere Gruppenstrukturen umzudefinieren und danach zu gestalten (so werden familiale Muster übertragen, Männerclans und Seilschaften gegründet, private Freundschaften geschlossen etc.). *Eine* Form dieser Umgestaltung ergeht sich in Großgruppenphantasien. Hintergrund dafür ist der „Sicherheitswunsch" – mit allen anderen gleichsam in frühkindlicher Geborgenheit zu verschmelzen. Auch diese Verschmelzung hat faschistoide Züge, weil Individuen als gesonderte, unterschiedene Elemente in ihr gar nicht mehr vorkommen dürfen.

- Einen letzten Grund für die genannten emotionellen Besetzungen fanden wir in den Auswirkungen der funktionellen Reduktion von Personen in Organisationen und den damit verbundenen ständigen narzißtischen Kränkungen. Zwar wird man davon ausgehen müssen, daß die Vielfalt unserer Organisationen und die Forderung nach Mehrfachzugehörigkeiten maßgeblich an der Herausbildung der Individualität beteiligt waren, daß der Zwang zur Rollenvielfalt auch einen sich frei entscheidenden einzelnen erforderte – diese aus einem „Gruppen-Ich" (normativ fremdbestimmt) sich herausentwickelnde Person wurde aber zu „mehr", als die Organisation für sich verlangte.

Ihr ging es um bestimmten Personen zuteilbare *Funktionen*. Deren Zusammenspiel sollte das jeweilige Organisationsziel erreichbar machen und auf Dauer absichern. Funktionen müssen ausgeübt werden, und die Ausübung muß Bestand haben (siehe – immer noch – Stellenbeschreibungen), Personen können und müssen, wenn sie dem nur mangelhaft entsprechen, ausgetauscht werden. Im Vordergrund steht Leistungsgerechtigkeit, nicht Bedürfnisgerechtigkeit.

Traditionelle Gruppenkonstellationen vereinigen im allgemeinen noch beides. Bis heute fällt es daher Gruppen schwer, Mitglieder zu entlassen, selbst wenn diese nicht das leisten, was man von ihnen verlangt (z. B. Alkoholiker!). Dorfgemeinschaften, Handwerksbetriebe etc. waren immer auch familiale Fürsorgebetriebe, und selbst Sklavenhalter waren für das Wohl ihrer Sklaven verantwortlich. Zwar sprechen auch noch heute Organisationen von ihrer „Fürsorgepflicht" und vom Mitarbeiter als „größtem Kapital"; wenn aber aufgrund der Wettbewerbslogik Rationalisierungen angesagt sind, wird auf Bedürfnisse von Personen nur wenig Rücksicht genommen. Man spürt zwar quer durch solche Unternehmen einen Hauch von Mitleid, schlechtem Gewissen und Bedauern, zugleich muß aber verdrängt und rationalisiert werden. Die Überlebensnotwendigkeit der Gesamtorganisation zwingt diese, sich gegen ihre überflüssig gewordenen „Elemente" zu kehren.

Die aus einem eher kollektiven Gesamtwesen sich entwickelnde neuzeitlich-europäische Person war aber von Anfang an kein organisationsadäquates Geschöpf, vielmehr ein vielschichtiges, sich seiner vielen Facetten nicht bewußtes Wesen. Dieses hatte einerseits noch das ganze Vergangenheitsgepäck mit sich zu tragen (eindeutige Gruppenzugehörigkeit und deren Verlust), wurde aber auf der anderen Seite als freie moralische Instanz mit Gewissensanspruch und Autonomiezumutungen konfrontiert und schließlich im Arbeitsprozeß funktionalisiert (Beruf, Spezialisierung etc.). Dieses Gemenge ist bis heute schwer zu integrieren, daher steht immer wieder das Thema *Identität* im Vordergrund. Auch wenn es den Anschein hat, als hätten wir endlich das Individuum in seiner Totalität herausgebildet (Single, Wertepluralismus, Homo oeconomicus, menschenrechtsabgesicherte Person etc.), muß bezweifelt werden, ob wir am Ziel angelangt sind. Vielmehr scheinen die traditionellen „Identitätsangebote" immer mehr im Schwinden begriffen, was das Individuum zu einer seltsamen „Sozialabstraktion" werden läßt.

Die funktionelle Reduktion der Organisationen war für deren Spezialisierung, Ausdifferenzierung und für deren Fortschritt unumgänglich. Daß das Defizite mit sich brachte, sowohl für Gruppen als auch für die Entfaltung und Entwicklung von Individuen, mußte in Kauf genommen werden, wenngleich man Kompensationsangebote entwickelte (Organisation als Mikrokosmos; paternalistische Strukturen; „Kraft durch Freude", Clubs; die Trennung von Beruf und Freizeit – nach dem Motto „Hier Funktion, dort ganzer Mensch"; mehr Bezahlung – als Schmerzensgeld für Selbstverlust; Erweiterung des Konsumangebots – als „Selbstverwirklichungsszenerie"; Erfindung diverser Ehrenämter, kommunitaristischer Einrichtungen etc.). Viele dieser Angebote sind auch heute noch in Kraft, wobei sie durch mediale Unterhaltungsangebote bereits übertroffen werden (Fernsehen, Internet etc.). Man kann also wirklich nicht sagen, daß sich unsere Gesellschaft nicht bemüht hätte, die durch Organisationen auftretenden Defizite zu mildern, zu reduzieren oder gar zu beseitigen.

Gegenwärtig werden hier deutlich Grenzen sichtbar, zugleich tritt ein neuer Widerspruch auf. Grenzen finden sich auf mehreren Ebenen: Die Verschärfung des Wettbewerbs im ökonomischen System verstärkt den funktionellen Reduktionismus, vor allem weil Zeit und Effizienz besondere Bedeutung gewinnen – man soll immer rascher und pausenlos auf seinem Gebiet tätig sein. Arbeitslosigkeit begleitet als Gespenst die gesamte Arbeitswelt. Die Organisation garantiert nicht länger den Arbeitsplatz, das individuelle Überleben. Sie agiert nur noch eingeschränkt loyal, bietet immer weniger Existenzsicherung und emotionelle Heimat, auch der Umgang miteinander wird flüchtiger und rauher. Das Private verliert immer mehr seine traditionelle Strukturiertheit und ist somit keine Alternative mehr. Konsum muß man sich leisten können – ist das der Fall, befindet man sich vielfach bereits in der „Masse" und kann sich kaum entfalten oder profilieren (siehe Markenhysterie). Bleiben noch die Betäubung mit Hilfe der Medien und gewisse Sekten, die in die Lücke springen.

Auf der anderen Seite ist aber auch klar geworden, daß selbst unsere „rationalsten" Organisationen mit funktioneller Reduktion nicht länger zufrieden sein können. Man braucht „mehr Mensch" – so zum Beispiel den risikofreudigen Unternehmer vor Ort, der verantwortlich, teamfähig, kooperativ, vielleicht sogar „visionär" ist, jedenfalls aber kundenorientiert seine Geschäfte wahrnimmt und dazu auch noch seine Mitarbeiter zu motivieren weiß. Man kann all dies zwar auch unter funktionellen Gesichtspunkten verstehen wollen, allerdings bringt es nicht weiter, wenn man so unterschiedliche Eigenschaften und Fähigkeiten unter einem Begriff zusammenzufassen versucht; zum Beispiel passen Fachwissen und Führungsverhalten nicht in eine Kategorie.

Der Widerspruch (funktionale Reduktion – „mehr Mensch") bedürfte einer adäquaten Ausbalancierung. Dafür aber braucht man Zeit, Raum und eine Reduktion des alltäglichen Drucks und der vordergründigen Effizienzanforderungen. Keinesfalls brauchbar hingegen ist die latente Angst um den Arbeitsplatz. Also wird sie eher durch einseitiges Entsprechen (Effizienz, Aktionismus) verdrängt, als daß sie dem Management des Widerspruchs dient.

Es darf nicht verwundern, daß diese Gesamtlage Regressionsmuster auf den Plan ruft, die sogar dazu führen können, daß man plötzlich wieder in Organisationen Heil und Geborgenheit sucht, also Großgruppenphantasien entwickelt. So verantwortlich, wie die alten Institutionen für uns gesorgt haben, sollen es einfach auch die gegenwärtigen Organisationen machen. Es bedarf nur tüchtiger, visionärer Führer und bereitwilliger Gefolgschaft. Die Organisation muß wiederum zu einem „Gesamtkörper" zusammenschmelzen; man braucht eine einheitliche Unternehmenskultur, gemeinsame Leitbilder und Führungsgrundsätze, vielleicht sogar eine Uniform. Alle diese Außenhalte kompensieren auch die Angst vor Zugehörigkeitsverlust und verschleiern im Ernstfall die funktionale Brutalität. Je mehr man sich emotionell „dabei" fühlt, um so geringer die Angst vor möglichem Ausgeschlossenwerden.

Aus zumindest zwei Gründen funktionieren diese alten Identitätsmuster aber nicht mehr: Erstens haben größere Organisationen keine einheitliche Unternehmenskultur mehr – sie wäre auch dysfunktional; zweitens braucht man immer mehr selbständige und über sich aufgeklärte Individuen und Gruppen, und gerade die lassen sich *nicht* in einen anonymen Sozialkörper einschmelzen.

Großgruppe und Masse

Daß „Massen" zum Erscheinungsbild unseres Jahrhunderts zählen, dürfte unbestritten sein. Der Begriff hat auch Eingang in die unterschiedlichsten Bezeichnungen gefunden, um dort Größe und bestimmte Strukturmerkmale zu signalisieren (Massenproduktion, -ware, -universität, -mensch). Wenn man aber nach einer eindeutigen Begriffsbestimmung sucht, wird es schwierig: Sieht man von einer quantitativen Ausrichtung ab (die allerdings ebenfalls nebulös wird, wenn man vom einzelnen als typischem Massenmenschen spricht), gibt es geradezu gegensätzliche Bedeutungszuordnungen zu *Masse*. Sie wird nämlich zum einen als Menschenmenge verstanden, die sehr wohl unter einem gemeinsamen Ziel zusammenfaßbar ist („Massenkundgebung"), zum andern aber als unstrukturierte, ziellose, zusammenhanglose Ansammlung von Menschen. Um zu verstehen, wie es zu diesen gegensätzlichen Bedeutungen kommt, müssen wir uns ein wenig mit der Entstehungsgeschichte von Massen auseinandersetzen. Dabei könnte sich herausstellen, daß die Sehnsucht nach der Großgruppe eine Reaktion auf diesen Gegensatz ist.

Es gibt die Ansicht, wonach „Massen" mit der Entstehung von Stadtstaaten, also von größeren Sozialgebilden, auftreten. Als man begann, aus der Verbindung von Stämmen Reiche zu formieren, erforderte das Organisation, und zwar im Sinne einer Ordnung infolge indirekter, anonymer Kommunikation. Wenn man also unter *Masse* eine Zusammenballung vieler Menschen versteht, die direkt miteinander nichts zu tun haben müssen, kann man für ihr Entstehen die Zeit der Stadtstaaten annehmen. Massen haben jedenfalls etwas mit Quantität und Anonymität zu tun.

Bis noch in die Neuzeit hinein wurden diese Massen aber nicht wirksam, ausgenommen in Zeiten des Umbruchs, in denen die jeweiligen Ordnungen zerfielen (z. B. im späten Rom und während der Völkerwanderungen). Die feudal-agrarische Gesellschaft sorgte nämlich sowohl für eine durchgreifende Beibehaltung von Gruppenstrukturen (Dorfgemeinschaften, familiale Adelskonstellationen) als auch für eine meist im Transzendenten begründete ständische Ordnung, die eine Bewegung unstrukturierter Massen gar nicht zuließ. Letztere traten also nur „wohlgeordnet", das heißt einem Zweck und Ziel untergeordnet, auf.

Erst unsere neuzeitliche Geschichte hat jene Masse hervorgebracht, die an sich keine Bestimmung mehr hat, wo also alle Abgrenzungen tendenziell aufgelöst werden und allem Anschein nach nur mehr „die reine Quantität" übrigbleibt. Voraussetzung für ihr Entstehen waren mehrere Maßnahmen und Ereignisse. Einige möchte ich hier nur nennen, aber nicht näher beschreiben:

- Die alten, „transzendent" begründeten ständischen Organisationen wurden aufgelöst und allmählich in die Eigen- und Organisationsverantwortung der Menschen überführt. (Vorläufiges Ende: die Demokratie, in der ein „Volk" souverän über sein Schicksal bestimmt; in ihr „herrschen" das Gleichheits- und das Quantitätsprinzip. Beide entgrenzen Bestimmung, Unterschiede und Qualität und fördern Massen. Daher das Problem jeder Demokratie: Wie bzw. wodurch kann eine Politik, die gestalten will, Massen strukturieren bzw. „gewinnen"?)
- Infolge der neuen Arbeits- und Wirtschaftsformen verlagert sich die Dominanz von der agrarischen zur industriellen Wirtschaft. Die alten Gruppenkonstellationen sind nicht mehr brauchbar. Für die beginnende „Massenproduktion" braucht man Massen, das heißt viele einzelne Menschen, die jeweils bestimmten Funktionen unterworfen und über deren Zusammenwirken einem bestimmten Ziel verpflichtet sind. Sonstige Bindungen und soziale Zugehörigkeiten sind eher nebensächlich – sie werden ins Private ausgelagert.
- Die verschiedenen „Individualisierungsschübe" haben uns nicht bloß die „Grund- und Freiheitsrechte" (personenbezogen) beschert, sondern auch den Homo oeconomicus, der – zur Wahrnehmung seiner eigenen Interessen aufgefordert – sich selbst im Zentrum des Geschehens erkennen muß. Ein wirtschafts- und konsumförderlicher Egoismus zerstört tendenziell Strukturierungen auf anderen Ebenen; alte „Solidaritäten" (Massenordnungsphänomene) zerfallen. Unabhängige, ungebundene „Singles" und Massen, die durch Konsumangebote und -differenzierungen zu ordnen versucht werden, stehen einander gegenüber.
- Die Freiheits-, Moralitäts- und Autonomiezumutung hat die fremdbestimmende Autorität der Institutionen (vor allem der religiös-weltanschaulichen) als Massenordnungsorganisationen geschwächt bis überflüssig gemacht und somit das Ihre zur Massenentwicklung beigetragen. Man will zwar einerseits gerne auf moralische und normative Bevormundung verzichten, aber andererseits die Autonomie auch nicht so ganz annehmen – zeigt sich doch, daß Freiheitsgebrauch anstrengend, risikoreich, oft auch überfordernd sein kann. Man sucht diesbezüglich Entlastung, findet sie aber nicht, jedenfalls nicht länger in den alten Institutionen oder abgesicherten Gesellschaftsschichtungen. Damit eröffnet sich ein Feld höchster Handlungsdiffusität zwischen Autonomiegebrauch und Überforderungsgefühlen – hier sind unsere „Massen" angesiedelt. „Großgruppensehnsüchte" entspringen meines Erachtens auch dem Wunsch, dieser Diffusität zu entkommen – indem man entweder als „Individuum" aufgelöst wird (mit einem Gesamtwillen verschmilzt, seine „einsame Autonomie" aufgeben kann) oder wieder eine klare Ausrichtung (Ziel, Vision etc.) bekommt.

- Quantität als Ordnungsprinzip, als handlungsorientierte Kategorie, löst – jedenfalls nach der Hegelschen Logik – jegliche unmittelbare, naturwüchsige Qualität auf. Wenn in den Massenbildungen diese Kategorie als letzte Bestimmung übrigbleibt, so wäre dann zu fragen, was denn alles aufgelöst wird. Einiges haben wir schon genannt. Spitzt man aber die bisherigen Befunde zu, so läßt sich *Masse* seltsamerweise auch noch ganz anders bestimmen, nämlich als Dasein abstrakter Freiheit, als Überwindung aller traditionellen Fremdbestimmung, als ständige Opposition zu aller Ordnung, Regelung. Diesen Charakter hatte sie auch schon in früheren Umbruchszeiten, und er ist es auch, der von allen Ordnungsmächten gefürchtet wird. Jede „Massendemonstration", die ja in erster Linie *gegen* etwas ist, zeigt diese Tatsache aufs neue. Umgekehrt bedarf die abstrakte Freiheit der Masse, denn nur in ihr ist sie stark, kann sich gegenüber der Macht des Bestehenden nachhaltig in Erinnerung bringen. Individuelle Autonomie ist zu schwach, eine kollektive Form muß an ihre Stelle treten, und diese ist zunächst leer, unbestimmt, reine Differenz, nur mächtig über das quantitative Argument.

Betrachtet man Masse unter diesem Aspekt, fällt der pejorative Charakter, in dem sie fast ausschließlich bezeichnet wird. Sie ist dann nämlich nichts mehr und nichts weniger als das Pendant zu einem weltgeschichtlich wirklich gewordenen Freiheitsbewußtsein, das sich nicht nur individuell, sondern auch kollektiv zum Ausdruck bringen will. Was aber immer noch die Masse so bedrohlich macht, ist die Tatsache, daß sie eben nur das erste, abstrakte Moment von Freiheit (reine Quantität) ist – und als solches willkürlich. Hinzu kommt, daß sie Ort aller möglichen diffusen und sich vermengenden Projektionen ist. Gelänge es aber, sie in dieser Form zu fassen und zu begreifen, wäre sie nicht mehr so gefährlich, und man könnte mit ihr sogar „operieren". Dann hätte auch die Frage wieder Bedeutung: Wie können Massen zugleich akzeptiert und im Bewußtsein ihrer Vorläufigkeit organisiert werden, ohne daß sie wiederum fremdbestimmt, von außen manipuliert werden müssen?

Betrachtet man Massen aus dieser Perspektive, gelangt man unweigerlich zu Themen gegenwärtiger Organisationsgestaltung. Diese muß nämlich immer mehr davon ausgehen, daß die alten hierarchischen, funktionalen Ordnungen ihre Aufgabe nicht mehr optimal erfüllen. Man hört daher viel von „lernenden Organisationen", größtmöglichen Autonomien, Subeinheiten, von „Kontextsteuerung", die nur noch Rahmenfestlegungen durchführt; von den einzelnen Mitarbeitern werden hohe Flexibilität, viele Mehrfachzugehörigkeiten, Risikobereitschaft, „unternehmerisches" Denken und Handeln, aber auch persönliche und kollektive Selbststeuerung verlangt.

All diese Forderungen sind vielfach detailliert beschrieben worden. Für unsere Überlegungen weisen sie zwei Richtungen:

Erstens: Ein durch Jahrhunderte geltendes Ordnungsprinzip, die hierarchische Struktur, ist in einer fundamentalen Krise. Außenbestimmung (Vorgesetzte haben die bessere Übersicht und damit die „höhere Weisheit") funktioniert nicht mehr – zumindest bedarf sie der „Ergänzung" durch weitreichende Selbstbestimmung bzw. Selbststeuerung, und zwar nicht bloß einer individuellen, sondern einer kollektiven.

Selbstbestimmung erfordert aber einen neuen „Freiheitsgebrauch", der sich gegen jegliche Fremdbestimmung richtet, deren „Vernünftigkeit" ihr nicht evident ist. Diese Freiheit wurde im Zuge der Aufklärung dem Individuum und seinem Gewissen zugeteilt. Die übrigen Gesellschaftsformationen blieben mehr oder weniger hierarchischer Außenbestimmung unterworfen. Nun aber brauchen wir „kollektive Autonomien" (Selbststeuerungen), in die wir allerdings noch kaum eingeübt sind, vor allem gibt es noch zu wenige organisatorische Unterstützungsmaßnahmen. So braucht man zum Beispiel für die Wahrnehmung kollektiver Autonomien institutionalisiertes Feedback – ich kenne aber kaum ein Unternehmen, wo dieses wirklich flächendeckend eingeführt wäre.

Zweitens: Die Krise des alten Ordnungsprinzips erzeugt aber in Verbindung mit den neuen Anforderungen (Flexibilität, Autonomie) tendenziell unstrukturierte Massen – quasi als Vorläufigkeits- und Übergangsphänomene. Zugehörigkeiten diffundieren, und die im hierarchischen Ordnungsgerüst verankerte Sicherheit wird brüchig. Die Aufgaben, um selbst in und mit seiner Umgebung gestaltend aktiv zu werden, vervielfältigen sich. Für deren Bewältigung braucht man aber die anderen, und zwar als selbständige, *unbefangene*, ebenso „frei" handelnde Personen. Vorstellungen, Ziele, Pläne, Vorgangsweisen müssen gemeinsam immer wieder aufs neue entworfen, reflektiert und überprüft werden. In unserer Konsequenz: Man muß immer wieder Strukturen auflösen und neue bilden, was den Hauptanteil des „Veränderungsdrucks" ausmacht.

Daraus folgt – spinnt man diesen Gedanken weiter –, daß man immer wieder „Massen" braucht, also Strukturdiffusität, um aufs neue beginnen zu können. Die Frage lautet dann nicht mehr: „Wie sind Massen vermeidbar?", sondern: „Welche Organisationsformen ermöglichen es, Massen nicht nur zuzulassen, sondern diesen auch zu helfen, sich jeweils neu zu strukturieren?

Hier bedarf es neuer Gestaltungs- und Prozeßkompetenz, andernfalls bleiben Angst und Mißtrauen gegenüber Massen höchstwahrscheinlich bestehen, was auf die altbekannten Reaktionsmuster zurückgreifen läßt: Gegen die Unsteuerbarkeit von Massen fordert man „starke Führungspersönlichkeiten" (charismatische Visionäre), gegen die Diffusität sucht man Leitbilder –

zwecks neuer Identitäten. Faschistoide Tendenzen sind hier stets nahe – und tatsächlich scheinen sie uns durchaus auch emotionell anzusprechen (das „Feuer" von Großgruppen). Es geht den Organisationen hier nicht viel besser als unaufgeklärten Gruppen: Auch wenn der Rückfall in früher „bewährte" Sicherheitsmuster immer weniger Erfolg hat, wird er dennoch immer wieder versucht.

Eine Alternative sehe ich nur in einer neuen Selbsterfassung von Massen, wofür Organisationsformen entwickelt werden müssen. Und hier gewinnt das Großgruppenthema neuen Sinn. Die angewandte Gruppendynamik hat meines Erachtens als erstes den Beweis dafür erbracht, daß sie Selbsterfassung und Selbststeuerung ermöglicht, daß sich „aufgeklärte Gruppen" entwickeln können. Wahrscheinlich wird man auch in Zukunft zur Steuerung von Organisationen (Massen) auf dieses „Sozialelement" nicht verzichten können. Allerdings muß das Thema *Kooperation/ Koordination* neu geregelt werden. Es geht nicht mehr bloß um Gruppen, sondern um viele Gruppen, aus denen Organisationen zu ermitteln sind. Gelingt dies, können wir uns mit dem Terminus *Großgruppe* vielleicht neu anfreunden.

Es ist aber nicht bloß die alte Ordnungsstruktur an die Grenze ihrer Sinnhaftigkeit gelangt, sondern es zerfallen auch die meisten der sie stützenden Fundamente: Unternehmensidentitäten lösen sich schon wegen der Größe und Internationalität der Betriebe auf. Und trotz aller „Kerngeschäfte" bringt die fortschreitende Differenzierung auch unterschiedliche Kulturen. (Der Kassierer einer Bankfiliale repräsentiert etwas ganz anderes als der Investmentbanker, der Entwickler der S-Klasse etwas anderes als der des „Swatch-Mobils".) Regionale Identitäten werden immer dünner (Auspendeln, Globalisierung der Produktion, Relativierung von Sitte und Brauch), und die Megastädte sind kaum imstande, städtische Einheit zu schaffen.

Man versucht, Leitbilder an die Stelle der alten personalen Autoritäten zu setzen – meist bleiben sie Allerweltsweisheiten auf Glanzpapier, weil ihre Umsetzung der genannten Organisationsaufwendungen bedürfte. Daher finden die meisten Teilnehmer von Leitbild-Erstellungen den Prozeß dorthin interessanter als das geglättete Resultat. Leitbilder können zwar orientierende Ordnungsfunktion übernehmen, aber nur wenn auch ihre Konfrontation mit der Realität organisiert ist.

Auch das Leben von Visionären ist in dieser beschleunigten Zeit immer kürzer befristet. Zwar tauchen in „Massenzuständen" immer gleich Autoritätswünsche auf, aber es wird ihnen kaum längerfristige Befriedigung zuteil, und bald findet sich Kritisches.

Wertschöpfungsketten, Auslagerungen, Zulieferorganisationen, die Gründung von Unternehmen *in* Unternehmen usw. – all diese Einrichtungen und Praktiken zerstören alte Ordnungen und Identitäten. Diese sind nämlich an möglichst klare Grenzen gebunden. Weltweite Fusionen und Zusammenarbeiten (Globalisierung), die technologischen Möglichkeiten „universeller" Kommunikation, die Überführung geographischer Territorialität in eine „virtuelle", die Schaffung immer größerer Wirtschafts*räume* – all dies zusammen entgrenzt, macht selbst neu erzeugte Identitäten anbindungslos und forciert individuelle „Heimatlosigkeit" und Massenproduktion.

Kulturelle Identitäten (Ordnungsmuster zur Darstellung gebrachter Zugehörigkeiten, Stile etc.) zerfallen in Lifestyle, in an individueller Beliebigkeit ausgerichteten Konsum und in Restbestände historischer Provenienz. Die Steigerung von Arbeits- und Effizienzdruck fixiert ohnehin auf Funktionalität – es bleibt wenig Zeit für anderes. Zwar „entdecken" die Unternehmen seit Jahren ihre „Unternehmenskultur", es ist dies aber schon an sich verdächtig. Kultur wird meist dann diskutiert, wenn sie zu wünschen übrigläßt. Da ja der alte Kulturmikrokosmos (Werkssport, Betriebsausflüge etc.) betriebswirtschaftlicher Rationalität weichen mußte, erhebt sich die Frage, welcher Raum noch für Kultur übrigbleibt. Entsprechend schwierig gestaltet sich auch ihr Neuaufbau. Wieviel an Gefühlen, Sehnsüchten, Wünschen hier offenbleibt, zeigen die Endlosdiskussionen, wenn es zum Beispiel um ein neues Logo, um neue Betriebskleidung oder auch um die Form der Werbung geht. Hierin scheint vieles kompensiert werden zu müssen.

Die Liste ließe sich fortsetzen. Resultat bleibt aber, daß wir in all den beschriebenen Phänomenen eine massenerzeugende Gesellschaft geworden sind. Dies zu bedauern wäre meines Erachtens der falsche Weg – zumal wenn man Massen als ein Moment kollektiver Freiheit verstehen will.

Von der Masse zur Großgruppe

Wenn wir aber eine massenerzeugende Gesellschaft sind und dies sich weder ändern wird noch soll, wird der Umgang mit Massen zur zentralen Frage. Organisationsformen müssen gefunden bzw. gefördert werden, die Massen instand setzen, sich ohne Fremdbestimmung und ohne (von ihnen selbst geförderte und zugelassene) Manipulation von außen zu strukturieren. Ohne Zweifel gibt es bereits solche: aufgeklärte Gruppen, dialogische Medien, prozeßethische Maßnahmen, gesteuerte Tansformationsprozesse, organisierte Mediationsverfahren und vieles mehr. Ihre Bedeutung und ihre Einsatzmöglichkeiten werden aber noch zu selten erkannt, daher werden sie auch nicht gezielt angewendet bzw. untereinander koordiniert.

Hier besteht Entwicklungsbedarf. Dem stehen wahrscheinlich immer noch unsere Angst vor Massen, bestimmte Vorstellungen von ihnen und Erwartungen an sie (Verschmelzungswünsche) entgegen – all dem liegt wohl die Angst vor Unstrukturiertheit und Unsicherheit zugrunde, vor nicht vorhersehbarer Gewalt, also vor der Unberechenbarkeit von Menschen und Massen, die nicht vertrauten Strukturen unterworfen sind. Anthropologisch gesehen, ist diese

Angst eine existentielle und grundsätzlich unaufhebbar. Wir wissen nie ganz genau, was Menschen vorhaben, welche Gedanken sie hegen. Kommunikation braucht aber gegenseitige Berechenbarkeit. Also schaffen wir Strukturen, Begegnungsrituale, äußere Zugehörigkeitsmerkmale, Kommunikationsnormierungen. Trotz all dieser gegenseitigen „Versicherungen" wissen wir auch, daß diese durchbrochen, verletzt, ja sogar taktisch mißbraucht werden können. Letzte Sicherheit haben wir nie, deshalb ist Vertrauen als begleitendes Grundgefühl so wichtig.

All die obengenannten Versicherungen waren historisch bisher auf eine gewisse gesellschaftliche Ordnung und Stabilität bezogen (übersichtliche Territorialitäten, berufs-, standes-, arbeitsorganisatorische Ordnungen). Von den ersten Regeln der Gastfreundschaft bis zu den Normen internationaler Diplomatie läßt sich eine gewisse historische Kontinuität verfolgen. Diese wird gegenwärtig mehrfach durchbrochen: Räumliche Entgrenzungen, Ausdünnung sozialer Primärbindungen, flexibler Internationalismus, vor allem aber die komplexen Anforderungen bezüglich Problemlösungen verdrängen die alten „Berechenbarkeiten" in Kommunikationsangelegenheiten. Hinzu kommt die ebenso entgrenzende Kommunikationstechnologie, die alte Regelwerke und sogar Gesetze außer Kraft zu setzen beginnt. Demokratie und Bevölkerungswachstum haben uns endgültig mit dem Problem „unberechenbarer" Quantität konfrontiert. Die daraus erwachsenden Unsicherheiten kulminieren in der Angst vor Massen, in denen man sie gebündelt erlebt. Also achtet man darauf, unstrukturierte Massen möglichst gar nicht erst entstehen zu lassen. Und da es uns an Organisationsformen, also an „Handwerkszeug", mangelt, mit dem sich die Massen aus sich heraus strukturieren könnten, werden nach wie vor von vornherein Ordnungsformen von außen verfügt. Und hier ist man genötigt, auf altbekannte Muster zurückzugreifen. Massenveranstaltungen – ganz gleich, ob Rock-Konzerte, Autorennen oder Fußballspiele – haben ein klares Ziel, das Massen formiert. Aber auch Großveranstaltungen wie Konferenzen, Symposien und Tagungen sind meist streng strukturiert und lassen wenig Bewegungsraum (*Open-space*-Veranstaltungen gelten immer noch als gewagtes Instrument). Und eine der Hauptaufgaben von Massenmedien ist die Strukturierung (Konstruktion) unserer gesellschaftlichen Wirklichkeit, die ständige Übersetzung von reiner Quantität – als Vorhandensein abstrakter Freiheit – in „Qualitätsklassen", in denen konkrete Freiheit, also strukturierte Gesellschaft, sichtbar wird.

Hier ist anzumerken, daß wir uns notgedrungen in einem Dilemma befinden. Aus entsprechenden Veranstaltungen in den 70er Jahren wissen wir, daß Großgruppen aus sich heraus nicht entscheidungsfähig sind, das heißt sich auch keine Struktur geben können. Versuche in diese Richtung werden zunächst allesamt abgewürgt. Manchen gelingt es, mittels Auszug, Trennung etc. (meist über die Bildung einer Kleingruppe) die anderen zu erpressen, je-

3 Organisation von Großgruppen

denfalls zu „Strukturantworten" zu zwingen. Das Ganze ist aber ein äußerst mühsamer Prozeß. Man macht kollektive Ohnmachtserfahrungen, die wiederum in regressive Verhaltensmuster zurückführen. Es treten widersprüchliche Impulse auf: Flucht bzw. schnelles Auseinandergehen, Verschmelzungswünsche (nicht voneinander lassen zu wollen) sowie archaische Spaltungstendenzen, meist verbunden mit sadomasochistischen Auseinandersetzungen. Also insgesamt keine angenehme Situation. Daß diese Phänomene nicht bloß auf experimentelle Großgruppenveranstaltungen beschränkt sind, sondern durchaus auch bei „zivilisierten" Tagungen auftreten können, werden viele bestätigen können. Allerdings werden mögliche Eskalationen bei letzteren wieder durch die vorgegebene Struktur aufgefangen.

Ein nachhaltiges Erlebnis in Richtung Spaltung hatte ich, als ich mit einer Kollegin (R. Königswieser) auf einem Kongreß in Heidelberg eine Podiumsdiskussion zu „be-streiten" hatte. Was wir beide nicht wußten: Gerüchteweise wurden wir unterschiedlichen Denkschulen zugeordnet. Ich sollte den traditionellen Gruppendynamiker repräsentieren, sie den modernen Systemiker. Im Publikum waren angeblich diese beiden Lager auch vertreten. Wir beide diskutierten zunächst ganz friedlich, wir wußten ja, daß wir gar nicht so unterschiedlich dachten, wie uns das vom Publikum offensichtlich und kollektiv unbewußt unterstellt wurde. Damit entzogen wir der Versammlung ein für sie wichtiges Strukturierungselement, und es kam Unruhe auf. Die Anfragen aus dem Publikum wurden zunehmend spitzer und aggressiver, wollten uns gleichsam zu Offenbarung und Bekenntnis gegeneinander zwingen. Tatsächlich spürten auch wir beide plötzlich in uns einen gewissen Unmut aufeinander, was wiederum im Publikum eher Zufriedenheit auslöste. Eine Struktur war gerettet, Lagerbildung möglich. Wir wurden emotionell in den „Ernst" der Situation voll hineingetrieben und konnten erst nachher darüber lachen.

Das Dilemma scheint nur prozessual lösbar. Massen brauchen Strukturen, und diese kommen zunächst immer von außen, sind ihnen vorausgesetzt. Bleiben sie es aber, gibt es wenig Chance auf Bewegung und auf Selbstbestimmung. Mit diesem Problem ist jede Organisationsentwicklung konfrontiert. In jeder Organisation treten uns strukturierte Menschenmassen entgegen; das Problem und die eigentliche Schwierigkeit ist es, diese Strukturen – gleichzeitig zu ihrem notwendigen Bestehen – in Bewegung zu bringen und zu verändern. Als Berater helfen wir uns damit, daß wir zusätzliche, andere, irritierende, konfrontierende, reflektierende Strukturen, Organisationsformen mit einbeziehen. Aber bereits diese können das gesamte Repertoire an Unsicherheiten und Ängsten zum Vorschein bringen – jedenfalls neigt man dazu, sich an den alten Sicherheiten festzuhalten. Es bringt auch meist nichts, sich Hals über Kopf in die neuen Strukturen hineinzuwerfen. Eine damit verbundene Anfangseuphorie weicht meist bald einem Katzenjammer. Es geht eben um einen Prozeß, und dieser besteht aus ständigen Übergängen, die bewältigt, vorerst aber einmal als solche zur Kenntnis genommen werden müssen.

In diesen Übergängen tritt immer auch Strukturdiffusität auf, also das Phänomen tendenziell unstrukturierter Massen. Neu eingeführte Organisationsformen (Projektgruppen, Steuerungs-Lenkungseinheiten, Transformationsmanagement und anderes mehr) haben vorerst die Aufgabe, diese Übergangsprozesse zu steuern, weil ansonsten die Gefahr sehr groß ist, daß man entweder in die alten Ordnungen zurückfällt oder neue blind übernimmt bzw. sich dem Phänomen ohnmächtiger Massenhaftigkeit („Nichts geht mehr") ausgeliefert fühlt. Im Veränderungsprozeß selbst scheint aber eine zeitweilige Massenhaftigkeit unvermeidbar, weil nur sie die kollektive Energie für Veränderungen aufbringt.

Wir machen die Erfahrung, daß Gruppen, Abteilungen, Einheiten hier oft nicht ausreichen. Irgendwann müssen Groß-(gruppen-)Veranstaltungen stattfinden, in denen sich eine Organisation als Gesamtheit erfährt, spürt, darstellt. Gerade diese Veranstaltungen sind aber etwas ganz Heikles, weil sie allen bereits beschriebenen Gefahren ausgeliefert sind. In ihnen sollte daher ihr Stellenwert ständig mitreflektiert, zum Thema gemacht werden.

Auch die Erfahrungen bei Bürger- und Gemeindeversammlungen, bei Bürgerinitiativen und Umweltmediationen zeigen, wie schwierig es ist, mit Großgruppen umzugehen. Um aber bei unterschiedlicher Interessenlage zu gemeinsamen, möglichst konsensuellen Entscheidungen zu kommen, bedarf es, unseren Ausführungen entsprechend, einer „Vermassung" der unterschiedlichen Ausgangspositionen; sie müssen tendenziell aufgelöst werden. Dafür wären Großgruppen die geeigneten Organisationsformen. Sie *müssen* die mitgebrachten Gruppenstrukturen gefährden, aufweichen, damit sie selbst überhaupt bestehen können. Zunächst wollen aber die Interessengruppen ihre Meinung und Position durchsetzen und sind daher sehr darauf bedacht, als Gruppe *in* der Großgruppe bestehenzubleiben. Zugleich fühlen sie Druck und Auflösungsanforderung. Dies alles erzeugt eine höchst diffuse Gefühlslage, die schwer zu steuern ist. Wird sie nicht bewußt zum Thema gemacht, kann sie auch schwer bewältigt werden. Folgende Reaktionsformen sind mir aus eigener Erfahrung bekannt:

- Versammlungen erleben nur eine kurze Zeitspanne – sie bröckeln auseinander. Die Individuen „flüchten" („Es war nix!").
- Man hält fast trotzig an den alten Gruppenkonstellationen fest, verstärkt den „Grenzschutz" und beobachtet argwöhnisch mögliche Dissidenten.
- Man knüpft neue Bekanntschaften, baut informelle Strukturen auf, die oft mit dem Versammlungszweck überhaupt nichts zu tun haben.
- Man generiert ein mehr oder weniger symbolisches Vereinigungsziel

3 Organisation von Großgruppen

(eine Ideologie, ein Produkt), das, von vordringlicher Wichtigkeit, alle inneren Differenzsetzungen auszuschalten versucht.
- Man versucht, mitgebrachte Hierarchien zu verstärken bzw. neue aufzurichten (löst Unstrukturiertheit durch soziale Über- und Unterordnung).
- Man schafft innere Feinde, Außenseiter, Opfer, Symptomträger, gegen die sich plötzlich alle richten, die also die Unlösbarkeit und Ohnmacht der Gesamtsituation auf sich nehmen müssen.
- Findet man sie nicht im Inneren, dann vielleicht irgendwo außerhalb. Äußere Feinde sind ein immer noch wirksames Strukturierungselement und sogar imstande, größere Massen zu gemeinsamen Aktionen zu bringen.
- Beliebt ist es auch, sich als Autorität (Fachmann, Experte, Einflußreicher) anzubieten und Massenprojektionen auf sich zu ziehen.
- Natürlich sind Versammlungen *der* Ort der Anwendung aller Manipulationstechniken, die wir in der Geschichte gelernt haben; eben weil Massen nie *von innen* fähig waren, sich zu bestimmen, wurden sie von außen manipuliert oder beherrscht. Zu diesen Manipulationstechniken gehören auch Einheitsbeschwörungen aller Art, die an die Verschmelzungswünsche der Betroffenen anknüpfen können.

Auch wenn diese Reaktionsformen noch häufiger anzutreffen sind als gut gesteuerte (Massen-)Organisationsprozesse, scheinen wir allmählich zu bemerken, daß wir mit ihnen nicht mehr weiterkommen. Überall dort, wo es bei berechtigter unterschiedlicher Interessenlage um demokratisch und womöglich konsensuell erzielte Entscheidungen geht, die nicht mehr durch einzelne – auch nicht durch einzelne Gruppierungen – stellvertretend für andere getroffen werden können, bedürfen wir neuer Großgruppen-, also Massenorganisationen. Aber nur, wenn wir um deren Labilität und Rückfälligkeitstendenzen wissen und diese steuern können, sind die beschriebenen faschistoiden Anfälligkeiten zu verhindern.

4 Bewußtes und Unbewußtes in Großgruppen. Einige theoretische Überlegungen

Anton Obholzer, Sholom Glouberman

Um das Thema dieses Aufsatzes kompetent angehen zu können, müssen wir erst einmal klarstellen, was wir unter einer Großgruppe verstehen. Hier taucht schon das erste Problem auf, da es keine eindeutige, allgemeingültige Definition für Großgruppen gibt. Bestenfalls können wir den Gefühlszustand (state of mind) der Großgruppe beschreiben und es dabei belassen.

Im Bereich der Gruppentherapie gibt es eine stufenweise Einteilung von Gruppenprozessen – bezogen auf die Anzahl der Personen, und zwar: das *Individuum* (das seine innere Welt im Kopf hat und auf diese Art ein Gruppenmitglied ist); das *Paar* oder *Partner mit einer Ehedynamik* (wie bei Henry Dicks beschrieben); die *sehr kleine Gruppe* (weniger als 6, s. Gosling et al. 1967), in der sich viele der Dynamiken einer Familie finden; die *Kleingruppe* mit 6 bis 12 Mitgliedern; die *mittlere Gruppe* (12 bis 24) und die *Großgruppe* mit mehr als 25 Mitgliedern (s. Turquet 1974). Die Größenangaben sind ungefähr; es besteht allgemeine Übereinstimmung darin, daß zu jedem dieser abgegrenzten Gruppenbereiche mehr oder weniger signifikante Dynamiken gehören. Diese sind hier von Bedeutung, da sich Großgruppen sowohl formell als auch informell in kleinere Gruppierungen splitten. Es ist also wichtig, nicht nur die diesen Unterstrukturen eigenen Prozesse zu verstehen, sondern auch in Betracht zu ziehen, was aus diesen Untergruppen wahrscheinlich in die Großgruppe zurückfließen wird oder zumindest könnte.

Was sind nun die für unser Thema relevanten Qualitäten der Großgruppe? Das Hauptmerkmal, darin stimmen die meisten Autoren überein, ist die Tatsache, daß das einzelne Mitglied nicht in der Lage ist, die gesamte Teilnehmerschaft und die Grenze der Großgruppe zu erfassen – die Unmöglichkeit also, mit allen Teilnehmern gleichzeitig von Angesicht zu Angesicht in Kontakt zu treten, sowohl auf der konkret-physischen als auch auf der geistig-emotionalen Ebene.

Oder, anders gesagt: Während man annehmen kann, daß man in einer mittleren Gruppe (gerade noch) direkten Kontakt mit allen Gruppenmitgliedern haben kann und einen konkreten Bezug zur Aufgabe der Gruppe hat, ist dies in der Großgruppe nicht mehr möglich.

Viele Praktiken, die Großgruppensysteme hervorbringen – etwa, wie man sich als Individuum in solch einer Gruppe managt, wie man Untergruppen

4 Bewußtes und Unbewußtes in Großgruppen. Einige theoretische Überlegungen

und die Großgruppe als Ganzes managt –, entstehen aus dem Bedürfnis, soziale „Navigationssysteme" zu entwickeln, um das Gefühl, nicht ausreichend miteinander verbunden bzw. verloren zu sein, auszugleichen.

Während also hinsichtlich der Dimension einer Großgruppe die untere Grenze durch den Verlust der Fähigkeit, die Gruppe als Ganzes zu begreifen, gekennzeichnet ist, wird gewöhnlich keine entsprechende obere Grenze gesetzt – es ist vielmehr die Aufgabe, welche die Größe der Gruppe bestimmt: zum Beispiel ein großes Unternehmen, eine Armee, eine Nation, eine politische Struktur usw. Die unterschiedlichsten Bezeichnungen werden für große Gruppen verwendet, zum Beispiel *Menge, Horde, Masse*. Die genaue Terminologie hängt zum Großteil davon ab, ob die Gruppe als organisiert oder nicht organisiert angesehen wird, sodann von der Art der Struktur und der Führungsfunktionen und schließlich davon, ob sie eine vorrangige Aufgabe (Miller & Rice 1967) hat.

Die Schlüsselfiguren mit dem nachhaltigsten Einfluß im Bereich der Großgruppenarbeit waren auf den britischen Inseln Wilfred Bion und Pierre Turquet, die beide nach dem Krieg bis Anfang der 70er Jahre an der Tavistock-Universität tätig waren. In seinem Buch *Erfahrungen in Gruppen* beschrieb Bion die unbewußten Prozesse, denen seiner Ansicht nach Gruppen jeder Größe unterworfen sind; Turquet präsentierte eine der feinfühligsten und einsichtsvollsten Beschreibungen des Individuums im „Mahlstrom" der unbewußten Großgruppenprozesse: eines Individuums, das versucht, dem Ganzen Sinn zu geben, und das es schließlich überlebt, darin verfangen gewesen zu sein.

Bion kam in seiner Beschreibung von Prozessen in Kleingruppen zu dem Schluß, daß es zwei grobe Kategorien des Funktionierens gibt: die *Arbeitsgruppe* und die *Grundannahmengruppe*. Beide Bezeichnungen beziehen sich auf den Gefühlszustand der Gruppe als Ganzes und auf die Art, wie sie funktioniert.

Die *Arbeitsgruppe* ist im wesentlichen mit ihrer Aufgabe befaßt. Sie befindet sich im funktional reifsten Zustand, in dem eine Gruppe sein kann. Im Gegensatz dazu haben die Mitglieder einer *Grundannahmengruppe* vorerst keine andere Aufgabe im Sinn, als ihre eigenen Gedanken und Interaktionen zu verfolgen; zutiefst sind sie in die primitiven unbewußten Prozesse verstrickt, die gleichermaßen das Verhalten der einzelnen Mitglieder wie der gesamten Gruppe bestimmen. Die *Grundannahmengruppe* und die *Arbeitsgruppe* stehen also am Anfang bzw. Ende eines Spektrums: zwei Pole, zwischen denen sich die Gruppe jeweils zu einem bestimmten Zeitpunkt befindet – an welchem Punkt genau und wie sie dorthin gelangt ist, ist natürlich für jeden, der eine solche Gruppe verstehen, managen oder beraten will, von größter Wichtigkeit.

Bion beschrieb also diese Prozesse in bezug auf Kleingruppen und nicht gesondert hinsichtlich Großgruppen. Jedoch haben die Erfahrungen aus der Arbeit in Großgruppen, sowohl in experimentellen Situationen wie der Leicester-Konferenz als auch in Beratungen von Großunternehmen, deren Wert bestätigt.

Aus Gründen der Klarheit schlage ich vor, den Begriff *Organisation* zu benutzen, um die konkrete Realität, die „Bausteine" sozusagen, zu beschreiben; den Begriff *Institution* um das Bild zu definieren, das in den Köpfen der Teilnehmer besteht, und das Wort *Unternehmen* dafür, beide Konzepte in einem zu definieren, also sowohl die konkreten als auch die in den Köpfen existierenden Aspekte des Arbeitsplatzes. Unter *Arbeitsplatz* verstehe ich ein Setting, in dem vorzugsweise „Arbeitsgruppenaktivität" (Bion) stattfindet.

Die Arbeiten von Miller und Rice, die das Konzept der sogenannten *Primäraufgabe* definieren, haben eine Brücke zwischen den Ideen von Bion und eher orthodoxen Managementtheorien geschlagen. Ihre Definition der Primäraufgabe ist als heuristisches Konzept für jedes Arbeitsunternehmen von Bedeutung, da es eine „Peilung" auf die strategische Zukunft des Unternehmens ermöglicht. Fehlt diese Ausrichtung, so kann man schwer einschätzen, ob sich das Unternehmen in Richtung Wachstum und Überleben bewegt oder nicht. Das Konzept der Primäraufgabe befähigt die Gruppe also, möglichst nahe dem „Arbeitsgruppenende" des obengenannten Spektrums zu bleiben. Die Klärung der Primäraufgabe eines Unternehmens und der damit verbundenen Fragen des Managementstils (Autorität, Grenzen, Zeitfragen) ist dem Unternehmen sowohl in emotionaler als auch in kommerzieller Hinsicht zuträglich.

Es ist hier nicht angebracht, die Details der verschiedenen Gefühlszustände wiederzugeben, die Bion bezüglich der *Grundannahmengruppe* beschrieben hat. Es genügt, drei Gruppierungen mit unbewußt bestimmtem Verhalten anzuführen: die *Abhängigkeitsgruppe*, in der die Mitglieder jegliche Fähigkeit für individuelle oder kreative aufgaben- und arbeitsorientierte Gedanken aufgegeben haben und in hilflose Abhängigkeit vom Leiter verfallen sind; die *Paarungsgruppierung*, in der ebenfalls hilflose Abhängigkeit besteht, allerdings Abhängigkeit von einer messianischen Idee oder Figur, die zwar noch nicht präsent, aber gerade dabei ist, realisiert zu werden; und eine *Kampf-Flucht-Gruppierung*, für deren unbewußtes Funktionieren ein gemeinsames Feindbild nötig ist, mit dem man kämpft oder vor dem man flüchtet und das so die Identität der Gruppe festigt und die primitive Natur der in ihr ablaufenden Prozesse erhärtet.

Aus dieser Beschreibung geht klar hervor, daß eine Großgruppe, die sich in den „Klauen" solcher Prozesse befindet, einem Unternehmen ungeheuren Schaden zufügen kann. Freud und später auch Elliot Jaques benutzten den babylonischen Heerführer Holofernes und seine Armee als Beispiel einer Großgruppe in *Grundannahmen*-Abhängigkeit und für deren Folgen. Aus den

Apokryphen (vgl. das Buch Judith) geht im wesentlichen klar hervor, daß die Primäraufgabe der Armee des Holofernes nicht das flexible, aufgabenorientierte Funktionieren, sondern die größtmögliche Glorifizierung ihres Führers Holofernes war. Als dieser dann, verursacht durch Judith, erst im übertragenen und dann auch im eigentlichen Sinn „seinen Kopf verlor", verlor gleichsam die ganze Armee „ihren Kopf" und verfiel in totale Verwirrung. Laut Freud und Jaques hatten alle Mitglieder der Armeegroßgruppe eigenständiges Denken in den großen Führer Holofernes projiziert und damit die Position hilfloser, dummer, „kopfloser" Abhängigkeit eingenommen. Selbst wenn dies ein von unseren alltäglichen Managementsorgen weit entferntes Ereignis ist, so ist es nichtsdestoweniger eine ernüchternde Warnung – an Mitglieder wie Leiter von Gruppen – vor den Risiken von Abhängigkeitsstrukturen.

Man braucht auch nicht allzuviel Phantasie, um ein Szenario zu entwerfen, in dem ein Unternehmen in einer Art Lähmung verfangen ist, in der es auf den Messias – egal, ob in der Form eines neues Führers, einer Idee oder eines Produkts – wartet und nicht in der Lage ist, mit den alltäglichen Aufgaben, die für das Überleben und Wachsen notwendig sind, fertigzuwerden. Besonders im öffentlichen Bereich ist es nicht ungewöhnlich, daß die Definition eines Feindbildes und der Kampf mit diesem – gleich welcher Art – den Löwenanteil der Beschäftigung und des Denkens des Unternehmens ausmacht, was zu einer Verschlechterung der Lebens- und Arbeitsqualität führt.

Sowohl Freuds als auch Melanie Kleins Konzepte bezüglich der Funktion des individuellen Unterbewußten verschaffen uns einen Zugang zu den Funktionsmechanismen, die gleichermaßen auf Gruppen zutreffen. Speziell Kleins Vorstellung von einem Spektrum zwischen „depressiver Position und paranoid-schizoider Position", was später von Bion als P/S <-> D bezeichnet wird, zeigt uns einen Mechanismus, der viel mit dem oben beschriebenen Spektrum zwischen „Arbeitsgruppe und Grundannahmengruppe" gemein hat. In Kleins Spektrum steht die *depressive Position* für reifes oder relativ reifes Funktionieren, was in besonderer Weise Einsicht und Sorge hinsichtlich persönlicher Verantwortung, Schuld und Wiedergutmachung einschließt. Im Gegensatz dazu wird in der *paranoid-schizoiden Position* persönliche Verantwortung geleugnet, anderen Schuld zugeschoben – Selbstgerechtigkeit und moralische Überheblichkeit kennzeichnen die Situation. – Man sieht also, daß die Formen von Befindlichkeit, die ursprünglich hinsichtlich Individuen beschrieben wurden, auch auf Institutionen zutreffen und somit das Unternehmen schädigen können.

Menzies Lyth (1960) schrieb, ausgehend von Klein und Jaques, einen klassischen Aufsatz über Großgruppenprozesse und hat besonders die unbewußten Faktoren, die das Unternehmen in Richtung *Grundannahmengruppenprozesse* drängen, erhellt. Sie stellt fest, daß verschiedenen sozialen und beruflichen Aktivitäten spezifische Ängste inhärent sind – daß also das Arbeiten in diesen Bereichen ganz bestimmte Ängste hervorruft. So stellt etwa das Auftreten von Methangas in Kohlengruben ein Risiko dar, und die Bergarbeiter reagieren entsprechend. Menzies Lyth behauptet nun, daß es in Großgruppen quasi eine psychologische Entsprechung zum „Methangas"-Phänomen gibt: Das Durchbrechen sozialer Tabus und die Tatsache, daß man sich über Ängste, die im Zuge der Arbeit auftauchen, einfach hinwegsetzt, lösen entsprechende Reaktionen aus. Die Beschäftigten würden dann unbewußt als Reaktion auf diese Kräfte in eine emotionale Abwehrhaltung verfallen, somit den für die Aufgabe erforderlichen Nachdruck verlieren und statt dessen in ein primitives, unterbewußtes, der Aufgabe abträgliches Verhalten verfallen – anders gesagt, in einen „Grundannahmengruppenzustand". Menzies Lyth liefert damit einen weiteren Schlüssel zum Verständnis, warum „Grundannahmengruppenverhalten" so weit verbreitet und so schwer auszurotten ist.

Turquets Annäherung ans Thema *Großgruppe* steht im Zusammenhang damit, ist aber doch anders. Sein Hauptaugenmerk gilt dem Schicksal des Individuums, das sich aus einer Notwendigkeit heraus in einer Großgruppe wiederfindet. Detailliert beschreibt er das Dilemma des Individuum, das den Eintritt in eine Großgruppe und die Mitgliedschaft verhandeln muß. Aus Gründen der technischen Klarheit benutzt Turquet den Ausdruck *Einzelgänger* (singleton), um das spätere Mitglied *vor* dessen Beitritt zur Gruppe zu kennzeichnen. Außerdem verwendet er die Begriffe *individuelles Mitglied* – dieses erkennt die Tatsache an, daß es in der Gruppe ist, und behält weitgehend seine Identität – und *Mitgliedindividuum*. Letzteres geht nach Verlust seiner Individualität als „Partikel" in der Gruppe auf. Die Frage, wie man in der Großgruppe seine Identität beibehalten und dennoch ein Teil von ihr sein kann, beschäftigt Turquet in hohem Maß. Es schlägt ein Modell vor, in dem das Mitglied entweder, psychologisch gesprochen, seine „Haut" beibehält, also ein „individuelles Mitglied" ist – oder es verliert seine eigene Haut und hängt dann von der „Haut" seines Nachbarn ab. Diese Beschreibung macht auf eine sehr bildhafte Art deutlich, wie die Mitglieder von Großgruppen untereinander verbunden sind, und zeigt auch auf, wie es möglich ist, daß individuelle Ethik und Moral durch „Grundannahmenqualitäten" ersetzt werden, wie man sie etwa in einer lynchenden Menge vorfindet, oder durch das, was Turquet den Geistes- und Gefühlszustand des „Lumpenproletariats" nennt.

Obgleich es unwahrscheinlich ist, daß sich in einem Handels- oder Industrieunternehmen Großgruppenprozesse wie oben beschrieben manifestieren, ist es doch wichtig, solche Prozesse zu verstehen; denn selbst in abgeschwächter Form können sie das Funktionieren des Unternehmens beeinträchtigen.

Was Turquet hinsichtlich der Bedrohung der Identität in der Großgruppe beschreibt, zeigt Goffman (1961) am Beispiel der Institutionalisierung auf. Er zeigt den Verlust der persönlichen Identität, der früher sowohl die Patienten als auch das Personal der großen psychiatrischen Anstalten betraf. Das Ergebnis war die Vermeidung des Denkens – sozusagen als Gruppennorm, was die eigentliche Aufgabe dieser Institution, nämlich die Rehabilitierung der Patienten, diametral überlagerte. Zum Beispiel wurde den Patienten ihre gesamte persönliche Habe abgenommen und sicher verwahrt, während sie dann zur Beschäftigungstherapie geschickt wurden, wodurch sie wieder genügend persönliche Identität erwerben sollten, um in der Lage zu sein, als Individuen in die Außenwelt zurückzukehren.

Ein ebensolcher Prozeß läuft natürlich auch beim Militär ab, wo die Rekruten sich ihrer individuellen Elemente – wie Kleidung, Haarstil, Schmuck, Sprache, ja selbst ihres Namens – entledigen müssen. Die Tatsache, daß man eine Identitätsnummer bekommt, macht deutlich, daß man nur ein Rädchen in der großen Militärmaschinerie ist und daß persönlicher Input oder eigenständige Gedanken unerwünscht sind bzw. nicht toleriert werden.

Im Rahmen einer früheren Arbeit habe ich mich mit dem Problem beschäftigt, wie sich ein solcher Identitätsverlust auf die persönliche und institutionelle Kreativität auswirkt. Allgemein ist man sich darin einig, daß das Fördern eines Klimas, welches sowohl Individuen als auch Teams größtmögliche Kreativität im Dienst der Primäraufgabe der Organisation erlaubt, eine der Hauptherausforderungen für Unternehmen im neuen Jahrtausend sein wird. Alles, was die Haltung festigt, die sich in Sätzen wie „Das wurde immer so gemacht" oder „Das machen wir hier eben so" ausdrückt, ist vermutlich eher eine Manifestation von Institutionalisierung und Widerstand gegen Veränderung als ein Wahren von Traditionen und Standards der Vergangenheit. Der Preis für eine institutionalisierte Belegschaft ist also der Mangel an kreativer Energie – eine Energie, welche die Belegschaft unter anderen Voraussetzungen aufbringen könnte. Individuelle Kreativität bringt allerdings auch Herausforderung, Rivalität, Angriffe aus Neid und institutionelle Unruhe mit sich. Man braucht sich nur das Schicksal des Kopernikus oder anderer, die das Dogma ihrer Zeit in Frage stellten, vor Augen zu führen, um zu verstehen, daß es seinen Preis hat, Kreativität zu fördern. Institutionalisiert zu sein ist daher auch eine Form von persönlicher Bequemlichkeit oder – in Anlehnung an Turquet – die Methode, sich auf „den Verstand des Nachbarn" statt auf „seinen eigenen Verstand" zu verlassen.

Zusammenfassend kann man sagen: Teils aufgrund der Größe und der infolgedessen nicht erfaßbaren Natur der Gruppe, teils aufgrund von arbeitsbedingten Ängsten und von Streß, was zu Abwehrmechanismen auf persönlicher wie auf institutioneller Ebene führt, und teils schließlich aufgrund unzureichender Unterstützung durch entsprechende Managementmechanismen haben wir eine Situation, in der das Arbeitselement des Unternehmens mit hoher Wahrscheinlichkeit ernsthaft untergraben wird und das individuelle Mitglied in einen Zustand verfällt, den Turquet „Verwirrung" nennt. *„Für es als Person, die an der Großgruppe teilhaben möchte, steht die Welt weder still noch* *bleibt sie die gleiche, so daß das kaleidoskopartige Bombardement Synonym und Teil der Veränderung wird."*

Was bedeuten nun diese theoretischen Grundlagen für unsere Interventionen in der Praxis, sei es als Manager oder als Berater von Großgruppenunternehmen?

Intervenieren in Großgruppenunternehmen

Es erhebt sich die Frage, warum in Großgruppen unbewußte, regressive, primitive Emotionen – wie Neid, Gier und bösartige Rivalität – so vorherrschend sind. Ich glaube, daß diese Emotionen, realistisch gesehen, nicht intensiver als in Settings kleiner Größe sind – es ist nur ungleich schwieriger, den zur Aufarbeitung der Probleme nötigen Metabolismus in Gang zu setzen.

Unter diesen Gegebenheiten hat man keine andere Wahl, als die Dinge sehr direkt in Angriff zu nehmen. Große Bedeutung kommt dem richtigen Timing einer Intervention zu. Unterbricht man eine relativ offene Diskussion in ihrem Verlauf, um ein bestimmtes Thema aufzugreifen, so ruft dies starken Widerstand gegen dieses Thema hervor. Mitunter läßt man den Leuten auch nicht genug Zeit, den Schock, den das ungewohnt offene Miteinanderreden bedeutet, zu überwinden. Man muß ihnen auch ausreichend Zeit einräumen, das anfängliche Unbehagen und den Groll, dabei beobachtet worden zu sein, zu bewältigen.

Jegliche Intervention muß daher zeitlich so abgestimmt werden, daß ausreichend Raum für Diskussion bleibt. Meiner Erfahrung nach sind die Leute zumeist an einem Ansatz interessiert, der neue Perspektiven einbringt, besonders wenn die Intervention mit einer gewissen Leichtigkeit, humorvoll und ohne Schuldzuweisung geschieht.

Die Vorstellung, daß es „unansprechbare" Themen gibt, ist nicht so sehr eine Frage des Widerstands der Großgruppe, sondern viel eher eine Annahme im Kopf des Beraters. Man muß wissen, daß man Unbehagen hervorruft, wenn man solche Themen aufwirft, und daß das Mut erfordert. In solchen Fällen wird nicht die kategorische Feststellung von Sachverhalten, sondern die vorsichtige Nachfrage, ob nicht etwa ganz bestimmte Tatsachen eine Rolle spielen können, zielführend sein.

Zweifellos gab es seit Urzeiten Versuche von Großgruppeninterventionen – viele davon auf sozio-politischer oder militärischer Ebene. Sie werden auch in verschiedenen historischen und religiösen Texten beschrieben. Sind das Christentum und der Islam Großgruppeninterventionen? Könnte man Machiavelli als einen der frühesten Theoretiker bezüglich Großgruppen und Organisationsberatung bezeichnen? Jedenfalls sind Machiavelli und Clausewitz an allen Militärakademien Pflichtlektüre.

Der Zweite Weltkrieg war in Großbritannien wie auch sonst in der westlichen Welt ein weites Experimentierfeld bezüglich Großgruppenprozessen, sowohl was den militärischen Bedarf betraf als auch später bezüglich der Millionen von Vertriebenen. Fast alle führenden britischen Großgruppentheoretiker, einschließlich Bion, Turquet, Main, Miller, Bridger, Foulkes, hatten Kriegserfahrung. Eines der Hauptanliegen war die Auswahl der Offiziere – speziell solcher, die „unter Beschuß" denken konnten. Bemerkenswerterweise galt das Hauptinteresse nicht konkreten Kugeln und Granaten, sondern der Fähigkeit, sein individuelles, kompetentes Denken zu bewahren und nicht Opfer von Dynamiken zu werden, die von „Absichten und die Gesinnung des Nachbarn" abhängig sind (the mind of my neighbour's dynamics).

Nach dem Krieg war Bion in ein kurzlebiges Experiment mit heimgekehrten Kriegsgefangenen involviert, die sich in einem Zustand hypochondrischer „Grundannahmenabhängigkeit" befanden. Bion ließ sie mittels eines diplomatischen Schachzugs allein damit fertigwerden, indem er in der Tat zu ihnen sagte: „Sie wissen, wo Sie mich finden können, wenn Sie mich brauchen." Das Experiment funktionierte insofern, als die Mitglieder aus ihrem passiven Abhängigkeitszustand herauszukommen begannen; aber Bion wurde von den militärischen Befehlshabenden gefeuert, weil sie die Ängste, die seine unorthodoxen Methoden in ihnen hervorriefen, nicht aushalten konnten. Hier haben wir die erste Lektion hinsichtlich Interventionen in Großgruppen. *Stellen Sie immer sicher, daß Sie das Management auf Ihrer Seite haben!*

Danach gab es bedeutende innovative Arbeiten von Miller und Rice in den Baumwollfabriken von Ahmedabad in Indien, von Trist und Emery mit der Kohlenindustrie in Nordengland und von Elliot Jaques mit der Glacier Metallfabrik.

Obwohl alle diese Interventionen in Großunternehmen oder -industrien stattfanden, beruhten sie im Grunde auf der Arbeit in Kleingruppen. Die Idee war, daß das Erlernte durch Weitergabe dann auch nahestehende Gruppen informieren und weiterbilden würde. Oder man arbeitete mit kleinen Sechsergruppen von Topmanagern, um ihnen zu helfen, das Klima des Unternehmens von der Spitze nach unten zu verändern. Beide Arbeitsweisen werden immer noch eingesetzt. Bei einer Intervention in einer großen regionalen Sozialdienstabteilung mit 17 000 Angestellten sah das Modell zum Beispiel vor, daß man einerseits mit einer ausgewählten Gruppe von Angestellten arbeitete, die an der Frontlinie tätig waren, während man andererseits eine Reihe von Ausbildungseinheiten für Mittelmanager anbot, darauf ausgerichtet, interne Kenntnisse der Organisationsberatung herzustellen. Das ganze Programm wird durch die Treffen der Berater der Kleingruppen zusammengehalten und durch eine Revisions- und Forschungsstudie begleitet, die sowohl die Ansichten der Mitglieder als auch die der Berater berücksichtigte. Das Projekt ist somit eine Großgruppenberatung mit Hilfe verschiedener Kleingruppeninterventionen.

In ähnlicher Weise hat Carr (1996), der derzeitige Dekan von Westminster Abbey, Interventionen mit der Church of England beschrieben, wo er dem Ansatz von Herrick u. a. folgte. Roger Shapiro, der geschäftsführende Direktor des Austen Rigg Center, einer Wohngemeinschaft in Massachusetts, USA, hat darüber geschrieben, wie Großgruppenkonzepte im Management einer solchen Gemeinschaft genutzt werden können (vgl. Shapiro & Carr 1991). Ich selbst habe über unbewußte Prozesse mit besonderer Berücksichtigung psychotherapeutischer Organisationen geschrieben.

Eine neuere Entwicklung arbeitet mit Großgruppen in einer nichthierarchischen Weise, gemäß den Richtlinien, die von Harrison Owen in seinem Buch *Open Space Technology* geschrieben werden. Einer von uns (Glouberman) hält bereits seit mehreren Jahren solche Veranstaltungen ab, vor allem in großen Organisationen des öffentlichen Bereichs in Großbritannien, aber auch in den Vereinigten Staaten und Kanada.

Das Design von Open-Space-Konferenzen

Zu diesen Veranstaltungen werden Leute eingeladen, die dann freiwillig an Themen arbeiten, die sie für wichtig halten. Der Raum für die Haupttreffen ist ein großer, offener Bereich, in dem die Stühle in einem Kreis stehen. Ein Berater umreißt noch einmal das Thema und lädt dann bestimmte Personen ein, Treffen zur Bearbeitung bestimmter Fragen zu organisieren, die sie sehr beschäftigen; sie sind bereit, die Verantwortung für diese Treffen zu übernehmen. Die Vertreter der Gruppen stellen dann ihre Themen, die auf großen Karten festgehalten sind, der Großgruppe vor. Dann schlagen sie Thema, Zeit und Ort des Treffens auf einer Informationstafel an. Danach kommen alle Teilnehmer zur Tafel, um sich jeweils für das Treffen ihrer Wahl einzutragen.

Alle Veränderungen werden an der Tafel verhandelt, wo eine Art Marktplatz für Aktivitäten entsteht. Wenn sich viele Leute für ein bestimmtes Treffen einschreiben, kann dieses in einen größeren Raum verlegt werden, der Leiter kann auch ein Nachfolgetreffen einplanen, um sicherzustellen, daß tatsächlich jeder gehört wurde, oder jemand anderes kann parallel ein zweites Treffen zu diesem Thema leiten.

Haben die Treffen angefangen, so kommen und gehen die Leute, wie sie wollen. Jeder, der an einem Thema interessiert ist, kann dran arbeiten. Es kann jemandem etwas so wichtig sein, daß er allein daran arbeitet, wenn sonst niemand auftaucht. Gibt es für jemanden nichts mehr zu lernen oder hat er nichts mehr beizutragen, so wird er ermuntert weiterzugehen. Die Konferenz ermöglicht jedem, die Anliegen, Erwartungen und Hoffnungen anderer zu hören und seine eigenen einzubringen.

Die Großgruppe kann ein- oder zweimal täglich zusammenkommen, um die bereits geleistete Arbeit zu sichten und eventuell neue Themen anzukündigen. Wenn die Veranstaltung mehrere Tage dauert, ist der Leiter dafür verantwortlich, daß die Teilnahme, die wichtigsten Elemente der Diskussion und die Empfehlungen der Gruppe festgehalten werden – Computer stehen dafür bereit. Die ausgedruckten Berichte werden am Anschlagebrett für Kommentare ausgehängt und am Ende der Konferenz allen Teilnehmern als Konferenzbericht ausgehändigt.

Open Space wurde vielerorts angewendet. Es erscheint besonders angebracht, wenn es um wichtige gemeinsame Anforderungen an Leute mit verschiedenen Hintergründen und Interessen geht. In Colorado entschieden Gruppen mit entgegengesetzten Ansichten hinsichtlich der Umwelt, wie sie mit geplanten großen Ausgaben für den Sraßenbau weitermachen sollten. In Calgary quälte sich eine religiöse Organisation mit den Hauptleitfäden ihrer Fünf-Jahres-Strategie herum.

Drei Open-Space-Veranstaltungen möchte ich hier erwähnen: Die erste war eine Konferenz in Toronto, Kanada, bei der 130 Ärzte, Krankenpflegepersonal, Menschen, die Krebs überlebt hatten, Patienten und ihre Familien, staatliche und Wohlfahrtsverbände zusammenkamen, um regionale Netzwerke zur Betreuung von Krebspatienten zu schaffen. Eine zweite Veranstaltung in Gloucester, England, nahm die Schließung eines großen psychiatrischen Krankenhauses zum Anlaß, mehr als 140 Ärzte, Psychologen, Krankenpflegepersonal und andere Fachleute, aber auch Dienstleistungsempfänger, Pflegepersonen, Vorstandsmitglieder, Vertreter von Nachbarschaftsgruppen und andere zusammenzubringen, um die Verbesserung psychiatrischer Dienste zu erörtern. Eine dritte Veranstaltung brachte in Toronto über 500 Leute aus sechs Krankenhäusern und aus deren Nachbarschaft zusammen, um über ein Krankenhausnetzwerk zu beratschlagen, das eine intensivere Zusammenarbeit ermöglichen würde.

Die Resultate dieser Veranstaltungen wurden in Berichten festgehalten, die dann dazu benutzt wurden, den Veränderungsprozeß voranzutreiben. Die Veranstaltungen zeigen, wie die Kräfte in Großgruppen zu Zusammenarbeit und produktiver Arbeit führen können. Sie ermöglichen uns vielleicht auch, unsere Annahmen hinsichtlich des Wesens menschlicher Organisationen und der Kräfte, die darin eine Rolle spielen, zu überprüfen. Im folgenden finden Sie eine detaillierte Beschreibung des Kontexts und der Ergebnisse der letzten dieser Konferenzen.

Das Westcare-Projekt

Wie in vielen anderen Städten auch findet in Toronto eine wesentliche Umstrukturierung im Krankenhausbereich statt. Ein Konsortium von sechs Allgemeinkrankenhäusern in West-Toronto arbeitete ein paar Jahre daran, Arbeitsweisen zu finden. Gemeinsam wollten sie versuchen, ein integriertes Krankenhausnetzwerk für ihre Gegend in Toronto zu planen, das es ihnen erlauben würde, über ihre Zukunft selbst zu entscheiden. Der Vorstand der sechs Krankenhäuser beschloß, jedem 100 000 Dollar für die Entwicklung eines strategischen Plans zur Ausarbeitung und Umsetzung dieser Vision zur Verfügung zu stellen. Sie stellten eine Gruppe von Beratern an, die die Details dieses Plans überlegten, und beauftragten mich, eine Open-Space-Konferenz zu veranstalten, um unter den Repräsentanten der sechs Krankenhäuser einen Kommunikationsprozeß in Gang zu setzen und um herauszufinden, welche Themenbereiche im strategischen Plan unbedingt berücksichtigt werden müßten.

Im Zuge mehrerer Treffen wurden die Ziele, der Modus der Einladung und das Thema der Konferenz entwickelt, und zwar von einem Ausschuß, der sich aus den Leitern der sechs Krankenhäuser, aus Vertretern des Vorstands und Repräsentanten der Ärzteschaft zusammensetzte.

Das Thema der Konferenz

Aufgrund der mißlichen Lage des Gesundheitssystems stimmten die sechs Westcare-Krankenhäuser darin überein, ein integriertes Krankenhausnetzwerk für West-Toronto zu planen. Die drei dabei wesentlichen Fragen lauteten:

- Wie soll es aussehen?
- Auf welchem Weg erlangen wir es?
- Wie stellen wir sicher, daß wir die Qualität der Versorgung verbessern?

Die Westcare Open-Space-Konferenz wurde für den 20. und 21. Januar 1995 geplant. Jedem Krankenhaus standen 75 Einladungen zur Konferenz zur Verfügung. Den Krankenhäusern wurde nahegelegt, die Teilnahme freiwillig zu belassen und ein möglichst breites Spektrum von Teilnehmern einzuladen, und zwar eine Mischung aus Ärzten, Krankenpflegepersonal, anderen Krankenhausberufen, Vorstandsmitgliedern, Verwaltern und Patienten. Da die Konferenz auf Freitag und Samstag fiel, wurden die teilnehmenden Angestellten an einem der beiden Tage nicht bezahlt. Ärzte, die auf einer Honorarbasis arbeiteten, verzichteten auf das Einkommen eines Tages, um zu kommen. Das Konsortium lud außerdem Vertreter der örtlichen Nachbarschaft und der Kommunalverwaltung ein sowie Mitglieder des Ausschusses, der für die Restrukturierung verantwortlich war.

Die Einladungen wurden an den einzelnen Krankenhäusern unterschiedlich gehandhabt: Manche luden jeden ein, der diesbezüglich an sie herantrat, und hielten den Rest in Reserve. Andere verschickten 100 Einladungen und erwarteten etwa 25 Prozent Absagen. Am Ende erklärten sich 550 Leute bereit, zu der Konferenz zu kommen. Einige teilten sich die Einladung mit anderen.

Die Logistik zur Vorbereitung einer Veranstaltung mit mehr als 500 Leuten verlangte einen entsprechenden Veranstaltungsort: ein großes Hotel mit einem Saal, der Sitzplätze für 1000 Leute bot. Das Hotel stellte außerdem 20 Tagungsräume, drei Essensbereiche und Erfrischungen für zwei Tage zur Verfügung. Eine Einrichtung mit 10 Sekretärinnen und 25 Computern ermöglichte es, die Berichte vorzubereiten und an der Informationstafel anzuschlagen. Man hatte auch beschlossen, daß jeder zum Schluß eine Dokumentation der Konferenz auf Diskette – zur Vervielfältigung und Verteilung – bekommen sollte.

Die meisten Konferenzteilnehmer hatten bei der Ankunft noch Bedenken hinsichtlich des Gelingens. Sie fürchteten, daß niemand sich vorwagen würde, um einen Schwerpunkt anzugeben. Nach den einführenden Bemerkungen herrschte kurzes Schweigen, bevor jemand mit dem ersten Thema vortrat. Umgehend kam eine große Anzahl von Themen auf, und es begann sich eine Art Fahrplan für die Konferenz an der Informationstafel abzuzeichnen. Sobald alle Themen angeschlagen waren, begann der „Marktplatz", und die Teilnehmer trugen sich für bestimmte Treffen ein.

Eines der ersten Treffen wurde von einer Krankenschwester einberufen, die fand, daß Krankenschwestern ungerechterweise nicht im Ausschuß vertreten waren, obwohl sie in den Krankenhäusern den größten geschlossenen Wahlkörper (Gruppe der Wahlberechtigten) stellten. An ihrem Treffen nahmen Ärzte, Krankenschwestern, Vorstandsmitglieder und Verwalter teil. Einer der Ärzte, der noch nie an einem Treffen von Krankenpflegepersonal teilgenommen hatte, fand es besonders aufschlußreich. Ein geschäftsführender Direktor war sehr angetan, daß die Krankenschwestern in den Prozeß mit einbezogen werden wollten. Ein Vorstandsmitglied war überrascht von der Intensität der Gefühle im Raum. Die meisten Teilnehmer fanden sich in einem Treffen wieder, das sich in seiner ungewöhnlichen Zusammensetzung von allen Treffen, die sie bisher erlebt hatten, unterschied.

Am Morgen des zweiten Tages gab es ein Treffen, bei dem jeder die Gelegenheit hatte zu beschreiben, wie die Konferenz lief. Hierfür war im Plenarsaal ein Kreis mit Stühlen vorbereitet, und ein tragbares Mikrofon wurde herumgereicht. Auf diese Weise war die Großgruppe in der Lage, innerhalb einer Stunde ihren Fortschritt zu überblicken. Eine Gruppe von 500 Personen arbeitete aufgaben- und zeitgerecht. Es gab einige, die die Konferenz unangenehm fanden und das Gefühl hatten, es gäbe ein abgekartetes Spiel der Vorgesetzten, die ihre Tagesordnung anerkannt sehen wollten. Aber die meisten Teilnehmer fanden die Treffen interessant und hatten das Gefühl, daß sich ihnen hier – vielen zum ersten Mal – eine Gelegenheit bot, zu sprechen und gehört zu werden. Am Ende des Tages wurde ein zweites Evaluierungstreffen abgehalten, und die Konferenz ging mit einer Reihe von Empfehlungen zu Ende. Beim Verlassen des Saals bekam jeder eine Kopie der Diskette mit den Berichten.

Ein Formblatt zur Evaluierung der Konferenz wurde von mehr als 250 Teilnehmern ausgefüllt und erbrachte eine überwältigend positive Reaktion auf die Veranstaltung als solche. Nur einige Teilnehmer hatten Vorbehalte bezüglich der Ergebnisse.

Hier eine kurze Zusammenfassung der Ergebnisse de Evaluierung:

- „Viele gute Ideen wurden zum Ausdruck gebracht."
Über 90% aller Interessengruppen stimmten dem zu.
- „Ich kenne mich jetzt besser aus."
Über 80% der Gruppen, ausgenommen Ärzte, stimmten dem zu.
- „Man hatte die Gelegenheit, seine Ansichten auszudrücken."
100% der Ärzte und über 90% der anderen stimmten dem zu.

Zusammenfassung der Ergebnisse

132 Treffen mit großer Themenvielfalt wurden während der zwei Tage abgehalten. Der Konferenzbericht umfaßte 250 Seiten. Er wurde von den Unternehmensberatern analysiert, um die Hauptthemen für die weitere Arbeit herauszufiltern und die Treffen in folgende acht Gruppen zu bündeln:

Themen und Teilnehmerschaft

Westcare Vision	14 Treffen	550 Teilnehmer
Klinische Programme	8 Treffen	380 Teilnehmer
Funktionale Gruppe	9 Treffen	160 Teilnehmer
Das Führungsmodell	16 Treffen	460 Teilnehmer
Interessengruppenkommunikation	12 Treffen	375 Teilnehmer
Nachbarschaftsverbindungen	22 Treffen	610 Teilnehmer
Personalfragen	17 Treffen	280 Teilnehmer
Qualität der Versorgung	24 Treffen	680 Teilnehmer

Alle Interessengruppen waren jeweils in den Diskussionen zu sämtlichen Themen vertreten, ebenso alle sechs Krankenhäuser. Eine weitere Analyse führte zur Schaffung von zwölf Intensivgruppen, die Richtlinien für die klinischen Programme und die funktionalen Bereiche der sechs Krankenhäuser entwickeln sollten.

Lehren

Es scheint, daß Open-Space-Konferenzen ein Modell bieten können, wie nicht-hierarchische Organisationen funktionieren und Interventionen in großen Unternehmen strukturiert sein könnten.

1. *Primäraufgabe:* Es versteht sich, daß eine Open-Space-Konferenz ein klar umrissenes allgemein verständliches Thema haben muß. Dieses muß den Teil-

nehmern ein entsprechendes Anliegen sein, so daß sie bereit sind, freiwillig zu kommen. Wenn die Aufgabe nicht akzeptabel ist, werden entweder nur wenige Leute teilnehmen, oder sie werden das Thema als solches zum Inhalt der Diskussion machen.

2. *Autorität, Führung, Macht und freiwillige Teilnahme an Treffen:* In *Open Space* ist Autorität eher strukturbedingt als zugewiesen. Autorität und Führung werden von Individuen übernommen, die sich leidenschaftlich für ein Thema einsetzen und bereit sind, ein diesbezügliches Treffen zu leiten. Die Macht, die Gruppenleiter haben, besteht einzig darin, ihr Thema zu benennen und das Treffen abzuhalten. Ist das Thema für viele von Interesse, wo werden auch viele an dem Treffen teilnehmen, aber nur, solange sie das Gefühl haben, von den anderen dort etwas lernen oder selbst etwas zu den Diskussionen beitragen zu können. Die freiwillige Art der Teilnahme bedeutet, daß es nur ein allseitiges Gewähren von Autorität und Führung gibt und keiner Gefolgschaft bedarf.

3. *Organisation und Management der Aufgabe:* In *Open Space* hat niemand die Autorität darüber zu entscheiden, wer am meisten zu einem Treffen beitragen kann. Die Teilnahme an den Treffen steht jedem offen, der Interesse am jeweiligen Thema hat. Der Erfolg eines Treffens hängt also ausschließlich von den freiwillig Anwesenden und deren Beiträgen ab. Auch wenn es bei diesen Treffen Meinungsverschiedenheiten und Debatten gibt, bewegt man sich tendenziell auf Konsens zu. Manchmal geschieht das auch, weil zu stark kontroverse Themen mehrere aufeinanderfolgende Treffen einberufen werden. Auf diese Weise werden auch außergewöhnlich lange bzw. inhaltsleere Treffen vermieden – sobald ein Treffen nicht mehr ergiebig ist, bröckeln die Teilnehmer ab.

Literatur

Bion, W.: *Experiences in Groups*, London: Tavistock 1961. (Dt.: *Erfahrungen in Gruppen und andere Schriften*, Frankfurt: S. Fischer 1990.)

–: „Learning from Experience"; in: *International Journal of Psychoanalysis*, 43, 1962.

Carr, W.: „Learning for Leadership"; in: *The Leadership & Organization Development Journal*, 17 (6), MCB University Press 1996.

Dicks, H.: *Marital Tensions*, New York: Basic Books 1967.

Freud, S.: *Totem und Tabu* (1912/13), GW Bd. 9.

–: „Massenpsychologie und Ich-Analyse" (1921c), GW Bd. 13.

Goffman, E.: *Asylums: Essays on the Social Situation of Mental Patients and Other Inmates,* , New York: Doubleday Anchor 1961.

Gosling, R. et al.: *The Use of Small Groups in Training*, Tavistock Institute of Medical Psychology, Codicote Press 1967.

Jaques, E.: „Social Systems as a Defence against Persecutory and Depressive Anxiety"; in: Klein, M., Heimann, P. & Money-Kyrle, R. (Hrsg.): New Directions in Psychoanalysis, London: Tavistock Publications 1955.

Klein, M.: „Our Adult World and Its Roots in Infancy"; in: Colman, A. D. & Geller, M. H. (Hrsg.): *Group Relations Reader*, 2, Washington DC: A. K. Rice Institute Series 1959.

Menzies Lyth, I. E. P.: „Social Systems as a Defence against Anxiety: An Empirical Study of the Nursing Service of a General Hospital"; in: Trist, E. & Murray, H. (Hrsg.): The Social Engagement of Social Science, Bd. 1: The Socio-psychological Perspective, London: Free Association Books 1960.

Miller, E. J. & Rice, A. K.: *Systems of Organisation*, London: Tavistock Publications 1967.

Obholzer, A.: „Managing the Unconscious at Work"; in: French, R. & Vince, R. (Hrsg.): *Group Relations, Management, and Organization*, Oxford University Press 1999.

–: „Management and Psychic Reality"; in: Gabelnick, F. & Carr, A. W. (Hrsg.): *Contribution to Social and Political Science*, Proceedings of 1st International Symposium on Group Relations, Washington: A. K. Rice Institute 1989.

–: „Psychoanalytic Contributions to Authority and Leadership Issues"; in: *The Leadership & Organization Development Journal*, 17 (6), MCB University Press 1996.

–: „Das Unbewußte bei der Arbeit"; in: Irmgard Eisenbach-Stangl, I. & Ertl, M. (Hrsg.): *Unbewußtes in Organisationen: Zur Psychoanalyse von sozialen Systemen*, Wien: Facultas-Univ.-Verlag 1997.

– & Roberts, V. Z. (Hrsg.): *The Unconscious at Work: Individual and Organizational Stress in the Human Services*, London: Routledge 1994.

Owen, H.: *Open Space Technology: A User's Guide*, Potomac, Maryland: Abbott 1990.

Shapiro, E. R. & Carr, A. W.: *Lost in Familiar Places: Creating New Connections between the Individual and Society*, New Haven: Yale University Press 1991.

Turquet, P.: „Leadership: the Individual and the Group"; in: Colman, A. D. & Geller, M. H. (Hrsg.): *Group Relations Reader*, 2, Washington DC: A. K. Rice Institute Series 1974.

5 Die psychoanalytische Großgruppe

Josef Shaked

Die analytische Großgruppe ist relativ wenig erforscht (de Maré 1972 u. 1985; Kreeger 1975; Springmann 1976; Danzinger 1983; Gfäller & Rohr 1984; Ashbach & Schermer 1987). Wegen ihrer Größe ist sie fast ausschließlich im klinischen Rahmen oder auf Ausbildungsveranstaltungen realisiert worden. Die Skepsis gegenüber der Großgruppe – nicht nur seitens vieler Psychoanalytiker, sondern auch mancher Gruppenanalytiker – ist verständlich, wenn wir bedenken, daß das Setting der analytischen Großgruppe von der dyadischen Situation der Psychoanalyse am weitesten entfernt ist. Dennoch ist das Interesse an diesem Phänomen berechtigt, weil die analytische Großgruppe auf archaischerem Niveau funktioniert als die Kleingruppe und eher im Grenzbereich zwischen Neurose und Psychose anzusiedeln ist, wo die Realitätsprüfung nicht verläßlich funktioniert und das Erlebnis der Fremdheit und Bedrohung dominiert. Darüber hinaus könnte das Studium der Großgruppe einen psychoanalytischen Beitrag zum Studium der Massenpsychologie und -psychopathologie darstellen. Schon seit Jahrzehnten beschäftigt das Verhalten großer Menschenmassen mehrere Denker verschiedener Provenienz (Le Bon 1895; Freud 1921; Broch 1943: Canetti 1960). Auch für die Erforschung von Strukturen und Abwehrformationen in Institutionen kann die analytische Großgruppe von Interesse sein, ebenso für die Bemühungen um die Schaffung von demokratischen, nicht hierarchischen Strukturen auf politischer Ebene.

Meine eigene Erfahrung in der Leitung analytischer Großgruppen beschränkt sich auf achttägige Workshops zur Ausbildung in analytischer Gruppentherapie, die seit 1976 zweimal jährlich in Altaussee (Steiermark) veranstaltet werden und die, neben analytischen Kleingruppen sowie Theorie und Supervision, auch eine tägliche Großgruppensitzung von neunzig Minuten Dauer bieten. Die ganze Veranstaltung beginnt und endet mit einer Großgruppensitzung. Die Teilnehmerzahl ist von anfänglich 16 auf über 80 in späteren Jahren gestiegen. Das Setting der Großgruppe hat sich bei uns im Laufe der Zeit gewandelt. Ursprünglich nahmen neben dem Großgruppenleiter auch die Leiter der Kleingruppe an der Großgruppe teil, deren Verhalten jedoch divergierend war – ein Umstand, der zur Rollendiffusion und Verstärkung der zentrifugalen Tendenzen in der Gruppe führte. Gelegentlich zeigte die Großgruppe die Tendenz, sich in eine Generalversammlung zu verwandeln und Organisationsprobleme zu diskutieren.

Nach einigen Experimenten beschlossen wir, die Großgruppe in einem streng analytischen Rahmen zu halten, mit einem einzigen Leiter, auf den sich die vertikale Übertragung fokussieren könnte. Die einzige Einleitung, die es gibt, ist die analytische Grundregel: Die Teilnehmer werden aufgefordert, ihre Gedanken und Gefühle möglichst freimütig mitzuteilen. Der Leiter beschränkt seine Interventionen hauptsächlich auf Deutungen von Übertragungs- und Widerstandsreaktionen der Gruppe. Alles, was in der Gruppe stattfindet, wird grundsätzlich als der verzerrte Ausdruck von unbewußten Impulsen oder deren Abwehr betrachtet. Das zugegebenermaßen komplizierte soziale Gefüge der Großgruppe wird somit auf seine unbewußten Wurzeln zurückgeführt. Der Grund für dieses Arrangement liegt in der Überzeugung, daß die innere Realität am günstigsten erfahrbar ist, wenn wir nicht allzusehr von den unbewußten Interaktionen in der Gruppe abgelenkt werden. Die Sitzanordnung in der Gruppe ist konzentrisch in mehreren Reihen, der Gruppenleiter hat keinen festen Sitzplatz, die Beobachter der Großgruppe sitzen abseits in einer Ecke.

Unter diesen Bedingungen macht die Großgruppe typische und ziemlich vorhersagbare Entwicklungsschritte durch, die als eine modellhafte Wiederholung, gleichsam im Zeitraffertempo, des individuellen Reifungsprozesses aufgefaßt werden können. Im folgenden werde ich versuchen, den Verlauf der Großgruppe kurz zu skizzieren und in den Begriffen der Metapsychologie, der Entwicklungspsychologie und der Objektbeziehungstheorie zu erläutern.

Konstituierend für die Großgruppe ist die Unfähigkeit des einzelnen, eine persönliche Beziehung zu allen anderen Gruppenmitgliedern herzustellen. Die Anfangssituation wird von den Teilnehmern als bedrohlich erlebt. Es herrscht das Gefühl, man sei unfähig, zu kommunizieren und zu denken. Meist herrscht anfänglich ein Schweigen, das gelegentlich durch Äußerungen von Unbehagen unterbrochen wird. Diffuse Ängste vor dem Verlust der Herrschaft über sich entstehen, Gefühle von Leere und Isolation, von Eingepfercht- und Eingesperrtsein werden spürbar. Körperliche Empfindungen von Kälte oder Hitze, Erstickungs- oder Schwindelgefühle werden geäußert; der Raum wird als finster oder als zu grell beleuchtet erlebt. Die Wahrnehmung von Zeit und Raum ist eingeschränkt, es entsteht eine lähmende Leere. Ängste vor Vernichtung, Zerstörung und Ausgeliefertsein tauchen auf. Die konzentrische Sitzordnung verstärkt die paranoiden Ängste. Charakteristischerweise bleibt in der ersten Sitzung die innere Sitzreihe unbesetzt. Damit verleiht die Gruppe dem Zustand der Leere, dem Mangel an Information und Struktur, der Abwesenheit von Nahrung und Geborgenheit Ausdruck. Man könnte diesen Zustand mit *Bion* (1963) mit der „Abwesenheit der Brust" vergleichen. Aus diesem chaotischen Gefühl der Leere entwickelt sich die Allmachtsphan-

5 Die psychoanalytische Großgruppe

tasie von der Gruppe als großartigem Wesen, mit dem die Mitglieder verschmelzen könnten. Dieser Wunsch erzeugt im einzelnen die Angst, von dieser archaischen Mutter verschlungen zu werden und seine Individualität zu verlieren.

In diesem Stadium fühlen sich die Mitglieder abhängig vom Leiter, der ein mütterliches Objekt darstellt, das die Gruppe magisch vor der Überflutung und Strukturlosigkeit der Anfangssituation beschützen soll. Die bösen Anteile der Gruppe werden abgespalten und auf die Außenwelt projiziert, während die Gruppe sich projektiv mit der Allmacht des Leiters identifiziert; Gefühle von Neid und Rivalität gegen den mächtigen Leiter werden verleugnet und in gespaltener Form ausagiert: Es tauchen in der Gruppe Pseudoführer auf, die an der Allmacht teilhaben und von den anderen bewundert werden. Andererseits findet die Gruppe Sündenböcke, welche die Ohnmacht und Abhängigkeit der Gruppe darstellen und auf welche die Verachtung und Feindseligkeit der Gruppe gerichtet werden.

Die nächste Phase ist gekennzeichnet durch einen Konflikt zwischen Autonomie und Unterordnung, zwischen dem Versuch, Grenzen zu überschreiten, und der Angst vor den Konsequenzen. Es werden Partialtriebe ausgelebt, Opfer gesucht und dem Spott der Gruppe ausgesetzt. Größenphantasien werden ungeniert geäußert, es entsteht eine Art primitive Mythologie der Gruppe, die oft sadistische und obszöne Phantasien und Wortschöpfungen zum Inhalt hat.

Danach wendet sich die Gruppe gegen den Leiter. In dieser Phase repräsentiert der Leiter den ödipalen Vater, mit seinen Geboten und Verboten; dessen Absetzung verheißt für die Großgruppe die Befreiung von Triebhemmungen und die Erfüllung der inzestuösen Wünsche. Manchmal veranstaltet die Gruppe eine Scheinkreuzigung und zelebriert eine schwarze Messe oder einen Hexensabbat. Die Stimmung ist gehoben, eine Art „manisches Fest" wird gefeiert.

Die nächste Sitzung findet in gedrückter Stimmung statt. Nach langem Schweigen folgen Äußerungen von Enttäuschung, Scham und Reue. Die Gruppe hat ihre Größenideen eingebüßt und wird jetzt mit ihrer Schuld konfrontiert. Der Einsicht in die eigene Begrenztheit folgt die Verinnerlichung der gesellschaftlichen Normen und die Wahrnehmung der Gruppenmitglieder als reale Personen, mit all ihren Problemen und Schwächen. Die Fähigkeit, reale Beziehungen einzugehen und Konflikte zu bestehen, ist der Prüfstein für die Reife der Gruppe. Die Auflösung des ödipalen Konflikts bedeutet, daß ein gewisser Grad an Ich-Identität und Beziehungsfähigkeit erreicht worden ist. Die Beziehungen zwischen den Geschlechtern in der Gruppe haben nicht mehr eine inzestuöse Qualität, und die Kommunikation zwischen den Gruppenmitgliedern findet auf einer Ebene statt, wo die Wünsche und Gefühle der anderen wahrgenommen und beantwortet werden können.

Nicht jede Großgruppe erreicht dieses Stadium, manche bleiben in einer phallisch-narzißtischen Konstellation stecken, wo die exhibitionistischen Wünsche dominieren, andere Gruppen müssen wiederum ihre ödipalen Wünsche abwehren und erlangen daher keine Schuld- und Einsichtsfähigkeit.

Die letzte Sitzung ist dem Abschied gewidmet. Es tauchen Todesbilder auf, die Trauer wird initiiert. Die Geschichte der Gruppe wird kritisch betrachtet. Die Selbstreflexion ermöglicht eine realistische Bestandsaufnahme und Erkenntnis der eigenen Möglichkeiten und Grenzen. Die Gruppe kann dann der Frage der Verbindung zwischen Innen und Außen, zwischen Gruppengeschehen und Alltag nachgehen. Manche Gruppen können sich dieser Trauerarbeit nicht unterziehen und gehen auseinander mit Idealisierungen und Entwertungen, weil sie auf das primitive Selbstobjekt nicht verzichten können.

Nach dieser groben Skizze der Entwicklung einer Großgruppe können wir uns der Frage widmen, was sie von einer Kleingruppe unterscheidet. Die Grundprobleme und Konflikte, welche das Material für das Gruppengeschehen liefern, sind in beiden ähnlich, der Rahmen des Geschehens ist jedoch verschieden. Während die Kleingruppe die Szenerie der Kindheitsfamilie, mit ihren Ambivalenzen und Rivalitäten, wiederbelebt, erinnert die Großgruppe eher an eine Arena, in der die entfremdeten und schlecht integrierten Aspekte des Selbst auf die anderen, welche die fremden und bedrohlichen Merkmale der Außenwelt darstellen, mit deren Konventionen und Einschränkungen, projiziert werden können. Durch ihre Größe und Unüberschaubarkeit erweckt die Großgruppe primitive Ängste vor Fragmentierung und Identitätsverlust. Sie ist, in der Sprache *Melanie Kleins* (1962), wie eine archaische verfolgende Mutter, deren positive Eigenschaften abgespalten werden, um die gute Mutter vor der eigenen Wut zu schützen. Es ist die therapeutische Aufgabe der Großgruppe, beide Seiten dieser extremen Ambivalenz zu integrieren, während die Kleingruppe auf einer höheren Stufe der Ich-Entwicklung funktioniert und daher die Aufgabe hat, Verdrängungen rückgängig zu machen.

Die Großgruppe ist gröber und gewalttätiger als die Kleingruppe, ihre Widersprüche und Konflikte sind schärfer akzentuiert. Sie neigt dazu, individuelle Differenzierungen zu verwischen und Individuen zu Protagonisten von Gruppenbestrebungen zu machen. Diese Eigentümlichkeiten der Großgruppe sind eng mit deren Hang zu szenischer Darstellung verknüpft. Der Gruppenprozeß entfaltet sich auf einer imaginären Bühne mit Protagonisten und Antagonisten, die eine mehrdeutige Symbolsprache verwenden. Die Gruppenphantasien sind kollektive Gestaltungen, wie eine Mythologie oder primitive Religion, und befinden sich in der Nähe des kindlichen magischen Denkens, der Welt unserer Träume, psychotischer Seelenzustände und von Ritualen in primitiven Gesellschaften.

An dieser Stelle wäre auch die hervorragende Bedeutung des Witzes als Ausdrucksmittel der Großgruppe zu erwähnen. Witz und Humor dienen be-

5 Die psychoanalytische Großgruppe

kanntlich dazu, anstößige Triebregungen in abgeschwächter Form und mit Lustgewinn, unter Umgehung des Überichs, auszudrücken (Freud 1905, 1927). Die Großgruppe entwickelt eine große Geschicklichkeit im Umgang mit diesen Ausdrucksformen, von primitiven Zoten bis zu grob aggressiven Äußerungen, ohne dabei den Charakter des Spielerischen zu verlieren. So können zahlreiche Tabus mit Lustgewinn und relativ geringen Angst- und Schuldgefühlen gebrochen werden.

Die Gewalttätigkeit, der Exzeß und Kontrollverlust finden ihre Äquivalente im Verhalten von Massen, die in ihrer Identität bedroht sind. Hier können wir Massenpsychologie und -psychopathologie unter experimentellen Bedingungen studieren. Ich konnte *Bions* Grundannahmen von *Abhängigkeit, Kampf oder Flucht* und *Paarbildung* (1961) in der Großgruppe viel klarer als in der Kleingruppe beobachten, wie unter einem Vergrößerungsglas. Alles in der Großgruppe erscheint vergrößert. Größenphantasien werden relativ unzensiert geäußert, wie ihre Kehrseite von Scham, Schuld und an Panik grenzender Angst. Dadurch ist die Großgruppe besonders geeignet zur Beobachtung von Erscheinungsformen des Narzißmus.

Die Abhängigkeit vom Leiter ist in der Großgruppe besonders stark ausgeprägt. Die Phantasien der Gruppe kreisen zum großen Teil um die Figur des Leiters; darin kann man eine Bestätigung der These *Freuds* finden, daß der Führer das Ich-Ideal der Gruppe verkörpere, womit sie sich identifiziere, um Stabilität und Kohäsion zu erlangen (1921). Die Gruppe liebt ihren Anführer, der die verbietende Autorität verkörpert, auf eine ambivalente Weise, insgeheim will sie ihn absetzen und ihre Abhängigkeit von ihm abschütteln (Freud 1912/13). Die Gruppe erwartet vom idealisierten Leiter eine magische Lösung ihrer Probleme. Die analytische Arbeit hat zur Aufgabe, die infantile Natur und Wurzel dieser Erwartung aufzudecken. Die Enttäuschung der Gruppe über die Weigerung des Leiters, die Rolle des Magiers zu spielen, macht sie zur leichten Beute für falsche Führer aus den Reihen der Gruppe, welche bequeme Lösungen anbieten; darin sind sie nicht unähnlich den Demagogen, die labile Gruppen verführen.

Da einzelne Mitglieder nicht als ausgeprägte Individuen auftreten, versucht der Leiter, die Großgruppe als Ganzes anzusprechen, als ob sie ein einzelner Organismus wäre, mit widersprüchlichen Haltungen, Wünschen und Zielen. Das seltsame Gefühl, das die Gruppe beherrscht, daß nämlich das Geschehen seinen vorbestimmten Verlauf nimmt, ungeachtet der Absicht des einzelnen, erleichtert die Behandlung der Individuen als Vollstrecker und Vertreter von Gruppenbestrebungen. Dieser Interventionsstil verstärkt wiederum die Gruppenkohäsion und fokussiert die Übertragung auf den Leiter, der zum Gegenpol der Gruppe wird, unter dessen Schutz sie relativ angstfrei ihre Grenzen erkunden kann. In den Deutungen bemühe ich mich dann, so nahe wie möglich an der Gruppenerfahrung zu bleiben, mit Rückgriff auf die Bilder und Symbole der Gruppe, ohne sie einfach in die Sprache des Sekundärvorgangs zu übersetzen.

Die hohen Erwartungen und massiven Projektionen können den Leiter leicht überfordern. Als Zielscheibe sowohl von Idealisierung als auch feindlicher Ausbrüche fällt es ihm schwer, seine Gegenübertragung unter Kontrolle zu halten. So wünschenswert es sein mag – es ist nicht leicht, unberührt von der Gewalt, Panik oder Verzweiflung der Gruppe zu bleiben. Andererseits ist es ebenso wichtig, in Fühlung mit der Gruppe zu bleiben. Meine eigene Sicherheit im Umgang mit der Großgruppe wurde größer, seit ich den Ehrgeiz aufgegeben habe, die Gruppe in eine bestimmte Richtung lenken zu wollen. Die Großgruppe steuert sich selber, begleitet von den Deutungen des Leiters, und erwidert sein Vertrauen in ihre Fähigkeit durch die gemeinsame analytische Erkundung. Bei den seltenen Anlässen, wo ein Mitglied sich am Rande eines psychotischen Zerfalls befand, nahm die Gruppe als Ganzes eine stützende Haltung ein und half ihm, sein Gleichgewicht wieder zu erlangen. Diese Erfahrungen stimmen mich optimistisch bezüglich des therapeutischen Potentials der Großgruppe.

Es ist beobachtet worden, daß in der Großgruppe die Fähigkeit zum logischen Denken beeinträchtigt ist. Die Gruppe muß ein Stadium von magischem Denken durchlaufen, ehe ein interpersonelles Gespräch möglich ist. Was die analytische Großgruppe lernen muß, ist nicht lediglich, rational zu denken, sondern das Irrationale zu begreifen und es ins bewußte Denken zu integrieren. Das theatralische Element in der Großgruppe beinhaltet vielleicht, wie bei Hamlet, das Verrücktspielen, um eine verborgene Wahrheit zu entdecken. Der Dialog, der dann in der Großgruppe entsteht, ist nicht lediglich eine vernünftige Kommunikation zwischen einer Vielzahl von Personen, sondern ebenso ein Dialog zwischen Vernunft und Wahn, sowohl in der Gruppe als auch innerhalb des einzelnen Mitglieds. Der Leiter macht es der Gruppe möglich, die Grenze zum Irrationalen zu überschreiten. So gewinnt die Großgruppe nicht nur einen Einblick in die faszinierende Welt unserer Träume und der Psychose, sondern sie beginnt auch die Relativität unserer Vorstellungen von der *Realität* zu begreifen. Durch das partielle Außerkraftsetzen der Alltagskonventionen kann die Gruppe dieselben gleichsam von außen betrachten und sie kritisch reflektieren. Sie lernt, daß die Verbannung der Phantasie aus dem Wachleben eine fragwürdige Errungenschaft ist.

Wir können aufgrund unserer Erfahrung die Wirksamkeit der Gruppe in der Ausbildung bestätigen. Sie vermittelt uns tiefere Einblicke, als die Kleingruppe es vermag, in eine archaische und chaotische Welt in uns. Die Wirksamkeit der Großgruppe als therapeutisches Instrument können wir nur erahnen. Als Bestandteil eines Therapiekonzepts im Rahmen einer umfassenden Langzeittherapie innerhalb von Institutionen könnte sie durchaus sinnvoll und wirksam angewendet werden.

5 Die psychoanalytische Großgruppe

Zusammenfassung

Das Modell einer Großgruppe im Rahmen einer Ausbildung in analytischer Gruppentherapie wird beschrieben: Die Großgruppe wird streng analytisch geführt, das heißt, es werden im wesentlichen nur Deutungen von Übertragung und Widerstand gegeben, und die soziale Realität der Großgruppe wird nicht angesprochen. Unter diesen Umständen zeigt die Gruppe einen typischen Verlauf von einer archaischen amorphen Entwicklungsstufe bis zum gut strukturierten ödipalen Geschehen. Die Großgruppe ist primitiver als die Kleingruppe, und die Beziehungen zwischen den Gruppenmitgliedern sind weniger persönlich und differenziert. Die Rolle des Großgruppenleiters sowie seine Gegenübertragung werden diskutiert.

Literatur

Ashbach, D. & Schermer, V. L.: *Object Relations, the Self, and the Group. A Conceptual Paradigm.* Kap. 12: Self-object differentiation: „act by act" analysis of large group interaction, London/New York: Routledge & Kegan Paul 1987.

Bion, W. R.: *Erfahrungen in Gruppen und andere Schriften* (1961), Stuttgart: Klett 1974.

–: „Eine Theorie des Denkens"; in: *Psyche* 17 (1963).

Broch, H.: *Massenwahntheorie.* Frankfurt: Suhrkamp 1979.

Canetti, E.: *Masse und Macht,* Düsseldorf: Claassen 1960.

Danzinger, R.: „Psychoanalytische Beobachtungen an großen Gruppen"; in: *Gruppenpsychotherapie und Gruppendynamik* 19 (1983), S. 63–76.

de Maré, P.: „Large group psychotherapy, A suggested technique". Paper presented to Second European Symposium on Group Analysis. London 1972.

–: „Large Group Perspectives"; in: *Group Analysis* 18/2 (1985).

Freud. S.: „Der Witz und seine Beziehung zum Unbewußten" (1905). Fischer Studienausgabe, Frankfurt 1974.

–: *Totem und Tabu* (1912/13). Fischer Studienausgabe, Frankfurt 1974.

–: „Massenpsychologie und Ich-Analyse" (1921). Fischer Studienausgabe, Frankfurt 1974.

–: „Der Humor" (1927). Fischer Studienausgabe, Frankfurt 1974.

Gfäller, U. & Rohr, R.: „Analytische Großgruppe. Bearbeitung individueller und institutioneller Sozialisationsbedingungen"; in: *Gruppenpsychotherapie und Gruppendynamik* 20 (1984), S. 203–208.

Klein, M.: *Das Seelenleben des Kleinkindes,* Stuttgart: Klett 1962.

Kreeger, L.: *The Large Group.* Constable, London 1975. (Dt.: *Die Großgruppe,* Stuttgart: Klett 1977.)

Le Bon, G.: *Psychologie der Massen*. Stuttgart: Kröner 1973.

Springmann, K. R.: „Fragmentation as a Defense in Large Groups"; in: *Contemporary Psychoanalysis* 12/2 (1976).

6 Eine neue Geschichte erzählen: Spirit, Mythen, Großgruppen-Interventionen und liturgische Systeme

Matthias zur Bonsen

„Eine Kultur ohne ihre Geschichtenerzähler
wird schließlich aufhören, eine Kultur zu sein."
Ari Ma'ayam, Muskogee Creek Indianer

Seit 20 Jahren reden, schreiben und lesen wir von *Unternehmenskultur*, doch dieser Begriff trifft nicht den Kern: zumindest nicht den Kern, um den es mir hier geht. Denn aus meiner Sicht sind Organisationen in ihrer Essenz ein Energiestrom, sie sind *Spirit*. Und dieses kaum faßbare Element *Spirit* ist entscheidend für ihren Erfolg. Es gehört zur Stammtisch-Weisheit, daß bei gleichem Trainingsstand die Fußballmannschaft, die am Tag des Spiels „gut drauf" ist, an ihren Sieg glaubt und mit ihrem Bewußtsein nur beim Spiel und bei nichts anderem ist, eben gewinnt – und die andere nicht. Bei Organisationen ist dieser Zusammenhang nicht ganz so eng – zumindest nicht kurzfristig. Unternehmen können hohe Gewinne einfahren, auch wenn die Stimmung der „Mannschaft" schlecht ist. Doch um die Gipfel der Innovationskraft, der Qualität, der Kundenorientierung, der Wandlungsfähigkeit und der optimalen Zusammenarbeit zu erklettern, muß wohl nicht nur die Führungsspitze, sondern die Gesamtheit der Mitarbeiter „gut drauf" sein. Dann braucht es die sprichwörtlichen „leuchtenden Augen" oder das „Feuer", das im Titel dieses Buchs erwähnt wird. Es lohnt also, sich etwas mehr mit diesem Faktor Spirit zu beschäftigen. Geht es dabei wirklich nur um „gut" oder „schlecht drauf"? Geht es nur um die Leuchtkraft des Feuers? Nein, es geht auch um *Fokus* und *Kohärenz*. Denn wenn die Energie nicht auf ein Ziel gerichtet ist, wird sie nicht wirksam. Und wenn Teile der Energie auf Nebenziele gerichtet sind, die vom Ganzen ablenken, wird sie geschwächt. Ist der *Spirit* einer Organisation andererseits kraftvoll, fokussiert und kohärent, dann kann sie schier Unglaubliches erreichen.

Wie kann man nun *Spirit* – seine Kraft und seine Qualität – analysieren? Wie kann man ihn für eine ganze Organisation verändern, in Fluß bringen, auf neue Ziele ausrichten? Wie stabilisieren? Daß große Gruppen dabei eine wichtige Rolle spielen, geht schon aus dem Untertitel des Aufsatzes hervor.

Im Grunde ist es nur ein einziger Faktor, vom dem der *Spirit* einer Organisation abhängt: die *Wahrnehmung*. Die Art und Weise, wie die Mitarbeiter einer Organisation ihre Realität konstruieren, hat so unmittelbare Auswirkungen auf den *Spirit*, daß man sagen könnte, daß *Wahrnehmung* und *Spirit* zwei Seiten der gleichen Münze sind. Nehmen wir an, die Realität in einer Organisation wird so wahrgenommen, daß es Hoffnung für die Zukunft gibt, ein gemeinsames attraktives Ziel und Werte, die zu den eigenen passen. Dann dürfte klar sein, welche Wirkung diese Wahrnehmung auf den *Spirit* hat. Den *Spirit* zu verändern heißt also immer, eine Veränderung der kollektiven Wahrnehmung herbeizuführen. Doch dazu unten mehr.

Geschichten in Organisationen

Menschen in Organisationen erzählen sich tagtäglich Geschichten. Und die Geschichten, die sie sich am häufigsten erzählen, reflektieren ihre Wahrnehmung der Realität. Harrison Owen, der die Grundlagen für die nun folgenden Ausführungen über Geschichten geschaffen hat, bemerkt daher ganz zu Recht, daß die Geschichten, die in einer Organisation erzählt werden, ihren *Spirit* repräsentieren und – mit jedem Wiederholen – immer wieder neu prägen. Und er stellt die These auf, daß es in jeder Organisation, sei sie auch noch so groß, immer eine Handvoll *zentrale Geschichten* gibt, welche die Realitätswahrnehmung und den *Spirit* maßgeblich determinieren. Diese zentralen Geschichten drücken den Daseinszweck, die Richtung, die Werte und die Glaubenssätze einer Organisation aus.

Dazu ein Beispiel: Ein Folienhersteller stand vor einigen Jahren vor der Aufgabe, seine Produktivität drastisch zu steigern. In seiner Fabrik gab es mehrere große Anlagen, die man vorne mit Granulat fütterte, damit 15 Meter weiter hinten eine mehrere Meter breite Folie herauskam. Diese Anlagen mußten nun schneller laufen. In der Zeit der Krise bekam dieser Folienhersteller einen neuen Geschäftsführer, der seine Ingenieure und Arbeiter immer wieder aufforderte, die Geschwindigkeit der Anlage von 20 Meter auf 30 Meter pro Minute zu steigern. Keiner hielt das für möglich. Dem Geschäftsführer, der keine technische Ausbildung hatte, wurde die Kompetenz abgesprochen. Doch nach einiger Zeit und vielen Versuchen wurde das Ziel tatsächlich erreicht. Lapidare Reaktion des Geschäftsführers: „Wer 30 Meter pro Minute produzieren kann, schafft auch 40 Meter pro Minute." Nun, irgendwann wurden 40 Meter erreicht, dann 50 Meter usw. Heute laufen die Anlagen mit 70 Meter pro Minute, was sich wohl nicht mehr weiter steigern läßt. Die Sprüche des Geschäftsführers wie „Wer 40 kann, schafft auch 50" sind im Unternehmen zum geflügelten Wort geworden. Sie leben weiter als positive, inspirierende Geschichte, die immer wieder erzählt wird. Und diese Geschichte repräsentiert einen Glaubenssatz des Unternehmens: „Wir schaffen es."

Die zentralen Geschichten der Organisation sind das Medium, durch das die Vergangenheit, die Gegenwart und die Zukunft der Organisation erfahren werden. Eine Organisation mag alles mögliche in ihr Leitbild schreiben: das, was tatsächlich wirkt, sind die Geschichten. Sie repräsentieren in unmittelbarer Weise den *Spirit* – den Geist der Organisation. Denn wenn sie erzählt werden, wird immer auch eine Stimmung übertragen. Mit den Geschichten hört man also nicht etwas *über* den *Spirit,* man trifft ihn unmittelbar. Bestimmte Geschichten werden häufiger als andere erzählt, weil sie der Stimmungslage der Erzählenden entsprechen. Sie „fühlen sich" für die Erzählenden einfach „richtig an". Und wenn sie häufiger erzählt werden, werden sie zu *zentralen* Geschichten.

Manche Geschichten inspirieren. Sie erzeugen positive Gefühle, wenn sie erzählt werden. Der neue Mitarbeiter, der solche Geschichten von den „alten Hasen" hört, spürt Stolz und freut sich, selbst dabei sein zu dürfen. Andere Geschichten sind „sauer" und verschmutzen die Atmosphäre. Bei Siemens gibt es beispielsweise eine Geschichte, von der ich wetten möchte, daß sie 80% der Siemens-Mitarbeiter weltweit kennen (dennoch hoffe und vermute ich, daß sie keine *zentrale* Geschichte dieses Unternehmens ist – zumindest nicht mehr). Sie wird mit Varianten etwa folgendermaßen erzählt: „In den 70er Jahren hatten wir als erste das Fax-Gerät erfunden. Doch wir haben es nie gebaut. Wir hatten schließlich weltweit mehr als 90% Marktanteil bei Telex-Geräten und wollten unsere Investitionen schützen. Und dann kamen die Japaner und zeigten uns, was sich damit verdienen läßt." Leiten Sie selbst ab, welche Werte und Glaubenssätze diese Geschichte transportiert. Jede Geschichte hat ihre „Moral".

Die Geschichten, die in einer Organisation erzählt werden, können historisch wahr sein – oder auch nicht. Das spielt für ihre Wirksamkeit keinerlei Rolle. So mag die Geschichte kursieren: „Der Chef hat gesagt, man soll nicht die Affen den Zoo regieren lassen." Aber genau das hat dieser Chef nie gesagt. Doch die Tatsache, daß die Geschichte erzählt wird, drückt etwas über den *Spirit* und die Realitätswahrnehmung der Mitarbeiter dieser Organisation aus. Da die Geschichten nicht wahr sein müssen und es oft auch nicht sind, kann man sie auch als *Mythen* bezeichnen. Und Mythen sind aus Sicht derer, die sie erzählen und an sie glauben, nie wahr oder falsch. Sie sind unumstößliche Grundtatbestände. Sie sind die Brille, durch welche die Welt wahrgenommen wird. Der besagte Chef mag also das Gegenteil von dem sagen, was oben zitiert wurde, und er mag sich auch anders verhalten. Alles, was er sagt und tut, wird jedoch durch die Brille dieser einen Geschichte interpretiert werden.

Wenn ich hier den Begriff *Mythen* verwende, will ich auch deutlich machen, wie ich ihn *nicht* meine. So mag beispielsweise der Leiter einer Organisation immer wieder von der „großen Familie" reden, die seine Organisation für ihn darstellt. Doch alle außer ihm und zwei anderen Mitgliedern der Leitung nehmen diese Organisation *gerade nicht* als große Familie wahr. Dann ist die „Familie" der persönliche Mythos dieser drei Leitenden. Der große Rest erzählt sich jedoch tatsächlich eine Geschichte darüber, daß „die da oben" meinten, daß man eine Familie sei. Doch nur die Geschichten, die von der Mehrheit erzählt werden, sind die Mythen, die den *Spirit* der Organisation widerspiegeln.

Der Gebrauch der Begriffe *Geschichten* und *Mythen* soll nicht den Eindruck erwecken, als seien die Geschichten in Organisationen immer längere Erzählungen. Oft ist das Gegenteil der Fall. Sie werden mit der Zeit kürzer, manchmal zu einem Witz, und einige bestehen schließlich nur noch aus *einem* Wort. Dieses eine Wort fällt, und jeder weiß, was gemeint ist. Wie bei einem Telekom-Unternehmen, in dem der Raum, in dem die Vorstandssitzungen stattfinden, als „Bügelzimmer" bezeichnet wird – weil man dort „abgebügelt" wird. Oder wie im Offenbacher Betrieb der Frankfurt-Offenbacher Niederlassung eines Automobilherstellers. Hier kursiert als zentrale Geschichte das Wort *Zweigstelle*. Dieser Betrieb war früher eine selbständige Niederlassung, wurde aber wegen Mißerfolgs vor ein paar Jahren der Frankfurter Niederlassung unterstellt. „Zweigstelle" ist die Kurzversion davon, daß man ja jetzt nur noch Zweigstelle und nicht mehr Niederlassung sei und von den Frankfurtern in allem benachteiligt werde. Man bekomme weniger Vorführwagen, habe längere Lieferzeiten, die Statistiken träfen später ein usw. usw. Diese Fakten stimmten im übrigen alle nicht, doch das tat nichts zur Sache. Die Geschichte „Zweigstelle" war die Brille, durch welche die Welt betrachtet wurde und die den *Spirit* der Offenbacher prägte. Da konnten die Frankfurter tun, was sie wollten. Und immer wenn das eine Wort in der richtigen Tonlage fiel, wurde die alte, begrenzende Realitätswahrnehmung wieder aktiviert. Ein drittes Beispiel für Ein-Wort-Geschichten: „Kölscher Klüngel". Heute lösen diese Worte nur noch Belustigung aus, doch über lange Zeiträume wurden sie mit bitterem Ernst ausgesprochen, um die (tatsächliche oder eingebildete) Vetternwirtschaft der Oberen dieser Stadt zu beklagen.

Vielleicht denken Sie nun, daß die niederziehenden, „sauren" Geschichten/Mythen in Organisationen dominieren – und tatsächlich tun sie das oft. Jeder, der in einer Organisation gearbeitet hat, weiß, wieviel zynisches Gerede es dort geben kann. Doch in jeder Organisation gibt es auch inspirierende Geschichten. Sie werden möglicherweise nicht gepflegt (bewußt erzählt) oder durch eine dicke Schicht „saurer" Mythen überlagert, doch sie sind da. Peg Neuhauser (1993) berichtet, daß manche amerikanische Indianerstämme ein heiliges Bündel hatten, das wichtige Artefakte ihres Stammes enthielt. Das konnte eine Feder sein, ein Stein, eine Friedenspfeife oder eine Adlerklaue. Einer der Ältesten trug dieses Bündel, öffnete es von Zeit zu Zeit und erzählte dann – wahrscheinlich am Lagerfeuer – die zu den Artefakten gehörenden Geschichten. Peg Neuhauser schreibt, daß auch Organisationen sich des heiligen Bündels ihrer inspirierendsten Geschichten bewußt sein müßten. Sie müssen diese Geschichten pflegen und auf vielfältigste Weise immer wieder erzählen. Dabei ist es nicht wichtig, ob die inspirierendsten Geschichten wahr sind. Mit der Zeit werden auch wahre Geschichten verfälscht und nehmen mythische Dimensionen an – wodurch ihre Botschaft vielleicht noch besser transportiert wird. Das Gestalten von Mythen ist wichtig, wichtiger als die historische Exaktheit, und eigentlich eine Grundaufgabe nicht nur von Organisationen, sondern der Menschheit, wie Joseph Campbell (1988) gezeigt hat.

Inspirierend ist in nahezu jeder Organisation die Geschichte ihrer Gründung. Dieser „Schöpfungsmythos" enthält oft sehr viel über den Daseinszweck, die Richtung, die Werte und Glaubenssätze der Organisation und ist der Kern der sich später erweiternden Visionen. Ein gutes Gefühl für den Wert einer solchen Geschichte hat Marion Gräfin Dönhoff, die Herausgeberin der ZEIT. Sie erzählt ihre „Schöpfungsgeschichte" sogar in der Werbung:

„Am 21. Februar 1946 erschien die erste Ausgabe der ZEIT unter der ‚Zulassung Nr. 6' der britischen Militärregierung. Acht Seiten stark, in einer Auflage von 25.000 Exemplaren, für eine höhere Auflage reichte das rationierte Papier nicht. Jeder Artikel, der in der ungeheizten Redaktionsstube beim Schein selbstgebastelter Petroleumlampen geschrieben wurde, mußte vor dem Druck von dem britischen Presseoffizier genehmigt werden, der häufig Artikel beanstandete. Der erste Artikel, den ich schrieb, wurde verworfen, weil ich es gewagt hatte, über ein zum Tabu erklärtes Thema zu schreiben. DIE ZEIT war damals die einzige Zeitung, die sowohl die alten Nazis wie auch die alliierten Machthaber gleichermaßen kritisierte. Heute erscheint DIE ZEIT in einer Auflage von fast einer halben Million, und aus einem Dutzend Redakteure wurde eine Hundertschaft..."

Geschichten in Organisationen entstehen oft aus transformativen Erlebnissen (Fallen Ihnen die Anklänge an Großgruppen-Interventionen auf?). Aus der Gründung werden „Schöpfungsgeschichten" („Als wir damals in der Garage mit der gebrauchten Drehbank..."), aus dem Beinahe-Bankrott „Legenden von der Wiederauferstehung". Fusionen, große Erfolge, Mißerfolge, heldenhafte Führungspersönlichkeiten oder Bösewichte – das ist der Stoff, aus dem Geschichten gewoben werden. Als Deutsche werden wir noch unseren Enkeln vom Fall der Berliner Mauer erzählen. Denn das war unser transformativstes Erlebnis in den letzten 20 Jahren.

Ein ähnlich transformatives Erlebnis war die Flutkatastrophe in Hamburg 1976 für die Firma Airbus. Das Werk stand unter Wasser und schien dadurch kurz vor dem Aus. Es gab konkrete Pläne, es nach Süddeutschland zu verlegen. (Franz Josef Strauß läßt grüßen.) Doch dann hielten alle zusammen, machten das Werk wieder flott und legten den Grundstein für einen großen Erfolg. Noch heute, nach fast 25 Jahren, wird diese Geschichte bei Airbus erzählt. Jeder kennt sie. Auch die, die erst viel später dazustießen. Sie vermittelt Stolz und das Gefühl, eine Gemeinschaft zu sein. Eine zweite Geschichte, auch aus einem transformativen Erlebnis herrührend, heißt dort „Dolores" – der Name eines drakonischen Sparprogramms, dem in der Mitte der 90er Jahre viele Arbeitsplätze zum Opfer fielen. Diese Geschichte ist zwar „sauer", aber nicht nur, denn sie enthält auch die Botschaft, daß damals sogar Führungskräfte zusammen mit der Belegschaft auf die Straße gegangen sind.

Vielleicht haben sie gespürt, wie Sie in den Sog dieser Geschichten geraten sind. Sie sind spannend. Man will mehr davon. Doch für diesen Beitrag stellen sich nun zwei Fragen:

Erstens: Was kann eine Organisation tun, um „saure" Geschichten durch inspirierende zu ersetzen? Wie kann sie ihren *Spirit* erneuern und refokussieren?

Zweitens: Wie können die inspirierenden Geschichten gepflegt werden? Wie kann der *Spirit* hochgehalten und weiter fokussiert werden?

Eine neue Geschichte erzählen

„Saure", die Atmosphäre verschmutzende Mythen können nicht einfach aus der Welt geschafft werden. Sie sind schließlich grundlegender Bestandteil des Weltbildes derer, die sie erzählen. Versetzen wir uns ein paar Jahrhunderte zurück, als Geschichten wie „Macht Euch die Erde untertan" oder „Eva wurde aus der Rippe Adams erschaffen" noch von praktisch jedem geglaubt wurden. Es wäre völlig zwecklos gewesen, den Menschen damals zu sagen, sie sollten sich doch nicht weiter diese Geschichten erzählen. Und das gleiche gilt, wenn in dem oben beschriebenen Beispiel der Frankfurt-Offenbacher Niederlassung des Automobilherstellers die Frankfurter den Offenbachern sagen würden, sie sollten doch endlich aufhören, den Mythos von der „Zweigstelle" zu wiederholen. Die Frankfurter könnten noch so viele Gegenbeweise anführen, sie hätten keine Chance. Sie würden nur ein Geheul der Empörung provozieren.

Alte Mythen können nie ganz aus der Welt geschafft werden. Sie können nur überlagert und gewissermaßen „umrahmt" werden. Man braucht also eine neue Geschichte, eine, die attraktiver und umfassender ist als die alte. Wenn die neue Geschichte häufiger erzählt wird als die alte, tritt die alte in den Hintergrund und verliert Kraft. Dazu ein Beispiel: In einem Werk eines Automobilzulieferers erzählten sich alle die Geschichte „Wir sind Weltmarktführer". Tatsächlich war dem auch über Jahrzehnte so. Das Werk hatte aufgrund seiner Entwicklungen und Patente einen großen Vorsprung vor den Wettbewerbern. Doch schon seit einigen Jahren war die Konkurrenz immer härter geworden und der Vorsprung geschmolzen. Trotz allem war die Geschichte vom Weltmarktführer weiterhin dominierend und verhinderte so jegliche Anstrengung, die eigene Situation zu verbessern. – Es reicht in diesem Fall nicht aus, eine neue Geschichte mit dem Tenor „Wir haben jetzt ernsthafte Konkurrenz" zu etablieren. Diese Geschichte allein ist nicht attraktiv genug. Hinzukommen muß eine Geschichte darüber, *was aus diesem Werk wieder werden kann*. Denn nur dieser Ausblick auf die Zukunft, eine attraktive Vision, würde begeistern. Die neue Geschichte, die gebraucht wird, ist also meistens eine *Realitäts-Visions-Geschichte*. Sie enthält Aussagen zur neuen Sicht der Realität und zu dem, was die Organisation werden kann. Sie baut eine Spannung zwischen heute und morgen auf. Erst dadurch wird sie umfassender und attraktiver als die alte.

Wie kann nun eine neue Geschichte lebendig gemacht werden? Reicht es, daß sie einfach erzählt wird? Könnte der Leiter der Organisation sich vor die „Mannschaft" stellen und die neue Geschichte „unters Volk bringen", sie vielleicht immer wieder wiederholen? Könnte er einfach erzählen: „Wir sind jetzt nicht mehr Weltmarktführer, und ich habe folgendes vor…"? Würde diese Geschichte dann mit Stolz in der Stimme weitererzählt werden, würde sie den Legendenschatz der Organisation bereichern und von alleine den Neulingen zugetragen werden? Leider nein.

Damit die neue Geschichte geglaubt wird, muß sie *erlebt* werden – und zwar gleich von möglichst vielen. Die Organisation braucht ein transformatives Erlebnis. Es muß ein Erlebnis sein, das zu einer fundamentalen Veränderung der Wahrnehmung der heutigen und potentiellen (künftigen) Realität führt. Womit wir schließlich bei Großgruppen-Interventionen wären.

Für Harrison Owen (1987) heißt die Lösung *Open Space*. Er schlägt vor, zu Beginn der Konferenz die zentralen Geschichten (die vorab herausgefunden sein müßten) zu präsentieren: am besten in humorvoller Form. Er stellt sie als Karikaturen auf großen Plakaten dar. Ich könnte mir die Präsentation auch als Sketche vorstellen, die man mit einem Planungsteam vorbereitet. Die nachfolgende *Open Space-Konferenz* hätte dann das Thema: *So sehen wir uns heute – wie wollen wir künftig werden?*

Doch aus meiner Sicht ist *Open Space* keinesfalls immer die richtige Lösung. Je nach Art der Geschichten, um die es geht, erscheinen mir andere Konferenztypen sinnvoller, wie beispielsweise RTSC-Konferenzen, Zukunftskonferenzen oder Appreciative Inquiry Summits. Dazu ein paar Beispiele:

Ein Hersteller von Verkehrstechnik (u. a. Lokomotiven, Waggons, Signaltechnik) hatte Probleme mit dem Projektmanagement. Nahezu alles, was dieses Unternehmen verkauft, wird zu einem Projekt. Fast nichts kann einfach nach bestehenden Plänen gefertigt werden. Ausländische Kunden wollen beispielsweise „local content" in den von ihnen gekauften Systemen haben, und selbst einfache Straßenbahnen müssen den Wünschen der jeweiligen städtischen Verkehrsbetriebe entsprechend gestaltet werden. Es gab kleinere Projekte und riesengroße, wie die Lieferung eines kompletten U-Bahn-Systems. Verständlich, daß sich in einem solchen Unternehmen die Qualität des Projektmanagements sehr direkt auf das Ergebnis auswirkt.

Und genau da hakte es an mehreren Punkten. Einer bestand darin, daß die Position des Projektleiters als unattraktiv angesehen wurde und sich für die Aufgabe nicht genügend qualifizierte Leute fanden. Die Geschichten lauteten dazu etwa wie folgt: „Wenn du als Projektleiter nach Shanghai versetzt wirst, bleibst du dort 10 Jahre hängen und wirst hier vergessen." Eine Vielzahl ähnlicher Anekdoten machte deutlich, daß *Projektleiter* der undankbarste Job ist, den das Unternehmen zu vergeben hatte: …weil sie Angebote „ausbaden" mußten, an deren Erstellung sie nicht beteiligt waren, …weil Linienvorgesetzte ohne Absprache mit den Projektleitern zu Kunden fuhren, …weil Projektleiter am Anfang nie die erforderlichen Ressourcen bekamen usw.

In einer Konferenz, die unter die Kategorie *RTSC* (Real Time Strategic Change) fällt, brachten wir 100 Projektleiter und 100 Linienführungskräfte zusammen. Gemeinsam wurde die heutige Realität untersucht. Der Vorstand stellte seine Vision davon vor, wie Projektmanagement künftig laufen sollte. Die Teilnehmer der Konferenz entwarfen ihre eigene Vision und machten Verbesserungsvorschläge zum Entwurf des Vorstands. Am Abend wurde vom Vorstand daraus eine revidierte Fassung der „Projektmanagement-Charta" erstellt, am nächsten Morgen allen präsentiert und von allen gutgeheißen. Der Rest des Tages diente dazu, Maßnahmen zu planen und noch vor Ort mit den Spartenleitern festzuzurren. Für die Teilnehmenden war es von großem Wert, die Konferenz mit klaren Zielen, verbindlichen Leitlinien und Maßnahmen, die von ihrer Führung unterstützt wurden, zu beenden.

Wenn es um das Erschaffen neuer Geschichten geht, kann es auch angemessen sein, eine Zukunftskonferenz nach Marvin Weisbord zu wählen. Beim nächsten Beispiel handelt es sich um ein über 100 Jahre altes elektrotechnisches Unternehmen mit mehreren tausend Mitarbeitern. Früher und bis in die 70er Jahre hinein war es ein sehr innovatives Unternehmen gewesen, das in seiner Branche immer wieder Maßstäbe setzte. Doch diese Innovationskraft war verlorengegangen. Und das drückte sich auch in den Geschichten aus, die erzählt wurden. Das Unternehmen nahm sich selbst nicht mehr als innovativ wahr, was zur „selbsterfüllenden Prophezeiung" werden mußte. (Individuell und kollektiv *sind* wir immer die Geschichten, die wir über uns selbst erzählen.) Die anberaumte Zukunftskonferenz hatte zwar nicht das primäre Ziel, an dem Thema *Innovation* zu arbeiten; es ging um den Entwurf eines ganzheitlichen Zukunftsbildes für dieses Unternehmen. Doch der Verlust der früheren Innovationskraft wurde im Rahmen dieser Konferenz überdeutlich. Und so entstand der kollektive Wille, daran etwas zu ändern.

Appreciative Inquiry Summits sollen hier erwähnt werden, weil ihr Ablauf sehr direkt darauf abzielt, daß andere Geschichten erzählt werden und eine neue Wahrnehmung entsteht. *Appreciative Inquiry* ist eine Methode, die seit etwa 1980 von David Cooperrider von der *Case Western Reserve University* entwickelt wird. In den letzten Jahren wurde sie von einer Kleingruppen-Methode auch zu einer Großgruppen-Intervention weiterentwickelt, die mit bis zu 2000 Personen möglich ist. Im Rahmen der „wertschätzenden Erkundung" wird gezielt nach den positivsten Erlebnissen der Teilnehmenden und den Highlights in der Organisation gesucht. Diese werden ins Bewußtsein gerufen, es wird untersucht, was sie möglich machte, und es wird überlegt und geplant, wie künftig mehr davon entstehen kann. Dadurch haben die Teilnehmenden hinterher ein viel positiveres Bild von ihrer Organisation. Sie erzählen sich inspirierendere Geschichten. Sie glauben auch mehr an die Visionen, die sie entwerfen, weil sie vorher festgestellt haben, wieviel Positives es doch schon in ihrer Organisation gibt – auch wenn es sich dabei um vereinzelte Juwelen in einem großen Dunghaufen handelt.

Eine besondere Hebelwirkung erzielen *Appreciative Inquiry Summits* dadurch, daß mittels einer ausgefeilten Interview-Methode vor einer Konferenz Hunderte oder gar Tausende Mitarbeiter sich gegenseitig nach den besten Geschichten befragen. Die besten Geschichten werden dann in die Konferenz eingebracht. Diese Vorab-Interviews stellen für sich schon eine machtvolle Intervention dar, welche die Realitätswahrnehmung und den *Spirit* der Organisation großflächig beeinflussen.

Und dann wird eine gute Konferenz immer selbst zu einer neuen Geschichte. Die Energie, die dort entstanden ist, wird in Erzählungen weitergetragen. Das heißt nicht, daß das Gipfelerlebnis, das die Konferenz darstellte, permanent andauert; doch in den Erzählungen hallt es noch lange nach. Die Teilnehmer berichten oft mit leuchtenden Augen vom Geist in „sowieso" – so sehr im übrigen, daß die Diskrepanz zwischen der Wahrnehmung der Teilnehmer und der Nicht-Teilnehmer ein neues „Problem" schaffen kann. Die Nicht-Dabeigewesenen können den Sinneswandel der Kollegen, wenn er drastisch ausfällt, nicht immer nachvollziehen. „Warum sind die plötzlich so begeistert?" fragen sie sich.

Großgruppen-Interventionen können in vielfältiger Weise zu einer neuen Wahrnehmung und damit zu einem neuen *Spirit* führen. Die Führungskräfte, Kollegen und Nachbar-Abteilungen werden in der Konferenz ganz anders als sonst erlebt, und nach der Konferenz wird erzählt, „wie man mit denen reden konnte". Das Umfeld wird anders wahrgenommen, weil vielleicht Kunden in der Konferenz etwas gesagt haben, was „ins Mark traf" (und z.B. deutlich macht, daß man jetzt nicht mehr Weltmarktführer ist). Alle zusammen erleben sich mehr als Gemeinschaft als vorher. Normen und Tabus werden anders wahrgenommen, weil sie in der Konferenz gezielt „gebrochen" wurden. Die Zukunft der Organisation wird anders wahrgenommen, weil man gemeinsam an strategischen Zielen oder einer Vision oder neuen Abläufen oder Strukturen gearbeitet und das *commitment* der Führungsspitze gespürt hat. Großgruppen-Interventionen sind ein kurzes Zeitfenster, in dem die Vision zum Teil bereits gelebt wird. Und nur durch Erleben lassen sich Visionen/neue Geschichten lebendig machen.

Ein neuer *Spirit* und eine neue Realitätswahrnehmung sind selten die einzigen Ziele von Großgruppen-Interventionen. Meist geht es auch darum, ganz handfeste Veränderungen einzuleiten. Und wir tendieren dazu, den Erfolg dieser aufwendigen Konferenzen daran zu messen, was hinterher konkret umgesetzt wird. Das ist einerseits legitim, doch ich möchte davor warnen, den Erfolg von Großgruppen-Interventionen nur nach den kurzfristig umgesetzten Maßnahmen zu bewerten. Der veränderte *Spirit* ist ein Wert an sich. Und er kann manchmal erst viel später zu konkreten Veränderungen führen. Nehmen wir an, in einer Stadt wurde mit einer oder mehreren Konferenzen unter Einbezug aller gesellschaftlichen Gruppen wie auch der Abgeordneten und der Verwaltung ein Leitbild entwickelt. Möglicherweise stellen Sie dann nach einem Jahr fest, daß zwar einiges umgesetzt, wirklich Entscheidendes aber noch nicht in Angriff genommen wurde. Dennoch, der neue *Spirit* ist – vorausgesetzt, die politische Elite steht weiter zu dem Leitbild – immer noch da. Und wenn auch viel langsamer als erhofft, werden dann doch neue Entscheidungen durch die politischen Instanzen geschoben. Nach drei Jahren schließlich kann sich das Ergebnis sehen lassen.

In Unternehmen geht zwar vieles schneller, doch es kann durchaus ähnliches geschehen. In der Konferenz wurde vielleicht deutlich, daß es einer neuen Organisationsstruktur bedarf. Erst ein Jahr später mag ein tragfähiger Entwurf vorliegen. Und bei seiner Umsetzung zeigt sich, daß der *Spirit*, der vor einem Jahr entstanden ist, immer noch wirkt.

Doch was läßt sich tun, um den neuen Geist wirklich langfristig zu stabilisieren? Darauf gibt es Antworten, die schon bekannt sind: Nötig sind Botschaften und Zeichen des Managements, physische und organisatorische Strukturen und Systeme (Beurteilungssysteme, Berichtssysteme usw.), die mit der neuen Geschichte/Vision kongruent sind. Und dann ist es sinnvoll, an die inspirierendsten Geschichten an vielen Stellen in der Organisation mit Bildern und Artefakten sowie eventuell weiteren Medien zu erinnern. Eine solche „Stelle" könnten auch die monatliche Gehaltsabrechnung oder der Bildschirmschoner auf allen PCs sein. (Ein Teil des Schöpfungsmythos der USA ist schließlich auch auf der Dollarnote abgebildet.) Und es kann auch die Geschichte einer gelungenen Konferenz sein, an die auf diese Weise erinnert wird. Doch im folgenden will ich das Augenmerk darauf lenken, was sich mit großen Gruppen machen läßt. Dabei können wir von einer Institution lernen, die schon seit 2000 Jahren damit befaßt ist, ihre Mythen lebendig zu halten: von der christlichen Kirche.

Liturgische Systeme

Liturgie meint zunächst den Ablauf eines Gottesdienstes; ich möchte den Begriff hier in einem weiteren Sinn, nämlich als den Ablauf des Jahres gebrauchen: Im Verlauf des Kirchenjahres gibt es immer wieder Feiertage, die dazu dienen, die Geschichten des Christentums (und damit seine Vision) neu zu inszenieren. Unterschiedliche Feiertage heben dabei unterschiedliche Geschichten hervor, Weihnachten die Geburt Christi, Ostern seine Auferstehung usw. Es sind die transformativen Erlebnisse der christlichen Religion.

Auch Organisationen brauchen eine solche jährliche Liturgie. Sie benötigen ein durchdachtes System von jährlich wiederkehrenden Ereignissen, in denen die inspirierendsten Geschichten der Vergangenheit und die Vision der Organisation inszeniert werden. Menschen brauchen „Feiertage", auch Menschen in Organisationen. Das Leben sollte, wie Antoine de Saint-Exupéry einmal schrieb, aus einem Wechsel von „Opfer" und „Fest" bestehen. Der Philosoph Hans-Georg Gadamer führte aus, daß Arbeit „vereinzelt", das Fest jedoch „versammelt". Ohne wiederkehrende Gipfelerlebnisse, ohne Feste im weiteren Sinn des Wortes herrscht immer nur grauer Alltag. Ohne diese hätten wir auch gar kein Zeitgefühl. Und welche Auswirkungen das auf den *Spirit* der Organisation hat, kann sich jeder vorstellen.

Bei den Indianern wird, wie schon beschrieben, von Zeit zu Zeit das heilige Bündel aufgeschnürt, werden die darin enthaltenen Schätze ausgepackt und die zugehörigen Geschichten erzählt. Die Geschichten werden mit den Artefakten anfaßbar, sinnlich erlebbar gemacht – und das ist durchaus auch in Organisationen denkbar. Stellen Sie sich ein mögliches „Event" bei Airbus vor: Sie kommen in den Raum, in dem es stattfindet, und erleben ihn dekoriert mit Bildern von der Flutkatastrophe 1976. In einer Ecke sind sogar Sandsäcke zum Schutzwall aufgeschichtet, an Wäscheleinen hängen feuchte Dokumente, so wie sie damals von den Sekretärinnen mit Föns getrocknet wurden. Vielleicht wurde sogar echtes Elbe-Brackwasser „installiert" (oder die Sandsäcke sind damit getränkt), so daß auch die Gerüche an die Flut erinnern. In einer Rede wird die Flutkatastrophe wieder lebendig gemacht, und es wird beschrieben, wie damals Führungskräfte und Mitarbeiter gemeinsam den Karren „aus dem Wasser" zogen. Taktil, visuell, olfaktorisch und auditiv wird die Erinnerung hier wachgerufen. Im Grunde geschieht nichts anderes, als wenn Reliquien aus dem Schrein geholt und durch weihrauchgeschwängerte Luft in einer Prozession durch die Stadt getragen werden.

Die Herausforderung besteht darin, eine solche sinnlich erlebbare Inszenierung zu gestalten. Bei allem, was eine Organisation als gemeinsame „Events" plant, sollte man sich überlegen, wie die inspirierendsten Geschichten und die Vision lebendig gemacht werden können. Dazu gibt es vielfältige Möglichkeiten: Sketche, Videos, Artefakte, Klänge, Lieder, Musik, Farben, Bilder, Skulpturen, Gesten… Bewegungen, an denen alle teilnehmen, sind äußerst wirksam – was sowohl Churchill wie leider auch Hitler wußten und mit ihren „Victory"- und „Heil Hitler"-Gesten zeigten. Stellen Sie sich nur ein Betriebsfest vor, bei dem Mitarbeitergruppen kreative Präsentationen zu den inspirierendsten Geschichten der Organisation machen – oder wo das ganze Motto des Festes um eine solche Geschichte herum gestrickt ist. In einer Konferenz bei der Deutschen Post (vgl. unten Kapitel 16) hat der Leiter des Werks seine Vision sehr anschaulich am Beispiel eines großen Kastanienbaums dargestellt. Dieser Baum ist ganz von allein zum Synonym für diese Konferenz und damit für eine neue inspirierende Geschichte geworden. Und in Zukunft sollte er immer wieder auftauchen, als Bild, als echte Zweige, als Kastanien im Herbst, als Eßkastanien in der Kantine, als Motto eines Festes… Die „Liturgie" könnte durchaus um die Zyklen dieses Baumes herum gestaltet werden.

Auch Organisationen können Reliquien haben, die an ihre Schöpfungsgeschichten oder andere transformative Erlebnisse erinnern. Wie bei der Migros in der Schweiz, wo es die kleinen Lastwagen gibt, mit denen Gottlieb Duttweiler in der Anfangszeit seine Lebensmittel in den schlecht versorgten Dörfern verkaufte. Miele hat noch alte handbetriebene „Waschmaschinen" aus Holz, auf denen schon 1899 der Slogan stand, der heute noch gilt: „Immer besser". Solche Artefakte nur aus dem „heiligen Bündel", sprich Museum, zu holen hilft allerdings nicht viel. Es muß auch die Geschichte dazu am Lagerfeuer erzählt werden.

Wie könnte nun ein liturgisches System für eine Organisation beschaffen sein? Nachstehend folgen Ideen dazu. Wichtig ist dabei, daß jeder Anlaß als eine Plattform gesehen wird, die inspirierendsten alten und die besten neuen Geschichten der Organisation zu erzählen – wobei *erzählen* nicht im wörtlichen Sinne gemeint sein muß.

Im Januar findet vielleicht eine „Initiation der Neuen" statt. Da werden in einer Zeremonie alle, die im letzten Jahr die Probezeit bestanden haben, feierlich in die Organisation aufgenommen. Möglicherweise bekommen sie eine Art Abzeichen, eine Nadel zum Beispiel mit einer Miniaturversion des Baumes oder der hölzernen Waschmaschine. Möglicherweise gehen sie durch ein Portal (das die Pensionäre bei einem anderen Anlaß in umgekehrter Richtung durchschreiten). Vielleicht werden auch die einmaligen Talente jedes einzelnen Neuen hervorgehoben oder seine besten Taten während der Probezeit. Vielleicht hat man ein paar „Urgesteine" zu dieser Feier geladen, begabte Geschichtenerzähler, die schon bei der Gründung vor 40 Jahren dabei waren und heute schon seit fünf Jahren pensioniert sind. Doch zu dieser Zeremonie im Januar kommen sie immer wieder und erzählen in einem Dialog mit den Neuen von früher.

Im Februar ist Valentinstag, und da wiederholen alle Abteilungen das, was sie im letzten Jahr schon in einer Konferenz getan haben. Sie schreiben ihre

6 Spirit, Mythen, Großgruppen-Interventionen und liturgische Systeme

Wünsche an andere Abteilungen auf ein Blatt Papier, und sie danken darauf zugleich für die Anstrengungen, welche die andere Abteilung unternommen hat, um die Wünsche des letzten Jahres zu erfüllen. Diese „Briefe" werden verteilt und in allen Abteilungen nachmittags ab 15.00 Uhr diskutiert. Um 16.00 Uhr kommen alle für zwei Stunden zusammen. Der Dank wird durch das Überreichen kleiner Valentinsgeschenke unterstrichen, und alle Abteilungen präsentieren kurz, wie sie auf die an sie herangetragenen Wünsche reagieren werden. Und wichtig: Es wird nicht nur gedankt, es werden auch die besten Geschichten des letzten Jahres erzählt, in denen beschrieben wird, was etwa eine Abteilung Besonderes für eine andere geleistet hat. Denn wenn die inspirierendsten Geschichten der Vergangenheit durch frische, neue Geschichten aus der jüngsten Zeit belebt werden, wird allen klar, daß der Mythos lebt.

Im März ist Zeit für das „Frühjahrsfasten". An einem Freitag werden alle aufgefordert, ab 11.00 Uhr nur noch ihre Büros, Labors oder Werkstätten aufzuräumen. Große Container sind bereitgestellt, denn alles Entbehrliche soll weggeschmissen werden. (Jeder, der das getan hat, weiß, wie gut und befreiend es sich „anfühlt".) Um 15.00 Uhr wird draußen neben den Containern mit Getränken angestoßen. Vielleicht wird jemand prämiiert, der eine weitergehende Idee zum Entrümpeln/Vereinfachen der Organisation hatte.

Und so kann es im Jahresverlauf weitergehen: im April ein Sign-up-Ritual für Schlüsselprojekte, im Mai eine Konferenz, in der die Ziele für das nächste Budgetjahr erarbeitet werden, im Juli ein Fest mit Kunden und Lieferanten, das viele Mitarbeiter mitgestalten, im September ein Anlaß zugunsten eines sozialen Zwecks, an dem der Organisation neben ihrer Hauptaufgabe noch liegt, im Oktober ein „Herbstfasten". Da werden dann (anknüpfend an den oben beschriebenen Fall) vielleicht herbstlich welke Kastanienblätter dekoriert, und es wird dargelegt, daß der Baum nur weiter gedeihen kann, wenn er hin und wieder Überflüssiges abwirft und sich auf Wesentliches konzentriert. Im November ist „awards and recognition day" (wobei Geschichten über die neuen Erfolge und Heldentaten mit den Geschichten über die früheren Erfolge und mit den alten Heldensagen verknüpft werden) und im Dezember „Familientag" oder auch „Gründer-Tag", an dem die Geschichte der Gründung zelebriert wird. Oder es gibt einen Tag, der sich auf ein einziges transformatives Erlebnis bezieht. So hätte Airbus 1977, ein Jahr nach der Flut, den jährlichen „Flut-Tag" etablieren können, um immer wieder den Geist von damals wachzurufen.

Das alles mag in der hier gezeigten Fülle zu „geballt" sein. Doch die Grundidee stimmt. In Organisationen ist ein liturgisches System nötig, eine Serie kürzerer Großgruppen-Interventionen, die sich über das Jahr verteilen und die so sicher kommen, wie das Dreikönigstreffen der F.D.P. jedes Jahr am 6. Januar stattfindet. Nur so können die Energie und das Gemeinschaftsgefühl immer wieder erneuert und fokussiert werden.

Natürlich hängt der *Spirit* auch vom jeweiligen Erfolg der Organisation ab. Gehen die Geschäfte gut, ist die Stimmung typischerweise besser, als wenn sie schlecht laufen. Doch gute Geschäfte allein sind dafür noch keine Garantie. Und wenn die Geschäfte nicht gut gehen, ist es um so wichtiger, sich ein Ereignis auszudenken, mit dem das Ausbleiben des Erfolgs betrauert und die Hoffnung erneuert werden kann. Dabei kann helfen, die bestehenden „Legenden von der Wiederauferstehung" wachzurufen. Denn wenn man es früher schon mal geschafft hat... – ja, dann wird man es auch dieses Mal schaffen.

Ausblick: Eine Liturgie für unseren Planeten

Läßt sich das hier Beschriebene auch in viel größeren Dimensionen anwenden? Auf ein Land? Vielleicht sogar auf unseren Planeten? Die Menschheit auf der Erde könnte eine Erneuerung und Refokussierung ihres *Spirits* gut brauchen. Sie könnte eine fundamentale Veränderung ihrer Realitätswahrnehmung gebrauchen. Inzwischen haben mehrere Denker aufgezeigt, daß wir unsere drängendsten Probleme nur lösen können, wenn wir uns neue Geschichten erzählen, das heißt unser Welt- und Menschenbild verändern. Und wir sind in dieser Sache schon unterwegs.

Großgruppen-Interventionen und eine Art Liturgie können dabei eine Rolle spielen. Sie können uns klarmachen, daß wir *eine* Menschheit sind und daß es Hoffnung gibt. Doch es wird nicht die alte Liturgie sein, die das Christentum etabliert hat. Um Menschen in aller Welt zu erreichen, bedarf es ganz neuer Formen, die kulturelle und religiöse Grenzen überschreiten.

Erste Elemente planetarer Großgruppen haben wir bereits erlebt. Die Landung auf dem Mond 1969 – das erste globale Feuerwerk mit einer Leuchtrakete – war ein Ereignis, das Millionen im Fernsehen verfolgt haben und wo wir uns als *eine* Menschheit sahen, die einen wichtigen neuen Schritt geht. Die „Reach out and touch someone"-Zeremonie bei der Eröffnung der Olympiade 1984 hat bei Millionen weit entfernter Fernsehzuschauer das Bedürfnis geweckt, das gleiche zu tun. Das Live Aid Konzert 1985 verband abermals Millionen von Menschen weltweit um das Thema „Hunger". Mehrere „Earth Days" haben in den 90er Jahren unser Bewußtsein für die Umweltkrise geschärft.

Barbara Marx Hubbard stellt sich für die Zukunft ein planetares Geburtstagsfest vor. Es dauert 24 Stunden und umfaßt neben anderem ein Konzert, das Musiker aus der ganzen Welt und Musikstile aus der ganzen Welt integriert – zu einer globalen Symphonie. Und es werden natürlich Geschichten erzählt, und zwar über die aufregendsten technischen und sozialen Innovationen, welche die Welt zu bieten hat, und über die besten persönlichen Erfahrungen, die Menschen rund um den Globus damit gemacht haben. Ich glaube, daß wir solche Ereignisse in den nächsten Jahren erleben werden. Sie werden nicht einmalig sein, sondern sich wiederholen. Wir werden mit planetaren Großgruppen arbeiten – große Gruppen in vielen Ländern, vernetzt durch die Medien –, und es wird sich eine neue planetare Liturgie entwickeln. Das wird schließlich dazu beitragen, den *Spirit* der Menschheit auf der Erde zu erneuern. Das Feuer der großen Gruppen.

Literatur

Bonsen, Matthias zur: *Führen mit Visionen*, Wiesbaden: Gabler-Verlag 1994 (Falken-Verlag 2000).

–: „Simultaneous Change – Schneller Wandel mit großen Gruppen"; in: *Organisationsentwicklung* 4/1995, S. 30–43.

Campbell, Joseph: *The Power of Myth*, New York: Anchor Books 1988.

Cooperrider, David & Srivasta, Suresh: *Appreciative Management and Leadership*, San Francisco: Jossey-Bass 1999.

Deal, Terence E. & Key, M. K.: *Corporate Celebration. Play, Purpose and Profit at Work*, San Francisco: Berrett-Koehler 1998.

Hubbard, Barbara Marx: *Conscious Evolution. Awakening the Power of Our Social Potential*, Novato, CA: New World Library 1998.

Neuhauser, Peg C.: *Corporate Legends and Lore. The Power of Storytelling as a Management Tool*, New York: McGraw-Hill 1993.

Owen, Harrison: *Spirit. Transformation and Development in Organizations*, Potomac, MD: Abbott 1987.

–: *The Millenium Organization*, Potomac, MD: Abbott 1994.

Deutschsprachige Artikel über die erwähnten Großgruppen-Interventionen können direkt heruntergeladen und ausgedruckt werden aus der Website „Schneller Wandel mit großen Gruppen" (www.all-in-one-spirit.de).

7 Rituale und Systeme für Großgruppen in der kirchlichen Tradition

Hanna Zapp

1. Das Thema

Religionen unterscheiden eine transzendente und eine immanente Welt. Das Interessante an dieser Unterscheidung ist die These, daß wir immer zugleich mehr oder weniger bewußt in beiden Welten leben. Die transzendente Welt ist die Welt des Glaubens, der Visionen und der inneren Bilder. Die Verbindung zwischen dieser Welt und der anderen Welt wird hergestellt über Zeichen, Symbole und Rituale. Menschen haben zu allen Zeiten und in allen Kulturen über geregelte zeichenhafte und symbolische Kommunikation den Zugang zur Welt des Glaubens und der Visionen hergestellt. Auch und gerade unter den Bedingungen der Moderne und Postmoderne regeln Menschen ihre religiöse Kommunikation, anders als zur Zeit der Vormoderne und der traditionalen Selbstverständlichkeiten, aber sie regeln sie nicht *nicht,* was die These von der fortschreitenden Säkularisierung nahelegen könnte.

Der folgende Beitrag geht aus von dem Lebensgefühl postmoderner Menschen (was zugebenermaßen vielleicht etwas plakativ wirken kann), beschreibt dann den Gottesdienst als eine hoch standardisierte ritualisierte Veranstaltung, benennt drittens besondere und von der Liturgie weniger geregelte, das heißt individuell zugänglichere Gottesdienstformen an den Wendepunkten der Lebensgeschichten (sog. Kasualgottesdienste). Den Abschluß bildet schließlich die Beschreibung des Rituals *Kirchentag*, eine moderne religiöse Zeichenhandlung, ganz im Sinne postmoderner Kommunikation.

2. Leben in der Postmoderne

Die Religionen ebenso wie die verfaßten Kirchen erleben zur Zeit in der westlichen Welt einen Transformationsprozeß, der durch Pluralisierung und Individualisierung der Lebenswelten ausgelöst wird. „Eine Welt traditionaler Sicherheit geht unter, und an ihre Stelle tritt – wenn es gut geht – die demokratische Kultur eines rechtlich sanktionierten Individualismus für alle." (Ulrich Beck)

Hohe Mobilität und Flexibilität sind angesagt. Wir leben in einer ungeduldigen Gesellschaft und sind selber rastlos. Zur Religion aber gehören Geduld und ein Gefühl von Zeitlosigkeit in der Zeit. Werte wie *Langfristigkeit*, *Verläßlichkeit* und *nachhaltige Entwicklung* haben allerhöchstens als ideelle Werte einer bewußten Gegenkultur Konjunktur. Dennoch: Sosehr wir in einer ungeduldigen Gesellschaft leben, suchen wir doch nach Werten in uns und um uns, die bleiben.

Auf der einen Seite gibt es die Kennzeichen der Postmoderne: das Ende der großen Erzählungen. Die Orientierungskrise und Heimatlosigkeit der Menschen. Wahrheit kann nicht mehr per Erlaß verfügt werden und kommt nur noch im Plural vor.

Das Rad der Geschichte ist nicht durch ein Einheitsdekret zurückzudrehen. Vielheit ist als ein grundlegend positives Phänomen zu begreifen. Auf der anderen Seite steht der Wunsch nach Heimat und Geborgenheit. Ziele sind Heimat und Geborgenheit und Autonomie und Wahlfreiheit zugleich.

Vor allem dieses „zugleich" stellt hohe Anforderungen. „Alles soll so bleiben" konkurriert mit „Anything goes".

Neben die „Normalbiographie" tritt eine Vielzahl von „Bastel"-, Umwegoder Lebensabschnittsbiographien. Wer wann eine Ausbildung beginnt und beendet, wer das Geld verdient für die Familie, wer die Kinder erzieht, alles muß individuell entschieden und ausgehandelt werden.

Die sich verändernde Einstellung zu Religion und Kirche steht in einem engen Zusammenhang mit diesem allgemeinen Wandel des Lebensgefühls, der Werte und der Lebensformen. Losgelöst von der Selbstverständlichkeit einer kirchlichen Normalbiographie, die mit der Taufe beginnt und sich in regelmäßigen Gottesdienstbesuch sowie fester Zugehörigkeit zu „meiner" Gemeinde ausdrückt, vollziehen sich Lebensläufe zunehmend individueller, suchender, fragmentarisch. Kirchenferne Lebensabschnitte wechseln sich ab mit solchen, in denen man intensiv und sehnsüchtig auf der Suche ist nach Heimat und Geborgenheit.

Nicht nur *Individualisierung* und *Pluralisierung* spielen in der sozialwissenschaftlichen und religionssoziologischen Diskussion der letzten Jahre eine prominente Rolle. Dazu kommt noch die *Differenzierung*. In der funktional differenzierten Gesellschaft können Menschen nicht mehr voll und ganz in ein gesellschaftliches Teilsystem integriert werden. Sie nehmen vielmehr an verschiedenen Funktionssystemen gleichzeitig teil. Moderne Menschen müssen sich immer aufspalten und oft entscheiden, haben viele, zum Teil einander ausschließende Rollen und Identitäten, einen fragmentierten Alltag. Menschen in unterschiedlichen Rollen gehen ganz unterschiedlich und individuell mit Sinn- und Lebensfragen um, die aus der Erfahrung von Glück, Leid, Ungerechtigkeit, Abschied, Trennung und Tod erwachsen.

Ist damit gemäß der These von der fortschreitenden Säkularisierung und Differenzierung zugleich der Bedeutungsverlust von Religion und den Kirchen eingeleitet, oder entwickeln sich neue Potentiale? Keine Frage! Während die großen Kirchen wie andere Institutionen einen Marginalisierungsschub verkraften müssen, wird „Religion an sich" als „im Aufschwung" erlebt. Damit verlieren die Kirchen ihre Monopolstellung als „Sinnanbieter". Kirche als Institution wird zu einer Möglichkeit unter vielen. Miteinander konkurrieren mehrere organisierte und viele institutionell ungebundene Sinnanbieter am Markt der religiösen Möglichkeiten.

Im Rahmen der Suche nach sinnstiftendem Erleben hat auch der Sport an Bedeutung gewonnen. Fitneß-Studios und Wellness-Erfahrungen boomen. Der Körper wird zur Quelle von Grenzerfahrungen und Ekstase, Sportler werden zu Ikonen und Objekten von „Anbetung", ein Stadion wird zur Kultstätte, wohin Tausende von Gläubigen „pilgern", die Fangemeinde erlebt sich in tiefer Kommunion und Kommunikation.

Selbst Fast-food-Restaurants – Symbole für Schnelligkeit, Fließband und Genuß im Stehen – assoziieren Religiöses, wie folgendes Zitat zeigt (Schröer 1995, S. 80):

> „Wandle unter den goldenen Bögen und betritt die Kirche des Heiligen McDonald. Türsteher werden dich begrüßen und Ministranten dir zu Diensten sein... Alle sind zugelassen: jung und alt, arm und reich, Mann und Frau, schwarz und weiß, Gesunde und Krüppel, Verständige und Unverständige ... Nimm dir deine Fetische – einen Burger, Pommes frites und die Cola. Coke is life ... Ideologie und Utopie. Ein paar Münzen ... erwerben dir das Himmelreich. Essen als Gottesdienst."

Hier sind es vor allem die Motive des Heiligen Raumes, des geistlichen „Personals", welches zuläßt und bedient, das heilige Essen und Trinken in großer Gemeinschaft. Entgegen dem verbreiteten Bedürfnis, sich seine Gäste und Tischgenossen selbst (Wahlfreiheit!) zu suchen, liegt hier der Reiz gerade darin, daß die Tischgemeinschaft sich zufällig konstituiert, zentriert zwar nicht um Kelch und Brot, sondern um Big Mäc und Cola. Es geht hier nicht darum, religiöse Gefühle zu verletzen und eine Analogie zwischen dem Heiligen Abendmahl und dem Essen in einem Fast-food-Restaurant herzustellen. Was vielmehr gezeigt werden soll, ist, wie religiöse Rituale und Motive sich in weltlichen Phänomenen wiederfinden.

Auch das Fernsehen (TV-Konsum) avanciert zum quasireligiösen Phänomen. Bei „Vielsehern" ergibt sich eine Tagesstrukturierung durch neue Liturgien, vergleichbar den Stundengebeten in klösterlichen Zusammenhängen. Sendungen wie *Lindenstraße*, *Sportschau*, aber auch die *Nachrichten* (Tagesschau!) werden bei manchen als „heilige Zeiten" betrachtet.

Zugleich bietet das Fernsehen die dem Leben sinngebenden großen Erzählzusammenhänge an. Als Mythenproduzent und Geschichtenerzähler schafft es Gemeinschaft und Gemeinsinn. „Hast du auch gesehen...?", „Wie fandest du?" oder ähnliche Sätze schaffen Zugehörigkeit oder Nicht-Zugehörigkeit. Gemeinden bilden sich.

Was folgt aus dieser Wahrnehmung religiöser und quasireligiöser Phänomene?

Menschen brauchen – jedenfalls von Zeit zu Zeit – einen Ort, an dem unverdiente und fraglose Liebe in Gemeinschaft erlebt wird. Menschen brauchen eine Perspektive, die über den Alltag hinausweist und die engen Räume des eigenen Ichs übersteigt und auch die mühsam errichteten Grenzen der eigenen Autonomie verflüssigt ins Gemeinsame, eine symbolische „Gemeinschaft der Heiligen" oder sogar kosmische Gemeinschaft. Immer mehr Menschen leiden darunter, daß sie – bei aller Wertschätzung des persönlichen Frei- und Spielraums – keine Zusammengehörigkeit mehr erleben und kein „Dach" über ihrer Seele haben. Es gibt eine Sehnsucht danach, bei sich und bei anderen zu Hause zu sein. Totalitäts- und Glückserwartungen überfordern uns. Das Leben ist endlich – nicht nur in dem Sinne, daß wir sterben müssen. Die Endlichkeit liegt im Leben selber. Im begrenzten Glück und im eingeschränkten Gelingen. Die Begegnung mit Gott begrenzt den Griff nach den Sternen zuweilen heilsam.

Ich möchte nicht nur an mich glauben, sondern mich fallenlassen als Teil des Universums in ein großes Ganzes. Dazu brauchen wir einen Ort, der uns in eine andere Welt hineinversetzt und unser Leben um eine Dimension erweitert. Tempel oder Kirche oder Open-air-Gottesdienst: immer geht es um einen zwar realen Ort, der aber zugleich ein symbolischer Ort ist, der über alle realen Orte hinaus auf eine transzendente „himmlische" Heimat verweist. In der „Gemeinschaft der Heiligen" feiern Menschen ganz bei sich und auf sich selbst bezogen und doch nicht einsam ein Fest zur Vergegenwärtigung des Heiligen in der Profanität. Zu einer bestimmten Zeit – und doch ist es eine symbolische Zeit, die über alle Zeitknappheit hinaus auf die Zeitlosigkeit verweist: die Ewigkeit.

3. Der Sonntagsgottesdienst – eine hoch standardisierte Veranstaltung*

Jeder Kult hat die Absicht, Menschen aus der profanen Welt in einen heiligen Raum zu führen. Bei dieser Führung helfen genau festgelegte Rituale. Sonntag für Sonntag machen sich in unzähligen christlichen Kirchen Menschen auf den Weg, um Gott – und damit sich selbst und den Nächsten – an einem Ort heiliger Energie zu begegnen. Ziel dieser Begegnung sind Glück, Heil und Segen.

---

* Zu den Überlegungen dieses Abschnitts vgl. Josuttis (1991), S. 55 ff.

Die Teilnahme am Kult war ursprünglich ein Privileg („Ich-darf"-Motivation), nicht Pflicht oder Freizeitbeschäftigung. Der Zugang zum Heiligtum stand nur denen offen, die eine Initiation absolviert hatten. Im Lauf der Jahrhunderte änderte sich die Motivation hin zu einer „Ich-muß"-Motivation. Sonntagspflicht und Beichtzwang wurden von der Kirche eingeführt. Die Reformation im 15./16. Jahrhundert rückte den Gottesdienstbesuch wieder unter das Zeichen der Freiheit und des Geschenks: „Ohne Zweifel ist die Messe denen gegeben, die sie brauchen und begehren." (Martin Luther 1520)

Grundlegend ist im Gottesdienst der Wechsel von Bewegung und Ruhe, Geben und Nehmen: Kommen und Gehen, Hören und Reden, Stehen und Sitzen, Sehen nach außen und Sehen nach innen wechseln sich ab. Es gibt Hinführungen und Höhepunkte, Auf- und Abschwünge der Konzentration, der Spannung und der Energie. Die Teilnehmer und Teilnehmerinnen kommen zum Gehen, Sitzen, Sehen, Singen, Hören, Essen, Geben und Wieder-Gehen. Ein Kreis schließt sich. Was passiert im einzelnen?

Das Gehen

Eingeladen wird zum Gottesdienst bis heute durch das Läuten von Glocken. In überschaubaren, meist dörflichen Zusammenhängen signalisiert die Dauer des Läutens die durchschnittliche Wegzeit der Gläubigen zum Gotteshaus. Geläutet wird mehrfach, die Einladung wird zur Mahnung. Gottesdienst findet an einem besonderen Ort statt. Wer eine Kirche betritt, spürt die besondere Energie, die dieser Ort ausstrahlt. Menschen rechnen insbesondere hier mit der Präsenz Gottes, der „Quelle des Lebens". Da Götter nicht nur freundlich (deus revelatus), sondern immer auch dunkel und unerforschlich (deus absconditus) sind, bestimmt nie nur ein Gefühl, zum Beispiel ausgelassene Freude, den Tempel. Ambivalente Erinnerungen hängen im Raum: Ehrfurcht und Erwartung, Zittern und Zagen, Weinen und Lachen, Dank und Klage und vieles mehr bewahren die Mauern. Sie bieten Schutz und Geborgenheit und grenzen die Zeit und den Raum der Gottesbegegnung hilfreich ein.

Das Sitzen

Wer kommt, begeht den Raum, steht, hört eine Weile nach innen, sucht sich einen Platz im Angesicht Gottes, „des Allerheiligsten", sucht mit den Augen einen Ruhepunkt, häufig das Kruzifix – und setzt sich schließlich hin. Es gibt auch in Kirchen Stammplätze, Erbhöfe und Besitzansprüche. Die Konzentration auf die Begegnung mit dem Heiligen erfordert in der Regel eine gewisse Distanz: Gespräche werden, wenn überhaupt, leise geführt, Plätze eher im hinteren Bereich aufgesucht, etc.

Sitzen bedeutet auch: sich kleiner machen. Hier wird eine Ohnmachts- und

Demutshaltung ausgedrückt. Ich baue mich nicht in meiner ganzen Größe vor Gott auf, sondern setze mich still hin und erwarte etwas. Hier geht es nicht mehr um *machen*, sondern um *lassen, loslassen*.

Das Sehen
Wer einmal sitzt und nicht ständig im Tempel herumgeht, schränkt seine Wahrnehmung bewußt ein. Der Gesichtskreis ist begrenzt, nur das Wesentliche ist sichtbar: der Altar, das Kreuz, Kanzel und Taufstein, die Priesterin oder der Pfarrer, immer nur ein Ausschnitt des Raumes. Altar, Kanzel und Taufstein symbolisieren die wesentlichen Stationen des Gottesdienstes auch im übertragenen Sinn. Von der Kanzel erwartet man Evangelium und Predigt (Erleuchtung und Zeitansage), vom Altar das Heilige Essen als Wegzehrung und vom Taufstein das Bad der Wiedergeburt.

Was ich nicht sehe, ist nicht wichtig für den Moment. Alltagskomplexität weicht zurück, zentrale Dimensionen werden fokussiert, rücken in den Mittelpunkt.

Das Singen
Singen stimmt ein, läßt einzelne Stimmen zusammen klingen, holt aus der Vereinzelung in die Gemeinschaft. Singen ruft herbei. Abwesendes soll anwesend werden. Töne und Klänge repräsentieren Energien. Singen bereitet auf die Anwesenheit Gottes vor – zuerst die Menschen, aber auch den Raum. Der Raum füllt sich mit den Stimmen und Stimmungen der Gläubigen. Singen öffnet, schafft Raum. Einatmen und Ausatmen ist wie Kommen und Gehen. Im Respondieren finden Priester und Gläubige ihren Platz und ihre Rollen. Das Psalmensingen hat eine lange Tradition. In den Psalmen kommt alles vor, was Menschen begegnen kann im Laufe eines Lebens und Sterbens: Glück und Zorn, Rache und Liebe, Verzweiflung und Entspannung. Alles kann angesprochen werden, vor Gottes Angesicht gibt es kein Tabu. Auf die Wahl der Gesangbuchlieder legt der evangelische Gottesdienst besonderen Wert, waren die Lieder doch die gesungenen Predigten der Laien.

Das Hören
Zentral im evangelischen Gottesdienst ist das Hören auf das Wort Gottes. Die Bewegung wird nach innen verlegt, in den Raum der Seele. Die jahrtausendealten Erzählzusammenhänge der Bibel berühren und bewegen. Im Verlauf des Gottesdienstes gibt es viel zu hören. Das Brausen oder leise Flüstern der Orgel, Gesang, Segen und natürlich die Predigt. Eine der schönsten Definitionen des Predigtgeschehens, die ich kenne, lautet: Predigen heißt, daß ich mit den Hörern und Hörerinnen über ihr Leben im Licht des Evangeliums rede (Ernst Lange). Damit ist ein intensiver Dialog angesprochen zwischen Predigerin bzw. Prediger und Hörern, zwischen Text und Situation, zwischen Tradition

und Lebenserfahrung. Damit der Dialog gelingt, muß zuvor die Hörbewegung des Predigers selbst, das „Einem-Text-Zuhören", geschehen.

Hören ist manchmal schmerzlich, nicht alles kann und mag gehört werden. Hören geschieht darum selektiv. Gerade in der Predigt ist das gut so. Der Glaube kommt aus dem Hören, nicht durch Identifikation oder das Verschmelzen mit Gott.

Das Essen

Wer zum Gottesdienst kommt, soll nicht mit leeren Händen (leerem Magen!) nach Hause gehen. – „Kommt her zu mir alle, die ihr mühselig und beladen seid, ich will euch erquicken." Diese Einladung gilt. Im Gottesdienst begibt man sich auf einen langen inneren Weg, der sichtbar von der Kirchentür zum Altar, dem Tisch des Herrn führt. Symbolisch betrachtet, führt er aus der Alltagswelt in die Transzendenz und wieder zurück, von der begrenzten individuellen Personalität zur universellen Gemeinschaft der Heiligen.

Unzählige Geschichten in der Bibel erzählen, daß Menschen hungrig, müde, auch des Lebens müde an den Rand ihrer Möglichkeiten geraten und in der Begegnung mit Gott Stärkung, Sättigung, Mut, also im weitesten Sinne ein Lebensmittel erhalten. – „Du bereitest einen Tisch im Angesicht meiner Feinde. / Du salbest mein Haupt mit Öl und schenkest mir voll ein." (Psalm 23)

Speiserituale wirken Gemeinschaft in sozialer und spiritueller Hinsicht. Auf dem Höhepunkt des Gottesdienstes kommt es zur Kommunikation mit dem Transzendenten. Dies ist kein alltägliches Geschehen und bedarf deswegen umfangreicher Vorbereitungen. Der Zugang zum Allerheiligsten ist durch „Zulassungsbedingungen" geregelt. Der Zugang erfolgt über Einstimmung, Konzentration, Reinigung (Sündenbekenntnis) und Zuspruch (Predigt).

Auch das protestantische Abendmahl folgt in fünf Stufen dem Ablauf einer Opferhandlung. Der Eintritt, die Konsekration, das Zentrum des Rituals, die Desekration und der Ausgang.

Das Geben

Zum Schluß wird noch einmal deutlich, daß der Gottesdienst das Ritual eines Tausches darstellt: Nach dem Empfang des Segens, beim Verlassen der Kirche, wird um eine Kollekte gebeten. „Man soll nicht mit leeren Händen vor dem Herrn erscheinen; ein jeder gebe, was er geben kann nach dem Segen, den dir der Herr, dein Gott, beschieden hat."(5. Mose 16,16)

Daß die Beziehung von Religion und Geld nicht immer heilvoll ist, findet auch darin seinen Ausdruck, daß die gesammelten Gaben häufig vor dem Altar erst einmal gesegnet werden.

Mit einem letzten Gruß endet die Inszenierung, die Akteure gehen nach einem Wechselspiel von Geben und Nehmen in die profane Welt zurück.

Das Gehen

Der Gottesdienst ist zu Ende, die Reise von der Traumzeit in den Alltag kann wieder angetreten werden. Damit diese Rück-Reise gelingt, wird die heilsame Nähe der Transzendenz für den Alltag zugesichert: ein Segen wird gesprochen. Das Segensritual hat eine Entlastungsfunktion. Im Augenblick der Trennung wird Lebenskraft weitergereicht. – „Der Herr segne dich und behüte dich. / Der Herr lasse sein Angesicht leuchten über dir und sei dir gnädig. / Der Herr hebe sein Angesicht auf dich und schenke dir Frieden." Damit ist der Gottesdienst zu einem guten Ende gekommen.

4. Besondere Gottesdienste als „Passage-Riten"

Alle Religionen, so auch die christlichen Kirchen, kennen Gottesdienste und Segenshandlungen aus Anlaß und zur Begleitung von Übergangssituationen im Lebenslauf. Als Benediktions-, Segens- oder Weihehandlungen spielen sie nicht nur im kirchlichen Leben, sondern auch im gesellschaftlichen, familiären und ganz individuellen Zusammenhang eine herausragende Rolle. Die „normalen" lebenszyklischen Stationen wie Geburt eines Kindes, Erwachsenwerden, Heiraten oder Verlust eines Angehörigen durch Tod werden durch die Segenshandlungen Taufe, Konfirmation/Kommunion, Trauung und Bestattung begleitet. Damit verbindet sich der Wunsch nach Kontinuität, nach sinnvoller Zusammenstellung der Ereignisse einer Lebensgeschichte, um sie zu einer persönlichen Identität zu verbinden.

Daß dies rituell geschieht, macht deutlich, daß man eine Biographie, eine Identität nicht „machen", herstellen kann. Identität bildet sich, wird gewonnen und geschenkt. Identität ist kein handwerklicher, sondern ein persönlicher, sozialer und spiritueller Gewinnungsprozeß.

Christliche Sinnformen wie Gebete, Psalmen und Lieder stellen eine Sprache zur Verfügung, die individuelle Erfahrung erschließt und zugleich transzendiert. Der einzelne bleibt nicht sich selbst überlassen, sondern wird mit einer Gemeinschaft sogar durch die Jahrtausende hindurch verbunden. Individuelle Erfahrungen werden mit überindividuellen Sinnzusammenhängen verknüpft. Der einzelne wird aus seiner Einsamkeit und Isolation erlöst, seine persönliche Erfahrung wird mitteilbar. Damit werden die psychischen und sozialen Folgelasten der funktional differenzierten Gesellschaft mit der Konsequenz, daß Menschen immer gleichzeitig an unterschiedlichen Teilsystemen teilnehmen, durch religiöse Kommunikation an biographisch bedeutsamen Schnitt- und Wendepunkten taktvoll begleitet.

In der christlichen Kirche bedeuten Gottesdienste an den Wendepunkten des Lebens auch: Eine Lebensgeschichte geht nie darin auf, was ein Mensch selbst aus dem Leben gemacht hat. Dem jeweils einmaligen Leben werden Sinn und Gelingen zugesprochen, die sich völlig unabhängig von den eigenen

Erfahrungen und Leistungen einstellen. Ein Mensch ist immer schon viel mehr, als er je aus sich wird machen können.

Die Statusübergänge sind nicht nur von positiven Gefühlen begleitet. Ängste und Ärger, Erinnerungen und Befürchtungen begleiten das Erwachsenwerden, die Eheschließung, die Familiengründung und den Übergang vom Mitmenschen zum Hinterbliebenen. Die *rites de passage*, die von den Kirchen angeboten werden, geben als öffentliche Großveranstaltungen dem individuellen Ereignis Raum, Rahmen und Sprache. Ängste können benannt, Erinnerungen entzaubert und Befürchtungen geteilt werden. Das Krisenhafte am Normalen wird sichtbar und enttabuisiert. Damit dienen die Übergangsriten der Bewältigung von Situationen.

Durch die Pluralisierung der Lebensstile und gesellschaftliche Veränderungen werden freilich auch diese Übergangsriten als Begleiter einer sogenannten „Normalbiographie" ergänzungsbedürftig. Zunehmend werden Riten und Segenshandlungen für Alleinlebende, gleichgeschlechtliche Paare, bei drohender Arbeitslosigkeit oder bei Trennungssituationen gewünscht. Manche Menschen suchen auch Heilungsrituale nach erlebten Zumutungen oder Gewalterfahrungen. Differenzierung und Individualisierung als gesellschaftliche Phänomene ziehen also auch eine Differenzierung und Individualisierung der rituellen Begleitung nach sich.

Segenshandlungen vermitteln den Sinn, den ein Statusübergang noch nicht aus sich heraus hat. Die Geburt eines Kindes, Erwachsenwerden, Heiraten und Sterben sind Ereignisse, die auch bedrohen, vereinzeln, Schuld und Abhängigkeit erfahrbar machen und vieles mehr. Die Interpretation durch den Ritus macht diese Ereignisse „erträglich", sozial zugänglich und individuell verstehbar. Das Leben bekommt Sinn durch die Einordnung in einen spirituellen Sinnzusammenhang. In die Liturgie der Taufe zum Beispiel ist dieser Sachverhalt auf unüberbietbare Weise eingegangen. Wir taufen bereits die kleinen Kinder unter Nennung ihres individuellen Namens auf den Namen Gottes, des Vaters und des Sohnes und des Heiligen Geistes. In der Taufe verschmelzen der Gottesname und der individuelle Eigenname zu einer Einheit, die unsere Individualität dem Schutz Gottes und dem Schutz der Gemeinschaft anvertraut.

Hier wird deutlich, daß das religiöse Ritual entlastet, sozialisiert und interpretiert. Eine Lebensgeschichte hat im ganzen Zusammenhang einen Grund (!), der jenseits aller identifizierbaren Fakten und Stationen liegt.

5. Der Kirchentag – ein offenes religiöses Ritual

Der Deutsche Evangelische Kirchentag ist eine fünftägige Großversammlung im Zweijahresrhythmus an wechselnden Orten. Für viele der Teilnehmerinnen und Teilnehmer, der Mitwirkenden ist er zu einem liebenswerten und charmanten Ritual geworden: die Anmeldung, das Kirchentagsprogramm als „Agende" für alle, die Anreise in Sonderzügen, die Eröffnungsveranstaltung im Stadion, der Abend der Begegnung, die Bibelarbeiten, die Foren, die liturgischen Feste, die Feierabendmahle, der Abschlußgottesdienst. Mit einem Reisesegen versehen, geht jeder und jede wieder nach Hause. Die Themen wechseln, das Ritual, die Liturgie der Veranstaltung bleibt weithin stabil, tröstlich erkennbar und verläßlich.

Kirchentage stillen den Hunger nach Spiritualität und geistlicher Orientierung. Zehntausende strömen jeden Morgen zu den Bibelarbeiten, bei denen neben „heiligen Männern und Frauen" (Theologen und Theologinnen) auch Politiker und Künstlerinnen das Evangelium auslegen. Rund tausend Programmpunkte umfaßt die lebendige Liturgie. Individualismus und Pluralismus werden zugleich mit traditionellen Gottesdienstformen erlebbar. Kirchentage sind charmante Angebote des Glaubens.

Viele Besucher des Schlußgottesdienstes schwenken bunte Tücher, auf denen – so in Stuttgart 1999 – zum umfassenden Schuldenerlaß für Entwicklungsländer aufgerufen wird, ein Bekenntnis nicht im stillen Kämmerlein, sondern in großer Gemeinschaft. Immerhin täglich mehr als 100 000 Menschen erleben Konfession im ursprünglichen Sinn von Bekenntnis und Zugehörigkeit.

Interessant ist auch die Konfliktregulierung bei dieser Großveranstaltung *Kirchentag*. Meinungsverschiedenheiten und Streit in Glaubens- und weltlichen Dingen sind nicht verpönt, sondern erwünscht. Das Protestantentreffen kann geradezu als Forum für gegensätzliche Meinungen bezeichnet werden. Ein Podium, ein Forum wird bereitgestellt – auf der Bühne unterschiedliche Meinungen, Tausende nehmen über Identifikation und/oder Ablehnung teil. Konziliarität, versöhnte Vielfalt, Einheit im Konflikt, sich als Teil eines Ganzen fühlen, Vereinzelung überwinden, Fremdes als zugehörig empfinden, Berührung und Bewegung, Standpunkte ausprobieren und wieder verlassen, Identität auf Zeit – dies sind die dazugehörigen Stichworte.

Es ist kaum vorstellbar, wie mehrere 100 000 Menschen unterschiedlicher religiöser und anderer Prägung eine solche „Großgruppenkonferenz" mit emotional hoch besetzten Themen wie „Mit Konflikten leben" (1963), „Hungern nach Gerechtigkeit" (1969) oder „Die Erde ist des Herrn" (1985) heil überstanden hätten ohne klare Spielregeln, welche die Kirchentagsleitung vorausschauend mit den konkurrierenden Gruppen als Verfahrens- und Diskussionsregeln jeweils erarbeitet. Insbesondere der Stuttgarter Kirchentag 1969 setzte hier Zeichen mit dem ersten „Tribunal zur Ermittlung des Glücks". Dieses Tribunal hatte zweifellos experimentellen Charakter und machte Möglichkeiten der Kirche sichtbar, die niemand ihr zugetraut hatte.

Die Veranstaltung war besonders gut und sorgfältig vorbereitet. In den Verfahrensregeln hieß es:

„Das Tribunal versteht sich als ein Gesprächsprozeß zwischen zwei Positionen, die jeweils durch zwei bis drei Kontrahenten vertreten werden. Während zunächst jede der beiden Parteien Gelegenheit hat, in einer längeren Darlegung (5–10 Minuten) ihre Position zu markieren, soll dann in möglichst knapper Rede und Gegenrede der Prozeß weitergeführt werden. Die Leitung bittet Sachverständige um ihren Beitrag. Das Publikum kann sich an bereitgestellten Mikrophonen beteiligen. Seine Äußerungen sind an die Leitung gerichtet, die über die Art der Beantwortung entscheidet."

Dabei läuft bei Kirchentagen „beileibe" nicht alles über die Ratio und den Kopf, wie man das bei den etwas wortlastigen Protestanten leicht vermuten könnte. Auch Symbolhandlungen, eine Art „analoge Kommunikation" haben ihren Platz – zum Beispiel die Fußwaschung: Sie brauchen Wasser, Seife, Massageöl und Fußbalsam – und schon bietet der Verband der evangelischen Diakone Deutschlands auf dem Kirchentag Fußwaschungen für Besucher an. Die ungewöhnliche Dienstleistung ist weniger als Reinigungsakt gedacht, sondern als Wiedergewinnung eines in der Bibel erwähnten, doch heute selten praktizierten Rituals. Mit den Worten „Ein Beispiel habe ich euch gegeben, damit ihr tut, wie ich euch getan habe" hat Jesus am Gründonnerstag seinen Jüngern die Füße gewaschen (Johannesevangelium Kap.15): Sinnbild des Dienstes Gottes an den Menschen; Urbild der Koinzidenz von Gottes- und Nächsten-Liebe.

Berühmt auch die „Liturgische Nacht", erstmals gefeiert in Düsseldorf 1973, eine Nacht, in der viele tausend Menschen in einem mehrstündigen Prozeß miteinander meditierten, malten, sangen, tanzten, musizierten, diskutierten, aßen und tranken, beteten und biblische Texte hörten und zum Schluß in das Lied der amerikanischen Bürgerrechtsbewegung *We shall overcome* einstimmten. Die Stimmen der kritischen Reflexion am darauffolgenden Vormittag reichten von „Gefährliche Massensuggestion" bis „Gelungenes christliches Fest".

Oder: Rhythmus, Tanz und Ekstase – so der Titel eines Forums (1999), das sich als Brücke zur Jugendkultur versteht. Jugendliche legen auf ihre Weise ein Bekenntnis ab, wenn sie eine bestimmte Musik hören. Trommeln, Klanghölzer, Schlagzeug und Rasseln zeigen, daß man nicht am üblichen Kanon der Kirchenlieder festhalten muß, um Gottesdienst zu feiern. Höhepunkt dieser Szene ist ein Auftritt von rund 60 Sufis, islamischen Mystikern, die singend und mit wiegenden Hüften zwischen den Kirchentagsbesuchern tanzen. Tambourinschlagend zitieren sie arabische Verse – die „99 schönen Namen Allahs". Hier zeigt sich eine andere Stärke des Kirchentags: Widersprüche werden nicht glattgeredet, Brüche nicht zugedeckt. Was auf den ersten Blick nicht zusammenpaßt, wird inszeniert und ausgehalten. Vieles ist möglich auf dem Markt der Möglichkeiten!

Wie es dazu kam? Der erste Evangelische Kirchentag in der Geschichte des deutschen Protestantismus fand 1848 in Wittenberg mit etwa 500 Teilnehmern statt. Es war das Jahr eines demokratischen und sozialen Aufbruchs in zahlreichen europäischen Ländern. In Deutschland kam es zu Aufständen und zu einem Demokratieversuch in der Paulskirchenversammlung; Karl Marx und Friedrich Engels veröffentlichten das *Kommunistische Manifest.* Der erste Katholikentag fand ebenfalls 1848 in Mainz statt.

Bei näherem Hinsehen sind das alles historische Spielarten von „Großgruppenkonferenzen", die bei unterschiedlicher politischer Ausrichtung eines verband: Vereinzelung aufzuheben und durch das Erlebnis des Gemeinsamen ein Schub an Veränderungsenergie zu produzieren. Die kollektive Fokussierung richtete sich dabei schon früh auf eine Verschränkung von Wahrnehmung sozialer Realität und Entwicklung von Werten und Visionen.

Kirchentage sind bis heute öffentliche Veranstaltungen zur Ermittlung von Prioritäten, die für ein heutiges Leben, Zusammenleben und Überleben der Menschen notwendig sind. Gegen jede hierarchische oder autoritäre Form von Expertise sind alle Menschen eingeladen mitzumachen. Nicht Belehrung, sondern Partizipation aller ist das Ziel und die Methode; es kommen keine Zuschauer, sondern Teilnehmende, die zu 30% in irgendeiner Form bei der Vorbereitung und Durchführung des Kirchentags aktiv sind. Kirchentage sind Zukunftswerkstätten und arbeiten an der „Weltverbesserung". Denn der Glaube an eine „heile Welt" fördert nicht eine naive Weltsicht, sondern die kreative und aktive Arbeit an Wissenschaft, Religion und Politik unter der Fragestellung: Fördern sie Heil oder Unheil?

Das vielfach verdrängte Wissen über die Gefährdungen des Menschen („Sünde") sowie die versunkene Weisheit der Bibel, von Heinrich Heine die „Hausapotheke der Menschheit" genannt, werden kollektiv erinnert und öffentlich gewürdigt. Es entstehen zeitliche und räumliche „Zugleichs", also *simultaneous changes.*

„Vor-läufige" Kirche ist dafür ein durchaus angemessener Begriff im doppelten Wortsinn: Kirche, die ihrer Zeit voraus ist und Kirche, die immer prozeßhaft bleibt und nie statisch wird oder erstarrt, mit Martin Luthers Worten eine „ecclesia semper reformanda", die sich immer erneuernde Kirche.

Bis heute sind es vor allem drei Elemente, die den Kirchentag auszeichnen:

- Die Verbindung von Rationalität und Emotionalität, ernsthafter Arbeit und Fest, Diskussion und Feier. Hier wird deutlich, daß dies keine Widersprüche, sondern sich notwendig ergänzende Dimensionen des Lebens sind.
- Die Konziliarität als Gleichberechtigung ganz unterschiedlicher kirchli-

cher Handlungsformen, Gestaltungen, Frömmigkeits- und Denkweisen. Das bewußte und organisierte Nebeneinander von unterschiedlichen Meinungen. Opposition wird nicht nur geduldet, sie ist strukturell gewollt und darum institutionell verankert. *Reconciled diversity* ergibt sich nur auf dem Weg der Wahrnehmung der *diversity*.
- Das Prinzip der Partizipation aller an allen und allem. Hier reden nicht Experten über Betroffene zu Laien. Betroffene kommen selbst zu Wort. und Laien werden zu Experten ihres Lebens und Glaubens.

Manche mögen das Ritual *Kirchentag* mit seinen vielen kleinen und größeren Ritualen mit der katholischen Wallfahrtstradition vergleichen. *Wallfahren* heißt ja aufbrechen von einem sicheren Zuhause, Unterbrechung des Alltags in Erwartung eines besonderen, „grenzüberschreitenden" Erlebnisses. Die Ahnung, Gott zu begegnen, die spannende Erfahrung der Mitreisenden oder einfach Abenteuerlust oder alles zusammen prägen die uneinheitliche Motivationslage des Pilgerzugs.

Der Kirchentag wurde von Anfang an als Großveranstaltung konzipiert. Ebenso aber war der Kirchentag als Großveranstaltung von Anfang an umstritten. Die Gründe dafür liegen einerseits in der Erfahrung der Deutschen mit Massenveranstaltungen während der Zeit des Nationalsozialismus. Andererseits kommen sie aus einem im Protestantismus tief verwurzelten Individualisierungsdenken.

Daß die Großgruppenveranstaltungen *Kirchentag* gelingen, liegt an der Ritualisierung, der Einführung von christlichen, gemeinschaftsbildenden Symbolen, der dialogischen Verständigung, die auch im Fremden und Andersdenkenden den Nächsten sieht, sowie an der undogmatischen Sinnsuche als konziliarem Prozeß. Es ist die Erfahrung von Autonomie bei gleichzeitiger Verbindlichkeit bei der Suche nach Antworten, die den Kirchentag so attraktiv macht. Grundsätzlich wird die ja wünschenswerte Orientierung nicht von dogmatischen, das heißt bereits kompletten Sinnhorizonten erwartet, sondern von dem Prozeß der Kommunikation darüber, wo Kriterien für die Suche nach Kriterien liegen könnten. Damit kann die Kommunikationsform und rituelle Gestaltung des Kirchentages als Paradigma für wirksame gesellschaftliche Kommunikation verstanden werden.

6. Resümee

Keine Institution kann uns heute mehr die umfassende Orientierung geben, die traditionale und vormoderne Sinnbezüge vermittelt haben. In der individualisierten Gesellschaft müssen wir lernen, uns selbst als Handlungszentrum, als Planungsbüro für unsere eigenen Lebensgeschichten, Freundschaften, Arbeitszusammenhänge etc. zu begreifen. Das lockt, verheißt Freiheit und belastet zugleich. Nicht alle können mit diesem realen und metaphysischen Heimatverlust gut umgehen. Für den Transfer zwischen den Welten, der realen und der zeichenhaften, stellen die Religionen nach wie vor Symbole, Rituale und eine mehr oder weniger geregelte religiöse Kommunikation bereit.

Es entspricht dem veränderten Lebensgefühl moderner Menschen, daß sie auch in der Religion Einheit und Vielfalt *zugleich* suchen, sich hier und da „andocken", ein „Dach" über der Seele suchen, verweilen oder weiterziehen.

Literatur
Drehsen, Volker: *Wie religionsfähig ist die Volkskirche?* München: Chr. Kaiser 1994.
Josuttis, Manfred: *Der Weg in das Leben*, München: Chr. Kaiser 1991.
Käßmann, Margot: *Kirche in Bewegung. 50 Jahre Deutscher evangelischer Kirchentag.* Gütersloh: Gütersloher Verlagshaus 1999.
Schröer, Henning: „Zwischen Lyrik und Liturgie"; in: *Evangel. Erzieher*, H 1. 1995, S. 72–81.

8 Die räumliche Dimension in Beratungsprozessen

Richard Hummelbrunner, Klaus Jürgen Hütten, Joana Rabitsch, Roger Wüst, Hanna Zapp*

Beratung braucht Raum – im Sinne eines Sich-Zeitnehmens und Platznehmens –, und sie braucht konkrete Orte. Raum geben, Platz nehmen und sich Zeit nehmen – das macht deutlich, daß immer mehr als ein Faktor die Wirkung einer Intervention bestimmt. Im Gegensatz zur sozialen und zeitlichen Dimension findet aber die räumliche Dimension von Interventionen bislang geringere Beachtung, und zwar sowohl in der theoretischen Auseinandersetzung als auch in der konkreten Beratungspraxis.

Die Auswahl von Räumen wird von uns und unseren Kunden meist mehr als logistische denn als Interventionsfrage gesehen. Meist nimmt man die vorhandenen räumlichen Möglichkeiten etwa beim Kunden oder in Seminarhotels einfach hin. Andererseits fällt auf, daß diejenigen Interventionen, die Raum bewußt als Ressource einsetzen – zum Beispiel Organisationsaufstellungen –, besonders wirkungsvoll sind. Hier liegen offenkundig Potentiale brach, die in der Beratung viel besser genutzt werden könnten. Mit diesem Beitrag soll eine (Wieder-)Entdeckung der Räume aus systemischer Sicht unternommen werden, um den Blick für die Interventionsqualitäten von Räumen zu schärfen und Anregungen für die bewußte Auswahl und Nutzung von Räumen bei Großgruppeninterventionen zu geben.

1. Raum und Systemtheorie

Warum wirken räumliche Aufstellungen so unmittelbar? Wie kommt es, daß wir die Wirkung von bestimmten Räumen ähnlich erfahren – zum von Beispiel Kirchen, Friedhöfen, Prunksälen, Werkstätten, Theater, Tanzsaal? Wie kommt es, daß wir uns in weitgehender Übereinstimmung bestimmte Räume vorstellen, wenn von sakralen Stätten, heiligen Hallen, beklemmenden Räumen usw. gesprochen wird?

Der Schlüsselbegriff zu einem systemischen Verständnis der Wirkung von Räumen ist die *strukturelle Kopplung*. Systeme sind mit ihren Umwelten so

---

* Dieser Beitrag ist die gekürzte Fassung des Papers „Räume als Ressource in der systemischen Beratung", das die Autoren 1999 als Meisterstück im Rahmen der *Systemische Berater-Langzeitgruppe* (SBL VI) der Beratergruppe Neuwaldegg verfaßt haben.

verbunden, daß sie sich über strukturelle Äquivalente ankoppeln. Die Interaktionen zwischen System und Umwelt sind für die jeweilige Seite rekursiv (selbstbezüglich) und bilden füreinander reziproke Störungen, das heißt Interaktionen, die Zustandsveränderungen auslösen können. Störungen und die dadurch ausgelösten Zustandsveränderungen wirken auf die Struktur zurück. Zwischen System und Umwelt kommt es in der Folge zu einer Geschichte wechselseitiger Strukturveränderungen – bei bleibender Verträglichkeit (Kompatibilität) der jeweiligen Strukturen von System und Umwelt.

Im konkreten Fall geht es darum, zwei Systeme – Individuum und soziales System – jeweils mit Raum als strukturell gekoppelt zu betrachten. Sie beeinflussen sich gegenseitig, sind füreinander Umwelten und entwickeln sich, miteinander verbunden, im Lauf ihrer gemeinsamen Interaktionsgeschichte.

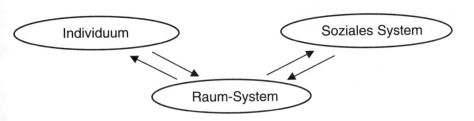

Angewandt auf das *Verhältnis des Individuums zum Raum-System*, bedeutet dies, daß es eine Kopplung gibt zwischen – jeweils selbstbezüglichen – Aktionen in Außenwelten (Raum) und Innenwelten (Wahrnehmung/Kognition/Emotion/Spiritualität im Menschen), die zu wechselseitigen Zustandsveränderungen führen kann (z. B. von der menschlichen Urhorde in der Höhle zum urbanen Single in der Kleinwohnung). Wir drücken unsere Innenwelten aus in der Gestaltung von Räumen, und Raumqualitäten wirken auf unsere Innenwelten zurück. *Beispiel: Kathedralen und sakrale Räume mit sehr hohen Kuppeln bringen den Menschen dazu, den Blick nach oben zu richten und sich in Stille zu konzentrieren. Damit nimmt er eine zentrale Stelle in einem hohen Raum ein, ein erhebendes Gefühl. Solche Räume werden gebaut, um spirituelle Erhöhung spürbar zu machen.*

Mit einer Thematisierung des Raumes geht eine Aufwertung des Körpers und der leiblichen Existenz einher. Körper werden gewissermaßen als Räume im Raum angesehen. Einer Nicht-Beachtung des Raumes liegt andererseits eine Abwertung des Körperlichen zugunsten der sprachlichen Intervention zugrunde.

Was für den einzelnen Menschen im Raum stimmt, trifft auch auf *soziale Systeme im Raum* zu. Auch hier gibt es selbstbezügliche Interaktionen (z. B. Über- und Unterordnung im sozialen System; Erhöhungen und Vertiefungen im Raum). Sitzordnungen, Raumteiler, Platzzuweisungen zum Beispiel sind soziale Kategorien, sind angeeigneter Platz im Raum. Aus Räumen ziehen wir soziale Orientierung – den Räumen zugeordnetes Orientierungswissen birgt Lösungspotential in der systemischen Beratung. *Beispiel: Das Renommier-Büro „im Olymp" läßt direkte Schlüsse über das Führungs-Selbstverständnis in der Organisation zu. Herrschaftsräume mit vielen Stufen bringen es mit sich, daß diejenigen, die sie besitzen, dies meist auf dem Niveau der höchsten Erhebung tun und daß diejenigen, die sie betreten, den Blick – in Demut – zu Boden richten müssen, damit sie nicht stolpern.*

Der soziale Raum verweist noch auf einen anderen Raum – den Zwischenraum. So wie die Erkennbarkeit von Buchstaben beim Lesevorgang nur durch den „Zwischenraum", das Weiße zwischen den schwarzen Buchstaben, ermöglicht wird, ist Kommunikation und Sozialität durch den Zwischenraum, durch jeweils spezifische Abstände, durch Hingehen und Weggehen, durch Nähe und Distanz geregelt.

Die *strukturelle Kopplung* zwischen Individuum bzw. sozialem System und Raum manifestiert sich auf vielfältige Art und Weise: Raum ist nie nur der physikalische Raum, sondern immer *symbolischer* Raum. Raum *ist* also nicht, Raum *wird*. Er wird durch Bestimmung und Stimmung, durch Zuschreibung. Reale Räume entstehen durch die Gestaltungskraft geistiger Räume.

Raum ist immer auch Erfahrungsraum, Lebenserfahrungen sind immer auch Raumerfahrungen. Orte und Zeiten prägen Biographien von einzelnen und Organisationen. Soziale Erfahrungen passieren in Räumen, denn Kommunikation braucht Platz und konkrete Verortung.

Räume sind für uns nie neutral, sie speichern Erfahrungen, sie „vermitteln" Stimmungen und Gefühle, häufig auch Botschaften. Räumen begegnen wir nie unvoreingenommen.

Räume bleiben nicht wie sie sind, sie „verwandeln" sich durch unsere Wahrnehmungen. Umgekehrt bleiben auch Menschen in Räumen nie die, als die sie hereinkamen; Zeit und Raum verändern sie.

Die Bewegung verweist auf eine zusätzliche Dimension des Raumes: den Raum als Handlungsraum. Handlungsimpulse und Handlungsorientierung sind auch raumabhängig. Nicht jede gute Idee fällt einem überall ein, weiterführende Schritte sind nicht überall möglich, Verhandlungen gelingen nicht in jedem Raum. Handlungen brauchen Spiel- und Bewegungsraum.

Schließlich hat uns bei der Auseinandersetzung mit dem Thema *Räume in der systemischen Beratung* immer wieder fasziniert, wieviel Wissen über Räume und ihre Bedeutung in Redewendungen, Metaphern, ganz allgemein in Sprache aufbewahrt ist; dazu im folgenden Textkasten einige Beispiele:

Metaphern nehmen auf Räume Bezug
An die Decke gehen, an die Wand spielen, auf dem Boden der Tatsachen, in der Luft hängen, im Mittelpunkt stehen, dicht machen, einmauern, nach der Decke strecken, mit dem Kopf durch die Wand wollen, der tote Winkel, der blinde Fleck, in die Ecke stellen, unter den Teppich kehren, Türen öffnen oder zuschlagen, beim Fenster hinausreden, Stellung beziehen, jemanden sitzenlassen, Brücken schlagen, auf dem Seziertisch liegen, in die Ferne schweifen, auf der Hand liegen, auf Tauchstation gehen, in Deckung gehen, aus der Vogelperspektive betrachten, über den Tellerrand schauen, im Regen stehenlassen, sich im Kreis drehen, auf der Stelle treten...

Räume bieten Optionen an
Grenz-Raum, Frei-Raum, Spiel-Raum, Schutz-Raum, Schon-Raum, Experimentier-Raum...
Grenzen überschreiten, Raum geben, Raum beanspruchen, Raum-greifen, Raum nutzen, ein-räumen, um-räumen, weg-räumen, auf-räumen (aufgeräumt sein), etwas in den Raum stellen, im Raum stehenlassen...

Räume enthalten Drehbücher
Bahnhof, Kloster, Arche, Kriegsschauplatz, Niemandsland, Eroberung, Graben, Hoheitsgebiet, Front, Königreich, Baustelle, Warteraum, Krankenhaus, Kindergarten, Welt-Raum, Theater, Werkstatt, Kirche, Elfenbeinturm, Schloß, Glashaus, Gewächshaus, Asyl, Kasernenhof, Friedhof, Kino, Museum, Auslage, Schaufenster, (Box-)Ring, Fußballplatz, Rennbahn, Laufbahn, Labor, Hinterhof, Spielplatz, Parkplatz, Fensterplatz, Ankerplatz, Brückenkopf...

Beispiel: Das Skriptum oder „Drehbuch" vom Bahnhof
Am Bahnhof ist es immer zugig. Es gibt einen Haufen Leute, die Weichen stellen und sich damit beschäftigen, Durchsagen zu machen und Signaltafeln umblättern zu lassen.
Wenn man am Bahnhof ankommt und umsteigen muß, hört man beim Aussteigen einen unverständlichen Wortschwall. Man versteht „Bahnhof" und muß dann trotzdem allein herausfinden, wo das richtige Bahngleis liegt. Ein großes Problem am Bahnhof ist, daß man nicht über die Schienen gehen darf, sondern mit dem schweren Gepäck treppab und treppauf durch die Unterwelt muß.
Am Bahnhof findet man die verschiedensten Menschen. Da stehen junge Tramper, die nur mit einem Rucksack in die unbekannte Ferne aufbrechen, Paare, die gleich Abschied nehmen oder sich freudig wiedergefun-

den haben, Menschen, die ihre Angehörigen besuchen wollen oder mit Familienglücksgefühl heimkehren, Geschäftsleute, die ohnmächtig auf einen Zug warten, der zu spät kommt, und die in Sorge sind, ihre späteren Verbindungen zu verpassen. Wer am Bahnhof steht, wird sich bewegen, vertraute Orte zurücklassen und neue erkunden.

Am Bahnhof muß man warten. Oder man ist zu spät dran und erwischt den Zug mit hängender Zunge. Die spannendsten Geschichten vom Bahnhof handeln von Menschen, die auf fahrende Züge aufspringen. Dabei kann man sich leicht das Genick brechen.

Das Wesen des Bahnhofs ist, daß immer schon viele Züge abgefahren sind und noch viele Züge fahren werden.

2. Räume in der Beratung

Da jeder Mensch und jedes soziale System ständig „im Raum" stehen, sind räumliche Interventionen eine Ressource für systemische Beratung; sie können Perspektivenwechsel und reale Veränderungen bei Individuen und sozialen Systemen auslösen oder Veränderung in diese Systeme transportieren. Umgekehrt betrachtet, bringt es die strukturelle Kopplung mit sich, daß ständig Interaktionen ablaufen, die festschreibend und bewahrend wirken. Nicht-bewußter Umgang mit Raum führt darum auch dazu, daß er als Ressource für Nicht-Veränderung wirken kann.

Beispiel: Muß man einen Workshop im Sitzungszimmer durchführen, ist der Besprechungstisch in der Mitte meist mit eindeutigen Sitz-Ort-nungen belegt. Gut möglich, daß man damit auch an Kontexte des Gesetzten/der Satzungen, des Alt-Eingesessenen oder gar des Aus-Sitzens anschließt. Läßt sich so ein Tisch ins Eck schieben? Läßt er sich auflösen und neu konfigurieren? Kann man die Tische an den Rand und die Sessel in die Mitte stellen? Oder zumindest die Sitzordnung verändern?

Die räumliche Ort-nung ist wertvolle Information, die in die Hypothesenbildung einfließen sollte. Ein unreflektierter Umgang mit Räumen bedeutet häufig, daß man Wirkungen hervorruft, die man nicht beabsichtigt hat und die man nicht bearbeiten will. *Beispiel: Wenn man sich in einem schlauchförmigen Seminarraum auf die Inszenierung der Seminartechnik (Leinwand und Overhead auf der Schmalseite) einläßt, führt man damit die Differenz ein zwischen denjenigen, die einen Ausschnitt aus der Nähe sehen, denjenigen, die halbwegs den Überblick haben, und denjenigen, die keinen Durchblick finden, weil sie auf lauter Köpfe vor sich stoßen. – In solchen Räumen könnte man zum Beispiel in der Mitte der Längsseite zentrieren und einen äquidistanten Halbkreis besetzen lassen.*

Was allgemein für die Wechselwirkungen zwischen Raum und sozialen Sy-

8 Die räumliche Dimension in Beratungsprozessen

stemen gilt, ist im besonderen auf die Wechselwirkung der in der Beratung interagierenden Subsysteme und den Raum anwendbar: In der Beratungssituation haben wir es mit zwei interagierenden Systemen – dem *Klienten-* und dem *Beratungssystem* (KS und BS) – zu tun, die für die Dauer des Beratungsprozesses das *Berater-Klientensystem* (BKS) kreieren. Die Charakteristika der Kopplung dieser Systeme an den Raum seien im folgenden kurz erläutert:

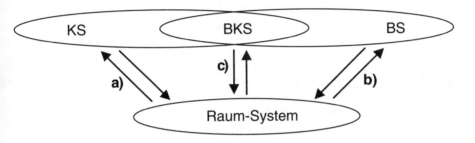

a) Klientensystem – Raum: Die Leitfragen, die der Erfassung der für das KS bedeutsamen räumlichen Unterschiede dienen, können folgenden Kategorien zugeordnet werden:

- *Wahrnehmung*: Welche Form und Wirkung hat das bestehende Gebäude des KS (Visitenkarteneffekt)? Wie nimmt das KS bestimmte Räume wahr? Welche (Kern-)Prozesse laufen in welchen Räumen ab?
- *Geschichte*: Wo haben welche wichtigen Ereignisse stattgefunden?
- *Identität*: Welche Bedeutung wird bestimmten Räumen zugeschrieben?
- *Kommunikation*: Was wird über Räume/Gebäude nach außen kommuniziert? Welche räumlichen Metaphern werden verwendet? Wie verhalten sich die Mitarbeiterinnen und Mitarbeiter in konkreten Räumen?

b) *Beratungssystem – Raum*: Welche Wahrnehmung hat das Beratungssystem von Räumen, und wie setzt es diese in der Beratung ein? Dabei geht es um das Wissen, die Kenntnisse und Erfahrungen sowie das Repertoire von Beraterinnen und Beratern im Umgang mit Räumen (siehe dazu Kasten „Gestaltungsmittel, -elemente und -prinzipien"). Raum ist Teil des Ausgangsmaterials für die Tätigkeit des BS: das Durchlaufen der Schleife Beobachtung–Hypothesenbildung–Intervention.

> **Gestaltungsmittel, -elemente, -prinzipien (nach Luedecke)**
> - *Jeder Raum hat seine eigene Raumdynamik bzw. Form*: die geplante Leere, die Gestaltung der Felder; Außenraum versus Umfeld; Vertikale und Horizontale, die Figur-Grundverteilung der Räume, Innen- und Außenbezüge: Bruch oder Kohärenz, negative Räume, Nischen für Intimität, Ordnung versus Unordnung, Störungen und Ambiguität, Variation versus Unbeweglichkeit, die symbolische Form des Raumes...
> - *Materialien haben ihre spezielle Wirkung*: roh/pur, natürlich/basal, futuristisch/avantgardistisch, transparent, technisch, warm, luxuriös...
> - *Farben*
> - *Licht*: Art, Farbigkeit, Plazierung, Variabilität, Rhythmik und Form von Lichtquellen
> - *Interieur*: Gesamtkonzept der Einrichtung, Möblierung an den unterschiedlichen Arbeitsplatzfunktionen, Störer und Regressoren
> - *Kunst*: Kunst im, am oder auch ums Gebäude; welche Effekte drückt sie aus?

c) *Berater-Klientensystem – Raum*: Welche Orte und Raumtypen sind für welche Beratungskontexte geeignet? Ausschlaggebend für diese Eignung ist einerseits der Zusammenhang von Raum und Beratungssituation, andererseits der passende Anschluß an die sinnliche Wahrnehmungsfähigkeit von BS und KS.

Das Verhältnis dieser drei Subsysteme zum Raum kann auch mit den Ebenen systemischer Intervention (Architektur–Design–Technik) in Beziehung gesetzt werden, so daß ersichtlich wird, welche Beziehung für welche Ebene zentrale Anhaltspunkte liefert:

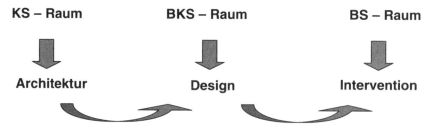

- Die Beziehung KS–Raum liefert wichtige Informationen über die Bedeutung und Wirkung von Räumen für den Kunden. Diese Gesichtspunkte sollten bei der *Architektur* (und in weiterer Folge beim Design) der Intervention berücksichtigt werden, um die Anschlußfähigkeit an das KS sicherzustellen.

- Die Beziehung BKS–Raum liefert Informationen im Hinblick auf die für die jeweilige Beratungssituation adäquate räumliche Dimension. Diese Anforderungen bzw. Empfehlungen sollten – gemeinsam mit den übrigen Dimensionen – in das *Design* (und in weiterer Folge die Technik) einfließen.
- Die Beziehung BS–Raum liefert Anhaltspunkte und Ideen für die konkrete räumliche Ausgestaltung der Intervention. Durch einen bewußteren Umgang mit diesem Repertoire können die jeweiligen *Techniken* gezielter eingesetzt, variiert und erweitert werden.

Qualität und Thematik von Beratungen sind also auch vom Raumangebot abhängig; Kompetenz und Reichweite der Berater und Klienten hängen auch am und im Raum. Für Beraterinnen und Berater entsteht daraus eine neue Perspektive und Anforderung: Es gilt, die Fähigkeit zu entwickeln, Beratungskontexte symbolisch in Räumen zu verorten sowie die Innovations- und Prägekraft von Räumen für Beratungskontexte apriorisch visionär zu erfassen. Die Beiträge in diesem Buch veranschaulichen, wie die hypothesengeleitete Gestaltung der Raumdimension das Beratungsdesign bereichern: die Schiffahrt, der Workshop in der Werkshalle oder im Hangar, die Bühne im Zentrum des Saales, das Labyrinth – in all diesen Beispielen fördert die Prägekraft von Räumen unmittelbar den Prozeß.

3. Raum und Großgruppeninterventionen

Bei Großgruppeninterventionen ist die Kopplung von sozialem System und Raum besonders zu berücksichtigen.

Die Grundidee dieser Intervention ist, das ganze System in einen Raum zu bringen, um die Gleichzeitigkeit und die Gleichrangigkeit verschiedener Perspektiven der Wahrnehmung zugänglich zu machen und mentalen Grenzziehungen (z. B. zwischen Subsystemen in der Organisation) die Wirkung der räumlichen Einheit gegenüberzustellen. Möglicherweise wird eine Organisation durch das Handeln und Erleben in einem gemeinsamen Raum in den Status der Pionierphase zurückversetzt – wo man sich noch miteinander als Gruppe („face to face") koordinieren konnte. Jedenfalls wird der entstehende „Geist" häufig als Aufbruchstimmung und Pioniergeist erlebt.

Das ganze System in einen Raum zu bringen (ob 1:1 oder in strukturgleicher Abbildung) heißt auch, einen gemeinsamen Erlebnis- und Erfahrungsraum zu öffnen. Großgruppeninterventionen lösen Erfahrungsprozesse aus, deren Qualitäten sich der Sprachlichkeit weitgehend entziehen: Echtzeit-, Nähe- und Zugehörigkeits-Erleben, das vom Gegenständlichen unabhängige eigene Momentum, Wünsche, Hoffnungen, Projektionen, kollektives Entdecken bzw. Konstruieren von neuem Sinn, Energie...

Die entstehende Erlebnisqualität läßt sich nicht auf einzelne Komponenten oder Inhalte zurückführen; sie wird meist als Energie dem Raum zugeschrieben. Auf die gemeinsamen Erlebnisse bezieht man sich später mit: „der Geist von xy" – gemeint ist damit ein Ort/ein Raum. Es ist der Raum, der die kollektive Erfahrung so angemessen verdichten kann, daß man sich über sie verständigen kann.

Was sind nun die Anforderungen *an Räume für Großgruppeninterventionen*? Wie können Räume Großgruppeninterventionen fördern? Sie müssen grundsätzlich in erster Linie viel „*Raum geben*".

Im wörtlichen Sinn sind damit die Kubatur und die Proportionen gemeint. Nicht nur ein passendes Verhältnis von Länge und Breite, das jeder und jedem einen gewissen Rundblick ermöglicht, ist wichtig. Auch die Höhe, die Menge Luft über dem Kopf, trägt dazu bei, daß man sich aufgehoben und nicht eingepfercht fühlt. Wenn man in großen Räumen nicht beieinander steht, ist man leicht verloren. Viele, spontan leicht überwindbare Zugänge nach außen helfen, die Grenzen zwischen Innen und Außen immer wieder zu überschreiten und Erfahrungen auch außen zu machen. Sie geben das Gefühl, eingebettet in ein Außen zu sein. Sie lassen Zueinanderkommen und Auseinandergehen zu. Die Großgruppe kann so „atmen", „pulsieren" und wie ein Organismus „leben".

Räume für Großgruppeninterventionen müssen aber auch Raum geben für Bewegung und für viele Deutungen, für „Vieldeutigkeit". Auch in großen Räumen kann es wichtig sein, wechselseitig „im Kleinen" (in kleinen Gruppen) und dann wieder „im Großen" (Gesamtplenum) zu arbeiten. Leere, große Räume – die nicht angefüllt sind mit Möbeln und Bedeutungen – fordern geradezu dazu auf, sich Bedeutungen einzurichten und sich fortzubewegen.

Andererseits kann es erwünscht sein, daß der Raum mit Bedeutung belegt ist, wenn es um die *Anschlußfähigkeit zum Beratungskontext* geht. Letztlich sollte die Auswahl des Raumes – wie jede andere Intervention – immer hypothesengeleitet erfolgen; sonst findet am Ende die Großgruppenintervention, die eine erstarrte Unternehmenskultur in Bewegung bringen soll, im prunkvollen Repräsentationssaal im exklusiven Hotel statt. Die folgenden Beispiele veranschaulichen, wie sehr bereits der konkrete Beratungskontext zu hypothesengeleiteter Auswahl von Räumen für Großgruppenintervention führen kann:

- *Visions- und Leitbildprozesse* zum Beispiel sind besonders verknüpft mit dem Schauen – in die Weite, in die Luft/ins Nicht-Gegenständliche. Sie haben besonders zu tun mit dem Verlassen von ausgetretenen Pfaden und dem Finden von neuen Wegen, mit Inspiration, Grenzüberschreitung und Kernidentität. Räume, die zu solcherart ausgerichteten Zukunftskonferenzen passen, sollten außerhalb der bestehenden Firmen-Gebäudestrukturen liegen, sie sollten groß, leer und hoch sein, ebenerdig, lichtdurchflutet, mit vielen durchsichtigen Flächen in inspirierende Außenräume. Beispiele für solche Räume könnten sein: Hangar, Seebühne, leere (helle) Fabrik, Aussichtshotel in den Bergen/am Strand, große Eingangshalle, Galerie-Raum, großer Wintergarten, Gartenpavillon, Glashaus/leerer Palmengarten, durchsichtiges Zelt (wäre zu erfinden)...

- *Die Großgruppenintervention der RTSC-Konferenz* (Real Time Strategic Change) hat insbesondere die Funktionen, Überzeugungsarbeit für eine vorher entwickelte strategische Ausrichtung zu leisten, gemeinsame handlungsleitende Bilder der Zukunft zu entwickeln, den Standort des Systems in den Umfeldentwicklungen zu bestimmen, Mitarbeiterinnen und Mitarbeiter in einem vorgegebenen Rahmen zu beteiligen und Projektstrukturen für die Umsetzung bereitzumachen. Obwohl der Großgruppenkontext einem konzeptiven, inhaltlich differenzierten Problemlösen klare Grenzen setzt, finden sich hier andere typische Merkmale der Stategiearbeit wieder: Streß durch Komplexität und Mehrdeutigkeit, Mangel an Information, Konfrontation mit Unsicherheit und Unbeeinflußbarkeit, hohe Emotionalität des Themas *Zukunft*, Aufbrechen von latenten Strukturkonflikten und chronischen Grundsatzproblemen, die Vernetzung unterschiedlicher Perspektiven usw.

Räume für RTSC-Konferenzen sollten einerseits „Frei-Räume" bieten, andererseits müssen sie auch Schutz- und Rückzugsfunktionen erfüllen. Dazu ist es hilfreich, wenn ein solcher Raum in harmonischer Natur liegt, so daß man in den Pausen immer wieder emotional und seelisch auftanken kann. Der Raum muß gut zentriert sein, denn Konzentration ist konstitutiv für Strategiearbeit.

Geeignete Räume sind hier abgelegene, reine Seminarhotels oder gut gelegene Bildungseinrichtungen mit großen Tagungsräumen. Auch große Sporthallen (Tennishalle oder Turnsaal mit Visualisierungsflächen an den Wänden und Licht von oben) haben sich bewährt. Je nach den besonderen Schwerpunkten der zu leistenden Strategiearbeit kommen auch andere Räume in Frage: ein Kloster zum Beispiel, wenn es um ballastfreies, ablenkungsfreies Nachdenken geht und das Element des Sich-Zurückziehens besonders wichtig ist für den Verlauf und die Ergebnisse des Strategieprozesses. Ein Atelier, wenn die künstlerischen Entwürfe die tragende Eingangsgröße sind. Eine Werkstatt, wenn Experten-Tüfteleien der Weg in die Zukunft sind...

- *Bei Fusionsprozessen* kann Raum der Platzhalter werden für das Thema *Territorium*. Es kann Schlüsselbedeutung haben, bei Großgruppenveranstaltungen räumlich für beide Seiten neutrale Orte zur Verfügung zu stellen; Orte, die für beide Seiten in vergleichbarer räumlicher Entfernung (auch symbolisch!) liegen. Unterstützend für einen solchen Beratungsprozeß könnten Orte sein, die selbst aus der Vergangenheit in die Zukunft gewachsen sind: zum Beispiel Burgen mit entsprechenden Sälen oder Innenhöfen, Gehöfte, umgebaute Industriestandorte der Jahrhundertwende, in der Region mit entsprechender Symbolik belegte Orte, die in bezug auf Fusionen schon eine eigene Geschichte haben.

Wenn *Raum* eine so unmittelbar symbolische Bedeutung bei Beratungsprozessen hat, lassen sich viele Themen vielleicht auch über *analoge räumliche Interventionen* bearbeiten, und zwar Themen wie:

- Raumgewinnung – innerlich wie äußerlich – für Neues. Hier gilt es, Raum und Zeit zur Verabschiedung zu nehmen, um offen zu sein für die Zukunft.
- Grenzziehung. Um neue Räume in Besitz nehmen zu können, werden Grenzziehungen wichtig.
- Autonomie und gemeinsame Räume. Welche gemeinsamen Räume sind nötig? Welche eigenen? Wie viele Grenzen, und wie stabil müssen sie das Eigene schützen?

Eine weitere grundsätzliche Entscheidung, die in den oben angegebenen Beispielen vorweggenommen wurde, ist die, ob eine Großgruppenintervention in firmeneigenen oder firmenfremden Räumen stattfinden soll. Firmeneigene Räume können das Risiko mit sich bringen, an einen festschreibenden Kontext anzuschließen, der Veränderung schwerer macht. Andererseits bieten Veränderungen, die an Ort und Stelle stattfinden, auch eine große Chance für den Transfer in den Alltag. Das Plagen mit der Veränderungsarbeit, die Erfolge und Mißerfolge, neue Autonomieerlebnisse und das Gefühl der Zusammengehörigkeit bleiben meist als Energie den Unternehmensräumen zugeschrieben. Wenn es gelingt, den Arbeitsort von festen Erlebniszuschreibungen zu „verflüssigen" und Veränderung vor Ort stattfinden zu lassen, ist die Energie im Alltag nutzbar, und Veränderung wird ganz anders spürbar. Deshalb ist es vielleicht empfehlenswert, bei längeren Veränderungsprozessen immer wieder einmal Großgruppeninterventionen in den eigenen Räumen – Betriebsrestaurant, Eingangshalle, Versammlungssaal etc. – stattfinden zu lassen. Grundsätzlich empfiehlt es sich, Anforderungen an Räume für Großgruppeninterventionen unter dem Aspekt der Anschlußfähigkeit an den konkreten Beratungskontext zu prüfen. Letztlich sind dabei die konkreten Hypothesen, die aus der Beobachtung des Umgangs mit Raum im Klientensystem entwickelt werden, eine bedeutende Ressource in der systemischen Beratung.

Literatur

Königswieser, Roswita & Exner, Alexander: *Systemische Intervention*, Stuttgart: Klett-Cotta 1998.
Luedecke, Gunther A.: *Mehr Produktivität durch gute Räume*, Düsseldorf/Wien: Econ 1992.
Maturana, Humberto & Varela, Francisco: *Der Baum der Erkenntnis*, Bern/München/Wien: Scherz 1987.
Simon, Fritz B.: *Die andere Seite der Gesundheit. Ansätze einer systemischen Krankheits- und Therapietheorie*, Heidelberg: Carl Auer 1995.
Willke, Helmut: *Systemtheorie I: Grundlagen*, Stuttgart: Lucius & Lucius 1996.

Der Originaltext der Autorengruppe zum Thema *Räume als Ressource in der systemischen Beratung* kann über die E-mail-Adresse hir@aon.at angefordert werden. Wir freuen uns auch über Erfahrungen, Kommentare, Ergänzungen und Fragen.

Teil II

Ansätze in der Großgruppenarbeit

9 Zukunftskonferenz: Die gemeinsame Basis finden und handeln*

Marvin Weisbord, Sandra Janoff

Eine Geschichte

John Mackey, Topmanager einer Naturkostladenkette namens *Whole Foods Market*, wollte für sein Unternehmen eine von allen geteilte Vision, strategische Ausrichtung und Aktionsplanung. Das war 1988. Whole Foods bestand aus acht Naturkostsupermärkten, zumeist in Texas, hatte 600 Mitarbeiter und machte 45 Millionen US-Dollar Umsatz. Mackey organisierte eine *Future-Search-Konferenz* mit dem Titel „Wo wir 1993 sein werden" und lud dazu Mitarbeiter, Führungskräfte, Verkäufer, Zulieferer, Aufsichtsratsmitglieder, den Vorstand sowie Kunden von jedem Supermarkt ein. Die Teilnehmer entwickelten die Vision, daß Whole-Foods-Geschäfte – auf der Basis ihres Selbstverständnisses, den Menschen gesunde Nahrung zu verkaufen – ihren Umsatz um etwa das Fünffache steigern könnten (24 Supermärkte mit 223 Millionen US-Dollar Umsatz). Sie legten außerdem fest, Ware von lokalen biologisch anbauenden Produzenten zu beziehen, einen bestimmten Prozentsatz des Gewinns für Umweltprojekte beiseite zu legen und sich in der Gesundheitserziehung der Gemeinde zu engagieren.

Fünf Jahre später hatten sie ihr geplantes Wachstum, ihren Umsatz und die sozialen Ziele bereits überschritten (32 Supermärkte, 240 Millionen US-Dollar Umsatz und ein soziales Aktionsbudget in jedem Laden). *Whole Foods* hielt eine weitere Future-Search-Konferenz ab, jetzt mit dem Titel „1998 werden wir groß sein". Es waren die gleichen Interessengruppen anwesend wie bei der vorigen Konferenz, darüber hinaus aber auch noch Personen von drei neu hinzugekauften Naturkostketten. Man stand vor der gemeinsamen Herausforderung, voneinander zu lernen, die lokale Identität der verschiedenen Läden zu bewahren sowie eine Unternehmenskultur zu entwickeln, die der des „besten" ihrer Mitglieder entsprach und einen Nutzen sowohl für die

---

* Originaltitel: „Future Search: Acting on Common Ground in Organizations and Communities"; in: Holman, Peggy & Devane, Tom (Hrsg.): *The Change Handbook: Group Methods for Shaping the Future*, San Francisco: Berrett-Koehler 1998, S. 43–57. Abdruck mit freundlicher Genehmigung des Verlags. Übersetzung: Birgit Kwiatkowski und Marion Keil.

Kunden als auch für die sozialen Dienstleistungen erbringen sollte. Der Einsatz für gesunde Nahrung und Lebensbedingungen sollte auch für die Zukunft ein „Eckpfeiler" sein und nicht durch zu schnelles Wachstum gefährdet werden.

Im Oktober 1998 trafen sich 140 Personen aus 87 Supermärkten aus den gesamten USA in Colorado. Das Unternehmen hatte nun 16 000 Mitarbeiter, machte 1,5 Milliarden US-Dollar Umsatz und unterhielt Regionalbüros in den meisten Landesteilen. Viele seiner leitenden Mitarbeiter waren von Anfang an dabei. Und wieder ging es ihnen um Wachstum, hohe Qualität und ihr Selbstverständnis, jetzt ausgedrückt im Slogan „Ganzheitliche Nahrung, ganzheitliche Menschen und der ganze Planet". Während der Veranstaltung – „Was sehen wir für das Jahr 2003?" – arbeiteten sie an Aspekten wie *Dienstleistung am Kunden*, *Teamentwicklung* und *Zukunftsplanung* für ihr großes Unternehmen, das jedes Jahr um 25 % wuchs. Besonders lag ihnen am Herzen, wie sie ihre Grundwerte, die sie erfolgreich gemacht hatten – nämlich die Unterstützung des biodynamischen Anbaus, Nahrungssicherheit, Förderung von Ernährungs- und Gesundheitserziehung –, beibehalten könnten, während sie sich gleichzeitig dem Wachstumsdruck und der Globalisierung des Geschäfts stellten.

In einer Vorstandskonferenz wurde John Mackey vor einiger Zeit gefragt, wie sein schnell wachsendes Unternehmen, das eine neue Nische in der Supermarkt-Branche definiert hatte, bei dieser dezentralen, weit auseinanderliegenden Struktur eine übergreifende strategische Planung und Commitment erreicht hätte. Seine Antwort: „Alle fünf Jahre halten wir eine Future-Search-Konferenz ab!"

Überall auf der Welt, sei es in Unternehmen, Kommunen oder sozialen Organisationen, werden die Möglichkeiten von Future-Search-Konferenzen genutzt, um konkrete Handlungen und Ergebnisse zu entwickeln. Man erreicht dies, indem man in wenigen Tagen ein „ganzes" System in einen Raum bringt und an einer Aufgabe arbeitet, die zuvor von einer Planungsgruppe ausgewählt wurde. Verschiedene Gruppen erforschen ihre Vergangenheit, Gegenwart und Zukunft, bestätigen gemeinsame Werte und zeichnen für Aktionspläne verantwortlich. Jeder bringt sich ein und übernimmt Verantwortung. Der wichtigste Ansatz zur Veränderung findet bei der Planung statt, wenn Menschen sich einverstanden erklären, einige unübliche Konferenzbedingungen zu akzeptieren. Der Schlüssel zum Erfolg der Methode liegt darin, das Ziel, das man hat, mit den richtigen Personen zu verbinden: mit denjenigen, die nötig sind, um die Umsetzung zu gewährleisten.

9 Zukunftskonferenz: Die gemeinsame Basis finden und handeln

Die Grundlagen

Wozu Future Search? Mit Stolz sehen wir uns als eine hochtechnologisierte Gesellschaft an, mit Handlungsspielräumen, die so groß sind wie nie zuvor. Doch viele unserer drängendsten Probleme haben wir immer noch nicht angepackt – trotz der immensen Summen, die wir ausgeben. Der Graben zwischen Besitzenden und Besitzlosen, Experten und Laien, Führern und Geführten ist breit. In Future-Search-Konferenzen überbrücken wir diesen Graben. Wir nehmen unsere eigene Zukunft in die Hand und übernehmen so wieder Verantwortung für uns selbst. Wir entdecken, daß wir von Menschen mit ganz unterschiedlicher sozialer Herkunft und verschiedenen Biographien lernen und mit ihnen zusammenarbeiten können.

Wir gewinnen Sicherheit, denn während einer Future-Search-Konferenz erfahren wir aus erster Hand, wo die anderen stehen. Wir entdecken Ressourcen bei uns und den anderen, von denen wir vorher nicht die geringste Ahnung hatten. Wir beginnen, die Unterschiede der Herkunft, die verschiedenen Sichtweisen und Werte der anderen als Realität zu akzeptieren, und sehen sie nicht mehr als Probleme, die beseitigt werden müssen. Wir geben auch viel bereitwilliger Stereotype auf. Neue Beziehungen entstehen. Erstaunliche Projekte werden möglich. Auf der ganzen Welt ist *Future Search* für Organisationen oder Gesellschaften eine einfache Methode, um tiefgreifende Zusammenhänge kennenzulernen.

Future Search fördert das Systemdenken. Die Methode zeigt Menschen einen Weg zu systematischem Handeln. Durch das Zusammenführen verschiedener Untergruppen eines Unternehmens, die jeweils füreinander die „Umwelt" darstellen, versetzen wir jeden einzelnen in die Lage, sich als mit einem großen Ganzen verbunden zu erfahren, so daß nicht über ein abstraktes „Außen" theoretisiert wird. Wenn alle vom gleichen „Elefanten" reden und die jeweiligen Wahrnehmungen von Kopf, Schwanz und Rumpf zusammenkommen, dann macht das Handlungen möglich, die keiner vorher für machbar gehalten hätte.

Zu schön um wahr zu sein? Die Fakten sprechen ein energisches Nein!

Nun scheint es dem gesunden Menschenverstand zu widersprechen, daß von einem kurzen Planungstreffen mit Personen, die sich vorher noch nie zusammengesetzt haben, wichtige Umsetzungsimpulse ausgehen können. Doch gerade das wurde weltweit in bezug auf Future-Search-Konferenzen, die oft über knifflige und schwere Themen abgehalten wurden, dokumentiert.

Wir sind davon überzeugt, daß einzig *Future Search* dies ermöglicht hat. Diese Methode versetzt Menschen in die Lage, vorhandene Fähigkeiten fruchtbar zu machen: Fertigkeiten, die schon da waren, die aber in den gewöhnlichen Strukturen kaum zugänglich waren. Wir fanden heraus, daß außergewöhnlich gute Ergebnisse erzielt werden, wenn sich Gruppen an die folgenden, wenigen Kriterien halten:

- Die „richtigen" Leute, die einen Querschnitt des gesamten Systems bilden sollten, kommen in einem Raum zusammen.
- Die Bedingungen werden geschaffen, daß die Teilnehmer den ganzen „Elefanten" kennenlernen können, bevor sie sich mit einem Teilaspekt auseinandersetzen.
- Man sucht nach einer *gemeinsamen Basis*, und darauf wird aufgebaut.
- Die Verantwortung für Lernen und Handeln liegt bei den Teilnehmern.

Einsatzmöglichkeiten für Future Search

Future Search half den unterschiedlichsten Gruppen, eine gemeinsame Basis zu finden und, hiervon ausgehend, Aktionspläne zu entwickeln. Hier sind einige Beispiele für Organisationen, die Future-Search-Konferenzen konkret eingesetzt haben:

1. Die *Bay State Skills Corporation*, ein technisches Hilfsprogramm. Die beteiligten Interessengruppen waren kleine und mittelgroße Betriebe, öffentliche und private Dienstleistungsanbieter sowie die Regierung des Staats.
   Die Teilnehmer entwickelten Pläne zum Aufbau einer zentralen Unternehmensberatung, um die Wettbewerbsfähigkeit für kleine und mittelgroße Betriebe zu steigern: eine kluge politische Aktion, die schließlich mit 1 Million US-Dollar vom Staat und zusätzlich mit 10 Millionen US-Dollar vom Bund gefördert wurde.
2. Die Vereinigung der Inuit-Völker der Arktis. Die beteiligten Interessengruppen waren Landvermessungsorganisationen, Gebiets- und Landesregierungen, Banken, Geschäftsbüros, ein Bergbauunternehmen, Hilfsorganisationen zur Unterstützung der Ureinwohner und andere Interessengruppen indigener Völker.
   Erarbeitet wurden ein wirtschaftlicher Entwicklungsrahmen und ein Aktionsplan zur Lehre und Schulung, zur Förderung der gesellschaftlichen Entwicklung, zur Erhaltung von Kultur und Sprache, zum Aufbau kleiner Firmen sowie kleiner Industrien, zur Investitions- und Organisationsentwicklung, zur Entwicklung von Transport und Infrastruktur, zur Erschließung von erneuerbaren Ressourcen, zur Entwicklung und zum Schutz der Umwelt.
3. Die Gemeinde Hopkinton, Massachusetts. Die Interessengruppen waren

hier Lehrer, Schüler, Vertreter der Schulverwaltung, Bürger, Politiker, Verwaltungsbeamte, Polizisten, Feuerwehrleute, Geschäftsinhaber. Man erarbeitete den Plan *Hopkinton 2000*. Die Teilnehmer gingen schwierige und unangenehme Themen an: zum Beispiel das rapide Wachstum der Stadt zwischen 1977 und 1992; ein Referendum zur Steuerbegrenzung, nach dem die Höhe der Ausgaben für Bildung und andere Haushaltsposten für drei Jahre festgesetzt wurde; eine 6%ige jährliche Inflationsrate, welche die tarifvertraglichen Lohnerhöhungen für Schulangestellte unmöglich machte. Innerhalb des nächsten Jahres erhöhten die Bürger den Haushaltsposten für Schulen um 12%. Ein örtliches Unternehmen übernahm die Patenschaft für eine High School und spendete 350000 US-Dollar für Computer, neue Technologien und für Lehrerfortbildung. Zusätzlich wurden 300000 US-Dollar für die nächsten zwei Jahre zugesagt.

4. Die Vereinigung der Arbeitnehmer für Wachstum und Entwicklung – ein Non-Profit-Unternehmen von Angestellten der nordamerikanischen Telekommunikationsunternehmen, der *International Brotherhood of Electrical Workers* und der Arbeitnehmer von AT&T. Die Vereinigung ermöglicht AT&T-Arbeitern, deren Arbeitsplätze wegen technischer Neuerungen weggefallen sind, Fortbildungen und damit die Möglichkeit zu neuen Berufskarrieren.

Ein Gremium von Führungskräften, das aus leitenden Angestellten aller drei Partnerorganisationen zusammengesetzt ist, führt nun landesweit Treffen von Führungskräften, basierend auf den Future-Search-Prinzipien, durch. In diesen Treffen werden die Beschäftigten vor Ort mit Regierungs-, Erziehungs- und sozialen Dienstleistern zusammengeführt. Ziel ist jeweils die Entwicklung von Aktionsplänen zum Nutzen aller.

5. Gewerkschaftsfunktionäre und höheres Management der Ingenieurvereinigung des *3M St. Paul Area Plant*.

Die Konferenz half, das gemeinsame Ziel von Gewerkschaft und Management voranzubringen. Hierzu zählte: die Verbesserung des Arbeitsbedingungen, die Steigerung der Produktivität sowie eine Verbesserung der Führung. Die Gruppen arbeiteten nach dem selbstgewählten Motto „Zusammenhalt durch Partnerschaft". Sie entwickelten eine gemeinsame Vorstellung von an Kundenwünschen orientierten, neugestalteten Arbeitsplätzen und fanden Möglichkeiten zur Einbeziehung neuer Teilnehmer. Gemeinsam mit den Gewerkschaften und dem Management setzten die Ingenieure einen breiten Planungsprozeß in Gang, der schließlich Hunderte von Angestellten mit einbezog.

6. Einwohner von Kansas City, die eine Stärkung des Mitspracherechts von Jugendlichen befürworten. Beteiligte Interessengruppen waren Dienstleister, Spender, regionale technische und freie Kooperationspro-

gramme sowie mehrere unterschiedlich ausgerichtete Jugendprogramme.

Der bereits vorher in Kansas City erreichte Konsens, „Stadt mit den besten Bedingungen für unsere Kinder" zu werden, sollte umgesetzt werden. Einige Ergebnisse: Ein Kinderkrankenhaus berief Kinder in den Aufsichtsrat, um sie bei Fragen der Aufsicht sowie bei Verfahrensfragen mitentscheiden zu lassen. Eine örtliche Jugend-Liga erklärte die Stärkung des Mitspracherechts von Jugendlichen zum Ziel ihres nächsten Vierjahresprogramms. 90 Freiwillige erklärten sich zur Mitarbeit bereit, und 200 000 US-Dollar wurden zur Verfügung gestellt. Die daraufhin finanzierten Aktionen umfaßten u. a. jährliche Future-Search-Treffen, die sich besonders an einen jugendlichen Teilnehmerkreis richten sollen.

Der Prozeß

Unsere Treffen beziehen normalerweise 50–70 Personen ein, wobei eine Teilnehmerzahl von 64 angestrebt wird. Daraus kann man dann acht Gruppen zu je acht Teilnehmern bilden. Unser Ziel ist immer eine gemeinsam ausgerichtete Aktion, um eine gewünschte Zukunft für „X" zu bestimmen – wobei „X" eine Gemeinschaft, eine Organisation, aber auch eine Sachverhalt sein kann.

Wir untergliedern eine Future-Search-Konferenz in fünf Arbeitsschritte, für die ungefähr folgender Zeitrahmen besteht:

1. Tag, Nachmittag
Schritt 1 – Rückblick;
Schritt 2 – Blick auf die Gegenwart, äußere Trends.

2. Tag, Vormittag
Fortsetzung Schritt 2 – Reaktion der „Interessengruppen" auf die äußeren Trends;
Schritt 2 – Blick auf die Gegenwart, Identifikation mit unseren bisherigen Handlungen.

2. Tag, Nachmittag
Schritt 3 – ideale Zukunftsszenarien;
Schritt 4 – die gemeinsame Basis finden.

3. Tag, Vormittag
Fortsetzung Schritt 4 – Bestätigung der gemeinsamen Basis;
Schritt 5 – Planen von Aktionen.

Die Betrachtung der Vergangenheit, die Ausarbeitung idealer Zukunftsszenarien und das Finden der gemeinsamen Basis werden von *gemischten* Gruppen bearbeitet, die repräsentativ für das gesamte System sind. Die Bestandsaufnahme der Gegenwart wird hingegen von *Interessentengruppen* unternommen, deren Mitglieder *die gleiche Perspektive* haben. Die gemeinsame Basis wiederum geht alle Teilnehmer an. Die Planung von Aktionen betrifft bereits existierende, aber auch noch zu gründende freiwillige Gruppen. Jeder Schritt bringt einen Dialog in der gesamten Gruppe mit sich.

Weder die einzelnen Schritte noch die Zusammensetzung der Gruppen ist beliebig. Sie sind Voraussetzung für ein dynamisches Kräftespiel, das zu konstruktiven Ergebnissen führen kann. Dabei erfahren wir die Höhen und Tiefen der Konferenz als emotionale „Achterbahn". Nach dem Eintauchen in den „Morast" globaler Trends folgt der Aufschwung in die Höhen einer wunderbaren Zukunft. Unsicherheit, Angst und Verwirrung sind hierbei, genauso wie Spaß, Energie, Kreativität und Leistung, „notwendige Nebenprodukte". *Future Search* beruht auf dem Nebeneinander von Hoffnung und Verzweiflung. Wir glauben, daß ein intensiver Kontakt mit unseren Höhen und Tiefen zu einer realistischen Wahl führt. Während einer Future-Search-Konferenz leben wir mit der Unvermeidbarkeit von Unterschieden, mit der Erkenntnis, daß selbst das ausgefeilteste Konzept für ein Treffen diese Differenzen nicht miteinander versöhnen könnte und daß die Teilnehmer die Berg- und Talfahrt hin zu neuen Aktionsplänen ohne Mengen von Daten oder endlose Gespräche unternehmen können – vorausgesetzt, sie sind zur Zusammenarbeit bereit.

Der wirtschaftliche Nutzen

Der Nutzen von *Future Search* läßt sich weder in Zahlen noch in anderen wirtschaftlichen Erfolgsbilanzen ausdrücken. Doch diese besondere Art von Treffen ermöglicht eine Intensivierung integrativen Handelns, die mit keinem anderen Mittel erreicht werden kann – auch mit keinem Geld der Welt.

Bei *Hayworth Inc.* entdeckten und entwickelten Future-Search-Berater, Kunden und Lieferanten zusammen mit Firmenangestellten ein Verfahren zur Müllbeseitigung, für das eine Arbeitsgruppe eventuell Monate gebraucht hätte und das Millionen von Dollar für die Volkswirtschaft wert sein kann. In nur wenigen Stunden wurden so immense Kosten eingespart und die Umweltbelastung minimiert. Dabei war das Müllproblem nur eines von einem Dutzend Themen, die während des Treffens angegangen wurden.

Wenn Menschen neue Formen von Zusammenarbeit erfahren, dann werden Zeit, Energie und Ressourcen weitaus effizienter genutzt. *Future Search* macht oftmals völlig neue Geldquellen zugänglich. Erinnert sei an zwei Beispiele im Abschnitt zu den Einsatzmöglichkeiten von *Future Search*: an Hopkinton und an Kansas City. Nicht selten erlebten wir, daß innerhalb kürzester

Zeit Geldströme von Besitzenden hin zu Bedürftigen flossen, sobald Menschen bereit waren, realistische Verpflichtungen einzugehen. So sagte etwa der Aufsichtsratsvorsitzende einer Stiftung bei einem Treffen in Kalifornien spontan eine notwendige finanzielle Unterstützung für einen Aktionsplan zu, den er, seiner eigenen Aussage gemäß, ignoriert hätte, wäre er auf dem regulären Weg beantragt worden. Im Osten der USA bot eine Abgesandte der Stadtverwaltung einer Gemeinde 2 Mio. US-Dollar aus öffentlichen Hilfsfonds an, für die, wie sie sagte, bislang keine Verwendung gefunden werden konnte, da es bislang an Nutzungsvorschlägen gefehlt hatte.

Diese Beispiele sind nur die „Spitze eines Eisbergs"; wenn die Lehre, die sie letztlich enthalten, recht verstanden wird, könnten für einen verantwortungsvollen Umgang mit öffentlichen und privaten Geldern ganz neue konstruktive Möglichkeiten aufgezeigt werden.

Beginnen

Der erste entscheidende Schritt besteht darin:

1. das „ganze System" in einem Raum zu versammeln;
2. eine besondere „Lernumgebung" für die Teilnehmer zu schaffen, die es ihnen ermöglicht, das ganze System zu erfahren;
3. die Suche nach der gemeinsamen Basis als Grundlage für die Entwicklung von Aktionsplänen zu nehmen;
4. dem einzelnen Verantwortung zu übergeben, um auf der gemeinsam artikulierten Basis zu handeln.

Neu ist bereits die Art der Planung: *Future Search* erfordert kein Training, keine Vorabinformation, keine Datensammlung oder Diagnosen. Die Leute treffen direkt *aufeinander* und nicht auf Konzepte, auf Expertenmeinungen oder auf Vermutungen darüber, was ihnen fehlt und was sie tun sollten. Die Methode schließt das Vergleichen von Aufzeichnungen und Zuhören mit ein; manchmal ergibt sich dabei geradezu ein Wust von Annahmen, Fehlinformationen, Gemeinplätzen und Urteilen, wie sie in jedem von uns „herumgeistern". Erstaunlicherweise braucht dies alles aber *nicht* geklärt zu werden, um weiterzukommen! Vielmehr entwickelt sich Engagement aus dieser gemeinsamen Begegnung mit dem Chaos, aus unserer Beharrlichkeit, ungeachtet unserer Ängste. Am Ende gehen wir mit einigen guten Ideen aus dem Chaos hervor, denn auf die Menschen und auf unsere Fähigkeit zur Zusammenarbeit können wir vertrauen. Kurz gesagt: Wir entdecken verborgenes Potential, das bereits existierte.

Rollen und Verantwortlichkeiten

1. Sponsor
Vor der Konferenz
- Werden Sie sich über Risiken und Nutzen klar.
- Entscheiden Sie, was Sie zu erreichen hoffen und wie *Future Search* eingesetzt werden soll.
- Unterstützen Sie die Menschen in ihrem Handeln und bringen Sie ihnen Verständnis entgegen; zeigen Sie, daß Sie den Teilnehmern vertrauen.

Während einer Future-Search-Konferenz
- Seien Sie Teilnehmer, teilen Sie das Erlernte mit den anderen.
- Ermöglichen Sie es den Teilnehmenden zu handeln.

Nach der Konferenz
Ein Tip: berufen Sie periodisch Nachbereitungstreffen ein, bei denen die Teilnehmer des ersten Treffens mit anderen Interessengruppen zusammentreffen.

2. Berater/Facilitator
Vorher
- Helfen Sie potentiellen Teilnehmern bei der Enscheidung, ob *Future Search* als Methode im ihrem jeweiligen Fall angeraten ist.
- Helfen Sie den Sponsoren bei der Beschaffung von notwendigen Informationen und Ressourcen und sprechen Sie ihnen Mut zu.

Währenddessen
- Behalten Sie die Übersicht über die Arbeitsschritte und den Zeitplan, behalten sie das Anliegen im Auge.
- Bestärken Sie selbständiges Arbeiten sowie die Übernahme von Verantwortung durch die Teilnehmer.
- Halten Sie die Unsicherheiten aus, bis die Teilnehmer selbst entscheiden, was sie gemeinsam und was sie nicht gemeinsam tun wollen.
- Helfen Sie den Teilnehmern beim Ringen mit alten Mustern und beim Beschreiten neuer Wege.

Danach
- Sie können 6 Monate nach der Konferenz ein Nach-Treffen durchführen (fakultativ).

3. Leitungskomitee
Vorher
- Legen Sie die Aufgabe der Konferenz fest.
- Sorgen Sie für die richtige Zusammensetzung der Teilnehmerliste.
- Legen Sie den Planungshorizont fest.

4. Teilnehmer
Während:
- Bekennen Sie sich zu Ihrer Vergangenheit, Gegenwart und Zukunft.
- Bestätigen Sie gemeinsame Werte.
- Suchen Sie die gemeinsame Basis.
- Entwickeln Sie auf der gemeinsamen Basis unabhängige oder gemeinsame Aktionspläne.
- Teilen Sie mit anderen die Führung.

Danach
- Übernehmen Sie Verantwortung und setzten Sie die Pläne um.

Veränderung der Macht- und Autoritätsverteilung

Während einer Future-Search-Konferenz sind alle Teilnehmer gleichgestellt. Sie erarbeiten die Informationsgrundlage, teilen einander Erlerntes mit, treffen Entscheidungen und handeln. Hieraus kann sich im Anschluß an die Konferenz für die Organisation oder die Gemeinschaft eine Veränderung in den Machtverhältnissen und eine Veränderung der Autoritätsausübung ergeben. Dies muß aber nicht so sein, sondern hängt vielmehr von den Aktionsplänen und deren Umsetzung ab.

Erfolgsbedingungen

Unser Konferenz beruht auf einer Anzahl sich gegenseitig verstärkender Praktiken. Hierzu zählen:

- das „ganze System" versammeln;
- alle betrachten „den gleichen Elefanten", bevor sie sich mit einem Teilaspekt beschäftigen (Merke: Denk global, bevor du lokal handelst!);
- die gegebene Realität und die gemeinsame Zukunft erforschen, nicht die Probleme und Konflikte;
- selbständig die eigene Gruppe und die Aktionspläne managen;
- am gesamten Treffen teilnehmen;
- sich unter angenehmen Bedingungen treffen;
- sich über drei Tage treffen (Merke: „Schlaf' zweimal drüber"!);

- für die weitere Realisierung des Plans öffentlich Verantwortung übernehmen.

Wenn wir wollen, daß Leute forsch und kreativ agieren, dürfen wir dem nicht im Weg stehen. Es geht überhaupt nicht darum, Komplexität auf ein geringes, leicht zu bewältigendes Maß zu verringern, Meinungsverschiedenheiten oder verschleppte Probleme zu lösen. Auch bieten wir kein Verfahren, um diverse Wahrnehmungen unter einen Hut zu bringen. Hingegen nehmen die Teilnehmer an einer Reihe offener Dialoge teil, in denen sie sich mit den Fragen auseinandersetzen, auf welchem Stand sie waren, wo sie sind und was sie tun wollen. *Future Search* bringt oft völlig fremde Menschen zusammen, Menschen mit einer langen Konfliktgeschichte, mit konfusen, sich widersprechenden Informationen. Sobald sie aber die unterschiedlichen Hintergründe erfahren haben, erkennen sie, daß gemeinsam vorangebrachte Veränderung gegenseitigen Respekt voraussetzt. Die Teilnehmer der Future-Search-Konferenz erfahren, wie sich rasches Handeln geradezu zwangsläufig ergibt.

Die Grenzen von *Future Search*

Kompensation ineffizienter Führungskräfte

Future Search kann keine schwache Führung ersetzen. Der Jurist eines weltweit agierenden religiösen Dienstleisters wollte einen gewerkschaftlichen Zusammenschluß aufgebrachter Angestellter der Zentrale verhindern. Ein zunächst zweifelnder Topmanager ging auf den „juristischen Rat" ein und berief eine Future-Search-Konferenz ein, welche die Arbeitnehmer in die Lage versetzen sollte, ihren Arbeitsplatz nach ihren Wünschen zu gestalten. Diese Chance zur selbständigen Planung wurde allgemein begrüßt. Man war allerdings auch nicht erstaunt, als der Topmanager auf keinen der Pläne Handlungen folgen ließ. Ebenso war der Initiator (der Jurist) nicht erstaunt, als die Belegschaft einstimmig für eine Beendigung des Führungsvakuums votierte.

Skeptiker zum Handeln animieren

Wir hatten nie Erfolg beim „Verkauf" von *Future Search* an Menschen, deren Angst vor einem Kontrollverlust übergroß war. Ein in Schwierigkeiten geratener Konzern wollte Tausende seiner Mitarbeiter durch ein Training schleusen, in der Hoffnung, daß die Arbeitnehmer, sobald sie die Chance hierzu bekämen, das Unternehmen aus der Talsohle führen würden; der Vorschlag stieß beim Topmanagement auf taube Ohren. Niemand konnte sich hier vorstellen, daß irgend etwas Nützliches ohne Experten zu erreichen wäre. Man entschied sich für ein Expertentraining. Doch nichts Neues geschah. Nach zwei Jahren, in denen es darum ging, entweder die Firmenkultur zu verändern oder zu „sterben", gab man den Versuch, durch Training aus der Krise herauszukommen, auf. Einige Abteilungen führten erfolgreich Future-Search-Konferenzen durch, was allerdings den Niedergang des Unternehmens insgesamt nicht mehr abwenden konnte.

Unterschiedliche Wertvorstellungen miteinander versöhnen
Wir wissen nicht, wie wir unvereinbare Wertvorstellungen durch *Future Search* aussöhnen könnten. Wenn Menschen in religiösen, ethischen oder politischen Anschauungen, die zu ihrem unumstößlichen Glaubenskanon zählen, nicht einig sind, dann ist es sehr unwahrscheinlich, daß *Future Search* ihnen helfen könnte, daran etwas zu ändern. Während einer Schulkonferenz hatten die Teilnehmer sehr unterschiedliche Vorstellungen über den Sexualkundeunterricht. Die Befürworter eines speziellen Lehrplans lieferten sich mit denjenigen, die diesen ablehnten, heftige Wortgefechte, wodurch die Unvereinbarkeit der Positionen offensichtlich wurde. Jede Partei fühlte sich im Recht und verwarf die Meinung der anderen. Gleichzeitig stimmte man jedoch bei vielen anderen Fragen überein, wie zum Beispiel hinsichtlich einer besseren Ausnutzung des Schulgebäudes, einer verbesserten Elternmitbestimmung etc. Man entschied schließlich, die moralischen Fragen nicht im Rahmen der Konferenz anzugehen, sondern hiervon unabhängig; denn die große Chance, in vielen anderen Themenbereichen Fortschritte zu erzielen, bleibt bestehen, wenn man nur zur Zusammenarbeit bereit ist.

Veränderung der Teamdynamik
Wir können schnell eine neue Dynamik schaffen, indem wir eine *neue* Gruppe zusammenbringen und *neue* Aufgaben stellen. Der Systemexperte Russell Ackoff gab einmal zu bedenken, daß sich Systeme nur in Relation zu größeren Systemen verändern, von denen sie ein Teil sind. Dies erklärt, warum Veranstaltungen, bei denen man nur unter „seinesgleichen" ist – Trainings, T-Gruppen oder Team-Treffen –, so wenig Einfluß auf das Gesamtsystem haben. Das gilt selbst dann, wenn die kleine Gruppe einen umfassenden Aufgabenbereich erfüllt, etwa die Bestandsaufnahme der Umwelt. Daher lautet ja auch einer unserer Leitsätze „Das ganze System in einem Raum versammeln". Mit Hilfe von Future-Search-Arbeitsblättern führte eine Beraterin beispielsweise eine *einzelne* Abteilung durch deren Vergangenheit, Gegenwart und Zukunft. Um sicherzustellen, daß auch jeder alles verstanden hatte, bezog sie einen Fragebogen zum Teamvertrauen und ein Datenfeedback mit ein. „Der gleiche alte Mist", lautete der Kommentar der Teilnehmer, die sich gegenseitig weder mehr noch weniger als zuvor vertrauten; aber zumindest hatten sie begriffen, daß gegenüber Beratern Mißtrauen angebracht war. Hieraus folgt: *Gleiche Leute + Neue Eingaben = Alte Interaktionsmuster.*

Die theoretische Basis

Future Search basiert auf einem soliden theoretischen Fundament, das heißt auf bewährten Theorien zur effizienten Planungsarbeit in Gruppen. *Future Search* selbst unterliegt einem ständigen Verbesserungsprozeß durch die Teilnehmer und gründet auf wenigen einfachen, jedoch hochwirksamen Prinzipien.

Die historischen Wurzeln

Unsere Inspiration beziehen wir von beiden Seiten des Atlantik: zum einen von Ronald Lippitt und Eva Schindler-Rainman, die in Nordamerika in den 70er Jahren viele groß angelegte *Community Future Conferences* abhielten. Zum anderen wurden wir auch angeregt von der Pionierarbeit des Engländers Eric Trist und des Australiers Fred Emery, die *Search Conferences* entwickelten. Daraus ergab sich der Name *Future Search*. Von Lippitt und Schindler-Rainman übernahmen wir die Idee, das ganze System in einem Raum zu versammeln, sowie die Fokussierung auf die Zukunft, ungeachtet der Probleme und Konflikte. Von Trist und Emery lernten wir, wie wichtig globales Denken ist, bevor man zur lokalen Problemlösung kommt. Ebenso lernten wir die Bedeutung der Übertragung von Planungsverantwortung an die Teilnehmer (vgl. Weisbord et al. 1992). Mit diesen Vorgängern teilen wir den Glauben an demokratische Ideale und ihre Verkörperung in der *Aktionsforschung* in der Tradition des berühmten Sozialpsychologen Kurt Lewin.

Menschen, ganze Systeme und Planung

Wir sehen Future-Search-Konferenzen als ein „Lernlaboratorium", um Menschen an die Verbesserung „ganzer Systeme" heranzuführen.[*] *Future Search* ist gewiß nicht die letzte Antwort auf alle Fragen, doch die Dynamik, um die es hier geht, wirkt auf vielen Arten von Treffen und bei diversen Änderungsstrategien. Selbst bei nur einem einzigen Treffen zeigt die Methode neue Wege für zukünftiges Handeln auf. Unsere Gesellschaft hat erst begonnen herauszufinden, wozu wir durch die Zusammenarbeit unterschiedlicher Gruppen imstande sind.

Future Search ermöglicht es uns, Polaritäten zu erfahren und zu akzeptieren. Die Methode hilft uns, Barrieren aufgrund von Kultur, sozialer Schicht, Alter, Geschlecht, ethnischer Herkunft, Macht, Status und Hierarchie zu überwinden. Dies gelingt durch partnerschaftliche Zusammenarbeit bei der Lösung von Aufgaben von gegenseitigem Interesse. *Future Search* bricht mit unserer Neigung, alte Muster zu wiederholen: zu kämpfen, zu flüchten, zu

---

[*] Vgl. Weisbord, Marvin: *Productive Workplaces: Organizing and Managing for Dignity, Meaning, and Community*, San Francisco: Jossey-Bass, S. 237–252.

klagen, zu beschuldigen oder auf Hilfe zu warten. *Future Search* gibt uns die Chance, unsere höchsten Ideale auszudrücken. Statt des Versuchs, die Welt oder uns gegenseitig zu verändern, verändern wir die Bedingungen unserer Interaktion. *Das* können wir nämlich kontrollieren, und es führt zu überraschenden Ergebnissen.

Während einer Future-Search-Konferenz treten grundlegende systemische Veränderungen ein. Eine gemischt zusammengesetzte Gruppe von 6–10 Personen trifft sich für Tage oder Monate. Diese sind sich einig über den Aufgabenkatalog und laden eine Auswahl von Betroffenen ein. Man stimmt auch einer Reihe neuer Bedingungen zu, wie zum Beispiel, sich über eine Zeitspanne von drei Tagen für 16 Stunden zu treffen, die Sprecherrolle aufzugeben und Experteninputs, Aktionen bis kurz vor Schluß aufzuschieben und interaktiv zu arbeiten. Bei einem derartig strukturierten Treffen entdecken die Teilnehmer neue Fähigkeiten, ganz gleich, welche Probleme zur Sprache kommen. Das stößt das Tor auf zu neuen, nicht vorhergesehenen, aber ersehnten und dauerhaften gemeinsamen Aktionen – das ist die „hohe Schule" der Systemveränderung.

Unsere Arbeit gilt nicht der Verbesserung von Beziehungen der Teilnehmer untereinander oder der Optimierung von Funktionen. Vielmehr stellen wir Bedingungen her, unter denen die Teilnehmer neue Wege für Beziehungen wählen können. Wir lösen nicht soziale Probleme – wie beispielsweise Verschiedenheit, Vertrauen, Kommunikation, Zusammenarbeit – aus wirtschaftlichen oder technischen Problemstellungen heraus. Wir werden sicherlich keine Konferenz über „Die Zukunft der Ungleichheit in X" abhalten, sondern wir schlagen vor, daß verschiedene Personen gemeinsam herausfinden, in welcher Art X sie leben und arbeiten wollen. Welche Fähigkeiten, Ausbildung oder Erfahrung jemand auch mitbringt, er hat, was er braucht, um sich in diesem Prozeß zu engagieren. Unser Job als Moderatoren im Hintergrund ist es, für die Einhaltung des zeitlichen Rahmens zu sorgen, uns um die einzelnen Arbeitsschritte zu kümmern und darauf zu achten, daß jeder Standpunkt gehört wird.

Die Arbeit teilen

Wir wollen der Gesamtheit begegnen: dem einzelnen, der Gemeinde, der Organisation. Doch wir liefern keine Expertenanalyse; vielmehr schaffen wir eine Situation, bei der die ganze Person auf vielen Ebenen einbezogen wird. „In Aktion" nehmen sich die Teilnehmer als Teil eines größeren Ganzen wahr. Sie reden über Probleme, die sie vorher ausgespart haben, mit Leuten, die sie zum ersten Mal treffen. Sie übernehmen Verantwortung für Dinge, die sie vormals vermieden oder ignoriert haben. Sie setzen ideale Zukunftsvorstellungen in Szene, als ob die Zukunft schon stattgefunden hätte, und verankern dergestalt die Vision in ihrer Gruppe. Sie verschaffen sich Klarheit darüber, was sie *wirklich* wollen. Sie verpflichten sich von sich aus zu Aktionen, und dies wird nur möglich durch die Anwesenheit all der anderen Menschen im Raum.

Das Konzept unserer Konferenzen entstand bei der Arbeit mit meist lese- und schreibkundigen Teilnehmern. Trotzdem sind die grundlegenden Prinzipien nicht von diesen Fähigkeiten abhängig. Wir sind der Meinung, daß Future-Search-Konferenzen mittels verbaler und/oder symbolischer Kommunikation durchführbar sind. Erfolge wurden in vielen Kulturen und in kulturell unterschiedlichen Gruppen erzielt. Tatsächlich sind *jegliche* Techniken, die den Menschen helfen, ihr „ganzes System", ihre gemeinsamen Interessen, ihre geteilten Ideale, ihre Erfahrungen zu erkunden und Verantwortung für das Geschehen zu übernehmen, es wert, angewandt zu werden.

Ein Lernlaboratorium

Wir sind davon überzeugt, daß Konferenzen, die nach unseren Prinzipien organisiert werden, dazu führen, daß:

1. mehr Teilnehmer persönliche Verantwortung übernehmen;
2. Aktionsplänen schneller durchgeführt werden;
3. länger dauernde Beziehungen um Schlüsselbereiche entstehen.

Zum jetzigen Zeitpunkt sind dies Hypothesen allerdings noch nicht bewiesen; einzig die Beobachtung der Teilnehmer *nach* der Konferenz und Nachforschungen darüber, was sie in der Folgezeit unternehmen und inwieweit sie vorher nicht dazu in der Lage waren, kann Klarheit schaffen. Auf Erfolgsstories trifft man hierbei zuhauf – eine Bestätigung unserer Arbeit und Grund genug, die eingeschlagene Richtung fortzusetzen. Daher ist für uns *Future Search* ein ständiges Lernlaboratorium.

Die Unterschiede zwischen Future Search und Organisationsentwicklung

Wir sehen große Unterschiede zwischen Future-Search-Konferenzen und der traditionellen Organisationsentwicklung (OE). Erstens war OE nicht als einzelnes Treffen konzipiert, sondern vielmehr als Strategie für großangelegte Systemveränderungen. *Future Search* hingegen beschreibt einen Prozeß, der innerhalb kurzer Zeit, während eines knapp dreitägigen Treffens, stattfindet. Zweitens war OE von vielen Menschen abhängig, die von der „Notwendigkeit von Veränderung" überzeugt waren. *Future Search* dagegen braucht 64 Personen, die sich einladen lassen, um einige Tage gemeinsam zu verbringen. Drittens basierte OE auf diagnostischen Lücken zwischen dem, was *ist*, und dem, was *sein sollte*. Berater wandten einen diagnostischen Rahmen an, sie führten Interviews oder Beobachtungen durch und benutzten die gewonnenen

Informationen, um Dissonanzen zwischen dem, was die Menschen taten, und dem, was sie sagten, zu schaffen. Der Sinn dieses Verfahrens war, ein System „aufzutauen", um die Teilnehmer zu einer Umorganisation ihrer Arbeitsweise zu führen. Berater „verschrieben" Handlungsschritte, um die Lücken zu schließen. Fast immer war hierfür ein Training erforderlich. Das basierte auf der Theorie, daß die Leute nicht wissen, wie sie vorgehen sollen, um das zu tun, was sie nach eigener Aussage tun wollen. Als letzte Differenz zu OE sehen wir schließlich unsere neutrale Wahrnehmung von „jetziger Realität". Was durch die „OE-Brille" als defizitär und behandelbar erschien, sehen wir einfach als Teil der jetzigen Realität. Wir bewerten Informationen nicht als gut oder schlecht, ausführlich oder bruchstückhaft, brauchbar oder nicht, angebracht oder überflüssig. Was auch immer Menschen tun oder sagen – ihre Sprache, ihr Verhalten, ihre Wünsche und ihre Reaktionen –, gehört zu ihnen. Was auch immer geschieht, alles ist Ausdruck der Teilnehmer, im Guten wie im Schlechten. Das System tut, was es derzeit einzig zu tun vermag. Wir erwarten gar keine dramatischen individuellen Veränderungen, nur eine Veränderung des Aktionspotentials innerhalb des Systems. Zum Beispiel werden Teilnehmer nicht plötzlich Autoritäten und Abhängigkeiten aufgeben, nur weil sie ein paar Tage als Gleichgestellte verbracht haben. Aber sie haben vielleicht mehr über ihre Fähigkeiten zur Zusammenarbeit bei partnerschaftlicher Verantwortungsverteilung gelernt.

Ergebnisse sichern

Der einzig wahrlich besorgniserregende Aspekt von Planung liegt in der Durchführung. Kein noch so umfassend angelegter Prozeß kann eine Garantie für den Erfolg bieten. Trotzdem haben wir mehr Pläne aus Future-Search-Konferenzen hervorgehen sehen, als dies bei irgendeiner anderen Methode, die einer von uns in den letzten 30 Jahren erprobt hat, der Fall war. Die Handlungen der Teilnehmer sind stark situationsbedingt. Sie handeln je nachdem, ob es ihnen gutgeht, sie uns mögen, sie die Unterlagen sammelten, sie fähig sind, ihre Differenzen zu überwinden, oder sich fix und fertig fühlen. Auch ist der Erfolg nicht abhängig von der Vollständigkeit der benutzten Aktionsplanungsvorlage. Die Menschen finden immer Wege zur Durchführung ihrer Pläne ‚wenn sie klare Ziele vor Augen haben, die richtigen Personen im Raum versammelt sind, die bereit sind, die ganze Sache gemeinsam voranzubringen. Handeln verlangt nach Personen, die ihre Pläne verstehen und daran glauben und sich gegenseitig genug vertrauen, um Neues in Angriff zu nehmen. Wir glauben, daß *Future Search* Verständnis, Vertrauen und Engagement fördert.

Da es also keine Garantien gibt, ist die Frage nach den Faktoren, die nachhaltige Ergebnisse begünstigen, berechtigt. Wir glauben, daß periodisch einberufene Nachtreffen, welche die Teilnehmer der ersten Konferenz mit den anderen Interessengruppen zusammenbringen, die einfachste und passendste Methode sind, um die Aktionsplanung frisch zu halten, vernetzt und für alle relevant bleiben zu lassen. Was nach einer Future-Search-Konferenz passiert, hängt größtenteils davon ab, wozu sich die Menschen für später verpflichten. Gibt es keine Verpflichtung, so wird nichts passieren. Fakt ist, daß keiner weiß, wie man andere dazu bringt, etwas zu tun, was diese gar nicht tun wollen. Die Theorie von *Future Search* besagt, daß mehr erreicht wird, wenn wir jeden Schritt des Prozesses begleiten und den Teilnehmern eine breite Palette an Möglichkeiten zu gemeinsamem Engagement anbieten, wenn wir ein „Set" gemeinsamer Werte erstellen, Aktionsschritte unterstützen, an welche die Teilnehmer glauben, und regelmäßig zusammenkommen, um uns auszutauschen.

Einige abschließende Worte

Für uns ist *Future Search* wie ein Baustein aus Theorie und Praxis für ein Haus, das nie fertig wird. Nach einer Future-Search-Erfahrung gehen bei den Teilnehmern die Prinzipien, auf denen die Treffen beruhen, in ihre täglichen Handlungen ein, und reichern so den Prozeß mit vielen neuen Perspektiven an. Wir können unsere Erfahrungen aus anderen Prozessen aber weder zum Vergleich noch zur Kontrastierung heranziehen, denn wir glauben, daß alle Prozesse mit Großgruppen, unabhängig voneinander, wertvoll sind. Die von uns angewandten Techniken sind auch nicht die einzigen, die zu unserem Ziel führen. Sie sind uns nur am vertrautesten. Eine „Achterbahnfahrt" ist bei der Beschäftigung mit menschlichen Themenstellungen einfach unausweichlich. Konzepte und Designs für Treffen sind nie endgültig, sondern kommen und gehen. Uns mit den Höhen und Tiefen des Lebens zu beschäftigen, durch die wir uns „durchwursteln", ist ein universale Prozeß. Wir glauben, daß Future-Search-Konferenzen gut für uns und gut für die Gesellschaft sind, und wir haben diesen Text in der Hoffnung verfaßt, daß hierdurch noch viele konstruktive Aktionen auf der ganzen Welt inspiriert werden.

10 Open Space Technology

Katrina Petri

Längst ist *Open Space Technology* (OST) auch im deutschsprachigen Raum eine weitverbreitete, anerkannte und bewährte Workshopmethode, die erfolgreich vor allem in der Industrie, aber auch im Sozialsektor, in den Kirchen und bei kommunalen Prozessen angewendet wird.

Harrison Owen, Organisationsberater in Washington DC, hat OST sozusagen als Zufallsprodukt einer lang geplanten, durchdesignten internationalen Konferenz entwickelt: Da die Kaffeepausen nicht nur am beliebtesten waren, sondern sich auch als der effektivste Teil der Konferenz herausgestellt hatten, entwarf er ein Konzept nach Art offener Kaffeepausen; die Teilnehmer sollten selbst Richtung und Verlauf der Konferenz bestimmen können. Hunderte von Teilnehmern arbeiten so selbstverantwortlich simultan an Dutzenden von „heißen" Themen; Motivation und Gemeinschaftsgefühl, Erfolgserlebnis und Freude werden in oft ungeahnter Weise entfacht. Im folgenden soll der Open-Space-Ansatz näher vorgestellt und bewertet sowie die Frage der Anwendbarkeit erläutert werden.

Ein Beispiel zu Beginn:
„Das Unmögliche kann möglich werden: Veränderung in 1,7 Minuten. Ein Tag im Leben einer der größten internationalen Management-Beratungsfirmen in Deutschland: ein Open-Space-Tag".
Das Rahmenthema: „Profitables Wachstum – neue Inspirationen". Beginn um 9 Uhr morgens.
Mehr als 400 Teilnehmer aus Deutschland, Österreich und der Schweiz debattieren in dreißig Gruppen über Themen, die ihnen am Herzen liegen.
Dreißig Ergebnisprotokolle um 5 Uhr nachmittags. Davon werden zehn Themen durch einen gemeinsamen Abstimmungsprozeß herausgefiltert und als unmittelbar umsetzbar eingestuft. Dieses Ergebnis wird vom Geschäftsführer Deutschland abends um 9 Uhr in der Bar bekanntgegeben. Tenor der Ansprache: Wir haben etwas gelernt, wir werden uns umorientieren.
Veränderung in 1,7 Minuten pro Teilnehmer (falls man das so rechnen darf...).

Nach 12 Stunden Arbeit über 400 begeisterte Mitarbeiter eines Unternehmens, das eine neue Zukunft beginnt.

Das Vorfeld von Open Space

Open Space ist ein Angebot eines offenen Raumes, der zur selbstverantwortlichen Selbstorganisation aufruft. Eine Open-Space-Veranstaltung ist nicht nur ein Event, *Open Space* ist ein Veränderungsprozeß. Die Veranstaltung hat also ein Vor- und ein Nach-Leben.

Da durch *Open Space* tiefgreifende Veränderung initiiert werden kann und soll, muß darüber im Vorfeld Klarheit bestehen. Was sich mit OS verändern kann, muß nicht verbal in allen Einzelheiten formuliert werden, sondern kann sich auch in der Haltung des Beraters – einer Haltung der Authentizität, Offenheit und Integrität – spiegeln.

Wichtig ist, darauf hinzuweisen, daß die Verantwortung für den Verlauf, den Prozeß und die Ergebnisse von allen, die am *Open Space* teilnehmen – auch dem Facilitator, den Initiatoren und den Führungskräften –, getragen wird. In diesem Sinne ist es das Ziel, die erwünschte Veränderung bereits im Vorfeld gewissermaßen zu internalisieren. Dabei ist das klare Commitment der Geschäftsleitung unabdingbar, sich auf diesen Veränderungsprozeß einzulassen, ohne dessen Ergebnisse vorherbestimmen zu können, und sich in enger Kooperation mit den verantwortungsbewußten Mitarbeitern für eine Umsetzung des Erarbeiteten einzusetzen (siehe Fallbeispiele).

Wir legen daher größten Wert darauf, im Vorfeld die wichtigsten Stakeholder, Vorstand, Geschäftsleitung, Bürgermeister (im Falle der Arbeit in Gemeinden und Verwaltung) mit am Vorbereitungsprozeß zu beteiligen. Sie sind es, die kraft ihres Einflusses einem Veränderungsprozeß zum Leben verhelfen oder ihn sterben lassen. Auf ihrer Unterstützung basiert die Nachhaltigkeit des Prozesses. Und sie sind es, für die häufig der Umdenkungsprozeß am ungewohntesten ist und von denen er als am gefährlichsten empfunden wird.

Aufgrund unserer Einstellung zur Ethik des Facilitators veranstalten wir bei unzureichendem Verständnis oder Commitment der tragenden Führungskräfte kein *Open Space*, denn gerade hier werden die Teilnehmer mobilisiert zu Verhalten und Aktivität, die im nachhinein keine Akzeptanz genießen. Entweder führt das zu einer Art subversiver Veränderung („Die Geister, die ich rief, werd' ich nun nicht los"), oder man wird immun gegen Veränderung.

Ein Beispiel einer Open-Space-Tagung mit Führungskräften einer Automobilfirma mag das verdeutlichen: Die mehrtägige Veranstaltung lief – nach sehr langsamer und vorsichtiger Themenfindung im Plenum – mit viel Enthusiasmus, Engagement und Kreativität in Selbstorganisation ab. Die Phase der Priorisierung von Themen verlief nicht mehr selbstorganisiert, der Vorstand war anwesend. Man wählte vor allem opportune Themen. Bei der Abschlußrunde danach, ebenfalls bei Anwesenheit von Vorstand und Geschäftsleitung, brach wieder, wie bei jeder Plenarrunde, das knisternde Schweigen aus. Das interpretierte der Vorstand bereits nach einer Minute als stillschweigende Zufriedenheit und schloß die Veranstaltung ab in einer Weise, die niemandem mehr die Gelegenheit gab, seine Reflexionen mitzuteilen. Der Vorstand war in diesem Falle nicht ausreichend auf seine Rolle vorbereitet, nämlich, ein Teil des Ganzen zu sein und seinen Mitarbeitern durch Zurückhaltung so viel Raum wie möglich zur eigenen Entfaltung zu geben. Oder er war nicht in der Lage, in diesem Moment weiter Macht im traditionellen Sinne abzugeben und Ambivalenz auszuhalten. Er griff schnell und effektiv ein – nur leider kontraproduktiv. *Open Space* hatte immer noch den Effekt, neue Ideen und Projekte zu initiieren, und hatte den Teilnehmern einen schönen Tag beschert; das spezifische Potential von OST jedoch blieb ungenutzt. Damit geben wir uns nicht zufrieden.

Ein wichtiges Thema beispielsweise, das unerwähnt bleibt, löst zu viel Widerstand aus, ist angstbesetzt: Immer aber ist es das Gesamtsystem und sind es seine einzelnen Mitglieder, die diese Situation geschaffen haben.

Bei einem *Open Space* der Führungsebene eines anderen Autoherstellers wurden zwar einige „weiche" Themen wie die Gesprächskultur oder eine Visionsfindung durch Erträumen der gewünschten Realität entschieden vorgebracht und mit Freude diskutiert, keines jedoch war in der Gruppe der zehn priorisierten Themen wiederzufinden. Häufig wird an diesem Punkt wieder das kulturell verankerte Verhalten der Verunsicherung durch „weiche" Themen sichtbar, während im Prozeß selbst damit offen umgegangen werden konnte. Der Priorisierungsprozeß als nicht selbstorganisiertes Verfahren stand weitgehend wieder unter der Kontrolle altbewährten Führungsverhaltens.

Es ist also wichtig, im Vorfeld wirklich klarzumachen, auf was sich ein Unternehmen bei *Open Space* einläßt: auf Selbstverantwortung der einzelnen, auf Selbststeuerung durch das „Gesetz der zwei Füße", auf Rollenflexibilität, auf Begeisterung und Tatendrang, oft auf völlig neue Kommunikationsmöglichkeiten, auf Übernahme von Führung durch Mitarbeiter in einer neuen Projektgruppe etc. Die Teilnehmer merken sofort, wenn das Versprechen, sich mit allen Themen zu gegebener Zeit auseinanderzusetzen, ein Lippenbekenntnis bleibt. Sie merken sofort, wenn die Geschäftsleitung zunächst findet, daß *Open Space* eine gute Idee ist, aber die Haltungsänderung, die *Open Space* als Veränderungsprozeß definiert, nicht auf sich bezieht.

Die Durchführung der Open-Space-Methode

1. Der Rahmen
Wer nimmt teil, und wie lange dauert eine Konferenz?
Die Anzahl der Teilnehmer ist nicht vorgegeben. Positive Erfahrungen sind mit Gruppen zwischen acht und über 1000 Personen gemacht worden. Für sehr kleine Gruppen jedoch gilt: Je weniger Mitglieder nach den Prinzipien der OST arbeiten, desto weniger Ressourcen können in synergetischer Weise genutzt werden.

Bei vorgegebener Begrenzung auf zum Beispiel 100 Teilnehmer können diese Plätze zur Verfügung gestellt werden für die ersten und flinksten Bewerber; das wertet die Teilnahme und den Einzelbeitrag auf.

Die Dauer einer OS-Konferenz beträgt drei Tage. Sie sollte nicht weniger als einen Tag dauern (Zeit zur Bindung der Mitglieder und für aktuelle Arbeit) und nicht länger als dreieinhalb Tage (Zeit zur Bindung, Arbeit, Dokumentation und Reflexion), da danach erfahrungsgemäß das Energieniveau drastisch zu sinken beginnt. Es finden täglich vier Einzelsessions von ca. eineinhalb Stunden in kleineren Gruppen statt.

Die wichtigste Bedingung, die *conditio sine qua non*, ist die „freiwillige Selbstselektion": Es werden alle Mitglieder der Organisation mündlich oder schriftlich eingeladen. Jedoch lautet das Prinzip: *Wer immer kommt, ist gerade die richtige Person.*

Es wird gerade derjenige aus freier Entscheidung teilnehmen, der bereit ist, sich auf einen vagen, vorher nicht kontrollierbaren fluktuierenden Prozeß zu einer Thematik einzulassen, die ihm am Herzen liegt: *Begeisterung und Verantwortung für das Thema sind Kern der Open Space Technology* (Owen 1997).

2. Der Ablauf
Was passiert an den drei Tagen eigentlich? Nicht viel. Und alles.

Überall sitzen verstreut Gruppen, ins Gespräch vertieft oder in heißer Diskussion, in begeisterter Kreativität oder bei „kochender" Synergie.

Um was geht es, und wie werden die Einzelthemen gefunden?

Planungsphase
Die vorherige Planung der Konferenz beschränkt sich, abgesehen von logistischen Fragen, auf die Formulierung eines Rahmenthemas, das für die jeweilige Organisation von zentraler Bedeutung ist. Es muß sich um ein wirklich relevantes Thema der jeweiligen Firma oder Institution handeln. Ziel ist es, ein Resultat bzw. einen Aktionsplan zu entwickeln. Oft handelt es sich um Themenkreise, die die Zukunft einer Organisation, ihre Produktentwicklung, Marktanteile oder Kundenorientierung etc. betreffen. Niemals aber darf eine

im Grunde bereits bekannte Antwort auf die Fragen erwartet werden. Hier wäre OST nicht die richtige Intervention.

Durchführung (vgl. Owen 1997)
Die Konferenz beginnt mit der gesamten Gruppe im Kreis (dem Kreis kommt hier besondere Bedeutung zu: Es wird die Entstehung von offener, direkter Kommunikation, Beziehung und Gemeinschaftsgefühl unterstützt). Die wenigen Regeln werden kurz erklärt und sollten für jeden sichtbar an der Wand zu lesen sein. Harrison Owen pflegt kurz und bündig die Idee des *Open Space* als einen Raum, in dem „high learning" und „high play" stattfinden, zu beschreiben – ein Raum voller Möglichkeiten, in dem jeder die Freiheit hat, aber auch die Verantwortung, seinen persönlichen Beitrag zum Ganzen zu leisten.

Jeder Teilnehmer wird eingeladen, eine eigene Thematik, für die er ein besonderes Engagement empfindet, im Kreisinneren anzukündigen, das Thema auf ein Blatt zu schreiben und dieses an der *Informationswand* mit Namen, Raum- und Zeitangabe aufzuhängen. Nachdem jeder, der dies wollte, sein Thema angeschlagen hat, ist der *Marktplatz eröffnet* zu Verhandlung und Dialog. Nun entscheidet jeder Konferenzteilnehmer, zu welchem der angebotenen Themen er einen Beitrag leisten möchte. Themen können zusammengelegt oder aussortiert werden. Falls sich niemand für ein spezielles Thema interessiert, wird der Initiator selbst ein anderes vorschlagen oder sich einer anderen Gruppe anschließen. Auf diese Weise ist jede Person potentiell Initiator, Referent oder Mitglied einer Dialoggruppe, in vielen Fällen sogar Lehrer oder Schüler in freiem Wechsel. Bei einer dreitägigen Konferenz hat jeder die Chance, in mindestens zwölf verschiedenen Fokusgruppen mitzuwirken.

Sobald der Prozeß der Agendaentwicklung abgeschlossen ist, kann die Arbeit in den neugebildeten Fokusgruppen beginnen. Hierbei können unterschiedliche Prozesse angewendet werden; meistens wird ein verbaler „Dialog" (Isaacs 1993) gewählt. Aber auch kreative Techniken wie Malen oder etwa Pantomime können zur Anwendung kommen. Die Kleingruppen werden nicht von „außen" moderiert, den Prozeß entscheidet jede Gruppe selbst.

Die einzelnen Sitzungen dauern etwa 90 Minuten, zwei vormittags, zwei nachmittags. Ist ein Thema einmal nicht fertig bearbeitet, so kann es in der nächsten Sitzung fortgesetzt werden. Es müssen genug Räume, formale und informelle, wie Garten, Terrasse oder ähnliches zur freien Verfügung stehen.

Die Agenda wird am Morgen jedes Tages im großen Kreis modifiziert und ergänzt. Auch jeden Abend kommt die gesamte Gruppe für circa eine Stunde zum Informationsaustausch zusammen. Danach ist der Abend frei, frei wieder zur Selbstorganisation, diesmal ohne Thematik. Wer das Bedürfnis, unter Kontrolle zu sein, noch nicht aufgegeben hat, bekommt hier noch einmal eine Chance. Und nie, so Harrison Owen, darf das Prinzip *high play* vergessen werden: *Open Space* soll Spaß machen, denn genau dort liegt die Energie (Owen 1997).

Nur eine Handvoll Regeln
Das *Gesetz der zwei Füße* ist das Gesetz der Freiheit und der Selbstverantwortung: Es besagt, daß jeder Teilnehmer das Recht hat, eine Arbeitsgruppe oder Interaktion zu verlassen, wenn er das Gefühl hat, in dieser Situation nicht zu lernen oder nichts dazu beitragen zu können. Es ist die wichtigste Regel der *Open Space Technology*: Damit kann jeder über Inhalt und Form mitbestimmen. Personen, die versuchen, Kontrolle auszuüben, werden abgelehnt, man geht einfach weg. In der Kultur von OST ist dies ein nicht nur akzeptiertes, sondern erwünschtes Verhalten: Jeder Teilnehmer ist selbst verantwortlich: für die Effizienz für sich und für alle. So können sich die „Geister" scheiden in „Hummeln" und „Schmetterlinge": *Hummeln* sind diejenigen Personen, die sich die Freiheit nehmen, von einer Gruppe zur anderen zu „fliegen", die sich in ein Thema vertiefen, weiterfliegen und so von einer Gruppe zur anderen „befruchtend" wirken. *Schmetterlinge* dagegen nehmen es leichter; sie fliegen ebenfalls von einem Thema zum anderen, vertiefen sich aber in keines. Man findet sie auch auf der Terrasse und im Garten. Sie tragen aber nur scheinbar nicht zum Rahmenthema bei; oft dienen sie als Zentrum von Leichtigkeit, Spaß und Erholung, und es entwickelt sich kreative Interaktion.

Hummeln und *Schmetterlinge* sind in besonderem Maße – wie jede Person durch die Teilnahme an vielen verschiedenen Gruppen – Träger von Information des Gesamtprozesses.

Die vier Richtlinien
1. Wer immer kommt, ist gerade die richtige Person.
2. Was auch geschehen mag – es ist das einzige, was geschehen kann.
3. Wann immer es beginnt, ist es die richtige Zeit.
4. Vorbei ist vorbei.

Dies sind die Regeln des *Go with the flow*. Sie werden sichtbar aufgehängt und sind selbsterklärend. Dennoch ist es gut, sich immer daran zu erinnern, daß man Vertrauen hinsichtlich des Prozesses bewahrt und in die Richtigkeit dessen, was sich ereignet. Es ist erstaunlich, daß auch der Zeitrahmen im wesentlichen selbstorganisiert eingehalten wird und nicht der ständigen Kontrolle bedarf.

Der Facilitator schreitet den Kreis ab, verbindet dadurch alle Teilnehmer und erklärt all diese einfachen Dinge in höchstens einer halben Stunde. Worum es in dieser Zeit wirklich geht, ist die Schaffung einer Kultur von Sicherheit und Vertrauen in Raum und Zeit. Davon sollte es dann aber auch wieder nicht zuviel geben, damit die Spannung vor dem unbekannten Abenteuer erhalten bleibt. An diesem Punkt nun verlassen OST-Neulinge am liebsten den Raum: Es macht sich Unsicherheit und Unruhe breit; wer macht den Anfang, ein Thema vorzustellen? Den Facilitator plagt die Angst: „Und wenn jetzt keiner ein Thema hat?" Und schon wagen sich die ersten Mutigen in den Kreis und geben ihr Thema mit Engagement bekannt. Das Eis ist gebrochen. Die Befürchtung des Facilitators ist noch in keinem mir bekannten Fall Realität geworden!

Eine *Open-Space*-Konferenz wird immer in der Gesamtgruppe mit einem Reflexionsprozeß abgeschlossen: Jeder Teilnehmer kann zu Inhalt, Prozeß und persönlicher Wirkung einen Kommentar abgeben. Er kann aber auch in seinem Sinne diese Zeit nutzen, wie es sich aus der Situation des einzelnen und der Gruppe ergibt.

An dieser Stelle warne ich davor, die Ergebnisse sämtlicher Arbeitsgruppen im Plenum vorstellen zu lassen: Dies führt häufig zu endlosen Monologen mit dem Ziel der Selbstdarstellung, kostet viel Zeit und langweilt viele Teilnehmer.

Und doch: In Einzelfällen ist ein derartig offener Abschluß vom System nicht toleriert worden; wir gingen dazu über, Ergebnisse und weitere Schritte der einzelnen priorisierten Gruppen vorzustellen und damit auf den Weg zu schicken. *Open Space* heißt auch: Raum zur Vielfalt in der Anwendung, niemals inflexibel an der „richtigen Methode" hängenbleiben.

Open Cyberspace
Jeder Referent einer Arbeitsgruppe wird gebeten (niemals angewiesen!), auf einem der im Versammlungszimmer bereitstehenden Computer die Ergebnisse nach dem „KEKK-Prinzip" (kurz, einfach, knackig, konkret) zu dokumentieren. Die Reports werden kopiert, und so kann jeder Teilnehmer das aktuelle Werk aller getrost „schwarz auf weiß nach Hause tragen"; Nichtanwesende können sich zum Beispiel über das Firmen-Intranet informieren. Dies ermöglicht die weitere Einbindung aller Mitarbeiter und erleichtert eine nahtlose Weiterarbeit der Fokusgruppen.

Ordnung und Gewichtung der Themen
Open Space in seiner strengen Definition als *Prozeß der Selbstorganisation* ist hier bereits beendet.

Das Thema lautet nun: *Was sind unsere brennendsten Themen?* Hier gibt es unterschiedliche Möglichkeiten, je nach zur Verfügung stehender Zeit, Größe der Gruppe und Präferenz.

Eine Möglichkeit im Sinne von OST: Alle Teilnehmer werden aufgerufen, noch einmal Themen vorzustellen, und zwar die allerwichtigsten, die brennendsten, für die sie sich von heute an einsetzen möchten. Nach kurzer Vorstellung, einem neuen *Marktplatz* und erneuter Kleingruppenbildung werden in einer Stunde die nächsten aktuellen Schritte besprochen und beschlossen und auf extra Formularen „Schritte in die Zukunft" festgehalten. Meist bleibt keine Zeit, diese auch noch in den Computer einzugeben, da dies die letzte Runde vor Abschluß der Veranstaltung darstellt. Bei diesem Verfahren mischen sich die Teilnehmer noch einmal neu, es besteht nochmals Gelegenheit, konkrete Verantwortung zu übernehmen.

Eine andere Möglichkeit: Alle Teilnehmer können durch Verteilung von Punkten die zehn ihnen wichtigsten Agendathemen wählen. Daraus läßt sich dann eine kollektive Rangliste erstellen. Bei Hunderten von Teilnehmern kann diese Wahl auch computerunterstützt ablaufen. Danach kann sich jeder nochmals einem der zehn gewählten Themen zuordnen und in der Kleingruppe nächste Schritte beschließen.

Die Vielfalt der in *Open Space* erarbeiteten Themen sollte nicht auf eine zu kleine Anzahl heruntergedestilliert werden: Dabei fühlen sich zu viele Mitarbeiter nicht respektiert.

Vor der Aufstellung aller erarbeiteten Themen versuchen wir zum Beispiel mit der Geschäftsleitung Themen, die einen prinzipiellen Rahmen sprengen, herauszufiltern: beispielsweise die Diskussion einer Standortfrage, die längst entschieden ist.

Sind die Themen einmal nach Priorität und Art geordnet, ist es für die Themenleiter (es können sich auch neue melden!) leichter, nahtlos ihre Verantwortung weiterhin wahrzunehmen, die richtigen Mitstreiter zu weiterer Mitarbeit zu gewinnen und eine Umsetzungsstrategie zu entwickeln, die in möglichst kurzer Zeit auf möglichst unkonventionellem und kurzem Wege zur Implementierung führt. Dabei hat es sich als ausschlaggebend erwiesen, daß Vertreter aus unterschiedlichen Ebenen und Abteilungen (bzw. Vertreter der unterschiedlichen Einflußgruppen) am Open-Space-Prozeß beteiligt waren.

Der nächste Montag kommt bestimmt
Empowerment der Teilnehmer, Begeisterung, Freude und ihr Gefühl der Zusammengehörigkeit sind neben der Entstehung klar ausgerichteter Fokusgruppen mit operativer oder strategischer Zielsetzung wesentliches Ergebnis einer Open-Space-Konferenz. Die Umsetzungsphase jedoch beweist erst die Nachhaltigkeit ihrer Wirkung.

In der Implementierungsphase wird häufig wieder ein offener Prozeß im Sinne von OST angewandt; sie kann aber auch in jeder anderen Form abgewickelt werden, die das gewonnene Empowerment nicht zerstört.

Open Space hat auch das Ziel, die Führungsebene zu entlasten durch bewußte Verteilung der Führungsaufgaben an Beteiligte! Nur Kooperation, nicht Delegierung führt zum Ziel.

Open Space hat immer – wenn auch manchmal nur in kleinem Rahmen – eine Kulturveränderung und damit Turbulenzen und damit wiederum unter Umständen kollektive Ängste zur Folge. Daher kann nach einer Open-Space-

Konferenz eine Begleitung durch professionelle „Katalysatoren" (Schein 1987) von außen im Sinne von *servant leadership* eine große Hilfe sein (Block 1993). Auch hier sollte die Haltung des OS-Ansatzes unbedingt erhalten bleiben. Dabei unterstützt der Berater den inneren Veränderungsprozeß der Organisation nur von außen. Es ist Aufgabe des Facilitators, bzw. seines internen Partners, sich weiterhin um den Lernprozeß zu „kümmern", um möglichst ein Zurückfallen auf alte Paradigmen zu verhindern.

Manchmal wird das Angebot eines Feedbacks mit Entscheidern und gegebenenfalls Themenverantwortlichen nicht mehr genutzt: Der Widerstand der initiierten Veränderung schlägt wieder zu. Dennoch sind wir der Meinung: Auch hier kann Lernen aus der Veranstaltung nur ein Angebot sein. Wir empfehlen aber, die Gelegenheit zu nutzen. Denn *Open Space* als Veränderungsprozeß geht weiter – wenn auch manchmal unbewußt, auf vielleicht nicht sichtbarem Wege.

Grundsätzlich halten wir es für unsere Aufgabe, den „Container" – das heißt also, den Prozeß in seiner Gesamtheit – über das Ereignis der Open-Space-Konferenz hinaus noch weiter zu halten: Der Kontakt mit den Kunden wird weiterhin gehalten über ein Jahr, wobei der Kunde selbst entscheidet, in welcher Form und Intensität. Oft sind wir in den weiteren Verlauf des Veränderungsprozesses im Rahmen der entstandenen Themen eingebunden.

3. Führung und Open Space – Führung in Open Space

Wie schon erwähnt, birgt *Open Space* immer die große Gefahr der Veränderung in sich: der Kulturveränderung, der Veränderung des Wertesystems, der Einstellung der Mitarbeiter, des Führungsmodells. Diese Veränderung geht häufig sogar über ein „Lernen" der Organisation hinaus, denn es können sich innere Strukturen tiefgreifend ändern: Es findet Transformation statt, das „lernende System" springt gewissermaßen auf ein neues Niveau der Integration von Komplexität, wodurch diese reduziert wird.

Ein solcher Transformationsprozeß ist in der derzeitigen Situation vieler Unternehmen erwünscht, um Anpassung an immer neue innere und äußere Bedingungen zu erlangen: Ervin Laszlo spricht von „evolutionärem Management" (Laszlo 1992).

Gerade die Führungsebene steht vor neuen Aufgaben (vgl. Petri & Becker 1999):

- Führung „hält das Unternehmen zusammen": Container-Funktion.
- Sie darf dem unvorhersehbaren Prozeß nicht im Wege stehen.
- Sie muß also so weit wie möglich Selbstorganisation zulassen können.
- Führung kann nicht mehr nur linear sein, sie muß im vernetzten System selbst auch vernetzt sein.
- Führung muß im System verteilbar sein, distributiv sein.

- Die Rollen der Führenden müssen sehr flexibel wechseln können, je nach Kontext.
- Führung muß jedoch paradoxerweise richtungsweisend, auf eine Vision ausgerichtet sein.
- Führung muß werteorientiert sein.
- Führung muß Innovation, Kreativität und Fehler zulassen und ermöglichen.

In einer Open-Space-Veranstaltung kann ein derartiges neues Führungsmodell erlebt und im Hier und Jetzt geübt werden.

Der Facilitator führt oft non-verbal eine starke Ausrichtung auf eine Vision ein (in der Themenstellung verborgen) sowie eine klare Ausrichtung auf ein Wertesystem: Hierzu dienen die Regeln des „Go with the Flow" und das „Gesetz der zwei Füße" – Vertrauen auf den Prozeß und zueinander, Verantwortung für das Ganze und für die eigene Effizienz, Freiheit, Offenheit, Ehrlichkeit der Kommunikation etc.

Im weiteren Verlauf der Open-Space-Veranstaltung hält sich der Facilitator praktisch völlig zurück, um den Prozeß der Eigenentwicklung des Systems nicht zu stören oder nach seinen Erwartungen zu beeinflussen.

In diesem Führungsvakuum wird hier die Führung nun von allen übernommen, die ein Thema mit ihren Kollegen bearbeiten wollen. Hier sieht der Führungsstil sehr unterschiedlich aus: Einige Kleingruppen arbeiten mit einer sehr dominanten Führungsperson, andere versuchen sich in Basisdemokratie. Alle Varianten sollten bestehen bleiben, denn Vielfältigkeit dient der evolutionären Dynamik, es kann experimentiert und gelernt werden mit unterschiedlichen Kommunikationsmodellen.

Der Hilferuf der Geschäftsleitung einer großen Bank während der Veranstaltung an mich, bitte doch kurz alle Themengeber im Schnellverfahren in Moderationstechnik zu instruieren, „damit da auch was rauskommt", führte zu einer gemütlichen gemeinsamen Tasse Kaffee, in der wir von der Angst, die Zügel aus der Hand zu verlieren, ablenken konnten: Die „Zügel" konnten beruhigt auf die Seite gelegt werden, bis die Open-Space-Session vorbei war.

Durch sein zurückhaltendes Verhalten zeigt der Facilitator großes Vertrauen in alle Teilnehmer und großen Respekt vor der Fähigkeit aller, ihr Wissen, ihre Kreativität und Lernbereitschaft zu nutzen und den Prozeß selbst zu steuern. Vertrauen – das ist ein persönlicher Lernprozeß, den wir leisten müssen.

Gelingt eine Open-Space-Veranstaltung wirklich gut, so sind die Teilnehmer am Ende stolz auf die Vielfalt der dokumentierten Ergebnisse, froh und erfüllt von den reichhaltigen Kommunikationsmöglichkeiten und überzeugt, alles selbst erreicht zu haben. Je besser der Facilitator, desto weniger wird er hinterher überhaupt noch erwähnt: eine Tatsache, um die man wissen sollte, bevor man sich für die Rolle des Open-Space-Facilitators begeistert!

Die Persönlichkeit des Facilitators selbst als Initiator und Garant der Kulturveränderung und „Container" des Geschehens ist ausschlaggebend. Das Leiten einer OST-Konferenz verlangt zwar nur eine Planungszeit von Stunden, aber eine Vorbereitungszeit von fast „einem Leben".

Seine Aufgabe als Konferenzleiter ist es, „Raum und Zeit zu öffnen und zu halten", so Harrison Owen. Es sei nicht sein Job, in irgendeiner Weise in den Prozeß einzugreifen. Er muß sozusagen unsichtbar sein. Dennoch ist seine volle, authentische Präsenz von ausschlaggebender Bedeutung: Er hält sich im Hintergrund und dennoch in Bereitschaft (Owen 1997). Der Facilitator wirkt als *Container*, hält den räumlichen und zeitlichen Rahmen und schützt den menschenwürdigen Umgang miteinander. Es handelt sich also nicht um eine Kontrollfunktion, sondern vielmehr um eine Schutzfunktion.

Diese Aufgabe bedarf langer und intensiver psychischer und emotionaler Vorbereitung, die jeder Leiter nach seinen persönlichen Bedürfnissen und Techniken gestaltet. Die Zeiten des intelligenten, energiegeladenen Experten als Leiter im Rampenlicht, der mit perfektem Konferenzdesign die Sache unter Kontrolle hat, sind hier vorbei: Auch für den Facilitator ist OST immer wieder ein Wagnis, in das er sich mit Zuversicht und Vertrauen auf sich selbst, die Gruppe und die Gesetze des Universums einlassen muß, denn: „Es gibt einen einzigen Weg, der den Mißerfolg eines Open-Space-Ereignisses garantiert, und das ist der Versuch, die Kontrolle zu behalten."(Owen 1997).

Was kann *Open Space Technology* bieten?

1. Die Leistungen von Open Space Technology

Die Leistung der Open-Space-Methode hat quantitative und qualitative Aspekte: Die Dokumentation von Visionen, Fragestellungen und Aktionsschritten, die sich aus der Arbeit der Fokusgruppen ergeben, sind *meßbares* Ergebnis. Die Selbstorganisation und Verantwortung für die verschiedenen Agendathemen dagegen führen zu einer entscheidenden *qualitativen* Veränderung der Organisationskultur. Diese Veränderung geschieht schnell und wird individuell von den Teilnehmern und kollektiv vom ganzen System häufig bewußt erlebt und getragen.

Durch die Unterstützung des sich schnell und eng bildenden Gemeinschaftsgefühls werden Risikobereitschaft, Lernen und Innovation in Eigenverantwortung und in Verantwortung für das Ganze überhaupt erst möglich. Dadurch ist auch die Wahrscheinlichkeit, daß die angestoßenen Projekte weitergeführt werden, sehr groß. Gemeinsame Visionen werden ebenso wie realisierbare Aktionsschritte durch Kommunikation mit allen Interessierten hierarchieübergreifend entwickelt und umgesetzt. Im Aufarbeiten von Problemen fühlen sich Teilnehmer häufig endlich gehört. Dennoch ist der Blick überwiegend nach vorne gerichtet auf zukunftsorientierte Lösungsmöglichkeiten und Aktionsplanung.

Deutliche Veränderungen des Verhaltens am Arbeitsplatz wie Verantwortungsgefühl und gemeinsames Lernen halten an. Kleinere OS-Meetings, wie zum Beispiel zur Koordinierung von Herstellung und Verkauf, werden weiterhin situationsgerecht abgehalten. Ein global operierender Schweizer Technologie-Konzern etwa hält in unterschiedlichen Standorten des öfteren kleinere OST-Konferenzen ab: „Open Space ist für uns erfunden!" – so der Firmenchef.

2. Wirkung auf die Teilnehmer

Erstaunlicherweise werden die Werte und der Prozeß sowie die Atmosphäre und Kultur des OS-Ereignisses häufiger hervorgehoben als die Diskussionsergebnisse der verschiedenen Fokusgruppen. Immer wieder wird *Empowerment* erwähnt. Individuelle und kollektive Energien werden freigesetzt, kollektives Wissen hervorgeholt, Inspiration und Kreativität erzeugt. Selbstorganisation führt zur Annahme von Verantwortung für sich und die Gemeinschaft. Die Bereitschaft, mit Mut zum Risiko und Ehrlichkeit zu kommunizieren, verbindet die Teilnehmer schnell zu einer lernenden Gemeinschaft (Petri & Becker 1999, Senge 1996). Dies gilt insbesondere auch für die beteiligten Führungskräfte, die neuen Ideen begegnen und häufig Unterstützung und Motivation, ja sogar Begeisterung ihrer Mitarbeiter erfahren. Und ganz wichtig: Sie erfahren eine Entlastung! Sie müssen doch nicht alles allein machen, die Verantwortung wird geteilt.

Dennoch: Das Gefühl von Unsicherheit und Konfusion kennt fast jeder OST-Teilnehmer. Die Aufgabe von Kontrolle ist für die meisten ungewohnt und häufig angstauslösend: eine besondere Herausforderung für Führungskräfte! Konfusion ist in unserem Kulturraum zudem mit negativem Stigma belegt. Es kommt aber nur in Einzelfällen vor, daß sie anhält und nicht in Kreativität umgesetzt werden kann.

Trotz all der begrüßenswerten subjektiven Wirkungen wird OST aber nur überleben durch seine Wirkung, die organisatorische Effizienz und Produktivität in vielerlei Dimensionen sichtbar und nachweisbar zu steigern. Wir haben die Erfahrung gemacht: Eine Verbesserung der *bottom line* ist eine gute Erwartung an die Ergebnisse von OST, es kommt aber fast immer auch zu unerwarteten innovativen Lösungsansätzen.

3. Anwendbarkeit und Grenzen von OST

Open Space kann im Profit- und Non-Profit-Bereich zur Anwendung kommen; wir haben *Open Space* in öffentlichen Institutionen wie Kirche und Diakonie, in der Arbeit mit Verwaltungen und Gemeinden, im Rahmen der Agenda 21 in

Groß- und Kleinstädten und ebenso bei kleinen, mittelständischen und multinationalen Fluglinien, Banken und Energiekonzernen angewandt.

OST hat sich als Meetingformat in den Fällen besonders bewährt, in denen sehr heterogene Gruppen zusammenarbeiten müssen und komplexe, potentiell konfliktreiche Fragen schnellstmöglich zu lösen sind, für die es noch keine Antwort gibt (Owen 1997):

Bedingungen für den Erfolg von OST
- Ein brennendes gemeinsames Interesse.
- Hoher Grad an Diversität der Teilnehmer (Perspektiven).
- Hoher Grad an Komplexität des Problems.
- Hohes Konfliktpotential.
- Zeitdruck.

Daher eignet sich OST auch besonders bei Fusionen von Firmen, bei denen unterschiedliche Firmenkulturen und deren Normen und Werte aufeinandertreffen. Eine neue Direktbank hat so bereits früh im Fusionsprozeß mit einer traditionellen eingeführten Bank durch *Open Space* den direkten Austausch auf allen Ebenen gefördert und damit gute Voraussetzungen für gegenseitiges Verständnis, Kooperation, Effizienz und Synergien geschaffen. Konflikte haben Raum, in kreative Lösungen umgesetzt zu werden.

Open Space klappt immer, außer...
- ...wenn man den Prozeß zu kontrollieren versucht, sei es als Facilitator (z. B. bei der Gruppeneinteilung) oder als Firmenleitung. Das passiert vor („Das *muß* ein Erfolg werden, Frau Petri!"), während und nach der Konferenz (ein Vorstand eines multinationalen Konzerns: „Die Entscheidungen treffe immer noch ich!").

Auf diese Weise wird die Chance zu Kreativität, Empowerment, Verantwortungsbewußtsein und Gemeinschaftsgeist verspielt. Die Teilnehmer nehmen sofort wieder die Rolle der Geführten an, gehen unter Umständen in Widerstand, hinterfragen die Methode, beklagen sich und wollen besser bedient werden. Mit Recht.

Vieles hängt auch von der Kunst des Beraters im Vorfeld ab: davon, daß er es schafft, die Führung und Veranstalter zu begeistern und das Vertrauen auf die Mitarbeiter zu kultivieren.

- ...wenn es um sehr spezifische Fragestellungen geht, bei denen das Ergebnis im Prinzip bekannt ist: beispielsweise die Planung der Installation eines firmeninternen elektronischen Informationssystems oder die Entlassung einer Anzahl bereits ausgewählter Mitarbeiter.

- ... und bei mangelnder Ernsthaftigkeit des Facilitators, der nicht ein tiefes Verständnis vom Wesen der Intervention aufbringt.

Eine Open-Space-Veranstaltung durchführen zu dürfen zeugt von einem besonders hohen Grad an von allen Seiten entgegengebrachtem Vertrauen, gerade weil damit so viel in Bewegung gebracht werden kann! Vertrauen verpflichtet zu größtmöglicher Professionalität und dazu, alle anzuerkennen. Wenn dies gegeben ist – richtig, dann „kann's jeder". Es ist nicht leicht für Kunden, festzustellen und zu unterscheiden, wer ein guter Facilitator ist. Dennoch sollten die Ansprüche der Kunden an einen Facilitator im Hinblick auf Authentizität, Sicherheit im Umgang mit Unsicherem und die Fähigkeit zur Selbstreflexion sowie das Talent, andere zu begeistern, hoch gesteckt sein.

Bei der Anwendung von OST auf sehr große Gruppen können sehr viele – über hundert – Themen zur Sprache kommen. Es könnte schwierig werden für einen Betrieb, sich um alle Themen zu kümmern und Ergebnisse umzusetzen, falls nicht genug Commitment der Teilnehmer bzw. des Managements vorhanden ist. In diesem Fall kann die Enttäuschung mit „wieder einer neuen Konferenzform" groß sein. Es empfiehlt sich daher, häufig kleinere etwa auf eine Abteilung beschränkte OS-Treffen abzuhalten – „to keep up the spirit".

Im Vorfeld einer OS-Konferenz müssen diese Aspekte daher klar und ehrlich zwischen Facilitator und Firmenleitung besprochen werden. Wir gehen davon aus, daß OST nicht nur eine Methode zur effizienteren Gestaltung von Meetings ist, sondern auch eine Einstellung, eine Haltung, eine „Philosophie" (Owen 1997).

Die Grundhaltung gegenüber dem Individuum, der ganzen Organisation und die Einstellung zu werteorientierten Transformationsprozessen ist bei allen systemischen Großgruppen-Interventionen sehr ähnlich (Marvin Weisbord in einem Gespräch: „We are all together in this."). Der Unterschied besteht in der Frage, *wie* wir am besten und effektivsten die selbstgesteuerte Evolution der Organisation auf den Weg bringen. Bei der Wahl eines sehr strukturierten Verfahrens wie *Real Time Strategic Change* (RTSC) (Dannemiller et al. 1995) oder der weniger vorstrukturierten *Zukunftskonferenz* (Weisbord 1995), oder schließlich von *Open Space* als dem am geringsten vorstrukturierten Verfahren sind Fragestellung und Kultur des Kunden-Unternehmens sowie die Zeitvorgaben und die Präferenz des Facilitators entscheidend.

Widerstand im System ist um so geringer, je weniger vorgegeben wird bzw. je selbstgesteuerter das Unternehmen arbeiten kann. Daher ist Widerstand gerade bei *Open Space* unserer Erfahrung nach kein großer limitierender Faktor.

Die in der Zukunftskonferenz von vielen als sehr hilfreich empfundene Sammlung von Erfahrungen der gemeinsamen Vergangenheit sowie die systematische Standortbestimmung und Wunschprojektion in die Zukunft sind Elemente, die bei OST auch angesprochen werden *können* – aber das bleibt hier dem Zufall überlassen.

Die Teilnahme an OST kann durch eine systematischere Einladung von *bestimmten* Stakeholder-Gruppen erweitert werden mit dem klaren Ziel, das gesamte System am Prozeß zu beteiligen, wie es die Zielsetzung bei der Zukunftskonferenz ist. Das wird auch wichtig, wenn wir Vertreter vieler Standorte multinationaler Firmen zusammenbringen wollen: Aus jedem Standort wird eine Anzahl von Vertretern eingeladen (wie beim Treffen der Nachwuchs-Führungskräfte eines globalen Luftfahrtunternehmens 1998).

Organisations-Transformations-Konferenzen (OT-Konferenz)

Seit mehr als fünfzehn Jahren hält Harrison Owen in den USA internationale Großgruppen-Konferenzen ab. Dabei handelt es sich um Non-profit-Konferenzen, bei denen sich jeder Interessierte und Engagierte aus jedem Land der Welt und jedem Bereich eingeladen fühlen darf. Sie unterscheiden sich prinzipiell von den in Industrie und Sozialwesen zweckgebundenen Open-Space-Konferenzen, denn sie erfüllen nicht die obigen Bedingungen: Sie werden nur im *Open-Space-Format* abgehalten, die Teilnehmer haben aber kein gemeinsames brennendes Interesse, sondern ein sehr allgemeines Rahmenthema im Sinne der Organisations-Transformation; sie haben keine gemeinsame Vergangenheit oder Zukunft, es besteht weder Konfliktpotential noch Zeitdruck noch eine klare Ausrichtung auf Effizienzsteigerung im wirtschaftlichen Sinne. OST wird hier genutzt als Mittel zur Vernetzung sehr vieler Teilnehmer und ihrer Agendathemen auf der Basis der Werte des „New Paradigm Business", letztlich mit dem Ziel einer gesellschaftlichen Veränderung. Diese Konferenzen finden auch in mehreren Ländern Europas statt. Sie sind aber *nicht geeignet,* sich ein genaues Bild über den Prozeß und die Anwendbarkeit von OST-Konferenzen im engeren Sinne zu verschaffen.

Theoretischer Hintergrund

Obwohl uns eine stringente Theorie zu kreativen sozialen Prozessen derzeit noch nicht zur Verfügung steht, lassen sich Modelle aus der Theorie komplexer Systeme (Prigogine & Stengers 1984), speziell aus der *Theorie Evolutionärer Systeme* (Laszlo 1992, Kelly 1994), anwenden. Dabei gehen wir von der Annahme aus, daß es sich bei Organisationen um lebende komplexe Systeme handelt, die in *offenem* Energieaustausch mit ihrer Umgebung stehen. Solche Systeme sind um so entwicklungsfähiger, je komplexer sie sind, da sie nicht in der Homöostase, sondern *fern vom Gleichgewicht* sind. Hier verhalten sie sich *nichtlinear* und durchlaufen *nicht vorherbestimmbare Phasen*. Sie sind nicht stabil und entwickeln sich im Energieaustausch mit der Umwelt in Richtung höherer Komplexität, bis sie in einer Phase kritischer Instabilität diskontinuierlich auf ein höheres, aber gleichermaßen einfacheres Organisationsniveau höherer Intelligenz und geringerer Komplexität springen. Dort beginnt die Entwicklung hin zu höherer Komplexität von neuem (Laszlo 1989, Wheatley 1992).

In diesen kritischen Phasen scheint das System in einem chaotischen Zustand zu sein, es verhält sich aber nur scheinbar ungeordnet, jedoch prinzipiell nicht vorherbestimmbar: „Die Herausforderung besteht für die Unternehmenswelt in der bewußten Bewältigung der Evolution durch den systematischen Einsatz evolutionären Managements." (Laszlo 1992)

1. Was bedeutet dieses Modell für Open Space?

Selbstorganisation ist der Kern dieser Theorien und hat viel weitreichendere Relevanz für das Leben von Organisationen, als es im ersten Moment erscheint. Wir verstehen *Open Space Technology* als einen einfachen Rahmen mit nur wenigen Regeln, in dem in kurzer Zeit, „plötzlich", derartige sprunghafte Systementwicklungen ablaufen können. Diese wiederum können eine neue, oft einfachere Organisationsform oder Organisationskultur mit neuen Strukturen hervorbringen. OST wirkt hier gewissermaßen als ein Feld, in dem die zu komplex gewordene Organisation in einen Zustand versetzt wird, in welchem in nur scheinbar ungeordneter und chaotischer Weise in Subsystemen experimentiert wird, und dies mit allerlei neuen Prozessen, Strukturen und Ideen. Und niemand weiß vorher, wie und wohin genau diese Entwicklung geht. Doch plötzlich sind Lösungen vorhanden (Wheatley 1992).

Der Open-Space-Prozeß wird so zum Übungsfeld für die Gesamtsituation der jeweiligen Organisation in turbulenten Zeiten, in denen alte Strukturen zu komplex geworden sind und keine Adaptation mehr an die Anforderungen von innen und außen garantieren. Neue und intelligentere Strukturen und Strategien sind aber noch nicht „erlernt". Dies ist die Zeit des Kontrollverlustes. Hier kann OST am wirksamsten angewandt werden und zu tiefgreifenden, radikalen Veränderungen führen, die für das Überleben des Systems unumgänglich sind.

Die durch die Rahmenbedingungen vorgegebenen Regeln stehen für die Werte von Freiheit, Authentizität, Kooperation, Respekt, Achten auf Effizienz, Lernen und Beitragen etc. Diese Werte wirken als Attraktoren im evolutionären Verlauf des Selbstorganisationsprozesses und sichern diesen Open-Space-Prozeß gegen den Fall ins unstrukturierte Chaos ab: Mit den „zwei Füßen" werden Situationen des mangelnden Respektes gemieden, Irrelevantes wird auf der Strecke gelassen und immer der sinnvolle Verlauf unterstützt und gefördert.

Die Ergebnisse von vielen OST-Konferenzen rund um den Erdball belegen immer wieder Fälle persönlicher und organisatorischer Transformation, häufig ausgedrückt als „Erlebnis von tiefer Veränderung", „Durchbruch an einem kritischen Punkt", „So lange haben wir uns mit diesem Problem herumgeschlagen, und jetzt geht alles plötzlich ganz einfach". Eine Transformation zu Empowerment, Commitment, Selbstverantwortung, Lernen und Innovation und schließlich einem erstaunlichen Gefühl, an einem Strang zu ziehen.

2. Qualitätskontrolle und Meßbarkeit qualitativer Veränderung

Auf jeden Fall sollte in einem Feedback-Prozeß mit der Geschäftsleitung, den Veranstaltern und möglichst den Themengebern aus dem Verlauf des Open-Space-Prozesses gelernt werden. Dies kann auch das Erlebnis von Transformation verankern und Vertrauen schaffen auf den Erfolg einer neuen Phase der Umsetzung des Erarbeiteten.

Um qualitative Veränderung wie Lernen, Kreativität und Transformation, Gefühle und Befindlichkeiten, kurz die „weichen" dynamischen Parameter, zu messen und zu bewerten, haben wir erste sehr befriedigende Erfahrungen gemacht mit den *Corporate Transformation Tools* von Richard Barrett, einem Kollegen und Kooperationspartner in Vermont, der jahrelang das Ethik-Forum der Weltbank geleitet hat. Damit stehen uns nun Instrumente zur Verfügung, eine werteorientierte Organisations-Transformation zu beschreiben und zu messen. Es werden Werte-Audits vor und etwa ein Jahr nach einem Open-Space-Prozeß mit einigen oder allen Beteiligten durchgeführt. Diese ergeben einen direkte Hinweis auf die Transformation der Kultur. Hier liegen vor allem aus den USA bereits hochinteressante Ergebnisse vor (Barrett 1998).

Fazit

Auf einen Nenner gebracht, läßt sich sagen: *Open Space Technology* ist eine Methode des evolutionären Managements und Führungsstils, die den aktuellen Anforderungen eines Unternehmens an völlig veränderte innere und äußere Bedingungen gerecht wird und diesen Organisationen die Chance auf selbstgesteuerte Evolution gibt.

Es ist eine Methode des Durchbruchs für Organisationen vor allem im kritischen Übergang von einer strukturierten, funktionierenden, bürokratisierten Periode in eine Phase radikaler Erneuerung und Kreativität. Durch die neueingeführten Regeln ist es eine Methode des Kulturwandels.

OST ist ein strukturiertes Verfahren, Verlauf und Ergebnisse sind jedoch nicht genau vorherbestimmbar! Sicher ist nur: Es findet immer Veränderung statt, oft mehr, als so manchem lieb ist.

Effizienzsteigerung und „Open Spaß" zeichnen Open-Space-Meetings in ihrer Wirkung aus, Mut zu Selbstorganisation und selbstverantwortlichem Handeln machen dies möglich. *Open Space* basiert auf den theoretischen Grundlagen der System- und der Chaostheorie, ihr Erfolg ist mit Hilfe von werteorientierten Meßinstrumenten verifizierbar, besser und schneller aber an den blitzenden Augen der Beteiligten abzulesen!

Literatur

Barrett, R.: *Liberating the Corporate Soul: A Value-driven Approach to Organizational Transformation*, New York: Butterworth-Heinemann 1998.

Block, P.: *Stewardship, Choosing Service over Self-Interest*, San Francisco: Berrett-Koehler 1993.

Dannemiller, K. et al: *Real Time Strategic Change: A Consultant Guide to Large Scale Meetings*, Ann Arbor, MI: Dannemiller Tyson Associates 1995.

Isaacs, W.: „Dialogue: The Power of Collective Thinking"; in: *The System's Thinker* 4 (1993) H. 3 (Pegasus Communications, Cambridge, MA).

Kelly, K.: *Out of Control*, Reading, MA: Addison-Wesley 1994.

Laszlo, E.: *Design for Destiny*, New York: Harper & Row 1989 (dt.: *Global Denken. Die Neu-Gestaltung der Vernetzten Welt*, Rosenheim: Horizonte Verlag 1989).

–: *Evolutionäres Management*, Globale Handlungskonzepte, Fulda: Paidia Verlag 1992.

Owen, H.: *Open Space Technology. A User's Guide*, San Francisco: Berrett-Koehler 1997.

Petri, K.: „Let's Meet in Open Space! Die Story von Chaotischen Attraktoren und Organisations-Transformation"; in: *Organisationsentwicklung*, 2/ 1996.

– & Becker, J.:„Theory and Practice of a Value-Based Learning Concept"; in: *Intelligente Organisationen*, hrsg. von M. Schwaninger (Wirtschaftskybernetik und Systemanalyse Band 19), Berlin: Duncker & Humblot 1999.

Prigogine, I. & Stengers, I.: *Order out of Chaos*, New York: Bantam Books 1984.

Schein, E.: *Process Consultation* (OD Series, Bd.. 2), Reading, MA: Addison-Wesley 1987.

Senge, P.: *Die Fünfte Disziplin*, Stuttgart: Klett-Cotta, 4. Aufl. 1996.

Weisbord, M.: *Future Search*, San Francisco: Berrett-Koehler 1995.

Wheatley, M.: *Leadership and the New Science, Learning about Organizations from an Orderly Universe*, San Francisco: Berrett-Koehler 1992.

11 Der Zukunftsgipfel – Appreciative Inquiry Summit – ist der nächste Schritt der Evolution in der Arbeit mit großen Gruppen

Walter Bruck, Susanne Weber

„Die wahre Entdeckung besteht nicht im Finden von neuen Ufern, sondern im Sehen mit anderen Augen."

Marcel Proust

Der Zukunftsgipfel – *Appreciative Inquiry Summit* – ist der Name für einen 4-Phasen-Großgruppenprozeß, bei dem 50 bis über 2000 Menschen für 2–4 Tage zusammenkommen. Diese wollen sich zum Beispiel „fit für den Markt" machen. Stellen Sie sich 2000 Menschen, von innerhalb und außerhalb des Unternehmens, in einem großen Raum an runden Tischen sitzen vor. In dem nun beginnenden Zukunftsgipfel tauschen die Menschen in den ersten zwei Stunden ihre bewegendsten Geschichten herausragender Leistungen aus. In Zweiergruppen stellen sie sich gegenseitig inspirierende Fragen, zum Beispiel: *Erzählen Sie mir von einer Zeit, die für Sie etwas ganz Besonderes war, eine Zeit, in der Sie sich voll einbringen und Sinnvolles bewirken konnten. Was ist passiert? Warum war das wichtig für Sie? Wodurch wurde dies wirklich möglich? Was können wir daraus lernen?* Sorgfältig vorbereitete Fragen beschäftigen sich mit der Erforschung des „Besten, was ist und was wir sind".

In diesen „wertschätzenden" Interviews – dem Herzstück von *Appreciative Inquiry* – kommen zahllose bewegende Geschichten ans Tageslicht, Geschichten, die zeigen, daß das Unternehmen und seine Mitarbeiter enorm viele Stärken besitzen und heute punktuell bereits exzellente Leistungen vollbringen. Es entsteht eine fundamentale Veränderung der Wahrnehmung zum Positiven. Lebensenergie wird – für alle spürbar – bereits in den ersten Stunden der Konferenz frei. Auch wenn heute lange nicht alles perfekt ist, so ist doch genügend Positives vorhanden, das in eine blühende Zukunft führen kann.

Aus dem Positiven entwickeln die Teilnehmer ihre mögliche Zukunft: *Wonach ruft die Welt?* Ihre sehnsüchtigsten Träume sind dabei „geerdet" in ihren persönlichen Erfahrungen, die zeigen, daß ihre Ideale eine „echte Möglichkeit" sind, und es greifbar werden lassen. Um ihren Kollegen ihre Träume zu vermitteln, setzen sie zum Beispiel Bilder oder Collagen ein. Jetzt können sie es kaum erwarten, ihre Vision in ihrem Alltag Gestalt werden zu lassen und mit Leben zu erfüllen. *Woran erkennen wir, unsere Kunden und unsere Wettbewerber, daß unsere Vision Wirklichkeit geworden ist?*

Sie entwerfen unterstützende Prozesse, Strukturen und Systeme. Mit Hilfe von Zukunftsaussagen und Sketchen erzeugen sie eine „anfaßbare" Vision. Die Spannung ist auf einem Höhepunkt. Viele wollen sofort mit der Umsetzung starten. Jetzt lernen sie ihre Geschichten neu zu „schreiben". In einem *Open Space* übernehmen sie Initiative und Verantwortung, Projektgruppen bilden sich. Sie arbeiten an Fragen wie: *Wie bauen wir unsere Erfolge weiter aus? Wie wollen wir unsere Erfolge kommunizieren und feiern? Welche nächsten Schritte wollen wir unternehmen?*

Der Zukunftsgipfel kombiniert auf einzigartige Weise die besten Elemente der Großgruppeninterventionen *Open Space*, *Zukunftskonferenz* und *RTSC* (Real Time Strategic Change). Diese sind in einen innovativen 4-Phasen-Zyklus eingebettet, der die Energie nährt und hochhält. Die Einsatzmöglichkeiten des Zukunftsgipfels sind vielseitig: zum Beispiel für Strategische Planung, Kulturwandel, Post-Merger-Integration, Ausbau des Kundenservice, Stadtentwicklung und vieles andere mehr. Kurzum, überall dort, wo Sie eine positive Revolution auslösen möchten.

1. Energie für den Wandel mobilisieren

Die westlichen Kulturen neigen dazu, ihre Aufmerksamkeit auf „Probleme" statt auf „Lösungen" zu richten. Dementsprechend suchen wir auch in vielen Unternehmen und Organisationen ständig nach den „Steinen" auf unserem Weg und beschäftigen uns mit eventuellen Hindernissen. Dadurch wird unser Umgang miteinander geprägt. Sie kennen die Situation: Sie haben wirklich Ihr Bestes gegeben, viele Hindernisse überwunden, und Ihnen ist ein Fehler passiert. Ihr Chef erklärt Ihnen, daß Sie sich ja sehr bemüht haben, aber... – und analysiert Ihr Fehlverhalten bis ins kleinste. Sie fühlen sich schlecht und Ihr Chef ebenso. Das drückt auf die Stimmung und die Motivation. Es wird für Sie immer schwieriger, Höchstleistungen zu vollbringen. Das Glas wird eher als „halbleer" denn als „halbvoll" gesehen.

Wir glauben heute fest an das Paradigma „Wir müssen aus unseren Fehlern lernen". Das sitzt uns so tief in den Knochen, daß wir ständig nach Fehlern suchen und diese uns selbst und anderen immer wieder vorhalten. Denn wir wollen ihnen ja nur helfen, besser zu werden. Aber ist diese Strategie sinnvoll? In einer Zeit, in der die Märkte gesättigt sind, in der sich Produktzyklen von Jahren auf Wochen verkürzen. In der die Komplexität der Aufgabenstellungen um Zehnerpotenzen gestiegen ist und die Vernetzung derart stark zugenommen hat, daß, bildhaft gesprochen, „der Flügelschlag einer Fliege in New York einen Wirbelsturm in Frankfurt auslösen kann". Wir sind exzellente Problemlöser geworden, und trotzdem wachsen unsere Probleme exponentiell an. Sollte uns das nicht zu denken geben? Aus Fehlern zu lernen kann notwendig sein, aber es ist oftmals demotivierend und in der heutigen Zeit einfach zu langsam.

Aber es geht auch anders. In einem Experiment wurden drei Sportteams unterschiedlich trainiert. Dem ersten Team wurden ausschließlich seine Fehler aufgezeigt, dem zweiten Team wurde neben seinen Fehlern auch seine Stärken zurückgespiegelt. Dem dritten Team wurden nur seine erfolgreichen Verhaltensweisen rückgemeldet. Wie, glauben Sie, war die Entwicklung der gesamten Teamleistung? Das erste Team erzielte kaum Fortschritte, das zweite Team entwickelte sich bereits viel schneller. Am rasantesten war der Aufschwung im dritten Team, das aus seinen Erfolgen lernte.

Möglicherweise denken Sie: „Das ist ja alles schön und gut, aber bei uns funktioniert das nicht." Vielleicht doch? Wir alle haben gute und schlechte Erlebnisse. Allein der Gedanke an eine schlechte Erfahrung hat einen unangenehmen Beigeschmack. Wir fühlen uns niedergedrückt, und es fällt uns schwer, neue Wege zu gehen. Wie wäre es denn, wenn wir einen anderen Versuch wagten? Wir wissen, daß längst nicht alles perfekt ist. Wir vollbringen jedoch bereits etwas wirklich Positives, auf dem wir, wie gesagt, eine blühende Zukunft aufbauen können.

„Theorie ist Silber, Praxis ist Gold". Deshalb laden wir Sie jetzt auf Ihre persönliche Entdeckungsreise ein. Erleben Sie selbst das „wertschätzende" Interview, das Herzstück von *Appreciative Inquiry*. Ziel dieses Interviews ist es, die Energien freizulegen, welche Ihren Erfolg unterstützen. Nehmen Sie sich zweimal 30 bis 45 Minuten Zeit und interviewen Sie am besten jetzt gleich einen Interviewpartner Ihrer Wahl aus Ihrem privaten oder beruflichen Umfeld. Führen Sie gegenseitig ein wertschätzendes Interview. Hierzu noch ein paar Tips:

Tips für den Interviewer
- *Seien Sie ein aufmerksamer und einfühlsamer Zuhörer.* Lassen Sie Ihren Partner seine Geschichte erzählen. Bitte erzählen Sie ihm nicht zugleich Ihre Geschichte, und äußern Sie auch nicht Ihre Meinung zu seinen Erfahrungen. Sie haben später in Ihrem Interview die Gelegenheit, Ihre Geschichten zu erzählen.
- *Seien Sie wirklich neugierig auf die Erfahrungen des anderen, auf seine Gedanken und Gefühle.*
- *Machen Sie sich genaue Notizen, und achten Sie auf inspirierende Geschichten und bildhafte Zitate* – wie z. B. „...dadurch habe ich Lust bekommen, noch mehr harte Nüsse zu knacken" oder „Ich konnte meinen Kollegen blind vertrauen".

Fragen, die Sie zusätzlich stellen können:
- Erzählen Sie mir bitte mehr darüber!
- Warum empfinden Sie das so?
- Warum war das wichtig für Sie?
- Was war Ihr Beitrag in dieser Sache? Was war der Beitrag anderer?
- Was glauben Sie hat es wirklich ermöglicht?
- Wie hat es Sie selbst verändert?
- Wie bewerten Sie dies auf einer Skala von 1–10 (1 = schlecht, 10 = herausragend)?
- Manche Menschen brauchen länger, um über Ihre Antwort nachzudenken – lassen Sie ihnen Zeit.

Möchte oder kann Ihr Gesprächspartner auf eine der Fragen nicht antworten, dann ist das in Ordnung.

Interviewleitfaden für herausragende Zusammenarbeit
Bitte nehmen Sie sich nun einige Minuten Zeit, um Ihre ersten Gedanken zu den folgenden Fragen festzuhalten. Ihr Partner wird Sie interviewen und Ihnen helfen, diese Fragen zu beantworten. Er möchte Ihre Erlebnisse und Ihre Erfahrungen verstehen und wird sich genaue Notizen machen. Anschließend wechseln Sie Ihre Rollen.

1. Wertschätzung Ihrer Arbeit und Ihrer Person
Wenn Sie über das, worauf Sie stolz sind, nachdenken...
- Was schätzen Sie an Ihrer Arbeit?
- Ohne zu bescheiden zu sein: was schätzen Sie am meisten an sich selbst als Mensch?

2. Ihre herausragend positive Erfahrung (Schwerpunkt Ihres Interviews)
Bitte reflektieren Sie einen Moment über spezielle Situationen in Ihrer Vergangenheit, in denen Sie mit anderen zusammengearbeitet haben. Offensichtlich haben Sie Höhen und Tiefen erlebt. Für den Moment möchte ich, daß Sie sich an eine herausragend positive Erfahrung erfolgreicher Zusammenarbeit erinnern. Erzählen Sie mir von diesem Erlebnis, einer Zeit, auf die Sie stolz sind, in der Sie sich höchst lebendig fühlten und sich als Mensch vollständig eingebracht haben.
- Was machte diese herausragende Erfahrung so denkwürdig?
- Was ist passiert? Warum war das wichtig für Sie?
- Was war so besonders an dem Verhältnis zwischen Ihnen und Ihrem „Partner"?
- Haben Sie Einsichten über die Art und Weise der Zusammenarbeit zwischen Ihnen und Ihrem „Partner" gewonnen?
- Gibt es andere Beispiele, an die Sie diese Erfahrung erinnert?

> **3. Sogar noch erfolgreichere Zusammenarbeit**
> *Schließen Sie für einen kurzen Moment die Augen, und stellen Sie sich vor, in Ihrer Zusammenarbeit mit anderen geschieht heute mit Hilfe der Heinzelmännchen über Nacht ein Wunder. Wenn Sie morgen früh erwachen, hat sich für Sie alles harmonisch zusammengefügt, für eine sogar noch erfolgreichere Zusammenarbeit für Sie und Ihre „Partner". Halten Sie sich die Situation klar vor Augen.*
> - Was sind die ersten drei Dinge, die Ihnen auffallen?
> - Wie gehen Sie miteinander um? Was tun Sie und Ihre „Partner"? Was sagen Ihre Kunden und Ihre Kollegen über diese Zusammenarbeit?
>
> **4. Ihre möglichen nächsten Schritte**
> *Inspiriert durch dieses Interview...*
> - Welche drei Dinge könnten Sie in der Zusammenarbeit mit Ihren „Partnern" in den nächsten drei Monaten tun, um zu experimentieren?
>
> Vielen Dank für dieses Gespräch.

Nach den beiden Interviews tauschen Sie sich bitte kurz darüber aus, wie Sie die Atmosphäre empfanden und was jetzt vielleicht anders ist als vor dem Interview. Erzählen Sie sich anschließend, welches für Sie die inspirierendsten Sätze und neuen Einsichten waren.

Was haben Sie erfahren? Typische Reaktionen in Workshops und Großgruppenveranstaltungen sind: *„Ich habe wirklich Neues entdeckt, Ich verspüre ein Gefühl der Freude, der Leichtigkeit, der großen Verbundenheit mit meinem Interviewpartner."*

Bitte lesen Sie wirklich erst weiter, wenn Sie das „wertschätzende" Interview durchgeführt haben! Es ist in jedem Fall ein Gewinn für Sie und hilft Ihnen, das Folgende besser einzuordnen.

Inspirierendes Fragen als Lebenseinstellung

Bei *Appreciative Inquiry* geht es nicht so sehr darum, Probleme zu lösen, und es ist weit mehr als eine „Methode". Es ist eine Lebenseinstellung, mit der wir unsere Realität wahrnehmen, unsere Situationen meistern und die Zukunft gestalten. Die inspirierenden Fragen in den „wertschätzenden Interviews" sind das Herzstück von *Appreciative Inquiry*. Sie haben es in Ihrem eigenen Interview bereits erlebt. Diese intensive Art der Begegnung schafft mit Hilfe der Fragen eine stärkere Verbindung zwischen den Menschen. Die systematischen, inspirierenden Fragen würdigen vorhandene Qualitäten, entdecken Neues, regen zum Lernen an. Bei der Frage nach dem „Besten, was ist" hören Menschen einander zu. In diesen Momenten lebt die Organisation, und eine mögliche Zukunft wird sichtbar. Für das wichtige Thema der Organisation und ihrer besonderen Situation werden gezielt Fragen entwickelt. Gute Fragen zu finden ist eine Kunst und erfordert viel Zeit und Geschick. Denn je inspirierender und öffnender die Fragen, desto nachhaltiger der Wandel.

2. *Appreciative Inquiry* als Prozeß: Verstehen, Visionieren, Gestalten und Verwirklichen

Appreciative Inquiry – Lernen aus den Erfolgen – wurde Ende der 80er Jahre von David Cooperrider und Suresh Srivastva an der *Case Western University* (Ohio) entwickelt. Seit Anfang der 90er Jahre wird es weltweit in Unternehmen und Organisationen eingesetzt. Die große amerikanische Telefongesellschaft GTE – mit 67 000 Beschäftigten – führte damit einen Veränderungsprozeß durch. Hierfür erhielt sie im Jahre 1997 den ASTD-Preis der *American Society for Training and Development* für das beste Organisationsentwicklungsprogramm in den USA. Im deutschsprachigen Kulturkreis sprechen wir je nach dem Einsatzgebiet von *Appreciative Inquiry* zum Beispiel von Wertschätzender Unternehmensentwicklung, Wertschätzender Stadtentwicklung oder Wertschätzender Führung.

Appreciative Inquiry ist ein offener Prozeß konsequenter Lösungsorientierung. In diesen können Sie viele Ihrer bewährten Methoden wie zum Beispiel Strategieentwicklung, Kundenbefragung, Business Process Reengineering, Aufstellungen usw. integrieren. Beginnen wir etwa mit einem Thema *Mehr Freude bei der Arbeit*, dann arbeiten wir auf einmal an unserer Kundenorientierung. Starten wir mit dem Thema *Strategische Neuausrichtung*, dann sprechen wir sicher über unsere damit verbundenen Werte. Bei *Appreciative Inquiry* handelt sich um einen integrativen Ansatz, das heißt, die „weichen" und „harten" Faktoren sind eng verknüpft und werden gleichzeitig behandelt. Anders ausgedrückt, geht es um die Verbindung von persönlicher Lebensqualität und gemeinschaftlichem Erfolg. *Appreciative Inquiry* ist die gemeinsame Suche nach dem Besten in den Menschen, ihren Organisationen und der Welt. Es ist eine der stärksten Kräfte für den Wandel in unserer heutigen Zeit.

Stellen Sie sich jetzt einen Raum mit 100, 500, 2000 oder mehr Menschen vor, in dem solche Interviews gleichzeitig stattfinden. Die ersten zwei Stunden erzählen sich die Menschen ihre bewegendsten und erfolgreichsten Geschichten. Jeder kann den Puls des Lebens fühlen. Das ist ein kraftvoller Start in einen Wandlungsprozeß. Alle Phasen des Prozesses werden durch die inspirierenden Fragen abgedeckt. In den Fragen werden erste Ideen für alle Phasen gesammelt, und die „Macher" wie die „Visionäre" werden von Anfang an voll gefordert. Aus Betroffenen werden aktiv Beteiligte.

Wie gelingt das Verstärken der positiven Energien in einer Organisation? Ein typischer Veränderungsprozeß durchläuft vier Phasen und ist sowohl in kleinen als auch in großen Gruppen durchführbar. Wir stellen Ihnen erst kurz die Phasen und anschließend einen typischen Prozeß für Großgruppen vor, den *Zukunftsgipfel* (Appreciative Inquiry Summit). Dabei starten wir immer mit einem konkreten Thema – wie zum Beispiel *Fit für den Markt*. Das richtige Thema zu finden erfordert sehr viel Sorgfalt und ist ganz entscheidend, weil es die Richtung unserer Zukunft bestimmt:

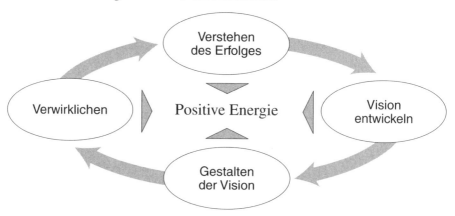

In der Phase des *Verstehens* (Discovery) gehen wir wertschätzend mit der aktuellen Situation um und decken die Lebensenergien in Menschen und Organisation auf. Zusätzlich lernen wir aus unseren Erfolgen. In der zweiten Phase des *Visionierens* (Dream) entwickeln wir eine mögliche Zukunft, welche wir in der dritten Phase *gestalten* (Design) und konkretisieren. In der letzen Phase des *Verwirklichens* (Delivery) halten wir unsere Motivation aufrecht für die Umsetzung unserer Vision. Alle Phasen greifen ineinander und sind nicht exakt voneinander zu trennen.

Dieser Prozeß weist natürlich je nach Veränderungsprojekt eine große Variationsbreite auf. Er kann schnell und informell sein wie ein Gespräch oder ein komplexes Projekt, in dem alle Beteiligten systematisch involviert sind. Es gibt also keinen fest vorgegebenen Ablauf. Dieser wird jeweils an die Situation angepaßt. Sehen wir uns jetzt *Appreciative Inquiry* für Großgruppen etwas genauer an.

3. Der Zukunftsgipfel entfesselt Menschen

Im folgenden laden wir Sie auf eine Reise durch einen typischen Prozeß von *Appreciative Inquiry* für Großgruppen – den Zukunftsgipfel (Appreciative Inquiry Summit) – ein. Stellen Sie sich vor, daß 2000 Menschen und mehr aus dem Unternehmen und seinem Umfeld für den Zukunftsgipfel für 2–4 Tage zusammenkommen. Alle sind dabei, der Vorstand, Mitarbeiter aus dem Vertrieb, der Produktion, der Verwaltung, Lagerarbeiter, der Hausmeister und die Telefonistin. Aus dem Umfeld kommen Lieferanten und Partner, Kunden, Konkurrenten, Politiker sowie Familienangehörige. Sie alle können einen wichtigen Beitrag für die Zukunft des Unternehmens leisten. Ebenso wie bei anderen Großgruppenmethoden ist ein repräsentativer Querschnitt des gesamten Systems eingeladen. Es sollen so viele Menschen wie möglich kommen, um eine „kritische Masse" zu erreichen. Mindestens drei Generationen sind vertreten, weil auf das intergenerationelle Lernen besonders großer Wert gelegt wird. Damit der *Zukunftsgipfel* effektiv und erfolgreich ist, werden im Vorfeld möglichst viele Menschen mit dieser neuen Lebenseinstellung und damit, wie man „wertschätzende Interviews" führt, vertraut gemacht. Damit Sie den Prozeß optimal nachvollziehen können, beschreiben wir einen Prozeß über 4 Tage (1. Tag: Verstehen, 2. Tag: Visionieren, 3. Tag: Gestalten und 4. Tag: Verwirklichen).

Am ersten Tag lernen wir aus unseren Erfolgen

Der erste Tag startet mit der Darstellung des Themas *Fit für den Markt* sowie dem Zweck und Ziel dieses Gipfels. Bereits eine halbe Stunde nach Beginn führen alle Teilnehmer Interviews über herausragende Leistungen im Unternehmen. Sie stellen sich Fragen wie zum Beispiel: *Erzählen Sie mir von einer Zeit, die für Sie etwas ganz Besonderes war, eine Zeit, in der Sie sich voll einbringen und Sinnvolles bewirken konnten. Was ist passiert? Warum war das wichtig für Sie? Wodurch wurde dies wirklich möglich? Was können wir daraus lernen?* Energie breitet sich im ganzen Raum aus, und das Engagement sowie die Neugier der Teilnehmer ist zu spüren. Die Interviews dauern jeweils eine Stunde. Anschließend tauschen sich die Teilnehmer in Achter-Gruppen kurz über die Atmosphäre der Interviews aus, und schon ist Mittag. Durch die bewegenden Erlebnisse können sie die Andersartigkeit der anderen besser annehmen; eine tiefere Verbindung entsteht. Häufig treten Reaktionen auf wie: *Obwohl wir uns schon jahrelang kennen, haben wir viele Gemeinsamkeiten neu entdeckt.* Es entstehen Empathie, Hoffnung, soziale Bindung zwischen den Menschen und eine kreative Haltung gegenüber dem Leben.

Nachdem sich alle in der Mittagspause gestärkt haben, hängen nun mehrere große Zeitlinien an den Wänden, die wir aus den Zukunftskonferenzen bereits kennen. Die Zeitlinien erstrecken sich vom Entstehen des Unternehmens über die Gegenwart bis einige Jahre in die Zukunft. Es gibt Zeitlinien für das Unternehmen, die Kunden usw. Jeder Teilnehmer bringt seine „energetisierendsten" Zitate aus seinem Interview, wie zum Beispiel über exzellente Kundenorientierung, auf den Zeitlinien an. Anschließend wird die „Galerie der herausragenden Leistungen" eröffnet, und alle können sich einen ersten Überblick verschaffen. Teilnehmer in Achter- bis Zehner-Gruppen tauschen ihre inspirierendsten Geschichten aus. Dabei werden – wie bei Zukunftskonferenzen und bei RTSC (Real Time Strategic Change) – die Rollen für Moderator, Zeitnehmer, Schreiber und Sprecher in den Gruppen festgelegt. Sie arbeiten gemeinsam die Schwerpunktthemen zum Beispiel in Form von Werten, Kernkompetenzen oder strategischen Wettbewerbsvorteilen heraus. Beispiele für solche Themen sind Kommunikation, Führung, Zuverlässigkeit, exzellente Ablauforganisation, aber auch Computersysteme. In Kurzpräsentationen werden die Themen später gemeinsam mit den herausragendsten Geschichten im Plenum vorgestellt. Am Ende des ersten Tages nehmen die Teilnehmer in ihrem „Rucksack" neue Erkenntnisse über ihren gemeinsamen Erfolg und eine tiefere Verbundenheit untereinander mit nach Hause. Sie wissen jetzt, welche Dinge es wert sind, geschätzt zu werden.

Am zweiten Tag entwickeln wir eine Vision: „Wonach ruft die Welt?"
Am zweiten Tag starten wir mit einer Benchmarking-Präsentation von anderen Unternehmen, die „fit für den Markt" sind. In Kleingruppen finden die Teilnehmer nun die größten vorhandenen strategischen Chancen, die sich aus den Interviews ergeben. Diese bewerten sie gemäß ihrem Marktwert, zum Beispiel mittels Wert in Euro, Einzigartigkeit und Attraktivität für die Kunden. Die Teilnehmer arbeiten fieberhaft an ihren Visionen. Anschließend stellen die Kleingruppen jeweils die „Top-Fünf" der strategischen Chancen in einer dreiminütigen Präsentation im Plenum vor. Diese „Top-Fünf" bleiben im ganzen Raum an den Wänden verteilt, um später von jedem einzelnen Teilnehmer mit Symbolen bewertet zu werden. Ein Herz für „Das würde mich wirklich erfreuen", ein Euro für „Das könnte finanziell attraktiv sein" und ein „Werte-Aufkleber" für Kongruenz mit unseren Werten. Daraufhin werden in Vierergruppen die wertvollsten – und gemeinsam getragenen – strategischen Chancen herausgefiltert. In Zwölfer-Gruppen wählen sie erneut die „Top-Fünf" aus und stellen diese als Bild dar. Aber auch inspirierende strategische Chancen, die nicht alle teilen, finden ihren Weg ins Plenum.

Die Bildergalerie an den Wänden zeigt nun die bevorzugten Träume des Unternehmens und seiner Mitarbeiter. Sie sind herausfordernd, unterbrechen Routinen und erzeugen einen Sog in die Zukunft. Und vielleicht am wichtigsten: Sie sind „geerdet" in den persönlichen Erfahrungen, die das Ideal als wirkliche Möglichkeit aufzeigen und greifbar werden lassen. Das Selbstvertrauen und die Hoffnung wachsen. Das Gemeinschaftsgefühl weitet sich aus, und gemeinsame Werte werden deutlich. Jetzt können es alle kaum erwarten, ihre Vision zu konkretisieren und zu beleben.

Am dritten Tag gestalten wir unsere Zukunft
Die Teilnehmer betrachten ihre bevorzugten Träume und strategischen Chancen vom Vortag. Dann finden sich Gruppen innerhalb eines *Open Space* zusammen, um herausfordernde Zukunftsaussagen (Possibility Statements) für die nächsten fünf Jahre und darüber hinaus zu entwickeln. Zum Beispiel: *Wir stehen in jedem unserer Märkte auf dem Treppchen und sind in unserem Kundenservice flink wie ein Eichhörnchen und umsichtig wie ein Adler.* Solche Zukunftsaussagen werden für Kernprozesse, Kundenservice, Infrastruktur, Wissensmanagement, Unternehmenskultur und für das gesamte Unternehmen entwickelt.

Jeder arbeitet dort mit, wo sein größtes Interesse liegt. Die Bereiche oder Themen für die Zukunftsaussagen können durch Modelle wie zum Beispiel EFQM (European Foundation for Quality Management) inspiriert sein. Wichtig dabei ist, daß die Modelle möglichst ganzheitlich das Unternehmen abbilden. Die Zukunftsaussagen sind besonders inspirierend, geben Energie und sind oft sehr bildhaft. Sie sind persönlich formuliert („wir") und, wie das obige Beispiel, in der Gegenwartsform ausgedrückt, so als wären sie bereits heute Realität. Nachdem die ersten Zukunftsaussagen im Plenum vorgestellt sind, verfeinern die Gruppen diese nochmals. Dann ist den Teilnehmern klar, wie sie und ihre Kunden erkennen würden (worin es sich zeigen würde), daß *wir flink wie ein Eichhörnchen* sind. Ihre Ergebnisse präsentiert die ganze Gruppe im Plenum, zum Beispiel in Form von Sketchen oder Interviews. Jetzt erlebt jeder, wie sich diese Vision „anfühlt" und konkret aussieht. Viele wollen sofort mit der Umsetzung starten.

Am letzten Tag starten und unterstützen wir unseren Wandel
Am Beginn des vierten Tages rufen sich die Teilnehmer nochmals ihre konkreten Visionen in Erinnerung. Dann suchen sie in einem Brainstorming in Kleingruppen nach Ideen, um ihre Zukunftsaussagen zu verwirklichen. Was sind die wichtigsten Schritte und Ziele innerhalb der nächsten 3–5 Jahre, um unsere Vision zum Leben zu erwecken? In einem *Open Space* übernehmen die Teilnehmer Initiative und Verantwortung, Projektgruppen bilden sich. Diese erstellen erste Maßnahmen- und Ressourcenpläne. Zudem arbeiten sie an Fragen wie zum Beispiel: *Wie können wir uns mehr positive, erfolgreiche Geschichten erzählen? Wie kommunizieren und feiern wir unsere Meilensteine? Wie bauen wir unsere Erfolge weiter aus? Wie können wir unseren Fortschritt messen? Welche Unterstützung benötigen wir und können wir anderen geben?* Solche benötigten Ressourcen werden wie an einer Börse ausgetauscht. Anschließend wird in den Projektgruppen überlegt, wie sie die Ergebnisse und

die Energie des Gipfels an all jene weitertragen können, die leider nicht dabei sein konnten.

Zum Abschluß des Tages finden sich die Menschen in Gruppen zusammen, um sich für ihren Einsatz der letzten Tage zu belohnen und ihre guten Ergebnisse zu feiern. Am Ende ist klar: Hier hat der Beginn einer neuen Ära stattgefunden.

Die 4 Phasen des Zukunftsgipfels im Überblick

Tag	Phase	Fokus	TeilnehmerInnen
1	*Verstehen* (Discovery)	Systemübergreifender Entdeckungsprozeß für bisherige positive Erfahrungen anhand von Beispielen erfolgreichen Arbeitens. „Was ist jetzt das Beste?"	• Sie führen umfassende „wertschätzende" Interviews. • Sie sammeln herausragende Geschichten, Themen und Erfolgsfaktoren aus den Interviews.
2	*Visionieren* (Dream)	Visionsentwicklung einer idealen Organisation, die ihr volles Potential ausschöpft und die Welt positiv beeinflußt. „Was könnte alles sein?"	• Sie tauschen sich über die „Träume" aus den Interviews aus. • Sie entwickeln Visionen einer möglichen Zukunft.
3	*Gestalten* (Design)	Entwurf einer Organisation, in der die Lebensenergien in allen Unternehmensstrategien, Prozessen, Systemen, Entscheidungen und in der Zusammenarbeit fließen können. „Was sollte das Ideal sein?"	• Sie bestimmen die wichtigsten Ausprägungen und Elemente der Vision. • Sie fassen Ihre Vision in Worte als Zukunftsaussagen.
4	*Verwirklichen* (Destiny)	Motivation aufrechterhalten und Maßnahmeninitiierung „Wie geben wir die positive Energie und unser Lernen weiter, wie improvisieren wir?"	• Implementierung der wertschätzenden Organisation. • Arbeitsgruppen finden sich und planen nächste Schritte.

Beispielhafte Variationen im Prozeß

Je nach Zeit, Thema, Situation und Anzahl der Teilnehmer gibt es viele Möglichkeiten, den Prozeß zu variieren. Neben dem Gipfel kann der 4-Phasenprozeß auch netzwerkartig im „Schneeballverfahren" organisiert werden. Wenn notwendig, können die Interviews zum Beispiel vor dem Gipfel im Unternehmen durchgeführt und ausgewertet werden.

Der Einsatz von elektronischen Medien kann viele neue Möglichkeiten eröffnen. Über das Intranet können sowohl die Ergebnisse gesammelt als auch dargestellt werden. Mit Videokonferenzen können wir verschiedene Gipfel zum Beispiel in Hamburg, Wien und Zürich und ihre Menschen miteinander verbinden, um Ergebnisse auszutauschen.

Als Ausdrucksmittel in den vier Phasen zur Darstellung der Ergebnisse können Verse und Lieder, Zeitungsartikel und Bilder ebenso wie Skulpturen und Fernsehspots dienen.

4. Appreciative Inquiry: Genial einfach und anspruchsvoll

Unsere Wahrnehmung gestaltet unsere Realität

Die Welt ist nicht objektiv gegeben, sondern entsteht über unsere Wahrnehmung und im Austausch mit anderen. Wenn Sie zum Beispiel ganz stark gegen etwas kämpfen und sagen, „Ich will das nicht!" – warum passiert es dann trotzdem so oft? Es macht einen fundamentalen Unterschied, ob wir unsere Aufmerksamkeit „gegen etwas" oder „für etwas" ausrichten. Als typisches Beispiel können Projekte „gegen sexuelle Belästigung" gelten. Sie haben von vornherein einen am Problem, am Negativen ansetzenden Fokus. Wie wäre es statt dessen, Projekte zu „respektvoller und anerkennender Mann-Frau-Beziehung" durchzuführen und dabei von erfolgreichen Beispielen im Unternehmen zu lernen?

Womit wir uns beschäftigen, ist schicksalsprägend. Unsere Geschichten, unsere Gedanken und unsere Sprache sind der Ursprung. Wichtig ist zu wissen: In jedem Unternehmen, jeder Organisation, in jeder Gruppe und jeder Gesellschaft gibt es immer etwas, das gut und erfolgreich ist, etwas, in dem sich die Lebensenergie zeigt und auf dem wir aufbauen können.

Veränderung beginnt mit der ersten Frage

Die Samen für den Wandel pflanzen wir mit den ersten Fragen, die wir stellen. Warum haben Sie sich damals für diese Organisation entschieden? Was ist das beste, was Ihre Abteilung heute leistet, und worauf sind Sie stolz? Die „Untersuchung" einer Organisation beeinflußt die Menschen und ihr Bewußtsein. Es gibt keine neutrale Frage. Jede noch so offene Frage gibt uns bereits einen Rahmen und eine Richtung. Die „wertschätzenden" Fragen erklären nicht die Welt von gestern, sondern artikulieren die Möglichkeiten von morgen. Befragung und Wandel treten gleichzeitig auf. Je inspirierender wir die Frage stellen, desto erfolgreicher und nachhaltiger wird der Wandel sein. Selbst dann, wenn Sie heute nur in einem von zehn Fällen einen exzellenten Kundenservice erbringen, versucht *Appreciative Inquiry* zu verstehen, was diesen einen Fall wirklich ermöglicht hat. Anschließend suchen wir nach Möglichkeiten, einen sogar noch exzellenteren Kundenservice dauerhaft zu erreichen.

Fragen wie die Kinder

„Fragen wie die Kinder" steht für Offenheit, Neugierde und die Fähigkeit zu staunen, überrascht als auch inspiriert zu sein sowie neues Lernen zu wollen. In dem durch *Appreciative Inquiry* sehr bekannt gewordenen Stadtentwicklungsprojekt *Imagine Chicago* wurden Bürger, welche die Stadt prägten, zu einer lebenswerten Zukunft interviewt. Die wertvollsten Interviews wurden dabei von Kindern und Jugendlichen geführt.

Die Macht des inneren Dialogs

Bei Gesprächen in der Kaffeepause oder auf den Gängen hören wir vielleicht: *Die in der Konstruktion haben es schon wieder verbockt...* oder: *Toll, daß der Herr Müller den Auftrag an Land gezogen hat.* Der „innere" Dialog der Organisation offenbart Widerstände ebenso wie Potentiale. Diese zeigen sich kaum in Unternehmensbroschüren, Leitbildern und offiziellen Meetings. Der „innere" Dialog ist das, was die Menschen einander in kleinen, vertrauensvollen Gruppen sagen, wenn sie ihre wahren Gefühle und Gedanken zeigen. Es sind die Geschichten des Alltags, die sich Menschen erzählen. Der innere Dialog ist deshalb so machtvoll, weil diese Geschichten zu *handlungsleitenden Mustern* werden.

Metaphern und Bilder leiten unser Handeln

Wenn wir Organisationen verwandeln wollen, dann müssen wir ihre Geschichten und ihre dahinterliegenden Metaphern verändern. In erfolgreichen Unternehmen finden Sie mindestens doppelt so viele positive wie negative Geschichten. Die amerikanische Telefongesellschaft GTE zum Beispiel hat sich zum Ziel gesetzt, eine Kultur zu erzeugen, in der mindestens fünf positive Geschichten einer negativen gegenüberstehen. Mehr zu diesem Thema können Sie in dem Beitrag „Eine neue Geschichte erzählen" von Matthias zur Bonsen in diesem Buch erfahren.

Appreciative Inquiry setzt an der Basismetapher an, die wir für eine Organisation verwenden, weil Metaphern die Wurzeln unseres Handelns bilden. Geprägt durch ein tayloristisches Weltbild, haben wir in der Vergangenheit Organisationen als Maschinen begriffen. In unserer heutigen Zeit treten Bilder aus der Natur in unsere Vorstellungswelt. Organisationen werden zunehmend als Organismus verstanden. *Appreciative Inquiry* arbeitet mit der Metapher der Organisation als offenes Buch, das ständig neu geschrieben und neu interpretiert wird.

5. Lösen Sie eine positive Revolution aus

Das Unternehmen *Nutrimental Foods* in Brasilien schloß seine Werkstüren und brachte alle 500 Mitarbeiterinnen und Mitarbeiter, Lieferanten, Kooperationspartner, Politiker zu einem Zukunftsgipfel (Appreciative Inquiry Summit) zusammen – mit großem Erfolg: Ein Jahr später stieg der Gewinn um 300 Prozent. Dieser Prozeß war so kosteneffektiv, daß der Zukunftsgipfel zu einem jährlichen Ereignis für das strategische Planungsverfahren wurde.

Der Zukunftsgipfel ist die nächste Stufe in der Evolution der Großgruppenarbeit, weil er auf einzigartige Weise Techniken aus anderen Großgruppenverfahren integriert. Diese sind in einen innovativen 4-Phasen-Zyklus eingebettet, der die Energie nährt und hochhält. Von den *Zukunftskonferenzen* wurde die Arbeit mit persönlichen, organisationsbezogenen und globalen Zeitlinien übernommen. Von dem Verfahren *RTSC* ist die Kombination von teilautonomer Kleingruppe und Großgruppe eingegangen. Die Kleingruppen steuern sich selbst, indem sie über einen Moderator, einen Schreiber, einen „Zeithüter" und einen Präsentator verfügen. Mit *Open-Space*-Elementen wird die persönliche Entscheidung und die öffentliche Verpflichtung für den sich entfaltenden Wandel gestärkt.

Die Einsatzmöglichkeiten des Zukunftsgipfel sind vielseitig: zum Beispiel für Strategische Planung, Kulturwandel, Post-Merger-Integration, Ausbau des Kundenservice, Stadtentwicklung und vieles andere mehr. Wie schon gesagt: überall dort, wo Sie eine positive Revolution auslösen möchten.

„*Der beste Weg, die Zukunft vorherzusagen, ist, sie zu erschaffen.*" (Peter Drucker)

Verwendete und weiterführende Literatur

Barrett, Frank J.: „Creating Appreciative Learning Cultures"; in: *Organizational Dynamics*, 24 (1), 1995, S. 36–49.
– & Cooperrider, David L.: „Generative Metaphor Intervention: A New Approach to Intergroup Conflict; in: *Journal of Applied Behavioral Science*, 26 (2), 1990, S. 223–244.
Bruck, Walter: *Nachhaltige Veränderungen aus den menschlichen Kraftquellen im Unternehmen*, Bad Homburg v. d. H.: Eigenverlag 1999.
– & zur Bonsen, Matthias: „Energie für den Wandel"; in: *Management und Berater*, 1/2000.
Bunker, Barbara B.: „Appreciating Diversity and Modifying Organizational Cultures: Men and Women at Work"; in: Srivastva, Suresh, Cooperrider, David L. et al. (Hrsg.): *Appreciative Management and Leadership: The*

Power of Positive Thought and Action in Organizations (1. Aufl.), San Francisco: Jossey-Bass, S. 126–149.

Bushe, Gervase R. & Pitman, Tom: „Appreciative Process: A Method for Transformational Change"; in: *Organization Development Practitioner,* 23 (3), 1991, S. 1–4.

Cooperrider, David L.: „Positive Image, Positive Action: The Affirmative Basis of Organizing"; in: Srivastva, Suresh, Cooperrider, David L. et al. (Hrsg.): *Appreciative Management and Leadership: The Power of Positive Thought and Action in Organizations.* San Francisco: Jossey-Bass 1990 S. 91–125.

–: „Resources for Getting Appreciative Inquiry Started: An Example OD Proposal"; in: *OD Practitioner,* 1996, S. 23–33.

–: „The ‚Child' As Agent of Inquiry"; in: *Organization Development Practitioner,* 28 (1 & 2), 1996, S. 5–11.

– & Whitney, Diana: „When Stories Have Wings: How ‚Relational Responsibility' Opens New Options for Action"; in: McNamee, S. & Gergen, K. (Hrsg.): *Relational Responsibility,* Thousand Oaks, CA: Sage Publications 1998.

– & –: *Appreciative Inquiry,* San Francisco: Berrett-Koehler 1999.

Elliott, Charles: *Locating the Energy for Change: An Introduction to Appreciative Inquiry,* Winnipeg (Canada): International Institute for Sustainable Development (IISD) 1999.

Hammond, Sue & Royal, Cathy (Hrsg.): *Lessons From the Field: Applying Appreciative Inquiry.* Plano, TX: Practical Press 1998.

Königswieser, Roswita & Exner, Alexander: *Systemische Intervention,* Stuttgart: Klett-Cotta 1998.

Lakoff, George & Johnson, Mark: *Leben in Metaphern: Konstruktion und Gebrauch von Sprachbildern,* Heidelberg: Carl-Auer-Systeme Verlag 1998.

Mohr, Bernard J.: *Appreciative Inquiry: Change at the Speed of Imagination,* San Francisco: Jossey Bass (im Druck; ca. Herbst 2000).

Weber, Susanne: „Dispositive der Macht. Von der ‚Pyramide' zum ‚Netz'"; in: Aithal, V. et al. (Hrsg.): *Wissen – Macht – Transformation. Interkulturelle und internationale Perspektiven.* Frankfurt: IKO 1999, S. 165–184.

Umfangreiche deutsch- und englischsprachige Informationen zu *Appreciative Inquiry* finden Sie unter:
www.appreciative-inquiry.de sowie www.wb-consult.de.

Community Building: Die Erforschung persönlicher Zwischenräume*

Jerry Hampton

1. Einführung

CB (Community Building) baut *authentische* Beziehungen zwischen Personen auf. Das Wort *authentisch* ist von ganz besonderer Bedeutung, denn wir kommunizieren nur sehr selten authentisch. Indem die Teilnehmer lernen, anders zu kommunizieren, werden sie durch die Workshops auf einer sehr emotionalen Ebene zu einer Gemeinschaft verbunden. Für einige Teilnehmer ist dies eine durchaus lebensverändernde Erfahrung.

Weltweit haben bereits Tausende an diesen Workshops teilgenommen. Der folgende Text beruht auf den Erfahrungen, die ich mit dem *Dr. M. Scott Peck-Modell* für *CB* in den letzten 13 Jahren gesammelt habe.

Dr. Peck ist ein renommierter Psychiater aus den USA und ist dort bekannt geworden durch sein Buch *The Road Less Traveled*, das für über zehn Jahre auf der Bestsellerliste stand. Dr. Peck entdeckte sein Modell 1981. Ein dem Modell entsprechender Prozeß verläuft über vier Stufen der Gruppenentwicklung. Die Workshops nach Pecks Modell sind höchst unstrukturiert und basieren auf Erfahrung. Die Teilnehmer lernen mit nur minimaler Anleitung und daher fast selbständig, eine Gemeinschaft aufzubauen. Es gibt einige Vorgaben, bzw. besondere Übungen, um das eine Ziel zu erreichen: *eine Gemeinschaft mit den Anwesenden aufzubauen*. Dr. Peck sagt, Gemeinschaft sei ein Wunder.

Die ersten Workshops waren öffentlich zugänglich. Sie waren von einem Sponsor ausgeschrieben, und interessierte Personen nahmen daran teil. Einen solchen Teilnehmerkreis nennen wir eine *offene Gruppe*. Schließlich wurden auch Unternehmen angesprochen. Die Ausdehnung des Modells auf Unternehmen entwickelte sich allerdings nur langsam, denn um eine Gemeinschaft aufzubauen, braucht man Zeit, Engagement, und es kann zudem zu schwerwiegenden Veränderungsprozessen führen. Workshops, die im Rahmen eines Unternehmens oder einer Organisation stattfinden, nennen wir *geschlossene Workshops*.

---

* Aus dem Englischen von Birgit Kwiatkowsky. Originaltitel: „Community Building – Exploration into Personal Interspace" © by Jerry L. Hampton, August 1999.

2. Die Anfänge

Dr. Peck stieß 1981 durch Zufall auf das Verfahren. Er war von der *George Washington-Universität* eingeladen worden, um einen Workshop über *Spirituelles Wachstum* abzuhalten. Die Teilnehmer waren Lehrer, Krankenschwestern, Therapeuten und Geistliche. Was als intellektuelle Veranstaltung begann, wandelte sich in einen emotionalen Prozeß, in dem die Teilnehmer aus ihrem Leben erzählten. Sie suchten nach Zugehörigkeit und Akzeptanz ihrer individuellen Persönlichkeit, sie hatten ein „Verlangen nach Gemeinschaft". Ähnlich verliefen danach die ersten *CB-Workshops*.

Dr. Peck untersuchte daraufhin systematisch dieses Erlebnis und fand heraus, daß sich dieser Prozeß auf natürliche Art wiederholen läßt. Daraufhin gründete er im Dezember 1984 mit neun anderen Kollegen die *Foundation for Community Encouragement* (FCE). Der Hauptzweck der Gesellschaft ist es, durch CB-Workshops die Entwicklung von Gemeinschaften zu fördern und diesen Ansatz zu verbreiten.

Ganz ähnliche Abläufe wurden auf dem Gebiet der Psychologie etwa von Freud, Rorschach, Rogers und Maslow endeckt. Abraham Maslow erkannte das große menschliche Potential von Gruppen; er beschreibt es in seinem 1961 erschienenen Buch *Eupsychian Management*. Wahrscheinlich hätte er einen ähnlichen Prozeß wie Dr. Peck entwickelt, wäre er nicht so früh verstorben. Dr. Peck war vielleicht der erste, der seine Beobachtungen dokumentierte und eine Grundlage für sein Modell legte.

3. Meine Bekanntschaft mit Pecks Modell

Im Jahre 1986 fiel mir ein Exemplar des Buches *The Different Drum* von Dr. Peck in die Hände. Ich laß das Buch und war sofort von den Aussichten, die es bot, beeindruckt. Intellektuell verstand ich viel von dem, was ich hier las, aber das „Konzept der Leere", von dem hier die Rede war, blieb mir schleierhaft. Um etwas über „die Leere" zu lernen, entschloß ich mich zur Teilnahme an einem von Dr. Pecks Workshops.

Ich lebte damals getrennt von meiner Frau, meine Kinder waren erwachsen und wohnten nicht mehr zu Hause. Ich war ziemlich unzufrieden mit meinem Job. Man könnte sagen, ich war ganz schön „voll mit *Nichts*". Zur selben Zeit ging ich in eine Kirche, deren Gemeinde in tiefem Chaos steckte. Ich beschloß, daß ich die neue Methode lernen könne, um damit meine Kirche aus dem Chaos zu führen. Das war die Prämisse, unter der ich am ersten Workshop teilnahm.

Am Mittag des ersten Tages wurde mir klar, daß mein Ziel eigentlich nicht die Lösung der Probleme meiner Kirchengemeinde war. Ich erlebte, wie ich fand, den interessantesten und ungewöhnlichsten Prozeß, an dem ich jemals teilgenommen hatte. Ich hatte noch keine Ahnung, warum ich eigentlich da war. Gegen 17 Uhr fühlte ich mich schon vielen Leuten nah, denn sie erzählten sehr authentisch ihre persönliche Geschichte. Ich hatte das Gefühl, daß dieses Seminar genau das Richtige für mich war. Allmählich fragte ich mich, was ich wohl über mich erzählen würde.

Als die Abendsitzung dann um 19 Uhr begann, fühlte ich mich an einem sehr sicheren Ort. Meine übliche Angst, nicht akzeptiert zu werden, war verschwunden. Nach der Hälfte der Sitzung hatte ich das dringende Bedürfnis, meine Geschichte zu erzählen. Es war die Geschichte der Trennung von meiner Frau. Ich hatte dies vor vielen Bekannten geheimgehalten, was zu einer riesigen Last geworden war – ich konnte es nicht mehr ertragen. Es ging um mein Gefühl, allein zu sein, es ging um mein Bedürfnis, als jemand wahrgenommen und akzeptiert zu werden, der liebenswert ist und Liebe geben kann. Jetzt wußte ich, was „sich leeren" bedeutet, denn genau das hatte ich durch das Erzählen meiner Geschichte getan. Ich erfuhr auch, was es bedeutet, angenommen zu werden und andere anzunehmen – ganz so, wie man ist.

Dieser Workshop stellte sich als das wichtigste singuläre Ereignis meines Lebens heraus, das mir geholfen hat, meine Persönlichkeit zu verändern. Das Gefühl, akzeptiert zu werden, gab mir die Freiheit, so zu sein, wie ich wirklich bin. Am nächsten Tag sah die Welt ganz anders aus: Die Luft war frischer, und ich erkannte um mich herum die Schönheit in allen Dingen.

Einige Zeit später fanden meine Frau und ich wieder zueinander – denn ich hatte gelernt, durch das Chaos zu gehen und mich von Dingen zu befreien, die eigentlich unwichtig waren. Zu Beginn des darauffolgenden Jahres wurde ich von Scott Peck zu einem Begleiter für *CB* ausgebildet, und seither habe ich viele Workshops auf der ganzen Welt abgehalten.

4. Theorie

Kennzeichen

Dr. Peck hatte schon vieles an Lebenserfahrung gesammelt, bevor er auf die Idee der Gemeinschaft stieß. Teile seines Konzepts basieren auf dem, was er erlebt hat, und wahrscheinlich entwickelte sich sein Modell von Gemeinschaft auch daraus, ohne groß darüber nachzudenken. Dr. Peck besuchte eine Quäker-Schule, absolvierte den Militärdienst in der US-Army und nahm unter anderem an Tavistock-Therapie-Gruppen, der Sensitivity-Group-Bewegung teil und beschäftigte sich mit der Systemtheorie (detailliert im ersten Kapitel von *The Different Drum* dargestellt).

Wenn eine Gruppe von Personen, die Gemeinschaft erfahren haben, gebeten wird, *Gemeinschaft* kurz zu definieren, dann brauchen sie viele Worte, um das damit verbundene Gefühl zu beschreiben, weil *Gemeinschaft* für jeden Menschen etwas anderes bedeutet. Gleichzeitig wird die Gruppe aber sagen, sie sei „in Gemeinschaft verbunden".

Zu den Stichworten, die als Kennzeichen von Gemeinschaft von den Teilnehmern genannt werden, zählen: *Abenteuer, akzeptieren, mitfühlen, Verständnis, trösten, hoffnungsvoll, authentisch, friedlich, respektvoll, liebevoll, wirksam, leidenschaftlich, einschließend, Bewußtsein aufbauend, das Ich abschwächend, wie eine rosa Wolke* und *eine große Entscheidung nimmt Form an*.

Ein solcher Prozeß kann bei jeder Art von Gruppe oder in jeder Kultur funktionieren. Das Ergebnis ist dasselbe: Es entsteht eine emotional verbundene Gruppe von Menschen. Unterschiedliche Sprachen sind kein Hindernis, und viele Gruppen haben mit Übersetzern für Deutsch, Russisch, Französisch, Chinesisch, Spanisch und andere Sprachen gearbeitet. Das heißt nicht, daß es keine kulturellen Unterschiede gäbe – die gibt es. Der zugrundeliegende Prozeß bleibt jedoch der gleiche, mit jeweils nur einigen wenigen Abwandlungen. Mitglieder unterschiedlicher Kulturen werden den Prozeß der Kommunikation entweder langsamer oder schneller als andere entwickeln; zudem werden sie sich über unterschiedliche Themen unterhalten. In Asien ist es beispielsweise nicht üblich, in der Öffentlichkeit über persönliche Erfahrungen zu sprechen, so daß das Verfahren mehr Zeit braucht. In Deutschland wird noch viel über den Zweiten Weltkrieg gesprochen, anders als in den USA oder in Asien. Von allen Kulturen, mit denen wir gearbeitet haben, schien *CB* den Deutschen am besten zuzusagen. Über die Gründe kann man nur spekulieren – vielleicht spricht die Deutschen ja besonders die Unstrukturiertheit des Verfahrens an, weil sie in ihrer Geschichte meist mit dem Gegenteil konfrontiert waren.

Veränderungen im Ablauf des Workshops sind bei vielen *geschlossenen Gruppen* notwendig. Teilnehmer, die sich kennen oder täglich zusammenarbeiten, brauchen eventuell einige Übungen, um Gemeinschaft zu aufkommen zu lassen. *Geschlossene Gruppen* haben oft ein besonderes Anliegen oder Problem, das beachtet werden muß. Zum Beispiel fühlte eine Gruppe von 85 Personen, daß sie ihre Motivation verloren hatte. Es war eine religiöse Gruppe, also wurde ein besonderes Design entworfen, um den religiösen Aspekt einzubeziehen. Außerdem wurden für den Abend Veranstaltungen geplant, die freiwillig besucht werden konnten.

Die meisten Workshops werden von zwei Helfern, gewöhnlich einem Mann und einer Frau, begleitet. Sie dauern normalerweise drei Tage, gelegentlich auch nur ein oder zwei Tage, aber das ist selten. Die Teilnehmerzahl ist in der Regel auf 50 Personen begrenzt. Ich habe schon Gruppen von 85 und 160 Teilnehmern mit Erfolg geleitet und denke, daß mehr aufgenommen werden können. Am effektivsten sind Gruppen mit Teilnehmern im Alter von 35 bis 90 Jahren.

Demographische Erhebungen ergaben in einer Stichprobe zu öffentlichen Workshops ein Durchschnittsalter von 43 Jahren, mit einer normalen Spannbreite von 33 Jahren bis 70 Jahren. Die jüngsten Teilnehmer waren erst 14, die ältesten schon 89 Jahre alt. Vor 13 Jahren waren von den Teilnehmern in den USA 80% weiblich und 20% männlich. Allmählich verschob sich die Zusammensetzung hin zu einem Verhältnis von 50 zu 50 von männlichen zu weiblichen Teilnehmern. Gelegentlich überwog sogar die Teilnehmerzahl der Männer. In Deutschland setzten sich die Workshops im Schnitt immer zu 60 Prozent aus Frauen und zu 40 Prozent aus Männern zusammen.

5. Warum die Methode funktioniert

Pecks Schriften behandeln ausführlich, was durch den Prozeß geschieht, und geben zum Prozeß selbst einige Anweisungen. Aber sie erklären nicht, *wie* oder *warum* es funktioniert. Abraham Maslow hat in *Eupsychian Management* vielleicht die Antwort gefunden.

Maslow stellte einen Zusammenhang zwischen den unstrukturierten Gruppen mit ihrer freien Assoziation und dem unstrukturierten Rorschach-Tintenklecks-Test her. Er behauptete, daß wir gewöhnlich in einer sehr strukturierten Welt leben und uns der Struktur anpassen. Diese Struktur führt dazu, daß man stets das tut, was einem aufgetragen wird. So verlieren wir die Initiative, wir selbst zu sein. Der „innere Mensch" wird davon abgehalten, zu wissen, wer er ist, und nimmt statt dessen eine bestimmte Rolle oder ein Stereotyp an. Aber das Bedürfnis, dieser „echte Mensch" zu sein, der sich in uns versteckt, wartet darauf, gelebt zu werden. Wenn dann die Freiheit unstrukturierter Gespräche mit einem sich gelegentlich einschaltenden Helfer gegeben wird, dann werfen wir unsere Verteidigungsmechanismen, unsere Vorsicht und unsere vielen Masken über Bord, denn wir haben weniger Angst davor, verletzt zu werden. Man hofft darauf, daß auf diese Weise anderen in der Gruppe signalisiert wird, das gleiche zu tun, und daß sie sich so völlig als akzeptiert erfahren und nicht beurteilt werden. Darauf werden die anderen positiv reagieren. Je länger wir miteinander sprechen, desto mehr nähern wir uns dem „inneren Menschen", unserer versteckten Persönlichkeit. Maslow beschrieb seine Erfahrung mit unstrukturierten Gruppen als ein „Selbst-Transzendieren", mit einem weitaus besseren Ergebnis als dem einer zweijährigen Psychoanalyse; es erlaube dem eingezwängten und versteckten inneren Menschen, zum ersten Mal hervorzukommen, es sei Ehrlichkeitstraining, ein Spontaneitätstraining und ein Vertrauenstraining.

6. Die Methode
Entwicklungsphasen
In Pecks Modell für Gemeinschafts-Entwicklung gibt es vier Grundstadien, und zwar: *Pseudogemeinschaft, Chaos, Leere* und *Gemeinschaft*. Auch andere Modelle nehmen vier Phasen an, wobei Ähnlichkeiten in der Bedeutung der Phasen bestehen – dennoch sind die Verfahren sehr unterschiedlich. Zu den anderen Modellen zählen das von Tuckman (Forming, Storming, Norming, Performing) und das von Blanchard (Dirigieren, Coaching, Beraten, Delegieren).

Es gibt Überschneidungen zu *Open Space* und *Future Vision*. Aber die Peck-Methode ist einzigartig, denn die Teilnehmer arbeiten experimentell, beinahe selbständig (unstrukturiert), indem sie kommunizieren, statt entlang bestimmter Aufgaben zu arbeiten. Sie erinnert eher an ein Labor, in dem man durch Versuch und Irrtum herausfindet, was funktioniert und was nicht. Die Teilnehmer lernen einen inneren Teil von sich kennen, der von einer undefinierbar starken Kraft *zum Sprechen bewegt* wird.

Es wird nur eine einzige Forderung an die Gruppe gestellt: *nur dann zu sprechen, wenn es einen dazu drängt*, und zu lernen, was genau darunter zu verstehen ist. Gruppen ringen oft bis weit in den zweiten Tag um das Verstehen dieser Anordnung. Jeder Workshop folgt einem Grundmuster mit vier Entwicklungsstadien. Jede Phase entfaltet einen anderen Weg, abhängig von den Teilnehmern. Der Prozeß ist nicht besonders intellektuell, Gefühle werden in einem stärkeren Maß mit einbezogen. Doch um den Prozeß gänzlich zu verstehen, um die Gefühle zu erfahren, müssen Sie einfach selbst einen Workshop besuchen.

Die vier Stadien folgen keinem linearen Plan. Sie können vielmehr während des Workshops ausgetauscht werden. Die ersten beiden Phasen von *Pseudogemeinschaft*, gefolgt vom *Chaos* finden meist in dieser Reihenfolge statt, von da an kann sich jedoch jeder Teilnehmer „woanders befinden" und von seinem jeweiligen Platz nach Gemeinschaft verlangen. Schließlich formt sich aber ein Gruppenkonsens oder eine „kritische Masse", hin zur Gemeinschaft.

Alle Stadien sind wichtig. Manche halten das Chaos, andere die Leere für das wichtigste. Es gibt einige bedeutende Übergangsmomente in dem Prozeß, die in unterschiedliche Richtungen zu streben scheinen. Sie treten zwischen *Pseudogemeinschaft* und *Chaos* und zwischen *Chaos* und Leere auf. *Leere* und *Gemeinschaft* vermischen sich oft miteinander. Zu einigen Kennzeichen der vier Stadien und des Prozesses zählen die folgenden:

Die Stadien

Das Stadium der Pseudogemeinschaft
Normalerweise beginnen die Teilnehmer hier. Es ist das Stadium der Verstellung. Sie tun so, als wären sie schon eine Gemeinschaft. Sie benutzen die besten Umgangsformen, um sozial korrekt zu sein. Sie vermeiden, zu unterschiedlich, zu persönlich oder irgendwie zu kontrovers zu sein. Sie tun so, als sei das Leben großartig, als hätten sie „alles im Griff" und als würde ihnen keine einzige Sorge auf der Welt Kopfzerbrechen bereiten. Sie täuschen. Sie sind nicht verletzlich. Oft ist das langweilig, steril und oberflächlich. Es findet keine tiefergehende Kommunikation statt. All das ist eine erlernte Reaktion, von der Gesellschaft aufgezwungen.

Pseudogemeinschaft ist für den gesamten Prozeß wichtig, denn sie erzeugt Sicherheit, Vertrauen und Respekt. Gelegentlich wird jemand schon früh im Workshop durch Erzählen einer sehr persönlichen Geschichte von tiefer Bedeutung, verletzbar. Oft tut die Gruppe dann so, als habe sie die Geschichte nicht gehört, denn ihr „Bequemlichkeitsniveau" wurde hierdurch angegriffen. Zu diesem Zeitpunkt ist eine solche Offenbarung noch zuviel, denn es gibt noch nicht genügend Sicherheit. Wenn die Gruppe vorgibt, nichts zu hören, muß der Helfer auf die verletzliche Person reagieren, indem er einfach sagt: „Ich habe gehört, was du gesagt hast." Der Angesprochene weiß dann, daß jemand in der Gruppe um ihn Sorge trägt. In diesem Stadium ist das sehr wichtig.

Pseudogemeinschaft kann einige Stunden lang bestehen; durchschnittlich sind es jedoch zwei Stunden. In *geschlossenen Gruppen* kommt es vor, daß sie nur 15 Minuten anhält, manchmal aber auch einen ganzen Tag, je nachdem, wie groß die Ängste des Unternehmens sind. Die Teilnehmer können später zum Zustand von Pseudogemeinschaft zurückkehren, um mehr Sicherheit aufzubauen, nachdem sie die anderen Stadien durchlaufen haben.

Das Stadium des Chaos
Jeder Workshop hat seinen Rhythmus, und das Chaos gleicht dem aufgeregten, grellen Staccato, wenn die Becken geschlagen werden. Es ist so ziemlich das Gegenteil von Pseudogemeinschaft. Die Teilnehmer lernen, daß sie unterschiedlich sind, und fangen an, ihre Eigenheiten zu erforschen. Das kann – wenn die Pseudogemeinschaft sehr lange gedauert hat oder sehr unauthentisch war – schnell passieren, wie mit einem plötzlichen „Knall". Als ich das erste Mal Helfer eines solchen Seminars war, befanden wir uns bereits zwei Stunden lang in diesem Zustand; ein Mann erzählte gerade eine übertrieben harmonische Geschichte von seiner Mutter, als plötzlich eine Frau aufsprang und schrie: „Dieses schleimige Gequake ist total falsch! Du bist ein Lügner! Noch mehr davon, und mir kommt's hoch!" Das Chaos hatte begonnen.

Viele meiden Chaos, als sei es eine lebensbedrohende Belastung. Tatsächlich ist es auch eine „Last". Aber es ist sehr kreativ. In diesem Stadium „tragen" die Begleiter die Gruppe, halten einen sicheren Ort, um sie zu ermutigen, durch das Chaos zu gehen und es nicht einfach zu vermeiden. Im Chaos legen die Teilnehmer ihre guten Manieren ab und ihre *Vorurteile, Meinungen* und *Urteile* kommen zum Vorschein. *Übertragung* oder *Projektion* auf andere kann stattfinden; oft geht es dabei um Personen oder Situationen außerhalb des Workshops.

So erzählte eine Frau von einer Beziehung zu einem Mann, den sie haßte. Kurz danach provozierte sie einen Streit mit den anwesenden Männern, die aber nicht auf sie reagierten. Schließlich hatte sie doch einen Mann „am Schlafittchen" und geriet mit ihm in eine lebhafte Diskussion. Plötzlich fragte er die Frau, ob denn wirklich *er* es sei, gegen den sich ihr Ärger richte. Das half ihr zu erkennen, daß sie genauso im täglichen Leben reagierte und selbst die Beziehung, die sie sich so sehr wünschte, verhinderte.

Im Chaos versuchen Menschen oft, sich gegenseitig auf etwas festzulegen, einander so zu helfen oder zu bekehren; doch dadurch entsteht nur noch mehr Chaos. „Wenn du jetzt nur tun würdest, was ich gemacht habe, wäre dein Leben viel besser. Wenn du glaubst, was ich glaube, wird sich dein Leben ändern." – Doch der Mensch mag Ratschläge nicht besonders und verwirft sie meist.

In dieser Phase zeigen die Teilnehmer ein *chaotisches Verhalten*. Das Gesprächstempo nimmt zu, und die Schüchternen werden übergangen. Die Teilnehmer empfinden oft ein Bedürfnis zu sprechen, auch wenn es gar nichts zu sagen gibt. Sie hören nicht gut zu und sprechen oft, nur um sich sprechen zu hören. Bei mehreren Gelegenheiten habe ich die Zahl der Redebeiträge in einer Stunde gezählt, wobei die höchste Zahl 81 war, durchschnittlich kam es zu 60 Wortbeiträgen. Das ist chaotisches Verhalten und das genaue Gegenteil von dem oben angesprochenen „bewegt sein zu sprechen". Aber diese Phase ist notwendig für die Gruppe, denn so lernt sie, was „bewegt sein zu sprechen" bedeutet.

Im Chaos erforschen die Teilnehmer *Gruppen-Normen*. Sie probieren aus, über welche Themen diskutiert werden kann. Sie wenden sich einer oder mehreren Fragen zu, so daß eine Mischung aus Pseudogemeinschaft und Chaos entsteht. Ziel der Fragen kann es sein, einer Aufgabe auszuweichen oder zu lernen, was akzeptabel sein könnte. Solche Fragen, um die es geht, können zum Beispiel sein: Sollen die Fenster geöffnet oder geschlossen werden? Soll das Kunstlicht an- oder ausgemacht werden? Soll es in den Räumen warm oder kalt sein? Und was könnte man dafür tun? Sollen die Springrollos oben gelassen oder heruntergezogen werden? Die Helfer lassen gewöhnlich bereits ein oder zwei Fragen zu einem frühen Zeitpunkt im Prozeß zu. Aber nach ungefähr der zweiten Frage ist eine Intervention üblich.

Im Chaos fangen die Leute an, *inneres Chaos zu entdecken*, was sie davon abhält, „in Gemeinschaft" mit sich selbst zu sein. Meist ist es das, was sie „leeren" müssen. Man findet es schwierig, in Gemeinschaft mit der Gruppe zu sein, wenn die anderen viel inneres Chaos angesammelt haben. Das blokkiert das Mitleid. Indem sie solche Entdeckungen bewußtmachen, werden sie langsamer und viel kontemplativer. Sie verwenden vielleicht einige Worte oder Sätze, mit denen sie signalisieren, daß das Stadium *Leere* bald einsetzt: „Ich kann das nicht machen... Ich muß das loslassen... Warum mache ich das..." etc. Das ist der kreative Teil des Chaos. Es bietet eine „Bühne", das loszulassen, was man nicht braucht, und erlaubt die Gestaltung von etwas Neuem im Leben jedes Teilnehmers.

An dieser Stelle der Verwandlung weiß der einzelne selbst, was getan werden muß; doch die Teilnehmer fangen an, allen anderen zu sagen, was zu tun ist, und verwenden dabei *Wir-* und *Du-Aussagen*: „Wir müssen wirklich persönlich werden, bei dem was wir einander erzählen. Du mußt..."

Die Dauer des Chaos ist nicht vorhersagbar. Ich habe Chaosphasen von zwischen zwei und zwölf Stunden Dauer erlebt. Die Gruppe kann ins Chaos zurückfallen, nachdem sich die Gemeinschaft gebildet hat, aber es wird dann anders. Es geht dann kaum um egozentrische Ich-Aussagen, das Tempo ist wesentlich langsamer, und die Leute hören zu. An diesem Punkt haben sie begriffen. Eine echte Gemeinschaft kann mit Konflikten umgehen und weiß, fair zu kämpfen. Eine Gruppen in Gemeinschaft wird zu einem überaus effektiven Mittel der Konfliktlösung.

Das Stadium der Leere

Das ist das Stadium, in dem man losläßt, was nicht gebraucht wird, um Platz für etwas Neues zu schaffen. Die Leute kommen in die Workshops „voll bis zum Hals", so voll, daß kein einziges „Ding" mehr in ihr Leben paßt. Während des Chaos finden die Teilnehmer oft heraus, was „geleert" werden muß und ihnen die Energie raubt, was vielleicht ihre Seele tötet. Oft finden sie wieder zu vergessenen persönlichen Werten.

Die Leere kann eine Zeit sein, in der sich die Menschen persönliche Geschichten erzählen, die in ihrem Leben aktuell sind. Das kann bei großer Traurigkeit und unter Tränen geschehen. In einem solchen Fall werden die Teilnehmer sehr ruhig und hören dem zu, was gesprochen wird. Es gibt Raum und meist auch Perioden respektvollen Schweigens, um das Gesagte zu würdigen. Die Teilnehmer drücken sich über Körpersprache aus und „sprechen", was Worte nicht sagen können. Wenn Menschen ihre authentischen Geschichten offenlegten, konnte ich während der Erzählung beobachten, wie sich ihr Ausdruck von ängstlicher Angespanntheit oder von einem depressiven Zustand in Euphorie verwandelte. In Deutschland spricht man immer noch oft über den Zweiten Weltkrieg und die Narben, die er hinterlassen hat, und über ein Loslassen des Vergangenen. Von unterdrückten Schmerzen zu erzählen bedeutet Heilung.

Mit dem „Leeren" der Teilnehmer beginnt sich die Gruppenatmosphäre zu verändern. Das Tempo wird langsamer, man spricht sanftere Worte, man hört intensiv zu, mit dem ganzen Körper, und Mitgefühl füllt gleichsam den Raum. Es können Phasen des Schweigens eintreten, die manche als friedvoll oder sogar als heilig beschreiben. Die Gesichter werden weicher. Man sagt vielleicht, daß dies das erste Mal ist, daß man wirklich gehört wurde. Man ist oft voller Dankbarkeit für die Akzepetanz, die man spürt. Und wenn sich genügend Teilnehmer „leeren", fühlt sich die Gruppe in Gemeinschaft. Es gibt ein kollektives Bewußtsein, das Gemeinschaft zum Geschenk macht.

Gemeinschaft
Gemeinschaft ist ein schwer zu beschreibender Seinszustand. Man fühlt sich „in friedvollem Einklang", voller Frieden, und genießt das Zusammensein; man akzeptiert die Unterschiede und feiert vielleicht voller Freude miteinander. Gemeinschaft bedeutet ein Gefühl der Ganzheit, der Einheit, des Wissens um Akzeptanz – wie du bist, mit Fehlern und allem anderen. Unterschiede sind willkommen und werden sogar honoriert. Man scheint zu wissen, daß es völlig ausreicht, ein Mensch zu sein und ein wahrhaftiges Gefühl von Liebe zu erfahren.

Verschiedene Gruppen erfahren unterschiedliche „Grade" von Gemeinschaft. Ergebnisstudien fragen: „Wie stark hast du Gemeinschaftssinn in diesem Workshop erfahren?" Der durchschnittliche Wert liegt bei 7,5 bis 9,5 auf einer Skala von 1 bis 10. Die Helfer bewerten den Gemeinschaftssinn meist ein bis zwei Punkte unter den Gruppenangaben, manchmal sogar bis zu vier Punkte geringer. Eine solche Differenz in der Bewertung gibt es vor allem bei einer *geschlossenen Gruppe*, die niemals irgendeine Erfahrung als Gemeinschaft gemacht hatte und bei der vielleicht zum ersten Mal Gemeinschaft aufgekommen war. Die Wertung der Helfer berücksichtigt Risikofreude und die Themen, die zur Sprache kamen. Wir untersuchen, wie eine Annäherung an die unterschiedlichen Persönlichkeiten erreicht wurde und wie gut Unterschiede ausgelotet wurden.

Der Ablauf des Workshops

Der Workshop beginnt damit, daß die Begleiter eine Einführung geben, einige einfache Richtlinien zum Verhalten im Workshop nennen, eine Geschichte vorlesen, um Ruhe bitten – und dann beginnen die Teilnehmer zu sprechen. Die nächsten zwei oder drei Tage arbeitet sich die Gruppe durch die verschiedenen Stadien. Manchmal werden am dritten Tag bestimmte anleitende

Übungen durchgeführt, die Gemeinschaft vertiefen. Solche Übungen sind je nach Gruppe unterschiedlich.

Die Begleitung

Dies ist ein weiterer einzigartiger Aspekt von *CB*. Das englische Wort für *erleichtern, to facilitate,* kommt von dem französischen Wort *faciliter,* was soviel wie *leicht machen* bedeutet. *CB* ist nicht einfach; die Methode ist ein Ringen. Wir greifen nicht immer in jedes Gefecht ein – das müssen sich die Teilnehmer selber beibringen, um es zu beherrschen. Eine andere Definition von *erleichtern* ist *jemandes Hand halten*. Das kommt dem Wesen der Hilfe durch *CB* näher. Menschen scheuen Chaos und Leere, wenn sie können, denn beides macht angst. In dem Prozeß „halten" die Begleiter die Gruppe in Sicherheit, während sie sie ermutigen, *durch das Chaos zu gehen und den Mut zu haben,* „loszulassen" *bis zur Leere.*

Die erste Aufgabe eines *CB-Helfers* besteht darin, einen sicheren „Raum" zu schaffen und Vertrauen und Respekt in der Gruppe aufzubauen. Die zweite Aufgabe besteht darin, der Gruppe zur Leere zu verhelfen, nicht zur Gemeinschaft. Wenn sich der Prozeß entwickelt, halten die Begleiter das Interesse der Gruppe wach, indem sie Fortschritte kommentieren und ein Minimum an leitenden Interventionen einbringen. Wir möchten, daß die Gruppe den Aufbau der eigenen Gemeinschaft selbst übernimmt, und nicht wir.

Ein *CB*-Begleiter muß kontinuierlich vier Ebenen der Interaktion verfolgen, die alle zur gleichen Zeit ablaufen. Das ist so, als ob man eine dreidimensionale Schachpartie spielen oder mit vier Bälle gleichzeitig jonglieren würde. Man braucht einen *multi-tasker,* um alles zu beobachten und um angemessen zu reagieren, wobei es um die Frage „Eingreifen oder nicht" geht. Die vier Bereiche oder Ebenen der Interaktion, die der Facilitator verfolgen muß, sind:
1. Wo ist die Gruppe als Ganzes? 2. Was passiert mit jedem einzelnen in der Gruppe? 3. Was passiert mit meinem Co-Helfer? 4. Wo bin ich, und was passiert mit mir?

Nötig ist eine Balance zwischen der Gruppe und jedem einzelnen. Im Gruppenprozeß sollte weder die Gruppe vernachlässigt werden noch der einzelne auf Kosten des Gegenübers leiden.

Erfahrene CB-Begleiter sind oftmals der Gruppe im Prozeß voraus. Ein Begleiter lernt, auf eine Intervention bis zu ca. 20 Minuten zu warten. Gewöhnlich wird ein Teilnehmer innerhalb dieser Zeitspanne intervenieren. Gruppen sind schlau, wenn ihre Mitglieder an einem sicheren Ort Gelegenheit haben, *wirklich* sie selbst zu sein. Die Begleiter leiten oftmals *Leere* oder selbst *Chaos* auf sehr persönliche und authentische Weise. Ein Begleiter kann zu einem vollwertigen Teilnehmer werden, wenn er authentisch ist. Begleiter müssen sehr vorsichtig sein, damit sie nicht der Versuchung der Manipulation erliegen. Bei manchen Gruppen wird es notwendig sein, in jeder Pause Unterricht einzuschieben. Ob dies notwendig ist oder nicht, kann kulturell bedingt sein: Beispielsweise fiel 1992, als Selbsthilfegruppen in Australien gerade erst aufkamen, während eines Workshops auf, daß es den Teilnehmern an geeignetem Vokabular fehlte, das in den USA bereits existierte. Daher wurde Unterricht während der Pausen notwendig. Üblicherweise behandelt man dann in wenigen Minuten jeweils einen einzelnen Aspekt. Ein Gedicht mit dem Titel *Alter Chinesischer Vers* beschreibt, wie man hilft:

„Geh und suche deine Leute: / Liebe sie; / lerne von ihnen; / plane mit ihnen; diene ihnen; / fang mit dem an, was sie haben; / bau auf das, was sie wissen. / Doch von den besten Führern, / wenn ihre Aufgabe erfüllt / und die Arbeit getan ist, / sagen die Leute: / ,*Wir haben es allein gemacht.*'"

Manchmal wird eine Gruppe den Begleiter angreifen. Ursache kann eine Projektion aus dem Leben eines Teilnehmers sein. Oft drückt sich in einer Aggression gegenüber dem Begleiter aber auch eine Forderung aus, die aus der Abhängigkeit der Gruppe vom Begleiter resultiert und bedeutet, daß die Gruppe schneller oder anders vorangehen soll; solche Vorgänge passieren leicht in der Phase des Chaos. CB-Begleiter reagieren üblicherweise nicht direkt. Sie lernen, jeden Angriff mühelos anzunehmen, ohne auf die Gruppe zu reagieren, so daß die Gruppe zu einer Gruppe von Führern werden kann.

Helfende Interventionen

Interventionen können sehr unterschiedlich sein und je nach dem Verhalten der Gruppen variieren. Wahrscheinlich gibt es mindestens 100 mögliche und unterschiedliche Interventionen, die unter den jeweils gegebenen Umständen angewandt werden können.

In geschlossenen Workshops treten Interventionen öfter und anders auf als in *offenen Gruppen*. Eine *geschlossene Gruppe* tritt mit ungeschriebenen, unausgesprochenen Normen, mit „Verhaltensregeln", am Versammlungsort auf. Das belastet den Prozeß regelmäßig, denn solche Regeln basieren auf Angst. Die Gruppe ist sich nicht dessen bewußt, wie sie mit ihren Normen umgeht. Die Aufgabe des Begleiters ist daher, die Normen offenzulegen.

Beispiel: Die Regeln einer *geschlossenen Gruppe* halten den Prozeß auf. Der Begleiter initiiert eine Übung, um diese Regeln genau zu erforschen. Während dieses Vorgangs äußert sich die Gruppe verwundert. *Die Regeln zu kennen* macht es leichter, sie loszulassen. Eine Regel lautete beispielsweise: *Keinerlei Konfrontation mit einer anderen Person ist erlaubt*. Während des Versuchs, diese Regel zu befolgen, gerieten die Teilnehmer in einen äußerst gesunden Disput.

Manchmal bleibt eine Gruppe auch stecken und kommt nicht weiter voran. Grund hierfür kann eine „Gruppenleere" sein; es muß nicht aus Verstocktheit passieren. Auf jeden Fall muß der Begleiter immer versuchen, die jeweilige Ursache herausfinden. Möglich wäre es, die Gruppe einfach zu fragen: „Was passiert eigentlich?" Meist wissen die Teilnehmer, was los ist. Oft ist es aber auch eine Art „Feld", ähnlich einem magnetischen Feld, was das Stocken verursacht und die Gruppe belastet. *Felder* wirken unterhalb des Bewußtseins und werden normalerweise von der Gruppe nicht erkannt. Der Begleiter muß versuchen, das Feld aufzudecken und zu benennen, um die Blockade zu lösen.

Ein Beispiel: In Melbourne, Australien, verlief ein Workshop von Anfang an sehr zäh. Die Gruppe hatte einfach keine Energie. Wir begannen also, nach einem „Feld" zu suchen, indem wir mit den Teilnehmern während der Pausen und beim Mittagessen sprachen. Am Nachmittag hatten wir gefunden, wonach wir suchten: Der Staat Victoria hatte in der Woche davor seinen finanziellen Bankrott erklärt. Die Regierung war daraufhin gestürzt, und mehrere tausend Angestellte waren entlassen worden. Die verbliebenen Angestellten mußten Zulagenstreichungen und drastische Gehaltskürzungen hinnehmen. Das Thema wurde von einem Begleiter angesprochen und von den Teilnehmern angenommen, Gespräche kamen auf. Die „Verstocktheit" brach, Energie kam auf.

Einige Interventionen müssen sofort erfolgen, um die Sicherheit der Gruppe zu gewährleisten; denn geht die verloren, dann kann es Stunden dauern, um sie wieder aufzubauen. Der Begleiter muß sehr vorsichtig sein, damit er die Gruppe nicht manipuliert; zudem darf er die verständige und sichere Atmosphäre nicht gefährden.

Gefährdung geht beispielsweise von folgenden Handlungen aus:

- Ein Teilnehmer wird vom Begleiter zum Sündenbock erklärt.
- Der Begleiter läßt zu, daß die Gruppe von einem Teilnehmer angegriffen wird.
- Der Begleiter versucht, die Gruppe in kleinere Gruppen zu unterteilen oder in einer anderen Form zu organisieren.
- Manipulation der Gruppe durch einen Teilnehmer oder durch eine Untergruppe, die zudem einen eigenen Sprachcode benutzt, so daß die Gruppe als Ganzes nicht verstehen kann, was gesagt wird.

Ein Begleiter muß schnell derartig verunsichernde Verhaltensweisen durch angemessene Intervention unterbinden. Die Interventionen betreffen die Balance und das Bewußtsein der Gruppe. Sofortige Interventionen haben meist die Erhaltung der sicheren Umgebung zum Ziel.

7. Fallbeispiele

Ein wichtiger Grundsatz für Gemeinschaft ist Vertrauen. Es macht den Aufbau von Gemeinschaft sicher. Aus diesem Grund fehlen bei den folgenden Beispielen Angaben von Namen, Orten und Details. Die folgenden Fälle sollen die große Bandbreite der Methode verdeutlichen, wie sie oben ja schon angedeutet wurde. Sie handeln alle von geschlossenen Organisationen.

Organisation A

Organisation A ist ein großer Autohändler, mit drei unterschiedlichen Autos im Angebot. Zu Beginn der *CB* hatte die Firma 450 Beschäftigte.

Die Situation: Der Firma ging es gut, es gab keine offensichtlichen Probleme. Der Inhaber entschied sich, eine *CB* auszuprobieren, um die Qualität der Firma zu verbessern. Innerhalb von drei Jahren nahmen daraufhin alle Mitarbeiter an mindestens einer *CB* teil, wobei einige Teilnehmer bis zu drei CBs durchliefen.

Das waren: 1. ein firmenübergreifender Workshop für Angehörige aus allen Abteilungen, 2. ein Workshop für das Management mit einem besonderen Training, wie man Gemeinschaft managen kann, 3. ein Workshop für Familienmitglieder, die eingeladen waren, an einem späteren Workshop teilzunehmen.

Vorbereitung: Ein Plan zum Umgang mit den 450 vom Charakter her sehr unterschiedlichen Beschäftigten. Eine Analyse der Bedürfnisse. Diese ergab, daß wir das Grund-Workshopmodell nicht sehr verändern mußten.

Ergebnis: Innerhalb von drei Jahren war die Firma zum führenden Händler für die drei Automodelle in den Vereinigten Staaten aufgestiegen. Die Anzahl der Beschäftigten war auf 550 Mitarbeiter gestiegen.

Außerdem:

- hatte die Fluktuation unter den Beschäftigten abgenommen, die Arbeitsatmosphäre wurde als besser als die bei der Konkurrenz empfunden;
- war die Verkaufsstrategie geändert worden; und mehr Autos waren verkauft worden;
- waren steigende Gewinne zu verzeichnen;
- war die Qualität der Wartungsgruppe gestiegen sowie die Zahl der Reklamationen zurückgegangen.

Organisation B

Bei Organisation B handelt es sich um ein Forschungsunternehmen, das auf Produktanalysen spezialisiert ist.

Die Situation: Diese Gruppe schien gut zu arbeiten, aber die Präsidentin spürte, daß irgend etwas nicht stimmte. Sie entschied, daß *CB* der Firma helfen sollte.

Vorbereitung: Eine Bestandsaufnahme zeigte, daß in der Firma viel getratscht wurde und daß ein mittlerweile gefeuerter Angestellter einen nicht unerheblichen persönlichen Schaden bei ehemaligen Kollegen angerichtet hatte. Wir wußten, es würde schwierig werden, Sicherheit aufzubauen. Wir wußten auch, daß Regeln angesprochen und geändert werden mußten.

Ergebnis: Ein Vorfall, der sich vier Jahre zuvor ereignet hatte, kam wieder hoch. Dieses Ereignis beschäftigte die Gruppe also immer noch und unterhöhlte dadurch geradezu die Firma. Der Vorfall wurde mit allen Teilnehmern besprochen und geklärt. Endlich konnte die Gruppe „loslassen", und ein neuer Grad an gegenseitigem Verständnis wurde erreicht. Neue Regeln wurden entwickelt.

Organisation C
Organisation C ist eine staatliches Dienstleistungsunternehmen, das sich aus drei Untergruppen zusammensetzt.

Die Situation: Das Budget für die Organisation war zusammengestrichen worden, und unsere Aufgabe bestand darin, die Organisation bei der notwendigen Verkleinerung zu unterstützen.

Vorbereitung: Eine Bedarfsanalyse zeigte, daß die Kommunikationsstrukturen der Gruppe sehr schlecht waren; zudem fand ein unnötiger Wettbewerb zwischen den drei Gruppen statt. Zwei Gruppen fühlten sich von der dritten Gruppe wie Bürger zweiter Klasse behandelt. Zudem stellte sich heraus, daß sich die drei Gruppen seit acht Jahren überhaupt nicht mehr getroffen hatten. Wir erwarteten ein ziemliches Chaos. Wir beschlossen, daß der Workshop am ersten Tag über zwölf Stunden gehen sollte und daß alle Mahlzeiten im Tagungsraum eingenommen werden sollten. Wir spürten, daß es eines langen Tages bedurfte, um die von uns vermuteten Barrieren einzureißen.

Ergebnis: 30 Minuten nach Workshopbeginn erlebte die Firma ein schweres Chaos. Die Gruppe mußte ihrer angestauten Wut Luft machen. Die Teilnehmer zeigten häufig mit dem Finger auf andere und machten einander Vorwürfe. Nach ungefähr 6 Stunden im Workshop wollte die Gruppe davonlaufen. Aber es gab es noch mehr, was „raus" wollte; daher mußte der Begleiter sie im Chaos halten. Zu diesem Zeitpunkt brachte er folgende Intervention an: „Ihr arbeitet an euren Hierarchie-Bedürfnissen am Arbeitsplatz, das braucht noch Vertiefung." Der Manager der Firma griff die Intervention schnell auf, und wir blieben für drei weitere Stunden im Chaos, insgesamt also für 9 Stunden. Für die letzten drei Stunden teilte ich Viereergruppen ein, die an Problemen weiterarbeiten sollten, die im Chaos hochgekommen waren. Das erste war: *„Wie* wollt ihr nächsten Montag anders kommunizieren?" Großartige und freundschaftliche Lösungen wurden hierzu erarbeitet. Der Workshop war ein großer Erfolg, der in Gemeinschaft und in sehr viel neue Wahrnehmung mündete.

Organisation D
Organisation D war eine kleine Stadt in den USA.

Situation: Weil die wichtigsten Produktionsstätten in der Stadt geschlossen worden waren, hatte die Kommune eine Menge Probleme. Viele Menschen hatte ihren Job verloren, und die Selbstmordrate lag 40% über dem nationalen Durchschnitt. Eine Umfrage hatte ergeben, daß die Bewohner sich nicht gegenseitig beistanden, sondern sich lieber auf sich selbst verließen.

Vorbereitung: Der Workshop war für alle Bewohner der Stadt zugänglich. Wir hatten Schwierigkeiten abzuschätzen, was passieren würde; daher beschlossen wir, auf „Nummer Sicher" zu gehen. Vor Beginn besprachen wir alle möglichen Übungen, die vorstellbar waren. Wir entschieden uns schließlich für eine Sitzanordnung ähnlich wie in einem Theater. Zur Demystifikation des Prozesses gaben wir eine außergewöhnlich lange Einführung. Die Einführung lockerten wir mit Witzen auf; wir brachten alle Teilnehmer zum Lachen: über uns, aber auch über sich selbst. Wir baten sie um die Erlaubnis, einen Kreis zu bilden, und sie stimmten zu.

Ergebnis: Die Gruppe begann als typische Pseudogemeinschaft, aber sie fiel schon gleich zu Beginn in eine Art von Chaos. Viele Teilnehmer mußten den Workshop verlassen, um irgend was zu erledigen, und es gab ein ziemliches Rein und Raus. Das war chaotisch. Ab und zu wurde eine persönliche Geschichte erzählt. Es wurde deutlich, daß das Leben aller voll von Chaos war und daß die Teilnehmer Chaos nicht, wie sonst üblich, erst einmal „herstellen" mußten. Diesen besonderen Umstand erklärten wir ihnen. Wir beschrieben ihnen, wie der Prozeß normalerweise abläuft, und erlaubten ihnen dann, vom Chaos abzusehen; denn ihre Geschichten *waren* Chaos. Sofort wurden einige fast unglaubliche Geschichten über Verlust und Zurückweisung erzählt. Am späten Nachmittag teilten wir kleine Gruppen ein und gaben ihnen die Aufgabe, ein Modell ihrer Stadt zu entwerfen, wie sie ihrer Meinung nach sein sollte. An jede Gruppe wurde ein Sack voller Utensilien ausgeteilt, die sie für ihr Modell verwenden sollte. Die verschiedenen Sachen fanden wir in einem Büro im Gebäude, und wir kauften auch einiges in einem nahegelegenem Geschäft. Jede Untergruppe erklärte anschließend der großen Gruppe, was ihr Modell zu bedeuten hatte. Was sie da ausgeheckt hatten, war einfach unglaublich! Der Workshop gab ihnen die Kraft, vorwärtszugehen und viele der im Modell angesprochenen Bedürfnisse zu erfüllen. Außerdem bildeten sie einige ständige Gruppen, um den Lernprozeß, „mit anderen in Kontakt zu treten", weiterzuführen.

Organisation E
Organisation E ist eine kleine christliche Kirche.

Situation: Die Kirche wollte eine bessere Kommunikation.

Vorbereitung: Keine besondere Vorbereitung. Aus Erfahrung wußten wir, daß gerade die Mitglieder einer Kirche, mehr als die Mitglieder vieler anderer Organisationen, eine beachtlich ausgeprägte Pseudogemeinschaft „pflegen" und daß sie zur Vermeidung von Chaos über raffinierte Strategien verfügen. Mit dem Ziel, die Pseudogemeinschaft aufzubrechen, und mit einigen Interventionen ausgestattet, begannen wir den Workshop.

Ergebnis: Die Gruppe war keine Ausnahme von der Kirchennorm. Nach fünf Stunden im Prozeß befanden sich die Teilnehmer immer noch in Pseudogemeinschaft. Mein Co-Helfer sagte zu mir in der Pause: „Diese Gruppe wird nie zu Gemeinschaft finden." Ich war anderer Meinung, so daß wir nach der Pause unser eigenes Chaos erlebten. Wir suchten nach einer anderen Intervention, um die Pseudogemeinschaft aufzubrechen, und beschlossen, den Teilnehmern unser eigenes Chaos in der Pause darzustellen. Wir stellten zwei Stühle in die Mitte des Kreises und waren mitten drin im Chaos. Das funktionierte und gab ihnen die „Erlaubnis", selbst Chaos zu produzieren. Zu unserer großen Überraschung bildeten sie drei Stunden später eine wirkliche Gemeinschaft.

Literatur

Peck, M. Scott: *The Different Drum*, New York: Simon and Schuster 1981.
Maslow, Abraham: *Eupsychian Management* (1961); Reprint unter dem Titel *Maslow on Management*, New York: John Wiley and Sons 1998.

Informationen über Angebote von *Community Development*-Workshops in Deutschland: www.communitydevelopment.de

13 Der Organisationsworkshop-Ansatz: Eine Großgruppenintervention für die Arbeit mit Basisgruppen*

Isabel und Ivan Labra

1. Übersicht

Der Ansatz des *Organisationsworkshops* wurde als Trainingsmethode für die Arbeit mit Dorf- und städtischen Basisgruppen in den 70er Jahren in Lateinamerika entwickelt und vor ungefähr zwölf Jahren nach Südafrika übertragen. Einige Charakteristika der Methode sind:

- Sie braucht große Gruppen, mindestens vierzig Personen, 300 bis 400 im Durchschnitt, und manchmal bis zu 1000 oder 2000 Personen, wenn die Finanzierung dies erlaubt.
- Alle Teilnehmer sind gleich. Das schafft besonders für Frauen eine unterstützende Atmosphäre für ihr Engagement und zu ihrer Stärkung.
- Das Training findet während der Arbeit statt, am Arbeitsplatz selbst, im Dorf oder im Stadtviertel, oder wo sich die Menschen sonst noch aufhalten.
- Im Training werden die Teilnehmer um solche produktiven Aufgaben herum „organisiert", die vorher von der Gemeinschaft festgelegt worden sind. Die Entwicklungsorganisation, die die ganze Maßnahme meist sponsort, stellt die Ressourcen zur Verfügung. Die Großgruppe von Menschen wird sich innerhalb von vier bis sechs Wochen eine gemeinschaftliche Verantwortung sowie das Recht und die Fähigkeit, diese Ressourcen zu bewirtschaften, erarbeiten – nämlich während sich die Aktivitäten entwickeln.
- Die Organisationsworkshops entwickeln bei den Teilnehmern die berufliche Fähigkeit in Produktion und Dienstleistung, in Managementtechniken, sie entwickeln Alphabetisierung, mathematische Grundfertigkeiten, Basisgesundheitsversorgung für Mütter und Kinder und weitere Kompetenzen, die als dringende Bedürfnisse der Gemeinschaft während der Arbeit auftauchen.

---

* Aus dem Englischen von Marion Keil.

Der Ansatz ist handlungsorientiert und fußt auf lokal identifizierten Problemen, die nicht von einer einzelnen Person gelöst werden können. Wenn also eine Gemeinschaft bereit ist, zur Lösung ihrer Probleme mit eigener Arbeit beizutragen, dann stellt der Organisationsworkshop mit einer Kombination von Training, Infrastruktur und Produktion den Rahmen zur Verfügung. Die Trainingsmaßnahmen betreffen Organisationskompetenzen, Alphabetisierung, Rechnen, Handwerk, Kinderversorgung und kulturelle Aktivitäten.

Sobald sich die Menschen und die Produktionsmaterialien an ihrem Platz befinden, hält die Direktorin/der Direktor des Workshops eine kurze einführende Rede, in der die Regeln erklärt werden. Dann werden die Produktionsmaterialien der Gruppe übergeben, und die Teilnehmer müssen sich nun selbst in ihren Handlungen um die Produktionsmittel herum organisieren. Gemeinschaften sind diese Freiheit, eigene Handlungen zu organisieren, nicht gewohnt. Im Gegenteil, sie sind es gewohnt, Anweisungen von Vorgesetzten, Politikern, selbsternannten oder traditionellen Führern entgegenzunehmen. Insofern provoziert solch ein Beginn einige anfängliche Irritation, die einen Tag lang, aber auch bis zu einer Woche anhalten kann. Da die Moderatoren des Workshops Lebensmittel nur für die ersten vier Tage bereitstellen, hängt das Überleben der Gruppe danach von ihrer eigenen geleisteten Arbeit ab. Diese Arbeit bedeutet Geld, sobald das Unternehmen, das aus den Teilnehmern besteht, entsprechende Arbeitsnachweise erbringt und den Moderatoren Rechnungen nach Marktpreisen vorlegt. Während dieses Prozesses geben die Moderatoren Input zur Theorie der Organisation, woraus die Teilnehmer die nötige Orientierung zur Lösung ihres Problems gewinnen können.

Während des gesamten Workshops stoßen die Teilnehmer immer wieder auf verschiedenste Probleme, auch technischer Natur, die die Umsetzung behindern. Sie fragen dann im Training aktiv nach, wenn ein Problem eine konkrete Bedeutung für sie hat. Sie finden heraus, daß es nötig ist, sich in verschiedene Arbeitsgruppen aufzuteilen, sich untereinander zu koordinieren und Entscheidungsfindungsprozeduren einzurichten. Dabei etablieren sie demokratische Selbstmanagementstrukturen. Die Moderatoren unterstützen den Prozeß, indem sie einfache Methoden vermitteln, um Pläne zu entwickeln sowie die erzielten Erfolge zu bewerten, und sie moderieren organisierte Diskussionen.

In einem arbeitsintensiven Dammkonstruktionsprojekt, das in Zimbabwe zwischen 1992 und 1994 durchgeführt wurde, hatte sich die Dorfbevölkerung in Arbeitsgruppen zu folgenden Aufgaben aufgeteilt:

- Landvermessung und -markierung;
- Baumschlag und Entfernung von Wurzeln vom Arbeitsgrundstück;
- Reparieren des Handwerkszeugs und dessen Ersatz;
- Steine tragen, Einkaufen und Lagern von Lebensmitteln;

- tägliches Verteilen und Einsammeln des Werkzeugs;
- Lagerhaltung;
- Kochen und Nahrungsverteilung;
- Getränkeverteilung an die Arbeiter;
- Kinderversorgung;
- Aktenführung zur individuellen und kollektiven Arbeitszeiterfassung;
- Buchführung über Ausgaben;
- Teilnahme an Handwerks- und Managementkursen.

Jede dieser Aufgaben ist in sich einfach genug, um von Menschen ohne Spezialkenntnisse oder Ausbildung erfüllt werden zu können. Die Komplexität der gesamten unternehmerischen Aufgabe allerdings verdeutlicht sehr klar, was *Management* praktisch bedeutet.

In jeder Arbeitsgruppe wird die Arbeit geplant und die Verantwortung individuell verteilt. Nach der Arbeit lernen die Arbeitsgruppen, wie sie ihre Resultate bewerten können, sie werten Fehler aus und suchen gemeinsam nach Wegen und Mitteln, diese in Zukunft zu vermeiden. Die Repräsentanten der Arbeitsgruppen kommen zusammen, um die Arbeitspläne zu diskutieren und die bisherigen Arbeitsergebnisse zu analysieren sowie die gesamten Planungsunterlagen zu einem Unternehmensdokument zusammenzufügen. Dieses Dokument geht an eine große Mitgliederversammlung, auf der jedes Mitglied die Chance hat, die Vorschläge kritisch zu beleuchten. Einmal angenommen, ist der Gesamtplan bindend für jedes Mitglied des Unternehmens und wird von der gewählten Führung bestärkt. Dieser Planungszyklus „von unten nach oben" besteht also aus drei Teilen:

- dem Erstellen eines Arbeitsplans von jeder Arbeitsgruppe;
- dem Treffen der Repräsentanten der Arbeitsgruppen zur Ressourcenverteilung;
- der endgütigen Abnahme des Plans durch die Mitgliederversammlung.

Während jedes Workshops wird dieser Planungszyklus mindestens dreimal durchlaufen, und danach ist die Dorfbevölkerung gut vorbereitet, um die Arbeit alleine weiter fortzusetzen. Gegen Ende des Workshops haben die Teilnehmer in der Regel 30–40% der physischen Arbeitsergebnisse erreicht, die zu erzielen sie sich vorgenommen hatten.

2. Die Theorie hinter dem Ansatz

Die Methode hatte schon Hunderte von Erfahrungen solcher Workshops in verschiedenen Teilen der Welt in sich vereint, bevor die Anwender in der Lage waren, eine Theorie zu entwickeln, die die Veränderungen erklärt, die während des Workshops erfolgen. Clodomir Santos de Morais hat in seiner *Theorie der Organisation* das Ziel des Organisationsworkshops mit „beschleunigte Evolution des Organisationsbewußtseins" umschrieben. Eine solche Entwicklung findet während der praktischen Erfahrung der Gründung eines Unternehmens statt, wo die beschleunigte Praxis zur Analyse der unterstützenden oder behindernden Faktoren einer unternehmerischen Arbeitsweise führt.

Santos de Morais beschreibt ein „naives" Niveau des Bewußtseins, wo Menschen die Verantwortung für ihre Situation Göttern, dem Unglück, dem Schicksal oder der Hexerei zuordnen. Das „kritische" Bewußtsein hingegen erlaubt eine Zuordnung nach real existierenden Akteuren, die die Situation bestimmen: Poliker, korrupte Beamte, die Polizei, skrupellose Landbesitzer und andere. Auf dieser Ebene der Reflexion können Menschen nicht nur externe Einflußgrößen bestimmen, sondern auch ihre eigenen Bedürfnisse so organisieren, daß sie selbst Lösungen mit vereinter Anstrengung entwickeln.

Paulo Freire und Clodomir Santos de Morais, die beide während der Diktatur in Brasilien eine Gefängniszelle teilten, konnten nach ihrer Entlassung und in ihrem Exil in Chile in den 60er Jahren nicht weiter zusammenarbeiten, weil sie unterschiedliche Ansätze hinsichtlich der Bedeutung des Bewußtseins hatten. Paulo Freire entwickelte seinen Ansatz zur Erreichung eines kritischen Bewußtseins weiter, während Santos de Morais ein solches kritisches Bewußtsein für nicht ausreichend hielt: Wenn Menschen durch den Befreiungsdialog in der Lage sind zu erkennen, was die Ursachen ihrer Misere sind, so heißt das noch nicht, daß sie sich daraus befreien können, und ihre Einsicht wird auch nicht die Situation selbst verändern. Deshalb, so dachte er, ist ein weiterer Schritt nötig, die „organisatorische Ebene" des Bewußtseins, die es den Menschen ermöglichen würde, etwas für sich selbst zu tun. Vielleicht aufgrund ihrer engen Freundschaft hat er nie die Arbeit von Freire kritisiert, sich aber auf seine eigene umfassende Basisarbeit vornehmlich in Zentralamerika und Brasilien konzentriert.

Berichte aus seiner Praxis belegten immer sichtbare Veränderungen bei den Teilnehmern und den Organisationen, zu denen sie gehörten. Gemeinschaften haben Dinge getan, die sie nie vorher taten, haben Kraft geschöpft, wurden stolz auf sich und selbstbestimmt. Sie verstärkten ihre politischen Bemühungen und ermutigten die Beteiligung an den Landreformbewegungen in vielen Ländern Zentralamerikas. Ein herausragendes Beispiel sind die Mitgliederorganisationen in Honduras, die Bananen in die USA exportieren und eine höhere Effizienz erreichen als ihre Konkurrenz, die multinationalen Unternehmen.

Die Vorgehensweise beim Prozeß fand Verbreitung bei anderen Anwendern, die aus den Erfahrung lernten und sie wiederholbar machten. Trotzdem hinkte die Systematisierung und die Theorie dazu zwei Jahrzehnte hinterher. Die Einführung der Methodik in Afrika erforderte große theoretische Anstrengung. Mit dem Begriff *objektivierte Handlung* scheint die Erklärung des Prozeßphänomens während des Workshops gelungen zu sein.

2.1 Die Psychologie der objektivierten Handlung

Der russische Psychologe A. N. Leontiev hat das Konzept der *objektivierten Handlung** entwickelt. Es integriert das Subjekt (das agierende Individuum), das Objekt (Land, Holz, Wolle, Ton, Metall usw.) in eine dialektische Beziehung, in der die Handlung sowohl das Subjekt als auch das Objekt gleichzeitig verändert.

Nach diesem Ansatz transforiert die Handlung des Individuums sein Verständnis, seine Wahrnehmung der Welt. Wollen wir also psychologische Charakteristika einer Person erklären, müssen wir dementsprechend auf ihre gegenwärtigen und vergangenen Handlungen achten. Wollen wir Veränderungen im Denken eines Menschen (Einstellungen, Gefühle, Gedanken) erreichen, müssen wir Veränderungen im Tun einführen. Die Psyche des Menschen wird diese Veränderungen reflektieren.

Veränderungen eines Inivieduums haben also zwei mögliche Ansatzpunkte: einen durch die verbale Kommunikation (Psychotherapie, traditionelle Erziehung, Gruppendynamik) und den anderen durch die Veränderung der das Individuum umgebenden Objekte. Diese zwingen zu anderem Tun, und damit verändert sich das Denken. Der Organisationsworkshop basiert auf letzterem Ansatzpunkt und entwickelt daraus eine Methode.

2.2 Die Aktivitäten der Kleinbauern

Kleinbauern sind seit Jahrhunderten ihrer Lebensgrundlagen beraubt worden. Ihre Landwirtschaft ist total abhängig von den Jahreszeiten, die, wenn sie gut sind, das Überleben sichern. Kleinbauern, die meist von Subsistenzanbau und in begrenztem Ausmaß von Viehhaltung leben, greifen in nur geringem Maße in den produktiven Prozeß ein. Das Vieh wird daran gehindert, einen Zaun zu zertrampeln, um an die Ernte dahinter zu kommen, es wird zur Tränke geführt und am Abend im Pferch zusammengetrieben. Die Menschen, meist Frauen, holen tagsüber Wasser und Feuerholz und stampfen Mais. Diese täglichen Aufgaben nehmen fast die gesamte Zeit in Anspruch, während derer auf Regen gewartet wird – und das, ohne große Eingriffe in den Prozeß der Tierhaltung oder des Anbaus. Es scheint so, als sähen diese Gemeinschaften als ihre einzigen Einflußmöglichkeiten zur Veränderung der Umwelt das Gebet und manchmal Gesang und Tänze.

Im südlichen Afrika wird dieser Handlungszyklus der armen Subsistenz-

---

* Die Autoren halten die Bezeichnung *objektgebundene Aktivität* für treffender als *objektivierte Handlung*; eine Diskussion hierüber würde aber im Rahmen dieses Aufsatzes zu weit führen.

bauern nicht durch Geld oder den Markt beeinflußt. Der Zyklus dreht sich um ein paar Anbausorten, die wichtigste davon Mais. Die Bauern kennen den Anbauzyklus ganz genau: die Bodenvorbereitung per Hand oder mit dem Ochsen, säen, Unkraut jäten und ernten, sorgfältiges Lagern der Ernte, Verarbeitung und Konsum. Die Vermarktung eines kleinen Überschusses kommt nur im Falle einer besonderen Ernteentwicklung vor oder wenn Krankheit, Tod, Hochzeit oder wenige andere Umstände sie dazu zwingen, einen Teil der Ernte zu einem niedrigen Preis zu verkaufen.

Dieser globale, einfache und individuelle Charakter der Handlungen von Kleinbauern wirkt sich auch auf das aus, was man als ihre „psychologischen Charakteristika" bezeichnen könnte, nämlich:

- Ein an den unmittelbaren Erfordernissen des nächsten Tages orientiertes Denken.
- Eine extrem enge Bindung an die Jahreszeiten, abgestellt auf Regen.
- Zwei wichtige Denkprozesse sind Analyse/Synthese und Abstraktion/Generalisierung; vom zweiten haben Kleinbauern ein begrenztes Verständnis. *Abstraktion* und *Generalisierung* verlaufen bei ihnen durch verbal vermittelte Geschichte und Tradition in der Form von Märchen, Fabeln, Parabeln und Geschichten, die von Generation zu Generation weitergegeben werden.
- Eine schier unbegrenzte Bereitschaft, zu warten und zu akzeptieren.
- Eine Neigung, soziale Phänomene so wahrzunehmen, als seien sie nur von Einzelpersonen ausgelöst.
- Schwierigkeiten, soziale Organisationen zu verstehen und Teil davon zu werden.*

Diese psychologischen Dispositionen sind zweifellos ein Hemmnis für die Kleinbauern auf ihrem Weg in eine Geldökonomie. Wird dies aber als erstrebenswert gesehen, so wird die Initiative dazu wahrscheinlich durch eine externe Intervention in das Zusammenspiel der kleinbäuerlichen Gemeinschaft erfolgen.

Tatsächlich werden Entwicklungsprojekte zum größen Teil durch von außen vorgegebene Prämissen bestimmt. Die neuen Elemente sollen die alten ersetzen, oder eine andere Handlung soll die gewohnten erweitern. In einer Nähkooperative in Zimbabwe war alles von außen geplant worden. Die Geberorganisation hatte die Örtlichkeit zur Verfügung gestellt, die Nähmaschinen, die Webstühle, die Rohmaterialien und einen Fonds für die Mitglieder.

---

* Clodomir Santos de Morais hat in seiner *Theorie der Organisation* ein Portrait des individuellen, selbstgenügsamen Arbeiters gezeichnet, dessen Situation in der handwerklichen Art von Arbeit gründet.

Jahrelang hat die niedrige Produktivität und das geringe Engagement der Kooperativemitglieder die Geberorganisation frustriert.

Die Mitglieder der Kooperative konnten keine Verbindung zwischen der neuen Ausstattung und ihrem Einkommen erkennen, denn offenbar gab es keine. Die Unterstützung kam monatlich, ob die Kooperativemitglieder produktiv gewesen waren oder nicht. Sie verdienten weiter ihren Lebensunterhalt von ihrem kleinen Maisfeld hinter ihren Häusern und nahmen freudig die Extragabe der Geberorganisation an. Um diese zu befriedigen, stellten sie einen Teil ihrer überschüssigen Zeit der Kooperative zum Nähen zur Verfügung. Das wurde aber nicht zur eigentlichen Einnahmequelle. Die Geberorganisation war immer bereit, die Ineffizienz und fehlende ökonomische Überlebensfähigkeit des Projekts zu entschuldigen, und schob die Gründe auf die geringe Bildung der Mitglieder.* Wenn schlechte Berichte geschrieben wurden, so wurde das ähnlich erklärt. Letztlich lief alles darauf hinaus, daß das Programm um weitere zwei oder drei Jahre verlängert wurde, zu jedermanns Vorteil.

Akteure der Entwicklungshilfe wollen nicht gerne als in eine Gemeinschaft „Intervenierende" gesehen werden – was dazu führt, daß sie die Wirkungen ihrer Interventionen nicht voraussehen. Das Resultat ist dabei allerdings, daß die Interventionen nicht durchdacht sind und die Methoden inadäquat.

2.3 Ein Konzept für „Entwicklung"

Entwicklung ist der Prozeß der Veränderung von Handlungen eines Individuums in einem sozialen Rahmen mit dem Ziel der Verbesserung der Ergebnisse seiner Handlungen, der technischen Mittel, die es benutzt, und, als Konsequenz, der Verbesserung seiner Lebensqualität.

Psychologische Veränderung soll verstanden werden als eine Funktion von Veränderungen der Handlung. Insofern besteht die Herausforderung von Entwicklungshelfern darin, die Zielgruppen in die Planung und Umsetzung der Aktivitäten so einzubeziehen, daß das Resultat die gewünschte Veränderung ist.

Unser Entwicklungsansatz erkennt die sozialpsychologischen Charakteristika von Bauern an – solche wie zum Beispiel der Wunsch nach direkter Bedürfnisbefriedigung. Deshalb ist unsere Interventionstechnik daran orientiert,

---

* Wir haben oft bei Entwicklungsprojekten in Zimbabwe beobachtet, daß das Niveau des Bildungsstandes von Zielgruppen nicht wirklich beachtet wurde, sondern daß sie a priori als Analphabeten behandelt wurden. Wir haben im Gegenteil herausgefunden, daß viele von ihnen mindestens zwei Jahre Schulausbildung hinter sich hatten. Natürlich gibt es auf dem Land viele Analphabeten, aber trotzdem finden sich immer Personen, die genug lesen und schreiben können, um Projekte zu managen und Berichte zu schreiben. Entwicklungsprogramme scheinen die schnell angebotene Entschuldigung des niedrigen Alphabetisierungsgrades gern zu akzeptieren.

direkte Ergebnisse für die Zielgruppe zu erbringen. Und diese direkten Ergebnisse sind dann auch das Motiv, damit eine Gemeinschaft daran teilnimmt. Der „Mehrwert" kann sich auf Gegenstände, Nahrung, Infrastruktur, Wissen oder anderes beziehen. Diese konkreten Dinge sind wiederum mit immateriellen Errungenschaften verbunden: Kenntnisse, Selbstbestimung, gleiche Rechte usw. All das wird im Rahmen einer anderen direkten Bedürfnisbefriedigung artikuliert, nämlich der nach Wasser, Gesundheitsversorgung oder Gebäuden.

Während des Prozesses wird all das benutzt, was unmittelbar zur Verfügung steht, werden die direkten Bedürfnisse befriedigt, und die Individuen und Gruppen werden zum ersten Mal mit dem Akt des Organisierens bewußt konfrontiert – und so wird auch die Organisation zu einem Bedürfnis. Und dies durchzieht den Entwicklungsprozeß.

3. Der Interventionsprozeß

Der erste und wichtigste Teil des Interventionsprozesses ist die Auswahl der Aktivitäten, um die es der Gruppe während eines Zeitraums von vier Wochen gehen soll. Die Analyse dieser Aktivitäten erlaubt es dem unterstützenden Team, die dazu notwendigen Materialien zur Produktion, Nahrungsversorgung, Dienstleistung und Freizeitgestaltung zu planen. Um das zu tun, muß das Team ein Formular ausfüllen, in dem Aktivität in Aufgaben und Handlungen differenziert wird und diese dann in das dafür nötige Handwerkszeug, Ausrüstung, Material, Arbeitskraft und Kenntnisse übersetzt werden. Dieser Schritt klärt auch den Umfang des Workshops, in dem die gesamte notwendige Arbeit zusammengefaßt wird. Es ist nicht ratsam, mehr Teilnehmer als notwendig für die effiziente und effektive Erledigung der Gesamtaufgabe beim Workshop zu haben. Wenn im Vergleich zur Teilnehmerzahl zu wenig Produktionsmittel zur Verfügung stehen, entsteht Durcheinander, und die Begleiter müssen in letzter Minute improvisieren, um zu vermeiden, daß Teilnehmer nichts zu tun haben und deshalb untätig sind. Umgekehrt wird die Anzahl der Teilnehmer die Ausstattung, den nötigen Raum, die Unterstützungsleistungen und das Material bestimmen.

Um den Prozeß zu designen, sind mehrere Besuche bei der Gemeinschaft nötig – und idealerweise deren Beteiligung an der Planung. Die Analyse der Aktivitäten ist eher eine technische, fachliche Aufgabe, die der Leiter des Workshops oder jemand anders mit dem Fachwissen oder der Erfahrung ausführt, welche erforderlich ist, um die Aufgaben und die Umsetzung jeder Aktivität zu bestimmen. Auch muß die Phasierung des Prozesses und der Grad der Arbeitsteilung entsprechend dem Grad an Wissen und Erfahrungen der Teilnehmer bestimmt werden. Je nach Effektivität des Vorbereitungsteams kann das zwei bis drei Tage dauern.

Hinsichtlich der Zusammensetzung der Teilnehmer muß während der Designarbeit die soziale Orchestrierung des Workshops erfolgen: Welchen Anteil wird welche soziale Gruppe während des Workshops haben – die Bauern, die Handwerker, Industriearbeiter, angelernte Arbeiter und Ungelernte? Diese Zusammensetzung wird die Geschwindigkeit und Richtung des organisatorischen und sozialen Prozesses bestimmen. Wenn sich während des Workshops die Teilnehmer zu ihrem gemeinsamen Vorteil gegenseitig beeinflussen, können wir sicher sein, daß das Design des Workshops die richtige Zusammensetzung bewirkt hat.

Theoretisch sollte der Workshop die Gesellschaft als Ganzes reflektieren, wobei alle sozialen Gruppen in ungefähr der gleichen Proportion wie in der Realität vertreten sein sollten. Dabei muß nicht die Auswahl der Personen exakt nach der Statistik erfolgen – Basis ist eine ungefähre Schätzung entsprechend der konkreten Kenntnis einer Gesellschaft. Das Design der sozialen Zusammensetzung der Gruppe basiert auf den ideologischen Verhaltensmustern der vier verschiedenen Schichten und den entsprechenden psychologischen Profilen, wobei die Verhaltensmuster mit der Qualität und handwerklichen Form von Arbeit zusammenhängen, wie von Santos de Morais beschrieben.*
Die Entwicklungsorganisation als Auftraggeber sollte ungefähr die sozialen Gruppen, deren Verhaltensprofil sowie die erwarteten Rollen kennen, die die verschiedenen Teilnehmer wahrscheinlich spielen werden und welchen Einfluß dies auf den gesamten Workshop haben wird.

Das Ergebnis des Designprozesses ist das Zusammenbringen aller Produktionsmittel auf dem Workshopplatz und die Einladung an alle geplanten Teilnehmer.

4. Die Durchführung des Workshops

Wie schon gesagt, betrifft der erste und wichtigste Teil des Interventionsprozesses das Design der Aktivitäten, die Zusammensetzung der Gruppe und die Produktionsmittel. Die Annahme dahinter ist, daß dieses Ensemble, weitgehend auf sich gestellt, die Entstehung eines realen, komplexen und zeitlich begrenzten Unternehmens bestimmen wird – und zwar mit geringer oder gar keiner direkten äußeren Intervention, außer der täglichen Vorlesung über die Theorie der Organisation.

Sind die Teilnehmer und die Produktionsmittel erst am gleichen Ort zur gleichen Zeit versammelt, eröffnet der Direktor/die Direktorin des Work-

---

* Das ideologische Verhalten ist ein Set von Persönlichkeitsmerkmalen, die sich aus den vier sozialen Schichten ergeben – handwerkliche Arbeit eines einzelnen, des Fließbandarbeiters, des Hilfsarbeiters, dessen Merkmale zum Teil mit denen des Fließbandarbeiters übereinstimmen, und das „Lumpenproletariat", das in keinen Produktionsprozeß eingebunden ist und „von der Hand in den Mund lebt".

shops mit einer kurzen Einführungsrede, in der er oder sie die Ergebnisse des Designprozesses wiedergibt. Im Prinzip wird die Liste der Produktionsmittel, die den Teilnehmern zur Durchführung der vereinbarten Aktivität zur Verfügung stehen, mitgeteilt, und es wird die Prozedur erklärt, wie das Unternehmen der Teilnehmer die Tätigkeit der Begleiter (das Team und den Direktor) dem Entwicklungsfonds in Rechnung stellt. Der Grundtenor der Rede ist, daß sich die Teilnehmer selbst zu einem Unternehmen organisieren sollten und daß sie innerhalb der Regeln dazu jede Freiheit haben.

Direkt nach dieser Eröffnungsrede ziehen sich der Direktor und sein Team zurück und überlassen die Teilnehmer sich selbst. Daß sie sich zurückziehen, muß ganz deutlich gemacht werden, und sie müssen zusammen gehen, ohne Fragen zu beantworten. Jeder Versuch, Direktor(in) oder Teammitglieder aufzuhalten, sollte mit der folgenden Antwort bedacht werden: „Von jetzt an werden wir nur noch auf offizielle Anfragen von eurem Unternehmen anworten. Wir nehmen keine individuellen Fragen mehr an. Gehen Sie zurück zu Ihrem Unternehmen und organisieren Sie sich."

Die Beziehung zwischen Teilnehmern und Begleitern wird zunehmend eine Beziehung zwischen zwei Unternehmen, die formalen Prozeduren auf Vertragsgrundlage ähnelt. Im südlichen Afrika verstummen die Gruppen am Anfang. Die Menschen stehen auf, um zu gehen, gehen aber nicht, sie laufen herum, scherzen mit Freunden, während der „Magnet" der Produktionsmittel und die Sicherheit der drei täglichen Mahlzeiten sie zusammenhält.

Normalerweise fangen die eloquentesten Mitglieder der Gruppe an, Reden zu halten, während die Mehrheit sie beobachtet und schweigt. Dieser Prozeß kann von einigen Stunden bis zu zwei bis drei Tage andauern, bis die Gruppe eine Liste von Repräsentanten erstellt hat, die mit dem Team der Begleiter in Kontakt tritt, Forderungen stellt und die Produktionsmittel erhält.

Aus Erfahrungen in Lateinamerika wird von einer Atmosphäre des Chaos berichtet, beschrieben als Phase der „Anomie". Im südlichen Afrika würden wir eher von Verwirrung sprechen, während die Gruppe einen organisatorischen Rahmen sucht, der dann meistens aus der Wahl einer Hierarchiestufe, eines Vorstandes von Führern besteht, in dem sich diejenigen befinden, die bei dem ersten Treffen gesprochen und einige Ideen vorgebracht hatten, wie man die Bedingungen erfüllen kann.

Für den Direktor des Workshops besteht die „goldene Regel" während dieser Phase darin, überhaupt nicht zu intervenieren. Die Teilnehmer sprechen die Moderatoren dauernd mit Fragen an, um eine Orientierung zu bekommen, und die Antwort besteht weiterhin darin, daß sie zu ihrem eigenen Unternehmen zurückgeschickt werden.

Die Moderatoren müssen sehr wohl auf dem laufenden sein, welche Themen von den Teilnehmern besprochen werden, wie intensiv die Teilnahme der Mitglieder ist, wie sich die Teilnahme der Frauen gestaltet, welche Art von

Führung sich herauskristallisiert, ob „heiße Themen" vorhanden sind, wie sich die Untergruppenbildung oder Tendenzen dazu entwickeln, welche Machtstrukturen erkennbar sind. Die Informationssammlung dazu muß aber taktvoll und ohne jede Intervention in den Prozeß an sich erfolgen und auch ohne daß es „Schlüsselinformanten" gibt.

Selbst wenn die „Nicht-Intervention" verstanden wird, so läuft sie dennoch Gefahr, als *laissez-faire* Führung mißverstanden zu werden. Organisationsworkshop-Moderatoren, die die Erfahrungen von Lippitt und White über autoritären, demokratischen und *laissez-faire*-Führungsstil kennen, mögen selbst eine Tendenz haben, den Organisationsworshop als großen *laissez-faire*-Typ des Führungsstils zu verstehen. Dieser große Fehler kann dazu führen, daß das letztendliche Ziel des ganzen Workshops nicht erreicht wird. Obwohl es richtig ist, daß der Direktor nicht interveniert und die Entscheidungen der Gruppe überläßt, bedeutet dies keineswegs, daß er neutral gegenüber der sozialen Situation während des Workshops ist. Die verschiedenen sozialen Interessengruppen die hier versammelt sind, versuchen, ihre jeweils eigenen Interessen bestmöglich zu befriedigen, manchmal gegen die Interessen der Mehrheit der Gruppe. In solch einem Fall bezieht der Direktor aktiv Stellung für die Schwachen und Machtlosen, weil das ultimative Ziel des Workshops die Stärkung dieser gesellschaftlichen Gruppen ist.

In einem Workshop in Munguine, Provinz Maputo, in Mozambique waren sich die Moderatoren dessen bewußt, daß die Führung der Gruppe deren Geld veruntreute. Die mächtigen Gruppenrepräsentanten waren die einzigen, die schön im Büro blieben, ihr Frühstück, ihren Kaffee und ihr Mittagessen einnahmen. Die Arbeiter kamen mittags von der schweren Arbeit und fanden nichts mehr zu essen. Der Direktor hat dann die Menge angesprochen und gefragt, was los sei. Nachdem er die Information bekommen hatte, forderte er die Repräsentanten auf, sich der Menge zu stellen. Manche von ihnen konnten nicht einmal sprechen, weil sie noch mit dem Kauen ihres Mittagessens beschäftigt waren. Sie wurden vom Direktor vor allen anderen mit ihrem Verhalten konfrontiert – bis hin zum Nachahmen des Kauens ihres unverdienten Essens. Das war eine wichtige Intervention zur Stärkung der ausgebeuteten, analphabetischen Frauen. Einige der Ärmsten von ihnen sind gegen Ende des Workshops die Führerinnen gewesen.

Die eigentliche Interventionsmethode während der Anfangsphase besteht in den Vorträgen über Organisationstheorie. Der Direktor/die Direktorin nutzt die Inputs, um Themen und Hindernisse, die den organisatorischen Fortschritt der Gruppe behindern, anzusprechen. Er oder sie spricht die Situation der Gruppe nicht direkt an, sondern gibt Beispiele aus anderen Situationen. Mit dieser Art von Intervention ermutigt er oder sie die Gruppe, Entscheidungen über Arbeitsteilung, kritische Selbstreflexion, Arbeitspläne, Einigkeit, Disziplin usw., die im Rahmen handwerklicher Arbeit nötig werden, zu treffen.

In der Regel kann das Führungsgremium mit dem Bedarf eines komplexen Unternehmens allmählich nicht mehr mithalten. Meist tritt Korruption und Ineffizienz ein, und die Gruppe insgesamt sieht sich ungefähr ab dem fünften Tag mit dem Problem konfrontiert, ihre Mitglieder bei der Stange zu halten. Die am weitesten entwickelten Personen und Untergruppen reagieren auf die Situation, prangern die Korruption und Ineffizienz an und stellen die Führung zur Rede. Gleichzeitig hat sich die Komplexität und Vielfalt der Aufgaben und Produktionsmittel so gesteigert, daß sich die Arbeitsteilung verändert, und damit auch der organisatorische Rahmen mit verschiedenen Arbeitskomitees und neuer Arbeitseinteilung insgesamt.

Die Intervention in dieser Phase ist eher instrumentell. Die Moderatoren leiten jedes Arbeitskomitee an, wie Arbeitspläne vorbereitet werden, wie man eine Evaluation der geleisteten Arbeit durchführt und wie Arbeitssitzungen gestaltet werden, um dies alles zu tun. Beide Instrumente, der Arbeitsplan und die geschriebene Eigenevaluation werden zum Inhalt eines jeden einzelnen Komitee-, Koordinationskomitee- und Mitgliederversammlungstreffens. Auf diesem Wege werden autoritäre, vertikale durch demokratische Entscheidungsstrukturen ersetzt, was selbstorganisierte, „ermächtigte" Unternehmen ermöglicht.

Bislang sind im südlichen Afrika ungefähr 60 Organisationsworkshops mit einer durchschnittlichen Teilnehmeranzahl von 150 Personen durchgeführt worden, und zwar in Zimbabwe, Südafrika, Mozambique, Botswana und Namibia. Eine Weiterbildung zum Direktor (Training of Trainers), bei der die besten Teilnehmer von Organisationsworkshops eingeladen waren, hatte theoretisches Wissen über Organisationen und die Technik der Durchführung solcher Workshops zum Inhalt. Die Absolventen der Weiterbildung haben unter Supervision selbst Organisationsworkshops designed und angeleitet und haben sie später völlig selbständig durchgeführt – zumeist in Shona, einer der Hauptsprachen Zimbabwes. Die zimbabwischen Direktoren sind Dörfler, sie bleiben ansprechbar in ihren Dörfern. Ein zimbabwischer Direktor hat in der Karibik, in Grenada, einen Organisationsworkshop durchgeführt. Die Autoren führten einen weiteren *Training of Trainers*-Kurs in Brasilien durch, nachdem sie 1997 fünf Organisationsworkshops in den Slums von Vitoria, Espirito Santo, organisiert hatten. Im Augenblick designen sie gemeinsam mit dem *Development Resources Centre* in Südafrika ein Organisationsworkshopprogramm für die Northern Province, Südafrika.

Künstlerische Intervention in Großgruppen

Ursula Gerber, Ebru Sonuc, Michael Wimmer

Der Aufsatz skizziert methodische Ansätze künstlerischer Intervention in Gruppenprozessen – insbesondere in Großgruppen. Im ersten Abschnitt wird, ausgehend vom Wort *Gruppe*, das Verhältnis von Kunst und Gruppenprozessen beleuchtet. Der zweite Abschnitt skizziert eine begriffliche Definition der künstlerischen Intervention in Großgruppen als Methode sowie Hypothesen über deren Wirkungsweise. Im dritten Teil des Beitrags verdeutlichen ausgewählte Praxisbeispiele Formen und Funktionen künstlerischer Intervention in Großgruppen. Der vierte Abschnitt befaßt sich schließlich mit den Rahmenbedingungen, die bei der Planung und beim Design von solchen Interventionen zu beachten sind.

1. Zum Verhältnis von Kunst und Gruppe

Das Wort *Gruppe* klingt uns vertraut und ist nicht nur aus dem Sprachschatz der Organisationsentwicklung nicht mehr wegzudenken. Dabei ist es durchaus jüngeren Datums. Nicht daß es nicht vorher schon Gruppen gegeben hätte – das Wort selbst aber wurde erst um die Wende vom 17. zum 18. Jahrhundert aus dem Französischen ins Deutsche eingeführt.

In unserem Zusammenhang erscheint interessant, daß das Wort *Gruppe* von Anfang an eine starke Konnotation des Künstlerischen beinhaltete. So findet sich im *Deutschen Wörterbuch* von Jacob und Wilhelm Grimm ein Verweis auf das Kaufmannsmagazin von *Marperger* aus dem Jahre 1708. Dort heißt es: „Das wort stammt aus der bildenden kunst: ‚groupe' wird in der mahlerey eine versammlung vielerhand leiber nahe aneinander genennet, als etwan von tieren oder früchten; also ist der Laokoon eine zusammengesetzte groupe oder groppo von drey schönen figuren." Dieser unmittelbare Kunstbezug hat sich bis ins 19. Jahrhundert erhalten.

Und noch etwas ist in diesem Zusammenhang bemerkenswert: Die Bezeichnung *Gruppe* dient in erster Linie der Beschreibung von in Ruhe befindlich gedachten oder aus der Bewegung zur Ruhe kommenden Personen. Erst zu Beginn des 19. Jahrhunderts tritt die Vorstellung des Ruhenden, Bildartigen gegenüber der einer Ansammlung bzw. Vielzahl zurück. *Schubart*, ein schwäbischer Publizist und Satiriker des ausgehenden 18. Jahrhunderts, beschreibt seine Vorstellung von *Gruppe* schon dynamischer: „Meine Phantasie war eine Gruppe von tanzenden, schwelgenden, viehernden Faunen."

Wenn wir nun darangehen, den aktuellen Zusammenhang von Kunst und Großgruppe näher zu beleuchten, so fällt fürs erste auf, daß wir – jedenfalls wenn es um elaboriertes Kunstschaffen geht – von der Idee gemeinsam tanzender, schwelgender oder gar „viehernder" Faune noch weit entfernt sind.

Wenn es um die Auseinandersetzung mit insbesondere darstellender Kunst in Großgruppen geht, dann ist dafür in erster Linie das Setting *Aufführung* vorgesehen. Dieses ist dadurch gekennzeichnet, daß eine in eine strenge Sitzordnung gefügte, zur Stille verpflichtete und überdies in ein anonymisierendes Dunkel getauchte passive Gruppe von Kunstrezipienten, genannt Publikum, sich dynamischen, ausgeleuchteten, gestaltenden Individuen – in deren Eigenschaft als Künstler aktiv – in hochritualisierter Weise gegenübergestellt sieht. Die beiden Seiten sind durch einen „Graben" und damit kategorial voneinander getrennt. Dieses Setting hat sich auch für populärere Darstellungsformen nicht grundsätzlich geändert. Produzenten und Konsumenten stehen einander frontal gegenüber.

Und dann gibt es noch das Setting *Ausstellung*, das auch größere Gruppen – zumindest im Rahmen verschiedener Events – zusammenzuführen vermag. Die Verhältnisse erscheinen hier in gewisser Weise seitenverkehrt: Es sind die Artefakte, die, wenn auch ausgeleuchtet, in Ruhe verharren, während sich das Publikum – mehr oder weniger ausdruckslos und andächtig – an ihnen vorüberbewegt. Die persönliche Anwesenheit des produzierenden Künstlers ist – sieht man von den Repräsentationspflichten im Rahmen der Vernissage ab – weitgehend überflüssig.

Andere Formen der Auseinandersetzung mit Kunst finden erst gar nicht in Gruppen statt, sondern sind weitgehend individualisiert, etwa wenn es um die Rezeption von Literatur geht. Und auch hier ist das Moment der Ruhe, ja sogar der Abgeschiedenheit, ein wichtiges Rezeptionsmerkmal.

Wie also bringen wir mehr Bewegung in diese weitgehend statischen Szenarien? Genau an dieser Frage setzt eine aktuelle ästhetische Diskussion an, die versucht, Kunst aus ihrem hermetischen Ghetto zu befreien, um auf diese Weise ihr kommunikatives und innovatives Potential für mannigfache Entwicklungsprozesse nutzbringend anwendbar zu machen. Im Zentrum steht das Bemühen um die Erhöhung der Relevanz einer Kunst, die sich in allen gesellschaftlichen Bereichen, Wirtschaft, Bildung, Medien, Wissenschaft etc., als handlungs- und kooperationsfähig erweist.

Das aber hat große Auswirkungen auf die künftige Beziehung von Kunstproduzenten und -konsumenten bzw. -rezipienten. Diese ist nicht länger durch ein einseitiges Verhältnis zwischen Gebenden und Nehmenden geprägt, sondern macht sukzessive einer Zusammenarbeit Gleichberechtigter und in gleicher Weise Verantwortlicher Platz, wobei sich erst im gemeinsamen Agieren Sinn und Bedeutung der jeweiligen künstlerischen Aktion erschließt.

Kunst entfernt sich dabei von ihrem traditionellen *Werkcharakter*, der sukzessive einer *Projekt- und Prozeßorientierung* künstlerischer Produktionsweisen weicht. Diese scheinen weit eher in der Lage, den wachsenden trans- bzw. interdisziplinären, multimedialen und multikulturellen Ansprüchen einer demokratischen Gesellschaft Rechnung zu tragen.

Ein solcherart offen definierter Kunstbegriff setzt auf eine differenzierte Wahrnehmungsbereitschaft. Künstler sind – wie kaum eine andere Berufsgruppe – in der Lage, das, was ist, wahrzunehmen und auf eine sinnlich erfahrbare Weise darzustellen, auch wenn dazu oft noch die Worte fehlen. Für die Arbeit mit Gruppen bedeutet dies, daß Künstler aufgrund ihrer besonderen Sensibilität in der Lage sind, verdeckte oder gar tabuisierte Zusammenhänge aufzuzeigen und damit erst bearbeitbar zu machen. Sie ersetzen dadurch keineswegs den professionellen Gruppentrainer – vielmehr sind sie in der Lage, im Rahmen gut vorbereiteter Settings die zusätzliche Dimension kreativen Handelns im Rahmen gemeinsamer Gruppenprozesse zu erschließen.

Womit wir wieder beim Verhältnis von Kunst und Gruppe angelangt wären. In einer Reaktion auf Peter Handkes proserbische Äußerungen zum Krieg um den Kosovo hat es der jüngst verstorbene Schauspieler Sepp Bierbichler in einer Reaktion auf den Punkt gebracht: „Ob ein Künstler lügt oder nicht, wenn er mir die Wahrheit sagt, das ist mir völlig wurscht. Mir reicht es, wenn ein Künstler in mir eine Unruhe erzeugt, die sich soweit steigern kann, daß ich fürchte, den Wahnsinn sehen zu müssen, nur weil das, was er macht, das Meinige berührt, jenes, das ich bisher vermieden habe, allein zu berühren, aus Furcht, es nicht auszuhalten. Natürlich ist es die Furcht des Unterbewußtseins."

Aus den vielfältigen Erfahrungen, die der österreichische Kultur-Service (öks) mit Künstlern aller Sparten in gemeinsamen Gruppenprozessen gemacht hat, wissen wir, wie sehr diese in der Lage sind, statisches und routiniertes Verhalten zu durchbrechen und – durch das gezielte Erzeugen von Unruhe – Vitalität und Bewegung in die Gruppe zu tragen. Dabei setzen die Künstler Impulse, die in der Gruppe bestimmte Stimmungen und Gefühle erzeugen. Im gemeinsamen Erleben entsteht eine zusätzliche Dimension, die verborgene Energien der Gruppenmitglieder freisetzt und das Schaffen von etwas Neuem ermöglicht.

Voraussetzung für solche künstlerisch-kreativen Prozesse ist die Einbindung einer Vertrauensperson – im Rahmen von Bildungsaktiväten ist das der Lehrer, der einer Gruppe dabei hilft, das Experiment zu wagen und dabei ein gewisses Maß an Unsicherheit zugunsten von Risikobereitschaft der einzelnen Gruppenmitglieder auszuhalten. Der gemeinsame künstlerische Prozeß kann durchaus auch scheitern – das liegt in der Natur solcher auf neue Erfahrungen angelegten experimentellen Gruppenprozesse. Auch das Scheitern kann, wenn es entsprechend aufgearbeitet wird, wichtige Lernerfahrungen ermöglichen. Im Regelfall aber erschließen sich der Gruppe bislang verborgene Zusammenhänge, die individuell auch zu einem kathartischen Erlebnis führen können.

Im folgenden beschreiben wir die Methode der künstlerischen Intervention, wie sie auch für Lern- und Erfahrungsprozesse außerhalb des öffentlichen Bildungswesens angewandt werden kann. Zwei Praxisbeispiele sollen die Methode und ihre Wirkungsweise veranschaulichen.

2. Künstlerische Intervention als Methode – Versuch einer Begriffsdefinition und Hypothesen zur Wirkungsweise

Was ist unter künstlerischer Intervention zu verstehen?

Künstlerische Interventionen sind Handlungen, Aktionen und Darstellungen von Künstlern mit dem Ziel, mit einer Gruppe in Interaktion zu treten.

Auch eine herkömmliche Konzertveranstaltung oder ein Theaterstück kann im erweiterten Sinn eine künstlerische Intervention in Großgruppen sein. Die im folgenden beschriebenen Beispiele fassen den Begriff jedoch enger.

Künstlerische Intervention kann sein: die pantomimische Darstellung einer Situation bzw. einer Problemstellung; die bildnerische/skulpturale Darstellung einer Situation auf abstrakt-symbolischer Ebene; die Darbietung eines Sketches, der in kürzester Zeit Inhalte auf den Punkt bringt.

Der Einsatz von Künstlern bei Großgruppenveranstaltungen dient meistens dazu, ein System aus dem Blickwinkel eines anderen Systems zu betrachten und dadurch die Wahrnehmung des eigenen Systems um eine Perspektive zu erweitern und dieses somit zu bereichern.

Die Spaltung in aktive Kunstproduzenten und passive Kunstrezipienten wird aufgehoben: Das „Publikum" bzw. die „Teilnehmer" werden ebenso wie die Künstler zu gestaltenden Akteuren des Geschehens.

Künstler werden hier nicht in Kontexte eingebunden, die von vornherein für Kunst definiert sind – wie Theaterhäuser, Ausstellungen oder Konzerthallen –, sondern in themenspezifische Tagungen, Fachkongresse, Seminare etc.

Die künstlerische Intervention ist eine Form der analogen Darstellung, die vor allem mit ästhetischen Ausdrucksformen, Metaphern, Symbolik und Abstraktion arbeitet.

Über die künstlerische Intervention findet ein Transfer von Frage- und Problemstellungen von der kognitiven auf eine ästhetische, sinnlich erfahrbare Ebene statt.

Die künstlerische Intervention ist kontextuell eingebunden, sie ist also thematisch an den Fragestellungen und Inhalten der jeweiligen Veranstaltung orientiert.

Die Künstler sind in diesem Fall nicht nur Produzenten von Kunst oder kreativen Handlungen, es eröffnet sich ihnen ein völlig neues Betätigungsfeld, ein neuer Arbeitsbereich: Neben Qualität und Autonomie des künstlerischen Ausdrucks spielt die Professionalität bei der Erbringung einer kontextorientierten Dienstleistung eine wichtige Rolle.

Die künstlerischen Übersetzungs- und Ausdrucksformen hinsichtlich bestimmter Inhalte und Problemstellungen auf der Symbolebene sind nicht nur kognitiv, sondern vor allem emotional unmittelbar erfaßbar, sinnlich wahrnehmbar und erfahrbar.

Künstlerische Intervention kann als Methode bezeichnet werden, die traditionelle Denklandschaften verändert und einen Perspektivenwechsel einleitet. Irritationen, die durch künstlerische Intervention ausgelöst werden, führen zu einem Innehalten. Es wird möglich, bisherige Routinen zu reflektieren, neue Handlungsräume zu erkennen.

Damit können bisher blockierte emotionale Energien freigesetzt und ein kollektives Aha-Erlebnis bewirkt werden. Je nach der Rezeption kann dies in der Gruppe Begeisterung aber auch Aversion auslösen. Obwohl die Wirkung einer künstlerischen Intervention nicht im voraus zu berechnen ist, kann die Gesamtstimmung der Gruppe durch gut durchdachte Settings beeinflußt werden.

Wenn wir von der Hypothese ausgehen, daß das gemeinsame, unmittelbare Erleben von Ereignissen bei Großgruppenveranstaltungen bei den Teilnehmern Emotionen und Reaktionen auslöst, die dasselbe Ereignis als Erlebnis jeweils einzelner nicht bewirkt hätte, und daß dadurch in der Großgruppe eine ganz bestimmte Stimmungslage entsteht, könnte zudem die Hypothese aufgestellt werden, daß durch geeignete Settings und Inszenierungen die Stimmungslage von Großgruppen jeweils beeinfluß- und steuerbar ist. Wer von uns kennt nicht das kollektive Aufatmen im Kino, wenn der Held unversehrt aus einer Kampfszene hervorgeht, oder die kollektiven Tränen bei der Trennung von Liebenden?

Das Hervorrufen dieser kollektiven Reaktionen bei den Rezipienten ist oft der Maßstab für den Erfolg eines Regisseurs, dessen Beruf es ist, aus dem Leben bestimmte Momente herauszunehmen, diese in einer neuen Zusammensetzung und unter Zeitdruck – fast wie im Zeitraffer –, mit all den dazugehörigen Spannungsmomenten verdichtet, neu zusammenzustellen und kontextuell einzusetzen.

Das Abstrahieren, Neuinszenieren und gegebenenfalls auch Ritualisieren von „Alltagsgeschichten" ist eine der Hauptfunktionen der Kunst und zeichnet somit auch den Beruf des Künstlers aus. Aus diesem Grund werden immer öfter Künstler eingeladen, im Kontext einer Großgruppenveranstaltung einen „Einsatz" zu leisten, eine *performance* zu zeigen. Die Auswahl der Form, der Art und der Einbindung der *performance* in das Gesamtgeschehen wird dabei oft den Künstlern überlassen. Dabei verlassen wir uns auf deren kreatives Potential – ganz im Sinne von Jerry Hirshbergs Beschreibung der kreativen Idee: „Für mich ist eine kreative Idee die Hochzeit von Leidenschaft und Logik, von Intuition und Information, von freier Imagination und der Disziplin der gemeisterten Fähigkeiten."*

Es ist von Bedeutung, welcher Künstler mit der Mitwirkung an einer Veranstaltung beauftragt ist, weil schon allein das Faktum der Auswahl auf das Publikum (die anderen Teilnehmer) – längst vor der eigentlichen Veranstaltung – „wirkt".

3. Praxisbeispiele

Kongreß Bildung kreativ, 1994 – Künstlerische Intervention als produktive Störung

Im Zuge der Autonomiebestrebungen von Schulen wurde auch die Neuverteilung des Fächerkanons verhandelt. Das Stichwort *Lehrplanentrümpelung* führte zu heftigen Diskussionen, welche Gegenstände bzw. Themen verstärkt unterrichtet und welche Themen in der Stundenanzahl gekürzt oder überhaupt gestrichen werden sollten.

Die Lehrer der sogenannten „musischen" Fächer (Bildnerische Erziehung, Musikerziehung, Werkerziehung) sahen Gefahr im Verzug, daß ausgerechnet ihre Gegenstände im Zuge der Autonomisierung starke Einbußen erleiden sollten. Aus diesem Grund initiierten sie mit Unterstützung der Bildungsverwaltung und des *öks* einen österreichweiten Fachkongreß, der die Bedeutung dieser Fächer im allgemeinen und des kreativen Lernens im besonderen unterstreichen sollte.

Im Vorfeld hatten zahlreiche Schulen Aktions-Projekttage – zum Teil in Kooperation mit Künstlern – durchgeführt und die kreativen Ergebnisse dieser Projekte in der Öffentlichkeit präsentiert.

Der Kongreß mit ca. 400 Teilnehmern beginnt wie üblich mit den einführenden Worten von Politikern bzw. Personen aus der Bildungsverwaltung, die alle betonen, wie wichtig Kreativität gerade heute als Schlüsselkompetenz in der Wirtschaft sei und wie notwendig eine dem speziell Rechnung tragende Vorbereitung der Schüler und jungen Menschen auf ihre zukünftige Arbeitswelt sei.

Der amtierende Landesschulrat hat seine Rede kaum begonnen, als eine Gruppe von „Handwerkern" das Podium betritt, eine Leiter und Farbkübel aufstellt und beginnt, ein Bild zu malen, das seine Rede kommentiert.

Der Präsident ist irritiert, setzt jedoch mit seiner Rede fort.

---

* Vgl. Jerry Hirshberg: *The Creative Priority. Putting Innovation to Work in Your Business*, Penguin Business 1999.

Im Publikum, das gerade andächtig eingeschlafen ist, beginnt es sich zu regen. Schon gibt es die erste Wortmeldung, ob es den Präsidenten denn gar nicht störe, daß neben ihm gemalt werde. Netzartig entwickelt sich Kommunikation bezüglich der Frage, ob nun im „Programm fortgefahren" oder die parallele „Störaktion" genauer untersucht werden solle. Es hat beinahe den Anschein, als handele es sich hier um ein „selbstinszenierendes" Theaterstück, bei dem der Präsident, die „Handwerker" und die Kongreßteilnehmer gleichermaßen als Akteure fungieren.

Der Präsident beschließt, die Situation mit Humor zu nehmen, und geht nach dem Motto „Störungen haben Vorrang" auf die Diskussion ein. Schließlich sind die „Handwerker" mit ihrem Bild fertig und verlassen den Raum.

Die Darstellung hatte die Situation der „musischen" Gegenstände auf den Punkt gebracht: Neben den „wichtigen" Gegenständen herlaufend, befinden sie sich in einer Sonderposition.

Es sind die musischen Fächer, in denen oft Projekte realisiert werden, die in der Schule wiederum den herkömmlichen Ablauf des Stundenplans „stören". Auch werden gerne Künstler als Externe in diese Projekte einbezogen, was ebenfalls den üblichen Rahmen sprengt. Gerade dieses Herausgehen aus dem Gewohnten aber ermöglicht erst die Offenheit für Kreativität, für kreatives Lernen und für Diskussion und Dialog.

Die Auseinandersetzung mit Kunst bzw. mit dem Thema *Kreativität als produktive Störung in der Schule* wurde also im Rahmen dieser künstlerischen Intervention in Form einer produktiven Störung eines hoch formalisierten Kongreßablaufes versinnbildlicht und somit verdeutlicht.

Reflections on the Human Face, 1996, Internationale Tagung des Netzwerkes der Kunsthochschulen (ELIA – European League of Institutes of the Arts)

Rahmen: Viertägige internationale Tagung.
Ziel: Vertreter von Kunsthochschulen aus aller Welt diskutieren die zukünftige Rolle der Kunst bzw. der Künstler in der Gesellschaft und die dafür notwendige Neupositionierung der Kunsthochschulen.

Unter anderem ist der weltberühmte amerikanische Opernregisseur Peter Sellars eingeladen, einen Vortrag zum Thema der Veranstaltung zu halten und seine Sicht bezüglich der Perspektiven der Kunst zu präsentieren. Im Auditorium sind ca. 400 Menschen versammelt. Auf der Bühne befinden sich ein Tisch und ein Sessel, die durch Spots beleuchtet sind. Der Regisseur nimmt diesen für ihn vorgesehenen Platz nicht ein, statt dessen steigt er von der Bühne herab in den Zuschauerraum, läßt die Spots abdrehen und das Saal-

licht stärker aufdrehen. Während seiner eineinhalbstündigen Darbietung erzählt er von seiner Arbeit, von seinen ganz persönlichen Erfahrungen und seinem Selbstverständnis im Rahmen seines künstlerischen Schaffens. Sein Auf- und Abgehen im Zuschauerraum, seine Bekleidung (roter Pullover, dunkelblaue Hosen und eine sehr lange Kette), die sowohl an einen Priester als auch an einen König, aber auch an einen Hofnarren denken läßt, und sein präzises Timing ermöglichen ihm, alle Zuschauer binnen kürzester Zeit in seinen Bann zu ziehen. Mit der Geste, von der Bühne in den Zuschauerraum hinunterzusteigen, verdeutlicht er seine Zugehörigkeit zum Publikum, das seinerseits zum größten Teil aus Künstlern besteht. Dieses Identifikationsangebot ermöglicht es Sellars, dem Publikum seinen Appell bezüglich der zukünftigen Rolle des Künstlers sehr nahe zu bringen. Sein Angebot – „Ihr könnt mich jederzeit unterbrechen, wenn ihr mich was fragen wollt, Kommentare habt oder selbst etwas erzählen wollt" – schlägt eine Kommunikationsbrücke. Er suggeriert dadurch seinen Zuhörern, kein Vortragender, sondern einer von ihnen zu sein, einer, der sich mit denselben Fragen wie sie beschäftigt. Der Performer und sein Publikum haben ein „gemeinsames Anliegen": die Zukunft der Kunst.

Das bloße Angebot zur Interaktion bewirkt beim Publikum ruhiges Zuhören und keinerlei Einmischung: Der Regisseur inszeniert seine „Performance" so, daß er – auch wenn er wiederholt auf das Publikum zugeht – immer der Vortragende ist. Mal erzählt er Anekdoten aus seinem Leben und bringt dadurch das Publikum kollektiv zum Lachen, mal schweigt er andachtsvoll und läßt seine Zuhörer im Kollektiv schweigen, mal agitiert er politisch, um das Auditorium zu bewegen. Am Ende seiner Inszenierung geht er zurück zum Podium und setzt sich auf dessen Rand. Von dort betrachtet er sein Publikum aus einer gewissen Distanz und unterstreicht dadurch das Performer-Publikum-Verhältnis ein weiteres Mal. Damit ist seine Darbietung beendet.

Im Raum ist eine große Spannung zu spüren, er hat seinem Publikum durch seine „ganz persönlichen" Aufrufe eine „Mission" ins Ohr gelegt, dem Inhaltlichen einen „Sinn" verliehen – die Zuschauer sind fast euphorisch.

Jeder wohnte dieser Darbietung mit unterschiedlichen Gefühlen bei: von Faszination über Skepsis bis zum Unbehagen in Anbetracht der Auswirkungen einer charismatischen Person auf die Masse.

Wie auch immer die individuellen Befindlichkeiten gewesen sein mögen, die Intervention des Künstlers hat bei allen etwas bewirkt, um nicht zu sagen *berührt*. Wie mit dieser Emotionalität umgegangen wurde, blieb den einzelnen selbst überlassen.

Die scheinbare Unmittelbarkeit der Darbietung, der gezielte Ablauf seiner Bewegungen im Raum, die Auswahl der Kleidungsstücke, die Überschreitung der vordefinierten Bühnengrenze zum Publikum hin, der Anschein, jeden einzelnen Anwesenden nahezu persönlich anzusprechen – kurz: ein permamentes Überschreiten von Grenzen – zeichneten seinen Beitrag aus. Dabei war er in jeder Minute der Regisseur, der Künstler, der er ist, und die Tagungsteilnehmer seine Schauspieler.

Die Inszenierung war also erfolgreich.

4. Rahmenbedingungen zur Planung von künstlerischer Intervention in Großgruppen

Grundsätzlich ist festzuhalten, daß der Einsatz von künstlerischer Intervention als Methode in Großgruppenveranstaltungen Experimentalcharakter hat. Da im gemeinsamen Erleben und Gestalten vor allem die emotionale Ebene der Menschen angesprochen wird, können sowohl positive als auch negative Gefühle und Stimmungen ausgelöst werden, die infolge des Multiplikatoreffekts, der sich aus der Gruppengröße automatisch ergibt, noch intensiviert werden.

Erste Erfahrungen, die der *öks* bisher mit seinen diesbezüglichen Designs gesammelt hat, liegen bereits vor. Ein standardisiertes Design gibt es nicht, weil in diesem Zusammenhang Bedarf an „maßgeschneiderten" Angeboten besteht. Darüber hinaus stehen bisher wenig wissenschaftlich aufgearbeitete Materialien (Dokumentationen, Evaluationen) zur Verfügung. Zudem gibt es erst einige wenige Künstler, die sich schon imstande sehen, sich auf derartige Prozesse einzulassen, was mit der traditionellen Ausbildung an den Kunstuniversitäten und mit dem damit einhergehenden traditionellen Rollenverständnis zu erklären ist.

Der *öks* trifft diesbezüglich Vorbereitungen zur Schaffung eines Künstlerpools. Auch Möglichkeiten zur Qualifizierung und Kompetenzerweiterung von Künstlern werden im Zusammenhang mit künstlerischer Intervention als Methode überlegt.

Dennoch können abschließend einige Rahmenbedingungen angeführt werden, die beim Design und bei der Planung von künstlerischer Intervention in Großgruppen zu beachten sind:

Die Künstler sollten über grundlegende Erfahrung im Umgang mit Gruppen verfügen.

Eine detaillierte Absprache zwischen den Künstlern und den Veranstaltern bzw. den Moderatoren und Beratern hinsichtlich der Zielsetzung der Veranstaltung, der Zusammensetzung des Teilnehmerkreises, der räumlichen Rahmenbedingungen und der erwünschten Wirkung der Intervention ist unumgänglich.

Die Moderatoren, Berater bzw. Veranstalter sollten über genügend Offenheit verfügen, sich auf die künstlerisch-experimentellen Prozesse einlassen bzw. nötigenfalls Gruppenprozesse auch auffangen können.

Eine Absprache darüber, auf welche Weise die künstlerische Intervention in das Gesamtsetting der Veranstaltung eingebettet werden soll, ist notwendig.
Was passiert vorher, was nachher?
Schließlich gilt es noch zu klären, ob die künstlerische Intervention strukturiert in der Gruppe nachbearbeitet werden soll oder ob die Auseinandersetzung damit den einzelnen überlassen bleibt.

MUT = Maßgeschneidertes UnternehmensTheater als kollektive Einschlafstörung für Großgruppen

Walter Kosar

„Unternehmen S' was"*

Ort: Theater *the company stage*, Wien
Zeit: 20.00 Uhr
Publikum: 144 MitarbeiterInnen des Verlags Loderer GmbH
Anlaß: Mitarbeitertagung nach der Fusion
Die Atmosphäre ist explosiv. Der neue Herausgeber, Dr. Nikolaus Findeis, öffnet ein Bühnenfester und beginnt sein Referat. Plötzlich wird er unterbrochen.
Ein Schauspieler in der Rolle des Bruno Donner erscheint, führt erst Selbstgespräche und bleibt plötzlich stehen:
No, fesch schau' ma aus! Das meinen die doch nicht ernst, oder? Das soll mein neues Büro sein? Bitte, das darf doch nicht wahr sein, da schaut's ja aus wie in einer Pizzeria und nicht wie in einem Büro. Ich hasse Bilder, und ich bin allergisch gegen Teppiche!
(Er fröstelt und niest.)
Der frische Wind gehört da raus!
(Er schließt das Fenster.)
(Iris Blitz, eine junge engagierte Redakteurin, betritt den Theatersaal und trägt umständlich einen Campingtisch, zwei Sessel und Büromaterial auf die Bühne. Sie stellt Tisch und Sessel ab, klappt einen Laptop auf und tippt.)
Donner: *(Er steht untätig da und steckt seine Hände in die Hosentaschen.)* Alles muß man selber machen. Ich bin schließlich *Ressortleiter* der Wirtschaftsredaktion und kein Möbelpacker. Immer diese Hudriwudri-Veränderungen. Typisch Zeitung!

---

* „Unternehmen S' was!" Autor: Walter Kosar, KOSILO, Wien. © the company stage®, Wien 2000.

	Das Büro ist viel zu schmal – und mein Sitz ist ein Witz, Frau Blitz!
	Und bitte, was wollen die vielen Leute hier?
Blitz:	Das sind Ihre Mitarbeiter, Herr Donner! Setzen Sie die Brille auf!
Donner:	*(Er setzt die Brille auf, erschrickt und nimmt sie wieder ab.)*
	Die machen mich ganz nervös, ganz nervös. Warum wir grad jetzt übersiedeln müssen – so kurz vor meinem Wohlverdienten – ist mir nicht ganz klar! Das alte Büro war doch viel gemütlicher...
Blitz:	Dort sitzt jetzt der neue Chefredakteur!
Donner:	*(Er hält sein altes Türschild vor seine Brust.)*
	Bitte, wo soll ich denn jetzt mein Türschild hinpicken?
Blitz:	Auf die Tür, Herr Donner, auf die Tür! Leben heißt eben Veränderung, Herr Donner. Noch nie was vom mobilen Arbeitsplatz gehört? Ich bin auch keine Möbelpackerin, sondern Journalistin, und ich finde das Büro ganz OK. Es ist ja nicht das erste Mal, daß wir im Haus übersiedeln. Am Anfang ist immer ein bisserl Chaos. So geht es in vielen Betrieben zu. Jeder redet, aber keiner sagt was. Wir brauchen neue Methoden. Deshalb will ich ja über Unternehmenstheater schreiben...
Donner:	Wenn Sie in unserer Zeitung unbedingt etwas über Theater schreiben wollen, Frau Blitz, dann gehen Sie in die Kulturredaktion, dort liegen Sie richtig. Im Wirtschaftsressort haben Clowns
	(Er setzt sich eine rote Nase auf.)
	nichts verloren, dort regiert Geld die Welt,
	(Er setzt sich auf seinen Sessel.)
	und keine Bretter!
Blitz:	*(Sie nimmt das Türschild und pickt es auf seine Stirn.)*
	Herr Donner, die Bretteln sind vor Ihrem Kopf! Unternehmenstheater kommt ganz groß raus, und wir könnten die ersten sein, die davon berichten. Sie müssen...
Donner:	*(Er niest die rote Nase und das Türschild ab.)*
	Ich muß gar nix! Außer den Leser auf dem laufenden halten...
Blitz:	Zumindest die Leserinnen werden Ihnen aber bald davonlaufen, wenn wir nicht am Ball bleiben.
Donner:	Ball bleiben, Ball bleiben! Sind wir jetzt schon in der Sportredaktion? Ich hab' geglaubt, wir reden von ah, äh, uh – Unter– wie heißt ihr Theater?
Blitz:	Unternehmenstheater! Das ist – zumindest bei uns – etwas ganz Neues, nämlich bedarfsorientiertes Theater, maßgeschneidert auf die Bedürfnisse eines Betriebes. Unternehmenstheater emotionalisiert und fördert die Kommunikation, es löst Veränderungsprozesse aus und macht den Betrieb transparenter, mehr als jedes an-

dere Medium. Es vereint die Wirtschaft mit der Kunst und die Realität der Gegenwart mit den Visionen der Zukunft.

Donner: Wer Visionen hat, braucht einen Arzt, kein Theater! Wos brauch'ma des! Theaterkünstler – da könnt ja jeder kommen. Aber bitte, trotz meiner langjährigen Erfahrung bin ich ein aufgeschlossener Mensch geblieben. Wie soll das funktionieren? Was macht Ihr Theater zum Beispiel im Betrieb XY? Bleiben S' aber bitte am Teppich.
(Er niest.)
Keine griechischen Tragödien und auch keine Schweinerei'n vom Turrini.

Blitz: Wenn ein Betrieb sich zum Beispiel von einem Monopol- in einen Privatbetrieb umwandeln muß, wenn der Kunde plötzlich nicht mehr bloß Feind ist, sondern möglicherweise sogar bestimmt, ob der früher sehr arrogante Monopolist am Markt überhaupt überleben darf, da könnte es doch Probleme geben, oder?

Donner: Bei uns in Österreich schon, ha, ha, ha!
(Er tätschelt ihre Hände.)
Sie stellen sich das so einfach vor, Frau Blitz. In der Theorie hört sich das ja ganz gut an, aber in der Praxis.

Blitz: Es gibt nichts Praktischeres als eine gute Theorie,

Donner: *(Lacht auf.)*

Blitz: ...und die Leute, die qualitatives Unternehmenstheater anbieten, finden das nicht so lächerlich, denn sie haben nicht nur Erfahrung mit Theater, sondern auch in der Organisationsberatung. Sie recherchieren sorgfältig im Betrieb und klären die Zielsetzung. Dann, nach dem Vertragsabschluß, präsentieren sie der Firmenleitung das Storyboard.

Donner: Wos?

Blitz: ...quasi das Layout, die Intention des Stückes, den Ort der Handlung, die Anzahl und die Charaktere der Schauspieler und das geplante Bühnenbild. Wenn das Storyboard von der Firmenleitung abgesegnet ist, werden professionelle Schauspieler und Schauspielerinnen beim Casting...

Donner: Was für ein Kas?

Blitz: Auf jeden Fall haben sie dann eine fixe Schauspielertruppe. Dann wird das Buch...

Donner: Wos?

Blitz: ...der Text geschrieben, und die fangen an zu proben. Das braucht natürlich seine Zeit, denn kreative Prozesse lassen sich nicht beschleunigen. Aber alles geht Hand in Hand mit der Firmenleitung, denn die Erarbeitung des Stückes ist stets integriert in einen firmeninternen Entwicklungsprozeß, ja sogar die Nachbereitung des

Theaterstückes ist ein wichtiger Bestandteil im Prozeß der gewünschten Veränderung. Und nach und nach entsteht ein bedarfsorientiertes Theaterstück, das die Firma in ihrer...
(Donner schnarcht.)
...innerbetrieblichen Realität zeigt, knallhart und sehr real, auch die ganz sensiblen Punkte! Das kann manchmal sogar weh tun!
(Sie tritt gegen sein Schienbein.)

Donner: Uhhh! Und *wer* soll sich *das* anschaun?
Blitz: Die Mitarbeiter und Mitarbeiterinnen, der Betriebsrat, die Führungskräfte, das ganze Unternehmen. Eine Großgruppe!
Donner: Jo, derfens denn des?
Blitz: Sie werden sogar wollen! Die Zuschauer sind Betroffene und Genießer zugleich, denn endlich wird das ausgesprochen, worüber bisher nur gemauschelt wurde. Endlich sehen sich alle im Spiegel.
(Beide blicken ins Publikum und dann einander an)
Wie in der Früh, vor der Kosmetikattacke!
Donner: Iris? Aaaah...
(Er krümmt sich, greift sich ans Herz und findet sein Handy.)
...ahh, Herr Gallop? Guten Morgen! Sie haben vibriert? Haha...
(Er hält das Handy zu und zischt zu Blitz.)
Der neue Chefredakteur!
(Blitz geht ab.)
Donner: Freilich, Herr Gallop, seitdem unsere Zeitung übernommen wurde, gibt es da und dort Probleme.
Wie? Äh, natürlich, die Probleme war'n schon vorher da!
Es muß sich einiges ändern, freilich, Herr Gallop.
Ich weiß, wir verlieren immer mehr Leser!
Ja, Herr Gallop, unsere Zeitung muß noch kompetenter und noch attraktiver werden, um mithalten zu können. Aber, wenn das so leicht ginge, dann hätte die Konkurrenz schon längst was unternommen! Ach so, die hat uns ja schon *über*nommen.
Ich weiß, Herr Gallop. Leider!
Was sagen Sie? Unsere Sesselkleber sollten was? Ach, tanzen lernen, verstehe, endlich tanzen lernen. Alles klar, Herr Gallop!
Das neue Büro? Sehr gemütlich, *sehr gemütlich!*
Wie? Unser Verlag sollte sich mal im Narrenspiegel sehen?
Genau! Wie in der Früh, vor der Kosmetikattacke, ha, ha!
Eine Theatergruppe? Was? In unserem Haus? No, schmeiß'mas raus! Wie? Sie scherzen, Herr Gallop! Wofür? Ach so, wegen der troubles seit der Fusion.
Was sagen Sie, Herr Gallop? Unternehmen S' ...wos?
Unternehmenstheater?

(Blitz kommt wieder.)
Herr Gallop, da bin ich *der* Experte! Was glauben Sie, was ich den ganzen Tag tu'? Ich bin immer der erste, immer am Ball. Unternehmenstheater vereint die Wirtschaft mit der Kunst und die Realität der Gegenwart mit den Visionen der Zukunft.
(Blitz knallt Mappe auf den Tisch.
Donner zwinkert ihr zu.)
Ich wollte soeben Frau Blitz anweisen, sich g'scheit zu machen, und was über Unter… na über…
Nächste Woche soll der Artikel erscheinen! Freilich, ich bin heute – wie üblich – um drei Uhr bei Ihnen, Herr Gallop, danke, danke! Auf Wiederhör'n!

Donner: *(Zu Blitz.)*
Die sollen uns mal, die Theaterhupfer, die…!
Ich mein' die sollen uns was vortanzen. Mir ist des wurscht! Solange *ich* mein Dienstauto net verlier'.
Der ist ein Unikum, der Gallop, äh – ich meine ein Unikat!
Na so ein Theater! Ich meine so ein Theaterdingsda bei uns, das wär' schon was, vielleicht komm' ich auch da drin vor. Da könnt' ich ja meine Mutter mitnehmen, und *ich* spiel' die Hauptrolle – fast wie im Burgtheater! Eine Weltpremiere, Frau Blitz!

Blitz: Welturaufführung, Herr Donner, *Welturaufführung* nur für unseren Verlag. Unser eigenes Theaterstück sozusagen, aber *unser ganzes* Unternehmen spielt die Hauptrolle, nicht nur Sie!
Und übrigens, **ich** hab **Sie** g'scheit gemacht, *ich* bin die Expertin, nicht Sie, alles klar?

Donner: Freilich, freilich, Frau Blitz! Aber, es braucht ganz schön viel Mut, das zuzugeben, glauben Sie mir. Und Mut werden wir alle brauchen, wenn die Theaterschnüffler kommen, wenn ich an die vielen Tabus, an die Freunderlwirtschaft und an die *Hundstrümmerln* bei uns im Hof denk…

Blitz: MUT ist „Maßgeschneidertes Unternehmens-Theater"! Und dazu brauchen wir Bereitschaft zur Darstellung heikler Themen. Aber so bekommen die Leute wieder Respekt voreinander und können sich wieder mit unserem Betrieb identifizieren.
(Sie bückt sich nach der Clownnase und setzt sie auf.)
Das kann ja auch großen Spaß machen.

Donner *(lacht sie an):* Lachen macht stark, Frau Blitz! Jetzt müß' ma darüber schreiben!
Wir brauchen Fotos, Interviews, Referenzen, Stückausschnitte, Rezensionen, Testimonials.
(Blitz wirft Fotos, Akten und Mappen in die Luft.)

	Fahr'n S' nach Deutschland, Frau Blitz! Recherchieren, analysieren, kontaktieren, verifizieren, inspirieren, transformieren, emailen, femailen Sie. Ich brauche noch heute...
Blitz:	Nicht nötig. Alles schon gemacht. Diesmal ist Österreich nicht *so* weit hinten. Unternehmenstheater wird – Sie merken es ja – auch bei uns angeboten.
Donner:	*(Er öffnet sein Sakko.)*
	Vorhang auf, Frau Kollegin! Ich hab' schon eine Schlagzeile für *unseren gemeinsamen* Artikel im Wirtschaftsteil: Theaterdonner für die Wirtschaft! Unternehmen S' was, Frau Blitz!
	(Playback: J. Strauß, „Unter Donner und Blitz", leise)
Blitz:	*(Sie reicht Donner die Hände und zieht ihn sanft hoch.)*
	Bin schon dabei!
Donner:	Hat's schon angefangen?
Blitz:	Wer zu spät kommt, den bestraft das Leben!
Donner:	Und wer zu zweit kommt, der zahlt nur einmal!
Beide:	Hopp oder Dropp, auf zum Galopp!
	(Playback laut.)
	(Beide tanzen, Donner mit dem Sessel am Po.)
	(Vor der Tür Freeze.)
	(Playback leise.)
Donner:	Sagen Sie, haben Sie nicht auch das Gefühl, daß wir beobachtet werden? Wos moch'ma jetzt?
Blitz:	Unternehmen S' was, Herr Donner!
	(Beide tanzen durch eine Türe ab. Nebel strömt heraus.)

Teil III

Berichte aus der Praxis

16 RTSC-Konferenz des Internationalen Postzentrums der Deutschen Post AG am Flughafen Frankfurt am Main

Peter Bauer, Matthias zur Bonsen

1. Kontext

Über das IPZ, Internationale Postzentrum der Deutschen Post am Frankfurter Flughafen fließt sämtliche nicht-prioritäre Brief- und Paketpost von und nach Deutschland. Die Qualität der Sortierung in diesem Betrieb trägt maßgeblich zu den Laufzeiten der Post vom und ins Ausland bei. Eine wichtige Rolle spielt sie auch für die Transit-Post, die in Frankfurt, aus dem Ausland kommend, gleich in ein anderes Land verschickt wird. Steigende Qualität ermöglicht der Deutschen Post, im Ausland zusätzliche Großaufträge zu akquirieren und über Frankfurt laufen zu lassen.

Die Konferenz sollte vor allem helfen, einen Energieschub in Richtung Qualität – rückstandsfreie und fehlerfreie Sortierung – zu erzeugen. Dazu war in erster Linie eine Veränderung der Kultur und der abteilungsübergreifenden Zusammenarbeit erforderlich. Die ca. 2500 Mitarbeiter des IPZ kommen aus 70 Nationen und sind damit fast so international wie die Post, die sie bearbeiten. Die Konferenz mit 176 Führungskräften und Mitarbeitern hatte daher viele Teilnehmer, die nicht perfekt Deutsch sprachen – was sich als keinerlei Hindernis erwies. Der Leitungskreis des IPZ hatte vor der Konferenz eine Vision formuliert und acht Schlüssel-Projekte auf den Weg gebracht.

In der Konferenz selbst saßen die Teilnehmer nicht an Tischen, sondern jeweils zu acht in Stuhlkreisen. Gelbe Kunststoff-Behälter (normierte Behälter der Post), die die Teilnehmer von ihrer täglichen Arbeit her gut kannten, wurden als Abstellfläche für Gläser und „Materiallager" benutzt. Zusätzlich stand in jedem Stuhlkreis eine ca. 2,50 m hohe Stange. Zu Beginn der Konferenz waren dicke Seile von Stange zu Stange gespannt. Sie symbolisierten die internationalen Sendungsströme, die nicht nur über Frankfurt, sondern auch über die Zentren starker Wettbewerber, namentlich Zürich, London, Paris und Amsterdam, liefen. Allen Teilnehmern sollte klar werden, daß es darum ging, den Strang über Frankfurt stärker werden zu lassen.

2. Auswahl der Intervention

Die Thematik paßte in mehrerer Hinsicht ideal zu den sogenannten RTSC- (Real Time Strategic Change)Konferenzen:
1. Die Leitung hatte bereits Ziele formuliert, für die die Mitarbeiter gewonnen werden sollten.
2. Es war wichtig, das Wissen der Mitarbeiter über Markt und Wettbewerb zu erweitern, damit sie die Hintergründe für die Ziele verstehen konnten.
3. Die Kultur und die abteilungsübergreifende Zusammenarbeit waren wichtige Themen – für diese gibt es im RTSC-Modell sinnvolle Module.

Die nachstehend beschrieben Konferenz gehört zwar zur Kategorie *RTSC-Konferenz*, enthält aber eine Reihe von Schritten, die im Standardmodell nicht vorkommen. Insbesondere wurden in diese Konferenz mehr analoge Elemente eingebaut.

3. Ablauf der Konferenz

Erster Tag: Beginn 14.00, Dauer bis 19.30 Uhr
Einführung und Begrüßung

Warming-up: Die Sicht von allen
Die Teilnehmer stellen sich an den Tischen gegenseitig vor und beantworten sich dabei Fragen, die die Aufmerksamkeit auf die positiven Seiten des IPZ lenken. Beispielsweise:

- Was war meine beste Zeit im IPZ, eine Zeit, in der ich mich besonders lebendig fühlte und etwas bewirken konnte?
- Auf welche Fortschritt meiner Abteilung bin ich stolz?

Gemeinsamkeiten in den Antworten werden von den Tischen herausgearbeitet und vorgestellt.

Die Sicht der Führung und der Kunden
Der Leiter des IPZ stellt in einem kurzen Vortrag seine Sicht dar: wo das IPZ heute steht, wie sich das Umfeld verändert und was das für die Zukunft bedeutet. Anschließend stellt der Geschäftsführer der Post-Tochter IMS, International Mail Service, die international Großaufträge akquiriert, dar, was die ausländischen Großkunden von der Deutschen Post und vom IPZ erwarten. Daß dieser Geschäftsführer als Kanadier nur Englisch spricht, unterstreicht seine Glaubwürdigkeit als Vertreter der internationalen Großkunden.

Die Stuhlkreise diskutieren die beiden Vorträge und überlegen sich Fragen. Diese werden anschließend ca. 40 Minuten lang beantwortet.

Abläufe im IPZ bewußtmachen
Die Teilnehmer nehmen eine neue, abteilungsbezogene Sitzordnung ein. An den Stangen werden Schilder mit Abteilungsbezeichnungen angebracht.

Die Abläufe im IPZ werden anschaulich gemacht, indem dicke Seile durch den Raum von Abteilung zu Abteilung gespannt werden. Das beginnt mit einem Kern-Prozeß (Standardbrief/Import). Der Abteilung, die diese Briefe an der Flughafenseite des IPZ in Empfang nimmt, wird das Ende des Seils gegeben, und sie wird gebeten, dieses dem Ablauf entsprechend weiterzureichen. Und so sollen es auch alle weiteren Stuhlkreise, die das Seil bekommen, tun. Es stellt sich heraus, daß die Teilnehmer oft nicht wissen, wie der Ablauf eigentlich weitergeht. Nachdem das erste Seil gespannt ist, wird mit ein paar Fragen an die Stuhlkreise entlang des Seiles bewußtgemacht, wie kleine Fehler am Anfang des Ablaufs zu immer größeren Problemen an dessen Ende führen. Es werden dann noch drei weitere Seile für andere Versendungsarten durch den Raum gespannt. Da sie an den 2,50 m hohen Stangen befestigt werden, bleibt die Bewegungsfreiheit erhalten.

Anderen Abteilungen Feedback geben
Die „Abteilungs-Stuhlkreise" schreiben auf vorbereitete Formulare den jeweils anderen Abteilungen, was sie von ihnen brauchen, um ihre eigene Aufgabe besser bewältigen zu können. Die Formulare werden anschließend an die Empfänger verteilt. Dabei wird jeweils eine dünne Kordel von der sendenden zur empfangenden Abteilung gespannt. Ein immer dichter werdendes Gewirr von Kordeln macht den Grad der gegenseitigen Abhängigkeit sehr anschaulich.

Einen Brief schreiben
Alle Teilnehmer erhalten einen Briefumschlag mit dem Namen eines anderen Teilnehmers darauf. Diesem sollen sie, auch wenn sie ihn noch nicht persönlich kennen, einen Brief schreiben („einfach irgend etwas Nettes"). Diese Briefe werden, als alle den Tagungsraum verlassen, in einen Briefkasten geworfen. Am Abend werden sie vom Logistik-Team sortiert und „zugestellt", doch nicht fehlerfrei. Einige Briefe werden gezielt irgendwo auf den Boden gelegt (weil auch im IPZ Briefe von Bändern fallen und dann nicht mehr beachtet werden), falsch zugestellt oder ganz einbehalten.

Zweiter Tag, 8.30 bis 18.00 Uhr
Am nächsten Morgen lesen alle ihre Briefe. Die Moderatoren fragen, wer keinen bekommen hat und wie es denen jetzt geht. Die Ursachen dafür werden

aufgeklärt, die übersehenen Briefe vom Boden aufgehoben, und die falsch sortierten werden richtig zugestellt. Allen wird bewußt, daß ein paar Menschen enttäuscht sind, wenn sie ihren Brief nicht pünktlich erhalten.

Das Feedback bearbeiten
Die „Abteilungstische" bearbeiten die empfangenen Formulare und entwickeln daraus Maßnahmen für sich selbst. Jede Abteilung stellt dem Plenum vor, was sie vorhat. Das Plenum klatscht – oder zischt (wenn ihm das Ergebnis nicht gefällt).

Die Vision der Leitung
Der Leiter des IPZ stellt seine langfristige Vision dar. Er tut dies mit einer sehr anschaulichen Metapher: einem Kastanienbaum. Dadurch wird die Vision sehr lebendig, warm und ansprechend.

Die Vision der Teilnehmer
Alle 22 Stuhlkreise entwerfen ihrerseits eine Vision für das IPZ und stellen diese als Bild/Collage auf einer Pinnwand dar. Anschließend gehen alle Teilnehmer herum und lassen sich die Visionen der anderen Gruppen erläutern.

Kommentierung der Vision
Die Stuhlkeise erarbeiten Korrekturen und Ergänzungsvorschläge zu der Vision der Leitung. Diese werden mittels Punkte-Kleben von allen gewichtet.

Ungeschriebene Spielregeln
Die Stuhlkreise erarbeiten die heute geltenden ungeschriebenen Spielregeln des IPZ. Sie unterteilen sie in „förderliche", „hemmende" und „neutrale". Sie wählen die hemmendste aus und erarbeiten zu dieser einen kleinen Sketch. Während einer Stunde präsentieren alle 22 Gruppen ihren Sketch. Dabei kommen die Teilnehmer etwa eine Stunde lang aus dem Lachen nicht mehr heraus.

Neue Spielregeln entwickeln
Jeder Stuhlkreis formuliert zwei Spielregeln, die künftig eingehalten werden sollen. Zwei davon sollen für alle, zwei nur für Führungskräfte gelten. Die Entwürfe der neuen Spielregeln werden mit Klebepunkten vom ganzen Plenum gewichtet.

Abends
Während fast alle Teilnehmer das Abendessen einnehmen, treffen sich zwei Arbeitskreise. Die Leitungsrunde sichtet die Vorschläge zur Vision und arbeitet sie in das bestehende Papier ein. Das Planungsteam integriert die vielen Vorschläge zu neuen Spielregeln in ein zweites Papier.

Dritter Tag, 8.30 bis 15.00 Uhr
Vorstellung der überarbeiteten Vision und der neuen Spielregeln

Vorstellung der Schlüssel-Projekte
In einem Infomarkt werden die acht Schlüsselprojekte vorgestellt.

„Zehn Gebote" für den Alltag
Die Teilnehmer sitzen jetzt wieder in abteilungsbezogenen Stuhlkreisen. Die Abteilungen leiten für sich aus der Vision „zehn Gebote" ab. (Es müssen nicht genau zehn sein.) Nach der Hälfte der Gruppenarbeit gehen alle herum, um sich von den „Geboten" der anderen inspirieren zu lassen.

Konkrete Umsetzung in den nächsten Wochen
Die Abteilungs-Stuhlkreise erarbeiten, was sie sich in den nächsten drei Wochen konkret vornehmen und wie sie sich gegenseitig motivieren wollen. Dabei rücken einige Stuhlkreise spontan zusammen, um gemeinsame Pläne zu machen.

Ein „Gebot" für die Führungskräfte
Die Führungskräfte bekommen die Aufgabe, ein „Gebot" für sich zu formulieren. Dabei lassen Sie sich von ihren Mitarbeitern, die im selben Stuhlkreis sitzen, beraten. Einige der Führungskräfte stellen ihr „Gebot" im Plenum vor.

Die Kollegen informieren
Als letzte Aufgabe erarbeiten die Teilnehmer, wie sie ihre Kollegen über die Konferenz informieren und ihre positive Stimmung und Energie übertragen wollen.

Schlußrunde und Verabschiedung

4. Resonanz

Die Konferenz endete mit minutenlangen, stehenden Ovationen. Der gewünschte Energieschub – die Begeisterung – wurde geschaffen. Wenige Tage nach der Konferenz sagte der Auftraggeber: „Der ganze Betrieb knistert." Das beschreibt gut, was mit der Konferenz bezweckt werden sollte. Denn es ging in diesem Fall nicht um wenige große, sondern um Tausende kleiner Maßnahmen und um neue Verhaltensweisen. Die Teilnehmer der Konferenz gaben sich große Mühe, ihre Kollegen, die nicht dabei sein konnten, ebenfalls einzubinden und zu begeistern. Ein Freiwilligenteam kümmert sich seit der Konferenz um zusätzliche Möglichkeiten, über die Inhalte der Konferenz zu kommunizieren und sie wachzuhalten. Eine dieser Möglichkeiten ist eine

Wanderausstellung. Der Auftraggeber plant eine weitere Konferenz mit 500 bis 800 Teilnehmern.

(Es gibt von dieser Konferenz ein professionell erstelltes Video mit Begleitheft. Erhältlich ist es bei eriko.makinose@t-online.de. Preis DM 300,– zuzgl. MwSt. und Porto.)

17 Die „ver-rückte" Belegschaft. Schneller Wandel mit dem Großgruppen-Ansatz RTSC

Hans-Jürgen Krieg, Werner Pfeifer

Um was ging es?

In einem Konzern wurden 1997/98 alle Dienstleistungen der Informations- und Kommunikationstechnik zu einem eigenständigen Unternehmen zusammengefaßt. In dieser ersten Phase der Unternehmensentwicklung wurden Mitarbeiter „eingesammelt" und von den Konzerngesellschaften auf die neue Dienstleistungsgesellschaft umgeschrieben. Anfang 1999 hatte diese 270 Mitarbeiter, die auf 10 Betriebsstandorte in Deutschland verteilt waren.

Es war nicht vorgesehen, diese Mitarbeiter örtlich zusammenzuführen, da sie weiterhin die Betreuung der Kunden vor Ort gewährleisten sollten. Viele Mitarbeiter kannten sich nur durch telefonischen Kontakt. Die jeweiligen Aufgabengebiete und Kompetenzen der anderen waren den Mitarbeitern nur oberflächlich oder gar nicht bekannt. Die Infrastruktur funktionierte nur mangelhaft. Zitat: „Selbst um Schreibpapier und Bleistifte muß man sich kümmern."

Die strategische Ausrichtung des Unternehmens war in Ansätzen vorhanden und wurde auch per Intranet an die Mitarbeiter vermittelt. Sie war jedoch noch nicht ausgereift, und es war noch keine Auseinandersetzung mit den Zielvorstellungen der Geschäftsführung erfolgt. Diese war selbst als Team noch nicht gefestigt und sehr mit operativen Verhandlungsprozessen mit den Konzerngesellschaften beschäftigt, um die Überführung der Mitarbeiter in die neue Dienstleistungsgesellschaft zu managen. Es verblieb daher für die Geschäftsführung wenig Zeit, den Integrationsprozeß zielgerichtet zu steuern.

Changework wurde als externes Beratungsteam beauftragt, einen Unternehmensentwicklungsprozeß zu konzipieren und zu begleiten.

Was haben wir vorgeschlagen?

Bei dieser Ausgangssituation bietet aus unserer Sicht ein auf Großgruppenarbeit basierender Unternehmensentwicklungsprozeß nach dem von *Dannemiller Tyson Associates* entwickelten *Real Time Strategic Change*-Ansatz (RTSC) eine ganze Reihe von Vorteilen:

- Die Mitarbeiter lernen einander kennen und werden integriert.
- Es kann innerhalb kürzester Zeit eine auf ein Dienstleistungsunternehmen abgestimmte strategische Ausrichtung erfolgen, die von allen Mitarbeitern getragen wird.
- Führungskräfte und Mitarbeiter identifizieren sich mit dem neuen Unternehmen.
- Es wird ein gemeinsames Verständnis davon entwickelt, was Dienstleistung bedeutet.
- Es entsteht ein Netzwerk von fachlichen Kontakten, um Informationen auszutauschen.
- Eine neue Form der Zusammenarbeit wird erlebt.
- Das gesamte Unternehmen wird mobilisiert.

Dannemiller Tyson Associates, mit denen wir seit drei Jahren zusammenarbeiten, um die RTSC-Methode auch in Europa bekanntzumachen, haben diesen Großgruppen-Ansatz auch für andere Anwendungsfelder genutzt, so zum Beispiel:

- im Rahmen der Führungskräfteentwicklung;
- zur integrativen Produktentwicklung;
- zur Geschäftsprozeßoptimierung;
- in Post Merger Integration-Prozessen.

Sie haben dabei die RTSC-Methode zum heutigen *Whole-Scale-Process* weiterentwickelt: Nicht allein der Großgruppen-Event, sondern die Gestaltung des Gesamtprozesses ist wichtig. Dieser Gesamtprozeß orientiert sich in unserem Fall an folgender Prozeßarchitektur:

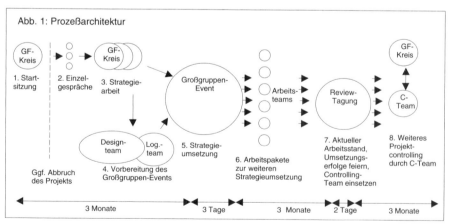

Die Architekturelemente haben dabei unterschiedliche Funktionen:

- Die *Startsitzung* mit dem Geschäftsführungskreis (GF-Kreis) dient dazu, den Gesamtprozeß zu präsentieren, Ziel und Zweck dieses Prozesses zu definieren, eine Entscheidungsfindung zu ermöglichen und weitere Prozeßschritte festzulegen.
- Die *Einzelgespräche* sollen den möglicherweise unterschiedlichen Meinungen und Sichtweisen in der Geschäftsführung Rechnung tragen, um sie auch im weiteren Prozeß entsprechend berücksichtigen zu können. Sie sind der Diagnose zuzuordnen und erweitern die Informationsbasis des Beratersystems.
- Da das Unternehmen sich noch in seiner Gründungsphase befindet und auch der Geschäftsführungskreis als Gremium eine Zusammenarbeitsform entwickeln muß, ist eine mehrstufige *Strategiearbeit mit dem Geschäftsführungskreis* vorgesehen. Hier muß ein Führungsverständnis im GF-Kreis und für das Unternehmen entwickelt werden, und es muß ein strategischer Rahmen erarbeitet werden, der dann im Großgruppen-Event weiter ausgefüllt wird. Ein Teamentwicklungsprozeß läuft quasi nebenbei mit.
- Das *Designteam* ist ein Abbild der Organisation. Unterschiedliche Sichtweisen sollen bereits hier zur Geltung kommen. Der Ablauf des Großgruppen-Events wird dann entsprechend gestaltet, so daß an diesen Sichtweisen gearbeitet werden kann. Das Designteam übernimmt Verantwortung für den Ablauf des Events und dafür, daß das gesetzte Ziel erreicht wird. Es wird unterstützt von einem *Logistikteam*, welches die Organisation des Events managed und für einen reibungslosen Ablauf sorgt.
- Im *Großgruppen-Event* wird von allen Mitarbeitern eine Einschätzung zu Gegenwart und Zukunft des Unternehmens vorgenommen. Der vom Geschäftsführungskreis eingebrachte strategische Rahmen wird ausgefüllt, die Strategieumsetzung eingeleitet. In diesem Großgruppen-Event werden sechs soziale Gruppen tätig: der Geschäftsführungskreis, das Designteam, die Berater, das Logistikteam sowie alle Mitarbeiter als Klientensystem. Des weiteren bilden sich im Laufe des Prozesses Arbeitsteams, welche nach dem Event an Arbeitspaketen miteinander weiterarbeiten.
- In einer *Review-Tagung* kommen der Geschäftsführungskreis, die Berater und Sprecher der Arbeitsteams zusammen, um den Arbeitsstand zu bewerten und weitere Schritte festzulegen. Diese Tagung findet bereits 2–3 Monate nach dem Großgruppen-Event statt, um das erzeugte „Momentum" auszunutzen und wieder neue Energie zuzuführen. Ein Controlling-Team wird für das weitere Prozeß-Controlling eingerichtet, die externen Berater ziehen sich aus dem laufenden Prozeß schrittweise zurück.

Was passiert im Großgruppen-Event?

Großgruppen-Events sind die Kernstücke in jedem *Whole-Scale-Process*. Für das Beratungssystem (dazu zählen die externen Berater, das Designteam und das Logistikteam) beginnt der Großgruppen-Event schon am Vortag, dem *Staging Day*. Die „Bühne" muß vorbereitet werden. Je nach Teilnehmerzahl (in unserem Falle 185 Mitarbeiter) müssen runde Tische im Saal aufgestellt werden und 1–2 Podien aufgebaut werden (vgl. Abb. 2).

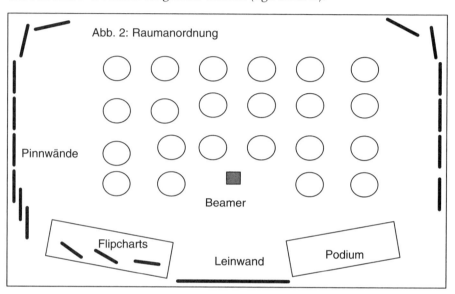

Die Technik – zum Beispiel tragbare Mikrofone, Beamer oder Overheadprojektor – muß überprüft werden, und der gesamte Ablauf, der in einem Logistik-Drehbuch beschrieben ist, wird mit dem Designteam und dem Logistikteam durchgespielt. Auch die Geschäftsführung sollte an diesem *Staging-Day* für 2–3 Stunden anwesend sein, um den Ablauf und speziell ihre besondere Rolle mit dem Beraterteam zu besprechen.

Das Design des Großgruppen-Events orientiert sich an der Formel $D \times V \times F > R$. Der Buchstabe D steht hierbei für *dissatisfaction*, V für *vision*, F für *first steps* und R für *resistance*. Dahinter steht die Annahme, daß Widerstand in der Organisation überwunden werden kann, wenn das Produkt aus $D \times V \times F$ groß genug ist. Das heißt, es muß Raum gegeben werden, auch Unzufriedenheiten zu äußern und die aktuelle Situation der Organisation zu beleuchten. Mit der so erzeugten *Common Data Base*, in der natürlich auch die positiven Seiten der aktuellen Situation abgebildet werden sollten, kann dann an der gemeinsamen Zukunft gearbeitet werden. Wichtig ist, daß sich alle drei Variablen – D, V und F – im Design wiederfinden lassen, also auch bereits erste Umsetzungsschritte entwickelt und realisiert werden.

Daraus ergibt sich in unserem Fall folgendes Grobdesign für einen 2tägigen Großgruppen-Event (je nach Erfordernis kann er auch bis zu 3 Tagen dauern):

1. Tag

Begrüßung, Darlegung der Ziele und des Ablaufs des Gesamtprozesses
Die Begrüßung erfolgt durch ein Geschäftsführungsmitglied mit einer sehr persönlich gehaltenen Ansprache. Sie sollte auf die Veranstaltung einstimmen und von hoher Authentizität sein. Mitglieder des Designteams stellen den Gesamtablauf dar, die beiden externen Berater erläutern Methode und Spielregeln und übernehmen die Event-Moderation.

Arbeit an den Tischen: Kontakt und Kennenlernen
Die Teilnehmer, die nach dem Kriterium einer maximalen Mischung den Tischen zugewiesen werden, wählen für ihren Tisch einen Moderator, Schreiber und Reporter. Der Moderator leitet die Diskussion und achtet auf die Zeit, der Schreiber visualisiert die Ergebnisse am Flipchart, der Reporter berichtet dem Plenum. Sie machen sich zunächst miteinander bekannt und diskutieren ihre Erwartungen an die Veranstaltung. Die Erwartungen werden von den Tischen „abgerufen" und auf dem Podium auf Flipcharts dokumentiert. Während das Erwartungsstatement eines Tisches dokumentiert wird, wird bereits der nächste Tisch aufgerufen, sein Statement abzugeben. Für diese Form der Dokumentation stehen auf dem Podium drei Flipcharts zur Verfügung. Diese Arbeitstechnik beschleunigt die Dokumentation und führt zu einer sehr dynamischen Interaktion zwischen den Tischen und den Event-Moderatoren. Das Ergebnis ist eine gemeinsam erzeugte *Common Data Base* von Erwartungshaltungen bezüglich der Veranstaltung. Dabei werden erste Schwerpunkte hinsichtlich dessen, was die Mitarbeiter bewegt, sichtbar.

Sicht der Kunden
Externe Sichtweisen erweitern den Blickwinkel, was die Situation des Unternehmens anbelangt: 2–3 Kunden tragen vor, wie sich ihr Geschäft in den nächsten Jahren entwickeln wird und welche Anforderungen sich daraus für die Mitarbeiter des Dienstleistungsunternehmens ergeben werden. Die Mitarbeiter haben dann Zeit, an ihren Tischen diese Kundensichtweisen zu verarbeiten und Fragen an die Kunden zu formulieren, die in einer Frage-und-Antwort-Runde bearbeitet werden.

Sicht der Mitarbeiter
Die Mitarbeiter reflektieren ihre Situation im Unternehmen: Worauf sind wir stolz? Was macht uns Probleme? Was macht uns geradezu verrückt? Diese

Aussagen werden an den Tischen priorisiert und die wichtigsten Punkte dem Plenum berichtet.

Sicht der Geschäftsführung
Die Geschäftsführung bringt ihr Bild der Organisation ein, beschreibt aus ihrer Sicht die strategischen Herausforderungen für die Zukunft des Unternehmens und stellt die strategischen Unternehmensziele zur Diskussion. Diese werden an den Tischen erörtert und in einer Frage-und-Antwort-Runde mit der Geschäftsführung bearbeitet. Zusätzlich können in einer schriftlichen Abfrage die Mitarbeiter Stellungnahmen und Empfehlungen zu den strategischen Unternehmenszielen der Geschäftsführung abgeben. Diese Bögen werden dann noch am gleichen Abend ausgewertet und der Geschäftsführung zur Verfügung gestellt. Diese diskutieren das Feedback der Mitarbeiter und überprüfen, welche Konsequenzen diese Rückmeldungen auf die strategische Ausrichtung des Unternehmens haben.

Informationsmarkt
Funktionsgruppen – zum Beispiel Competence-Center oder spezielle Dienstleistungsgruppierungen innerhalb der Organisation – haben hier die Möglichkeit, durch die Gestaltung von Postern ihre Tätigkeit und ihre Kompetenzen zu beschreiben. Die Mitarbeiter lernen sich dadurch auch außerhalb ihrer „Heimattische" kennen, und sie erfahren, wer sich in der Organisation womit beschäftigt, wer über welche Kompetenzen verfügt. Sie werden zum Feedback an ihre Kollegen ermuntert und nutzen die Gelegenheit zum *networking*.

Feedback zum Tag
Der offizielle Teil wird durch ein Feedback zum Tag abgerundet. Dieses wird unmittelbar von den Beratern, dem Designteam und dem Logistikteam ausgewertet. Es ist nicht ungewöhnlich, wenn daraufhin das Design für den Folgetag nochmals modifiziert wird.

Abendgestaltung
Der Abend wird durch das Designteam gestaltet. Er soll „Erlebnischarakter" haben und die Möglichkeit bieten, Gespräche zu führen, die Kontakte zu vertiefen und den Tag zu „verdauen".

2. Tag

Feedback zum Feedback
Die Berater geben eine Rückmeldung zum Feedback des Vortags.

17 Die „ver-rückte" Belegschaft

Überarbeitete strategische Aussagen der Geschäftsführung
Die Geschäftsführung gibt der Belegschaft einen Überblick, was bisher bei ihr angekommen ist, wie sie Kritik und auch Empfehlungen aufnimmt und welche Konsequenzen dies für die strategische Ausrichtung des Unternehmens hat.

Aktionsplanung
Vor dem Hintergrund einer wünschenswerten Zukunft, die von den Mitarbeitern definiert wird, werden Erfolgskriterien für einen Unternehmenswandel definiert. Die bisher sichtbar gewordenen Schwerpunktthemen – wie zum Beispiel strategische Unternehmensziele oder auch die Schwerpunktthemen, die sich aus der Mitarbeitersicht ergeben haben – werden auf Pinnwänden rings im Saal visualisiert. Die Mitarbeiter wählen interessengeleitet aus, an welchem Thema sie gerne arbeiten würden, indem sie sich zur entsprechenden Pinnwand begeben und auf diese Weise neue Gruppen bilden. In diesen erarbeiten sie 3–5 Schlüsselaktivitäten, mit deren Hilfe sie das Thema weiterentwickeln würden. Diese Aktionsgruppen sind nicht notwendigerweise bereits die Umsetzungsgruppen, weil nicht jede Aktivität tatsächlich weiterverfolgt werden kann. Es ist also in einer nächsten Sequenz zu überprüfen, wo es sich tatsächlich lohnt, Zeit und Geld in ein Projekt zu investieren. Die Aktionsgruppen bereiten daher eine Präsentation für das Plenum vor, vor welchem sie dann für ihr Projekt und für ihre Aktionen werben.

Bewertung der Aktionsvorschläge durch das Plenum und die Geschäftsführung
Die Aktionsvorschläge werden von den Gruppen präsentiert. Anschließend wählen alle Mitarbeiter die strategisch wichtigsten Projekte aus. Die Geschäftsführung kommentiert dann diese Vorschläge und entscheidet, welche Projekte sie durch Zeit und Geld fördern möchte.

Umsetzungsplanung
In der vorausgegangenen Aktionsplanung wurde deutlich, welche Projekte und welche Zukunftsaufgaben angegangen werden sollen. Die Teilnehmer erhalten nun die Gelegenheit, in Projekt- und Funktionsgruppen an der Umsetzungsplanung zu arbeiten. Diese umfaßt Regelungen hinsichtlich der nächsten Arbeitsschritte und der Art und Weise, wie die Gruppe zukünftig zusammenarbeiten möchte.

Der weitere Gesamtprozeß
Den Teilnehmern bekannte Umsetzungshindernisse werden thematisiert, wobei dies mit einer *paradoxen Frage* eingeleitet werden kann: „Was müssen wir

tun, damit *nichts* umgesetzt wird?" Die nächsten Schritte im Gesamtprozeß werden vereinbart.

Auswertung der Tagung
Die Tagung wird gemeinsam ausgewertet. Die „Tische" teilen ihre Lernerfahrungen sowie ihre Einschätzung hinsichtlich der im Umsetzungsprozeß erreichbaren Ziele dem Plenum mit.

Was sind wesentliche methodische Gesichtspunkte?

Die Arbeit an Maxmix-Tischen
Die Zusammensetzung an den Tischen wird nicht dem Zufall überlassen, sondern sehr bewußt gesteuert. Dies ist nur möglich, wenn im Designteam ein Mitglied anwesend ist, welches die Strukturen des Unternehmens genau kennt und für eine maximale Mischung – zum Beispiel nach Betriebsstandorten, nach Funktion und nach Hierarchie – sorgen kann. Maxmix-Tische fördern das gegenseitige Kennenlernen und ermöglichen das Zustandekommen von Meinungsbildern, die nicht durch alte Strukturen vorbelastet sind.

Die Steuerung durch Handouts
Die Steuerung der gesamten Veranstaltung wird durch nur zwei Moderatoren gewährleistet. Die Arbeitsanweisungen werden über Handouts eingesteuert. Das Logistikteam muß sicherstellen, daß zu jedem Zeitpunkt das jeweils richtige Handout in den Eingangsboxen, die jeweils auf den Tischen plaziert sind, vorliegt. Dazu wurde ein detailliertes „Logistik-Drehbuch" mit den Beratern erarbeitet.

Die „Abrufsteuerung" von den Tischen und Dokumentation
Nicht immer werden die Ergebnisse von allen Tischen abgerufen. In der Regel erfolgt dies in der ersten Sequenz, wenn es darum geht, die Erwartungen der Teilnehmer zu erfassen, und am Schluß in der Gesamtauswertung. Ansonsten werden die Ergebnisse von den Tischen repräsentativ erfragt. Jeder Tisch sollte – über alle Arbeitssequenzen hinweg – mindestens einmal berichten können. Der Abruf von den Tischen und die Dokumentation müssen sehr schnell erfolgen. Dies mobilisiert die Energie der Teilnehmer.

Der sparsame Einsatz von Beamer oder Overheadprojektor
Die Abdunklung des Raumes vermindert die Aufmerksamkeit der Teilnehmer, der Energiepegel nimmt ab. Daher sollten Folienpräsentationen sehr kurz gehalten werden. Es ist besser, wenn sich die Referenten mehr Zeit für den Dialog mit den Mitarbeitern nehmen und Unterlagen als Handouts vorliegen.

Die Briefings zu den Präsentationen machen die Berater mit den Referenten vorab.

Was ist bisher in dem Projekt gelaufen? Welche Erfahrungen haben wir gemacht?

In der Startsitzung im Februar 1999 – mit der Geschäftsführung (GF), mit dem Beiratsvorsitzenden und Vertretern der Konzernpersonalentwicklung – wurden die einzelnen Arbeitsphasen durchgesprochen, die Terminplanung erstellt und von der GF und dem Beirat das Commitment für die Vorgehensweise eingeholt.

Im nachhinein betrachtet, wäre es gut gewesen, bereits in diesem Gespräch auch ein Demo-Video einzusetzen. Unserer Erfahrung nach tun sich Kunden, die mit der Vorgehensweise noch nicht vertraut sind, sehr schwer, eine Vorstellung davon zu gewinnen, was in einem Großgruppenevent passiert.

Mit der Strategiearbeit im Geschäftsführungskreis wurde Ende März begonnen. Die vorbereitenden Arbeiten mit der Geschäftsführung und dem Vorbereitungsteam mußten innerhalb von 2 ½ Monaten ablaufen. Wir wußten, daß dieser Zeitraum knapp bemessen war, vertrauten aber auf das Engagement der Mitarbeiter. Und wir sollten diesbezüglich auch nicht enttäuscht werden. Dennoch empfiehlt es sich, für diese Vorbereitungsarbeit eher 3–4 Monate einzuplanen. In der Regel werden Whole-Scale-Projekte vom Anfang bis zum Ende von zwei externen Beratern in allen Phasen gemeinsam betreut. In unserem Fall erfolgten die Strategiearbeit und die Designarbeit durch jeweils nur einen Berater. Dies ist machbar – allerdings sollten die letzten Sitzungen vor dem Event im Geschäftsführungskreis und mit dem Designteam von beiden Beratern gemeinsam durchgeführt werden, damit für eine einheitliche Informationsbasis gesorgt ist.

Sowohl die Strategiearbeit mit der Geschäftsführung als auch die Designarbeit mit dem Designteam beginnt damit, Ziel und Zweck zu beschreiben. Während die Geschäftsführung mehr den Zweck des Gesamtprozesses im Auge hat, präzisiert das Designteam Ziel und Zweck des Events. Es war für uns selbst ein besonderes Erlebnis, unsere amerikanischen Kollegen in anderen Projekten und Workshops bei dieser Arbeit unterstützen zu können. Das Ziel und den Zweck präzise zu beschreiben ist ein zentrales Arbeitsprinzip im Rahmen des Whole-Scale-Ansatzes. Der Aufwand, der am Anfang damit betrieben wird, mag manchen zunächst groß erscheinen: Es kann mehrere Stunden oder gar bis zu einen Tag dauern, bis Ziel und Zweck formuliert sind. Der Effekt besteht jedoch darin, daß sowohl die Geschäftsführung als auch das Designteam sich intensiv mit dem anstehenden Projekt auseinandergesetzt haben, eine klare Zielvorstellung vom Ergebnis haben und daß ein roter Faden für die anstehende Arbeit angelegt ist.

In diese Vorbereitungsphase investieren sowohl die Geschäftsführung als auch das Designteam sehr viel Zeit und Arbeit. Strategische Aussagen müssen überarbeitet und Organisationsprinzipien überdacht werden. Es sind Informationsunterlagen für die Mitarbeiter zu erstellen. Von seiten des Designteams werden Ideen entwickelt und Arbeitsaufträge untereinander aufgeteilt: sei es die Ausarbeitung einer kleinen Theatereinlage, die Entwicklung eines gemeinsamen Logos und Mottos für die Veranstaltung, der Druck von speziellen Visitenkarten oder die Erstellung von Unternehmensfahnen oder anderen CI-Materialien. Bei einzelnen Beteiligten führten diese Arbeiten zu einer außerordentlichen zeitlichen Belastung. Die Aufgaben wurden jedoch mit sehr viel Engagement wahrgenommen, welches nicht ohne Wirkung auf das betriebliche Umfeld blieb. Bereits im Vorfeld des Großgruppenevents wurde bereichs- und regionübergreifend sehr viel Engagement durch die Arbeit des Designteams erzeugt, Verantwortung übernommen und Neugierde auf die Veranstaltung geweckt.

Von besonderer Bedeutung in dieser Vorbereitungsphase war auch die Arbeit des Logistikteams. Es wird idealerweise von einer Person geführt, die praktisches Organisationstalent besitzt und auch bei größerer Hektik Ruhe ins Team bringt und die Übersicht bewahrt. Wir nennen die Person, die mit dieser Funktion betraut ist, *Logistik-Zar*. Diese Funktion kann jemand aus der Organisation wahrnehmen oder auch ein *Changeworker* aus unserem Beraterteam. Er oder sie ist für die Berater während der Veranstaltung ständiger Ansprechpartner. In der Vorbereitung sollte er/sie an der Erstellung des Logistik-Drehbuchs mitwirken, in dem parallel zum Design alle Handlungsaktivitäten des Logistikteams festgehalten werden. Andere Arbeiten, die während der Vorbereitungsphase für das Logistikteam anfallen, sind die Auswahl des Tagungsortes (in enger Abstimmung mit dem Beraterteam), die Buchung von Unterkünften, die Disposition der technischen Ausrüstung und die Überwachung der Teilnehmeranmeldungen. Es ist vorteilhaft, wenn das Logistikteam von einem guten Hotelmanagement unterstützt wird. In der Regel sind Tagungsstätten, in denen größere Veranstaltungen stattfinden können, mit einem Team aus Hotelmanagern und Technikern auf die Durchführung solcher Veranstaltungen gut vorbereitet. Da das Logistikteam über gute Kenntnisse hinsichtlich der Organisationsstruktur des Unternehmens verfügen muß, sollte es mindestens zur Hälfte aus Mitarbeitern der Organisation bestehen. Eine gute Mischung entsteht dann, wenn zusätzlich Mitglieder mit Moderationserfahrung vertreten sind.

Ein wichtiger Erfolgsfaktor für die Durchführung der Veranstaltung war die recht gut gelungene, sehr authentisch wirkende Einstimmung durch einen der drei Geschäftsführer. Diese Einstimmungsphase wurde auch durch ein Theaterstück unterstützt, welches von Mitgliedern des Designteams vorbereitet und aufgeführt wurde. In diesem Theaterstück wurde der bisherige

"Sammlungsprozeß" der Mitarbeiter und der Entstehungsprozeß des neuen Unternehmens durch eine Analogie verfremdet wiedergegeben. Mit Hilfe dieses Theaterstücks konnten die einzelnen Mitarbeiter nachvollziehen, warum sie eigentlich hier zusammensaßen. Es wurde Identität hergestellt und Aufmerksamkeit und Neugierde auf den weiteren Ablauf erregt.

Die einzelnen Arbeitssequenzen an den Tischen waren mit einer straffen Zeitsteuerung verbunden. Die Arbeitsanweisungen und die dafür zur Verfügung gestellten Zeiträume wurden auf Handouts beschrieben:

Abb. 3: Beispiel einer Arbeitsanweisung

Sicht der Mitarbeiter: "Unser gemeinsames Bild von der RIS"

Wählen Sie nun wieder einen neuen Moderator, einen Schreiber und einen Reporter.

Machen Sie in den nächsten *20 Min.* ein Brainstorming an Ihrem Tisch zu folgenden 3 Fragen, und gestalten Sie den Flip wie unten gezeigt:

Wenn wir auf das letzte Jahr zurückschauen...

- Was alles läuft gut bei der RIS, worauf sind wir stolz?
- Was macht uns Probleme, was macht uns verrückt?
- Was würden wir zuerst ändern, wenn wir die GF wären?

Gelingt/stolz:	Problematisch:	Als GF würden wir...

Wählen Sie danach für jede der drei Spalten den für Ihren Tisch wichtigsten Punkt aus. Benutzen Sie dazu die Klebepunkte in Ihrer Inbox. Jede Person kann pro Spalte 2 Punkte vergeben. Sie haben dazu *weitere 20 Min Zeit*.

Die so gefundenen 3 Kernaussagen übertragen die Mitarbeiter nun auf die 3 bereitliegenden Papierstreifen. Ihr Schreiber hängt diese auf die dafür vorgesehenen Pinnwände.

Diese Handouts wurden zum jeweils richtigen Zeitpunkt durch Mitglieder des Logistikteams in die auf den Tischen verteilten Eingangsboxen eingesteuert. Es zeigte sich, daß auf die Formulierung der Arbeitsanweisungen äußerste Sorgfalt verwendet werden muß und daß die Moderatoren jedes verteilte Handout im einzelnen durchsprechen und sich vergewissern müssen, daß die Teilnehmer die Aufgabenstellung auch tatsächlich verstanden haben. Insgesamt erwies sich die Arbeit an den Tischen als sehr fruchtbar. Zitat eines Teilnehmers: „Die Zeitvorgaben sind ja ganz schön eng, da muß man sich ranhalten, aber es ist schon gut so, daß hier gearbeitet wird und etwas Druck gemacht wird..."

Während dieser Arbeitsphasen muß das Zusammenspiel zwischen Moderatoren und Logistikteam optimal funktionieren. Dies wird auch von den Teilnehmern bemerkt und entsprechend honoriert. Flexibilität ist angesagt. Es kann schon einmal vorkommen, daß in den Pausen ein Handout noch kurzfristig geändert wird und mit einem Hochleistungskopierer 185 neue Handouts gedruckt werden müssen.

Nicht zu unterschätzen für den Erfolg der Veranstaltung sind auch atmosphärische Einflüsse, so zum Beispiel die Helligkeit im Saal, die räumliche Anordnung der Tische zum Podium oder die zur Verfügung stehende Gesamtfläche, damit sich die Teilnehmer nicht ständig auf die Füße treten. Auch ist in Zusammenarbeit mit dem Hotelmanagement dafür zu sorgen, daß in der Mittagspause keine Warteschlangen am Buffet entstehen und dadurch Unruhe aufkommt und die Stimmung gedrückt wird.

Was von den Teilnehmern auch entsprechend honoriert wurde, war die Glaubwürdigkeit und Nähe der Geschäftsführung. Die Geschäftsführer waren nur während bestimmter Arbeitsphasen, in denen sie ihre eigene Sichtweise einbrachten oder den Arbeitsprozeß reflektierten, auf dem Podium vertreten. Ansonsten arbeiteten sie an ihren Tischen zusammen mit den Mitarbeitern. Es wurde lediglich darauf geachtet, daß sie nicht mit ihren ihnen unmittelbar zugeordneten Mitarbeitern am selben Tisch saßen.

Bereits in der Planungsphase war durch das Designteam beschlossen worden, daß zu Dokumentationszwecken professionell ein Video hergestellt werden sollte. Daher war während der gesamten Veranstaltung ein Kamerateam zugegen. Bemerkenswert war, daß die Mitarbeiter aufgrund der erzeugten Arbeitsdynamik kaum noch von den Kameraleuten Notiz nahmen.

Und das Ergebnis? „Das hat sich 150%ig für uns gelohnt!" so der erste Kommentar des Sprechers der Geschäftsführung unmittelbar nach Abschluß der Veranstaltung. Sechs konkrete Projekte wurden auf den Weg gebracht. So gibt es zum Beispiel eine Projektgruppe *Qualifikation*, die ein Aus- und Weiterbildungskonzept für das Unternehmen entwickelt. Diesem Projekt kommt eine strategische Rolle zu, weil die Branche der Informations- und Kommunikationstechnik eine führende Rolle im Wissenswettlauf spielt. Die Projektgruppe *Personal* wird sich – in Hinblick auf einen besseren Kundenservice – mit der Optimierung der Personalressourcen und mit der hierfür nötigen Infrastruktur beschäftigen. Eine weitere Gruppe wird eine Wissensdatenbank aufbauen. Das sind nur einige Beispiele zu den aufgelegten Projekten. Ein weiteres wichtiges Ergebnis war die Weiterentwicklung von insgesamt 10 Competence-Centers, durch die Know-how gebündelt wird. Besonders positiv beurteilt die Geschäftsführung die Leistung und das Engagement aller Teilnehmer, die an der Veranstaltung mitgewirkt haben: „Alle Teilnehmer hatten die Gelegenheit, einander in einer lebhaften und aufgeschlossenen Stimmung kennenzulernen. Gleichzeitig konnte man in den Teams an der Neuausrichtung des Unternehmens engagiert und konstruktiv mitarbeiten. Da ging wirklich ein Ruck durch die Belegschaft. Der Informationsaustausch war sehr wichtig für die Zusammenarbeit und dafür, daß wir vieles auf den Weg bringen konnten."

Die Geschäftsführer waren beeindruckt und bewegt von der Dynamik und der Selbstorganisationsfähigkeit ihrer Mitarbeiter: „Wenn wir hier so gut zusammenarbeiten können, dann können wir das in unseren Projekten auch." Das Tempo der Ergebnisproduktion hat der Qualität wenig geschadet. „Ich habe noch nie ein Marketingkonzept in 45 Minuten erstellt, aber es ist gut...", so ein Teilnehmer.

Die skeptischen Gesichter vom Beginn der Veranstaltung („Wir haben zwei Tage Reden von der Geschäftsführung erwartet.") hatten sich in strahlende, zufriedene, zum Teil auch müde Gesichter verwandelt, als die Mitarbeiter wieder in die Busse stiegen.

Fazit

Der „Ruck durch die Belegschaft" hat sicherlich jeden einzelnen in seinem Standpunkt zum Unternehmen „ver-rückt". Es wird im weiteren Prozeß darauf ankommen, die erzeugte Bewegung, dieses „Momentum", konstruktiv zu nutzen und zu erhalten. Der Großgruppen-Event war ein wichtiger Meilenstein, um etwas sehr schnell und in die Breite in Gang zu setzen. Es wird jedoch im weiteren Umsetzungsprozeß noch sehr viel Energie notwendig sein, um die so gezogenen zarten Pflänzchen wachsen und gedeihen zu lassen.

Der Markt der Märkte oder Das Managementtreffen als Prozeß

Alexander Exner

Die hier beschriebene Großveranstaltung fand im Rahmen des drei Jahre währenden Beratungsprozesses (R. Königswieser, A. Exner) in einem Unternehmen der Automobilindustrie statt. Über 1000 Teilnehmer waren anwesend. Die Vorbereitung auf der inhaltlichen, sozialen und organisatorischen Ebene erstreckte sich über ein halbes Jahr. Der Versuch, Form und Inhalt sowohl in der Vorbereitung als auch bei der Durchführung der Veranstaltung zu harmonisieren, machte die Gestaltung dieses Prozesses für uns sehr reizvoll. Die Beschreibung der Entstehungsgeschichte und der Durchführung des Managementtreffens erfolgt in folgenden Abschnitten:
  A) Die Ausgangssituation
  B) „Form follows flow" (Die Vorbereitung als Prozeß)
  C) Der Kongreß tanzt (Das Managementtreffen)
  D) Gestaltungsprinzipien

A) Die Ausgangssituation

Das Unternehmen ist mit über 30 000 Beschäftigten ein bedeutendes europäisches Unternehmen der Automobilbranche. Es ist in einen großen Konzern eingebunden, zu dem es in vielfältigen Beziehungen und Abhängigkeiten steht. Produkt und Produktion waren für die Unternehmensidentität von zentraler Bedeutung. Insbesondere das Produkt ist stark emotional besetzt. Die Mitarbeiter sind stolz, dieses Auto zu produzieren.

Am Anfang des Beratungsprozesses, der sich über drei Jahre erstreckte und den wir rückblickend „Vom grauen Entlein zum weißen Schwan" getauft haben*, wurde die Unternehmenskultur als technikorientiert und hemdsärmelig beschrieben. Der konzerninterne Wettbewerb band viel an Energie. Das Unternehmen hatte ein ausgeprägt regionales Selbstverständnis und zeigte wenig Selbstbewußtsein.

Das erste Beratungsjahr war schwerpunktmäßig der Teambildung des Vorstands und der Auseinandersetzung über die funktionalste Nähe-Distanz-Re-

---

* Vgl. R. Königswieser & A. Exner. *Systemische Intervention*, Stuttgart: Klett-Cotta 1998; Fallbeschreibung: „Vom grauen Entlein zum weißen Schwan", S. 86–94.

gulierung hinsichtlich des Konzerns gewidmet. Das zweite Beratungsjahr hatte als Schwerpunktthema die Arbeit an der strategischen Ausrichtung des Unternehmens. Diese setzte auf bereits vorhandene strategische Planungen auf, die jedoch mit wesentlich mehr Gewicht auf die Marktorientierung weiterentwickelt werden sollten. Es wurde sehr schnell deutlich, daß dem Unternehmen eine zündende Vision fehlte. Die Erarbeitung einer tragfähigen Vision stellte sich als sehr mühsam und schwierig heraus, bis dann doch nach etwa einem halben Jahr – im Rahmen einer Klausur mit dem Vorstand und etwa 40 Führungskräften – im Februar endlich „die zündende Vision" entstand.

Dies war auch die Geburtsstunde unserer Großveranstaltung. Es gab bereits eine lange Tradition von Managementtreffen der wichtigsten Führungskräfte und Schlüsselpersonen, und es wurde spontan entschieden, das kommende Managementtreffen zur Vermittlung der Vision und der bisher erarbeiteten strategischen Stoßrichtungen zu nützen.

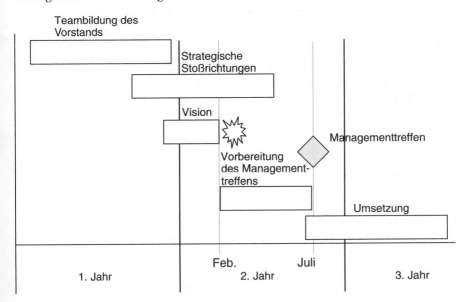

Der Kontext der Großveranstaltung

Zur Vorbereitung des Managementtreffens stand die Zeit von Februar bis Juli zur Verfügung. Sie sollte zur inhaltlichen Weiterarbeit an strategischen Stoßrichtungen, zur Erweiterung des dabei mitgestaltenden Personenkreises – und somit zur Erreichung eines Commitments bezüglich der erarbeiteten Inhalte –, aber auch zur Vorbereitung des Managementtreffens selbst genutzt werden.

B) „Form follows flow" (Die Vorbereitung als Prozeß)

Wir hatten freie Hand, die tradierte Form des Managementtreffens völlig neu zu gestalten. Vorgegeben war nur, daß ca. 800 Manager anwesend sein würden und daß auch deren Partnerinnen bzw. Partner eingeladen waren – wovon ca. 300 Gebrauch machten. Die Dauer der Veranstaltung war auf Donnerstag abend bis Freitag mittag festgelegt.

Die Zielsetzungen für das Managementtreffen waren:

- Manifeste Ziele:
  - die Vision vermitteln;
  - die strategischen Stoßrichtungen vorstellen und diskutieren;
  - die Marktorientierung wesentlich verstärken;
  - die Auswirkungen auf die Strategien der einzelnen (Vorstands-)Bereiche erarbeiten und die ersten Umsetzungsaktivitäten planen.

- *Zusätzliche, darunterliegende Ziele:*
  - „Vorstand zum Anfassen": Das heißt, erlebbar machen, daß der Vorstand nun ein Team ist und gemeinsam hinter den vermittelten Inhalten steht.
  - „Mut zur Offenheit zu haben": Es sollte sowohl zu einer offenen Form der Kommunikation angeregt als auch der Mut aufgebracht werden, die inhaltliche Arbeit als teilweise offenen Prozeß zu gestalten. Dies war für dieses sehr technikorientierte Unternehmen nicht leicht, weil es der Kultur mehr entsprach, schon alles frühzeitig und perfekt vorbereitet zu haben.
  - „Lernende Organisation": Was hinter diesen Welten steht, sollte als eine der angestrebten Weiterentwicklungen des Unternehmens erlebbar gemacht werden.

Aufgrund dieser Zielsetzungen war für uns klar, daß die Vorbereitung dieser Veranstaltung eigentlich bereits als ein Teil von ihr zu gestalten war bzw. daß diese Veranstaltung als ein wichtiger Meilenstein im Rahmen des Prozesses zu sehen war. Ein wesentliches Element dieser zweiten Sichtweise ist es, daß durch die terminliche Fixierung der Druck, Entscheidungen zu treffen, entscheidend gefördert wurde. Zur Vorbereitung des Managementtreffens entstand folgende Projektarchitektur:

18 Markt der Märkte oder Das Managementtreffen als Prozeß

Architekturelement:

- Managementtreffen (siehe Punkt C)
- B1) Vision, Strategische Stoßrichtungen
- B2) Diskussionsforen (30×) vorbereiten
- B3) Analoge Darstellungen
- B4) Planung, Organisation
- B5) Lernende Organisation

Strategiearbeitsgruppen

"Geburtsstunde der Vision"

"Generalprobe Paris"
Diskussion Grundsatzrede Vorstandsvorsitzender
Geschäftsbereichsstrategien

Probereferate

Video Kundenbefragung
Video zur Grundsatzrede Vision

Briefing aller Rollenträger
Organisationsteam
Planungsteam
Briefing Rollenträger

Briefing Beobachter

Diagnose
Rückspiegelung

Managementtreffen

Januar — Februar — März — April — Mai — Juni — Juli — August

Projektarchitektur der Vorbereitung

Im folgenden werden die einzelnen Architekturelemente kurz beschrieben:

B1) Arbeit an der Vision/strategische Ausrichtung

Wie schon berichtet, entstand im Februar die zündende *Vision*. Der Hauptteil der Strategiearbeit wurde in fünf *Strategiearbeitsgruppen* geleistet, die unternehmensübergreifende Querschnittsthemen (Markt, Produkt, Prozeß, Mensch, Kernkompetenzen) behandelten. Diese Gruppen arbeiteten von November bis knapp vor Beginn der Veranstaltung.

Ein wichtiger Meilenstein war die gemeinsame Diskussion und Entscheidung über die Inhalte der „*Grundsatzrede*" (Vision, strategische Stoßrichtungen) des Vorstandsvorsitzenden. Sie wurde in einer Klausur mit dem Vorstand und einem obersten Führungskreis von sieben weiteren Personen durchgeführt.

Eines der sozial spannendsten Ereignisse war die „*Generalprobe Paris*". Als ein Designelement der Pariser Veranstaltung war geplant, daß die sieben Vorstände in den sogenannten *Vorstandsforen* (siehe Punkt C5) zur Grundsatzrede ein vertiefendes Teilplenum abhalten sollten. Es gab große Aufregung und Unsicherheit, ob jedes Vorstandsmitglied in der Lage sein werde, alle Fragen zu beantworten, und ob auch Einigkeit über die Inhalte bestehen werde. Um dies sicherzustellen, wurde ein Vorstandshearing mit 30 besonders kritischen Führungskräften durchgeführt. Jeweils einer der Vorstände mußte sich auf den „heißen Stuhl" setzen und besonders unangenehme Fragen beantworten. Die anderen Vorstände hörten zu und gaben anschließend Feedback. Das war sicherlich eine der Veranstaltungen, die den Teamgeist des Vorstands am meisten stärkten, weil deutlich wurde, daß der Gesamtvorstand aufgrund des bisherigen Prozesses wirklich eine gemeinsame Meinung vertrat.

Für jeden Geschäftsbereich wurde die *Geschäftsbereichsstrategie* im Kontext der Marktorientierung weiterentwickelt und für die Präsentation bei der Veranstaltung (siehe Punkt C8) vorbereitet.

B2) Diskussionforen für marktbezogene Themen

In Paris sollten zu 30 marktrelevanten Themen Inputs gegeben und anschließend daran der Zusammenhang mit der vorher gehaltenen Grundsatzrede (Vision, strategische Ausrichtung) diskutiert werden (siehe Punkt C4). Beispiel für marktrelevante Themen sind: Öffentlichkeitsarbeit, Kundendienst, Tradition, Motorsport, Image/Marke/Kunden etc.

Für jedes dieser Diskussionsforen bereitete eine Arbeitsgruppe den jeweiligen Inhalt für den Input in Paris vor. Diese Inputs wurden in Form von Probereferaten jeweils mindestens zwei Delegierten des Vorstands und weiteren 20 Mitgliedern der Strategiearbeitsgruppen vorgestellt. Anschließend wurde Feedback gegeben, aufgrund dessen die Inputs nochmals überarbeitet wurden.

B3) Analoge Darstellungen

Es wurden zwei Videos professionell erstellt. Das erste Video übersetzte die Vision in Form von sehr beeindruckenden Ausschnitten aus einem bekannten Spielfilm, der zeigt, wie mit Vision, Wille und Begeisterung auch scheinbar Unmögliches erreicht werden kann.

Das zweite Video hatte das Thema *Image* zum Inhalt. Es wurden Kundenbefragungen gezeigt, die zum Teil auch sehr kritische und teilweise für die stolzen Techniker brüskierende Aussagen enthielten, wie zum Beispiel: „Dieses Auto fährt mein Opa!" – „Dieses Auto haben die mit den Hosenträgern!"

B4) Planung, Organisation

Es wurde ein *Planungsteam* konstituiert, das die Verantwortung für die Prozeßgestaltung der Vorbereitungsphase und die Durchführung der Veranstaltung hatte. Das Team bestand aus dem Vorstandsvorsitzenden (was sich als sehr günstig erwies, weil damit Entscheidungen auf der Prozeßebene schnell durchzusetzen waren), sieben Managern aus der zweiten Ebene und uns beiden als externen Beratern.

Zusätzlich wurde ein *Organisationsteam* ins Leben gerufen, das die Aufgabe hatte, die gesamte Organisation (Konferenzzentrum, Palais, Rathaus, Logistik, An- und Abreise, Unterlagen erstellen etc.) durchzuführen.

Briefing der Rollenträger
Wir wollten erreichen, daß diese Veranstaltung von einer großen Anzahl von Personen inhaltlich und prozeßhaft mitgestaltet wird. Es gab eine Vielzahl von Rollen und Personen, die diese zu gestalten hatten, von denen ich hier die wichtigsten darstelle:

Rolle	Anzahl	Funktion
• Externe Moderatoren	7	• Moderation der Vorstandsforen (siehe 4 Punkt C5) • Moderation Geschäftsbereichsworkshops (siehe Punkt C8) • Aufarbeiten Berichte der Bereichsjournalisten (siehe Punkt C6 b)
• Interne Moderatoren	30 11	• Moderation Diskussionsforen (siehe Punkt C4) • Moderation Regionalforen (siehe Punkt C6 a) • Input für Diagnose (siehe Punkt B5)

• Bereichsjournalisten	11 × 7 (je 7 pro Regional- forum) = 77	• Im Regionalforum (siehe Punkt C6 a) Sammeln der wichtigsten Aussagen • Auswertung der Ergebnisse der Regionalforen für den jeweiligen Geschäftsbereich (siehe Punkt C6 b) • Input für Diagnose (siehe Punkt B5)
• Externes Diagnose- team	3	• Interviews bei Veranstaltung und Er- stellen einer Diagnose (siehe Punkt B5)

Für die hier angeführten Rollen waren über 100 Personen zu instruieren und auf die Veranstaltung einzustimmen.

Zusätzlich gab es noch ca. 50 Inputgeber für die Vorstands-, Diskussions- und Regionalforen, die auch noch gebrieft werden mußten. Durch die Vielzahl der zu vergebenden Aufgaben und Rollen waren etwa 150 der Teilnehmer bereits in die Vorbereitungsphase aktiv eingebunden und bedeuteten somit Energiepotentiale für die Managementtagung.

B5) Lernende Organisation
Der inhaltliche und soziale Prozeß sollte während der Veranstaltung von möglichst vielen Personen bewußt beobachtet, reflektiert und in Form einer Diagnose rückgespiegelt werden. Alle damit betrauten Personen mußten natürlich vorerst einmal in diese Form der Arbeit eingeführt werden. Von folgenden Gruppierungen wurden Inputs für die Diagnose gegeben:

- *Intern:*
  - Inputgeber
  - Moderatoren
  - Bereichsjournalisten

- *Extern:*
  - Diagnoseteam: Sequenzanalytische Auswertung von Interviews, die mit Managern und Partnern/Partnerinnen im Laufe der Veranstaltung gemacht wurden.
  - Externe Moderatoren

Von jeder Gruppierung wurde ein Delegierter zur Rückspiegelung der Beobachterauswertungen im Rahmen einer anderthalbtägigen Klausur, an der die sieben Vorstände und 40 Schlüsselpersonen teilnahmen, entsandt. Dort wurden die Beobachtungen und die daraus abgeleiteten Hypothesen diskutiert und die sich daraus ergebenden Konsequenzen für dem Umsetzungsprozeß festgelegt.

C) „Der Kongreß tanzt" (Das Managementtreffen)

Die inhaltliche Grundidee der Veranstaltung war es, die bereits vorliegende Vision und die strategischen Stoßrichtungen vorzustellen, zu vertiefen und die konkreten Auswirkungen auf die Strategien der einzelnen sieben Vorstandsbereiche gemeinsam zu erarbeiten. Es wurde folgendes Design erstellt:

Donnerstag	Freitag	Samstag
	9:00 C2) *Markt der Märkte* (der 30 wichtigsten Generalimporteure) 10:00 C3) *Grundsatzrede* Vorstandsvorsitzender	9:30 C8) Geschäftsbereichsworkshops (7 x)
	11:00 Pause	11:00 Pause
Anreise	11:30 C4) *Diskussionsforen* (30 x) zu marktbezogenen Themen 12:30 Mittagspause	11:30 C9) Berichte aus den Geschäftsbereichsworkshops 12:30 C10) Zusammenfassung Vorstandsvorsitzender 12:45 C11) Überraschung 13:00 C12) Mittagessen mit Ausklang
	14:30 C5) *Vorstandsforen* (7 x)	
	15:30 Pause	
	16:00 C6a) Regionalforen (11 x) bis 17:30	
	(17:45–19:00 C6b) Auswertung der Bereichsjournalisten)	
ab 19:00 C1) „Get together"- Abend im Palais	ab 19:30 C7) Ball im Rathaus	

Design Paris

Im folgenden eine kurze Beschreibung der einzelnen Designelemente:

C1) „Get together"-Abend

In einem sehr schönen Palais gab es eine zwanglose Zusammenkunft bei gutem Essen und wunderbarer Musik.

C2) Markt der Märkte

Um von Anfang an die Märkte des Unternehmens spürbar werden zu lassen, wurde – in dem sehr großen Foyer – der „Markt der Märkte" errichtet. Jeder der 30 weltweit wichtigsten Generalimporteure hatte einen Marktstand, an dem er die grundsätzlichen Marktinformationen seines Landes, die Positionierung des Unternehmens, aber auch die kulturelle Situation darstellte. In der ersten Stunde flanierten die Teilnehmer durch diesen Markt, wodurch auf analoge Weise sehr eindrücklich deutlich wurde, daß „die Welt unser Markt" ist. Als Beispiel ein Teilnehmerkommentar: „Jetzt spüre ich eigentlich zum ersten Mal unsere Internationalität, früher habe ich nur unser Land gesehen."

C3) Grundsatzrede

Diese fand im großen Saal mit allen 1100 Teilnehmern (Manager und Partnerinnen oder Partner) statt. Der gesamte Vorstand kam aufs Podium, und jeder einzelne sagte kurz etwas über seine Sicht der Entstehungsgeschichte und Zielsetzung dieses Managementtreffens. Auf diese Weise wurde auch analog dokumentiert, daß der gesamte Vorstand hinter der Grundsatzrede des Vorstandsvorsitzenden stand, die anschließend gehalten wurde. Im Rahmen dieser Rede wurden auch die zwei Videos (siehe Punkt B 3) eingespielt. Damit wurde die inhaltlich sehr klare Darstellung der Vision und der strategischen Stoßrichtungen emotional sehr wirkungsvoll unterstützt.

C4) Diskussionsforen

Hier wurden in 30 parallel laufenden Diskussionsforen marktbezogene Themen vertieft. Nach einem kurzen Input durch den Inputgeber zum jeweiligen Thema (Beispiele siehe Punkt B2) wurden in einer Plenardiskussion Fragen, Anregungen und Ideen herausgearbeitet und auch auf Metaplanwänden zur weiteren Verarbeitung dokumentiert.

Die Zuordnung der Teilnehmer erfolgte eigenständig. Jeder Teilnehmer konnte sich beim morgendlichen Eintreffen im Konferenzzentrum von vorbereiteten Ständern die „Eintrittskarte" seiner Wahl ziehen. Wenn ein Forum ausgebucht war, mußte er sich für ein anderes entscheiden.

C5) Vorstandsforen

Pro Vorstand gab es ein Teilplenum mit maximal 150 Plätzen. Die Teilnehmer konnten unter den Foren frei wählen, solange noch Plätze vorhanden waren.

Nach einem Kurzinput (5 Min.) des jeweiligen Vorstands wurden im Raum Kleingruppen gebildet, die zur Aufgabenstellung „Welche Fragen/Reaktionen zum Thema Marktorientierung ergeben sich aus den bisherigen Inputs?" miteinander diskutierten (15 Min.).

Anschließend gab es eine stichprobenartige Abfrage durch den externen Moderator, der mit einem Mikrophon zu den einzelnen Gruppen im Raum ging und ihre Kommentare abholte. Durch einen Assistenten wurden die Fragen/Reaktionen der Gruppen und die anschließenden Aussagen des Vorstands auf Metaplanwänden dokumentiert.

C6 a) Regionalforen

Entsprechend der unternehmensspezifischen Strukturierung in weltweit 11 Regionen (z. B. Südeuropa, Asien, Pazifik, Nordamerika) wurden parallel 11 Foren angeboten. Die Teilnehmer wurden bereits vorher so zugeordnet, daß in jedem Regionalforum jeder der sieben Geschäftsbereiche mit der gleichen Anzahl von Mitarbeitern vertreten war.

In jedem der Regionalforen erfolgte der Ablauf in gleicher Weise: Der Inputgeber gab eine kurze Darstellung der Marktsituation, der Ziele in der Region und der geplanten Maßnahmen (20 Min.). Nach einer Runde von Klärungs- und Verständnisfragen (20 Min.) gab es eine Gruppenarbeit. Jeder Geschäftsbereich bildete dazu eine Arbeitsgruppe (d. h. sieben Arbeitsgruppen insgesamt). Diese diskutierten, welche Unterstützung der jeweilige Geschäftsbereich leisten könnte, um die angestrebten Ziele in der Region zu erreichen. Jede Arbeitsgruppe hatte einen bereits vorher nominierten Bereichsjournalisten (siehe Punkt B4), der anschließend den anderen Arbeitsgruppen die drei wichtigsten Unterstützungsmaßnahmen präsentierte.

C6 b) Auswertung der Bereichsjournalisten

Während sich die Teilnehmer in Ruhe auf den abendlichen Ball vorbereiteten, hatten die Bereichsjournalisten noch einen Arbeitsschritt zur Vorbereitung des nächsten Tages zu leisten.

Je Geschäftsbereich (7 ×) gab es ein Arbeitsteam, das aus den 11 Bereichsjournalisten, die in den 11 Regionalforen waren, und dem jeweiligen Geschäftsbereichsvorstand bestand. Unter externer Moderation wurden die erarbeiteten Unterstützungsmaßnahmen (siehe Punkt C6 a) nach den folgenden drei Kriterien verdichtet und zusammengefaßt:

- paßt in unsere vorbereitete Geschäftsbereichsstrategie;
- bringt neue Aspekte;
- ist vernachlässigbar.

Anschließend wurden von dem Bereichsjournalisten, der am Samstag im Plenum die Ergebnisse präsentieren sollte, gemeinsam mit seinem jeweiligen Vorstand die Inhalte der Präsentation festgelegt.

C7) Ball im Rathaus

Unter dem Titel *Kulinarischer – musikalischer – kommunikativer Abend* fand der Ball statt. Es herrschte trotz des arbeitsreichen Tages ausgesprochen gute

Laune. Die Manager und ihre Partnerinnen bzw. Partner genossen die Stimmung, und es wurde eine rauschende Ballnacht.

C8) Bereichsworkshops

Jeder der sieben Vorstandsbereiche führte parallel Workshops mit seinen Managerinnen und Managern und dem jeweiligen Vorstand durch. Sie wurden von externen Moderatoren geleitet. Zuerst präsentierte der Vorstand die Geschäftsbereichsstrategie (siehe Punkt B 1) und anschließend ein Bereichsjournalist die Ergebnisse des Vortags (siehe Punkt C6 b). Danach wurden plenar Fragen und Reaktionen gesammelt und wieder von einem Assistenten auf Metaplanwänden dokumentiert.

Abschließend wurde das sogenannte „Sesselbarometer" durchgeführt. Den Teilnehmerinnen und Teilnehmern wurde die Frage gestellt: „Wieviel Energie bzw. Bewegung spüre ich in mir hinsichtlich der neuen Marktorientierung unseres Bereichs?" Sie waren aufgefordert, ihre Stimmung durch Positionierung auf/bei ihrem Sessel auszudrücken:

- Ich sitze noch – warte – denke nach.
- Ich stehe auf vom Stuhl, bewege mich.
- Ich mache erste Schritte – weg vom Stuhl.

Das überwiegende Bild war Bewegung, nur wenige blieben auf ihren Sesseln sitzen.

C10) Zusammenfassung durch den Vorstand

Jeder Vorstand gab eine kurze Zusammenfassung der Ergebnisse seines Geschäftsbereichsworkshops (siehe Punkt C 8). Danach erfolgten eine Gesamtzusammenfassung und ein Ausblick durch den Vorstandsvorsitzenden.

C11) Überraschung

Am Weg zum Mittagessen wurden den Teilnehmern – als nicht im Programm angekündigte Überraschung – zwei neue Modelle präsentiert. Jeder, der diese Branche kennt, weiß, welches sinnliche Vergnügen dieses Ereignis auslöst.

C12) Mittagessen und Ausklang

Das abschließende Mittagessen fand gemeinsam im Konferenzzentrum statt. Der Heimweg aus dem Konferenzzentrum führte nochmals durch den Markt der Märkte, wo es auf allen Ständen zum Ausklang kleine – für die jeweilige Region typische – Geschenke als Souvenirs gab.

D) Gestaltungsprinzipien

Zum Abschluß möchte ich einige der Prinzipien, die sich im Kontext der Vorbereitung und Durchführung des Managementtreffens als funktional herausgestellt haben, nochmals hervorheben.

- *Der Weg ist das Ziel*, Mut zur Offenheit oder auch „form follows flow". Dies gilt sowohl im großen (die Vorbereitung), im kleinen (die Veranstaltung) als auch für die weitere Umsetzung der beschlossenen Maßnahmen.
- Die *oberste Führungsspitze* als Kollektiv erlebbar machen und sozial und inhaltlich so vorbereiten, daß ein differenziertes Auftreten aus einer gemeinsamen Grundhaltung heraus möglich wird.
- Möglichst viel *analog* spürbar machen:
  - Internationalität: Veranstaltungsort im Ausland, 30 Generalimporteure einladen;
  - Marktorientierung: Markt der Märkte;
  - Produkt: Präsentation des neuen Modells;
  - Videos zu Vision und Image;
  - Lernende Organisation: nicht darüber sprechen, sondern handeln;
  - Gesamtstimmung: Sesselbarometer.
- *Kreativität fördern:* Wir haben Event-Künstler eingeladen, die parallel zu den Diskussionsforen mit Teilnehmern ein Auto bauten, welches nachher im Foyer ausgestellt war, und die auch beim Ball auf ihre Art Feedback über den ersten Tag gaben.
- Möglichst *viele Manager* in die Vorbereitung und Gestaltung der Verantwortung *einbinden*.
- Auch die *Partner oder Partnerinnen einbeziehen*. Die Partnerinnen und Partner waren alle am ersten Tag zur Grundsatzrede und am zweiten Tag zum Abschlußplenum eingeladen. Alternativ zum Partner-/Partnerinnenprogramm (Stadtrundfahrten etc.) am ersten Tag nach der Grundsatzrede, konnten sie eigene Workshops besuchen, wo sie ihre Meinungen zum Produkt, zum Image aber auch speziell zu der Veranstaltung einbringen konnten. Nach ihrem Bild von der Veranstaltung befragt, sagte eine der Partnerinnen am Ende der Veranstaltung: „Der Vorstand hat die Fenster weit aufgerissen – die warme Frühlingsluft strömt herein, die Neues zum Leben erwecken kann."

19 Von Einzelkämpfern zum virtuellen Unternehmen

Alexander Doujak, Thomas Endres

Ausgangssituation

Ein Firmenkonsortium im Aerospace-Bereich hat einen Großauftrag angenommen, an dem vier europäische Firmen aus unterschiedlichen Ländern beteiligt sind. Es gibt eine zentrale Managementagentur, die als *Prime Contractor* fungiert und die einzelnen Firmen koordiniert. Das Gesamtprogramm ist sehr arbeitsteilig, es gibt sehr viele Schnittstellen und gegenseitige Abhängigkeiten.

Die Managementstruktur ist wie folgt aufgebaut: Ein *Board* fungiert als oberstes Entscheidungsgremium für Grundsätze, ein *Senior Management Team* als höchstes operatives Team. Das *Senior and Middle Management* ist mit den Umsetzungen betraut.

In einer *Core Group* sind rund 300 Manager zusammengefaßt. Diese Manager aus allen fünf Firmen (vier Unternehmen und die Managementagentur) haben einen großen Einfluß auf das Gelingen des Gesamtprojekts. Das Konsortium kann nur erfolgreich sein, wenn es als virtuelle Firma funktioniert.

Dazu ist ein dauerhafter Prozeß nötig. Wesentliche Eckpfeiler dieses Prozesses sind Großveranstaltungen mit dieser *Core Group*. Wir stellen im folgenden die ersten beiden Großveranstaltungen dieses Prozesses dar (siehe in der Anlage: Abb. „Darstellung Gesamtprozeß").

Rollen/Organisation

Die Großveranstaltungen wurden von einem Team vorbereitet und durchgeführt, in dem folgende Vertreter repräsentiert waren (siehe auch Originalgraphik in der Anlage: Abb. 2 „Team"):

- Interner Projektleiter;
- externer Berater und Hauptmoderator der Veranstalter;
- Leiter des Teams Production (Logistik, Bühnenaufbau, Ton & Licht);
- Leiterin Team Office;
- Leiterin Team Reisemanagement;
- Koordinator Präsentationen;
- Designer Präsentationsgraphik.

Als interner Auftraggeber fungierte der Managing Director. Der interne Projektleiter und der externe Berater (die Autoren dieses Artikels) waren hauptverantwortlich für Vorbereitung, Durchführung und Nachbereitung.

Hypothesen zur Situation vor den Großveranstaltungen
- Die Einzelinteressen der Firmen sind stark spürbar.
- Das Top Management wird nicht als Gruppe wahrgenommen und scheint nicht mit einer Stimme zu sprechen.
- Internationale Kontakte auf Arbeitsebene haben wenig unterstützten Kontext.
- Es stehen neue Spielregeln im Raum, die Unternehmenskultur muß sich ändern.

Teil A: „Crusade"

Die Ziele der ersten Großveranstaltungsreihe („Crusade")
- Durch eine Veranstaltungsreihe in allen europäischen Firmen sollen die wichtigsten Manager (rund 100 in jedem Land) direkt vom Aufsichtsrat über die neuesten strategischen Ziele und Schwerpunkte informiert werden.
- Diese Manager sollen in die entscheidende Auswahl der Umsetzungsschwerpunkte eingebunden werden; die Veranstaltungen sollen Dialog-Charakter haben.
- Der Grad der persönlichen Verantwortung soll erhöht werden, und die neuen Managementstrukturen sollen im Ablauf erlebbar gemacht werden.
- Im Programm soll es zu einer Verbesserung der Liefertreue und Termineinhaltung kommen („schedule adherence").

Die Umsetzung
In jedem der vier Länder werden möglichst identische Veranstaltungen geplant (gleicher Bühnenaufbau, ähnliches Setting, gleicher Ablauf). Die Veranstaltungen finden innerhalb einer Woche statt. Der Aufsichtsrat, das Managementteam und das Durchführungsteam (insgesamt rund 25 Personen) reisen von einer Veranstaltung zur nächsten. Vor Ort gibt es jeweils Vorbereitungsteams.
Das Design der einzelnen Veranstaltungen ist im folgenden dargestellt.

Der Abend (Skizze: „Sitzplan 1. Abend" als Abb. 3 in der Anlage S. 265):

Schritt 1: Die Teilnehmer reisen an, bekommen Hotel- und Ablaufinformation und haben Zeit, das Gepäck ins Hotel zu bringen; danach Cocktail-Empfang, Möglichkeit zu informellem Austausch. Die Teilnehmer erhalten Buttons mit Tischnummer. Ziel: Mischung; es gibt zwei „Töpfe": einen für die Manager der Partner und einen für die Manager des Unternehmens.	90 Min.
Schritt 2: Willkommen durch den lokalen Topmanager, Einführung durch den internationalen Topmanager, danach Abendessen an runden Tischen serviert. (Kein Buffet, damit die Gespräche intensiver werden können!)	90 Min.
Schritt 3: Vor dem Dessert: Key Note durch einen Kundenvertreter: „Was wir als Kunden vom Gesamtprogramm erwarten."	30 Min.

Die Tagesveranstaltung (Skizze: „Sitzplan Tag" als Abb. 4 in der Anlage):

Schritt 1: Eröffnung Begrüßung durch das Aufsichtsratsmitglied der gastgebenden Firma, Erläuterung des Ziels und der Funktion der Veranstaltung durch den CEO, Erklärung des Ablaufs und der organisatorischen Regeln durch den Moderator.	30 Min.
Schritt 2: Einführungsvortrag „Die neuen strategischen Rahmenbedingungen" durch den Managing Director.	40 Min.
Schritt 3: Diskussion An Tischen; Fragen werden auf Karten notiert und eingesammelt.	20 Min.
Pause (die Fragen werden geclustert)	
Schritt 4: Der Aufsichtsrat mit dem Managing Director beantwortet Fragen.	30 Min.
Schritt 5: Referate zu Auswirkungen von Erfolg und Mißerfolg/Status des Programms.	40 Min.

Schritt 6: Kurze Diskussion an den Tischen, danach Questions & Answers, Koordination durch den Moderator.	30 Min.
Schritt 7: Die Teilnehmer werden nach ihrer persönlichen Einschätzung des Gesamtstatus gefragt: „Wenn Sie sich die bisherigen Resultate ansehen – wie sehr müssen wir uns ändern, um insgesamt erfolgreich zu sein?" 0%: „Wir bleiben wie bisher." 100%: „Wir müssen uns total verändern." Nach der Frage werden die Teilnehmer aufgefordert, sich auf einer Linie im Raum zu positionieren – kurzer Austausch mit den Nachbarn, danach 4–5 Blitzlichter am Funkmikrophon.	20 Min.
Mittagessen als Buffet im Foyer. Vor der Rückkehr in den Arbeitsraum ziehen die Teilnehmer neue Tischnummern.	
Schritt 8: Referat zu geplanten strategischen Schwerpunkten durch den Aufsichtsrat	70 Min.
Schritt 9: Verständnisfragen	30 Min.
Schritt 10: Workshops zu den Fragen: Die TOP-3-Prioritäten für unser Unternehmen / die TOP-3-Umsetzungsbarrieren / die TOP-3 der noch nicht behandelten Themen	45 Min.
Schritt 11: Kurze Präsentationen der Gruppen; der Aufsichtsrat nimmt mitten unter den Workshop-Teilnehmern Platz und nimmt zu den wesentlichen Punkten Stellung.	60 Min.
Schritt 12: Zusammenfassung/Reflexion des Prozesses durch den Moderator, Murmelgruppen unter den Teilnehmern; Blitzlichter, Tageszusammenfassung und Ausblick auf die weitere Vorgangsweise durch den Managing Director; Verteilung eines Give Aways.	30 Min.

Teil B: Der „Core Group Congress"

Ausgangssituation

Der Besuch in den einzelnen Unternehmen hat stattgefunden, die neue strategische Situation ist kommuniziert. Durch die Einbindung der Mitarbeiter wurden die lokalen Gesichtspunkte gewürdigt und integriert. Die Rolle des Topmanagements ist wesentlich gestärkt. Es bleibt aber weiterhin die Grundstruktur (Konsortium von vier eigenständigen Unternehmen plus Managementagentur) erhalten, die ein Prozeßdenken erschwert. In einer nächsten Großveranstaltung (ein halbes Jahr nach der „Crusade") soll nun der Prozeß weitergeführt werden. Eingeladen sind die Mitglieder der *Core Group* aus den 5 Firmen. Ziele des Core Group Congress:

- die Energie im Prozeß aufrechterhalten;
- Schlüsselfragen weiterbearbeiten;
- die Beziehungen zwischen den einzelnen Unternehmen verbessern;
- *Follow up* zu den Themen der *Crusade*, Informationen zum aktuellen Status des Gesamtprogramms;
- Identifikation von Verbesserungsmaßnahmen und Entscheidungen bezüglich derselben;
- Arbeitsformen, die den „cross-company"-Austausch fördern;
- das virtuelle Unternehmen spürbar machen.

Design-Prinzipien

Die Form der Zusammenarbeit ist eines der Hauptthemen der Großveranstaltung. Diese sollen sich in den Arbeitsformen der Veranstaltung, im Verhalten des Topmanagements und in der aktiven Einbindung aller Beteiligten spiegeln.

Rapid Implementation Approach: Die Präsenz der Topmanager und der *Management Core Group* soll für Entscheidungen vor Ort genützt werden. Die Problemstellungen werden im Sinne eines klaren Auftrags durch die Topmanager definiert, die in den Workshop-Gruppen am Anfang dabei sind. Die Arbeitsgruppen sollen nach einem gemeinsamen Vorgehensmodell Entscheidungen vorbereiten.

Für Entscheidungen gilt das Prinzip „delegation downward". Bei Bedarf gibt es eine Kaskade: Entscheidung durch die Arbeitsgruppen selbst / durch den zuständigen Topmanager / durch eine Gruppe von Topmanagern / durch das gesamte Topmanagementteam / durch den Aufsichtsrat. Dies sollte aber nicht bedeuten, daß Entscheidungen nach oben zurückdelegiert werden, wenn Arbeitsgruppen autonom entscheiden können!

Vorrang dialogorientierter Arbeitsformen: nur kurze Plenarvorträge / Informationsmarkt statt Frontalpräsentationen.

Simultane Dokumentation: Für die handgeschriebene Dokumentation gibt es standardisierte Boards (siehe Abb. 5), die Ergebnisse der Workshops werden simultan in Computer eingegeben, die Dokumentation ist am Ende der Veranstaltung fertig.

Der Vormittag – vorbereitende Briefings

Schritt 1: Check der Bühnenaufbauten und der technischen Infrastruktur	
Schritt 2: Briefing der Workshopmoderatoren und der inhaltlich Verantwortlichen; Klärung der Rollen	
Schritt 3: Generalprobe der Vorträge 1:1, Check der Präsentationsunterlagen	

Der 1. Veranstaltungstag

Ankunft der Teilnehmer, gemeinsames Mittagessen	
Schritt 1: Eröffnung durch den Managing Director Warm-up in gemischten Gruppen: Vorstellung, Motivation, Erwartungen, Abfrage von Blitzlichtern	20 Min.
Schritt 2: Plenarsession I Bezug zu den letzten Veranstaltungen, gespielte Szene (Sketch), Zusammenfassung des derzeitigen Status durch den Managing Director	35 Min.
Schritt 3: Plenarsession II+III insgesamt 8 jeweils 7minütige Präsentationen nach den Sessions gibt es jeweils die Gelegenheit für Kleingruppen-Diskussionen	55 Min.
Schritt 4: Plenarfeedback Diskussion in den Kleingruppen (Unser Kommentar zu den Sessions I–III) (10 Min.) 1 Kommentar pro Gruppe 1 (35 Min.) Zusammenfassung der Plenarsessions	60 Min.
Pause	
Schritt 5: Vorstellung des Entscheidungsmodells	20 Min.

Schritt 6: Übersicht: Workshopthemen und Prozeß; insgesamt wird in 15 parallelen Workshops gearbeitet	30 Min.
Schritt 7: Gruppenfindung: 1. Schritt: persönliche Vorstellung, Problemdefinition und Erwartungen bezüglich der Lösung	60 Min.
Danach gemeinsamer Abend, Präsentationen	

Der 2. Veranstaltungstag

Schritt 1: Die Workshops laufen weiter (gemäß dem gemeinsamen Vorgehensmodell; siehe Abb. 5 in der Anlage). Die Gruppen entscheiden, wer noch weiter eingebunden werden muß, und dokumentieren ihre Arbeit; Moderatoren koordinieren.	240 Min.
Mittagessen (Dokumentationen werden gedruckt)	
Schritt 2: Informationsmarkt Erklärung der Prinzipien durch den Moderator	20 Min.
Schritt 3: Ausstellung der Resultate an den Pinnwänden, Präsentationen in den Gruppen. Im Hauptraum läuft eine Dia-Show mit den Hauptergebnissen.	60 Min.
Schritt 4: Abschluß Die Teilnehmer kehren in ihre ursprünglichen Gruppen zurück. Diskussion zur persönlichen Einschätzung des Status („Situation back home") Diskussion in Gruppen, eine Anregung für die Kommunikation der Botschaften; Zusammenfassung durch Topmanager.	90 Min.

Teil C: Lessons learned

Schlüssel zum Erfolg

Kontext: Diese Veranstaltungen sind Teil eines Gesamtprozesses und haben so einen nützlichen Kontext. Die Anregung, diese Veranstaltungen dauerhaft fortzusetzen, wurde von Teilnehmern der ersten Veranstaltungsreihe mit

Nachdruck vorgebracht. Die Ideen des Topmanagements deckten sich also mit den Erwartungen der Teilnehmer.

Integrierte Vorbereitung: Die Vorbereitung der Veranstaltung wurde zusammen mit den Partnerfirmen organisiert. Logistik und Reisearrangements, Auswahl der Themen, Erstellen der Vorträge und Nominierung der Redner und Teilnehmer erfolgten firmenübergreifend. Damit waren es weniger Veranstaltungen der Zentrale, sondern vielmehr programmweite Events. Das gilt in ähnlicher Weise für die Nachbereitung der Ergebnisse.

Kommunikationsaufwand, Briefing und Proben: Die Entstehung der Events wurde mit den Stakeholders sehr bewußt kommuniziert. Das Briefing der Teilnehmer, die aktive Rollen übernahmen, war ebenso wichtig. Dies galt insbesondere für die zweite Veranstaltung, bei der Topmanager und Core-Group-Mitglieder unterschiedliche und zeitlich wechselnde Rollen und Aufgaben hatten.

Informationsstand der „Key Player": Das Design der Veranstaltung war den Auftraggebern und *Key Players* soweit bekannt, daß sie sich sicher fühlten und keine Kontrollverlustphantasien aufkamen.

Struktur der Arbeitszeiten: Die Balance zwischen freier Arbeit und strukturierten inhaltlichen Vorgaben war ein weiterer Schlüssel zum Erfolg. Das gleiche gilt für ein sehr bewußt gewähltes Verhältnis zwischen Zuhören, Kleingruppendiskussion und Austausch im Plenum.

Vermischung und Begegnung: Unterstützt durch kompakte 7minütige Inputs fanden viele der Diskussionen in gemischten Gruppen mit Teilnehmer aus verschiedenen Partnerfirmen statt. Die wechselnde Gruppenzusammensetzung ermöglichte zahlreiche Begegnungen und immer neue persönliche Entdeckungen.

Präsenz des Topmanagements: Die Anwesenheit des Topmanagements ermöglichte schnelle Entscheidungen, klare und aussagekräftige Diskussionen und verlieh den Veranstaltungen einen Fokus.

Kritische Faktoren

Technik: Der technische Aufwand für eine On-line-Dokumentation war erheblich, und es gab viele Fehlermöglichkeiten. Schwierig gestaltete sich die einheitliche Erstellung und Zusammenfassung der Workshop-Dateien. Dies war bedingt durch Formatierungen und andere Überraschungen, die Microsoft-Produkte zu bieten hatten. Ein PC-support, der schnell und kompetent reagieren konnte, war wichtig.

Akustik: Ein mittlerer Geräuschpegel hebt das Energieniveau in den Workshops und ist gewünscht. Die Akustik im Kongreß-Raum war allerdings so gut, daß sich einige Arbeitsgruppen gestört fühlten.

Änderungen: Die Präsentationstechnik mit Beamer und Laptop ist sehr flexibel und macht Änderungen in den Vorträgen leicht. Dies kann aber auch dazu führen, daß die Dokumentation und das Handout für die Teilnehmer unvollständig bleiben. „Just in time"-Änderungen, von denen mehrere Personen betroffen sind, führten zu Risiken im Ablauf.

Anwesenheiten: Die Einladung erfolgte an alle Mitglieder der *Core Group*. Bei Abwesenheit zu vieler Manager werden solche Veranstaltungen in ihrer Handlungs- und Entscheidungsfähigkeit eingeschränkt. Der Fokus verschiebt sich dann automatisch in Richtung Informationsaustausch und Diskussion.

Anlagen

Abbildung 1: Darstellung Gesamtprozeß

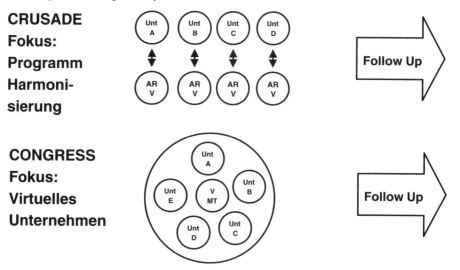

Unt A-D: Nationale Unternehmen / AR: Aufsichtsrat / V: Vorstand / MT: Management Team / Unt E: Management Agentur

19 Von Einzelkämpfern zum virtuellen Unternehmen 267

Abbildung 2: Team

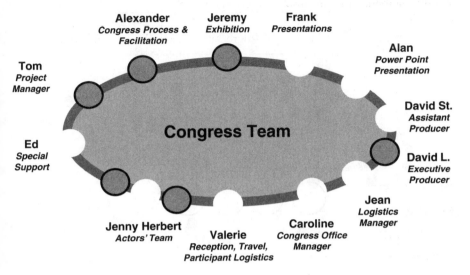

Abbildung 3: Sitzplan 1. Abend – Verteilung an runden Tischen
(Schematische Darstellung – Anzahl der Teilnehmer: 100–120)

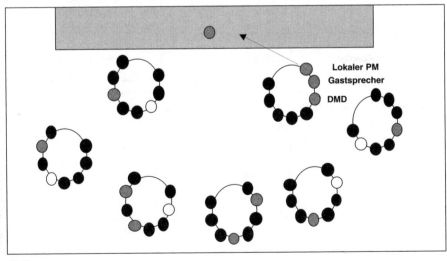

○● Manager der Zentrale

*Abbildung 4: Sitzplan Tag – Verteilung an runden Tischen
(Schematische Darstellung – Anzahl der Teilnehmer: 100–120)*

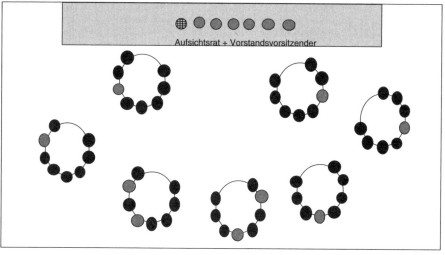

Abbildung 5: Struktur der Workshop-Bearbeitung und der Dokumentation

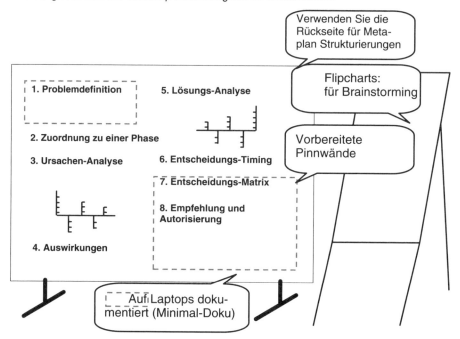

20 Bildungsprozesse als dynamisierende Faktoren. Ein Beispiel aus steirischen Gemeinden

Grete Dorner

Vorbemerkung

Seit fast zwei Jahrzehnten interessieren mich Fragen des Lernens, der Bildungsorganisation und die Organisationsentwicklung von Bildungseinrichtungen. In diesem Zusammenhang erschienen mir traditionelle Lernansätze und Konzepte sowie zugrundeliegende Theorien, die auftretende Fragen und Phänomene zu beschreiben und zu erklären versuchen, als unzureichend.

Vor etwa zehn Jahren nahm ich an einem Kongreß in Wien zum Thema *systemische Perspektiven* teil. Das war für mich ein Schlüsselerlebnis. Im Anschluß daran begann ich mich verstärkt mit Theorien bezüglich sozialer Systeme, Selbstorganisationstheorien, konstruktivistischen Erkenntnistheorien sowie mit Konzepten aus dem Management- und Organisationsentwicklungsbereich zu beschäftigen. In den letzten Jahren konzentrierte ich mich in meinen theoretischen Arbeiten auf Themen wie *lernende Organisation* und *systemisches Wissensmanagement*.

Durch die theoretische Auseinandersetzung eröffnete sich mir ein neues Verständnis der beruflichen Tätigkeit in meinen unterschiedlichen pädagogischen Arbeitsfeldern. Da mir die Verbindung von Theorie und Praxis ein zentrales Anliegen ist, veränderten sich so im Laufe der Zeit auch die pädagogischen Konzepte und praktischen Vorgangsweisen in meiner Arbeit.

Am Beispiel der Bildungsarbeit in steirischen Gemeinden sollen die Bezüge zwischen pädagogischen Konzepten, praktischen Vorgangsweisen der Lernorganisation und systemischer Strukturentwicklung genauer beschrieben werden. Dabei wird den Aspekten der Aktivierung und Dynamisierung durch Lernen in sozialen Systemen, in diesem Falle im „System Gemeinde", besondere Bedeutung beigemessen.

Seit fast zehn Jahren gibt es im Bundesland Steiermark, im Südosten von Österreich gelegen, den EREB-Gemeindeservice. Die Abkürzung EREB steht für „Erweiterte Regionale Erwachsenenbildung". Dieser Name deutet schon auf den primären Auftrag hin, der darin besteht, *das Bildungsangebot in Gemeinden der Steiermark zu erweitern*. Um dem auch praktisch zu entsprechen, konzentriert sich EREB auf die Entwicklung maßgeschneiderter Bildungsaktivitäten in den Gemeinden. *Die Gemeinde wird dabei als Lebens-*

raum gesehen, in dem nicht nur gearbeitet und gelebt, sondern auch gemeinsam überlegt, reflektiert, probiert, gestaltet und gelernt wird.

Erwachsenenbildung im Wandel der Zeit

Unsere Gesellschaft ist gekennzeichnet von dynamischen Veränderungsprozessen. Dieser Wandel vollzieht sich auch innerhalb ländlicher Gebiete, und somit sind auch kleinere Gemeinden davon erfaßt. Einen wichtigen Faktor in diesem Wandel stellen die neuen Kommunikations- und Informationstechnologien dar, die im Begriff sind, den Umgang mit Wissen rapide zu verändern. Damit verändert sich auch das Verständnis hinsichtlich der Bildungs- und Kulturarbeit.

Werden Bildung und Lernen umfassend betrachtet, so geht es um die Auswahl des erforderlichen Wissens für die konkrete Situation, es geht um soziale Kompetenzen, um gesellschaftliches Engagement und die Bereitschaft zur Kooperation innerhalb von Netzwerken und Projekten.

Die Erwachsenenbildung hat aus ihrer Tradition heraus einerseits den Anspruch, Menschen im Hinblick auf die Anforderungen, die sich aus den wirtschaftlichen Entwicklungen der Gesellschaft ergeben, zu qualifizieren. Andererseits sollen Bildungsprozesse durch Möglichkeiten der Reflexion, des Dialogs, des sozialen und individuellen Lernens den Menschen Orientierung bieten.

Der EREB-Gemeindeservice arbeitet nun seit fast einem Jahrzehnt in steirischen Gemeinden und konzentriert sich in seinen Tätigkeiten vor allem auf das Initiieren von Bildungsprozessen, die sich auf allgemeine Grundkompetenzen und weniger auf fach- bzw. berufsspezifische Qualifikationen beziehen.

Charakteristika des EREB-Arbeitskontexts

Menschen in ländlichen Gebieten haben es erfahrungsgemäß schwer, wenn sie sich weiterbilden möchten. Viele Angebote sind auf Städte bezogen, und lange Anfahrtswege schränken die Möglichkeiten noch weiter ein. Für EREB gilt der Auftrag, das Bildungsangebot in steirischen Gemeinden zu erweitern, um die vorhandenen regionalen Unterschiede und somit auch das traditionelle Stadt-Land-Gefälle im Ansatz zu verringern. Aufgrund der vorhandenen personellen und finanziellen Ressourcen ist dieses Ziel nur mit einem hohen Maß an Selbstorganisation vor Ort erreichbar.

Das Konzept und die praktische Vorgehensweise orientierten sich an der spezifischen Situation der Steiermark. So lebt etwa drei Viertel der steirischen Bevölkerung in den 542 steirischen Gemeinden außerhalb der Landeshauptstadt Graz. Davon befinden sich etwa 140 geographisch gesehen abseits von größeren Orten oder Städten und haben weniger als 3000 Einwohner. In diesen sogenannten Kleingemeinden gibt es wenig Bildungsangebote für Erwachsene und nur zum Teil örtliche Strukturen von Erwachsenenbildungseinrichtungen. Regelmäßige Angebote sind unter solchen Bedingungen nicht zu erwarten. Punktuelle Bildungsaktivitäten hängen vom Engagement einzelner Personen ab, die dann zum Beispiel Kurse oder Vorträge auf Ortsebene organisieren. Vor dem Hintergrund dieser Bedingungen ergeben sich für den EREB-Gemeindeservice einige zentrale Fragestellungen:

- Was interessiert Frauen, Männer und Jugendliche, die in kleinen Gemeinden der Steiermark leben?
- Womit beschäftigen sie sich gerne, wo liegen ihre Interessen und Bildungswünsche?
- Welche Ressourcen sind vorhanden? Dazu gehören beispielsweise fachliche und soziale Fähigkeiten, spezielle Erfahrungen, vorhandenes Wissen usw.
- Wie kann es gelingen, auf Grundlage der vorhandenen Ressourcen und durch Beteiligung der Menschen in den Gemeinden selbstorganisierte Bildungsprozesse zustande zu bringen?

Und vor allem:
- *Welcher Impulse und Unterstützung bedarf es dazu von „außen" durch den EREB-Gemeindeservice?*

Umgang mit Komplexität durch Moderation und Gestalten von funktionalen Strukturen

Wenn Gemeinden auf Bildung für Erwachsene setzen und mit EREB in Kontakt treten, geschieht dies aus sehr unterschiedlichen Motiven. So stellt sich die Ausgangssituation allgemein als sehr komplex und undurchschaubar dar: Zum Beispiel treffen unterschiedliche Menschen mit ihren Lebenserfahrungen, mit ihrem Wissen und ihren Vorstellungen aufeinander. Dies geschieht zudem im Kontext einer für die jeweilige Gemeinde spezifischen politischen Kultur und Tradition. Es gibt formelle und informelle Kommunikationsstrukturen, es gibt Traditionen der guten Zusammenarbeit, und es gibt scheinbar unüberwindbare Grenzen.

Mit Gemeinden, die über zwei bis drei Jahre Bildungsschwerpunkte für Erwachsene setzen wollen, wird eine Vereinbarung geschlossen, in deren Folge sowohl von seiten der Gemeinde als auch des EREB-Gemeindservice bestimmte Leistungen erbracht werden.

In der Praxis bezieht sich die EREB-Aufgabe auf zwei Bereiche: das Initiieren und Begleiten von Kommunikationsprozessen durch Moderation und das Gestalten von Rahmenbedingungen.

Es werden also erstens alle Treffen – wie Entwicklungs- und Planungsgespräche – sowie Gespräche, in denen die umgesetzten Bildungsvorhaben reflektiert und evaluiert werden, moderiert. Dazu gehören auch „gesicherte Zeiten" für bestimmte Fragestellungen. Das können beispielsweise Fragen der internen Entwicklung und Identität der Aktivgruppe oder Fragen und Regeln der Zusammenarbeit sein.

Der zweite Bereich betrifft die Rahmenbedingungen. Dazu gehören das Bereitstellen finanzieller Mittel durch die Gemeinde sowie bestimmte organisatorische und infrastrukturelle Unterstützung. Es gilt, funktionale Strukturen zu entwickeln, wobei im Detail oft unterschiedliche Personen und Einrichtungen beteiligt sind und Vereinbarungen immer wieder in Verhandlungsgesprächen geklärt werden müssen. Erst das Vorhandensein von unterstützenden Strukturen ermöglicht autonomes und selbstverantwortliches Arbeiten als Grundlage einer längerfristigen, selbstorganisierten Bildungsarbeit auf Gemeindeebene.

Wenn Menschen ihr Bildungsangebot selbst entwickeln, tun sich Widersprüche auf. Zum einen soll die persönliche Autonomie gewahrt bleiben, und zum andern brauchen sie dabei spezifische Unterstützung. Die Herausforderung an den EREB-Gemeindeservice besteht darin, die Balance zwischen Anleitung und Selbstorganisation zu finden.

EREB-Gemeindeservice – theoretischer Bezugsrahmen

Die Tätigkeitsfelder des EREB-Gemeindeservice zeichnen sich, wie vorhin kurz angedeutet, durch hohe Komplexität aus. Für die Entwicklung des pädagogischen Konzepts war daher die Auseinandersetzung mit Theorien zu komplexen Systemen, zur Sozialdynamik sowie mit Selbstorganisationstheorien bedeutsam, um nur einige der wichtigsten zu nennen. Ausgehend vom Begriff der *lernenden Organisation* und damit zusammenhängenden theoretischen Konzepten, liegt EREB die Vision einer *lernenden Gemeinde* zugrunde. Die praktischen Schritte erfolgen unter Gesichtspunkten systemischer Vorgehensweisen. Dabei sind zwei zentrale Fragen ausschlaggebend:

- Wie kann es gelingen, daß sich eine Organisation auf Ortsebene etabliert, die im weitesten Sinne als *lernende Organisation* bezeichnet werden könnte?
- Wie können im Rahmen dieser Organisation Bildungs- und Lernangebote umgesetzt werden, die auf den Bedürfnisse und Ressourcen der Menschen im Ort basieren und diesen gerecht werden?

Die „lernende Gemeinde" als Vision – Antworten in der Praxis

Netzwerke als strukturelle Maßnahmen

Um den Lern- und Bildungsgedanken auf Gemeindeebene verfolgen zu können, bedarf es einer organisatorischen Form, die es den Menschen leichter macht, ihre Vorstellungen, ihr Wissen und ihre Fähigkeiten im Sinne der Gemeinschaft einzubringen. Praktische Erfahrungen zeigen, daß Netzwerke eine günstige Erweiterung von Organisationsformen auf Gemeindeebene darstellen und in weiterer Folge als Quelle von Innovationen dienen können.

Im Unterschied zu den im Gemeindeleben vorhandenen traditionellen Gruppen und Vereinen sind die Grenzen bei Netzwerken nicht immer so klar. Je nach Anlaß, Intention und Ziel finden sich Menschen zusammen, überlegen, entwickeln, planen und setzen bestimmte Ideen durch Aktivitäten in die Praxis um. Ob dies nun Vorträge, Kurse, Gesprächsrunden oder umfangreichere Projekte sind, wichtig dabei ist, das Wissen und die Fähigkeiten mit praktischem Handeln zu verbinden und diese Lernprozesse durch gemeinsame Reflexionen zu unterstützen.

In der Praxis ist eine netzwerkartige Organisation nicht immer einfach zu bewerkstelligen. Es bedarf zeitweise bewußter Interventionen, um der den Gruppen innewohnenden Tendenz entgegenzusteuern, sich abzukapseln. Erfolgreiche Netzwerke zeichnen sich durch eine Balance zwischen Offenheit bzw. Flexibilität und Geschlossenheit und damit Kontinuität aus. Das klingt sehr widersprüchlich, doch in der Praxis entsteht so im günstigsten Fall eine „dynamische Mischung" aus Menschen, die im Hinblick auf bestimmte Vorhaben und Themen eher kurzfristig ihre Interessen, ihr Wissen und Können einbringen, und solchen, die längerfristig dabeibleiben und somit für Kontinuität und Stabilität sorgen.

Wie die bisherigen praktischen Erfahrungen aus über 40 Gemeinden der Steiermark zeigen, sind Netzwerke eine adäquate Strukturantwort auf sich wandelnde Bildungsherausforderungen, weil sie ein hohes Maß an Autonomie und Selbstorganisation ermöglichen.

Transparenz hinsichtlich Bildungsbedarf und Wissensressourcen

Was wird unter *Wissen* verstanden, um welche Inhalte geht es?

Was konkret unter *Bildung* verstanden wird – bzw. welche Wissensinhalte im Mittelpunkt von Bildungsprozessen stehen und damit die qualitative Dimension des Wissens –, unterlag schon immer verschiedenen Veränderungen. So revolutionieren beispielsweise die neuen Technologien den Umgang mit Wissen und Informationen substanziell.

Für EREB ausschlaggebend ist dabei die Frage: *Wie kommen die Menschen in den Gemeinden zu den für sie relevanten Informationen und zu für sie wichtigem Wissen?* Dies vor allem unter dem Aspekt, nicht nur viel zu wissen, sondern das „Richtige" zu wissen. Wie das Wort *richtig* schon ausdrückt, geht es dabei um bewertetes und reflektiertes Wissen, um Wissen, das bewußt und lebenserleichternd und soziales Verhalten fördernd eingesetzt wird.

Systemisches Wissensmanagement
Um welches Wissen es geht, wird vor Ort bestimmt!

Wie kann es aber nun gelingen, das richtige und wichtige Wissen auszumachen? Um dieser Frage in der Praxis entsprechend begegnen zu können, muß man Transparenz – was spezifischen Bildungsbedarf und Ressourcen der Menschen anbelangt – herstellen. Dazu aber bedarf es der Organisation und Gestaltung von Kommunikationsprozessen.

Der EREB-Gemeindeservice initiiert, begleitet und moderiert diese Prozesse, in die drei grundlegende Elemente einfließen:

- *Die spezifische Situation der Gemeinde bzw. des Umfelds:* Sie wird reflektiert, und damit zusammenhängende aktuelle Fragen werden erörtert. So wird beispielsweise überlegt, ob es im Ort Projekte, Vorhaben oder politische Entscheidungen gibt, die durch Bildungsprozesse qualitativ unterstützt werden könnten.
- *Persönliche Vorstellungen und Wünsche:* Dabei werden die individuellen Ideen und Bedürfnisse der Menschen, die schon aktiv im Bildungsnetzwerk mitarbeiten, thematisiert und integriert.
- *Objektive Grundlagen:* Dazu gehören Ergebnisse von Befragungen, in die die gesamte Bevölkerung eingebunden ist.

Befragungen als dynamisierendes Herzstück der Gemeindearbeit

Durch Befragungen wird, wie schon erwähnt, Transparenz hinsichtlich Bildungsbedarf und Ressourcen hergestellt. Durch Fragebögen unterstützt, werden systematisch alle Erwachsenen eingebunden. Dabei werden der aktuelle Bedarf, die Vorstellungen, Wünsche und Ideen erforscht. Zusätzlich wird das in der Bevölkerung schlummernde Wissen erkundet. Dabei geht es primär darum, dem implizit vorhandenen Wissen und den unterschiedlichen Fähigkeiten, die zum Beispiel durch Freizeitbeschäftigungen oder durch das Pflegen spezieller Interessen erworben wurden, auf die Spur zu kommen und in der Folge anderen Menschen zugänglich zu machen. *Erwachsenenbildung in einer Gemeinde lebt in hohem Maß von diesem implizit und explizit vorhandenen Wissen und dessen Austausch unter den Gemeindemitgliedern.*

Befragung als gemeinsamer Lernprozeß

Das Vorhaben einer Befragung wird von einer Kerngruppe auf Ortsebene beschlossen, geplant und durchgeführt. Das ist nur mit beträchtlichem zeitlichen und persönlichen Engagement, das ehrenamtlich aufgebracht wird, möglich. Der EREB-Gemeindeservice stellt in diesem Prozeß sozialwissenschaftliches Know-how, aber auch sehr differenzierte pädagogische und organisatorische Unterstützung zur Verfügung.

Als übergeordnete Ziele von Befragungen gelten das Erzeugen einer sozialen Dynamik im Ort sowie eine generelle Sensibilisierung der Menschen für Lernprozesse.

Der Weg entsteht im Gehen. Ein praktisches Beispiel aus der Gemeinde Hohentauern

Hohentauern liegt auf 1000 m Seehöhe, in einem gebirgigen Teil der Steiermark, und hat 560 Einwohner. Die dünn besiedelte, flächenmäßig große Gemeinde war bis 1991 vorrangig durch den Bergbau geprägt. Nach der Schließung der Bergwerke befindet sich die Gemeinde in einer Phase der Neuorientierung. In diesem Orientierungsprozeß setzt sie – bzw. eine sehr engagierte Bürgermeisterin – stark auf Bildung. Eine Zusammenarbeit mit dem EREB-Gemeindeservice war daher naheliegend.

Im folgenden wird auf das allgemeine Verfahren der Befragung eingegangen und wird dies mit einigen speziellen Fakten aus Hohentauern verbunden. Dabei werden primär jene Elemente der Befragung näher erläutert, deren psychosoziale Dimension bedeutsam ist und die sich in weiterer Folge als energetisierende und dynamisierende Faktoren herausgestellt haben.

Aufgrund der praktischen Erfahrungen kann ein enger Zusammenhang zwischen der sozialen Architektur im Vorfeld bzw. zu einem frühen Zeitpunkt der Befragung und der längerfristig erzeugten Dynamik auf Ortsebene hergestellt werden.

Für die Zeit der Befragung wird im Rahmen des Netzwerks auf Ortsebene eine verantwortliche Kerngruppe etabliert. In der Regel besteht sie aus 12 bis 15 Personen. In dieser Gruppe werden sowohl die inhaltlichen Schwerpunkte als auch die organisatorischen Vorgehensweisen überlegt. Die einzelnen Umsetzungsschritte werden in der Gruppe reflektiert und die Erfahrungen in neue Strategien integriert. Viele organisatorische Schritte haben das Ziel, Menschen im sozialen Umfeld über das Vorhaben zu informieren, ihre Meinungen und Vorstellungen zu erkunden und sie zum Mittun zu motivieren.

Die Befragung läßt sich grob in Phasen unterteilen: in eine eher lange *Vorbereitungsphase* von etwa sechs Monaten und eine *Durchführungsphase*, die etwa zwei Monate dauert und mit der Präsentation der Ergebnisse endet. Darauf folgt eine *Umsetzungsphase*, die sich über zumindest zwei Jahre erstreckt und in der sich Selbstorganisationsstrukturen stabilisieren.

Somit hat die Umsetzungsphase vorrangig das Ziel, die durch die Befragung ausgelöste Dynamik nachhaltig für Bildungsprozesse zu nutzen, zu verankern und damit eine längerfristige Struktur für selbstorganisierte Bildung zu schaffen. Während dieser zwei- bis dreijährigen Projektzeit besteht eine intensive Zusammenarbeit zwischen der Kerngruppe auf Gemeindeebene und dem EREB-Gemeindeservice.

Es werden kurz die Phasen und einige Details der Befragung dargestellt, vor allem solche, die als „zündende Faktoren" im Hinblick auf den Abschluß der Befragung gelten können. Bei diesem Abschluß geht es zum einen darum, der Bevölkerung die Ergebnisse der Befragung zu präsentieren, und weiterhin darum, die bei dieser Großveranstaltung entstehende Dynamik und das „Feuer der großen Gruppe" für die Umsetzungsphase zu nutzen.

1. Vorbereitungsphase mit zwei Schwerpunkten: Erstens das Abklären von inhaltlichen Aspekten, die sich hauptsächlich auf die Entwicklung und Konstruktion des Fragebogens beziehen. Dazu bedarf es erfahrungsgemäß mehrerer (drei bis vier) Treffen in Abständen von etwa einem Monat.

Ein zweiter Bereich betrifft die soziale Architektur der Befragung. Hier geht es darum, über die aktive Kerngruppe hinaus Kommunikationsprozesse im sozialen Umfeld zu initiieren. In der Praxis bedeutet das beispielsweise, daß jede Person aus der Kerngruppe zwischen den Treffen zehn andere Personen aus dem persönlichen Umfeld über Sinn und Zweck der Befragung informiert und mit ihnen über offene Fragen diskutiert. Dabei geht es darum, die Sicht und Meinung von bisher Unbeteiligten im Detail in den Fragebogen zu integrieren und allgemein die Menschen für die Befragung zu sensibilisieren und so auch einen Identifikationsprozeß zugunsten des gesamten Bildungsprojekts in Gang zu setzen.

In dieser Phase ist zur Ergänzung dieser persönlichen Kommunikationsebene regelmäßige Öffentlichkeitsarbeit über unterschiedliche Informationskanäle und Medien (Gemeindezeitung, Plakate, Rundfunk usw.) wichtig.

2. Durchführungsphase: Von den Mitgliedern der Kerngruppe werden die Fragebögen an alle Haushalte verteilt. Dabei gibt es für jede Person einen Fragebogen in einem verschlossenen Kuvert. Durch ein persönliches Kontaktgespräch soll eine möglichst hohe Beteiligung an der Fragebogenaktion erreicht werden.

Vor dem Gang in alle Haushalte gibt es zur Unterstützung und als Vorbereitung eine „Übung für die Praxis". Sie umfaßt u. a.:

- den Inhalt gut kennen, das bedeutet, den Sinn und die Ziele des Bildungsprojekts und der damit zusammenhängenden Befragung kurz und schlüssig erklären zu können und auf die Wichtigkeit der Beteiligung aller Personen hinzuweisen;
- Rollenspiele im Hinblick auf befürchtete, schwierige Situationen; die Übung bringt somit auch Klärung bezüglich persönlicher Grenzen und des Umgangs mit Frustrationen und Vorurteilen;
- die Klärung organisatorischer Fragen wie „Wer geht in welche Haushalte?" usw.

Die Fragebögen bleiben etwa zwei Wochen in den Haushalten und werden dann wieder abgeholt und vom EREB-Gemeindeservice in Graz ausgewertet. Danach werden in einem ersten Schritt der Kerngruppe die Ergebnisse mitgeteilt und vertraulich diskutiert. Dabei werden auch die persönlichen Erfahrungen, die während der Befragung gemacht wurden, besprochen und reflektiert. Im Anschluß daran wird die große Präsentationsveranstaltung inhaltlich und methodisch geplant.

Die Präsentation der Ergebnisse kann als wichtiger Meilenstein jedes Bildungsprojekts bezeichnet werden. Durch Vorinformationen und mit Hilfe eines bewußten Prozeßdesigns gelingt in der Regel eine hohe Identifikation mit der Befragung. So konnte in Hohentauern ein Rücklauf von 74 Prozent der Fragebögen erreicht werden. Zudem beteiligten sich von insgesamt 560 Einwohnern über 200 an der Präsentationsveranstaltung.

Präsentation der Ergebnisse: Das Feuer der großen Gruppe für die Umsetzung nutzen

Bei der Ergebnispräsentation geht es neben der inhaltlichen Information darum, in der Großgruppe der anwesenden Bevölkerung eine Dynamik zu erzeugen und die in der Gruppe vorhandenen kollektiven Gefühle und konstruktiven Kräfte zu wecken und zu verstärken. Es muß klar werden, daß nur das Einbringen der persönlichen Ressourcen, ganz gleich, ob inhaltlicher, organisatorischer oder sozialer Natur, künftig selbstorganisierte Lernprozesse ermöglicht. Bei diesen Großveranstaltungen ist es wichtig, ein förderliches Klima zu schaffen und die konkreten Beteiligungsmöglichkeiten und -situationen transparent und diskutierbar zu machen.

Hinsichtlich des Gruppenklimas gilt es, einen Standard zu etablieren, der stichwortartig folgendermaßen beschrieben werden kann: „Es kommt auf mich persönlich an. Es genügt nicht, meine Bildungswünsche zu äußern, sondern ich bin auch für deren Erfüllung verantwortlich. Dabei bin ich nicht allein, sondern habe Unterstützung von Fachleuten, und viele Menschen aus meinem Umfeld machen ebenfalls mit. Wir wissen zwar nicht, ob alles gelingt, aber wir können es einfach gemeinsam probieren."

In einem solchen Klima werden Ängste, Zweifel, Unsicherheiten und Bequemlichkeiten von Einzelpersonen hintangehalten. In der Regel ist es ihnen möglich, im Schutz, aber auch im Sog der Gruppe in der kollektiv entstehende Lust am Aktivwerden und daran, die eigenen Fähigkeiten in die Gemeinschaft einzubringen, mitzuschwimmen.

Erfahrungsgemäß ist das ein wichtiger Zeitpunkt, um die kollektiven Emotionen hinsichtlich des praktischen Handelns zu verankern. Zumindest einem Teil der Anwesenden muß klar werden, wo, wie und wann sie konkret mittun können. Durch die Transparenz der Beteiligung werden persönliche Beziehungen und damit auch Verbindlichkeiten hergestellt.

Beispiel für ein Veranstaltungsdesign

(Burger/Dorner)
Zielsetzung: die anwesende Bevölkerung über die Ergebnisse der Bildungsbefragung zu informieren und in weiterer Folge die Befragung als einen Teil eines umfassenden Bildungsprojekts in der Gemeinde wahrzunehmen. Darüber hinaus sollen die Anwesenden generell für den Zusammenhang zwischen gesellschaftlicher Entwicklung und der Notwendigkeit des lebenslangen Lernens sensibilisiert werden.

Das Vermögen, eigenes Wissen und andere Ressourcen in die Ortsgemeinschaft einzubringen, soll gefördert werden, und die Teilnehmer sollen ein hohes Maß an Verantwortung für zukünftige Bildungsaktivitäten übernehmen. Die Dynamik im Rahmen der Veranstaltung und die damit auftretende Energetisierung soll die Motivation und die Lust hinsichtlich gemeinsamen Tuns verstärken.

Zeitrahmen: drei bis vier Stunden
Teilnehmerzahl: 50 bis 200
Räumliche Erfordernisse: Da die Teilnehmerzahl schwer abzuschätzen ist, empfiehlt sich ein großer Raum (Turnsaal, Kultursaal usw.), der durch Pinnwände bei Bedarf verkleinert werden kann.
Hilfsmittel:

- Plakate und Pinnwände mit Grundinformationen über das gesamte Bildungsprojekt und Detailinformationen über den bisherigen Verlauf. Hier gilt es, sowohl die inhaltlichen Ergebnisse übersichtlich zu gestalten als auch den Prozeß und die Ereignisse drum herum zu dokumentieren, zum Beispiel durch Fotos, Skizzen, Wortspenden (kurze Statements), „lustige Anekdoten und Begebenheiten" usw.
- Listen bzw. leicht zugängliche freie Flächen für aktuelle Eintragungen

wie zum Beispiel Namen und Adressen von Menschen die neu mittun möchten, Anmerkungen, Fragen, Wünsche usw.

Anmerkungen und Wirkungsweise: Entsprechend der Tradition in ländlichen Gemeinden steht für ein solches Event nur sehr beschränkt Zeit zu Verfügung. Doch auch hier müssen sich die dem Gesamtprojekt innewohnenden partizipatorischen Vorgehensweisen und Beteiligungsziele, zumindest in Ansätzen, im praktischen Ablauf wiederfinden.

Das bedeutet, daß zumindest ein Teil der Kerngruppe in unterschiedlichen Rollen die Ergebnisse präsentiert. Ebenso muß ein Mindestmaß an Kommunikation und Diskussion zwischen den Anwesenden, ungeachtet ihrer Anzahl, gewährleistet sein.

Zusätzlich ist eine Vorgehensweise, durch die unterschiedliche Sinne angesprochen werden, bedeutsam. Zum Beispiel sollten visuelle Eindrücke durch Plakate, Pinnwände, Dias usw. erzielt werden. Kommunikative Aspekte kann man durch moderierte Diskussionen und Zweiergespräche betonen. Musikalische oder szenische Untermalung durch die Einbindung örtlicher Musik-, Gesangs- oder Theatergruppen setzt weitere sinnlich erfahrbare Akzente.

Praktischer Ablauf
1. Schritt: Gemütliches Ankommen: Die Mitglieder der Kerngruppe begrüßen die Ankommenden, stellen Zugang zu den Informationen auf Plakaten und Pinnwänden her und versuchen, individuell Kommunikationsprozesse in Gang zu setzen und auf das Thema einzustimmen.

2. Schritt: Offizieller Teil im Plenum: Begrüßung durch Vertreter der Gemeinde und Kurzinformation über Intentionen und Zielsetzungen der Veranstaltung. Anschließend erfolgt ein kurzer inhaltlicher Input, zum Beispiel über die Bedeutung des lebenslangen Lernens, der das örtliche Bildungsprojekt zugleich in einen größeren gesellschaftlichen Zusammenhang stellt. Nach einer Projektübersicht, die die bisherigen Meilensteine und den aktuellen Stand umfaßt, werden von Personen und Kleinteams der Kerngruppe mit teils unterschiedlichen Methoden die wesentlichen Ergebnisse der Befragung präsentiert. Dabei geht es darum, dazwischen kurze Diskussionseinheiten zu initiieren und zu moderieren, in denen die Meinungen, Einschätzungen oder Anmerkungen der Anwesenden mit den objektiven Erkenntnissen der Befragung verbunden werden, um mit Hilfe dieser Gesamtsicht eine dynamische und kommunikative Stimmung zu erzeugen.

Im Anschluß daran wird über die Möglichkeiten zur Umsetzung der Ergebnisse in die Praxis diskutiert, über die Bedingungen des Mitmachens informiert und über die geplanten weiteren Projektschritte und die zum Gelingen notwendige Beteiligung der Bevölkerung informiert. Mit einem Überblick über die anschließenden Informations- und Gesprächsmöglichkeiten in kleineren Runden löst sich das Plenum auf.

3. Schritt: Abschluß in kleinen Gesprächsrunden: Die Anwesenden verteilen sich im Raum, es ergeben sich spontan Gespräche; es gibt kleine Runden, die hauptsächlich von Mitgliedern der Kerngruppe moderiert und betreut werden, in denen es möglich ist, noch Detailinformationen einzuholen oder die Möglichkeiten einer Mitarbeit auszuloten und durch Namens- und Adressenangabe zu verankern.

Bei allen diesen persönlichen Gesprächen wird auf die weiteren Projekttermine hingewiesen und zum Kommen motiviert.

21 Großgruppen-Soziometrie zusammen mit Future Search und Open Space im Rahmen der Bestandsaufnahme einer Integrierten Gesamtschule

Rainer Bosselmann

1. Die Organisation, ihr Hintergrund und die Vorgeschichte der Veranstaltung

Im Bundesland Hessen wird durch einen Erlaß des Kultusministeriums bis zum Jahr 2001 für jede Schule die Entwicklung eines spezifischen Schulprogramms gefordert – so auch für eine bestimmte Integrierte Gesamtschule in einem industriell geprägten Stadtteil Frankfurts mit hoher Arbeitslosigkeit. Diese Schule kämpft mit großen Problemen, denn die Schülerpopulation ist eine problematische Mischung mit hohem Ausländeranteil; der Ruf der Schule hat sich in den letzten Jahren deutlich verschlechtert, entsprechend ist die Nachfrage von seiten der Eltern gesunken, was sich schon spürbar negativ auf die Stimmung und Arbeitsmotivation von Teilen des Lehrerkollegiums ausgewirkt hat.

Im vergangenen Jahr hatte die Schulleitung gewechselt, und bald danach folgte die Einstellung einer neuen pädagogische Leitung. Damit sollte den resignativen Tendenzen und Abnutzungserscheinungen im Kollegium ein hoffnungsvoller Neubeginn der Arbeit entgegengesetzt werden.

Obwohl frühere pädagogische Tagungen zunächst zwar große Erwartungen, nachfolgend aber um so heftigere Enttäuschung wegen ihrer „faktischen Folgenlosigkeit" hervorgerufen hatten, wurde ich angesichts der großen Zukunftssorgen gebeten, eine erneute zweitägige Klausurtagung zur „Pädagogischen Bestandsaufnahme" zu moderieren. Eine sehr fleißige Vorbereitungsgruppe besonders engagierter Lehrerinnen und Lehrer konnte nach mehrmonatigen Vorarbeiten schon mit dem Entwurf eines riesigen Arbeitsprogramms aufwarten, dessen zahlreiche Sachpunkte wie die Tagesordnung einer Schulkonferenz „abgearbeitet" werden sollten.

Der Wunsch und primäre Auftrag des Schulleiters an mich war es, das Kollegium zu motivieren und so zu aktivieren, daß die aktuellen Herausforderungen angenommen würden und das zukünftige Profil der Schule attraktiv neu gestaltet werden könnte. Auf jeden Fall – so wurde mir mit ominösem Unterton vermittelt – sei die befürchtete und früher erfahrene Wirkungslosigkeit solcher Veranstaltungen zu vermeiden.

Die Vorgespräche mit der Schulleitung knüpften an eine Erfahrung an, in der der Schulleiter durch Supervision wesentliche Anstöße zur weiteren beruflichen Aktivität gewonnen hatte; nun hoffte er, solche positiven Erfahrungen wie aus der kleinen Supervisionsgruppe von Schulleiterinnen und -leitern einem ganzen Kollegium von gut 50 Personen in vergleichbar nützlicher Weise vermitteln zu können. Der Autor zweifelte aber schon sehr bald daran, daß sich nur mit konventionellen Mitteln einer Konferenzmoderation eine Wandlung von der reservierten bis resignativen Erwartung des weiterhin gleichen „Trotts" hin zur gemeinsamen Übernahme von Verantwortung und Gestaltung der nächsten Etappe der Schulentwicklung bewerkstelligen ließe.

Andererseits erlaubten die fortgeschrittenen Diskussionsergebnisse der Vorbereitungsgruppe zunächst kaum ein Abweichen von den vorgezeichneten Pfaden; ich wurde mit einem differenziert aufgefächerten Stoffplan und einer weitgehend vorbereiteten „Unterrichtseinheit" konfrontiert, ganz analog zu einer ordentlichen Planung des Unterrichts. In Details hatten sich allerdings Differenzen ergeben, weshalb von einem Moderator von außen die Auflösung der Kontroverse um das geeignete Vorgehen und die beste Abfolge der Programmpunkte erwartet wurde.

Meine ersten Angebote einer aktivierenden, stärker prozeßoffenen Tagungsregie wurden im Gespräch allerdings mit großer Skepsis entgegengenommen; ein schriftliches Exposé von absichtlich mehrdeutiger, auf flexible und partizipative Ablaufgestaltung zielender Art zog zahlreiche kritische Anfragen nach sich; das diplomatisch formulierte Abweichen vom mühsam erarbeiteten „Fahrplan" der Lehrergruppe schien auch Kränkungen hervorzurufen, und eine Einigung auf eine gemeinsame Linie schien mit jedem Vorgespräch schwieriger zu werden.

Schließlich kam es zu einem dramatischen Höhepunkt, als wenige Tage vor Veranstaltungsbeginn ein sehr engagierter, aber auch ungemein streitbarer Lehrer mit einem offenen Brief an das gesamte Kollegium das Vorgehen in diesem Projekt, einzelne Aussagen der Einladung, präventiv auch gleich den von außen engagierten Moderator scharf attackierte.

2. Zentrale Hypothesen, die zu meiner Art des Intervenierens geführt haben

Anschaulich und glaubhaft erschien mir – aus den Schilderungen von Schulleiter, pädagogischer Leiterin und den eigenen Erfahrungen mit der Vorbereitungsgruppe –, daß es sich um ein Kollegium handelte, das aus teils schon recht entmutigten und andererseits aus (noch) heftig um den Erfolg ihrer pädagogischen Arbeit ringenden Lehrern bestand; und dieser stark polarisierte Gegensatz übte eine lähmende Wirkung aus.

Der Protestbrief eines Engagierten kam mir als ein Signal hoher Energie und Kampfbereitschaft gerade recht, steigerte er doch die Spannung und allgemeine Aufmerksamkeit. Dieser streitbare Kollege vermochte – quasi als ein Apéritif vor der Veranstaltung – die Starre und Schwere zu vertreiben und den vitalen Selbstbestimmungswillen der Lehrerschaft hervorzulocken.

Sicher war ich mir darin, daß sich mein gutes Einverständnis mit der neuen, schwungvollen Schulleitung leicht als Komplikation für mich entpuppen und den Verdacht des „parteiischen Paktierens mit den Herrschenden" wecken konnte. Ich würde also *gerade wegen* meiner anregenden Vorgespräche mit der Leitung auf eine (hoffentlich gelingende) direkte Kontaktnahme und auf glaubwürdiges Bemühen um Vertrauen in der großen Gruppe der Lehrerinnen und Lehrer besonders angewiesen sein; denn die Vorbereitungsgruppe entwickelte eher stärkere Zweifel an meinem Konzept; sie konnte nur wegen des steigenden Zeit- und Handlungsdrucks nicht mehr zurück.

Als Grundlagen einer möglichen Strukturierung der Veranstaltung kristallisierten sich schrittweise die folgenden Leitlinien heraus, es ging mir darum,

- eine möglichst gute Mischung von spielerischem Auflockern und beherztem Zupacken bei ernsten Problemen zu erreichen;
- möglichst etwas Rückschau zu ermöglichen und in jedem Fall die wunschgeleitete Vorausschau schulischer Möglichkeiten anzubieten;
- die Spannung zwischen der Angst vor Veränderungen und der Lust auf freiere Entfaltung im Beruf bewußt spürbar werden und aushaltbar zu machen;
- abwechselnde plenare und Kleingruppenaktivitäten in ausgewogener Balance zu halten;
- außerdem im Angebot der möglichen Ansätze mehrere Varianten des Intervenierens aus unterschiedlichen methodischen Repertoires bereitzuhalten bzw. sequentiell aufeinander aufbauend einzusetzen.

3. Das Design

Der erste Tag begann mit der Orientierung im Tagungshaus und informellen ersten Kontakten.

Nach der offiziellen Begrüßung und Vorstellung des „Moderators" wurde das vorgesehene Programm der Klausurtagung im Überblick als wahrscheinliche Folge einzelner Schritte im Ablauf benannt, einschließlich einer Absprache mit der Teilnehmerschaft zur Ergebnissicherung.

Zwei Mitglieder des Kollegiums hatten sich einen spielerischen Einstieg mit Bewegung ausgedacht, unmittelbar anschließend folgte eine Reihe von kurzen Klärungen als *Aktionssoziometrie* im Plenum, zu Fragen der aktuellen Interessen und zur Gruppen-Zusammensetzung in verschiedener Hinsicht: mein Hauptfach, die Dauer der Zugehörigkeit zum Kollegium (in eine Reihe gestellt), derzeitiger Grad des Optimismus oder des Zweifelns am möglichen Nutzen der Veranstaltung (auf einer Skala dargestellt) usw.

Über eine Kleingruppenphase zum Sammeln der subjektiv vordringlichen Zielsetzungen kam es im nächsten Abschnitt zu einer für alle erkennbaren Übersicht gewünschter Ergebnisse der Klausur, per Kartenabfrage, an Pinnwänden präsentiert und dabei thematisch gruppiert.

Zum Abschluß des Vormittags gab es in einer knappen Stunde ein kollektives *Mind Mapping* auf Zuruf, wodurch sich alle Anwesenden zwar verschieden aktiv, aber sehr aufmerksam mit den zahlreichen Aspekten und Verästelungen des Rahmenthemas *Bestandsaufnahme und wünschenswerte Perspektiven dieser Schule* in der Zusammenschau konfrontieren konnten und sollten.

Für die Mittagspause wurde die (eher beiläufig formulierte) Aufgabe gestellt, daß die versammelte Lehrerschaft sich darüber verständigen sollte, wer nach dem aktuellen Eindruck der Mindmap denn ihre hauptsächlichen Auftraggeber und Anspruchsgruppen seien und welche Auftragskonflikte sie zwischen den unterschiedlichen Erwartungen an die Schule wahrnähmen.

Der Nachmittag begann damit, daß die kontrastierenden Erwartungen und Ansprüche durch soziodramatische *Szenen* unmittelbar und sehr konkret erlebbar wurden, allerdings erst nach anfänglichem Zögern, zum Teil lautstarkem Protest gegen die als kindisch beargwöhnte Aktion. Nach einzelnen, beispielhaften Szenen zur Illustration des beruflichen Aufgaben- und Spannungsfelds geschah das Auswerten des Erlebten und der individuellen Reaktionen per *Feedback* in Kleingruppen, im Plenum wurde nur noch summarisch über Themen und die Art der Erfahrungen berichtet.

Nach einer Kaffeepause wurde das Panorama der Fachgruppen eröffnet, um einen vielfältigen, fachspezifischen und simultanen Austausch über die Ergebnisse der Selbstbefragung anzuregen.

Für jedes Fach gab es in *Open-Space*-Manier einen eigenen Ort; das Wetter erlaubte die zwanglose Verteilung im umliegenden Gelände in der Sonne, wo das Zusammentragen wesentlicher Erfahrungen, Problembeschreibungen und Anregungen für Verbesserungen geschah. Ein Überwechseln zu anderen Fächern war – wie im Unterrichtstakt – nach einer Dreiviertelstunde erlaubt, weil viele Lehrer das Bedürfnis hatten, zu zwei oder drei Fächern wesentliches zu sagen. Es ergab sich also ein Markt fachbezogener Wünsche und Möglichkeiten mit relativ viel Bewegung zu bestimmten Phasen. Eine Ausstellung von Ergebnissen der unterschiedlichen Fachdispute im Plenum verdeutlichte danach anschaulich, mit wieviel Engagement an spezifischen Fach-Konzeptentwicklungen gedacht, geplant, gearbeitet worden war. Die Frage der ergebnisorientierten Weiterverfolgung und der Verantwortungsübernahme für bestimmte Anliegen und Ziele wurde dabei zunächst nur angesprochen, zumindest bei zentralen Zukunftsfragen gestreift und als Aufgabe formuliert.

Zum Abschluß des offiziellen Arbeitsprogramms wurde der rote „Themen-Faden" des Tages im rückblickenden Zusammenhang aufgegriffen und der Versuch unternommen, daraus möglichst organisch einen Ausblick auf den zweiten Tag abzuleiten.

Nach dem Abendessen ergab sich dann, je nach Belieben und Kondition der einzelnen Lehrkräfte, entweder privater Rückzug, informelle Geselligkeit oder die Weiterarbeit an den bisher nur angerissenen Fragen. Ein gewisser Höhepunkt der Stimmung stellte sich ein, nachdem zwei Kollegen ihre Gitarren ausgepackt hatten und gemeinsam die Anwesenden zum Singen bis mitten in die Nacht animiert hatten.

Am zweiten Tag erfolgte gleich nach dem Frühstück die Bildung von (im Hinblick auf das Alter und Fachorientierung maximal durchmischten) Kleingruppen im Plenum, die sich über erfolgreiche und besonders erfreuliche Berufserfahrungen der Vergangenheit miteinander austauschten. Die Erinnerungen, die dabei auftauchten, sollten in einzelnen Vignetten zur Verdeutlichung der Wurzeln dieser besonderen Schulkultur, speziell ihrer guten Quellen, im Plenum szenisch angespielt werden, gedacht als ein die Teilnehmerschaft energetisch anregendes *Warming up*; den Teilnehmern genügte an dieser Stelle der verbale Austausch.

Dann folgte für den größten Teil des Vormittags eine erneute *Open-Space*-Phase: Fachübergreifende Themen von allgemeinem Interesse wurden von jeweils besonders dazu Motivierten in Ad-hoc-Gruppen miteinander verhandelt, was zu ganz konkreten Vorarbeiten für sinnvolle, weiterführende Projektarbeit führte. Themenbezogene Vereinbarungen und verbindliche Verabredungen unter jeweils speziell Interessierten zeichneten sich in vielen Arbeitsgruppen ab.

Im Anschluß an die kurze Mittagspause gab es in einer beeindruckend vielfältigen Präsentation der designierten und weiter entwicklungsfähigen Arbeitsgruppen erste Ergebnisse und prägnante Zielsetzungen zu zahlreichen Zukunftsthemen zu bestaunen. Kollegium wie Schulleitung waren dabei durchaus bewegt, und die meisten schienen angenehm überrascht; denn aus dem gebotenen Spektrum der Themen und Initiativen war die schlüssige Ableitung von wünschenswerten Zügen einer „Integrierten Gesamtschule der Zukunft" unschwer möglich, und der Rahmen eines speziellen Schulprogramms oder originellen Schulprofils, das von der überwiegenden Mehrheit der Beteiligten gewollt und unterstützt werden dürfte, wurde so erkennbar.

Die abschließende Auswertungsphase nahm nach einer Kaffeepause besonders Bezug auf:

- wesentliche Erfahrungen, Anstöße, Entwicklungen von gestern und heute;

- Fragen der Dokumentation und Verfügbarkeit von bisherigen Ergebnissen;
- Perspektiven und realistische Formen der Weiterarbeit;
- Projektplanung im Hinblick auf die Überprüfung der Realisierung aktueller Vorsätze.

Das Ende der Veranstaltung erfolgte mit einem kurzen Feedback im Kreis der Vorbereitungsgruppe; eine Bewertung der Klausur und ihrer ersten Auswirkungen wurde mit dem Abstand einiger Wochen zusammen mit der pädagogischen Leiterin und dem Schulleiter vorgenommen.

4. Resonanz des Klientensystems, direkte Beobachtungen und vorsichtige Folgerungen

Unmittelbar zu erleben war eine bemerkenswerte Belebung vieler Teilnehmerinnen und Teilnehmer, sie zeigten mehr Schwung und drückten eine grundlegende Zuversicht aus, durch das Anpacken gezielter Vorhaben die Chance einer aktiven Gestaltung des beruflichen Umfelds nutzen zu können. Atmosphärisch wurde verschiedentlich als sehr konstruktiv und angenehm bezeichnet, daß sich die Kollegenschaft nun in mehr Kontakt miteinander und besserer Kenntnis voneinander befinde. Verminderte Besorgnisse wurden festgestellt; eine bessere Substrukturierung je nach Thema und Aufgabe und direkterer Austausch miteinander statt Vorurteil und Fraktionenbildung schienen die direkten Folgen der zum Teil euphorisch begrüßten gemeinsamen Erfahrung zu sein.

Wesentliche Faktoren des Gelingens waren aus meiner Sicht:

- eine recht solide und entspannte Vorbereitung;
- die verfügbare und genutzte Methoden-Kompetenz aus dem Interventionsspektrum unterschiedlicher Großgruppenverfahren;
- erhebliche Zukunftssorgen und konkreter Handlungsdruck in der Organisation;
- realistische Anliegen und grelle Dissonanzen im Vorfeld;
- viele aktiv Beteiligte und Engagierte, Humor und
- die nach Angst und Streß angenehm entlastende Choreographie ohne allzuviel Fremdbestimmung.

Drei Nachbemerkungen. Für den Berater war lehrreich:

- wie bedeutsam das Verhandeln mit Leitung und Projektgruppe und schrittweise überzeugende Ringen mit der Vorbereitungsgruppe war;
- wie erfrischend und einigend einzelne Provokationen wirken können,

trotz und wegen der mobilisierten Angst bei Teilnehmern und Moderator;
- wieviel leichter der „Alleingang" als Außenstehender durch den gelegentlichen kurzen Austausch mit den Hauptverantwortlichen wurde.

Erstaunlich fand ich: Aus der Trainerrolle war ich wie gewöhnlich auf eine Reihe möglicher Inputs innerlich vorbereitet – keiner davon war nötig!

22 Eine Zukunftskonferenz für eine ganze Region
Die Region Burgwald – eine Grenzregion und eine Region der Grenzen auf dem Weg zu einer gemeinsamen Identität

Peter Bauer

Die Region Burgwald nördlich von Marburg war mit ihren zehn Hauptgemeinden bis in die jüngste Vergangenheit eine Grenzregion – und ist dies in vielerlei Hinsicht noch heute. Mit ihrer Lage zwischen Mittel- und Nordhessen, ihrer Zugehörigkeit zu verschiedenen Landkreisen und Regierungspräsidien sowie ihrer zumindest zweigeteilten Presse- und Medienlandschaft zieht sich die jahrhundertealte Gespaltenheit der Region – früher durch eine Vielzahl kirchlicher und weltlicher Obrigkeiten – bis heute hin.

Und – da wäre dann noch der Wald: eines der letzten naturnahen und geschlossenen Waldgebiete, und nicht nur in Hessen eines der schönsten. Diese rund 20 000 ha große Waldfläche eint heute mehr denn je, was sie über viele Generationen trennte: die zehn – und mit der Stadt Frankenberg demnächst elf – Gemeinden, darunter so poetische Namen wie Münchhausen, Rosenthal, Burgwald und Kirchhain.

Doch die Region, in der die Märchenwelt der Brüder Grimm zu Hause war und an vielen Orten noch lebendig wird, verzeichnete in den letzten Jahrzehnten einen erheblichen Strukturwandel – mit dem Verlust an Unternehmen, dem Rückgang in der Land- und Forstwirtschaft, einem praktisch völligen Niedergang des Tourismus – und in dessen Folge auch den Verlust an Beschäftigungsmöglichkeiten. Die Notwendigkeit zu einer höheren beruflichen Mobilität, weitere Wege zum Arbeitsplatz für die Bewohner der Region bergen aber die Gefahr, daß die Gemeinden und Ortsteile immer mehr zu Übernachtungsstätten werden. Auch im Zuge dieser Entwicklung verloren die Gemeinden und Ortsteile spürbar Geschäfte und Einrichtungen des alltäglichen Bedarfs. Als besonders ernstzunehmende Aufgabe rückt mehr und mehr die Schaffung von qualifizierten Ausbildungs- und Arbeitsplätzen für Jugendliche ins Blickfeld, um die Abwanderung junger Menschen zumindest abzuschwächen.

Die Entwicklungsgruppe Burgwald e. V. – eine Region erhält ein Gesicht

Vor diesem bedrohlichen Hintergrund – verursacht auch durch ein gerüttelt Maß an „Dornröschen-Schläfrigkeit" – erfolgte vor rund fünf Jahren die nicht unumstrittene Gründung einer gemeinsamen Regionalentwicklungsagentur mit eigener Geschäftsstelle, einem Geschäftsführer und einer Halbtagsbürokraft. Die Entwicklungsgruppe Burgwald e. V. – als Zusammenschluß von zunächst acht und bis Ende 1999 elf Gemeinden – bildete den ersten ernsthaften Versuch, über alle Verwaltungs-, Partei- und geographischen Grenzen hinweg eine gemeinsame Identität und Zukunftsorientierung für die rund 85 000 Bewohner der Region zu schaffen und dem Abwärtstrend Einhalt zu gebieten.

Nicht zuletzt dank der Tüchtigkeit ihres Geschäftsführers Stefan Schulte gelang es in diesen wenigen Jahren, wieder eine gewisse Aufbruchstimmung zu schaffen und ein Regionalbewußtsein keimen zu lassen, das den westlichen und östlichen Burgwald verband. Die Akzentsetzung auf Regionalität und Nachhaltigkeit führte auch zur Anerkennung als Förderregion im Rahmen des *EU-Leader*-Programms. Dies erleichterte und ermöglichte die Anschubfinanzierung wichtiger regionaler Projekte.

Die ersten Ergebnisse dieser gemeinsamen Entwicklung zeigten sich u. a. in der neugeschaffenen *Burgwald-Messe*, erfolgreichen Ansätzen eines zeitgemäßen, in die Region eingebetteten Tourismus und dem Aufbau eines Holz-Verbundes von Waldbesitzern und holzverarbeitenden Betrieben.

Eine Zukunftskonferenz für die Region als Auftakt der lokalen Agenda 21

Aus Sicht der Geschäftsführung der Regionalentwicklungsagentur bot der bereits in einigen Gemeinden begonnene lokale Agenda-Prozeß einen weiteren wichtigen Ansatz, die eingeschlagene Richtung zu stärken und auf ein wesentlich breiteres Fundament zu stellen. Gleichzeitig sollte die Chance ergriffen werden, durch eine besondere Form des Auftaktes ein Signal für die gesamte Region zu setzen. Auf diese Weise erhoffte sich die Entwicklungsgruppe auch Impulse für die Mitgliedsgemeinden, in denen der *Agenda 21-Prozeß* noch nicht begonnen hatte oder bisher nur auf geringe Resonanz stieß. Das Hauptaugenmerk lag jedoch auf der Aktivierung und Schaffung übergemeindlicher Zusammenarbeit, insbesondere auf einer starken Einbeziehung von Menschen aus allen Lebensbereichen der Region, zur Ergänzung und Bereicherung der bisher weitgehend auf Politik und Verwaltung gegründeten Kooperation.

Mit diesem Anliegen fand im Januar 1999 ein erstes Informationsgespräch zwischen den Mitarbeitern der Entwicklungsgruppe Burgwald und rund 20 anderen Personen aus nahezu allen Gemeinden der Region statt, darunter engagierte Bürger, Agenda- bzw. Umwelt-Beauftragte einzelner Gemeinden und zumindest zeitweise auch zwei bis drei Bürgermeister. Aus Beratersicht stellten sich angesichts der Aufgabe eine Reihe von Fragen. Die wichtigsten lauteten:

- Wie können wir und die in der Vorbereitung mitwirkenden Personen genügend Anziehungskraft schaffen, um für eine Großgruppen-Konferenz über zweieinhalb Tage genügend Teilnehmer zu gewinnen, und zwar zur Teilnahme an allen drei Tagen?
- Schaffen wir es überhaupt – zusammen mit der Geschäftsstelle der Entwicklungsgruppe (2 Personen) –, eine Vorbereitungsgruppe von rund 15–20 Personen für zumindest 4–5 halbtägige Arbeitstreffen zu organisieren?
- Gelingt es uns, die große Mehrzahl der 10 Bürgermeister zu einer deutlichen Befürwortung des lokalen Agenda-Prozesses *und einer Großgruppen-Konferenz* zu bewegen?
- Ist die Zukunftskonferenz (*Future Search Conference*, nach Marvin Weisbord) als methodischer Ansatz für eine ländliche Region überhaupt eine sinnvolle Vorgehensweise?

Wir hatten uns sehr früh entschieden, die noch für das erste Halbjahr 1999 geplante Veranstaltung in Form einer Zukunftskonferenz zu konzipieren. Darüber hinaus waren wir uns auch sehr schnell einig, daß eine Zukunftskonferenz, die maximal 80 Menschen als Teilnehmer „verträgt", für die angestrebte Zielsetzung zu wenig sei. Für die Aktivierung des noch zarten Pflänzchens „Regionalgefühl" und der erwünschten Stärkung des „regionalen Denkens und Handelns" sollte nach unserer Einschätzung zumindest die doppelte, besser noch die dreifache Zahl an Teilnehmern möglich sein und angestrebt werden.

Warum so viele Teilnehmer?

Schließlich wurden in Viersen, einer Stadt mit rund 78 000 Einwohnern und fünf großen Stadtteilen und ehemals selbständigen Gemeinden, auch „nur" 64 Personen als Teilnehmer der Zukunftskonferenz ausgewählt!

Nach Olching und Viersen, den Vorreitern städtischer Zukunftskonferenzen in Deutschland, hatten wir selbst zwei weitere Konferenzen in Gemeinden mit rund 64 und knapp 80 Personen moderiert. Im Januar 99 waren wir fast am Ende unserer Vorbereitungen für unsere dritte Zukunftskonferenz, die wir im März 1999 für Hofheim am Taunus und seinen acht zum Teil sehr weit auseinanderliegenden Ortsteilen durchgeführt haben. Dort erlebte ich hautnah, daß einzelne Ortsteile auch nach einer über 20jährigen Zugehörigkeit zur Kernstadt Hofheim noch einen erheblichen inneren Abstand bewahrt haben.

Aus dieser Erfahrung erschien es uns notwendig, zumindest 15–20 Teilnehmer aus jeder der zehn Gemeinden bei der Zukunftskonferenz dabei zu haben, damit auch genügend Aufbruchs- und Handlungsenergie nach Ende der Konferenz in die einzelne Gemeinde zurückfließen sollte

Drei Zukunftskonferenzen parallel – unter einem Dach

Mit der Zielvorgabe von rund 200 Mitwirkenden ergab sich zwangsläufig die Notwendigkeit, drei Zukunftskonferenzen parallel durchzuführen, da insbesondere die uns so am Herzen liegende Visions- und Kreativphase der Zukunftskonferenz-Methode bereits bei mehr als 64 Teilnehmern an gewisse Grenzen stößt. Gleichzeitig wollten wir jedoch unbedingt eine gemeinsame Konsensphase am Schlußtag der Konferenz durchführen, um die tragenden Ziele und Werte aller Teilnehmer für alle sichtbar und gefühlsmäßig erlebbar zu machen.

Wir entschieden uns daher für drei Konferenzen, in denen jeweils Bürgerinnen und Bürger aus allen zehn Gemeinden vertreten waren (das ganze System in einem Raum), und eine gemeinsame Schlußphase am Samstagmorgen, dem dritten Konferenztag. Sowohl für die Durchführung der Gesamtstruktur als auch für eine Konsensphase mit hundert und mehr Personen hatten wir bis zu diesem Zeitpunkt keinerlei praktische Erfahrung. Dies galt auch für den Veranstaltungsort, die Kultur- und die Sporthalle der Gemeinde Gemünden, wo wir zwei Felder der Sporthalle und einen Bürgersaal nutzten. Insgesamt nahmen rund 170 Menschen, darunter ganz oder phasenweise etwa sechs bis sieben der zehn Bürgermeister, an der Konferenz teil, der jüngste Teilnehmer war 12, der älteste fast 80 Jahre alt. Wir arbeiteten mit drei Moderatorenteams jeweils zu zweit, wunderbar unterstützt durch ein Assistenzteam von sieben Kolleginnen und Kollegen.

Die Konsensphase mit rund 125 Personen war teilweise anstrengend und dauerte mit Pause fast 3½ Stunden. Am Ende stand eine Liste von rund 70 gewichtigen und weniger gewichtigen Konsensthemen und standen einige wichtige, zum Teil viele Jahre alte Streitthemen auf der Dissens-Wand. Im Anschluß an die Konsensphase bildeten sich elf Freiwilligengruppen mit insgesamt 94 Teilnehmern, die gemeindeübergreifend Themen und Projekte für die Region voran bringen wollen.

Resonanz

Ein erstes Fazit der Konferenz aus meiner Sicht als Moderator

Wir waren mit dem Verlauf dieses Pionierprojektes, dessen Entstehungszeit im Januar begann und das am 12. Juni 1999 endete, im großen und ganzen zufrieden. Sowohl die Geschäftsstelle der Entwicklungsgruppe als auch Armin Feulner, Leiter des neu gegründeten Agenda-Büros der Region, sowie die Mitarbeiter der Vorbereitungsgruppe unterstützten die gesamte Entwicklung und Umsetzung der Konferenz hervorragend und mit großem persönlichen Einsatz.

Mit der inzwischen gesammelten Erfahrung aus drei Städten und der Burgwald-Konferenz neige ich heute zu einem Konferenz-Design, daß Elemente der *Zukunftskonferenz* und des *RTSC*-Konzeptes verbindet und gleichzeitig die Teilnahme auch von 200 und mehr Personen erlaubt. Als sehr zeitnahes Follow up (innerhalb von 2–4 Wochen nach der Großkonferenz) halte ich ein 6–8stündiges Treffen der Aktionsgruppen und neu hinzukommender Interessierter für sinnvoll, das in einer Mischung aus Open-Space-Runden und einem kurzen Fachinput, zum Beispiel zur Struktur erfolgreicher Projektgruppenarbeit und Prozeßkoordination, bestehen könnte.

Die Zukunftskonferenz Region Burgwald aus dem Erleben der Teilnehmer

Am Samstagnachmittag gegen 16 Uhr versammelten sich noch 100 Teilnehmer in einem großen Stuhlkreis zu einer Feedbackrunde. Sie hatten es geschafft – und sie „waren es" auch.

Trotz einer langen, anstrengenden und schwierigen Konsensphase überwog bei nahezu allen Teilnehmern im Rückblick auf die drei Tage das Positive deutlich. Der gastgebende Bürgermeister spannte für sich treffend den Bogen zu seiner Eingangsbemerkung „Ich bin ein skeptischer Optimist", und das hat die Konferenz bestätigt, aber – „...der Optimismus ist größer, die Skepsis kleiner geworden". Für viele Teilnehmer blieb besonders die engagierte und respektvolle Art des Umgangs untereinander, das hohe Maß an Gemeinsamkeiten sowie die effiziente Arbeitsweise als bemerkenswert haften. „Ein paar einfache Spielregeln und eine Rollenverteilung für die Kleingruppenarbeit, dazu ein Flipchart, und schon läuft's, und es kommen in kurzer Zeit gute Ergebnisse zustande", wunderte sich ein Jungunternehmer und wünschte die Bewahrung dieser Qualität in der weiteren Umsetzung.

Einige Stimmen knapp drei Monate danach

Anläßlich der 3. Burgwaldmesse Ende September 99 ergab sich noch die Gelegenheit mit führenden Personen, insbesondere dem Geschäftsführer der Entwicklungsgruppe Burgwald e.V., Stefan Schulte, sowie seinem Kollegen Armin Feulner, Leiter des regionalen *Agenda 21*-Büros zu sprechen. Nach Einschätzung beider war die Konferenz ein wichtiger Schritt auf dem Weg zu einer eigenständigen und profilierten Entwicklung der Region Burgwald, gerade, weil sie auch einer großen Zahl engagierter Menschen und Entscheidungsträgern die Klippen deutlich gemacht habe. Erste Erfahrungen mit der

Umsetzung auf Regionalebene lassen noch keinen Schluß über die Umsetzungskraft zu, da die Sommerpause sowie die Vorbereitung der „Burgwaldmesse" viele Personen in ihrem Engagement für die lokale Agenda 21 banden. Dennoch haben sich bereits einzelne Zukunftskonferenz-Initiativgruppen auf Regionalebene zu ersten Arbeitsrunden getroffen und waren mit acht bis zu 15 Personen auch gut besucht.

Bemerkenswert war jedoch allein die gute und großzügige optische Präsenz der lokalen Agenda-Thematik auf der Messe sowie die gelungene Präsentation des Burgwald-Holzverbundes, ein Zusammenschluß von Forstbetrieben und holzverarbeitenden Unternehmen und Handwerkern. Dieses Vorzeigeprojekt des Burgwaldes hat nach Einschätzung von Stefan Schulte einen besonders starken Impuls durch die Zukunftskonferenz erfahren.

23 Kirchen lernen gemeinsam, um sich zu verändern

Marion Keil und Michael Sande

1. Kontext

Die protestantischen Kirchen in Kenya stehen seit einigen Jahren vor einer herausfordernden Situation. Neue Missionsgesellschaften aus den USA und Europa kommen ins Land und versuchen, die Gläubigen mittels charismatischer Open-air-Veranstaltungen mit Musik und Gesang und hohen spirituellen Anteilen, aber auch materieller Gaben für diese neuen „Kirchen" zu begeistern. In vielen Familien gibt es bereits eine Vielfalt christlicher Glaubensrichtungen mit entsprechendem Konfliktpotential. Der Islam, finanziell aus den Arabischen Emiraten unterstützt, versucht seinerseits, den Anteil praktizierender Moslems von gegenwärtig ca. 20–30% zu erhöhen. Traditionell ist der Islam in der Küstenregion mit seiner Suahelibevölkerung viel stärker vertreten als das Christentum.

Die protestantischen Kirchen selbst sind nicht homogen: Anglikaner, Presbyterianer, Pfingstler, Baptisten, Lutheraner und viele andere sind im letzten Jahrhundert durch intensive Missionierung entstanden. Sie haben sich zu einem protestantischen Dachverband zusammengeschlossen, arbeiten jedoch im kirchlichen Alltag sehr getrennt. Gebraucht man den Begriff *Ökumene* in Kenya, so ist damit der Austausch innerhalb des Protestantismus gemeint und nicht mit den Katholiken, geschweige denn über die christlichen Glaubensgrenzen hinaus. Alle protestantischen Kirchen werden sehr stark extern finanziert – ihre jeweiligen „Mutterkirchen" in Europa und Amerika unterstützen via direkter Gemeinde-zu-Gemeinde-Finanzierung oder Gesamtkirchenfinanzierung ihre Glaubensbrüder. Es herrscht eine starke Konkurrenz um Geld.

Die Kirchen als Institutionen sind in der Tendenz ausgesprochen konservativ und zutiefst von ihren Mutterkirchen geprägt. Sowohl von den Glaubensinhalten, der Art von Gottesdiensten, strukturell vom Aufbau der Institutionen als auch vom Führungsstil und -verständnis her gesehen, wirken die Kirchen oft wie Kopien ihrer Mutterkirchen des letzten Jahrhunderts. Sie haben heute aber eine Bandbreite nicht nur spiritueller, sondern auch sozialer und politischer Aufgaben in der sich rapide wandelnden Gesellschaft Kenyas zu erfüllen (Demokratisierung, ländliche Entwicklung etc.).

Aus diesem Grund hat die *Evangelische Zentralstelle für Entwicklungshilfe*

e. V. ein Projekt finanziert, welches den Bischöfen und Führungskräften der protestantischen Kirchen in Kenya erstmals die Gelegenheit geben sollte, sich auszutauschen, ihr Führungsverständnis und die Rolle ihrer Kirchen zu reflektieren, und das über die einzelnen protestantischen Kirchengrenzen hinaus. Es war nämlich festgestellt worden, daß wesentliche Veränderungsprozesse in Kirchen nicht oder nur schleppend umgesetzt worden waren, weil die Kirchenführung nicht dahinter stand oder sich in ihrem Status bedroht fühlte. Die externe Beraterin hat nach einer qualitativen Umfrage bei Bischöfen die Architektur für eine Führungsentwicklung erstellt. Das Führungsentwicklungsprogramm wurde zusammen mit CORAT, einer christlichen Trainings- und Beratungsorganisation in Nairobi, organisiert. Parallel wurden vier Module von drei Tagen für Bischöfe und vier Module für deren Führungskräfte durchgeführt. Es war davon auszugehen, daß die Bischöfe sich nur vor ihresgleichen öffnen würden. Beendet werden sollte die Entwicklungsreihe mit einer Großveranstaltung, zu der alle beteiligten Bischöfe, ihre Führungskräfte und weitere Mitarbeiter aus ihren Diözesen eingeladen werden sollten – also einer Gelegenheit, bei der aus der individuellen Entwicklungsmaßnahme der Same zu einer Diözesanentwicklung entstehen könnte.

2. Hypothesen

Die Führungskräfteentwicklung war ein voller Erfolg. Die Bischöfe hatten sich sehr engagiert und offen in den Workshops gezeigt. Für viele war es das erste Mal, daß sie die Gelegenheit hatten, sich überhaupt mit dem Thema *Führung und institutionelle Veränderung* auseinanderzusetzen. Die ihnen unterstellten Führungskräfte waren noch begeisterter, erhofften sie sich doch die nötigen Verhaltensänderungen von ihren Vorgesetzten und einen eigenen Kompetenzzuwachs. Nach den letzten Modulen hatten wir folgende Hypothesen:

- Der erhoffte Austausch zwischen Bischöfen und ihren Führungskräften war nur in Ansätzen eingetreten.
- Die Mitarbeiter in den Diözesen würden wahrscheinlich noch nicht viele Veränderungen spüren.
- Sicher ist erst und nur ein kleiner Teil der individuellen Veränderungsvorhaben der Bischöfe und Führungskräfte umgesetzt worden.
- Um eine Veränderungsdynamik in den Diözesen estehen zu lassen, bedarf es eines Kerns von veränderungsoffenen Akteuren.
- Nötig ist Mut zu Veränderung – dieser ist in Anfängen vorhanden, kann aber auf der Großveranstaltung mit ca. 70 Personen noch gestärkt werden.

Schon zu Beginn der Weiterbildungsreihe war die Großveranstaltung eingeplant worden. Nach deren Ende wurde die Großveranstaltung als um so wichtiger angesehen, weil sie den Fokus *Führung als Changemanagement* noch unterstützen sollte.

3. Design

Es kamen 70 Personen (Bischöfe, Führungskäfte, Mitarbeiter, Pfarrer) unterschiedlicher protestantischer Richtungen für drei Tage zusammen – ein Novum an sich. Sie saßen in Stuhlrunden von ca. 10 Personen ohne Tische zusammen (ein weiteres Novum). Drei Moderatoren (Michael Sande, externer Managementtrainer während der Weiterbildung, William Ogara, CORAT-Trainer und Berater, und die Autorin) begleiteten die Veranstaltung.

1. Tag

Gruppen sitzen in bunter Reihe über Kirchengrenzen, Hierarchie und Geschlecht hinweg zusammen.

9.00 Begrüßung, Programmvorstellung, Rollen der Moderatoren und Regeln.
9.30 Gegenseitige Interviews in den gemischten Gruppen und gegenseitige Vorstellung: Mein Nachbar heißt ... und kommt aus ... etc.
10.00 Gruppenarbeit: 1. Unsere wichtigsten Lernergebnisse aus der Weiterbildung. 2. wie haben wir unsere Erkenntnisse zu Hause umgesetzt? 3. Welchen Herausforderungen sahen wir uns dabei gegenüber?
11.00 Pause
11.30 Präsentationen
12.15 Input: Welche Veränderungsherausforderungen sehen wir in Kenyas Kirchen (CORAT)? Gesellschaftliche Dynamik und Einfluß auf die Kirchen (Rev. Bitrus).
12.30 Diskussion
13.00 Mittag
14.30 Gruppenarbeit: Entsprechen die Ausführungen unseren Erfahrungen? Wo sind unsere anders – was wurde nicht angesprochen?
15.15 Präsentationen
16.00 Kaffeepause
16.30 Kollektive Mind-Map: Was sind die internen und externen Management- und Organisationsherausforderungen an Kirchen in Kenya heute?
17.15 Gruppenarbeit: Wählen Sie die Ihrer Meinung nach wichtigsten Herausforderungen aus, und analysieren Sie sie mit der „Warum-warum-warum" Analyse.
18.30 Präsentationen
19.00 Auf Wiedersehen – diese Gruppe.

2. Tag

Die Gruppen wurden neu zusammengesetzt, an diesem Tag in Gruppen entsprechend der protestantischen Ausrichtung ihrer Kirchen (Baptisten zusammen, Anglikaner zusammen etc.) – innerhalb der Kirchen aber regional und hierarchisch heterogen.

8.30 Guten Morgen, neue Gruppe! Aufwärmen mit der Frage: Was sind unsere wichtigsten drei Motive, für diese unsere Kirche zu arbeiten?

9.00 Gruppenarbeit: Wenn wir auf unsere Kirche aus einer Vogelperspektive sehen – was sehen wir da? (Zusammenarbeit, Funktionieren, Hierarchie, Tabus, usw.)

10.30 Pause

11.00 Weiter

12.15 Präsentationen und kollegiales Feedback (Einführung in die Regeln des Feedback).

13.30 Mittag

14.30 Gruppenarbeit: 1. Was haben wir bisher getan, um unsere Kirchen zu verbessern? 2. Was haben wir nicht getan? 3. Was hat uns daran gehindert, es zu tun?

15.15 Präsentationen

15.45 Kaffeepause

16.15 Gruppenarbeit: 1. Was würden wir, als Führungskräfte in unserer Kirche, in Zukunft gerne anders machen, um das Funktionieren unserer Kirche zu verbessern? 2. Woran werden wir erkennen, daß es sich wirklich verbessert hat? 3. Was genau wollen wir initiieren? 4. Wir bereiten eine kreative Präsentation über die Situation in Zukunft vor, so, als existiere sie bereit...

17.30 Kreative Präsentationen

18.00 Ende des Tages

3. Tag

Die erste Übung weiter in der Sitzkonstellation vom Vortag. Dann Wechsel in *home groups* – Gruppen gebildet nach den einzelnen Diözesen. Wo nicht genügend Personen waren, Zusammenfassung in kleinen Regionalgruppen.

8.30 Guten Morgen – und weiter in den Präsentationen vom Vortag!

9.30 Wechsel in *home groups* und Gruppenarbeit: Wir analysieren uns selbst:
1. Unsere Diözese ist wie... 2. Wie ist unsere Kultur? 3. Wenn wir uns mit anderen vergleichen – was macht uns anders? 4. Was kehren wir unter den Teppich? 5. Wer macht bei uns Karriere, wenn er sich wie verhält? 6. Wenn uns unsere Mitglieder einmal so richtig ihre Meinung über uns sagen würden: was würden sie uns wohl sagen? Und unsere

internationalen Sponsoren? (Keine anschließende Präsentation, Diskretion wenn erwünscht.)

11.15 Gruppenarbeit weiter: wie wollen wir unsere Diözese/unser Presbyterium in Zukunft?
(incl. Kaffeepause)

12.30 Feedback der Beratergruppe: Was wir Euch raten würden als eine mögliche Veränderungstrategie...
Kollegiales Feedback: Jeweils zwei Gruppen arbeiten zusammen und beraten sich gegenseitig – über ihre Kirchengrezen hinweg.

13.15 Mittag

14.30 Gruppenarbeit: Unsere Veränderungsstrategie – was wollen wir tun, um eine Mitgliederbedürfnissen gegenüber offene, veränderungsbereite Diözese/Einheit zu werden? Wie soll der Prozeß aussehen? Was könnte uns daran hindern? Wie können wir die Hindernisse überwinden? Unsere Schritte: wer, was, wann, wie? Von wem brauchen wir Unterstützung (auf Flipchart)?

16.00 Kaffeepause

16.30 Ausstellung der Aktionen und Galerie

17.00 Auswertung: Dyadenbildung und Austausch – was werde ich meinen Freunden über diese Veranstaltung erzählen? Was hat mich berührt? Mit welchem Gefühl fahre ich nach Hause?

17.30 Abschluß: auf der Wiese wird ein großer Kreis gebildet, alle fassen sich an den Händen, ein Symbol für Veränderung wird in die Mitte gelegt, die gemeinsame Kraft dafür fließt zusammen. Ganz zum Schluß noch ein Gebet, von einem Teilnehmer gesprochen.

Abends gibt es ein Barbecue, und es wird ein großes Feuer angezündet, und darum herum werden Geschichten erzählt.

4. Resonanz

Auch Monate später erzählt man sich begeistert von der Veranstaltung. So eng hatten die Teilnehmer aus verschiedenen Kirchen noch nie zusammengearbeitet – die aus einer Diözese auch nicht! Nur wenigen Wochen später haben zahlreiche Diözesen Weiterbildungsveranstaltungen bei CORAT als In-house-Veranstaltungen bei sich angefragt. Der kenyanische Organisationsentwicklungsberater wurde zu mehreren Diözesen eingeladen, um mit ihnen an den entwickelten Fragen und Antworten weiterzuarbeiten. Die Rückmeldung kommt unisono, daß sowohl die Führungsentwicklungsreihe als auch besonders die abschließende Großveranstaltung etwas Außergewöhnliches und für ihren Arbeitsalltag sehr Hilfreiches war. Sich über die eigenen Kirchengrenzen hinaus sich zu öffnen und Gemeinsamkeiten festzustellen, dies hat die ökumenische Toleranz sehr gesteigert und die gegenseitige professionelle Achtung gefördert. Ganz interessant auch: Einige Bischöfe haben angefangen, von sich als *Change Manager* zu sprechen! Offenbar hat in einigen Kirchen ein Diskussionsprozeß eingesetzt. CORAT will in Zukunft wieder solch eine Führungsentwicklungsfortbildung anbieten, damit sich der Kreis der *Change Manager* vergrößert.

24 Nationale Reflexion über Erneuerung und Entwicklungserfahrungen sozialer Organisationen in Indien

Marion Keil

Hintergrund

In Indien gibt es Zehntausende von sogenannten Nicht-Regierungs-Organisationen (NGOs). Sie übernehmen zahlreiche Aufgaben in der Armutsbekämpfung, Alphabetisierung, Gesundheitserziehung, Slumentwicklung, in Bildung, Landwirtschaft, Umwelterziehung usw. Die Organisationen sehen sich häufig auch als Anwälte ihrer Klientel, der Armen, Frauen oder Bauern. Oft sind sie von engagierten Personen oder Personengruppen gegründet worden, die eine recht konkrete Vision von Ziel und Aufgabe der Non-Profitorganisation hatten und denen es gelungen war, dafür finanzielle Mittel von meist internationalen Geberorganisationen zu akquirieren. Im Laufe der meist zehn- bis zwanzigjährigen Geschichte sind viele Organisationen enorm gewachsen (an Personal, Finanzen, zu betreuendem Klientel, Regionen), was auch in dieser Branche als deutlicher Erfolg gewertet wird. Viele Organisationen sind auch durch exzellente Qualität ihrer Arbeit aufgefallen und/oder haben mit innovativen Entwicklungsansätzen für Aufmerksamkeit gesorgt.

Manche Organisationen haben allerdings weniger Innovatives, sondern eher „mehr desselben" angeboten. Die Verwaltung der Finanzen lief eher holprig und genügte den Ansprüchen ihrer Sponsoren nicht. Die Führung der meisten Organisationen war autokratisch-gründerfixiert bis hin zu deutlichen „Guru"mentalitäten. Die Zufriedenheit der Mitarbeiter sank. Sponsoren sprangen ab, neue fanden sich nicht leicht. Ein Generationenwechsel stand bevor, die alten Führungspersönlichkeiten waren teilweise ausgelaugt oder zu alt, um noch mit alter Frische Neues in Angriff zu nehmen. Die Notwendigkeit für Veränderungen wurde unter der Hand angesprochen, aber nicht offen deklariert, und vor allem hütete man sich davor, die innerorganisatorischen Schwierigkeiten gegenseitig oder etwa gegenüber Geldgebern zu äußern. Man könnte sagen, eine Phase der Stagnation hatte sich der NGOs bemächtigt. Es war höchste Zeit für Veränderungen – dafür, sich offen mit den eigenen Problemen auseinanderzusetzen.

Die Autorin arbeitete 1996 für eine deutsche private Entwicklungshilfeorganisation. Ihr Auftrag war es, mit indischen NGOs in einem offenen Prozeß daran zu arbeiten, ein Bewußtsein für notwendige Veränderungen zu schaffen, und gleichzeitig die Bereitschaft zu erhöhen, diese Veränderungen umzusetzen. Teil des Vorhabens sollte sein, daraus mögliche Maßnahmen der Personal- und Organisationsentwicklung für indische NGOs abzuleiten.

Die Autorin stellte ein Team indischer Personal- und Organisationsentwickler zusammen. Die Koordination vor Ort übernahm die *Academy for Human Resources Development*. Das Team organisierte in den verschiedenen Bundesstaaten Workshops für das NGO-Management. Hier gelang es, trotz deutlicher Konkurrenz und anfänglicher Zurückhaltung, eine offene Atmosphäre zu schaffen und viele der oben genannten und andere Aspekte anzusprechen. Die daraus entstandenen Berichte dienten als Inputgrundlage für eine indienweite Großveranstaltung, zu der alle bisher involvierten NGOs eingeladen wurden. Das Vorbereitungsteam bestand aus indischen Personal- und Organisationsentwicklern, von denen nicht alle Erfahrungen mit Nicht-Regierungs-Organisationen hatten. Einige kamen eher von einem gruppendynamischen, andere hatten einen deutlichen Trainerhintergrund. Deshalb gab es eine lange Diskussion, bevor die Gruppe sich für ein interaktives Großgruppendesign entschied, was für einen Großteil von ihnen neu war und was ein Vorgehen war, das Ende 1996 in Indien nahezu unbekannt war.

Hypothesen

Die interessanten Ergebnisse der Regionalworkshops sollten auf alle Fälle eingebracht werden.

Die Teilnehmer würden sehr heterogen sein, sowohl was ihre regionale Herkunft, Sprache, Arbeitserfahrungen in NGOs, Hierarchie als auch was ihre Erfahrungen mit Veränderungsprozessen anbelangte.

Die Teilnehmer würden eine solche Arbeitsweise in Großgruppen nicht kennen und ein wenig verunsichert sein.

Mitarbeiter von NGOs in Indien haben eine Tendenz in ihrer Kommunikation, oft eher langsam und „in Schleifen" zum Ergebnis zu kommen. Hier sollten deutliche Ergebnisse in knapper Zeit erreicht werden, auch als Musterunterbrecher.

Partizipation hat einen hohen ideologischen Stellenwert bei NGOs. Das Design mußte diesen Anspruch befriedigen.

Es war davon auszugehen, daß es viele Teilnehmer mit Spezialwissen geben würde. Deren Wissen galt es der Allgemeinheit zugänglich zu machen.

Auf dem Subkontinent Indien agieren die Bundesstaaten relativ autonom. Auch die NGOs vernetzen sich eher lokal. Die Veranstaltung sollte auch ein Forum des Kennenlernens und Vernetzens auf nationaler Ebene bieten.

Nicht zuletzt sollten aus den Ergebnissen der Veranstaltungen konkrete Hinweise auf notwendige Folgemaßnahmen abzuleiten sein.

Design

Der Einladung zur *National Reflection on Renewal and Development Experiences of NGOs* folgten 150 NGOs, die entweder über ihre Manager oder Projektmanager vertreten waren. Da die Veranstaltung für NGOs in einem ihrem Arbeitsumfeld angemessenen Rahmen stattfinden sollte, war ein Universitätsinstitut mit einem gerade genügend großen Raum gefunden worden. In Ermangelung von runden arbeiteten wir an eckigen Tischen mit je zehn Personen. Unter großen Schwierigkeiten gelang es uns, Flipchartständern ähnliche Holzkonstruktionen zu besorgen. In Indien ist man im NGO-Sektor viele Konferenzen gewöhnt, aber die Sitzanordnung und die heterogene Personenverteilung ließ am Anfang die Atmosphäre vor Spannung knistern. Um unseren Hypothesen entsprechend zu arbeiten, haben wir ein Design gewählt, welches sowohl Inputs als auch intensive Diskussionen der Teilnehmer untereinander und schließlich auch das Bedürfnis nach Neuheiten und Austausch ermöglichen sollte. So hatten wir eine Mischung aus *Zukunftskonferenz*, *Open Space* und *Real Time Strategic Change* (RTSC) gewählt.

1. Tag

Vormittag:	Willkommensworte	20 Min.
	Einstimmung in gemischten Gruppen	30 Min.
	Hintergrund und Ziel der Nationalen Reflexion, Ablauf der Tage, Regeln und Rollen	20 Min.
	Gruppenarbeit: Was sind unsere Meinung nach die besonderen Eigenarten von NGOs in Indien? – Welche der Eigenarten finden Sie gut, befriedigen Sie, welche bereiten Ihnen eher Kopfschmerzen? Austausch in der Gruppe, keine Präsentation.	45 Min.
	Pause	30 Min.
	Zeitachse: Erfolge und Mißerfolge von NGOs während der letzten zwei Dekaden (Zeitachse über eine Wand hinweg)	60 Min.
	Mittagessen	90 Min.
Nachmittag:	Gruppenarbeit: Was waren zehn deutliche Erfolge und zehn deutliche Mißerfolge während der zwei Dekaden? Die Gruppen in fünf Jahresschritte aufgeteilt)	50 Min.
	Präsentation	40 Min.
	Pause	30 Min.
	Input: Was sind globale Trends in der Erneuerung von NGOs?	30 Min.

	Gruppenreflexion: Was haben wir gehört? Was sind unsere Reaktionen? Zu welchem Aspekt wünschen wir noch mehr Klarheit?	30 Min.
	Reaktion der Inputgeber	30 Min.
	Einladung zur Entwicklung möglicher Workshopthemen für nächsten Tag	15 Min.
	Feed-back der Teilnehmer	10 Min.

2. Tag
Vormittag:	Rückblick auf den ersten Tag und Feedback, Ablauf des Tages	20 Min.
	Präsentationen von verschiedenen Interessengruppenvertretern: „Charakteristika von NGOs als Organisation im Entwicklungsfeld", Ergebnisse der Workshops und Expertenmeinung (Regierung, NGOs, Wissenschaft, Klientel).	40 Min.
	Gruppenreflexion: Was haben wir gehört? Was sind unsere spontanen Reaktionen?	30 Min.
	Pause	30 Min.
	Diskussion im Plenum	60 Min.
	Einführung in *Open Space* zu: „Unsere Erfahrungen in der Umsetzung organisatorischer Erneuerung"	30 Min.
	Mittag	90 Min.
Nachmittag:	Open-Space-Session I	90 Min.
	Pause	30 Min.
	Open-Space-Session II	90 Min.
	Zusammentreffen im Plenum: Resonanzen	20 Min.
	Feedback zum zweiten Tag	10 Min.

3. Tag
Vormittag:	Rückblick auf den zweiten Tag und Feedback, Ablauf des Tages	20 Min.
	Meditation zu „Vision"	10 Min.
	Brainstorming zur Vision für NGOs: Sie sind im Jahr 2000. Alle Ziele Ihrer Organisation sind erreicht. Ihre Organisation hat optimale Strukturem, Systeme, Prozeduren, Kultur, Werte, Führungsstil, Mitarbeiter. Wie sieht sie aus? Bereiten Sie Sketche vor und schreiben Sie Ihre Kernvision als Ihre Visionsleitsätze auf.	90 Min.

	Pause	30 Min.
	Präsentation der Sketche	60 Min.
	Galerie der Visionsleitsätze mit Priorisierung mittels Punkten pro Gruppe	30 Min.
	Zusammenfassung der präferierten Vision und Bestätigung durch das Plenum.	10 Min.
	Abschied von der gemischten Gruppe mittels positivem Feedback an jeden	30 Min.
	Mittagessen	60 Min.
Nachmittag:	Regionalgruppenbildung: Aktionspläne für unsere Region. Meine ersten drei Schritte: in einer Woche, einem Monat, einem Jahr	90 Min.
	Präsentation und Netzwerkbildung inkl. Pause	60 Min.
	Evaluation der drei Tage	30 Min.
	Danksagung und Kreis mit einem Lied	20 Min.

Resonanz

Die unmittelbare Resonanz war umwerfend. Die Menschen waren aufgeladen mit positiver Energie, sie standen am Schluß im Kreis, hielten sich an den Händen und sangen ein Lied, das einen recht aufrüttelnden, auch kämpferischen Unterton hatte.

Es hatten sich eine Reihe von Personen und damit Organisationen regional zusammengetan, die im Laufe der folgenden Zeit selbstorganisiert Workshops veranstalteten, wo sie zusammen über mögliche Verbesserungen ihrer Arbeit und Organisation nachzudenken begannen. Die *Academy for Human Resources Development* erweiterte ihr Programm entscheidend und bot nun Weiterbildungen, Trainings und Beratungen für NGOs an.

Von meiner Seite als Moderatorin und auch als Projektleiterin von der deutschen Seite gesehen, würde ich heute darauf achten, daß in der Vorbereitungsgruppe nur Personen mitwirken, die professionelle Berater sind oder Manager einer NGO, die alle mit vollem Engagement dabei sind und sich von Anfang an bereit erklären, nach einer solchen Veranstaltung den Prozeß aktiv weiterzubegleiten. Auch eine Finanzierung für solch einen Prozeß müßte über einen längeren Zeitraum laufen, um wichtige Folgeveranstaltungen als Eckpfeiler des Prozesses zu nutzen und den Folgeaktivitäten einen Rahmen zu bieten. Die Tatsache, daß solche Interventionen in das Gesellschaftssystem hineinreichen, verlangt langen Atem und vor allem eine sehr gut zusammenarbeitende Begleitgruppe.

Diese Veranstaltung fand in Indien statt. Großveranstaltungen im internationalen Kontext scheinen mir besonders angebracht, weil sie Unterschiede sichtbar machen, ohne anzugreifen, weil sie wertschätzen und in die Zukunft weisen. Als Unterschied habe ich die Zukunftsorientierung wahrgenommen: In Indien scheint mir das Handeln sehr weit in die Zukunft orientiert zu sein, das Denken aber weniger. Insofern sollte man sich keine ganz langen Zeitspannen vornehmen, um in die Zukunft zu phantasieren. Was hervorragend angenommen wurde, war die Meditation im Vorfeld der Zukunftsarbeit. Die Intensität wurde dadurch verstärkt, daß der indische Kollege es mit voller Überzeugung und sehr natürlich einleitete, wobei die Meditation natürlich auch aus dem Yoga den Indern sehr vertraut ist.

Eine Reise zwischen asiatischen und europäischen Welten – das etwas andere Symposium

Christine Lixl, Ulrich Königswieser

Einleitung

Dieser Artikel zeigt anhand eines internationalen Symposiums Phänomene und Wirkungen von Großgruppen in einem interkulturellen Zusammenhang. Die Veranstaltung wurde in Analogie zu einer Schiffsreise entwickelt. Wir skizzieren im folgenden den Kontext des Designs, unsere Leithypothesen und die Durchführung vor Ort. Abschließend evaluieren wir das Design – sowohl hinsichtlich der einzelnen Teilschritte als auch des Gesamtdesigns.

Die Rolle der Autoren

Die Autoren leiteten den Designprozeß und die Durchführung des Kernprogramms (siehe Abb. 1). Christine Lixl – vom österreichischen Bundeskanzleramt als Programmverantwortliche beauftragt – erteilte ihrerseits Ulrich Königswieser den Auftrag, sie bei der Planung, Organisation und Koordination der Moderatoren zu unterstützen sowie das Großplenum und eine Workshopgruppe zu moderieren.

Kontext des Symposiums

Im Mai 1998 trafen sich in Baden bei Wien knapp über 100 Führungskräfte aus Asien und Europa beim zweiten *Asia Europe Young Leaders Symposium* (AEYLS). AEYLS ist eine der Follow-up-Initiativen des ersten *Asia-Europe-Meeting* (ASEM, Bangkok 1996). Beteiligte sind auf europäischer Seite alle EU-Mitgliedstaaten und auf asiatischer Seite Brunei, China, Indonesien, Japan, Korea, Malaysia, Singapur, Thailand und Vietnam. Jungen Führungskräften aus beiden Regionen wurde im Rahmen dieser viertägigen Veranstaltung die Gelegenheit geboten, Kontakte aufzubauen, kulturelle Beziehungen und das gegenseitige Verständnis zu vertiefen. Die Idee der Veranstaltung geht auf den früheren Bundeskanzler Franz Vranitzky und den ehemaligen Premierminister von Japan, Hashimoto, zurück. Das erste AEYLS unter dem Motto „In Search for a New Asia-Europe Cooperation for the 21st Century" hatte 1997 in Japan stattgefunden. Auch beim österreichischen Treffen wurde der zukunftsorientierte Fokus beibehalten: „Europe and Asia: Approaches, Visions and Strategies for the Future".

Auftrag und grob umrissene Zielsetzung seitens der Auftraggeber

Gemäß den Vorstellungen der Veranstalter (BKA, Bundeskanzleramt, in Kooperation mit BMaA, Bundesministerium für auswärtige Angelegenheiten) sollten sich die Teilnehmer „im Geiste von ASEM" zu einem Gedankenaustausch treffen. Ziel von ASEM ist es, die Beziehung zwischen den beiden Regionen zu stärken und dadurch zu Frieden, globaler Stabilität und Wohlstand beizutragen. Konkrete Vorschläge für die zukünftige Gestaltung und Entwicklung des ASEM-Prozesses wurden von den Teilnehmern nicht erwartet. Das vorrangige Ziel bestand darin, interessante Begegnungen und Diskussionen zu ermöglichen. Der Erfahrungs- und Wissenstransfer sollte nicht auf „hard facts" reduziert werden, es sollte vielmehr auch ein Transfer sozialen Wissens und ein höherer Bewußtheitsstand hinsichtlich Komplexitäten angeregt werden. Als offizielles Ergebnis war ein Bericht in Form einer Zusammenfassung der Diskussionen vorgesehen.

Rahmenbedingungen und Vorgaben

Für den „Arbeitsteil" des Symposiums gab es folgende *Vorgaben*: ein Start-up im Plenum am Montagnachmittag, der ein zwangloses Kennenlernen ermöglichen und eine Vertrauensbasis im Hinblick auf einen offenen Dialog schaffen sollte. Dienstag und Mittwoch waren für die Arbeit in acht Workshops vorgesehen, am Donnerstag vormittag sollten die Ergebnisse der einzelnen Workshops wieder ins Plenum zurückgetragen werden. Außerdem standen

Abbildung 1: Das Kern- und Rahmenprogramm im Überblick

Zeit	Sonntag	Montag	Dienstag	Mittwoch	Donnerstag	Freitag
09:00–12:00	Ankunft	Eröffnungsreden	Workshop	Marktplatz Workshop	Schlußpräsentation Open-Chair-Diskussion	Abreise
12:00–14:00		Mittagessen	Mittagessen	Mittagessen		
14:00–16:00	Staff-Treffen	Start-up	Workshop-Session	Workshop-Session	Exkursion	
16:00–18:00		Workshop				
19:30–		Empfang durch die Staatssekretärin Benita Ferrero-Waldner	Kulturprogramm	Abendessen bei einem typischen „Heurigen"	Abschiedsessen und Konzert/ Kasino Baden	

die offizielle Eröffnung am Montag vormittag und eine Exkursion am Donnerstag nachmittag fest.

Das *Kernprogramm* war Gegenstand unseres Designs. Die *Themen* der acht Workshops waren im Vorfeld von einer Expertengruppe des BKA und des BMaA erarbeitet worden:

- Globalisation versus Regionalism;
- Democracy, Good Governance and Economic Development (2 Workshopgruppen);
- The Future of Work in Asia and Europe;
- Management of Enterprises: Growing multicultural Challenges;
- European and Asian Values: What lies behind the Debate?
- Cross Cultural Exchanges: Creating and Challenging Images;
- Education and Human Resources Development for the 21st Century.

Die *(Vor-)Auswahl der Teilnehmer* erfolgte dezentral über die österreichischen Botschaften und die jeweiligen Außenministerien in den beteiligten Staaten nach folgenden Kriterien: Alter (30 bis Anfang 40), ausgezeichnete Englischkenntnisse, Universitätsabschluß oder vergleichbare berufliche Erfahrungen, Kenntnis europäisch-asiatischer oder multikultureller Fragen, Vielfalt in der Zusammensetzung unter besonderer Beachtung des Anteils beider Geschlechter.

Zielentwicklung und Designprozeß

Die relativ vagen *Zielvorgaben* (vgl. Auftrag/Grobzielsetzung) wurden erst im Zuge der Vorbereitung in ständiger Rücksprache zwischen uns – den Autoren – als Auftragnehmer und unserem Auftraggeber konkretisiert. Das AEYLS sollte eine Zukunftswerkstatt werden, gekennzeichnet durch hohe Partizipation und Ressourcenorientierung (optimale Nutzung der Teilnehmerpotentiale) sowie kreative und innovative Arbeitsformen. Dies sollte insbesondere in den Schlußpräsentationen zum Ausdruck kommen. Außerdem wollten wir einen Rahmen für intensive Diskussionen und starke Vernetzung der Teilnehmer bieten, um

- das Verständnis für fremde und neue Positionen anzuregen,
- interessante Begegnungen zwischen den Teilnehmern zu ermöglichen,
- alternative Perspektiven auf die europäisch-asiatischen Beziehungen und die verschiedenen Probleme unserer Gesellschaften zu eröffnen und zu fördern,
- Wissen über interkulturelle Kooperationen in praxi erfahrbar zu machen.

Leithypothesen zur Veranstaltung

Im folgenden werden die wichtigsten Hypothesen dargestellt, die wir als Basis für die Designerstellung formulierten. Diese Hypothesen dienten dazu, unsere Überlegungen und damit das Design nachvollziehbar und somit besser planbar bzw. modifizierbar zu machen. Außerdem dienten sie dazu, verschiedene Szenarien durchzuspielen.

Unsere zentrale Hypothese lautete, daß der *Gewinn für die Teilnehmer* nicht primär in den inhaltlichen Ergebnissen liegen würde, sondern in neuen Erfahrungen, im Kennenlernen anderer Formen der interkulturellen Begegnung, im Kommunikationsprozeß selbst. Da es keine Resolution zu verabschieden und keine Beschlüsse zu fassen gab, wollten wir den einzelnen Workshops den Freiraum geben zu entscheiden, welche Themen wie bearbeitet und ins Plenum zurückgetragen werden sollten. Wir wollten Räume für intensive Begegnungen schaffen. Nach unserem Verständnis konnten wir das am ehesten erreichen, indem wir mit Hilfe einer sozialen Architektur – unseres Designs – einen Rahmen dafür absteckten, anstatt den Prozeß einfach sich selbst zu überlassen.

Außerdem nahmen wir an, daß gegenseitige Vorurteile bzw. Fremdbilder und die *heterogenen kulturellen Hintergründe* der Teilnehmer, insbesondere unterschiedliche Kommunikationsgewohnheiten, bei diesem Zusammentreffen eine wichtige Rolle spielen würden und im Design berücksichtigt werden sollten.

Vor allem rechneten wir mit einer stärkeren Zurückhaltung mancher asiatischer Teilnehmer. Um trotzdem eine möglichst hohe Partizipation aller zu erreichen, sahen wir auch Arbeitssequenzen in Klein- und Kleinstgruppen vor. Diese sollten einen informellen Charakter haben und auch jenen Gelegenheit bieten, sich einzubringen, die aufgrund sprachlicher Schwierigkeiten, einer kulturell bedingten größeren Zurückhaltung oder aus politischen Gründen in einer größeren Gruppen eher im Hintergrund bleiben wollten.

Zudem gingen wir davon aus, daß wir in unserem Design, in unseren Formulierungen eine *Asien-Europa-Dichotomie* vermeiden sollten. Wir wollten den Verschiedenheiten der beiden Kontinente Rechnung tragen und Ausdruck verleihen und einem Verteidigungsdiskurs vorbeugen, wie er bei heiklen Themen (Menschenrechte, Demokratie etc.) auf internationalen Veranstaltungen oft zu beobachten ist.

Um das „diplomatische Eis" zu brechen und einen Kontrapunkt zur offiziellen Eröffnung zu setzen, wollten wir schon mit dem Start-up *ein Kontrastprogramm zu Althergebrachtem* bieten, Interesse wecken und spielerische Elemente in die Veranstaltung einbringen. Mittels analoger Elemente sollten Unterschiede und Gemeinsamkeiten spürbar gemacht und die Teilnehmer emotional angesprochen werden. Beispiele analoger Elemente sind etwa Präsentationen mit Hilfe von Sketches, Bildern, Rollenspielen, Skulpturen etc. Von Anfang an sollte erfahrbar sein, daß dieses Symposium eine „andere" Reise sein würde, als üblicherweise bei einem internationalen Symposium mit hohem politischem Profil zu erwarten ist. Als Designer bewegten wir uns dabei in einem Spannungsfeld zwischen unserem Anliegen, innovativ zu sein und neugierig zu machen, und dem Risiko, zu weit zu gehen und Anschlußfähigkeit und Akzeptanz einzubüßen.

Die Vagheit der Erwartungen und Ziele seitens ASEM und in der Folge auch seitens des Auftraggebers bereitete uns bereits beim Design einige Schwierigkeiten. Wir nahmen an, daß dies auch im Zuge der Veranstaltung ein Problem für die Teilnehmer werden könnte. Da wir keinen externen sinnstiftenden Kontext anbieten konnten, betonten wir statt dessen die Möglichkeiten, den Event selbst als Freiraum für Begegnungen und Diskussionen zu nutzen. Ob dies als Ziel ausreichen würde, mußten wir offenlassen.

Aufgrund der Kombination neuartiger Aspekte bei diesem Symposium – zum Beispiel politischer Kontext, junge Führungskräfte als Zielgruppe, Symposiumcharakter und unterschiedliche Kulturen – erwies sich die Hypothesenbildung im Zuge unserer Designplanung als sehr hilfreich. Während der Veranstaltung selbst konnten wir unsere Schritte immer begründen und dadurch leichter einzelne Elemente anpassen, wenn sich unsere Annahmen geändert hatten. Dadurch konnte sowohl der Koordinations- und Erklärungsbedarf im Staff stark reduziert als auch die Qualität des Designs sichergestellt werden.

Vorab-Einbindung der Akteure

Wir wollten uns bei diesem Symposium aber nicht nur auf Annahmen stützen und hatten deshalb im Vorfeld die Teilnehmer gebeten, uns mittels Fragebogen Auskunft über ihre Erwartungen und Wünsche bezüglich des Symposiums zu geben. Der Wunsch nach Erfahrungsaustausch, gegenseitigem Kennenlernen und Networking stand dabei neben konkreten inhaltlichen Fragestellungen in bezug auf die einzelnen Workshops im Vordergrund. Diese Antworten bestätigten unsere Annahmen in vielen Punkten, konkrete Erwartungen hinsichtlich der Zielsetzung und Ergebnisse der Veranstaltung wurden jedoch kaum angeführt. Insofern sind Vorabinformationen für die Designer sicher wichtig, aber nie ausreichend, wie sich während des Symposiums – zum Beispiel hinsichtlich der erwarteten Ergebnisse – zeigen sollte. Darüber hinaus müssen Feedbackschleifen auch während der Veranstaltung eingebaut werden, um bei Bedarf das Design entsprechend anpassen zu können.

Um Networking und eine inhaltliche Einstimmung auf das Symposium bereits im Vorfeld zu ermöglichen, richteten wir eine Internet-Homepage ein. Für jeden Workshop hatten wir eine Link-Sammlung zu relevanten Texten und Institutionen und eine Auswahl von möglicherweise sich ergebenden Fragen erstellt. Dort wurden auch die inhaltlichen Anregungen der Teilnehmer aufgenommen. Zum andern wurden die Lebensläufe der Teilnehmer in einer Internet-Datenbank zugänglich gemacht. Beide Angebote fanden regen Zuspruch.

Das Team

Die Workshops wurden jeweils von einem Moderator und einem „Inhaltsexperten" begleitet. Der Grund für die Teilung der Leitungsfunktion lag darin, Diskussionen auf Expertenniveau zu fördern (Inhalt) und gleichzeitig die Nutzung aller Ressourcen für einen innovativen Prozeß sicherzustellen. Außerdem stand in jedem Workshop ein Workshop-Assistent zur Verfügung, der – in Absprache mit der Gruppe – die Ergebnisse dokumentierte.

Die *Inhaltsexperten* (Content Navigator – C. N.) waren Teilnehmer, die ein profundes Wissen bezüglich des Workshopthemas mitbrachten und den Workshop von der inhaltlichen Seite steuerten. Ihre Verantwortung bestand darin,

- einen Kurzvortrag zur Ausrichtung des Diskussionsverlaufs zu halten und
- bei Bedarf auf die inhaltliche Entwicklung der Diskussion durch Zusammenfassungen, Fragestellungen und das Einbringen neuer Aspekte steuernd einzuwirken.

Die C. N. waren einige Monate vor dem Symposium vom Veranstalter eingeladen worden, diese Funktion zu übernehmen.

Die Gruppe der *Moderatoren* bestand aus erfahrenen Prozeßberatern bzw. Moderatoren mit gruppendynamischem Erfahrungshintergrund – wobei Verständnis und Erfahrung hinsichtlich interkultureller Kontexte wichtige Auswahlkriterien waren. Ihre Aufgabe bestand darin, den Prozeß der Zusammenarbeit zu fördern, speziell

- Wege zu finden, um das Wissen aller Teilnehmer in die Diskussionsrunden zu integrieren (z. B. mittels Kleingruppenarbeit), und
- die Gruppe dabei zu unterstützen, die Arbeitsergebnisse mittels innovativer Präsentationsformen darzustellen.

Das Design im Detail – eine herausfordernde Reise im Segelboot

Acht Workshops, die im Rahmen eines viertägigen Symposiums (von Montag bis Donnerstag) an zwei Tagen (Dienstag und Mittwoch) parallel abgehalten wurden, bildeten also die Kernarbeitseinheiten der Veranstaltung. Das zweite AEYLS wurde in Analogie zu einer Schiffsreise im Flottenverband entwickelt, wobei die Teilnehmer der Themen-Workshops die Crew der einzelnen Schiffe bildeten. Am Designprozeß waren beteiligt: Sabine Kroißenbrunner (für das BKA), Ulrich Königswieser, Alexander Doujak, Walter Hoffmann, Maria Zwickelhuber, Christine Lixl (Kernteam) und Gerhard Baumgartner, Uwe Cichy, Irmgard Fennes und Mario Patera. Das eigentliche Design wurde stufenweise erarbeitet: Das Kernteam entwarf die Veranstaltung im Rahmen eines eintägigen Workshops. Das Design, basierend auf einem detaillierten Fahrplan samt Erläuterungen und Hypothesen wurde, dann an alle Moderatoren und *Content Navigators* verschickt und auf einem zweiten halbtägigen Treffen aller Moderatoren am Veranstaltungsort „durchgespielt" und leicht modifiziert.

Den Ablauf des Symposiums hatten wir in Einzelbildern zu den Stationen der Reise auf ein „traditionelles chinesisches Rollbild" gezeichnet, das während des ganzen Symposiums im Großplenarraum zu sehen war.

Bild 1 zeigt, wie sich die Teilnehmer im Hafen versammeln, sich kennenlernen und auf die große Reise vorbereiten (Start-up).

Diese Einführungs- bzw. Aufwärmphase war für den weiteren Verlauf innerhalb der Workshops und für die Motivation der Teilnehmer von größter Bedeutung. Wir wollten der Tatsache, daß es sich bei diesem Symposium um einen interkulturellen und damit verstärkt emotionalen Kontext handelte, Rechnung tragen, indem wir diesen Emotionen Raum gaben, sich auszudrücken. Dieses Angebot würde aber nur in dem Maße genutzt werden, in dem es gelang, zuvor durch gemeinsames Erleben (z. B. Lachen) eine gewisse Vertrauensbasis zu schaffen. Das Design sollte dabei helfen, das notwendige Vertrauen aufzubauen und zu festigen. Außerdem bot dieser Einstieg die Möglichkeit, nicht nur die Teilnehmer des eigenen Workshops, sondern auch andere näher kennenzulernen.

Der *Start-Workshop* am Montagnachmittag ermöglichte einen ersten Eindruck hinsichtlich der unterschiedlichen Persönlichkeiten, Kulturen und Nationen, die beim Symposium vertreten waren. Wir hatten die Teilnehmer im

Vorfeld gebeten, ein für ihr Land typisches Objekt mitzubringen. In Ländergruppen mußten sie sich nun darauf einigen, mit Hilfe welcher Objekte und wie sie ihr Land präsentieren wollten. Meist wurden landestypische Kunstgegenstände, Kulturobjekte des täglichen Lebens (wie z. B. Eßstäbchen) und bekannte Industrieprodukte (etwa ein Mercedes- oder Ferrari-Matchbox-Auto) vorgestellt. Außerdem präsentierten viele Nationen signifikante (alkoholische) Getränke oder sangen typische Lieder.

In der nächsten Runde lösten sich die nationalen Gruppen auf und bildeten kleine gemischte „Kennenlerngruppen" (Cross-Country-Groups), um sich selbst vorzustellen und Fragen zu diskutieren, welche die eigenen Erfahrungen mit anderen Kulturen und die jeweiligen Eindrücke von Asien und Europa näher zu beleuchten halfen. Die Gruppen – jeweils ca. 3–4 Personen – standen rund um Cocktailtische und hatten pro Runde etwa 15 Minuten Zeit. Diesen Vorgang wiederholten wir dreimal.

Die Präsentation der „Reise mit dem Segelboot", die wir, wie gesagt, auf einem chinesischen Rollbild abgebildet hatten und zu Beginn Bild für Bild entrollten und kommentierten, wurde von den Teilnehmern sehr positiv aufgenommen. Das Bild der Reise diente während des gesamten Symposiums gut als Orientierung. Die Länderpräsentationen anhand der mitgebrachten Gegenstände stellten einen ersten Höhepunkt im Rahmen des Symposiums dar. Die Auftritte waren kurzweilig und kreativ und wurden lautstark beklatscht. Nach diesem Einstieg hatte sich die Stimmung spürbar entspannt, die verschiedenen Darbietungen boten außerdem einen guten Anknüpfungspunkt für Gespräche. Besonders wichtig erscheint uns rückblickend, daß wir einen Einstieg gewählt haben, der nicht sprachlastig war, sondern die unterschiedlichsten Mittel der Präsentation zuließ. Dadurch erreichten wir eine ausgewogene Präsenz asiatischer und europäischer Delegationen. Schon während der Vorstellungen selbst begannen die Nachfolgenden, sich auf Vorgänger zu beziehen. Die Teilnehmer hatten also in Ansätzen bereits zu diesem Zeitpunkt einen gemeinsamen Code entwickelt.

Die Kennenlerngruppen verliefen um vieles „stiller". In diesen Runden war im Vergleich zur vorangegangenen Präsentationsrunde das Energieniveau unverhältnismäßig schwach ausgeprägt. Im nachhinein scheint uns der Kontrast der kognitiven Auseinandersetzung und der analogen Darstellungsform der Hauptgrund für dieses Phänomen zu sein. Es wäre zu überlegen, gerade auch in dieser Phase, die dem ersten Kennenlernen der Teilnehmer aus anderen Kulturen dienen sollte, mit analogen Methoden und Darstellungsformen zu arbeiten.

Bild 2 zeigt, wie die auf Workshopgruppen aufgeteilten Teilnehmer in ihre Segelboote steigen und sich als „Segelmannschaft" kennenlernen, bevor es am nächsten Morgen aufs Meer hinausgeht. Bei dieser Gelegenheit lernten die Teilnehmer den Moderator, den Inhaltsexperten und den Assistenten ihres Workshops persönlich kennen.

Bild 3 zeigt den Beginn der Workshops am Dienstag: Die Boote setzen Segel und nehmen Kurs auf unerforschte Inseln (Themen).

Bild 4 zeigt, wie die einzelnen Workshopgruppen auf den „Themen"-Inseln anlegen und erste Erkundungsausflüge machen.

Die Teilnehmer beleuchteten zuerst mögliche Dimensionen der Themenstellung und erarbeiteten schließlich eine fokussierte Themen-Agenda für die weiteren Schritte. Zum Beispiel wurden im Fall des Workshops „Management of Enterprises: Growing Multicultural Challenges" folgende Punkte angeführt: 1. *Business relations between Asia and Europe*. 2. *Implications of the Financial Crisis*. 3. *Challenges for multinational companies and small and medium sized companies going Asia*. 4. *Generally Accepted Business Practices*. Um den Erwartungen der Teilnehmer bestmöglich gerecht werden und die vorhandenen Potentiale voll nutzen zu können, waren die Teilnehmer zu einem großen Teil selbst für die Agenda und den Ablauf der Workshops verantwortlich.

Dementsprechend unterschieden sich die Ergebnisse der Workshopgruppen erheblich voneinander und spiegelten die weit gestreuten Bedürfnisse und Interessen der Teilnehmer dieses Symposiums wider. So konzentrierte sich eine Gruppe schon früh auf das Verfassen einer gemeinsamen Deklaration und entschloß sich, in eher formalen Strukturen zu arbeiten und mit anderen zu kommunizieren. Eine andere Gruppe bereitete in Untergruppen ein Theaterstück vor, das sie dann gemeinsam im nächsten Schritt als Zwischenergebnis dem Großplenum vorführte.

Bild 5 zeigt das kurze Zusammenkommen aller Schiffe bei Sonnenaufgang. Erste Ergebnisse werden am „Marktplatz" ausgetauscht.

Der „Marktplatz" sollte den Austausch erster Ideen, Erfahrungen und Zwischenergebnisse, die in den einzelnen Workshops gesammelt wurden, ermöglichen. Die Teilnehmer präsentierten ihre Zwischenergebnisse auf Flipcharts, in Collagen etc. Dieses Forum erwies sich als wirksames Mittel, sich mit anderen Workshopteilnehmern überblicksweise über die Aktivitäten der einzelnen Workshops auszutauschen. Wenige Teilnehmer nahmen dabei auch die Möglichkeit wahr, noch in einen anderen Workshop zu wechseln. Aufgrund der Einrichtung des „Marktplatzes" konnten sich die Gruppen neu ausrichten, ihre Struktur und ihre Inhalte entsprechend anpassen und sich von anderen Ideen inspirieren lassen.

Großgruppenveranstaltungen arbeiten neben dem Großplenum auch mit mittelgroßen, kleineren und Kleinstgruppen. Auch in diesem Symposium mit insgesamt über 100 Teilnehmern wollten wir die „Masse" abwechselnd immer wieder in Kleingruppen auflösen und dann wieder zusammenführen. Aus Sicht der einzelnen Teilnehmer ändert sich das Gruppengefühl hier jeweils sehr stark. Integration und Separation wirken in unterschiedlicher Weise. In die Großgruppe integriert, verlieren die Teilnehmer gleichsam ihre spürbare Individualität, bilden aber im Plenum eine gemeinsame Identität als Großgruppe, in die sie im Verlauf der Veranstaltung immer wieder zurückkehren. Dadurch entsteht so etwas wie ein gemeinsamer anerkannter Kontext, für den auch im Rahmen von Teilgruppenarbeiten ein sinnvoller Beitrag zu leisten ist. In der Kleingruppe ist Platz für den einzelnen, er kann sich unbeschwerter einbringen und eine eigenständige Rolle übernehmen. Hier ist für die Designer jeweils abzuwägen, wie klein eine Einheit sein sollte, damit direkte Kommunikation und Interaktion stattfinden können, und wie oft dann die Großgruppe erlebt werden soll, damit die Ergebnisse und Informationen der Kleingruppe in die Großgruppe einfließen können. Die acht Workshopgruppen zu ca. je 12 Personen bildeten in unserem Fall die Kleingruppenelemente, das Plenum mit ca. 100 Personen die Großgruppe.

Die Teilnehmer empfanden den Wechsel zum Plenum als entlastend, weil der Druck, wie in der Kleingruppe aktiv und intensiv am Prozeß teilnehmen zu müssen, wegfiel und eine passivere Form des Informiertwerdens in den Vordergrund rückte. Zugleich konnte im Plenum im Rahmen von Gruppenpräsentationen bzw. Ausstellungen ein Gespür dafür entwickelt werden, was und wie die anderen Workshopgruppen gearbeitet hatten. Und es bestand hier die Möglichkeit, sich mit Teilnehmern anderer Workshops direkt auszutauschen und so eine größere Anzahl an Personen kennenzulernen. Die Befürchtung der Teilnehmer, etwas zu versäumen, wenn man nur an einem von acht Workshops teilnahm, konnte dadurch rasch entkräftet werden.

Die Tatsache, daß die Gruppen als solche im Großplenum sichtbar wurden und unterschiedliche Ergebnisse präsentierten, stärkte das Wir-Gefühl in den jeweiligen Kleingruppen und trug zur Abgrenzung und Identitätsbildung der Workshopgruppen bei. Das ergab eine Konkurrenzsituation und den Ansporn, Ergebnisse besser und origineller zu präsentieren.

Bild 6: Die Workshopgruppen trennen sich wieder und brechen erneut dazu auf, Insel für Insel zu erforschen. Das heißt, die festgesetzten Themen können auf diese Weise immer detaillierter behandelt werden.

Bild 7: Fragen hinsichtlich zukünftiger Szenarien und Visionen werden diskutiert: Was liegt hinter dem Horizont? Und welche Wege führen dorthin?

In dieser Phase nehmen die Boote wieder Kurs auf den Hafen, und die Landevorbereitungen sind nun schon voll im Gang.

Bild 8: Am vierten Tag in der Früh treffen alle Schiffe wieder im Hafen ein, und die Mannschaften versammeln sich. Die Exponate werden ausgestellt, und die Mannschaften tauschen sich darüber aus, was sie auf der Bootsreise alles erlebt haben.

Diesmal präsentierten die einzelnen Workshopgruppen jeweils innerhalb von 10 Minuten ihre Endergebnisse. Die Präsentationen spiegelten die Dynamik des Gruppenprozesses wider und boten eine breite Palette an Darbietungsformen: vom Vortragen eines kurzen Manifests über Sketches, selbstkomponierte Lieder und Rollenspiele bis hin zu einer fiktiven Pressekonferenz zum Thema *Asia Europe Young Leadership Symposium im Jahr 2008*.

Wir boten darüber hinaus ein Forum für Feedback und für Anregungen hinsichtlich zukünftiger Veranstaltungen an, das als *Open chair*-Diskussion organisiert wurde. Diese Form der Diskussion ermöglicht einen strukturierten Austausch mit Vertretern eines Plenums, sichert aber zugleich die Teilnahme aller Personen. In dieser Etappe saßen alle *Content Navigators* als Delegierte der einzelnen Workshops in einem Innenkreis zusammen, wobei zwischen den Personen einzelne Stühle freiblieben. Diese unbesetzten Stühle boten den um den Innenkreis herum sitzenden Teilnehmern die Möglichkeit, bei Bedarf für kurze Zeit einen dieser Plätze einzunehmen und Feststellungen, Einwände, Anmerkungen oder Fragen in die Diskussion einzuwerfen.

Diese Form der strukturierten Diskussion stellt sicher, daß Teilnehmer – speziell wenn sie einen noch unbehandelten Aspekt einbringen möchten – auf einfache und geschützte Weise kurz einen freien Platz einnehmen und so die Diskussion zu jeder Zeit mitgestalten können. Die häufige Besetzung der freien Plätze trägt positiv zur Diskussionsdynamik bei.

Die Kreativität, die anhand der Präsentationen sichtbar wurde, ließ auf die erfolgreiche Umsetzung des innovativen Ansatzes im Kontext eines internationalen und interkulturellen Symposiums schließen. Diese Kreativität wurde von den Teilnehmern selbst als Produkt ihrer unterschiedlichen kulturellen und beruflichen Hintergründe wahrgenommen und als Chance gesehen, gewohnte Perspektiven in Frage zu stellen und neue Lösungen zu finden. Auch die Bereitschaft zu einem sehr offenen und kritischen Resümee im Zuge der abschließenden Diskussion kann im Rahmen diplomatischer Rahmenbedingungen als besonderer Erfolg für die Veranstaltung verbucht werden.

Die „neue Form" der Zusammenarbeit im Rahmen eines internationalen und interkulturellen Symposiums wurde in mehrfacher Hinsicht positiv resümiert: Neue Möglichkeiten der Zusammenarbeit, der Konsensfindung konnten erprobt werden. Die Teilnehmer wiesen darauf hin, daß während des Symposiums deutlich geworden war, daß Ähnlichkeiten in der beruflichen Sozialisation oft anschlußfähiger machten als die herkunftsbedingten kulturellen Gemeinsamkeiten. Außerdem hoben manche Teilnehmer hervor, daß die Verantwortung für das Follow-up auch bzw. vor allem bei den Beteiligten selbst liege. Das Design dürfte seinem Anspruch, die Teilnehmer zur Übernahme von Verantwortung zu ermutigen, gerecht geworden sein. Das Symposium wurde in hohem Maß zu einem gemeinsamen Anliegen.

Erkenntnisse zum Gesamtdesign

Abschließend nennen wir jene Erkenntnisse, die sich auf das Gesamtdesign beziehen und sich keinem bestimmten Designschritt zuordnen lassen.

Fehlende Zielvorgaben

Bei der Definition der Ziele des Symposiums standen für die Organisatoren der Prozeß und jene Ergebnisse, die sich im Rahmen der Veranstaltung als bedeutsam erweisen würden, im Vordergrund. Es war nicht Ziel, im Rahmen des Symposiums spezifische Ergebnisse für den übergeordneten Asien-Europa-Austausch zu erarbeiten (vgl. Zielvorgaben/Einleitung). Damit gewann der Handlungsspielraum vor Ort an Bedeutung, es fehlte aber ein übergeordneter Gesamtzweck („Daseinsberechtigung").

Vor allem asiatische Teilnehmer nannten die Möglichkeit, mittels der prozeßhaften Gestaltung Handlungsspielräume zu öffnen, als positiven Aspekt. Gleichzeitig hatten manche asiatischen Teilnehmer aber größere Probleme damit, die vage Ziel- bzw. Auftragsdefinition seitens der Veranstalter als Chance zu nutzen und eigenständig Handlungsziele zu stecken; vielmehr verursachten die vagen Vorgaben Verunsicherung und Orientierungslosigkeit. Man bezweifelte, wirklich die richtigen Ergebnisse erarbeitet und somit dem Auftrag entsprochen zu haben. Dabei dürften auch Erwartungen der entsendenden Institutionen eine Rolle gespielt haben: Manche Teilnehmer wiesen darauf hin, daß sie etwas Offizielles, Vorzeigbares nach Hause mitbringen sollten. Die Erwartung auf Erfüllung dieser Vorgabe wurde enttäuscht, wobei es den Teilnehmern aber unbenommen gewesen wäre, das in ihren Workshops zu thematisieren und einzufordern. Der übergeordnete Rahmen des Symposiums als eine Follow-up-Veranstaltung von ASEM weckte jedenfalls bei fast allen Teilnehmern Erwartungen hinsichtlich der Bedeutung dieses Treffens. Die vage Zieldefinition, die schon den Designern bei der Auftragsklärung einige Probleme bereitet hatte, stellte auch vor Ort verständlicherweise einen Kritikpunkt dar.

Was die Sinnstiftung bezüglich der Arbeit des einzelnen anbelangt, so dürfte es von großer Bedeutung sein, das Symposium in einen größeren *Kontext* zu stellen, für den sich die harte Arbeit auch „wirklich" lohnt.

Bedeutung von Sozialisation und Kultur in multikultureller Zusammenarbeit

Die Workshops wurden so besetzt, daß das Verhältnis zwischen Europäern und Asiaten möglichst ausgeglichen war. Es war uns gelungen, die geringere Anzahl asiatischer Teilnehmer gleichmäßig auf die acht Workshops aufzuteilen. Wir hatten auch in jeder Gruppe mindestens eine asiatische und eine europäische Person, von der wir überzeugt waren, daß sie erstens eine gewichtige Rolle spielen würde und zweitens aufgrund ihres beruflichen Hintergrunds wertvolle Inputs geben konnte. Im Verlauf der Arbeitssitzungen – sei es in rein asiatischen bzw. rein europäischen, sei es in gemischten Gruppen, bei Paararbeit etc. – stellte sich immer wieder heraus, daß sich Kooperationen vor allem zwischen Personen mit ähnlicher Sozialisation, unabhängig von der Nationalität, entwickelten.

Zu beobachten war außerdem, daß europäische Teilnehmer tendenziell „lauter", asiatische eher zurückhaltend waren. Dies könnte einerseits auf die Sozialisation innerhalb der jeweiligen Bildungssysteme und sicherlich auch auf die jeweiligen Sprachkenntnisse zurückzuführen sein. Andererseits dürften auch *gesellschaftliche und politische Unterschiede*, insbesondere der Grad der internationalen Vernetzung des Herkunftslandes und damit einhergehende Möglichkeiten und Erfahrungen, das Verhalten der Teilnehmer merkbar prägen. Teilnehmer aus Ländern wie Thailand, den Philippinen, Singapur oder den europäischen Ländern waren viel gewandter und selbstsicherer im Umgang mit Teilnehmern aus anderen Kulturen. Im Vergleich zu anwesenden Vietnamesen oder Brunesen waren sie daran gewöhnt, sich in internationalen Kontexten zu bewegen und auszutauschen. Sie verstanden es entsprechend besser, ihre Positionen einzubringen, anschlußfähig zu bleiben und den Prozeß aktiv mitzugestalten.

Außerdem war zu bemerken, daß europäische Teilnehmer Einzelinteressen tendenziell stärker in den Vordergrund stellten als asiatische. In der Zusammenarbeit und in Diskussionsbeiträgen beanspruchten erstere durchgängig mehr Redezeit, setzten sich in Diskussionen häufiger durch, zeigten weniger Konsensbereitschaft und versuchten öfter, steuernd einzugreifen. Die Gefahr dabei sehen wir darin, daß die asiatischen Teilnehmer erzielte Ergebnisse nicht so sehr akzeptieren als vielmehr im nachhinein boykottieren bzw. einfach ignorieren und die Europäer im Glauben lassen, die Steuerung übernommen zu haben.

In Konfliktsituationen wurde die Bedeutung von kulturellen Unterschieden – zum Beispiel die Erwartungen an die Rolle eines Lehrers oder Gruppenleiters – ebenfalls gut sichtbar: Die Tatsache, daß in einem Workshop ein Teilnehmer die Gruppe wechselte und ein anderer einmal etwas zu spät in die Sitzung kam, veranlaßte einen asiatischen *Content Navigator*, die gesamte Verantwortung für den Verlauf aus prozessualer und inhaltlicher Sicht auf sich zu beziehen. So machte er sich zum Beispiel Vorwürfe, ob eine Passage nicht hätte besser formuliert werden können und damit alle Interessen umfassender berücksichtigt worden wären. Zusammenfassend läßt sich sagen, daß kulturelle und sozialisationsbedingte Unterschiede die Zusammenarbeit merkbar prägten und den Ablauf der Veranstaltung beeinflußten. Obwohl die Sozialisationsgeschichte der Teilnehmer und ihre kulturellen Prägungen nicht einfach im Vorfeld zu ergründen sind, könnte eine detailliertere Auseinandersetzung mit dieser Dimension die strukturelle Zusammensetzung von Gruppen verbessern.

Sprachbarrieren
Die Beiträge der Teilnehmer variierten stark gemäß ihren Sprachkenntnissen und der Praxis, diese Kenntnisse zum Beispiel im Zuge anderer internationaler Veranstaltungen anzuwenden. Manche Teilnehmer, unabhängig von ihrer Nationalität und ihrem kulturellen Hintergrund, sprachen in Workshop-Diskussionen phasenweise überhaupt nicht. Die Sprachbarriere konnte aber zu einem erheblichen Teil abgebaut werden, wenn in kleineren Gruppen gearbeitet wurde. Außerdem waren die analogen Darstellungsformen wie Theater, Musik etc. besonders gut geeignet, auch den weniger sprachkundigen Teilnehmern zu ermöglichen, eigene Aspekte einzubringen und verständlich darzustellen.

Reaktionen der Teilnehmer auf die ungewohnte Art der Steuerung eines Symposiums
Die Workshopleiter gestalteten ihre Aufgabe in sehr unterschiedlicher Weise, orientierten sich jedoch insgesamt an den Stationen des Gesamtdesigns. Die stärkste Kritik an dieser Art des strukturiert moderierten Arbeitens kam von südeuropäischen Teilnehmern, die darin etwas „Germanisches" sahen und die Moderation als *zu geordnet* bzw. *streng* bezeichneten. Möglicherweise waren die Gründe für die gewählte Form des Arbeitens den Teilnehmern nicht ausreichend transparent gemacht und argumentativ vermittelt worden.

In jedem Fall wurde deutlich, daß eine Steuerung sowohl über strukturierte Abläufe als auch durch bewußt offengehaltene Freiräume besonderes Fingerspitzengefühl verlangt und daß die Wirkung situationsabhängig ist. Daß Freiräume genutzt werden konnten, zeigten vor allem die unterschiedlichen Ergebnisse aus den Workshopgruppen. Die Reise wurde unternommen, aber auf unterschiedliche Art und Weise.

Die Frage, ob es besser sei, präzise Themen vorzugeben und „gleich mit der Diskussion zu beginnen", oder, die eigentlichen Diskussionspunkte erst gemeinsam im Workshop festzulegen, wurde ebenfalls diskutiert. Die beipflichtenden Stimmen überwogen: Der Prozeß und die unterschiedlichen Entwicklungsmöglichkeiten/ consensus building process/Vorgehensweisen erlaubten es, verschiedene Interessen zu integrieren. Kritische Stimmen traten dafür ein, den Prozeß der Themenfindung zu verkürzen, indem gleich vorgegebene Themen diskutiert würden. Aus ihrer Sicht sollte es vor allem um inhaltliche Diskussionen gehen.

Insgesamt läßt sich sagen, daß das Symposium, als Reise konzipiert, aus unserer Sicht ein großer Erfolg war. Am Ende der Veranstaltung hatten die Teilnehmer und wir den Eindruck, etwas Neues gewagt zu haben – vor allem in

Hinblick auf eine Veranstaltung mit hohem politischen Profil. Das „Feuer der Großgruppe" lag darin, daß die Teilnehmer durch die Stimmung und Energie im Großplenum immer wieder neu animiert und motiviert wurden, über ihre eigenen Grenzen zu gehen, Gewohntes zu verlassen und Neues auszuprobieren. Ähnlich wie ein südländischer Dorfplatz, auf dem man andere beobachtet, selbst gesehen wird und ins Gespräch kommt, bot das Großplenum ein Kommunikationsforum, wo sich Menschen begegneten und rege austauschten.

Durch den Wandel führen – Herausforderung für das Management
Eine Großveranstaltung zum Thema *Führung* bei einem Großunternehmen der Stahlbranche

Uwe Cichy

Ausgangssituation

In besagtem Unternehmen läuft seit zwei Jahren ein Entwicklungsprojekt unter dem Titel *Erfolgsfaktor Zusammenarbeit*, begleitet von der Beratergruppe Neuwaldegg.

Das Unternehmen, lange Zeit verstaatlicht, Mitte der 90er Jahre privatisiert und erfolgreich an die Börse gegangen, war in seiner Kultur von der jahrelangen Dominanz des politischen Einflusses geprägt. Wie so oft unter solchen Voraussetzungen, war das Unternehmen tendenziell mehr ein Instrument der staatlichen Arbeitsmarktpolitik gewesen, als daß es nach wirtschaftlichen Gesichtspunkten geführt worden wäre. Die Privatisierung hatte zu einem massiven Abbau von Arbeitsplätzen geführt, der aber weitestgehend ohne Kündigungen von seiten des Unternehmens hatte realisiert werden können.

Zielsetzung des Projekts sind die Verbesserung der Kommunikation und Zusammenarbeit zwischen den verschiedensten problembeladenen Schnittstellen (z. B. klassisch der Konflikt zwischen Produktion und Verkauf) sowie die Erhöhung der Offenheit zwischen den unterschiedlichen Hierarchieebenen und entlang der gesamten Prozeßkette. Das Unternehmen soll auf diesem Weg einen verstärkten Impuls bekommen, die eigene Problemlösungskapazität zu vermehren und Entscheidungskompetenz so weit wie möglich an den Ort des Handelns zu delegieren. Zielvorstellung ist das Konzept der *lernenden Organisation*.

Nachdem in den vorhergehenden Phasen des Projekts mit Hilfe von ca. 25 Subprojekten gezielt einzelne Problemfelder bearbeitet werden konnten, konzentrieren wir uns in der dritten Phase auf die drei Interventionsschwerpunkte *Arbeiter, Begleitung von unternehmensweiten Veränderungsprozessen (Reengineering)* und *Führung*. Bildlich ausgedrückt, versuchen wir auf diese Art und Weise die Unternehmenskultur „in die Zange" zu nehmen: Einerseits

---

*Siehe auch: R. Königswieser & A. Exner: *Systemische Intervention*, Stuttgart: Klett-Cotta 1998.

gehen wir explizit auf die unterste Hierarchieebene (zahlenmäßig die mit Abstand größte Mitarbeitergruppe) zu, die immer wieder sträflich vernachlässigt wird und als Reaktion darauf einen fast unüberwindlichen Widerstand an der Basis des Unternehmens aufbaut. Andererseits werden die Führungskräfte (auf allen Ebenen!), selbst massiv von den sich abspielenden Veränderungsprozessen betroffen und zutiefst verunsichert, als zentrale Kulturträger zunehmend sensibilisiert. Das stark konfliktgeladene Thema *Reengineering* (ein solcher Prozeß läuft parallel seit einem Jahr im Unternehmen) wird, wo immer es geht, thematisiert, diskutiert und reflektiert.

Eines haben die Mitarbeiter auf allen Hierarchieebenen gemeinsam, und sie spiegeln damit, nach unserer Erfahrung, die gegenwärtige Situation in den meisten Unternehmen wider: Die zunehmende Geschwindigkeit der zu bewältigenden Veränderungen innerhalb des Unternehmens erhöht den individuell erlebten Zeitdruck aller Betroffenen. Vielfach wird versucht, in einem stark mechanistisch geprägten Prozeßverständnis – Systeme und Menschen haben zu funktionieren – dem erhöhten Druck gerecht zu werden. „Nicht funktionierende" Mitarbeiter werden in einem solchen Verständnis als Störfaktoren erlebt. Sie kosten Zeit, erhöhen damit den Zeitdruck und werden zum Problem: ein Teufelskreis.

Die Veränderungen lösen bei allen Betroffenen Fragen, Unsicherheiten und Ängste aus. Mit dem oben beschriebenen sehr rationalen Zugang wird diesen Gefühlen die Möglichkeit genommen, sich auszudrücken. Sie bleiben damit unbearbeitet. Um Zeit zu sparen, versuchen wir einmal mehr den Kopf vom Bauch zu trennen. Das System läuft Gefahr, innerlich zu blockieren.

Zeit muß zunehmend als knappes Investitionsgut verstanden werden; dies gilt insbesondere für Führungskräfte auf allen Hierarchieebenen. Primäre Aufgabe der Führungskräfte ist die Führung ihrer Mitarbeiter, Menschen mit Kopf und Bauch. Dieser Aufgabe zunehmend die Ressourcen (Zeit) zu kürzen mag kurzfristig Erleichterung versprechen, erscheint aber langfristig als ein Spiel mit dem Feuer.

Vor diesem Hintergrund plante das Kernteam, welches den gesamten Prozeß steuert, eine Großveranstaltung unter dem Titel *Reden – Verständnis – Erfolg* mit dem Schwerpunktthema *Führung*. Führung, ihre Vielfalt, ihre Problematik, ihre individuelle Ausprägung, ihre Bedeutung sollten spürbar werden. Es ging hier primär nicht um Lösungen oder um das „Verkaufen" irgendwelcher Idealmodelle, sondern vielmehr um ein gemeinsames Erleben. Es ging vor allem – ganz banal – darum, miteinander über das Thema zu reden, einander besser zu verstehen, ein gemeinsames Selbstverständnis zu entwickeln.

Auch in diesem Unternehmen sind die zunehmende Arbeitsüberlastung und der stetig wachsende Zeitdruck – als Folgen des Arbeitsplatzabbaus und der Verflachung der Hierarchie – allgegenwärtige Themen. Die Distanz zwischen Mitarbeiter und Vorgesetztem, unter Kollegen, zwischen Arbeitern und Angestellten scheint in vielen Fällen größer zu werden, statt sich zu verringern. Dennoch verfolgen wir ein Modell, in dem Kommunikation über und zwischen allen Ebenen eine zentrale Rolle spielt, und wir wissen, daß eine solche Kommunikation der Weg zu gemeinsamem Lernen ist. In dieser Situation müssen gezielt „Räume" geschaffen werden, die Begegnungen, Austausch, Kennenlernen, den Abbau von Vorurteilen etc. – mit einem Wort: Lernen – ermöglichen. Es geht also um die Gestaltung eines solchen Raums. Führungskräfte und Nicht-Führungskräfte sollen einander begegnen und sich zum Thema *Führung* in ihrem Unternehmen auseinandersetzen. Erwartungen an die Führung aus den unterschiedlichen Perspektiven sollen beleuchtet werden.

Eingeladen wurden zur Großveranstaltung, die in einer großen Kantine auf dem Werksgelände stattfand, ca. 500 Mitarbeiter, zu gleichen Anteilen Führungskräfte und Mitarbeiter ohne Führungsverantwortung. 400 Mitarbeiter leisteten der Einladung Folge.

Im Rückblick können wir sagen, daß wir mit dieser Veranstaltung recht genau die Erwartungen der Organisation getroffen haben. Im Verlauf des Vormittags hatten wir gleichzeitig ungefähr 50 gemischte Kleingruppen an der Formulierung ihrer Erwartungen an „Führung" arbeiten lassen und sie gebeten, diese in Form von Thesen auf Pinnwände zu schreiben. Das Ergebnis dieser Gruppenarbeiten war so einfach wie überwältigend: Auf beinahe allen Pinnwänden stand an oberster Stelle das Bedürfnis, Zeit zum Reden, zum Verstehen, zum Austausch zu haben. Es wurde offensichtlich ein Grundbedürfnis der anwesenden Mitarbeiter angesprochen. Sie hatten Zeit zum Austausch, und sie fühlten sich ernst genommen.

Die Kommunikation leidet in den meisten Unternehmen und Organisationen zunehmend. Gleichzeitig sprechen wir von dem Wissen, das auf Kommunikation aufbaut, als Produktivitätsfakor und Wettbewerbsvorteil. Es wird Zeit, daß wir uns dieses Widerspruchs annehmen und beginnen, Kommunikation in den Organisationen professionell zu institutionalisieren.

Die Veranstaltung

Kurzbezeichnung: Reden – Verständnis – Erfolg
Ein Dialog zwischen 400 Mitarbeitern
Designer: Uwe Cichy et al.
Suchbegriff: Führung
Stichwörter: Führung
analog
Zielsetzung: Distanz und Vorurteile zwischen Arbeitern und Führungskräften abbauen
Dialoge ermöglichen
Führungskräfte sensibilisieren

Zeitrahmen: 4 Stunden (Nicht länger! Nach 4 Stunden Stehen sind die meisten Teilnehmer müde.)
Teilnehmeranzahl: unbegrenzt
Räumliche Erfordernisse: Plenarraum (ohne Bestuhlung)
Hilfsmittel: Mikrofonanlage
Flipcharts
Pinnwände
Moderationskoffer, Schreibwerkzeug
Anmerkungen zur Wirkungsweise: Als solitäres Ereignis ist eine solche Veranstaltung wenig sinnvoll. Sie sollte in einen Gesamtprozeß – ähnlich dem beschriebenen Projekt – eingebettet sein oder in eine bestehende Kommunikationsarchitektur innerhalb des Unternehmens.

Kurzbeschreibung des Interventionsablaufs

Grundlegende Aussage: Mit einer so gelagerten Veranstaltung wird keine konkrete Zielsetzung im Sinne eines definierten Outputs oder zu erreichenden Wissensstands der Teilnehmer verfolgt. Es geht um die Sensibilisierung aller Teilnehmer zu einem Thema von übergreifender Relevanz, um das individuelle Erspüren der eigenen Verantwortung.

1. Schritt   15 Min.
Begrüßung, Einführung in das Thema und den Ablauf der Veranstaltung durch den Projektleiter.

2. Schritt   30 Min.
Das Thema *Führung* wird aus der Perspektive der drei oben beschriebenen Schwerpunktthemen in Form von gespielten Sketches aufgearbeitet. Die „Schauspieler" sind Mitarbeiter des Unternehmens. Es geht um die „chinesische Mauer" (Unterbindung des Informationsflusses im Verlauf des Reengineeringprozesses), die Übersetzung der Managersprache in ein verständliches „Hüttendeutsch" (Umgangssprache) und um das Thema *Zeitnot*. Nicht alle Sketches sprechen alle Anwesenden gleichermaßen an, aber jeder kann sich in einem der Sketches wiederfinden.

3. Schritt   10 Min.
Das Plenum wird gebeten, sich in zwei Gruppen – Führungskräfte und Nicht-Führungskräfte – im Raum aufzuteilen. (Aha-Effekt: Viele Gruppen-, Schicht-, Teamleiter etc. definieren sich *nicht* als Führungskräfte.)

4. Schritt 10 Min.
Nun werden alle Anwesenden gebeten, sich entlang einem imaginären Kontinuum von „sehr gut" (++) bis „sehr schlecht" (–) im Raum zu positionieren. Kriterium ist der persönliche Eindruck bezüglich der Art und Weise, *wie* man geführt wird. (2. Aha-Effekt: Die Gruppe der Führungskräfte positioniert sich tendenziell deutlich positiver als die Gruppe der Nicht-Führungskräfte. Keine einzige Führungskraft gibt ein klar negatives Feedback.)

5. Schritt 15 Min.
Aus dieser Positionierung heraus werden nun die Teilnehmer gebeten, paarweise (je eine Führungskraft und eine Nicht-Führungskraft) aufeinander zuzugehen und sich gegenseitig zu interviewen. Fragestellung: „Was erwarte ich mir von Führung?"

6. Schritt 30 Min.
Je vier Paare bilden nun eine Arbeitsgruppe mit der Aufgabenstellung, drei bis vier zentrale Thesen zum Thema *Führung* zu bilden und diese auf Pinnwänden zu visualisieren.

7. Schritt 10 Min.
Die Moderatoren gehen mit den Mikrofonen ins Plenum und holen ein paar Stichproben zu den Gruppenarbeiten ab.

8. Schritt 60 Min.
Einladung zu Kaffee, Getränken etc. Die Arbeitsgruppen werden gebeten, zumindest zu Beginn dieser Sequenz noch zusammenzubleiben, gemeinsam den „Thesenwald" zu besichtigen und weiterzudiskutieren. Parallel dazu haben die Mitarbeiter des Gesamtprojekts *Erfolgsfaktor Zusammenarbeit* im Raum verschiedene „Marktstände" aufgebaut, die über den aktuellen Stand, die heißen Themen sowie den weiteren Verlauf des Projekts berichten.
Die Teilnehmer sind eingeladen, sich in Eigenorganisation die Informationen zu besorgen, die sie haben möchten.

9. Schritt 10 Min.
Rückführung der Aufmerksamkeit ins Plenum über stichprobenhafte Blitzlichter auf die aktuellen Eindrücke einiger Teilnehmer.

10. Schritt 15 Min.
40 Führungskräfte (die gesamte erste Berichtsebene) sprechen eine Einladung an 40 Arbeiter aus, jeweils gemeinsam einen Arbeitstag am Arbeitsplatz der Führungskraft und einen Arbeitstag am Arbeitsplatz des Arbeiters zu verbringen.

11. Schritt:
Abschluß des formellen Teils durch den Projektleiter und Einladung zu einem gemeinsamen Imbiß.

27 Auf dem Weg zum Klassenbesten

Christian Partner

1. Ausgangslage

Der Leiter eines österreichischen beruflichen Bildungszentrums hält es für „not-wendend", einen Organisationsentwicklungsprozeß einzuleiten. Hauptziel ist es, ein berufliches Bildungszentrum zu entwickeln, das einerseits den Anforderungen an ein höchst professionell geführtes Unternehmen (Marketing, Controlling, geklärte und gelebte Funktionen, Abläufe, Aufbaustruktur, Disziplin, Projektorientierung usw. – dies sind die Leistungsprozesse einer Organisation) gerecht wird. Andererseits sollen kraftvolle Entwicklungsprozesse im Rahmen der im pädagogischen Konzept definierten fünf Zielbereiche im Kontext von Selbstorganisation und Prozeßhaftigkeit ermöglicht und gefördert werden; diese Zielbereiche sind: 1. berufliche und persönliche Orientierung, 2. soziales Lernen, 3. Qualifizierung, 4. Integration in die Arbeitswelt

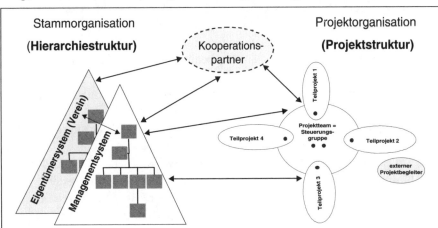

Stammorganisation: Differenziert nach **Eigentümersystem (Verein) und Managementsystem.** Für beide gilt: schlank, klar, effizient auf Basis der sieben Wesenselemente einer Organisation (Identität, Ziele und Strategien, Funktionen und Kompetenzen, Sachmittel, Abläufe, Menschen-Gruppen-Beziehungen, Strukturen).

Projektorganisation: A: Standardprojekte (Kurse), **B:** Entwicklungsprojekte (OE-Prozeß, ISO-9001, Entwicklung von neuen Kursen und Seminaren usw.)

Kooperationspartner: In diesem Pool sind **1.** ausgewählte Partner (Trainer), die in Projekte mit klaren Aufträgen und Kontrakten eingebunden werden, und **2.** Partner, die das Unternehmen fördern und unterstützen und 5. psychosoziale Stabilisierung. Sowohl Leistungs- als auch Entwicklungsprozesse sollen künftig im Rahmen eines Qualitätsmanagementsystems nach der neuen Norm ISO 9001 CD2 2000 gesteuert und evaluiert werden. Das Bildungszentrum ist nach österreichischen Vereinsprinzipien organisiert. Die nachfolgende Abbildung zeigt die wesentlichen Strukturelemente des Projekts.

Der Leiter und Mitbegründer des Unternehmens ist ein visionärer Denker, der „rund um die Uhr" arbeitet, denkt, entwickelt und weiterentwickelt. Sein Prinzip lautet, übertragen auf das Unternehmen: „Best of Class". Dies bedeutet weniger, eine Elite auszubilden, als vielmehr, die Fähigkeiten und Ressourcen eines jeden einzelnen (Führungskräfte, Mitarbeiter, Trainer, Auszubildende) optimal zu fördern und zu fordern.

2. Hypothesen zum Projekt

Aufgrund der Analyse/Diagnose ergeben sich folgende Hypothesen (Auszug aus dem Hypothesenkatalog):

- Die Identität des Unternehmens ist nicht klar. (Schule, Betrieb, Bildungszentrum oder was?)
- Die Vermischung/Verwechslung von Managementsystem und Eigentümersystem (Verein) und die damit verbundenen nicht geklärten Funktionen führen zu offenen und verdeckten Konflikten
- Funktionen und Kompetenzen sind nicht geklärt und werden ständig verändert. Der Unternehmensleiter arbeitet in seiner Leitungsfunktion „ehrenamtlich".
- Aufbau- und Ablauforganisation (Leistungsprozesse) sind nicht effizient gestaltet.
- Eine außerordentlich hohe Einsatzbereitschaft der Leitungskräfte und des Pioniers.
- Ein pädagogisches Konzept, daß innovative und neue Wege in der Ausbildung/Weiterbildung von Lehrlingen und Facharbeitern vorsieht.
- Immer wieder formulierte und eingeforderte Begriffe wie Disziplin, Pünktlichkeit, Ordnung, Zeit werden von der Leitung nicht wirklich vorgelebt.
- Wenig Kontakt und Kommunikation zwischen den Abteilungen/Bereichen.
- Wenig Einbezug der internen Kunden (Lehrlinge, Facharbeiter) in das System.
- Das System ist stark innenorientiert. Wenig Kontakt mit der Außenwelt, das heißt mit der Wirtschaft, der Gesellschaft usw.

- Eine eher destruktive Haltung bei Problemlösungen und damit verbunden lange und energieraubende Diskussionen. Gerne begibt man sich auf die Suche nach Sündenböcken.

3. Projektarchitektur für das erste Jahr

Der Auszug aus dem Hypothesenkatalog hat die besondere Herausforderung an das Projekt verdeutlicht. Wahrnehmend, daß es eine idealere Vorgangsweise gäbe (Einzelarbeit mit dem Leiter, Führungskräfteentwicklung, differenzierende Arbeit am Eigentümersystem/Managementsystem), habe ich mich entschlossen, im ersten Entwicklungsjahr das klar definierte Hauptziel des Unternehmensleiters (Zertifizierung nach der ISO-Norm) zu bearbeiten und dann im Folgejahr den Schwerpunkt auf die Weiterentwicklung der Führungskräfte und Mitarbeiter sowie die Ordnungsprinzipien von Vereinssystemen zu legen. Die Konzentration auf die ISO-Zertifizierung erfolgt hauptsächlich aus strategisch-wirtschaftlichen Gründen (Evaluation durch die Geldgeber).

Auftragsgemäß sollen aber schon im ersten Jahr des Prozesses wesentliche Prinzipien der systemischen Organisationsentwicklung implementiert werden. Abgeleitet aus diesen Vorgaben ergibt sich für das erste Jahr folgende Projektarchitektur (siehe unten).

Nachfolgend wird die Großgruppenklausur als wesentlicher Teil des Organisationsentwicklungsprozesses näher beschrieben.

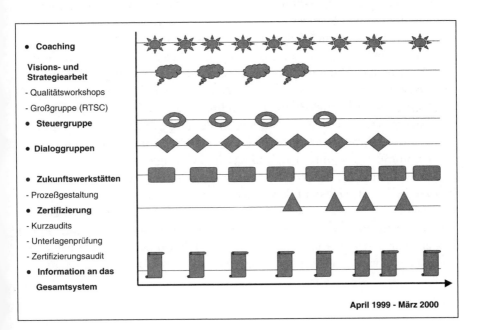

4. Die RTSC-Klausur (Real Time Strategic Change)

An dieser Stelle möchte ich festhalten, wie wichtig die bisherigen Arbeiten mit dem Unternehmen waren (Orientierungsgespräche, Contracting, Projektumfeldanalyse, Entwickeln von Projektstrukturen, Kick-Off-Klausur, Informationsmarkt), um zu der gewählten Vorgehensweise (Design) für die Großgruppenveranstaltung zu kommen. Speziell der Informationsmarkt war sehr wichtig. Diese Abendveranstaltung war ebenfalls als Großgruppenveranstaltung konzipiert. Dabei haben 50 Menschen an inhomogen zusammengesetzten Achter-Tischen das Unternehmen in Verbindung mit dem Begriff *Qualität* dargestellt und diskutiert. Die Darstellung erfolgte durch den Einsatz von Playmobilfiguren, Holzfiguren sowie Buntstiften. Über eine Videoanlage wurden dann die einzelnen Bilder auf eine große Leinwand projiziert und erläutert. Meine bisherigen Erfahrungen mit Großgruppenveranstaltungen (ca. 30) basieren alle auf vier Grundkonzeptionen: Zukunftskonferenz, RTSC-Konferenz, Open Space, Community Building. Für die Arbeit mit dem Bildungszentrum schien mir die RTSC-Konferenz als Grundkonzept geeignet, da es eine Vision des Unternehmensleiters gab.

5. Grundlegende Aussagen

Bei der RTSC-Klausur handelt es sich um eine Großgruppenveranstaltung, in der weniger neue Ziele und Strategien erarbeitet werden, in der vielmehr vor allem die von der Unternehmensleitung entwickelten Visionen, Strategien, Ziele und Programme überprüft und weiterentwickelt werden, um einen Entwicklungsprozeß auf möglichst breiter Basis zu starten. Wichtig ist es, das „Gesamtsystem" in einen Raum zu holen. Es sollen aber auch Unternehmensexterne (Kunden, Lieferanten, Partner usw.) zur Klausur eingeladen werden, die wertvolle Impulse einbringen. Die Beteiligten lernen und arbeiten an abwechselnd homogen/inhomogen zusammengesetzten Tischen miteinander und entwickeln die von der Unternehmensleitung „vorgegebene" Strategie (Leitplanken) gemeinsam weiter. Die Ist-Situation wird in den ersten Arbeitsschritten umfassend untersucht und damit die Dringlichkeit von Veränderungen bewußtgemacht. Externe bringen wichtige Impulse ein. In den nächsten Phasen der Klausur entsteht durch einen Dialog über Ziele, Werte und Veränderungen, welche die Unternehmensleitung wünscht, und durch die gemeinsame Überarbeitung derselben die erforderliche Identifikation damit. In den letzten Schritten werden sehr operative Maßnahmen auf Unternehmens-, Abteilungs- und individueller Ebene erarbeitet und deren Umsetzung geplant.

6. Ablauf und persönliche Erfahrungen

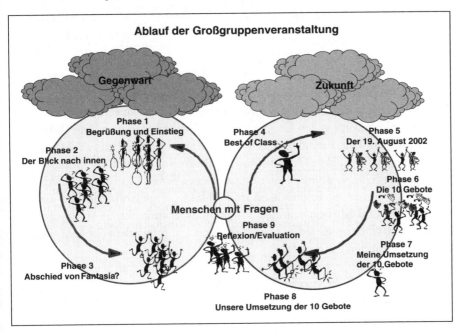

Phase 1: Begrüßung und Einstieg

Kurze Begrüßung durch den Unternehmensleiter mit dem Hinweis auf Hintergrund und Ziele der Veranstaltung. Zu diesem Zeitpunkt sitzen alle Teilnehmerinnen und Teilnehmer in homogenen Gruppen zusammen; das gibt offensichtlich Sicherheit in einem Raum mit so vielen Menschen. Bei der Übergabe des Mikrophons und den dabei gesprochenen Sätzen (kleines Ritual) wird deutlich, wie wichtig Vertrauen und Wertschätzung zwischen Unternehmensleitung und Berater sind.

Nach einer kurzen persönlichen Vorstellung stellen wir (2 Berater) im folgenden den „roten Faden" (Zeit, Ziele, Funktionen, Empfehlungen für das Arbeiten in Gruppen) für die zwei Tage vor. Nun erfolgt ein „Rundgang durch die Vier-Zimmer-Wohnung" (Zimmer der Zufriedenheit, Zimmer der Verleugnung, Zimmer der Verwirrung und Zimmer der Erneuerung), untermauert mit ein paar Erlebnissen aus anderen Prozessen; nach dem Hinweis, daß wir in diesen zwei Tagen jedes Zimmer aufsuchen werden und dies „normal" ist, erfolgt der eigentliche Beginn.

Mir ist es sehr wichtig, an dieser Stelle für eine konstruktive Grundhaltung zu sorgen. Dieser ganz besondere „Spirit" läßt sich gut durch eine passende Geschichten wecken. Hier erschien mir eine Geschichte, die ich von Stephen Gilligan, einem Schüler von Milton Erickson, gehört habe, sehr gut geeignet.

Darin geht es darum, daß sich jeder der Anwesenden entscheiden kann, ob er sich in diesen zwei Tagen als Kerzenauslöscher/Verhinderer oder Kerzenanzünder/Förderer von Ideen, Projekten usw. betätigen will; das heißt, es liegt in der Selbstverantwortung jedes einzelnen, ob wir morgen um 17.30 einen Raum voller Licht oder voller Dunkelheit verlassen.

Phase 2: Der Blick nach innen (Analyse und Diagnose)
Erste Verwirrung entsteht, als wir beginnen, die Tische durchzumischen. Alle sitzen jetzt in inhomogenen Gruppen an den Tischen. Aufgrund der bisherigen Arbeit mit dem Unternehmen und unseren Hypothesen haben wir 11 Schwerpunktthemen formuliert: 1. Identität, 2. Disziplin, 3. Umgang miteinander/Verhaltensregeln, 4. Kundenorientierung/Serviceorientierung, 5. Funktionen und Kompetenzen, 6. Information und Abläufe, 7. Ausbildung und Lernen, 8. Mitarbeit und Mitbestimmung, 9. Qualitätsbewußtsein, 10. Organisation, 11. Marktorientierung. Jedes Thema wurde nach folgendem Schema von den einzelnen Gruppen bearbeitet:

- Bestimmen Sie je einen Moderator/Schreiber, Zeitnehmer und Sprecher.
- Achten Sie auf die vorgegebenen Zeiten!
- Wenn ich daran denke, wie wir miteinander umgehen und welche offiziellen und inoffiziellen Verhaltensregeln es bei uns gibt – was macht mich dabei froh, was traurig, was wahnsinnig?
- Einigen Sie sich zunächst auf eine Arbeitsdefinition für dieses Thema, und schreiben Sie diese auf ein Flip. Es soll damit erreicht werden, daß Sie am Tisch über das gleiche Thema reden.
- Sammeln Sie dann alle Antworten auf Flipcharts, und fassen Sie danach die jeweils 3–5 wichtigsten Punkte zu Froh (☺) – Traurig – (☹) – Wahnsinnig (☹) auf einem Flipchart (9–15 Punkte untereinander) zusammen. Lassen Sie rechts einen etwa 10 cm breiten Rand für die spätere Abstimmung.

Führungskräfte, Mitarbeiter, Lehrlinge, Facharbeiter, Trainer und Kunden an einem Tisch – was vor acht Wochen noch unmöglich schien, ist plötzlich möglich: In 30 Minuten entsteht eine lebendige Diagnose des eigenen Unternehmens. Der Großteil der Präsentationen erfolgt durch Lehrlinge und Facharbeiter.

Eine bewegende Phase, wenn Menschen, für die Moderation, Rhetorik, Präsentationstechnik usw. „Neuland" ist, aufstehen und vor 80 anderen Menschen sprechen. Eine Erfahrung, die wir bei Großgruppenveranstaltungen immer wieder gemacht haben, wird auch hier wieder deutlich spürbar: Was bewegt, ist Authentizität und nicht Technik. Nach den Präsentationen bekommt jeder Klebepunkte und punktet dort, wo es ihm am dringlichsten erscheint, etwas zu verändern.

Phase 3: „Abschied von Fantasia" (die externe Situation)

Die bisherige Verlauf des OE-Prozesses hat deutlich werden lassen, daß das Unternehmen sehr innenorientiert ist. Deshalb ging es uns in dieser Phase darum, dieses Muster der starken „Innenorientierung" konstruktiv zu stören. Dazu haben wir drei Externe aus den Bereichen Politik/Gesellschaft, Arbeitsmarkt und Wirtschaft/Unternehmen eingeladen, die Impulsvorträge halten sollten. Die Impulse bezogen sich auf drei unterschiedliche Ebenen und standen alle unter dem Motto „Abschied von Fantasia?"

- Impuls 1: Integration der Lehrlinge, Facharbeiter und Absolventen des Unternehmens in die Außenwelt (gesellschaftliche Realität, Arbeitsweltrealität).
- Impuls 2: Trends und Entwicklungen am Arbeitsmarkt und Anforderungen (Chancen und Risiken) für Lehrlinge, Facharbeiter und Absolventen des Unternehmens am (österreichischen/europäischen) Arbeitsmarkt.
- Impuls 3: Anforderungen von Unternehmen an Mitarbeiter, speziell Lehrlinge, Facharbeiter und Absolventen des Unternehmens.

Nach den Impulsen wurde in inhomogenen Gruppen diskutiert sowie die wesentlichen Ergebnisse zusammengefaßt und präsentiert. In dieser Phase haben wir gemerkt, wie wichtig die Entscheidung war, externe Impulse einzubringen. Die Impulse waren aber von sehr unterschiedlicher Qualität – und dies war dementsprechend auch die Reaktion darauf. Hilfreicher wäre es gewesen, mit den externen Referenten vorab ein exakteres Briefing (schriftlich) vorzunehmen. Dies ist natürlich auch immer eine Frage des Aufwands.

Phase 4: „Best of Class" (die Vision des Unternehmensleiters)

Nach der Analyse und Diagnose sowie dem Blick nach außen erfolgte nun der Auftritt des Unternehmensleiters. Er ist die zentrale Figur im Unternehmen: ein Pionier, der es durch seine visionäre Kraft und Zähigkeit erreicht hat, daß dieses Unternehmen aufgebaut wurde. Wie jeder Pionier hat er visionäre Vorstellungen und kann damit begeistern, aber auch – speziell in bezug auf Tempo/Zeit – überfordern (auch sich selbst). Es war auch nicht ganz einfach, ihn in der Vorbereitungsphase zur Großgruppenveranstaltung zu bewegen, seine Vorstellungen in zehn Leitsätze zu formulieren und in eine Präsentation zu verpacken. Besonders hilfreich war dabei die sehr engagierte interne Projektleiterin, die immer wieder „nachgesetzt" und einfordert hat.

Wie sprunghaft und schnell der Unternehmensleiter ist, wird dadurch verdeutlicht, daß er seine Präsentation aufgrund der Erkenntnisse aus den Phasen 1–3 kurzfristig verändert hat. Das heißt, er hat während der Veranstaltung (in den Pausen) mit zwei Mitarbeitern seine Präsentation aktualisiert und erweitert. Die Präsentation der Vision und der Leitsätze im Sinne von „Best of

Class" war dann sehr kraftvoll und klar. Nach dieser Präsentation haben die einzelnen Gruppen (homogene Gruppen) die Leitsätze überarbeitet und die Ergebnisse vorgestellt. Damit war auch der erste Tag für fast alle zu Ende. Für den Unternehmensleiter und die Führungskräfte gab es von uns den Auftrag, die Leitsätze zu überarbeiten, die vielen Wünsche und Verbesserungsvorschläge zusammenzufassen und ihnen eine Form zur Weiterbearbeitung zu geben. Am nächsten Morgen wurden dann die überarbeiteten Leitsätze (diesmal in Form einer Gruppenpräsentation des Unternehmensleiters und der Führungskräfte) vorgestellt. Außerdem wurden die konkreten Vorschläge des Vortages in vier Projekte formiert, die in nächster Zeit gestartet werden sollten.

Leitsätze des Unternehmens (Auszug)
1. Das Unternehmen strebt *Best of Class* nach den Möglichkeiten jedes einzelnen an.
2. Im *Mittelpunkt des Unternehmens* steht die *Partnerschaft* in der Zusammenarbeit zwischen Auszubildenden und AusbilderInnen/TrainerInnen.
3. Wir bieten Arbeitsplätze für *exzellent qualifizierte* (fachlich und persönlich) AusbilderInnen/TrainerInnen und bieten die Bedingungen für die Umsetzung dieser exzellenten Qualifikationen.
4. Wir ermöglichen unseren *MitarbeiterInnen* und TrainerInnen die permanente fachliche und persönliche *Weiterentwicklung*.
5. Wir *Auszubildenden* sind *für unser Leben selbst verantwortlich*, die AusbilderInnen/TrainerInnen sind unsere Partner.
6. Ziel unserer Arbeit ist die *Fit-Machung unserer Kunden* (= Auszubildenden) für den angestrebten Beruf in der realen Arbeitswelt.
7. Wir erreichen die *optimale Rendite* der zur Verfügung gestellten *öffentlichen Finanzmittel*.

Phase 5: der 19. August 2002
Nachdem die Leitsätze verbindlich „festgeschrieben" waren, ging es nun darum, mit analogen Methoden (eine Rede, ein Lied, eine schauspielerische Darstellung, ein Sketch, ein Märchen, ein Zeitungsbericht usw.) so zu tun, als ob die Leitsätze schon umgesetzt/gelebt würden:

Versetzen Sie sich in das Jahr 2002. Angenommen, es ist der 19. August 2002, und die Leitsätze im Sinne von „Best of Class" sind umgesetzt. Wie zeigt sich das / fühlt, hört, sieht sich das an / riecht, schmeckt das / ist das organisiert...?

Die einzelnen Gruppen hatten nun in eigens dafür adaptierten Räumen 80 Minuten Zeit, eine entsprechende Präsentation vorzubereiten. Die Präsentationen waren ein Feuerwerk an Kreativität, Professionalität, Witz und Energie. Deutlich wurde uns an dieser Stelle aber auch, daß in manchen Gruppen die eigentlichen Hauptdarsteller (Lehrlinge, Facharbeiter, Mitarbeiter) dieser zwei Tage wenig Platz fanden; dieser wurde von Externen und Führungskräften eingenommen.

Phase 6: die 10 Gebote
Nach kreativen und energievollen Inszenierungen, in denen viel gelacht wurde, sollten nun erste Aktionen zur Umsetzung entwickelt werden. Dazu gab es folgenden Auftrag:

> *Erarbeiten Sie für Ihren Bereich (Lehrlinge, Facharbeiter, Leitung, Trainer, Mitarbeiter...) „10 Gebote", und bereiten Sie dazu eine Präsentation auf Flipcharts vor. In diesen Geboten soll zum Ausdruck kommen, welche Leitsätze speziell für Ihre Gruppe besonders wichtig sind, wenn die Vision des Unternehmens umgesetzt/gelebt werden soll. Die Gebote sollen eine Konkretisierung der Vision sein. „Was bedeutet zum Beispiel der Punkt 7 auf der Liste der Leitsätze für Ihren Arbeitsbereich?" Die Gebote dürfen auch Zahlen enthalten. Zum Beispiel: Wir beginnen mit dem „EDV-Training" pünktlich um 8.00 Uhr. Formulieren Sie die Gebote in ganzen Sätzen, in denen „wir" und ein Verb vorkommen.*

Die Leitsätze als eine Art Leitplanken vor Augen, entwickelten die einzelnen Bereiche/Abteilungen sehr konkrete Ideen und Vorschläge. Wir waren erstaunt, wie funktionsbewußt speziell die Lehrlinge und die Facharbeiter nach eineinhalb Tagen „Kopfarbeit" leisteten.

Phase 7: Meine Umsetzung der 10 Gebote
In dieser Phase haben wir die Gruppen wieder gemischt (inhomogen). Nach den aufregenden Minuten vorher haben wir die gesamte Gruppe zu einem kleinen Experiment eingeladen (Augen schließen und 3 Minuten total ruhig sein; für die Lehrlinge im Raum eine große Herausforderung, aber es ist gelungen). Die Verlangsamung des Prozesses an dieser Stelle war der Beginn der wichtigsten Phase dieser Veranstaltung. Wir waren sehr gespannt und neugierig, denn jede/r sollte für sich erste ganz konkrete Taten und/oder Aktionen entwickeln, wie er/sie die vorher formulierten Gebote umsetzen wird. Während der nächsten 15 Minuten war es sehr ruhig im Raum. Jeder war in seinen individuellen Entwicklungsprozeß vertieft. Was danach folgte, war wunderbar. Jede/r hat mindestens über eine Aktion, ein Beispiel anderen (nicht besseren!) Verhaltens, eine Tat usw. berichtet, die er/sie tun wird.

Es wurden kleinere und größere Schritte zur Umsetzung der Leitsätze und damit auf dem Weg zu „Best of Class" getan. Am beeindruckendsten war an dieser Stelle, zu erleben, wie sich die einzelnen Menschen „gezeigt" haben. Eigentlich wäre dies schon ein sehr schöner Abschluß gewesen. In der folgenden Pause haben wir Berater auch intensiv diskutiert, ob wir unser ursprüngliches Design, das sich bisher sehr bewährt hatte, auch für den letzten Schritt beibehalten oder den Prozeß an dieser Stelle mit einer Reflexion abschließen sollten. Wir haben uns schließlich entschieden, wie vorgesehen noch einen Prozeßschritt zu gehen. Uns war zu diesem Zeitpunkt klar, daß dies eine Gratwanderung sein würde.

Phase 8: Unsere Umsetzung der 10 Gebote
Für die vorletzte Phase haben wir wiederum die Zusammensetzung der Gruppen verändert. Gleichzeitig sind wir von der Ich-Ebene auf die Wir-Ebene gewechselt. Zu diesem Zeitpunkt war „Widerstand" im System spürbar und hörbar. Als wir dann noch Auftrag erteilten:

„Jede Abteilung/jeder Bereich erarbeitet für sich ganz konkrete Taten und Aktionen zur Umsetzung der 10 Gebote",

war die Verwirrung groß. Durch eine Intervention („im Widerstand baden") im Plenum und einige kleine Interventionen an den Tischen wurde jedoch den Betroffenen innerhalb kurzer Zeit deutlich, wie wertvoll dieser Schritt noch war: In den Ergebnissen der einzelnen Abteilungen fanden sich viele kleine und größere Aktionen und Taten zur Umsetzung der Gebote.

Phase 9: Reflexion/Evaluation
Mit einem „Sesselbarometer" haben wir die zwei Tage beendet. Alle haben auf den Sesseln gestanden, oder zumindest davor – in Verbindung mit den Wortmeldungen ein schönes Feedback.

7. Resümee und Ausblick

14 Tage nach der Veranstaltung gab es eine Reflexion mit den Führungskräften. Es war schön zu hören, daß im Bereich der Lehrlinge und Facharbeiter offensichtlich eine wesentliche Verhaltensänderung stattgefunden hat. Die Ausbilder konnten plötzlich „normal" mit den Auszubildenden kommunizieren. Disziplin schien eine Selbstverständlichkeit zu sein. Bei Abweichungen gegen die „10 Gebote" erfolgte eine wertschätzende „Erinnerung" durch die Kolleginnen bzw. Kollegen. Eine Vielzahl konkreter Sofortmaßnahmen (Lehrlingsparlament, Trainerstammtisch usw.) wurde bereits umgesetzt, und Projekte (Gruppensupervision, Theatergruppe, Kommunikation, Ausbildungs-

kontrakt mit laufender Evaluierung usw.) wurden neben dem OE-Prozeß mit seinen Zukunftswerkstätten gestartet. In die bislang vier Zukunftswerkstätten wurden Lehrlinge und Facharbeiter miteinbezogen. Nach der Zertifizierung soll eine neue Zukunftswerkstatt starten (Leiten-Lernen in lernenden Systemen). Die Begriffe *Best of Class* und *ISO 9001* wurden von jedem im Unternehmen gleich verstanden. In der Reflexion wurde vereinbart, zukünftig mehrmals pro Jahr konstruktive Dialogrunden in Form von Großgruppenveranstaltungen zu veranstalten. Ein erster Schritt dazu war eine *eintägige Open-Space-Konferenz* (Fokus: „Das Unternehmen bekommt Füße") mit 110 Teilgeberinnen und Teilgebern, fünf Monate nach der RTSC-Klausur. „Schmetterlinge und Bienen" (Funktionsbezeichnung für die Teilgeberinnen und Teilgeber* einer Open-Space-Konferenz) schwärmten an diesem Tag durch Räume und Gänge des Unternehmens. Der Geist der Veranstaltung vom August wurde (wieder-)belebt und Neues angestoßen. Die nächste Großgruppenveranstaltung wurde schon terminiert. Die Stimmung bei Lehrlingen, Facharbeitern, Mitarbeitern und Führungskräften ist konstruktiv und entwicklungsorientiert, eine gute Basis für den OE-Prozeß. Die Ergebnisse der beiden Großgruppenveranstaltungen sind wertvoller Teil des ISO-Qualitätshandbuches, ebenso wie die nun regelmäßig stattfindenden Open-Space-Konferenzen ein wesentliches Architekturelement des lernenden Unternehmens auf dem Weg zum „Klassenbesten" sind.

Design
Christian Partner/Harald Rohrmanstorfer. Basis: Kathleen Dannemiller.

Zielsetzung
- Schaffung eines gemeinsamen Verständnisses der Wirklichkeit als Ausgangspunkt für Veränderungsprozesse; das heißt: die komplexe Wirklichkeit des Systems aus jedem Blickwinkel beleuchten und einen Austausch über subjektive Wahrnehmungen stattfinden lassen.
- „Aufrütteln" und eine gemeinsame Informationsbasis schaffen.
- Identifikation mit den Zielen der Unternehmensleitung herstellen.
- Zusammenarbeit zwischen Bereichen und Ebenen verbessern.
- Maßnahmen planen und Konsequenzen ableiten.
- Begeisterung und Bereitschaft für die Mitarbeit an der Zukunftsgestaltung auslösen.
- In einem guten Klima das emotionale Zusammenwachsen der Betriebsgemeinschaft fördern und ein Gefühl der Zusammengehörigkeit erzeugen.

---

* Ich spreche bewußt von TeilgeberInnen statt von TeilnehmerInnen, um zu betonen, daß speziell Großveranstaltungen immer vom „Geben" leben.

- Fokus ist die visionäre, gemeinsame Zukunft, nicht die Analyse und Bearbeitung von (Einzel-)Problemen (ressourcen-, nicht mängelorientiertes Arbeiten steht im Vordergrund).

Zeitrahmen
Dauer: 2–3 Tage.

Teilnehmerzahl
Die Teilnehmerzahl kann 18 und bis 800 und mehr Menschen betragen. Im vorliegenden Fall waren es zwischen 80 und 90 Personen.

Räumliche Erfordernisse/Infrastruktur
- Raumgröße bei 80 Teilnehmern ca. 240m².
- Eine freie Wand von ca. 2 m × 4,50 m.
- Tische (idealerweise rund) mit jeweils 8 Stühlen, Durchmesser 1,70 m.
- Pro Tisch ein Flipchart mit ausreichend Papier.
- 6–10 Pinnwände.
- Pro Gruppe einen Raum und Materialien für Inszenierungen (Vorträge, Sketche, Theater, Märchen usw.).
- 1–3 Schnurlosmikrophone.
- Fotoapparat bzw. Filmausrüstung.

1. Schritt: Beginn (60 Min.)
Begrüßung durch die Unternehmensleitung. Einstieg und Input der externen Berater: „Roter Faden" (Ziele, Zeit, Funktionen, Empfehlungen für das Arbeiten in Gruppen), Sitzordnung (homogen), in Kontakt kommen.

2. Schritt: Die Interne Situation (100 Min.)
Analyse und Diagnose der internen Situation. Elf Schwerpunktthemen wurden aufgrund der bisherigen Arbeit mit dem Unternehmen identifiziert: 1. Identität, 2. Disziplin, 3. Verhaltensregeln 4. Kundenorientierung/Serviceorientierung, 5. Funktionen und Kompetenzen, 6. Information und Abläufe, 7. Ausbildung und Lernen, 8. Mitarbeit und Mitbestimmung, 9. Qualitätsbewußtsein, 10. Organisation, 11. Marktorientierung. Jedes Thema wurde nach folgendem Schema von den einzelnen Gruppen bearbeitet:
- Bestimmen Sie je einen Moderator/Schreiber, Zeitnehmer und Sprecher.
- Achten Sie auf die vorgegebenen Zeiten!
- Wenn ich daran denke, wie wir miteinander umgehen und welche offiziellen und inoffiziellen Verhaltensregeln es bei uns gibt – was macht mich dabei: froh, traurig, wahnsinnig?
- Einigen Sie sich zunächst auf eine Arbeitsdefinition für dieses Thema und

schreiben Sie dieses auf ein Flip. Es soll damit erreicht werden, daß Sie am Tisch über das gleiche Thema reden.
- Sammeln Sie dann alle Antworten auf Flip und fassen Sie danach die jeweils 3–5 wichtigsten Punkte zu Froh (☺) – Traurig (☺) – Wahnsinnig (☻) auf einem Flip (9–15 Punkte untereinander) zusammen. Lassen Sie rechts auf dem Flip einen etwa 10 cm breiten Rand für die spätere Abstimmung.

Zeit: 30 Min. Gruppenarbeit (inhomogene Gruppen), 4 Min. Präsentation pro Gruppe, 20 Min. Punkten/Abstimmen.

3. Schritt: „Abschied von Fantasia?" (120 Min.)
Externe Impulse auf drei unterschiedliche Ebenen:
- Impuls 1: Integration der Lehrlinge, Facharbeiter und Absolventen des Unternehmens in die „Außenwelt" (gesellschaftliche Realität, Realität der Arbeitswelt)
- Impuls 2: Trends und Entwicklungen am Arbeitsmarkt und Anforderungen (Chancen und Risiken) für Lehrlinge, Facharbeiter und Absolventen des Unternehmens am (österreichischen/europäischen) Arbeitsmarkt.
- Impuls 3: Anforderungen von Unternehmen an Mitarbeiter, speziell Lehrlinge, Facharbeiter und Absolventen des Unternehmens.
- Zeit: 3 × 15 Min. Impuls, 3 × 20 Min. Gruppenarbeit (inhomogene Gruppen), 2 Min. Präsentation pro Gruppe/Vortrag.

4. Schritt: „Best of Class" (100 Min.)
- Der Unternehmensleiter präsentiert seine Vision und daraus abgeleitet die 10 zentralen Leitsätze.
- Reaktion/Feedback: Was spricht uns an? Was irritiert uns? Welche konkreten Änderungswünsche haben wir?
- Zeit: 40 Min. Präsentation Unternehmensleiter, 35 Min. Reaktion (inhomogene Gruppen), 5 Min. Präsentation pro Gruppe

5. Schritt: Die neuen Leitsätze I (120 Min.)
- Überarbeitung der Leitsätze durch die Unternehmensleitung am Abend des ersten Tages. Vorbereitung einer Präsentation mit den überarbeiteten Leitsätzen.
- Zeit: 120 Min.

6. Schritt: Die neuen Leitsätze II (60 Min.)
- Präsentation der überarbeiteten Leitsätze durch die Leitungskräfte und den Unternehmensleiter.
- Zeit: 40 Min.

7. Schritt: Der 19. August 2002 (120 Min.)
- Mit analogen Methoden (eine Rede, ein Lied, eine schauspielerische Darstellung, ein Sketch usw.) so tun, als ob die Leitsätze schon umgesetzt/gelebt würden. „Versetzen Sie sich in das Jahr 2002. Angenommen, es ist der 19. August 2002, und alle Leitsätze im Sinne von ‚Best of Class' sind umgesetzt: Wie zeigt sich das, fühlt, hört, sieht sich das an, riecht, schmeckt das, ist das organisiert…?
- Zeit: 80 Min. Vorbereitung (inhomogene Gruppen), 5 Min. Inszenierung je Gruppe.

8. Schritt: Die 10 Gebote (90 Min.)
- In „10 Geboten" soll jede Abteilung/jeder Bereich die Leitsätze des Unternehmens, die sie/ihn betreffen, konkretisieren. Wichtig ist, daß die Gebote in ganzen Sätzen formuliert werden, in denen das Wort *wir* und ein Verb vorkommen. Was bedeutet zum Beispiel der Punkt 7 auf der Liste der Leitsätze für Ihren „Arbeitsbereich". Die Gebote dürfen auch Zahlen enthalten. Zum Beispiel: Wir beginnen mit dem „EDV-Training" pünktlich um 8.00 Uhr.
- Zeit: 35 Min. Vorbereitung (homogene Gruppen), 5 Min. Präsentation je Gruppe.

9. Schritt: *Meine* Umsetzung der „10 Gebote" (90 Min.)
- Jede(r) entwickelt für sich erste Taten und Aktionen, wie er/sie die Gebote umsetzen wird, und präsentiert diese dann im Plenum.
- Zeit: 10 Min. Einzelarbeit, 20 Min. Austausch in Gruppen (inhomogen), 0,5 Min. Präsentation je Teilnehmer.

10. Schritt: *Unsere* Umsetzung der „10 Gebote" (90 Min.)
- Jede Abteilung/jeder Bereich erarbeitet für sich ganz konkrete Taten und Aktionen zur Umsetzung der „10 Gebote".
- Zeit: 30 Min. Gruppenarbeit, 2 Min. Präsentation je Gruppe (homogen).

11. Schritt: Reflexion/Schluß (30 Min.)
Sesselbarometer. Vgl. dazu R. Königswieser & A. Exner, *Systemische Interventionen*, Stuttgart: Klett-Cotta 1998, S. 226 f.

28 Ungleiche Beteiligung und formale Gleichheit in Entscheidungsprozessen

Michael Patak, Alfred Zauner

Zum Ausklang des 20. Jahrhunderts macht der radikale Wandel auch vor Österreichs Schulsystem nicht halt, und unter der Devise „Schulautonomie" soll den einzelnen Schulen die Freiheit, aber damit auch die Verantwortung gegeben werden, sich auf ihren regionalen „Märkten" zu positionieren und zu behaupten.

Die Schülerzahlen sind rückläufig, die Demographie verspricht keine Besserung, und schulfeste und selbstverständlich unkündbare Lehrerinnen und Lehrer bangen plötzlich um ihren Arbeitsplatz. Schulen werden aufgefordert, sich ein eigenes Leitbild zu geben, ihre innere Organisation in Frage zu stellen, aber vor allem auch potentiellen Schülern und deren Eltern ein einzigartiges Angebot zu machen. In dieser Situation ergeht der Ruf auch oder vor allem an die Wirtschaft. Deren Konzepte, Know-how, aber auch deren Geld sind Attraktoren für Lehr- und Direktionspersonal.

Im konkreten Fall ruft uns als Unternehmensberater eine Gruppe engagierter Lehrer und Lehrerinnen eines Wiener Gymnasiums mit etwa 700 Schülern und Schülerinnen und 70 Lehrkräften zu Hilfe. Die Budgets sind äußerst schmal – und damit ist nicht so sehr das Geld, sondern vor allem die Ressource *verfügbare Zeit der Mitarbeiter und Mitarbeiterinnen* gemeint.

Um gemeinsame Themen zu besprechen, stehen dem „Management", also dem Direktor bzw. der Direktorin mit seiner Administration, einige wenige Tage im Jahr – Notenkonferenzen oder Pädagogische Tage – zur Verfügung. Außerhalb dieser Tage ist er/sie auf das freiwillige Engagement einzelner Lehrkräfte angewiesen.

Hintergrund und Ausgangsüberlegungen

Innerhalb des großen Kollegiums einer öffentlichen Schule erfahren wir ein Spannungsfeld zwischen dem „individualistischen" Prinzip des eher geschlossenen Aktions- und Schutzraums der Unterrichtsstunde, in der jede Lehrkraft ihr spezifisches pädagogisches Ethos verwirklicht, und der Erfahrung der Interdependenz des Erfolgs pädagogischen Handelns im sozialen Verbund der Klasse. Die Verfügung und Verantwortung des Gemeinsamen ist an der organisatorisch schwach gerüsteten Spitze (Schulleitung – Administration – Sekretariat) und an den zeitlich und materiell noch schwächer ausgestatteten Zwischenstufen (Klassenvorstände und Fachkuratoren) konzentriert.

Aus dieser Konstellation erwachsen hochgradig kultivierte individuelle Verhinderungspotentiale und nur schwache kollektive Bewegungspotentiale, wenn es um die Umsetzung von Veränderungsinitiativen geht, die über die Ebene der formalen administrativen Steuerungs- und Kontrollrechte des Schulleiters hinausgehen.

Unser Beratungsprojekt bestand im wesentlichen aus drei über das Schuljahr verteilten, jeweils halbtägigen Klausuren und dazwischen stattfindender Projektarbeit. Um eine grobe Vorstellung des gesamten Ablaufs zu vermitteln, sei hier eine knappe Chronologie dargestellt:

Herbst Startklausur, Definition von Projektthemen, Zuordnung von freiwillig Engagierten zu den jeweiligen Themen. (Wir eröffneten 3 Kategorien: Will mich engagieren / Bin interessiert, aber mit begrenztem Engagement / Kann oder will zur Zeit nicht aktiv mitarbeiten.)

Herbst/Winter Arbeit in 7 Subprojekten (z. B. Konferenzgestaltung, Hilfestellung für Schüler, Informationsfluß, Schulbibliothek).

Mitte des Schuljahrs Zwischenklausur; Präsentation und Bewertung bzw. Diskussion von Zwischenergebnissen.

Frühling Weiterarbeit in den Projekten.

Frühsommer Entscheidungs- bzw. Umsetzungsklausur; Entscheidung über konkrete Ergebnisse aus Projekten und Umsetzungsplanung.

Wir wollen in diesem Beitrag nun über Design und Auswirkungen einer Schlüsselszene aus der Zwischenklausur berichten.

Zielsetzung der Moderationsüberlegungen

Im Spannungsfeld von Veränderung und Bewahrung wollten wir uns – wenn auch von den Veränderungswilligen ins Projekt geholt – organisationspolitisch neutral positionieren. Zugleich war es unser Anliegen, den Unterschied, was Engagement und Zeit- sowie Arbeitsaufwand für eine gemeinschaftliche Aufgabe betraf, in nicht bewertender Abstufung im Plenum sichtbar zu machen. Nicht jeder konnte oder wollte sich an den zeitlich aufwendigen Entwicklungs- und Konzeptionsarbeiten der einzelnen Arbeitsgruppen beteiligen.

Die abgestufte Differenzierung des aufgewendeten Arbeitseinsatzes sollte durch die räumliche Positionierung im Plenum sichtbar gemacht werden, so daß jederzeit hinter der inhaltlichen Argumentation auch die unterschiedliche Beteiligungsintensität bezüglich des kollektiven Entwicklungsprozesses erkennbar sein sollte. Damit hofften wir, defensiv orientierte Verhinderungs- und Blockadetaktiken in ihrer Wirkung einzugrenzen, ohne formal gegen das Postulat zu verstoßen, daß die Stimmen aller Lehrerinnen und Lehrer im Plenum gleiches Gewicht haben sollten.

Das Design

Wir haben sehr wenig Zeit; es gibt sechs Subprojekte mit relativ vielen konkreten Vorschlägen, und die Beteiligung an der vorangegangenen Projektarbeit war höchst unterschiedlich. Um das sichtbar zu machen, verteilen wir das Plenum im Raum in drei Gruppen, und zwar nach folgenden Kriterien:

1. Habe intensiv mitgearbeitet.
2. War gelegentlich involviert, bin nahe an Projekten gewesen.
3. Habe nicht aktiv mitgearbeitet, war Beobachter.

Rasch bilden sich drei Gruppen; wir lassen noch kurz Zeit für Korrekturen („Komm herüber!", „Du gehörst doch eher da hin!"). Die Teilnehmer und Teilnehmerinnen setzen sich diesen Gruppen entsprechend, und diese Sitzordnung bleibt für den gesamten Tag bestehen. Dann erläutern wir den Entscheidungsmodus (auf einem für alle sichtbaren Flipchart):

- grün: Zustimmung/Gefällt mir sehr/Weiter so! ☺
- weiß: O. K./Ist in Ordnung ☺
- rot: Ablehnung/Gefällt mir gar nicht/ Stop! ☹

Jeder findet an seinem Platz ein grünes, ein weißes und ein rotes Kärtchen.
Jedes Projekt erhält 10 Minuten Zeit, seine Zwischenergebnisse vorzustellen. Die Abstimmung erfolgt durch Hochhalten eines Kärtchens, die Ergebnisse dokumentieren wir auf Flipchart, und wir holen auch qualitative Bewertungen und Bemerkungen ein. Je mehr Kärtchen einer Farbe in einer Gruppe hochgehalten werden, um so mehr Statements werden von ihr eingeholt.
Bei jeder Entscheidung wird sofort sichtbar, aus welcher „Ecke" Zustimmung bzw. Ablehnung kommt – von den Engagierten oder den Passiven. Die zusätzliche Differenzierung durch drei Möglichkeiten (nicht nur „ja" und „nein") und die Verteilung der Wortmeldungen zu einzelnen Vorschlägen nach ihrem Gewicht im Plenum (wenn 3 von 75 kritisch sind, dürfen die nicht die meiste Zeit in Anspruch nehmen) erbringen schon in knapp 1,5 Stunden ein äußerst differenziertes und informatives Bild.

Schluß

Die Doppelstrategie der formalen Beachtung und zugleich gestalterischen Differenzierung des formaldemokratischen Entscheidungsmodus in großen Plena mag – wie auch im hier berichteten Fall – zunächst Irritation auslösen.

Die Strategie nützt zum einen die politisch-moralische Ungleichheit zwischen engagierten Prozeßgestaltern und defensiven Nichtbeteiligten im Sinne der Förderung einer aktiven und eigenverantwortlichen Gestaltung des eigenen beruflichen Arbeits- und Lebensraums. Zum anderen gelingt es durch die zahlenmäßige Gewichtung der eingeholten Einzelbegründungen, das bewußt eingesetzte oder auch zwanglos sich ergebende Muster der gruppendynamischen Verdichtung von Einzelpositionen zu einem scheinbar kollektiven Entscheidungsstrang zu unterlaufen.

29 Neues Technologiezentrum

Barbara Klipstein, Uwe Scheutz

1. Hintergrund

Ein Konzern der Grundstoffindustrie hat vor zwei Jahren sein ganzes Engineering in einer eigenen Consulting GmbH zusammengefaßt. Die Gruppe umfaßt ca. 120 Mitarbeiter und verkauft ihre Engineering-Leistung europaweit an eigene Werke und Beteiligungsgesellschaften. Dank ihrem hohen fachlichen Standard hat sie schnell internationales Ansehen gewonnen. Intern gilt die Gruppe als straff geführt. Nach dem Weggehen des Leiters des Bereichs *Forschung und Beratung* wird dieser Bereich mit seinen 80 Mitarbeitern in die Consulting-Gruppe eingegliedert, wodurch ein neues Technologiezentrum entsteht. Die neue Gruppe *Forschung und Beratung* hatte im Unternehmen den Ruf, am Bedarf vorbeizuarbeiten, verbunden mit mangelnder Führung und Demotivation der Mitarbeiter. Die Entscheidung, den Bereich in das straff geführte Consulting-Unternehmen einzugliedern, löste bei vielen Mitarbeitern Ängste aus, und schnell machten Gerüchte über drohende Entlassungen die Runde.

In dieser Phase erhielten wir den Auftrag, den Integrationsprozeß durch eine Großveranstaltung zu begleiten, Differenzen abzufedern und den Weg in eine gemeinsamen Zukunft vorzubereiten. Auftrag war dabei, den „neuen Geist", den Willen zur Veränderung und zum gemeinsamen Handeln, transparent zu machen und glaubhaft vorzuleben.

2. Die Veranstaltung

2.1 Hypothesen

1. Die zu integrierende Einheit hat den Ruf eines „Chaoshaufens".
2. Der Zusammenschluß der beiden Einheiten löst bei den Mitarbeitern der neu hinzukommenden Einheit ein Verlierer-Gefühl aus („unfriendly takeover").
3. Die bestehende Einheit gilt als effektiv, straff (militärisch) geführt und durchsetzungsstark. In der Mitarbeiterschaft der übernommenen Einheit herrscht deshalb Angst vor großen Einschnitten und damit verbundenen Entlassungen.

4. Die Geschäftsführung ist sich der offenen und latenten Differenzen der beiden Einheiten bewußt.
5. Die Ausrichtung der Großveranstaltung soll den Mitarbeitern zeigen, wie wichtig die künftige gemeinsame Arbeit für das Unternehmen ist (Anwesenheitspflicht, großzügiges Budget, Abendessen und Tanz) und daß die Geschäftsführung und die Führungskräfte den Mitarbeitern einen Raum für Gestaltung lassen.
6. Je mehr Gestaltungsfreiraum den Vorbereitungsgruppen zugestanden wird, um so ernster nehmen diese ihre Arbeit und erkennen, daß Vertrauen ein erlebter Wert im Unternehmen sein kann.

2.2 Ausgewählte Schritte

Ziele der Großveranstaltung waren:

- Abbau von Vorurteilen;
- Kennenlernen der Mitarbeiter beider Gruppen;
- Orientierung durch die Geschäftsführung und das obere Management erhalten;
- Beteiligung der Mitarbeiter an der Planung und Durchführung der Großveranstaltung.

Die Elemente des Designs richteten sich nach diesen Zielen:

1. Auftakt mit einem Kennenlernen an runden Tischen à 10 Personen.
2. Präsentation von Flashlights über die beiden Gruppen – erarbeitet durch die Mitarbeiter selbst.
3. Eine Podiumsdiskussion, in der Geschäftsführer und maßgebliche Führungskräfte einerseits zu aktuellen Fragen Stellung nehmen, andererseits das Plenum die gleichen Fragen an den Tischen diskutiert und ein Votum abgibt.
4. In einer analogen Intervention stellen die Teilnehmer das Zusammenspiel und die Integration beider Gruppen praktisch her.

Unter Punkt 3 werden die Schritte 2 und 3 beschrieben.

2.3 Design Gesamtveranstaltung

Teilnehmerzahl: ca. 200 Personen. Die ganze Veranstaltung fand durchgehend in einem großen Saal statt (keine Gruppenräume).

Sitzordnung: Alle Teilnehmer an runden Zehner-Tischen, Geschäftsführer mit Beratern und Gast an einem dieser Tische.

Ausstattung: Saalmikrophone, Handmikrophone, Beamer, Overhead, Moderationskarten und Stifte.

1. Tag

13.00 Uhr	Einstieg Geschäftsführer und Moderatoren.
13.30–14.45 Uhr	Kennenlernen an den einzelnen Tischen.
14.45–15.15 Uhr	Pause.
15.15–16.45 Uhr	Präsentation der Kommunikationsgruppe.
	• Formulierung von Fragen an den Tischen.
	• Beantwortung der Fragen im Plenum.
16.45–17.15 Uhr	Pause
17.15–18.45 Uhr	Präsentation der Integrationsgruppe.
	• Diskussion an Tischen.
	• Die Moderatoren gehen von Tisch zu Tisch und fragen die Resonanz ab.

2. Tag

8.30 Uhr	Start/Reflexion 1. Tag.
9.00–10.30 Uhr	Interaktive Podiumsdiskussion.
10.30–11.00 Uhr	Pause
11.00–12.30 Uhr	Gemeinsame Lösung einer Aufgabe/analoge Intervention.
12.30 Uhr	Abschluß
13.00 Uhr	Gemeinsames Mittagessen

3. Vorstellung von zwei Elementen

3.1 Erarbeitung von Flashlights durch die Mitarbeiter

Im Vorfeld wurden mit unserer externen Begleitung zwei Arbeitsgruppen à vier Personen gebildet, und zwar 1. eine *Kommunikationsgruppe* (Mitglieder repräsentieren die alte Gruppe), 2. eine *Integrationsgruppe* (Mitglieder repräsentieren die neue Gruppe).

Aufgabe der Kommunikationsgruppe war:

- eine Selbstdarstellung der repräsentierten Einheit („wir über uns");
- Information über offene und heimliche Spielregeln der „alten Gruppe" zu geben;
- eine Einladung zur Zusammenarbeit anzubieten.

Aufgabe der Integrationsgruppe war:

- repräsentative Interviews in beiden Einheiten durchzuführen, um Unterschiede der Organisationen sichtbar zu machen, aber auch die differenzierten Sichtweisen von Führungskräften und Mitarbeitern zu beleuch-

ten, damit sie sowohl die manifesten Informationen erhielten als auch den „latenten Teil des Eisbergs" erhellen konnten;
- Spiegelung der Interviewergebnisse in herkömmlicher wie auch analoger Form in der Großveranstaltung.

Für beide Gruppen galt es, im Rahmen der Vorbereitung auch eine Qualifizierung in Interviewtechnik, Hypothesenbildung, Präsentationstechnik, analogen Interventionen – zumindest rudimentär – durch externe Berater zu erhalten.

In der Arbeit mit den beiden Kleingruppen war es immer wieder notwendig, darauf hinzuweisen, daß der gebotene Gestaltungsfreiraum genutzt und die Präsentationen und Interventionen in der Großveranstaltung mutig vorgetragen werden sollten.

Die *Kommunikationsgruppe* hat in einem Sketch den Arbeitsalltag eines „Flying Engineers" dargestellt, in einer aufwendigen Präsentation wesentliche Mitarbeiter und deren Aufgaben – angereichert mit kleinen persönlichen Geschichten – vorgestellt und damit eine schöne Handreichung für eine künftige Zusammenarbeit gegeben.

In der *Integrationsgruppe* war das Vermitteln der Interviewtechnik sehr intensiv (Aufbau eines Interviews, Verhalten des Interviewers, Fragetechniken, Inhalte, Raum und Zeit), ebenso die Bildung der aus den Ergebnissen abgeleiteten Hypothesen. Fast wagemutig wurden die neuen Formen der Fragetechniken (Ansätze zirkulärer Fragen, „Wunderfrage", Frage nach Analogien) in den Interviews auch verwendet. Die Interviews selbst wurden von den Interviewten mit „(teilweise) offen und ehrlich", „klasse", „geil", „hat tierisch Spaß gemacht", „knallhart", „da waren ganz schöne Brocken drin" bewertet.

Die Interviewergebnisse wurden präsentiert (Overhead und verbale Erläuterungen) und durch ein selbst geschriebenes Märchen („Utopia und Technezien") analog vermittelt.

3.2 Interaktive Podiumsdiskussion
Ziel
Neben der entstehenden Energie, die Großgruppenveranstaltungen auszeichnet, ist auch der Austausch und das Gespräch mit den Trägern des Wandels erforderlich: Was erwarten diese Personen von der Zukunft, wie soll die Zusammenarbeit aussehen, welche neuen Werte vertreten diese Personen, was ist der Gewinn/Nutzen für Mitarbeiter und Kunden in der Zukunft? Statt Kurzreferate und Statements aller wichtigen Personen vorzutragen, ist die interaktive Podiumsdiskussion eine Möglichkeit, einerseits alle wichtigen Kulturträger auf dem Podium als Experten zu einer Diskussion zusammenzuholen und andererseits das Plenum mit in die Diskussion einzubeziehen.

Anordnung

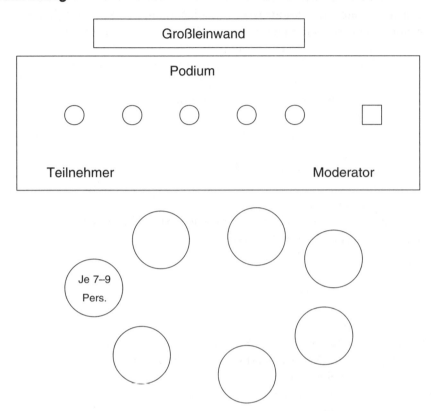

Materialien/Medien
- 5–7 verschiedenfarbige Metaplankarten pro Tisch;
- PC-Unterstützung und Beamer und Leinwand.

Dauer
1,5–2 Stunden. Die Effektivität hängt sehr von einer straffen Diskussionsführung ab. Eine zu lange Diskussion relativiert die Wirkung.

Vorbereitung
1. Mit dem Auftraggeber werden die relevanten Themen erarbeitet und zu Fragen oder Aussagen verdichtet, auf die dann mehrere Antworten gesucht werden (max. 6–7).
2. Alle Fragen mit den möglichen Antworten werden auf Powerpoint vorbereitet, und jeder Antwort wird eine Farbe zugeordnet. Vor jeder Diskussion einer Frage wird dieses Chart eingeblendet. Zusätzlich erhält jeder Teilnehmer ein Handout.

Zwei Beispiele aus unserer Diskussion:

a) Denken Sie ein Jahr voraus: Der Zusammenschluß funktioniert gut; was ist der größte Gewinn für die Mitarbeiter?

rot	☐	einer erfolgreichen und wichtigen Organisation des Konzerns anzugehören;
gelb	☐	persönliche Entwicklungsmöglichkeiten zu bekommen;
grün	☐	Klarheit über Ziele und Aufgaben zu bekommen;
blau	☐	international arbeiten zu können;
weiß	☐	Reorganisation der Arbeit und klare Strukturen;
schwarz	☐	der sichere Arbeitsplatz.

b) Der wichtigste Nutzen, den unsere Kunden durch die Zusammenführung haben, ist:

rot	☐	qualifizierte, schnelle und kostengünstige Abwicklung von Aufträgen, in denen das Expertenwissen von Anfang an einbezogen ist;
gelb	☐	Weiterbildung und berufliche Förderung des Personals nach einheitlichem Konzept;
grün	☐	produktionsnahe *und* produktorientierte Betreuung der Werke und des Vertriebs;
blau	☐	Vermeidung von Opportunitätskosten;
weiß	☐	effektive Marktunterstützung durch ein Netzwerk regionaler Kompetenz-Center mit überregionalem/internationalem Informationsmanagement und Know-how Verwertung.

3. Es können auch kleine Fälle beschrieben und dann mehrere Entscheidungsvarianten vorgegeben werden (hier bewährt sich vor allem das Handout).
4. Maximal zehn Aussagen/Fragen/Fälle zur Beantwortung vorbereiten.
5. Auswahl der Diskussionsteilnehmer und deren Vorbereitung: Bei zehn Diskussionspunkten sollte bei fünf Teilnehmern jeder zwei Punkte bekommen, auf die er ca. 3 Minuten ein Statement/eine Begründung seiner Antwort vorbereiten sollte.

Ablauf
1. Der Moderator führt sorgfältig ein. Sinn dieser interaktiven Podiumsdiskussion:
   Wichtig: Es gibt keine richtigen oder falschen Antworten, das heißt, es geht nicht um *gewinnen* oder *verlieren*, sondern darum, gemeinsam am Thema zu arbeiten.
2. Übungsbeispiel/Probedurchlauf. Als Übungsbeispiel/Probedurchlauf nahmen wir folgendes Beispiel:
   Der „Popcorn-Report" ist ein Buch über:
   a) das Leben der Marilyn Monroe;
   b) Dämm-Material im Bausektor;
   c) Trends über unsere Zukunft;
   d) amerikanische Eßgewohnheiten;
   e) die Geschichte Hollywoods;
   f) den Börsenkrach von 1929.

(Auflösung: Faith Popcorn ist Trendforscherin in USA und veröffentlicht ihre Ergebnisse unter obigem Titel.)

3. Nach jeder Projektion des Punktes diskutieren die Teilnehmer an den Tischen drei Minuten und einigen sich auf eine Antwort. Die jeweilige Farbkarte wird hochgehoben, alle Tische werden nach Farben durchgezählt, auf PC übertragen und als Ergebnis auf die Leinwand projiziert. (3 Min. × 10 = 30 Min. + ca. 10 Min. Rüstzeit.)
4. Im Anschluß an das Votum des Plenums sagt jeder Podiums-Teilnehmer kurz seine Entscheidung, wobei jeweils einer der Diskutanten seine Entscheidung durch ein Kurzstatement begründet (bei 5 Podiumsteilnehmern je 4 × 1 Min. + 1 × 3 Min. = 7 Min. je Frage).
5. Der Moderator leitet die Diskussion, achtet auf Rahmenbedingungen und entscheidet, ob Klärungsfragen aus dem Plenum im Einzelfall möglich sind. Aufpassen, daß dies nicht Regel wird, sondern Message nochmals wiederholen: es geht um Orientierung, nicht um recht haben – insofern können die Meinungen der Tische unterschiedlich sein zur Meinung auf dem Podium, aber auch innerhalb des Podiums können Varianten auftauchen.

Abschluß des Moderators
Sein Eindruck von Gemeinsamkeiten und Unterschieden in der Diskussion.

4. Resonanzen zur Großveranstaltung

- Die Veranstaltung war wirklich gelungen.
- Wie die Umsetzung gelebt wird, dies ist *der* Erfolgsfaktor.
- Die Führungskräfte haben die Botschaft der Mitarbeiter verstanden und eine umfassende „Leadership-Entwicklung" im Unternehmen initiiert.
- Erst wenn die Mitarbeiter eine Veränderung der Führungskultur erkennen, sind sie überzeugt, daß sich der Aufwand gelohnt hat.
- Es war informativ, offen, mutig und ernst, aber auch informell, festlich und lustig.
- Endlich haben wir eine Möglichkeit, die Kollegen auch einmal in einem anderen Kontext zu treffen und kennenzulernen.
- Ein eindrucksvolles Erlebnis.
- Die Veranstaltung hat Mut für die Zukunft gemacht.
- Wir hätten nicht erwartet, daß die Geschäftsführung so etwas ermöglicht.

Reflexion der Berater
- Die Interventionen waren für die Mitarbeiter gut/annehmbar, für die Geschäftsführer sehr irritierend und an der Grenze des Akzeptablen – dadurch also sehr attraktiv.
- Es war gut, daß im Anschluß daran das Abendessen stattfand und so dem Topmanagement Zeit zur Verarbeitung bis zum nächsten Vormittag blieb. Es ist daher zu empfehlen, die Ergebnisse einer solchen Befragung den Auftraggebern vorher vorzustellen.
- Während der interaktiven Podiumsdiskussion ist es wichtig, immer wieder deutlich zu sagen, daß es keine richtigen und falschen Antworten gibt, sondern daß es um Standpunkte, Meinungen und Trends geht.

Befeuert von 150 Kollegen in den Ruhestand

Jakob Iwanowitsch

1. Einleitung: Wie man normalerweise verabschiedet wird

Freudenberg ist ein global tätiges, 150 Jahre altes Familienunternehmen mit Sitz im baden-württembergischen Weinheim. Das Unternehmen wird in der Rechtsform einer KG und in der Organisationsform einer Managementholding mit marktnahen operativen Geschäftsgruppen geführt. 30 000 Mitarbeiter erwirtschaften einen konsolidierten Umsatz von 7 Milliarden DM.

Bei Freudenberg wurden und werden Berufsjubiläen, runde Geburtstage und auch Verabschiedungen von Mitarbeitern* in den Ruhestand im allgemeinen gefeiert. Selten entziehen sich die „Kandidaten" diesem Ritual durch Flucht in eine inszenierte Abwesenheit.

Der Ablauf dieser Feiern ist bei allen Anlässen nahezu immer gleich: Der Vorgesetzte hält eine Dankesrede, zugleich im Namen und im Auftrag der Geschäftsleitung und gegebenenfalls der Konzernleitung. Sprecher aus dem Kreis verbundener Firmen, der Kollegen und Mitarbeiter samt Betriebsrat folgen, je nach Stellung und Aufgaben des Jubilanten. Am Schluß bedankt sich dieser bei allen mit einer meist sorgfältig vorbereiteten Rede. Bei Verabschiedungen verkünden nicht wenige ihr „politisches" Testament. Einige wollen in dieser jetzt scheinbar unangreifbaren Position auch endlich ihren Frust loswerden. Wie sich das gehört, klatschen die Gäste freundlich und auch laut und lange genug Beifall. Die immer Eiligen nehmen sofort wieder ihre Termine wahr. Die anderen bleiben eine Weile, treffen bei einem Gläschen und einem Häppchen den einen oder anderen Mitarbeiter und Kollegen und verabschieden sich vom Geehrten.

Seit jeher und somit bereits lange vor Peter Heintel – aber ganz in seinem Sinne: „Jubiläen erinnern an eine andere Ordnung der Zeit" (Heintel 1999, S. 167) – ist diese Form der Feier bei Freudenberg, wie in vielen anderen Firmen, seit langem guter Brauch, und keiner käme auf die Idee, diesen Ritus wesentlich zu verändern. Es gibt nur eine Ausnahme, was den Ablauf, nicht jedoch den „philosophischen" Hintergrund des „Innehaltens" betrifft: Das

---

* Hier und im folgenden sind mit „Mitarbeitern" und „Kollegen" etc. immer Frauen und Männer gleichermaßen gemeint.

sind Akademische Foren für Mitarbeiter, die aufgrund ihrer Aufgaben und oft auch durch persönlichen Einsatz (z. B. Lehraufträge) besonders mit Hochschulen und Universitäten verbunden sind. Bei diesen Veranstaltungen stehen wissenschaftliche Vorträge und Dispute im Mittelpunkt.

Als Gast war ich auf unzähligen solcher Veranstaltungen. Als Vorgesetzter habe ich vielen Mitarbeitern zu Berufsjubiläen und runden Geburtstagen mit einer Ansprache gratuliert bzw. sie in den Ruhestand verabschiedet.

2. Lernsituationen bei Freudenberg

Über 25 Jahre war ich „Bildungschef" der Freudenberg-Gruppe. In diesen vielen Jahren habe ich mit meinem Mitarbeiterteam eine Vielzahl von (internationalen) Veränderungsprojekten initiiert, moderierend begleitet und erfolgreich abgeschlossen (vgl. Iwanowitsch 1998). Dazu zählt auch eine große Zahl von Großveranstaltungen mit bis zu 300 Teilnehmern. Das Hauptziel aller Veranstaltungen war, die Kommunikation über aktuelle Sachfragen methodisch so anzulegen, daß möglichst alle Teilnehmer interaktiv in das Geschehen eingebunden sind: von- und miteinander lernen in einem offenem Lern- und Arbeitsklima, bei dem es – ohne Schaden zu erleiden – möglich ist, in „kooperativer Selbstqualifikation" (Heidack 1993) miteinander zu arbeiten und über alle erlebten Erfahrungen offen zu reden: auch über die, mit denen der einzelne nicht unbedingt glänzen konnte.

So haben wir in halbjährlichem Rhythmus etwa 25 sogenannte Produktionsleiter-Treffen von der Themenstellung her didaktisch und methodisch vorbereitet und durchgeführt sowie – je nach Themenstellung – intensiv nachgearbeitet (Iwanowitsch & Merz 1993). Teilnehmer waren bis zu 120 Produktionschefs der ersten und zweiten Ebene, die über ganz Europa hinweg es in ihrer jeweiligen unternehmerischen Einheit mit sehr unterschiedlichen Produkten, Verfahren, Märkten, Organisationsformen und nationalen Gegebenheiten zu tun hatten.

Ein weiterer „Klassiker" der Freudenberg-Großveranstaltungen sind die *Freudenberg-Spunweb-Foren*. (*Spunweb* ist die angelsächsische Bezeichnung für das bei Freudenberg erfundene *Spinnvlies*. Als *Spinnvlies* bezeichnet man ein Flächengebilde, bei dem die Spinnfäden direkt aus der Schmelze auf ein darunter weglaufendes Band abgelegt werden und bei dem nicht wie bei den ebenfalls bei Freudenberg erfundenen klassischen Vliesstoffen vorgefertigte Stapelfasern als Ausgangsmaterial dienen.) Teilnehmer dieser mehrtägigen Veranstaltungen sind Mitarbeiter aus aller Welt – vorzugsweise aus Europa, den USA und Asien – mit unterschiedlichen Funktionen (Marketing, Entwicklung, Produktion, Verkauf etc.) und aus verschiedenen Hierarchie-Ebenen. Die Kernelemente der Foren sind: Workshops, Infomärkte, Messen, Collagen, Sketche, *Welser Forum* (s. Abschnitt 4.1, Schritt 2), Spielfeste und vieles mehr.

Die erste Großveranstaltung dieser Art fand bereits 1985 als Kongreß für das *Betriebliche Vorschlagswesen* (BVW-Kongreß) statt. Ziel dieses Kongresses, bei dem 250 Mitglieder der Freudenberg-Organisation hierarchieübergreifend (vom Konzernchef bis zum Arbeiter) erstmals interaktiv zusammen gearbeitet und gelernt haben, war es, die Beteiligung am BVW und die diesbezügliche Akzeptanz wesentlich zu erhöhen. Im Ergebnis wurden nach kurzer Zeit mehr als viermal so viele Verbesserungsvorschläge eingereicht (vgl. Iwanowitsch & Merz 1993).

Alle Großveranstaltungen von Freudenberg zeichnen sich durch intensiven, auf hohem Niveau stehenden Erfahrungsaustausch aus, des weiteren durch ein offenes Kommunikationsklima und durch die Bereitschaft, anstehende und spürbare Konflikte konstruktiv und mutig zu bearbeiten. Die Teilnehmer haben – sicherlich maßgeblich unterstützt durch die didaktisch kommunikativen Lehr- und Lernformen samt einer entsprechenden Dramaturgie – sehr schnell gelernt, daß durch einen offen geführten bereichs-, standort- und nationalitätenübergreifenden Dialog über gemachte Erfahrungen und anstehende Probleme das in der Regel zu einem großen Teil nur implizit vorhandene Wissen externalisiert wird (Brehm & Merz 1998/1999). Das Wissen wird auf diese Weise zu geballtem expliziten und damit verfügbaren Wissen; zusätzlich entsteht neues Wissen. Dieses wird somit in der Folge sowohl für den einzelnen als auch für die Organisation eine wesentliche Hilfe zur effektiven und effizienten sowie zur schnellen und sicheren Erledigung nicht nur der täglichen Arbeit, sondern auch – oft mit überraschender Wirksamkeit – bei der Bewältigung der strategischen Aufgabe *Zukunft schaffen* (vgl. Biehler 1999).

Wir beobachten bei nahezu allen Großveranstaltungen, daß eine geradezu euphorische Stimmung aufkommt, weil die Teilnehmer erfahren, daß es nicht nur sinnvoll ist, sondern – und das ist außergewöhnlich – sogar Spaß macht, gemeinsam komplexe Themen zu bearbeiten, und daß der einzelne nicht auf sich allein gestellt ist. Daß wir – mein Team und ich – uns bei Freudenberg überhaupt an solche Experimente heranwagen konnten, lag vor allem daran, daß es uns gelungen ist, viele verantwortliche Führungskräfte dafür zu begeistern, sich mit uns auf den Weg zu machen und mit uns zusammen geeignete Anlässe im wahrsten Sinne des Wortes „beim Schopf zu packen", Anlässe, anstehende Themen auf eine andere Art als bisher zu bearbeiten. Diese Kollegen haben begriffen, daß einschneidende Veränderungen, sollen sie erfolgreich sein, nur unter intensiver Beteiligung der betroffenen Mitarbeiter gelingen können, und zwar unter Beachtung der „Unplanbarkeit" solcher Prozesse. Gemeint ist damit nicht „planbar" im klassischen Sinne, wonach ein bestimmter Input einen definierten Output erzeugt (vgl. Merz 1999).

Aber um das zu erreichen, waren die bis dahin üblichen Methoden der Vorgehensweise untauglich geworden. Ohne offene, ehrliche und vorbehaltlose

Information und Kommunikation gelingen Veränderungen selten, jedenfalls nur mit erheblichem Verlust an Zeit und damit an Wirksamkeit. Sie gehen dann in der Regel mit viel Frust und mit einem großen Maß an Demotivation einher – quer durch alle Hierarchien. Bei allen interaktiv angelegten Veranstaltungen haben immer mehr Führungskräfte erfahren, daß viele unserer Mitarbeiter durchaus lernbereit und lernfähig sind und gern Verantwortung für das übernehmen, was wir ihnen an sinnstiftenden Arbeitsaufgaben anvertrauen. Die Fülle der in der Freudenberg-Gruppe weltweit eingeleiteten Veränderungsprojekte bestätigt diese Grundhaltung.

Auf dieser Basis konnte im Jahr 1996 das wohl größte und auch komplexeste Veränderungsprojekt der letzten 50 Jahre der Firmengeschichte – der *Fokus-Prozeß* – ohne externe Beratung, ausschließlich mit den betroffenen Mitarbeitern und Führungskräften bewältigt werden, und zwar sehr erfolgreich. Bei diesem Projekt ging es um sehr anspruchsvolle Ziele, um Veränderungen, die viele tausend Menschen teilweise mit völlig neuen Aufgaben konfrontierten. Im Kern wurde mit der bis dahin gelebten Firmenkultur „gebrochen", was viele Mitarbeiter natürlich vorerst sehr verunsicherte, zugleich jedoch den meisten den nötigen Mut verlieh, tatkräftig mitzuarbeiten, um die gesteckten Ziele gemeinsam erfolgreich zu erreichen. Die Hauptziele waren:

- das Aufbrechen der bis dahin zentral organisierten Freudenberg-Gruppe in neun rechtlich selbständige Gesellschaften, die marktnah und ausschließlich kundenorientiert agieren können – ohne den schwerfälligen Apparat einer systemerzeugenden und -überwachenden Zentrale;
- die Führung der globalen Freudenberg-Gruppe durch eine Management-Holding;
- der Abbau von Hierarchien mit deutlich mehr Verantwortung an die Mitarbeiter vor Ort;
- die Einführung und konsequente Umsetzung eines sehr wirkungsvollen KVP-Programms (Growtth®: s. Merz 1999, Kap. 5), das sich als produktives, kulturtragendes und kulturveränderndes Element für eine *Lernende Organisation* (Wieselhuber & Nagl 1997; Merz 1999, Kap. 4) erwiesen hat.*

Dadurch ist Freudenberg aus eigener Kraft auf eine gesunde und intelligente Art und Weise schlanker, schneller und erfolgreicher geworden.

---

* *KVP* steht für „kontinuierlicher Verbesserungsprozeß", *Growtth* für „Get Rid of Waste Through Team Harmony", also Unnützes durch Teamarbeit loswerden (eine besondere Form von KVP bei Freudenberg).

3. Verabschiedungsworkshop: Bist du jetzt ganz verrückt geworden?

Als ich die Idee, mich im Rahmen eines *Verabschiedungsworkshops* von möglichst vielen Wegbegleitern zu verabschieden, die mich während meiner über 40jährigen Firmenzugehörigkeit unterstützt, wohlwollend kritisch gefordert, gefördert und begleitet hatten, einigen wenigen Vertrauten offenbarte, gab es spontane Zustimmung, verklausulierte Skepsis, erspürbaren Neid wegen der wirklich neuen Idee und heftiges Kopfschütteln mit Kommentaren wie: „Bist du denn größenwahnsinnig geworden?", „Wem willst du was beweisen?", „Was mutest du uns jetzt wieder zu?"

Zunächst erklärte ich meinen Gesprächspartnern, was ich nicht wollte: Anläßlich meines 60. Geburtstags und meines 40-Jahr-Dienstjubiläums habe ich zwei eindrucksvolle Empfänge der zu Anfang beschriebenen Art erlebt. Jedesmal kamen mehrere hundert Menschen, ehrten mich und bedankten sich mit Geschenken für gute Zusammenarbeit sowie persönliche Unterstützung und erinnerten sich und mich an gemeinsame Projekte – erfolgreiche und weniger erfolgreiche. In geistreichen, mit Humor und Esprit gehaltenen Festreden fühlte ich mich und meine beruflichen Leistungen sehr geschätzt und mehr als ausreichend gewürdigt. Ich wollte nun weder meinen Gästen noch mir zumuten, daß sie in einer langen, zweireihigen, sich zäh weiterbewegenden Warteschlange, langsam ungeduldig werdend, darauf zu warten hatten, sich bei mir verabschieden zu können.

Von den Reaktionen war ich nicht überrascht. Aus vielen Äußerungen habe ich die mir bereits in der Vergangenheit beim Werben um neue Lehr-, Lern- und Kommunikationsformen entgegengebrachten Widerstände herausgehört und -gespürt. Zusammen mit den ermutigenden zustimmenden Äußerungen hat das bei mir erneut das Gegenteil von dem bewirkt, was der eine Teil meiner Gesprächspartner beabsichtigte. Da mir in der Vergangenheit dasselbe mehrfach widerfahren war und ich am Ende in der Regel in meinen Ideen bestätigt wurde, war ich auch hier von der Richtigkeit meines Vorhabens überzeugt, und das gab mir die nötige Verwegenheit, die Idee des *Verabschiedungsworkshops* mit ganzer Energie weiterzuverfolgen.

Rasch gingen mir interessante Ideen hinsichtlich der Dramaturgie durch den Kopf. Ich informierte als nächste wichtige Personen offiziell meinen Vorgesetzten und meinen Nachfolger. Letzteren konnte ich sehr rasch für diese Form der Verabschiedung gewinnen. Nach den ersten plausiblen Antworten auf kritische Nachfragen waren wir uns bald einig, daß wir es so machen wollten.

4. Dramaturgie des Verabschiedungsworkshops

Für sehr viele Workshops habe ich die Dramaturgie geschrieben und habe sie allein oder mit Unterstützung von Mitarbeitern sowie von internen und externen Kollegen moderiert. In diesem Fall war klar, daß ich diesen letzten Workshop meiner aktiven Zeit nicht selbst moderieren durfte (und auch nicht wollte), sondern als Betroffener während der Dauer des Workshops all das auszuhalten hätte, was ich in den vielen Jahren zuvor anderen hatte zumuten müssen. Fakt war weiterhin, daß ich erstklassige professionelle Unterstützung, Beratung und eine ebensolche Moderation brauchen würde. Mein Vorschlag, dafür Roswita Königswieser zu gewinnen, wurde von meinem Umfeld sofort akzeptiert. In einem längeren Arbeitsgespräch mit ihr und mit meinem Nachfolger Michael Mager definierten wir die Kernelemente des Workshops wie folgt.

4.1 Design zur Einstimmung

Die wesentlichen inhaltlichen Botschaften des Designs zur Einstimmung in den eigentlichen Workshop sahen wie folgt aus:

Schritt 1
Wir wollten die Gefühle, Empfindungen und Einstellungen, die sich in aller Regel beim Abschiednehmen bei den Beteiligten einzustellen pflegen, spürbar machen und auch in Gesten und Gesprächen sichtbar und greifbar werden lassen. Die Abschiedsstimmung sollte nicht in Redebeiträgen verbal vermittelt werden, sondern wir wollten diese zusammen mit den Teilnehmern zunächst durch das Hören geeigneter Musikstücke entstehen und sich entwickeln lassen. Dazu einigten wir uns auf vier Eckbegriffe:

- Dankbarkeit, Freude;
- Wehmut, Trauer;
- Neugier;
- Skepsis.

Zu jedem dieser Begriffe suchte Roswita Königswieser ein passendes Musikstück aus. Die Musikstücke wurden vor dem Abspielen (Dauer jeweils eine Minute) dem jeweiligen Begriff zugeordnet.

Schritt 2
Danach wurden die Teilnehmer aufgefordert, sich jeweils in eine der mit großen Charts mit den Begriffen *Dankbarkeit*, *Wehmut*, *Neugier*, *Skepsis* gekennzeichneten vier Raumecken zu begeben. Diese Form der Einstimmung in einen Workshop *(Welser Forum)* war in der Freudenberg-Gruppe noch niemals zuvor angewandt worden.

Mit enormer innerer Anspannung wartete ich auf den Moment, da die Teilnehmer sich wirklich von ihren Stühlen erheben würden, um sich in die jeweilige Ecke zu bewegen, in die ihre augenblickliche Stimmung, vielleicht auch ihre persönliche Strategie, sie gehen ließ oder auch hieß. Ich erlebte zusammen mit den 150 Teilnehmern diesen Augenblicke mit höchster Anspannung und nicht zuletzt mit Skepsis.

Schritt 3
Ich war sehr dankbar, daß sich die förmlich mit Händen zu greifende Spannung etwas lockerte, als Roswita Königswieser (mit Mikrophon) Interviews mit einzelnen Teilnehmern führte und sie fragte, warum sie sich gerade in diese Ecke des Raumes begeben hätten, wie sie sich da fühlten etc. Die Interviews waren für mich als den eigentlich Betroffenen sehr informativ und lieferten mir in dem einen oder anderen Fall nochmals ein neues Bild von dem Betreffenden.
Die Teilnehmer haben diese Art der Hinführung zum Workshop als eine neue, interessante Erfahrung angenommen. Damit war für mich klar: Dieser Workshop wird ganz sicher ein Erfolg für alle Beteiligten. Mit großer innerer Ruhe konnte ich nun auf die Arbeitsergebnisse des Workshops warten.

4.2 Die Arbeitsgruppen, ihre Rollen und ihre Aufgaben
Weil aufgrund der vorhandenen Räumlichkeiten und der vorgesehenen Dramaturgie die Teilnehmerzahl auf etwa 150 Teilnehmer beschränkt werden mußte, bestand die große Schwierigkeit für mich darin, für die Einladung zum Workshop eine Auswahl unter den Menschen zu treffen, die für mich wichtig gewesen waren, von denen ich gelernt hatte und die mit mir voll Leidenschaft, Mut und Engagement für die Vision gekämpft hatten, die Freudenberg-Gruppe, noch umfassender und erfolgreicher als bisher, zu einem *Lernenden Unternehmen* zu entwickeln. Ich gebe zu, daß mir diese Auswahl nicht leichtfiel, weil ich – wie ein kleines Kind – auf keinen verzichten wollte.
In meiner langjährigen Funktion als „Bildungschef" und zuletzt als Konzernverantwortlicher für Personal-Grundsatzfragen und Führungskräfte-Entwicklung habe ich Lehrlinge ausgebildet, *High-Potentials* in ihrer beruflichen und persönlichen Entwicklung begleitet, mit einer Vielzahl externer Kollegen und Berater zusammengearbeitet, mit vielen Menschen berufliche (nicht selten auch persönliche) Veränderungsprojekte bearbeitet – bis hin zu persönlichem Coaching (vgl. Iwanowitsch & Merz 1999) –, Großveranstaltungen vorbereitet und durchgeführt, mit Betriebsräten zusammen viele interessante Projekte verwirklicht, mit Geschäftsführern gemeinsam Aufgaben gelöst und vieles mehr. Meine Familie, insbesondere meine Frau Else, hat mich auf diesem langen Berufsweg immer ohne jeden Vorbehalt unterstützt und gestützt.
Nach diesen Arbeitsfeldern haben wir die einzelnen Workshop-Gruppen

(insgesamt 13) definiert, die Teilnehmer eingeladen, den Gruppen ihre Rolle zugeteilt und eine entsprechende Aufgabe übertragen (s. Abb.).

Nr.	Gruppe	Rolle	Aufgabe
1	Pensionäre	Erinnerung	Was wir J. I. nie gesagt haben. Heute sollen er und andere einiges davon hören!
2	Ehemalige, noch aktive Mitarbeiter	Erinnerung	Was haben wir in der täglichen Zusammenarbeit mit J. I. erlebt, was hat Bestand für die Zukunft?
3	Externe Kollegen und Berater	Impulse	Geben und Nehmen in der Beziehung mit J. I.
4	Teilnehmer Management Wanderung	Holding	Teamentwicklung im Freien: Haben wir mit J. I. das Blaue vom Himmel geholt?
5	High Potentials	Führungsnachwuchs	Welche Impulse hat J. I. in der Führungskräfteentwicklung gegeben, welche Entwicklungen hat er eingeleitet, welche Erwartungen haben wir für die Zukunft?
6	Veränderer, Verbesserer	BVW, KVP, Growtth®	Ratschläge sind auch Schläge! Oder: mit Growtth® gemeinsam wachsen
7	Ehemalige Azubis, Diplomanden	Ausbildung	Wie hat J. I. mich auf die Zukunft vorbereitet?
8	Teilnehmer an Projekten	Veränderung in Organisationen	Betroffene an Veränderungsprozessen beteiligen: J. I.s romantische Vorstellung oder Notwendigkeit?
9	Produktionsleitertreffen	Foren	Gemeinsames Lernen und Austausch von Erfahrungen mit J. I.
10	Spunweb-Forum	Foren	dto.
11	Geschäftsführer von Konzerngesellschaften	Beratung	Was kennzeichnet J. I. in besonderen Personalsituationen?
12	Mitarbeiter, Kollegen	Zusammenarbeit	J. I. in den unterschiedlichen „Welten" der Personalarbeit.
13	Familienangehörige	Familie	Jetzt gehört er wieder (fast ganz) uns, wenn auch – im Hinblick auf seine Rente – zum halben Preis. Was machen wir nun mit ihm?

Workshop-Arbeitsgruppen, Rolle und Aufgabe (J. I. = Jakob Iwanowitsch)

4.3 Arbeitsergebnisse, Präsentation

Die besonders herausfordernde Zusatzaufgabe, vor welche die Workshop-Teilnehmer gestellt waren, bestand darin, daß ihnen auferlegt wurde, die Arbeitsergebnisse der Gruppen kreativ in analoge Ideen zu verpacken und dem Plenum entsprechend geistreich, lustig, witzig, ironisch, heiter und fröhlich – aber auch, je nachdem, in einer Weise, die Nachdenklichkeit auslöst – in Form von Bildern, Geschichten, Spielen, Liedern zu präsentieren.

Um sicherer in den Workshop zu gehen, hatten einige Gruppen vorgearbeitet. Die meisten aber haben sich aktuell den Aufgaben mit Witz, großem Einfallsreichtum und mit Mut und Esprit gestellt und sie souverän gemeistert. Für viele Teilnehmer, auch für mich und meine Familie, war dieser Teil des Workshops ein Erlebnis besonderer Art, für einige ganz ungeschmälert eine „Sternstunde" der Workshop-Arbeit. Die Teilnehmer haben bei diesem bislang singulären Ereignis auf eine außergewöhnliche Art und Weise erfahren, daß es möglich ist, in ganz kurzer Zeit über ein gewiß nicht alltägliches Thema wie die *Verabschiedung eines Mitarbeiters, Kollegen und Chefs* zusammen mit anderen in kleinen Gruppen im Rahmen einer Großgruppenveranstaltung zu aussagekräftigen, über den Tag hinauswirkenden Erkenntnissen zu kommen und diese sogar – ganz ungewöhnlich – in Bildern, Texten und Liedern darzustellen. Die Teilnehmer haben sogar erfahren, daß es mit etwas Mut und Phantasie möglich ist, Sketche, deren Text gespeist wird aus der Erinnerung erlebter und gelebter wichtiger Begebenheiten, in aussagekräftigen Szenen zu gestalten und so für sich selbst und für die Zuschauer Vergangenes wieder in Erinnerung zu rufen.

Besonders gespannt war ich auf die Gruppe der Pensionäre, die in der Rolle *Erinnerung* die Aufgabenstellung *Was wir Jakob Iwanowitsch nie gesagt haben. Heute sollen er und alle anderen einiges davon hören!* zu bearbeiten hatten. Nicht nur für mich, sondern für das ganze Forum war es faszinierend zu erleben, was diese Gruppe um Hermann Freudenberg, den ehemaligen Sprecher der Unternehmensleitung, mir in Form einer nachgestellten Sitzung der Unternehmensleitung zu sagen hatte. Die Gruppe hatte sich das Thema *Genehmigung der Planzahlen für die Investitionen der Aus- und Weiterbildung* ausgesucht, die – wie jedes Jahr aufs neue – deutlich über den Vorgaben lagen. Die Szenen waren so echt und so zeitnah gestaltet, als hätten sie erst gestern stattgefunden.

Die Teilnehmer haben (viele erneut) erfahren, daß solche Ergebnisse nur in richtig zusammengesetzten Gruppen möglich sind, welche die Aufgabenstellung als Prozeß begreifen und aus Erfahrung wissen, daß dieser Prozeß von allen Teilnehmern bis zum Ende ausgehalten werden muß. Sie haben ebenfalls erneut erfahren, daß die Ergebnisse eines Workshops und deren Qualität das Resultat der Arbeitsleistung aller Teilnehmer sind und nicht die Leistung eines einzelnen. Gerade in diesem Teil des Workshops wurde allen klar, mit welcher

Selbstverständlichkeit, mit welcher Sicherheit man mittlerweile bei Freudenberg in der Lage ist, einen reichhaltigen Methodenmix themengerecht anzuwenden.

Es war für mich ein beglückender Beweis für die Richtigkeit meiner Lernstrategien und eine wundervolle Bestätigung meiner jahrzehntelangen Arbeit in der Ausbildung, in der Weiterbildung, in der Personalarbeit und Beratung, bei der Führungskräfte- und Organisationsentwicklung sowie beim Inszenieren und beim Begleiten von Prozessen der Kulturveränderung im Unternehmen. Fazit: Freudenberg ist ein *Lernendes Unternehmen* im besten Sinne.

Ich denke, daß in diesem Workshop erneut sichtbar und spürbar wurde, daß echtes Lernen immer den Kern der menschlichen Existenz berührt, daß Lernen uns fordert, daß wir dabei gewissermaßen „neu erschaffen" werden und daß *Lernen* bedeutet, unsere kreativen Kräfte zu entfalten und unsere Fähigkeiten zu nutzen, „um am Schöpfungsprozeß teilzunehmen" (nach Senge 1996).

5. Abschiedsreden

Nach den eindrucksvollen und bewegenden Präsentationen waren die folgende Abschiedsrede von Joachim Hüchting, Mitglied der Unternehmensleitung, und meine Dankeserwiderung – in der Rückschau gesehen – nicht mehr notwendig. Denn in den vorangegangenen einzelnen Präsentationen war eigentlich alles gesagt, gesungen und gespielt worden. Mein Vorgesetzter hatte jedoch das Bedürfnis, diese von ihm glänzend formulierte, mit vielen Bildern spielende und mit geistreichen Gedanken gespickte Dankes- und Abschiedsrede zu halten. Und ich wollte eigentlich auch nicht verzichten. Von vornherein hat uns so beiden der Mut gefehlt, das jahrzehntelang tradierte Ritual (s. Abschnitt 1) gänzlich aufzugeben. Wenn auch nicht ganz konsequent in der Gesamtdramaturgie, so waren die Reden doch ein weiterer Höhepunkt für mich, den ich genossen habe.

6. Gemeinsames Mittagessen

Am Ende des etwa dreistündigen Workshops konnten sich alle Teilnehmer bei einem gemeinsamen Imbiß und bei einem Glas Wein über die Erlebnisse, Eindrücke und Erfahrungen austauschen. Dieser Teil der Veranstaltung war ein schöner, harmonischer Abschluß eines für mich aufregenden, wunderbaren Vormittags und zugleich der Abschluß meines Berufslebens, bei dem alle Anwesenden mich in und mit meiner Arbeit auf neue Art geehrt haben.

7. Ausblick

Mit Genugtuung stelle ich auch nach einem zeitlichen Abstand von über zehn Monaten fest: Ich würde diesen Workshop auch heute mit den dabei gemachten Erfahrungen wieder planen und – bis auf die beiden Schlußreden – wieder genauso durchführen. Abschiednehmen bedeutet nicht nur, Mitarbeiter, Kollegen und Vorgesetzte zurückzulassen, sondern es stellt sich dabei ja auch eine Reihe von Fragen, zum Beispiel:

- Von wem bzw. in welchem Umfang werden die eingeleiteten Maßnahmen, Methoden und Ergebnisse fortgesetzt bzw. weiter Bestand haben? Werden sie weiter wirksam ein- und umgesetzt?
- Wie lange werden sie wirklich Bedeutung haben und Nutzen bringen können?

Durch diesen Workshop konnte ich einen sehr engen Kontext zu allen „neuen" Methoden der Kommunikation, des Miteinander- und Voneinanderlernens herstellen und mit Hilfe dieser mutigen und glücklicherweise überzeugenden Veranstaltung dafür sorgen, daß wohl auch in Zukunft nicht wenige darauf achten werden, daß bei allen Veränderungsprojekten die Betroffenen rechtzeitig mit eingebunden werden und verantwortlich mitarbeiten können. Die richtigen „Werkzeuge" dazu sind verfügbar – mit ausreichender Übung in deren Gebrauch.

Die Botschaften, die ich im Zuge dieses Workshops erhalten habe, waren für mich beglückend und stimmten mich hoffnungsfroh. Ich bin sicher, daß das Fundament, das ich zusammen mit meinem Team und vielen anderen Menschen habe bauen wollen, können und dürfen, auch in Zukunft bestehen wird. Dafür bin ich wirklich dankbar.

8. Ablaufbeschreibung (Design) *Verabschiedungsworkshop*

Design
R. Königswieser, J. Iwanowitsch

Zielsetzung
Anlaß und Mittelpunkt dieser Veranstaltung ist Danksagen für drei Jahrzehnte gemeinsamen Arbeitens und für Sich-auf-den-Weg-Machen zum *Lernenden Unternehmen*. In etwa drei Stunden sollen die Teilnehmer diesen Verabschiedungsworkshop miteinander gestalten, bei dem neben etwas Wehmut vor allem Fröhlichkeit und Dankbarkeit für die gemeinsam erlebte Zeit spürbar werden soll. Er soll aber zugleich ein Signal sein, daß die seit vielen Jahren von dem zu verabschiedenden „Bildungschef" mit großem Einsatz eingeführ-

ten und angewandten Methoden des gemeinsamen Lernens auch bei außergewöhnlichen Gelegenheiten erfolgreich eingesetzt werden können. Der Workshop soll Mut machen, dies auch in Zukunft immer wieder neu zu versuchen.

Zeitrahmen
Etwa 3 Stunden, mit Imbiß 4 Stunden.

Teilnehmeranzahl
30 bis maximal 150.

Räumliche Erfordernisse
Heller, freundlich gestalteter Raum entsprechender Größe – möglichst mit kleiner Bühne, entsprechend der Anzahl der Kleingruppen weitere Gruppenräume.

Hilfsmittel
Pro Untergruppe mindestens 3 Pinnwände, Flip-chart, Moderationskoffer, eventuell Materialien für Rollenspiele.

Anmerkungen zur Wirkungsweise
Abschiednehmen von Menschen, mit denen man eine lange Zeit beruflich zusammengearbeitet und in nicht wenigen Fällen auch persönliche Kontakte gepflegt hat, löst bei den Beteiligten in der Regel Gefühle von Dankbarkeit und Wehmut, vielleicht auch etwas Skepsis aus – bezogen auf die Zukunft, wo jeweils jeder ohne die anderen zurechtkommen muß. Auf jeden Fall gibt es Emotionen, denen man Raum geben und die man durch geeignete Aufgabenstellungen auffangen und bündeln muß.

Der außergewöhnlichen Situation wird man gut dadurch gerecht, daß man Ergebnisse in Analogien vortragen läßt. Dadurch kann das ganze Spektrum von Emotionen, die bei dieser Gelegenheit frei werden, sichtbar, hörbar, greifbar und fühlbar werden. Bilder, Texte, Lieder und Sketche lassen bei den Teilnehmern viel Raum für Interpretationen. So kann neben der Wehmut auch Fröhlichkeit, neben Spontaneität auch Nachdenklichkeit entstehen.

Wichtig ist, daß die zu dieser Veranstaltung eingeladenen Personen einen engen Bezug zu der zu verabschiedenden Person haben. Sonst ist diese Dramaturgie nicht sinnvoll.

Grundlegende Aussage
In diesem Workshop geht es darum, für einige Stunden in großer Runde innezuhalten (vgl. Heintel 1999), um sich gemeinsame Erlebnisse, geglückte und weniger gelungene Projekte und Ereignisse in Erinnerung zu rufen, sich darüber zu freuen und mit guten oder nachdenklichen Gedanken darüber zu re-

flektieren. In der Stunde des Abschieds werden sicher auch Konflikte, Mißverständnisse, mißlungene Aktionen und Verletzungen an die Oberfläche kommen. Das Klima dieses Workshops lädt ein, auch darüber miteinander zu kommunizieren.

Durchführung

1. Schritt
Begrüßung durch das zuständige Mitglied der Unternehmensleitung.

2. Schritt
Einführung in den Workshop mit Erläuterung des Ablaufs, der Einteilung der Gruppen und der Gruppenräume durch den Moderator.

3. Schritt
Musikalische Einstimmung, Verteilung der Teilnehmer im Raum zu den vorgegebenen Begriffen (*Welser Forum*), Interviews (über Mikrophon zum Mithören) mit einigen Teilnehmern. Gefragt wird u.a.: „Warum stehen Sie hier bei diesem Begriff?" – „Was empfinden Sie jetzt?" – „Wie geht es Ihnen dabei?"

4. Schritt
Gruppenarbeit in den Gruppenräumen. Die Gruppen werden über ihre Aufgabe, die zur Verfügung stehende Bearbeitungszeit (45 Min.) und auch darüber, daß sie die Ergebnisse in analoger Form innerhalb von 5 Min. im Plenum zu präsentieren haben, informiert.

5. Schritt
Präsentation der Ergebnisse. Am Ende jeder Präsentation erfolgt ein kurzes Statement des Moderators und des zu Verabschiedenden an die Gruppe.

6. Schritt
Übernahme des „Staffelholzes" durch den Nachfolger.

7. Schritt
Die Teilnehmer reichen einander die Hände und nehmen den zu Verabschiedenden in die Kette mit hinein. Musik wie bei der Einstimmung.

8. Schritt
Gemeinsamer Imbiß und Abschluß.

Anmerkung

Zwischen Schritt 6 und Schritt 7 kann ein weiterer Schritt *Dankesrede des „Chefs". Abschiedsrede des zu Verabschiedenden* eingefügt werden, sofern das eingeübte Ritual („Reden müssen sein!") als unverzichtbar erscheint.

Literatur

Biehler, B.: „Growtth®. Manager und Teammoderatoren qualifizieren: Über den Aufbau einer kompetenten Growtth®-Infrastruktur"; in: Merz, E. (Hrsg.): *Lernen – das gegenwärtige Ereignis für die Zukunft. Wie man wettbewerbsfähig wird und bleibt*. Berlin/Heidelberg: Springer 1999 (Abschnitt 5.2).

Brehm, S. & Merz, E.: „Kontinuierlicher Verbesserungsprozeß – Erschließung von Wissenspotentialen durch KVP-basierte Teamarbeit". Teil I: Theoretische Grundlagen / Teil II: Praktische Anwendung, erläutert am Konzept Growtth®; in: *Wissenschaftsmanagement* 4 (1998), H. 6, S. 28–31 / 5 (1999), H. 1, S. 37–41.

Heidack, C. (Hrsg.): *Lernen der Zukunft. Kooperative Selbstqualifikation – die effektivste Form der Aus- und Weiterbildung im Betrieb*, München: Lexika 1993 (2. Aufl.).

Heintel, P.: *Innehalten. Gegen die Beschleunigung – für eine andere Zeitkultur*, Freiburg: Herder 1999, S. 167–190).

Iwanowitsch, J.: „Seit über 25 Jahren gemeinsam auf dem Weg zu vielen ,Baustellen von Veränderungen'"; in: Heidack, C. (Hrsg.): *Fit durch Veränderung. Festschrift für Dr.-Ing. Eberhard Merz*, München/Mering: Hampp 1998, S. 13–30.

Iwanowitsch, J. & Merz, E.: „Interaktive Weiterentwicklung von Wissen und Erfahrung im Betrieb – Kooperative Selbstqualifikation in Workshops"; in: Heidack, C. (Hrsg.): *Lernen der Zukunft. Kooperative Selbstqualifikation – die effektivste Form der Aus- und Weiterbildung im Betrieb*, München: Lexika 1993 (2. Aufl.), S. 457–475.

– & –: „Lernen im Coachingprozeß"; Kapitel 2 in: Merz, E. (Hrsg.): *Lernen – das gegenwärtige Ereignis für die Zukunft. Wie man wettbewerbsfähig wird und bleibt*. Berlin/Heidelberg: Springer 1999.

Merz, E. (Hrsg.): *Lernen – das gegenwärtige Ereignis für die Zukunft. Wie man wettbewerbsfähig wird und bleibt*. Berlin/Heidelberg: Springer 1999.

–: „Kulturveränderung"; Kapitel 3 in: Merz, E. (Hrsg.): *Lernen – das gegenwärtige Ereignis für die Zukunft. Wie man wettbewerbsfähig wird und bleibt*. Berlin/Heidelberg: Springer 1999.

–: „Die Lernende Organisation"; Kapitel 4 in: Merz, E. (Hrsg.): *Lernen – das gegenwärtige Ereignis für die Zukunft. Wie man wettbewerbsfähig wird und bleibt*. Berlin/Heidelberg: Springer 1999.

–: „Growtth®"; Kapitel 5 in: Merz, E. (Hrsg.): *Lernen – das gegenwärtige Er-*

eignis für die Zukunft. Wie man wettbewerbsfähig wird und bleibt. Berlin/Heidelberg: Springer 1999.

Senge, P.: *Die Fünfte Disziplin*, Stuttgart: Klett-Cotta 1996 (6. Aufl.).

Wieselhuber, N. & Nagl, A.: Handbuch *Lernende Organisation* – Unternehmens- und Mitarbeiterpotentiale erfolgreich erschließen, Wiesbaden: Gabler 1997.

Ein Zukunftsgipfel – Appreciative Inquiry Summit — für die innere und äußere Neuausrichtung bei Syntegra in den Niederlanden

Walter Bruck, Maarten Thissen

*„Wenn einer alleine träumt, dann bleibt es ein Traum.
Wenn aber wir alle gemeinsam träumen, dann wird es Wirklichkeit."
Helder Camara*

Nach dem Verlust von Marktanteilen und einem Führungswechsel wurden innerhalb von 14 Monaten zwei Zukunftsgipfel durchgeführt. Diese führten zu einem Wachstum deutlich über dem des Marktes. Die Mitarbeiterfluktuation fiel um mehr als die Hälfte.

Marktanteile wurden schnell verloren

Syntegra ist ein weltweit als *System Integrator* (IT) operierendes Unternehmen. Typische Aufgabenstellungen sind Reorganisation von Prozessen auf Basis moderner Informationstechnologie, Beratung, Implementierung und Schulung der Anwender. *Syntegra* ist ein Tochterunternehmen von *British Telecom*. Bei *Syntegra Niederlande* sind 1300 Mitarbeiter beschäftigt, im betroffenen Geschäftsbereich *Weiterbildung und Training* sind es über 100 Mitarbeiter.

Alles begann im Juli 1998. Der Geschäftsbereich, als eine wirtschaftlich selbständige Einheit, war mit einer schwierigen Situation konfrontiert. Zum einen hatte der leitende Direktor das Unternehmen gerade verlassen; zum anderen hatte sich der Geschäftsbereich auf nur ein einziges Produkt konzentriert, das schnell Marktanteile verlor.

Der bis dahin angewandte Führungsstil könnte als sehr patriarchalisch beschrieben werden: Alle wichtigen Entscheidungen wurden vom Direktor selbst getroffen, insgesamt wurde wenig delegiert. Der Direktor fühlte sich für zu vieles verantwortlich. Ab Mai begann der Marktanteil zu sinken, weil das Schulungsprodukt leicht substituierbar war – dies, obwohl die erbrachten Kundenleistungen des Geschäftsbereichs *Weiterbildung und Training* in Ordnung waren. Allerdings herrschten große Spannungen, und die Leistungen der Mitarbeiter wie auch der Teams sanken kontinuierlich ab. Ein Ende war nicht abzusehen.

Der Geschäftsbereich für Weiterbildung und Training sollte neu ausgerichtet werden

Im Juli wurde ein neuer Direktor berufen und ein aus fünf Personen bestehendes Management-Team gebildet. Das Management-Team stand vor der Aufgabe den Geschäftsbereich neu auszurichten, um am Markt wieder erfolgreich zu agieren und solide zu wachsen. Dem Management-Team war klar: Es mußte jetzt etwas unternommen werden.

Als erfahrener Anwender von *Appreciative Inquiry* und Mitglied der GEM-Inititative erkannte der neue Direktor, daß dies eine geeignete Situation für den Einsatz von Appreciative Inquiry war. Erwähnt sei, daß die *Global Excellence in Management*-(GEM-)Initiative stark auf *Appreciative Inquiry* setzt und im wesentlichen drei Ziele verfolgt:

1. Unterstützung ausgezeichneter Leistungen innerhalb von privaten amerikanischen und internationalen nichtstaatlichen Organisationen.
2. Erzeugen neuer Formen von globaler Kooperation.
3. Erhalten ausgezeichneter Leistungen, Entwickeln der Fähigkeit, kontinuierlich zu lernen und sich zu wandeln.

Zwei Zukunftsgipfel innerhalb eines Jahres für die Erneuerung

Unter dem bestehenden Druck kam das neu ernannte Management-Team im Juli 1998 zu einem Brainstorming zusammen. Sein Ziel war es, die entscheidenden Ansatzpunkte für die Weiterentwicklung des Geschäftsbereichs zu finden. Auf diese Art und Weise wollten sie doch noch das Sollbudget bis zum Ende des Geschäftsjahres im März erfüllen. Zum anderen sollte sich das Organisationsmodell so verändern, daß der Beitrag eines jeden einzelnen Mitarbeiters gewürdigt würde. Im September wurde entschieden, *Appreciative Inquiry* einzusetzen.* Das Management-Team erarbeitete folgende Schwerpunktthemen:

1. Teamarbeit;
2. Vertrauen innerhalb des Geschäftsbereiches;
3. Kommunikation zwischen den verschiedenen Abteilungen;
4. Belohnung und Anerkennung von Mitarbeitern.

---

*Zu den einzelnen Elementen von *Appreciative Inquiry* siehe den Beitrag „Der Zukunftsgipfel – Appreciative Inquiry Summit – ist der nächste Schritt der Evolution in der Arbeit mit großen Gruppen" von Walter Bruck und Susanne Weber in diesem Buch.

Der erste Zukunftsgipfel fand im Oktober 1998 statt

Im September wurde mit Hilfe von zwei externen Beratern ein Interviewprotokoll zu diesen vier Themen angefertigt. Zusammen mit zwei internen Spezialisten für *Appreciative Inquiry* und einem Mitarbeiter wurde im Oktober ein Tag für die Veranstaltung festgelegt; der Mitarbeiter übernahm die Organisation und die Logistik für diesen ersten Zukunftsgipfel (Appreciative Inquiry Summit). Ziel war es, an nur einem Tag alle vier Phasen von *Appreciative Inquiry* zu durchlaufen und dennoch möglichst gute Ergebnisse zu erzielen. Dies stellte das Vorbereitungsteam vor eine große Herausforderung. Um alle Themen bearbeiten zu können, wurde die Gesamtgruppe von ungefähr 90 Teilnehmern in vier Untergruppen aufgeteilt, welche jeweils ein Thema behandelten.

Im Oktober wurde an einem außerhalb des Unternehmens gelegenen schönen Ort der eintägige Zukunftsgipfel durchgeführt. Es war an einem Samstag um 9 Uhr, als nach einer kurzen Eröffnung die Teilnehmer sich in Paaren interviewten mit Fragen wie: *„Erzähle mir von einer Zeit, in der du Mitglied eines Teams warst, das besondere Leistungen vollbracht hat. Von einer Zeit, die für dich etwas ganz Besonderes war und in der du dich voll einbringen sowie Sinnvolles bewirken konntest. Was war passiert? Warum war das wichtig für dich? Wodurch wurde dies wirklich ermöglicht? Was können wir daraus lernen?"* Die Interviews dauerten jeweils nur 15 Minuten statt der üblichen 45 Minuten! Zudem wurde nur nach ihren besten *Erfahrungen* gefragt, nicht aber nach ihren Träumen.

Anschließend tauschten die Teilnehmer ihre Erlebnisse in ihren Gruppen aus. Eine bemerkenswerte Tatsache war die Leichtigkeit, mit der die Menschen ins Erzählen kamen, obwohl so wenige Geschichten auf Erfahrungen innerhalb von *Syntegra* beruhten. Die meisten herausragenden Erlebnisse handelten von Ereignissen aus früheren Arbeitsverhältnissen, an die sich die Mitarbeiter erinnerten.

Die Phasen des Visionierens sowie der Gestaltung wurden zusammengefaßt, und die Gruppen entwickelten jeweils für ihr Thema Zukunftsaussagen; zum Beispiel zum Thema *Vertrauen*: *„Wir erreichen die besten Resultate durch gemeinsame Arbeit in kleinen Teams. In diesen Teams kennen wir die Arbeit jedes einzelnen und haben Verständnis für diese. Wir schätzen einander sehr und respektieren uns."* Aufgrund der knappen Zeit ist es verständlich, daß die entwickelten Zukunftsaussagen weniger energetisierend waren, als wenn hierfür mehr Zeit vorhanden gewesen wäre.

In der vierten Phase der Verwirklichung wurde besonders auf den Aspekt der Nachhaltigkeit der Ergebnisse Wert gelegt. Dafür wurde beschlossen, die Zukunftsaussagen zusammen mit Photos von den vier Gruppen zu rahmen und aufzuhängen. Jetzt sind diese im Hauptflur des zentralen Gebäudes des Geschäftsbereichs für jeden sichtbar. Dadurch werden die meisten Mitarbeiter auf dem Weg in die Kantine oder beim Kommen und Gehen täglich daran erinnert. Andere konkrete Aktionen waren zum Beispiel mehr Arbeiten in Projektteams und ein Adreßbuch mit Photos. Zwei von den am meisten geschätzten Aktionen waren und sind heute noch,

- daß das Management den Geburtstag eines jeden Angestellten in Form von persönlicher Aufmerksamkeit und mit einem kleinen Geschenk beachtet;
- daß das Qualitätsmanagementsystem um das Feedback positiver Leistungen durch Kunden oder Kollegen erweitert wurde. Bisher wurde es nur verwendet, um Fehler festzustellen. Jetzt ist es möglich, positive Aussagen über herausragende Leistungen aufzunehmen. Diese werden auch zur Belohnung der Mitarbeiter herangezogen.

Auf die Einhaltung der Zeitvorgaben für die einzelnen Aufgaben wurde besonders großer Wert gelegt. Nur dadurch war es möglich, bis 17 Uhr den gesamten Prozeß zu durchlaufen. Am Ende des Tages war eine gewisse Aufbruchstimmung zu spüren, aber es gab auch Zweifel: *„Endlich passiert etwas, mal sehen, ob das was wird." „Es war wunderbar, die Geschichten der Kollegen zu hören." „Leider waren die Interviews zu kurz, weil ich mehr über meine Kollegen wissen möchte."*

Weitere Aktionen entwickelten sich aufgrund des Zukunftsgipfels erst später. Zuerst wurde ein kleines Buch mit Namen, Adressen und kurzen persönlichen Zukunftsaussagen der Mitarbeiter erstellt. Einige Wochen nach der Veranstaltung wurde *The Thin Book of Appreciative Inquiry* an alle Mitarbeiter verteilt, um den Geist von *Appreciative Inquiry* zu vertiefen. Jeden Monat wurde ein ernsthafter Versuch unternommen, eine neue Aktion umzusetzen, was meistens erfolgreich gelang.

Der zweite Zukunftsgipfel fand im Juli 1999 statt

Im Juni 1999 wurde entschieden, daß ein Nachfolgeereignis sinnvoll sei, weil mittlerweile viele neue Mitarbeiter hinzugekommen waren, während etliche Mitarbeiter das Unternehmen verlassen hatten. Die Neuen hörten viel von dem, was geschehen war, hatten aber keinen direkten Bezug dazu. Die zu behandelnden Themen wurden vom Management-Team zusammen mit einigen freiwilligen Mitarbeitern ausgewählt. Dabei erschienen vor allem zwei Themen von besonderer Wichtigkeit:

1. Teams und Teambildung;
2. interner und externer Service.

In der Vorbereitung des Gipfels wurde erneut externe Unterstützung einbezogen. Von seiten *Syntegras* waren zwei *Appreciative Inquiry*-Spezialisten, der Marketingmanager und die Sekretärin, involviert. Während der Vorbereitungen wurde abermals besonderer Wert darauf gelegt, soviel wie möglich von dem besonderen Geist zu schaffen, den ein *Appreciative Inquiry Summit* mit sich bringt. Dazu gehörte die Auswahl eines besonderen Ortes und ein unterstützendes Element für den Gipfel selbst. Es wurde ein Restaurant an der Küste, mitten in den Sanddünen gewählt. Während seiner Vorbereitungen stieß das Organisationsteam auf eine Gruppe mit dem Namen *Arts in Rhythm*. Diese leistet Unternehmen Hilfestellung bei der Bearbeitung von Organisationsproblemen mit Hilfe von Musik – ähnlich wie es zum Beispiel mit dem *Business-Theater* möglich ist. Das Vorbereitungsteam beschloß, *Arts in Rhythm* sowohl am Anfang zum *Warming up* als auch am Ende während der Vorstellung der Zukunftsaussagen mit einzubeziehen. Externe Repräsentanten des Systems, wie zum Beispiel Kunden, wurden nicht eingeladen.

Im Juli 1999 fand der zweite eintägige Zukunftsgipfel mit fast 100 Mitarbeitern von 9 bis 18 Uhr draußen in den Dünen statt. *Arts in Rhythm* eröffnete den Tag für die Mitarbeiter. Sie unterteilten die Teilnehmer in mehrere Gruppen und statteten jede mit ihrem persönlichen Rhythmusinstrument aus, wie zum Beispiel Schlagzeug, Rasseln und Trommeln. Innerhalb von 45 Minuten schafften sie es, alle Teilnehmer als ein Orchester auftreten zu lassen. Es gelang tatsächlich, ein harmonisches Musikstück mit vielen Variationen in Tempo, Lautstärke und Rhythmus zu spielen. Anschließend verglichen die Mitglieder von *Arts in Rhythm* ein Orchester mit einer Organisation – eine sehr schöne Metapher. Diese aktive Eröffnung hatte definitiv einen positiven Einfluß auf den gesamten nachfolgenden *Appreciative Inquiry*-Prozeß. Deutlich kam zum Vorschein, welche Potentiale in den Mitarbeitern steckten. Ein gelungener Einstieg in die Suche nach herausragenden Erfahrungen erfolgte mit den „wertschätzenden" Interviews. In diesen 20minütigen „wertschätzenden" Interviews wurden die beiden Themen des Tages behandelt und wurde eine „Wunderfrage" gestellt: *„Wenn du am Montag morgen ins Büro kommst, und ein Wunder ist geschehen, was ist passiert?"* Jetzt zeigten sich die Früchte des ersten Zukunftsgipfels. Bei fast allen Teilnehmern standen diesmal die herausragenden Erlebnisse im Zusammenhang mit *Syntegra*.

Es wurde versucht, die Instrumente während des Erzählens der Geschichten einzusetzen. Aus jeder Gruppe wurden Teilnehmer gebeten, ihre Gefühle beim Zuhören mit Hilfe ihrer Instrumente aus der Eröffnung auszudrücken. Dies erwies sich aber als wenig erfolgreich. Die Erklärung hierfür lieferten die Teilnehmer selbst: *„Wir sind einfach zu unerfahren im Umgang mit den Instrumenten. Hinzu kommt die Tatsache, daß das Zuhören an sich bereits sehr viel Energie beansprucht. Dann auch noch gleichzeitig ein Instrument zu spielen, das ist einfach zuviel."*

Nach dem kraftvollen Start kamen die Teilnehmer in ihren vier Gruppen zusammen und widmeten sich Schwerpunktthemen wie zum Beispiel *Teamgeist*, *Kommunikation* und *Koordination*. Jeder Gruppe stand ein eigener Moderator zur Seite. Zusammen mit ihren Träumen aus den Interviews entwickelten sie Zukunftsaussagen wie etwa: *„Innerhalb unseres Teams gibt es eine gute Kollegialität. Wir sind anders durch unsere klare, offene und ehrliche Kommunikation. Wir schätzen uns gegenseitig und sagen es auch. Kombiniert mit unserer guten Koordination und effektivem Feedback führt das zu einem guten Service."*

Aufgabe war es, Zukunftserwartungen nicht nur in Worte zu fassen, sondern für die Präsentation auch Tanz und Musik einzusetzen. Diese Anforderung beruhte hauptsächlich auf dem Wunsch, die Ergebnisse so nachhaltig wie möglich zu präsentieren. Die über 100 Teilnehmer kamen zu Aufführungen auf einer Bühne zusammen. Jede der vier Gruppen präsentierte ihre Zukunftsaussagen in einer kompletten Szene, die aus Worten, Musik und Tanz bestand. Da das ganze schon fast zu einem Musical wurde, gab es stehende Ovationen. Die Darstellung der Zukunftsaussagen in dieser Kombination stellte sich als besonders erfolgreich heraus.

Anschließend fanden sich die Mitarbeiter wieder in ihren Gruppen zusammen, um ihre Vision zu verwirklichen. Sie erstellten eine Liste mit konkreten Aktionen, die zur Umsetzung der Zukunftsaussagen beitragen sollten. In einem Fall ging es um den organisationsübergreifenden Wissenstransfer innerhalb des Geschäftsbereiches, das heißt um Offenheit und Zugang zu dem, was in den anderen Projekten passiert. Zudem wurde ein positives Feedback für Projekte installiert. Regelmäßig wird ein sehr gut verlaufenes Projekt in Form einer Geschichte intern veröffentlicht.

Der Tag klang mit einem Barbecue aus, an dem alle teilnahmen. Die Stimmung war hervorragend: *„Können wir das auch mit unseren Kunden machen? Da möchte ich dabei sein." „Wir haben jetzt viel Energie, um das alles zu verwirklichen."* Am Ende des ersten Zukunftsgipfels war die Energie stark, aber jetzt war sie auf dem absoluten Höhepunkt. Dies mag an mehreren Faktoren liegen. Erstens war etlichen Mitarbeitern *Appreciative Inquiry* jetzt bereits vertrauter. Zweitens kamen dieses Mal die meisten positiven Erlebnisse aus der Erfahrung mit Syntegra.

Während dieses Gipfels hatte ein professioneller Photograph Bilder geschossen, um diesen Tag zu dokumentieren. In der Folge wurden die Zukunftsaussagen zusammen mit Photos eines jeden Teilnehmers gerahmt und neben die Ergebnisse des ersten Zukunftsgipfels in den Hauptflur gehängt. Im August fanden sich sechs Freiwillige zusammen – die „Appreciative Inquiry Angels" –, um die Fortsetzung des *Appreciative Inquiry*-Prozesses zu gewährleisten. Zwei Mitglieder dieser Gruppe werden an einem *Appreciative Inquiry*-Training teilnehmen, um tiefere Kenntnisse über diesen Ansatz zu gewinnen.

Ergebnisse und Schlußfolgerungen bis heute

Der Geschäftsbereich *Weiterbildung und Training* scheint den dramatischen Wandel im Führungsstil und in der Zusammenarbeit ebenso wie die Reorganisation gemeistert zu haben. Innerhalb von 14 Monaten schafften es alle Beteiligten, einen neuen Blickwinkel – hinsichtlich der Frage, wie der Markt angegangen werden sollte – einzunehmen. Dabei erkannten sie, daß ihr Blickwinkel und ihre persönliche Verantwortungsbereitschaft den Unterschied ausmachten. Innerhalb des Geschäftsbereichs vollzog sich ein dramatischer Wechsel im Marktverhalten. Dieser führte zu einem wesentlich kundenfreundlicheren Ansatz in den einzelnen Abteilungen.

Im Moment wächst der Geschäftsbereich um durchschnittlich 40 Prozent pro Jahr gegenüber einem Marktwachstum von nur rund 10 Prozent. Die Personalfluktuation fiel von mehr als 35 Prozent auf weniger als 15 Prozent. Dies ist in einem Markt von um so größerer Wichtigkeit, als es sehr schwer ist, qualifizierte und gute Mitarbeiter zu finden.

Wir sind stolz, daß eine Plattform geschaffen wurde, die dazu dient, die Fortsetzung des begonnenen Prozesses zu gewährleisten. Dies sehen wir als entscheidend an, da eine konstante und nachhaltige Entwicklung die große Herausforderung in einem sich schnell verändernden Umfeld ist.

Weitere Informationen zu Theorie und Praxis von *Appreciative Inquiry* finden Sie unter www.appreciative-inquiry.de und www.wb-consult.de. Nähere Informationen zu dem Unternehmen *Syntegra* erhalten Sie unter www.syntegra.nl.

32 Interview mit Filippo Leutenegger*

Roswita Königswieser

Roswita Königswieser (R.K.): Darf ich Sie erst einmal nach Ihrem Werdegang fragen? Wer sind Sie eigentlich, Herr Leutenegger?
Leutenegger: Ich bin der Sohn eines Schweizer Diplomaten bei der UNO, geboren in Italien, in Rom. Jahrgang 1952. Ich habe eine A-Matura gemacht und anschließend Ökonomie und Jurisprudenz studiert und abgeschlossen. Seit 19 Jahren bin ich im Fernsehbusiness tätig: zuerst vor allem als recherchierender Journalist, dann als Redaktionsleiter einer Wirtschaftssendung und die letzten sieben Jahre als Leiter der Politsendung *Arena*.
R.K.: Wie hat sich das entwickelt, dieser Veranstaltungstyp Arena?
Leutenegger: Die Arena hat sehr viel mit der Schweiz zu tun. Wir haben eine direkte Demokratie, in der alle drei bis vier Monate Abstimmungen stattfinden. Hier spielen oft außerparlamentarische Kräfte eine Rolle, die irgendwie zusammengefaßt werden müssen. Dadurch ist die *Arena* eigentlich entstanden. Wir haben im Vorfeld von Abstimmungen einige Sendungen kreiert – nach dem Typus „direkte Demokratie", wo nicht nur eidgenössische Politiker und Politikerinnen zu Wort kommen, sondern auch andere Interessengruppen.
R.K.: Ja, ich verstehe. Und wie muß man sich das vorstellen, die Arena? *Wie schaut das aus, wie geht das vor sich, welche Rolle haben Sie, und was ist das Ziel?*
Leutenegger: Das eigentliche Ziel ist es, die real existierenden politischen Kräfte darzustellen. In einer echten, unverfälschten Diskussionskultur. Und das heißt: In der Arena stehen sich in der Mitte zwei Spitzenpolitiker gegenüber – sekundiert werden beide Seiten von einer gleichen Anzahl Begleiterinnen oder Begleiter. Das kann aber auch der Bundesrat oder der Bundespräsident sein. Sie kämpfen in der Arena um Abstimmungsvorlagen. Das ist vielleicht das Einmalige in der Schweiz, daß ein amtierender Bundespräsident vor Abstimmungen für seine Vorlage kämpft und gegen die politischen Gegner antritt.
R.K.: Wie lange dauert so etwas?

---

*Wiedergabe eines Interviews vom 30.11.99 über die sogenannte *Arena* aus der Sendung. Filippo Leutenegger ist Chefredakteur des Schweizer Fernsehens.

Leutenegger: 85 bis 90 Minuten.

R.K.: O.K. Und was ist das jetzt, was Sie bei ABB gemacht haben?

Leutenegger: Das sind Veranstaltungen außerhalb des Fernsehens – beispielsweise zwischen Betriebsräten, der Geschäftsleitung und den Gewerkschaften. Als Leiter eines kontradiktorischen Podiums versuche ich, die Positionen auszuloten und zu vermitteln. Dabei hilft mir mein wirtschaftspolitischer Hintergrund.

R.K.: Ist das auch ein gewisses Konfliktlösungsmodell?

Leutenegger: Ich würde sagen, es ist nicht primär konfliktlösungsorientiert, aber wir sind ein Land, das von Kompromissen lebt. Wenn Sie einen Kompromiß schließen, müssen Sie zuerst wissen, wo Sie stehen. Wir haben auch ein paar Spielregeln angeführt.

R.K.: Welche?

Leutenegger: In der Arena werden auch unangenehme Fragen diskutiert, ohne Tabus – politisch gesehen. Im Prinzip ist es eine kontradiktorische Diskussion, der sich auch Magistrate stellen. Es geht um gesellschaftliche, wirtschaftliche und politische Interessenskonflikte in unserem Land.

R.K.: Ist es auch schon einmal passiert, daß das schiefgegangen ist, oder das nichts herausgekommen ist?

Leutenegger: Es gibt immer wieder schwierige Situationen. Das gehört zum Business. Die Diskutierenden haben die Möglichkeit rauszumaschieren, wenn sie unzufrieden sind.

R.K.: Was machen Sie dann?

Leutenegger: Naja, dann müssen wir die Sendung abbrechen. Das ist auch schon passiert.

R.K.: Also, das heißt, im großen und ganzen ist das Konzept „Arena" entstanden aus einem politischen Kontext und dort hat es auch seinen Platz?

Leutenegger: Ich denke, in einem anderen Land wäre das schwierig.

R.K.: O.K. Das Wesentliche ist offensichtlich, daß Sie es schaffen, die unterschiedlichen Positionen sichtbar zu machen. Wie viele Leute muß man sich da vorstellen, in der Arena?

Leutenegger: Es sind ungefähr 100 Leute im Studio.

R.K.: Und die Dynamik in dieser eigentlich ja großen Gruppe: Wie würden Sie die beschreiben?

Leutenegger: Es gibt eine klare – ich sage nicht „Hackordnung", aber klare Prioritäten. Ganz vorne stehen meistens Parteipräsidenten oder Regierungsmitglieder als führende politische Persönlichkeiten. Sekundiert werden sie von Parlamentarierinnen und Parlamentariern und Leuten aus Parteien und Verbänden. Also, in dem Sinne ist die Sendung ganz klar ausgerichtet auf die führenden Köpfe des Landes.

R.K.: Ja. Und gibt es da auch massenpsychologische Phänomene?

Leutenegger: Nein, nicht im eigentlichen Sinne. Aber es gibt natürlich hitzige

Momente: Die Diskutierenden möchten sich darstellen und dem Publikum zeigen, wo sie stehen.

R.K.: Ich finde das sehr spannend, was Sie da erzählen, Herr Leutenegger. Aber was war bei ABB zum Beispiel. Also in einem ganz anderen, nicht politischen Kontext – in der Wirtschaft. Worum ist es da gegangen?

Leutenegger: Da ging es um Restrukturierung. ABB wollte eine Diskussion mit den Betriebsräten, den Gewerkschaften und auch mit Kritikern veranstalten. Dazu wurde ich als Diskussionsleiter angefragt, weil ich offenbar durch meine Fernseharbeit eine gewisse Garantie biete, daß ich mich nicht auf die eine oder andere Seite schlage. Das ist das Wichtigste. Ich mache keine Gefälligkeitsdiskussionsleitung.

R.K.: Wie ist das ausgegangen?

Leutenegger: Es ging ja vor allem um die Aussprache an und für sich. Ich denke, daß es in den meisten politischen Fragen darum geht, daß sich die Opposition oder kleine Gruppierungen ernst genommen fühlen. Und das kann die Mehrheit nur dadurch beweisen, daß sie zur ernsthaften Diskussion bereit ist und sagt: okay, laßt uns reden miteinander und die Standpunkte erläutern. Da geht es im konkreten Fall um die Frage, welche Garantien, Arbeitsplatzgarantien, sind überhaupt möglich.

R.K.: Und ist es schon mal passiert, daß Ihnen jemand vorgeworfen hat, daß Sie nicht neutral sind?

Leutenegger: Na logisch. Das ist ja klar. Jede Seite, die schlechter wegkommt, als sie es verdient zu haben glaubt, sagt: Sie haben die andere Seite bevorteilt. Meist kommt der Vorwurf, wenn er kommt, aber von beiden Seiten. Aber in einem Land, wo man dauernd miteinander in Kontakt ist, entsteht mit der Zeit auch eine Vertrauensbasis. Ich glaube, daß ich meine Meinung von meiner Funktion trennen kann.

R.K.: Was ist am erfüllendsten für Sie persönlich? Was ist das Schönste für Sie an dieser Arbeit?

Leutenegger: Für mich ist das eigentlich Spannende herauszukriegen, wie die politischen Mechanismen funktionieren. Das ist eine sehr filigrane Arbeit, denn die Metaebene spielt eine sehr große Rolle. Es ist ja nicht nur einfach Macht, die deklariert wird, sondern es geht um die Zwischentöne. Der Erkenntniswert ist für mich wichtig.

R.K.: Ja. Also im Grunde ist es, so könnte man sagen, auf der Metaebene auch so etwas wie eine Aufklärungsarbeit.

Leutenegger: Ich denke, das ist eigentlich auch mein Auftrag.

R.K.: Das finde ich spannend. Haben Sie auch die Theorie, daß quasi 100 Leute im Sinne eines holistischen Prinzips das abbilden, was in der gesamten politischen Landschaft zwischen diesen Machtgruppierungen passiert, daß man das wirklich auch so in der Arena spürt?

Leutenegger: Ja, aber ich denke, nicht eine einzelne Sendung ergibt das Gesamtbild. Aber wenn man das über Jahre macht, dann sieht man, welche politischen Akteure ihre Meinung geändert haben und wie die Dynamik spielt.

R.K.: Herr Leutenegger, noch einmal zurück zum Anfang. Sie haben Diplomateneltern gehabt. Das hat ja mit Politik eigentlich auch sehr viel zu tun, was Sie machen.

Leutenegger: Ja, sehr viel natürlich. Ich stamme aus einer politischen Familie und bin durch und durch ein politischer Mensch. Mein Großvater war auch Abgeordneter.

R.K.: Die Zukunft der Politik, heißt es, wird in hohem Maße darin bestehen, Dialoge zu führen.

Leutenegger: Ja, das denke ich auch.

R.K.: Ich danke Ihnen, Herr Leutenegger.

Zukunftskonferenz Personalentwicklung der swb AG Bremen

Marion Keil, Gisela Kolaska

1. Kontext

Die *swb AG** mußte sich, wie alle anderen bundesdeutschen Energieversorgungsunternehmen, auf dem liberalisierten Strommarkt behaupten. Das bis dahin auf einem Monopolmarkt agierende Unternehmen mußte sich innerhalb kürzester Zeit der Konkurrenz anderer Energieunternehmen stellen – das heißt für die swb AG: Preise senken, die Mitarbeiter schnell kundenorientiert fokussieren, sich an anderen Unternehmen beteiligen, neue Geschäftsfelder erschließen, Anteilseigner und Kooperationen finden und sich dem Thema *Personalabbau* widmen. Zahlreiche unternehmensübergreifende Projekte wurden eingerichtet.

Eines davon war der *Kulturelle Wandel*, mit dem eine Veränderung der Einstellungen und Haltungen der Mitarbeiter in Richtung Offenheit und proaktives Handeln unter den neuen Rahmenbedingungen erreicht werden sollte. Dazu gehört natürlich auch eine innovative und den gesamtunternehmerischen Wandlungsprozeß unterstützende Personalentwicklung (PE). Deshalb wurde von der Steuergruppe des *Kulturellen Wandels* das Subprojekt *Personalentwicklung* gebildet (eines von insgesamt 12 Subprojekten), das Vorschläge für ein innovatives PE-Konzept entwickeln sollte.

Dieses Subprojekt war mit Mitarbeitern der verschiedenen Bereiche und Hierarchiestufen besetzt – alles keine internen Experten für Personalentwicklung –, darunter auch Mitarbeiterinnen und Mitarbeiter aus der Personalabteilung. Mit großem Engagement wurden Personalentwickler anderer Unternehmen und Branchen eingeladen, um aus deren Erfahrungen zu lernen und erst einmal zu erfahren, was unter heutiger Personalentwicklung alles zu verstehen ist. Ein erstes Konzeptpapier wurde erstellt. Zwei neu ins Unternehmen gekommene Personalentwickler stießen dazu.

Die Frage kam auf, wie denn in einer interaktiven, innovativen Form die Ansichten und Vorstellungen der Führungskräfte und Mitarbeiter in das entstehende PE-Konzept einfließen könnten. Die Wahl fiel auf die Methode der *Zukunftskonferenz*. Besonders erwähnenswert ist, daß ein Mitglied des Sub-

---

*Vormals Stadtwerke Bremen AG.

projekts zusammen mit der externen Projektberaterin die Zukunftskonferenz moderieren sollte.

2. Auswahl der Intervention

Warum fiel die Wahl auf die *Zukunftskonferenz*? Bis zu ihrer Durchführung wurde die Personalentwicklung nicht in vollem Umfang als aktives Entwicklungsagens wahrgenommen, sondern überwiegend als Aus- und Weiterbildung verstanden und als Personalverwalter wahrgenommen. Das Verständnis von *Personalentwicklung* war undeutlich definiert und für die internen Kunden nicht transparent. Die interessanten und bereits existierenden Personalentwicklungsprodukte waren den Kunden meist nicht bekannt bzw. wurden nicht unternehmensweit umgesetzt. Die PE war zu diesem Zeitpunkt nicht an die Unternehmensentwicklung gekoppelt. Führungskräfteentwicklung war immer noch davon gekennzeichnet, daß der Aufstieg der besten Fachkraft zur Führungskraft verfolgt wurde.

Mit der Intervention *Zukunftskonferenz* sollte Personalentwicklung als unternehmensrelevantes Thema verankert und sollten die Führungskräfte in die Mitverantwortung genommen werden. Die Tendenz, sich gegenseitig den „schwarzen Peter" für Versäumnisse in der Vergangenheit zuzuschieben, erschien dem Projekt nicht als besonders produktiv. Personalentwicklung war jedermanns Sache und ganz besonders auch die Sache der Führung. Sie mit ins Boot zu bekommen war ein zentrales Ziel für die Zukunftskonferenz. Das Subprojekt erhoffte sich auch, einen Anstoß zu Neuorientierung der Abteilung *Personal* in Richtung Personalentwicklung geben zu können, natürlich jetzt mit der Unterstützung der neuen Personalentwickler. Nicht zuletzt erhoffte sich das Subprojekt, noch mehr Informationen aus dem Unternehmen über den konkreten Bedarf nach Personalentwicklungsmaßnahmen der Mitarbeiter und Führungskräfte zu bekommen.

Zukunftskonferenzen (Future Search Conference; siehe der Beitrag von Weisbord/Janoff in diesem Buch) ermöglichen es in einer strukturierten Form, mit einer großen Anzahl von Mitarbeitern (ca. 70) eines Systems an einem Thema in selbstorganisierter Weise und mit einer deutlichen Zukunftsorientierung zu arbeiten. Diese Intervention hat sich bewährt, wenn mit allen Interessengruppen der Organisation Energie und kreatives Potential der Mitarbeiter mobilisiert, gemeinsam langfristige strategische Visionen entwickelt, erreichbare Ziele definiert und konkrete Aktionspläne aufgestellt werden sollen, für deren Umsetzung die Mitarbeiter verantwortlich zeichnen. Alle Ergebnisse werden schriftlich auf Flipcharts festgehalten. Die Arbeit findet ausschließlich in Sitzrunden von ca. 9 Personen statt.

3. Design

Der Zeitrahmen betrug zwei Tage. 65 Teilnehmer waren anwesend, sorgfältig ausgewählt nach möglichst großer Heterogenität der verschiedenen Bereiche und Ausgewogenheit der Hierarchieebenen. Die Veranstaltung fand außerhalb der Stadtwerke in einem hübschen Landhotel mit großem Raum mit Tageslicht und Teppichboden statt. Pro Sitzgruppe gab es ein Flipchart, drei Schnurlosmikrophone, Pinnwände, Moderationskoffer, Stifte, Tesa-Krepp und Namensschilder.

Erster Tag

1. Schritt
Teilnehmer setzen sich in von den Moderatoren gebildete gemischte Gruppen* (10 Min.).

2. Schritt
Begrüßung durch Subprojektleiter des Projektes; persönliche Vorstellung der Moderatoren; kurze Erläuterung des Ablaufs (Ziel, Zeitrahmen, Regeln der Zusammenarbeit, Tips zur Selbstorganisation); Input der Moderatoren zu den Themen *Die Basis der Zukunftskonferenz* und *Wie ist die Dynamik?* (20 Min.).

3. Schritt
Gegenseitige Vorstellung in den gemischten Gruppen (20 Min.).

4. Schritt
Reise in die Vergangenheit (letzte 10 Jahre): Die Teilnehmer tragen in die Zeitachse die Entwicklung/Veränderung des Unternehmens ❶ und das Verständnis des Unternehmens von Personalentwicklung im Wandel der Zeit ❷ (nach persönlicher Wahrnehmung/Erfahrung) ein; Anmerkung: die Zeitachse mit 4 Pinnwandpapieren länglich verkleben (35 Min.).

5. Schritt
Auswertung der sich daraus ergebenden Muster; Bildung von 4 Gruppen zur Entwicklung/Änderung ❶ und 4 Gruppen zum Verständnis von PE ❷ (45 Min.).

---

* Kriterien für gemischte Gruppen: Führungskräfte/Mitarbeiter, Kaufleute/Techniker, verschiedene Fachbereiche, Männer/Frauen.

6. Schritt
Präsentation der Ergebnisse (45 Min.).

7. Schritt
Die Gegenwart. Alle Teilnehmer bilden eine Gruppe. Die Moderatoren erstellen per Zuruf aus dem Publikum ein *Mind Map* unter der Fragestellung: *Was sind die Herausforderungen/Trends, mit denen die PE heute konfrontiert ist?* Priorisierung per Punkte. Anmerkung: Für das Mind Map ca. 6 Pinnwandpapiere zu einem Quadrat miteinander verkleben (45 Min.).

8. Schritt
Trendauswertung. Die Teilnehmer begeben sich in Interessengruppen.* Fragestellungen: 1. Was sind unserer Meinung nach die wichtigsten Trends? 2. Was haben wir getan, um darauf zu reagieren? 3. Was haben wir versäumt/leider bisher nicht getan? 4. Worauf sind wir besonderes stolz/was tut uns besonders leid? (60 Min.)

9. Schritt
Präsentation der Ergebnisse. Offenes Feedback (60 Min.).

10. Schritt
Reise in die Zukunft. Die Teilnehmer begeben sich in gemischte Gruppen. Die Personalentwicklung in 10 Jahren. Erlaubt sind Träumen, Spinnen, Visionieren. Aufgabe: Die Philosophie/Produkte/Angebote/Innovationen/Kunden des Personals im Jahr 2008. Kreative Präsentation der Gruppen (Zeitung, Sketch, Spiel – nach Möglichkeit sollten alle Gruppenteilnehmer dabei sein) (90 Min.).

2. Tag

11. Schritt
Kurzvorbereitung. Kreative Präsentation der Ergebnisse vom Vortag (15 Min.).

12. Schritt
Analyse von gemeinsamen und interessanten Ideen und möglichen Projekten und Werten – wie zum Beispiel Vertrauen, gegenseitige Wertschätzung, Offenheit, Toleranz, Partnerschaft (45 Min.).

---

* Kriterium für Interessengruppen: nach Fachbereichen sortiert.

13. Schritt
Präsentation der Ergebnisse (45 Min.).

14. Schritt
Erfassung der wichtigsten Projekte und Ideen (gemeinsame Basis) (60 Min.).

15. Schritt
Aktionsplanung. Teilnehmer begeben sich in Interessengruppen: 1. Was werde(n) ich (wir) konkret an PE-Aktivitäten machen/einbringen? (Was möchte ich damit erreichen? Wie gehe ich es an? Mit wem? Bis wann?) Jeder einzelne unterschreibt. 2. Welche drei wichtigsten PE-Maßnahmen empfehlen wir dem Subprojekt, in ihr Konzept einfließen zu lassen? (Ziel, Umsetzungsschritte, Wer aus dem Unternehmen ist beteiligt? Bis wann?) Die Gruppe unterschreibt (75 Min.).

16. Schritt
Präsentation Markt. Die Teilnehmer haben die Möglichkeit, sich auch mit anderen Gruppen auszutauschen sowie bei PE-Aktivitäten mit zu unterschreiben und aktiv zu werden (60 Min.).

17. Schritt
Verabschiedung durch die Projektleiter. Dank aussprechen. Wie geht es weiter? (15 Min.)

4. Resonanz auf die Zukunftskonferenz

- Führungskräfte und Mitarbeiter haben, oft zum ersten Mal, zusammen an einer gemeinsamen Aufgabe partnerschaftlich gearbeitet – das alleine erzeugte eine sehr positive Resonanz.
- Die Teilnehmer äußerten sich begeistert über die Moderationskombination intern/extern; sie waren stolz, daß eine der „Ihren" eine so gute Moderation gemacht hat.
- Mitarbeiter und Führungskräfte leiteten gemeinsam oder auch allein aus der Zukunftskonferenzveranstaltung vereinbarte PE-Aktionen in ihre Bereiche ein (z.B. Coaching, Mitarbeitergespräche, Zielvereinbarungsgespräche, Gruppenentwicklung) – sie haben die Verantwortung für Personalentwicklung angenommen.
- Mitarbeiter haben wertgeschätzt, daß sie in diesen Prozeß mit eingebunden wurden, daß ihre Meinung gefragt und gewünscht wurde.
- Die Ergebnissen der Zukunftskonferenz flossen mit in das heutige Personalentwicklungskonzept ein – das bedeutet eine wirkliche Wertschätzung der Beiträge und des Engagements der Teilnehmer.

- Es wurde das Verständnis im Unternehmen geweckt, daß PE alle (Vorstand, Führungskräfte, Mitarbeiter, Abteilung P/PE) betrifft und die Verantwortung eines jeden ist.
- Knapp ein Jahr später wurde eine halbtägige Veranstaltung durchgeführt, um den Teilnehmern der Zukunftskonferenz das fertige Konzept des Subprojekts vorzustellen und die Erfahrungen der Teilnehmer mit ihren eigenen PE–Maßnahmen abzuholen. 60 Prozent der damaligen Teilnehmer kamen (allein schon eine sehr gute Resonanz). Die Teilnehmer berichteten über ihre Erfahrungen mit den initiierten PE-Aktivitäten, die mit der Abteilung *Personalentwicklung* durchgeführt wurden, und diskutierten das Konzept des Projektes, welches dann an die Linie P/PE gegeben wurde.

Den Wandel gestalten mit Großveranstaltungen bei der swb AG – Veränderungsprozesse symbolisieren und vertiefen

Marion Keil, Roswita Königswieser

Die Vorgeschichte

Seit 1997 unterstützen wir die ehemaligen Stadtwerke Bremen, heute swb AG, dabei, sich von einem lokalen Monopolisten zu einem regionalen, integrierten Infrastrukturdienstleister zu entwickeln. Wir, das sind als Kernstaff neben den Autorinnen Uwe Cichy und Uwe Scheutz.

Wir sind natürlich nicht die ersten Berater. Vor uns haben sich die großen Namen der Beratungsbranche schon die Klinke in die Hand gegeben und mit dem Unternehmen, das damals ca. 3000 Mitarbeiter hatte, Ziele und Strategien definiert, es umstrukturiert und in vielen verschiedenen Teilen des Unternehmens Projekte durchgeführt. Der dreiköpfige Vorstand, der Betriebsrat und die Beratungsfirmen sind sich in einem einig: Wenn sich die Kultur des Unternehmens nicht ändert, werden sich die Stadtwerke Bremen nicht schnell genug auf die sich abzeichnenden Umweltveränderungen einstellen, dem liberalisierten Strommarkt anpassen können. Und damit wird die *Beratergruppe Neuwaldegg*, Roswita Königswieser, angefragt, die mit Kooperationspartnern den Auftrag übernimmt. Das Projekt heißt *Kultureller Wandel*.

Die Situation

Wir treffen auf Führungskräfte und Mitarbeiter, die sich, bis auf Ausnahmen, der Situation nicht bewußt sind. Zu lange war alles so sicher gewesen, waren Leistungen nicht bewertet worden, war die Auftragslage natürlich gut, waren die monatlichen Bezüge vergleichsweise angenehm hoch gewesen. Oft bekommen wir zu hören: „Sie müssen das verstehen, die Mitarbeiter sind zu den Stadtwerken gegangen, weil sie ein Leben lang einen sicheren Arbeitsplatz haben und in der Region bleiben wollten." Die Führungskräfte schalten und walten weitgehend frei und oft wie Fürsten in ihren Fürstentümern. Der Vorstand ist sich darin einig, daß sich etwa verändern muß, aber nicht darin, was genau. Der Vorstandsvorsitzende, der jüngste und dynamischste der drei, wird vom Unternehmen mißtrauisch angesehen und als Störfaktor betrachtet. Andere Beratungsfirmen sind weiter im Unternehmen. Ein prozeßhaftes Vorgehen in der Beratung ist fremd, man ist Experten-Input gewohnt und wünscht dies oft auch.

Die Architektur

Wir schließen vorerst einen Kontrakt über ein Jahr. Er umfaßt folgende Architekturelemente:

- Auftraggeber ist der Vorstand.
- Der Vorstand macht selbst einen Teamcoachingprozeß.
- Es wird ein Kernteam aus Mitarbeitern und Führungskäften und den Beratern etabliert, das heißt eine Gruppe, die den gesamten Prozeß begleiten und steuern soll.
- Als Zwischenglied gibt es die Dialoggruppe, bestehend aus Vorstand, Betriebsrat, Kernteam und Beratern, wo fortlaufend über den Stand des Veränderungsprojekts informiert wird.
- Es werden vom Kernteam 12 Subprojekte eingerichtet, die von je einem Kernteammitglied als Projektleiter und einem Berater begleitet werden. Eines davon ist das Subprojekt *Großveranstaltung*.
- Gleich von Anfang an wird als Architekturelement auch eine Resonanzgruppe (Großgruppe) eingeplant, wo über die Subprojektmitglieder hinaus weitere ca. 100 Personen aus dem Unternehmen eine Resonanz auf den bisherigen Prozeß und seine Ergebnisse geben sollen und ihn damit auch weiter im Unternehmen verbreiten sollen.

Das erste Jahr – die ersten zwei Großveranstaltungen

Alle Subprojekte beginnen mit Feuereifer mit der Arbeit an. Sie informieren sich über ihr jeweiliges Thema. Laden externe Experten ein, sogar aus Konkurrenzfirmen. Basteln an ersten Konzepten – die Mitglieder sind begeistert, daß sie, die sich freiwillig gemeldet haben, nun ihre Kreativität in solche für das Unternehmen wichtige Themen investieren können. Es wird eine andere Haltung von ihnen erwartet: mehr Selbstverantwortung.

Das Subprojekt *Großveranstaltung* braucht eine Weile, ehe es den Sinn und Zweck möglicher Großveranstaltungen für das Unternehmen versteht – man kannte nur Betriebsfeste oder Betriebsversammlungen (siehe den Beitrag von Monika Holleck). Dann machen sich die Teilnehmer am Projekt* gemeinsam

---

* Im Subprojekt *Großveranstaltung* und dem Nachfolgeprojekt, genannt *5 plus 1*, haben mitgearbeitet und arbeiten mit: Herr Hobe, Frau Holleck, Frau Dr. Keil, Herr Machirus, Herr Moers, Frau Peper, Herr Schwaner, Herr Dr. Stelling, Herr Stitz, Frau True, Herr Wasow, Herr Wendhausen, Herr Wies.

mit uns mit Begeisterung, aber auch viel Angst an die Planung der ersten Veranstaltung mit ca. 110 Personen, das erste Resonanzgruppentreffen im Juli 1997. Der Auftraggeber ist das Kernteam. Die Ziele dieser ersten Großgruppenveranstaltung sind vom Kernteam vorgegeben: Information eines weiteren Teils der Unternehmensöffentlichkeit über das Projekt *Kultureller Wandel*, Akzeptanz und das Mittragen des Projektes, Resonanzen auf das Projekt einholen, einen Austausch zwischen den Subprojekten fördern und für Kommunikation zwischen den verschiedenen Bereichen des Unternehmens sorgen. Wir bilden Hypothesen über die derzeitige Situation im Unternehmen, über die möglichen Anwesenden, über deren Erwartungen. Das ist die Basis für die Interventionsplanung. Das Projekt sucht Räumlichkeiten aus, bespricht das Catering, überlegt sich Designelemente, Sitzordnung und Gesamtablauf. Ein schönes abschließendes Highlight soll auch nicht fehlen, damit es ein „runder" Tag wird. Alles wird minuziös geplant, die Subprojekte werden vorweg über ihre Aufgaben während des Tages informiert, alle Materialien besorgt, der Einladungsschlüssel entwickelt und die Einladungen versandt. Spaß und Streß gehen Hand in Hand – bis der erste große Tag da ist, der Tag der Veranstaltung, die in einem schönen Hotel direkt an der Weser bei strahlendem Wetter stattfindet. Runde Zehnertische sind hübsch dekoriert, Mikrophone stehen bereit. Die Moderation liegt in unserer Hand.

- Die Begrüßung erfolgt durch den Projektleiter, den Vorstand und den Betriebsrat.
- Das Ziel und der Arbeitsplan für den Tag werden durch die *Beratergruppe Neuwaldegg* vorgestellt.
- Die Menschen stellen sich an den runden Tischen einander vor.
- Inputs des Projektleiters zu den harte Fakten des Projekts: Ziele, Architektur, Subprojekte.
- Verarbeitung an runden Tischen und öffentliches Interview mit Kernteammitgliedern, Blitzlicht (wir fragen stichwortartig die Reaktionen einiger Teilnehmer ab).
- Öffentliches Interview der Berater durch Kernteammitglieder, Verarbeitung an Tischen und Blitzlicht.
- Pause.
- Präsentationen von den ersten Subprojekte (à 7 Min.), nach jeder Präsentation Kurzfeedback von seiten zwei vorher auszusuchender Feedbackgeber im Saal.
- Resonanz an runden Tischen: Was gefällt an der Arbeit der Subprojekte? Was fehlt noch? Was unterstütze ich? Zwei Reaktionen auf Karten, die eingesammelt werden.
- Präsentationen von weiteren Subprojekten, Kurzfeedback, Resonanzen auf die präsentierten Projekte an den Tischen.

- Mittag.
- Präsentationen von den letzten Subprojekten, Kurzfeedback, Resonanz auf die präsentierten Projekte an runden Tischen.
- Markt aller Subprojekte, immer ein Subprojektmitglied bleibt am Marktstand. Dort finden vertiefende Gespräche statt.
- An runden Tischen Gesamteindruck zum Projekt *Kultureller Wandel* und zu den Subprojekten: Was ist unser Gesamteindruck? Arbeitet der *Kulturelle Wandel* an den wirklich heißen Themen? Welche Empfehlung geben wir mit auf den Weg?
- Interview des Kernteams: Was war an unseren Tischen los? Was müssen wir noch stärker beachten? (Alle Kernteammitglieder waren an den Tischen verteilt.)
- Resonanz der Auftraggeber, Einladung zum nächsten Resonanzgruppentreffen.
- Abschied und Gesamtfeedback der Gruppe durch verschiedene Musikrichtungen aus vier Ecken (Klassik, Shanty, Jazz und Pop), wodurch die Grundstimmung ausgedrückt wird, und Abfrage einiger Teilnehmer nach ihrem individuellen Gefühl.
- Ausklang auf dem Schiff, die Weser hinunter nach Bremen.

Die Resonanz ist überwältigend: „Zum ersten Mal hatte ich wieder den Eindruck, Teil unseres Unternehmens zu sein", „Ich wußte nicht, daß soviel Kreativität in uns steckt", „Ich bin begeistert". Fast alle Subprojekte hatten in Sketchen, Gemälden, Rollenspielen oder Geschichten ihr Subprojekt vorgestellt – noch nie waren Projekte so präsentiert worden. Die Menschen hatten mit ihnen unbekannten Kollegen aus anderen Bereichen an runden Tischen gesessen und konnten sich alle zu den wichtigen Themen äußern. Jeder wurde direkt oder indirekt gehört. Die Vorstände mitten unter ihnen, sozusagen zum Anfassen – das gab es noch nie. Feedback mit Musik, ein so schöner Ausklang auf dem Schiff, es war eine „runde Sache". Die kollektive Energie des Tages war auf einem sehr hohen Niveau und ganz auf die Zukunft und auf Veränderung gerichtet. Das Veränderungsprojekt *Kultureller Wandel* ist im Unternehmen angekommen und angenommen. Das Subprojekt *Großveranstaltung* ist enorm stolz und selbstbewußt – nun kann noch mehr kommen!

Und es kommt mehr, nämlich das nächste Resonanzgruppentreffen im Dezember 1997. Auftraggeber ist wieder das Kernteam. Die Ziele sind ähnlich. Die Rückmeldungen der ersten Veranstaltung werden analysiert, die eventuellen Erwartungen der möglichen Teilnehmer aufgezeigt, die Einladungsliste hervorgeholt, ein neuer Raum in einem anderen Hotel in der Nähe gebucht, das Catering besprochen. Es werden neue Hypothesen über das aktuelle Unternehmen gebildet: In den Subprojekten herrscht mittlerweile eine Flaute. Es ist klar, wieviel Arbeit solch ein gemeinsames Vorgehen macht, die Anwesenheit der Projektmitglieder stellt manchmal ein Problem dar. Massive Konflikte im Vorstand sind hörbar geworden. Die Führungskräfte halten sich sehr bedeckt, was ihre Unterstützung des Projekts *Kultureller Wandel* anbelangt, und sie profitieren von den Konflikten im Vorstand. Die Reibungen zwischen „alter" und „neuer" Kultur werden immer deutlicher, zwischen autoritärem Vorgehen und gemeinsamer Suche, zwischen „alles zu 100% machen", anstatt Neues auszuprobieren, auch wenn das Ergebnis noch nicht genau vorhersehbar ist. Der Vorstandsvorsitzende wird vehement beschuldigt, unnötigen Druck auszuüben – anstehende Liberalisierung hin oder her. Die Angst vor einem möglichen Arbeitsplatzverlust geht um. Sollte der „kulturelle Wandel" doch nicht nur sanft, bunt und nett sein, sondern vielleicht harte Schnitte vorbereiten und begleiten? Der Tag kommt:

- Begrüßung durch den Projektleiter, den Vorstand und *Beratergruppe Neuwaldegg*.
- Informationsblock:
  – Die Ergebnisse der von einem Subprojekt durchgeführten Mitarbeiterbefragung, Diskussion in Kleingruppen, Blitzlicht.
  – Das Projekt *Kultureller Wandel* und sein aktueller Stand, Diskussion in Kleingruppen, Blitzlicht.
- Pause.
- Subprojektpräsentationen erster Teil, Verarbeitung in Kleingruppen.
- Resonanz im Kernteam. Es resümiert den Vormittag.
- Mittag.
- Subprojektpräsentationen zweiter Teil, Verarbeitung in Kleingruppen und Resonanzen.
- Vortrag zum Thema *Führung der Zukunft*, Plenumsdiskussion.
- Abschlußresonanz in konzentrischen Kreisen: In welchem Maße war der Tag für mich ein Impuls, mich im kulturellen Wandel zu engagieren?
- Ausklang mit einer Nikolausimprovisation.

Die Resonanz auf diese zweite Veranstaltung ist insgesamt wieder positiv. Das Subprojekt *Großveranstaltung* ist aber enttäuscht – längst nicht so viele Personen sind erschienen, wie sich angemeldet hatten. Wir haben beobachtet, daß die Präsentationen der Subprojekte dieses Mal eher digital, also mit Zahlen und Fakten und trocken daherkamen. Die Zeit wurde dadurch etwas lang. Wir hatten eine „Kapazität", einen Universitätsprofessor, zum Thema *Führen der Zukunft* eingeladen, der eine Stunde pausenlos einen spritzigen, medienmäßig exzellent aufbereiteten Vortrag hielt. Ergebnis: Hinterher war keinerlei Raum für Eigeninitiative der Teilnehmer mehr da, und alle wollten eine Plenumsdiskussion mit dem Vortragenden, an der sich aber nur sehr wenige Personen beteiligten.

Bei der Auswertung entwickelten wir die Hypothese, daß sich in der Veranstaltung genau diese Reibung zwischen alter und neuer Kultur widerspiegelte und daß dieses Mal die alte Kultur doch wieder dominiert hatte. Der als kurzweilig gedachte Nikolausausklang schloß nicht an die Themen des Tages an und geriet ein wenig klamaukhaft. Ein weiteres Punkt, der zu lernen war: Wenn nicht alle Personen gekommen sind, muß schnell reagiert und müssen leere Stühle hinausbefördert werden; sonst besteht Gefahr, daß eine depressive Stimmung entsteht.

Das Subprojekt *Großveranstaltung* macht nun dem Vorstand von sich aus den Vorschlag, den traditionellen Neujahrsempfang der ca. 150 Führungskräfte kurzweiliger und interaktiver zu gestalten. Er wird ein Riesenerfolg!

Der Einbruch und Aufbruch

Das Jahr 1998 fängt turbulent an. Das Vorstandscoaching wird abgebrochen. Es wird klar, daß in Zukunft auf einem liberalisierten Strommarkt Strom in lokalen Versorgungsunternehmen nicht mehr in dem bisherigen Umfang wird erzeugt werden müssen – ein enormer Einschnitt, der mit Stillegungen von Kraftwerksblöcken einhergehen muß. Für den technischen Vorstand ist das ein Schock. Konkurrenzunternehmen der Branche in der Region haben fusioniert und bieten lokal bereits Strom und Dienstleistungen billiger an. Es muß schnell gehandelt werden. Ein großes Kostensparprogramm wird aufgelegt, das keinen Bereich und keine Abteilung ausläßt. Noch immer werden keine Entlassungen geplant. Die Unruhe und die Konflikte im Unternehmen aber wachsen. Eine neue Holdingstruktur wird für das Unternehmen entwickelt, mit mehreren Gesellschaften unter einem Holdingdach. Die Kommunikation zwischen Betriebsrat und Vorstand wird immer schwieriger, der Gesamtbetriebsrat sieht Einbußen seiner Macht voraus. Der *Kulturelle Wandel* steht unter Beschuß.

Wir schließen eine neuen Kontrakt, der die Basisarchitektur beibehält (Kernteam, Dialogrunde, Subprojekte), aber den Schwerpunkt jetzt auf die Umsetzung der Ergebnisse der Subprojekte legt, Teamentwicklungen in den Abteilungen, großflächige Information im Unternehmen, Visionsarbeit und die Potentialanalyse für Führungskräfte vorsieht. Der Vorstand beschließt nach Absprache mit uns, daß es eine erste unternehmensweite Großveranstaltung im April 1998 geben soll, auf der alle neuen Entwicklungen, auch anstehende Themen, die die Stadtwerke Bremen betreffen, den Mitarbeitern vom Topmanagement direkt weitergegeben werden sollen. Auftraggeber ist also dieses Mal der Vorstand.

Das Subprojekt *Großveranstaltung* sieht sich jetzt mit einem qualitativen Sprung in der Organisation von Großveranstaltungen konfrontiert. Avisiert werden 300–500 Personen. Wir wissen nicht, wie viele kommen werden. Die

Ziele der Veranstaltung sind nun andere: Die Mitarbeiter hören aus erster Hand, worum es derzeit geht. Sie sind sich bewußt, daß es um das Überleben des Unternehmens geht, und transportieren dieses Wissen weiter ins Unternehmen. Konkurrenz im Energiesektor wird für sie sichtbar, und der Kunde rückt klar in den Mittelpunkt. Die geplante Holdingstruktur wird spürbar.

Wir nähern uns wieder über Hypothesen dem Design. Die Subprojektmitglieder, die aus allen Unternehmensteilen und aus verschiedenen Hierarchieebenen kommen, teilen ihr Wissen über die Stimmungen im Unternehmen mit. Zentrale Hypothesen sind: Die Stimmung ist aufgeheizt, die Menschen haben Angst, der Betriebsrat blockiert und rührt auf, es gibt die Haltung „Nach mir die Sinnflut", aber auch „Es hat sich schon viel verändert"; die Veränderer werden stärker wahrgenommen, die Bewahrer können nicht mehr so offen bewahren. Konkurrenz und Kunde werden verdrängt, jeder will sein Schäfchen ins Trockene bringen. Die geplante Holdingstruktur wird noch ignoriert; als Unternehmer zu denken fällt den Mitarbeitern schwer. Wir entwickeln ein Design, welches räumlich und inhaltlich den Zielen entspricht, eine vom Vorstand unterzeichnete Einladung wird an alle Mitarbeiter versandt, und langsam laufen die Anmeldungen ein.

Die Vorbereitungen laufen auf Hochtouren, da platzt die Bombe: Plötzlich sickert durch, daß die Veranstaltung abgesagt ist. Das Projekt wendet sich an den Vorstand, und dort ist zu hören, daß ein Konflikt im Vorstandsteam ausgebrochen ist. Gleichzeitig hat der Betriebsrat sich aus dem Gesamtprojekt *Kultureller Wandel* zurückgezogen, ein Großkunde hat den Vertrag gekündigt. Der Vorstand ist zerrissen. Es gehen Gerüchte um, der „kulturelle Wandel" sei tot. Und hier beweist das Subprojekt *Großveranstaltung* Mut und Eigeninitiative: Es verfaßt einen Brief an den Vorstand, in dem die Durchführung der Großveranstaltung um der Mitarbeiter willen gefordert wird. Und der Brief hat Erfolg! Die Veranstaltung wird auf den Oktober 1998 verlegt.

Wieder zeigt sich, daß Großveranstaltungen selbst, aber auch schon deren Vorbereitungen wie eine Art kumulierter Anzeiger der Unternehmensrealität sind: Alle Themen, Strömungen und Dynamiken spielen hinein und zeigen sich verstärkt, denn in Großveranstaltungen als symbolischem Akt wird ja alles sichtbar.

Fit für den Wettbewerb – den Wandel aktiv mitgestalten!

Die gewonnene Zeit ist auch eine Chance. Die Hypothesen bleiben in etwa gleich, und das Subprojekt bereitet nun noch sorgfältiger vor. Auf unsere Anregung hin wird ein Video, in dem Kunden der Stadtwerke Bremen interviewt werden, gezeigt, ebenso wie ein sehr großes Puzzle, bei dem jedes Teil ein Vorhaben der Stadtwerke symbolisiert und welches während der Veranstaltung langsam zusammengesetzt wird. Es ist für alle sichtbar plaziert. Es wird über den „Aufbruch aus dem Paradies" vorgelesen. Die bereits ausgewählten, aber noch nicht formell anerkannten Geschäftsführer der neuen Gesellschaften bekommen eine zentrale Rolle, Einladungen auf Vorstandspapier werden an die Privatadressen aller Stadtwerker verschickt. Das Subprojekt schlägt das Motto vor: *Fit für den Wettbewerb, den Wandel aktiv mitgestalten!* Der Tag der Veranstaltung kommt, 250 Personen sind angemeldet (die Mehrzahl hatte bisher noch nichts direkt mit dem „kulturellen Wandel" zu tun). Der Raum wird dekoriert, die Technik installiert (zwei Leinwände), das Video ausprobiert. Der technische Vorstand kommt nicht. Das ist ein deutliches Zeichen. Die Sitzordnung ist bunt gemischt, wieder an runden Zehnertischen.

- Begrüßung durch den Vorstand. Tagesablauf durch *Beratergruppe Neuwaldegg.*
- Gegenseitige Vorstellung an runden Tischen und Austausch von Sorgenkärtchen. Blitzlichter werden von den Moderatoren abgeholt.
- Das „Kundenvideo" wird präsentiert. Es ist aufrüttelnd.
- Pause.
- Der Vorstand präsentiert ungeschminkt die Ist-Situation.
- Reaktion an den Tischen, Formulierung einer Frage pro Tisch auf Karte.
- Der Vorstand auf der Bühne beantwortet Fragen auf den gezogenen Karten spontan, alle anderen Fragen auf Karten werden in der Hauszeitung später beantwortet.
- Informationsblock: Was haben wir in den Stadtwerken bisher getan, um uns der Situation zu stellen? Sechs strategische Projekte werden präsentiert. Eines davon ist der *Kulturelle Wandel.* Jeder Vortragende setzt ein Puzzleteil ein. Dazwischen werden Reaktionen von den Tischen eingeholt.
- Mittag.
- Die Geschichte vom „Ausbruch aus dem Paradies" wird in Szene gesetzt.
- Der Vorstand stellt die neue Holdingstruktur vor, die Geschäftsführer *in spe* die neuen Unternehmen.
- An den Tischen bereiten die Anwesenden je ein Flipchart vor: Was sind Chancen und Nutzen, die wir sehen? Welche Spannungsfelder sind zu beachten? Was wollen wir dem Vorstand und den Geschäftsführern auf den Weg mitgeben? Die Flipcharts werden im Raum aufgehängt.
- Vernissage der Flipcharts; man besichtigt die Plakate, informiert sich bei den anderen.
- Der Vorstand reagiert. Spontan richten wir ein Sesselrunde ein, wo sich Personen aus dem Publikum noch mit ihren Anliegen persönlich an den Vorstand und die Geschäftsführer *in spe* wenden können. Der Vorstand dankt öffentlich – fragt, ob weitere Veranstaltungen dieser Art gewollt sind: Ein überwältigendes Ja folgt durch Händeheben.

- Offene Meinungsabfrage: Wie war der Tag? (Auf Plakatwänden und Fieberthermometer zur Stimmung.)
- Ausklang bei gemeinsamem Essen.

Die einhellige Meinung von Mitarbeitern, Vorstand, Kernteam und Subprojekt war Begeisterung. Ein Vorstand, der sich der Unternehmensöffentlichkeit so stellt, ein Unternehmen, welches seine Probleme, seine Herausforderungen so offen und transparent präsentiert und die Meinung der Mitarbeiter direkt mit einbezieht – das wurde als wirkliches Beispiel einer neuen Kultur gesehen. Keine Minute war langatmig, der Spannungsbogen war über den ganzen Tag gehalten, die Stimmung realistisch, reflektiert, offen für das, was kommt, aber keineswegs unkritisch. Dazu kam, daß auf jedes spektakuläre Element verzichtet worden war. Es sollte kein „Superevent", sondern ein dem aktuellen Stand des Unternehmens entsprechender Tag werden, und die Rechnung war aufgegangen. Natürlich war jede Regung, jede Präsentation genau wahrgenommen worden: was das Video transportierte, wer was vorgetragen und sich dabei wie gegeben hat, daß ein Vorstand nicht dabei war, was es zu Essen gab – alles war ein Thema und wurde Teil der Unternehmensgeschichte. Es war klar geworden, daß Information frei verfügbar ist und jeder auch selbst eine „Holschuld" hat (z.B. indem er zur Veranstaltung kommt). Die Veranstaltung sorgte mit dafür, daß in der Unternehmensöffentlichkeit klar wurde: Die Richtung war nicht mehr umzudrehen, und der kulturelle Wandel als Prozeß war mitnichten tot, sondern quicklebendig und gar nicht mehr nur an Einzelpersonen oder das Kernteam gebunden. Mit dieser Veranstaltung war noch ein weiterer wichtiger Schritt getan worden: Großveranstaltungen wurden jetzt zum anerkannten Teil der Unternehmenskommunikation, und sie wurden von nun an in fast halbjährlichem Turnus organisiert. Das Subprojekt bekam sehr viel Anerkennung.

Die neue Kraft – swb AG

Der Vorstand hält Wort. Der nächste Auftrag ergeht an das Subprojekt *Großveranstaltung*. Im März 1999 soll es wieder eine Großveranstaltung geben. Drauf und dran, sich aufzulösen, weil alle Aufgaben, die sich das Subprojekt vorgenommen hatte, erledigt sind, beschließen die Mitglieder, die nächste Veranstaltung noch zu organisieren, dann aber eine langfristige Lösung jenseits einer Projektstruktur zu forcieren. Die Projektmitglieder sind nun schon richtig professionell und machen sich wieder an die Hypothesenbildung. Es sind neue Mitglieder dazugestoßen, die mit Feuereifer und großer Kompetenz mitmachen.

Die Hypothesen nun, ein halbes Jahr später (und der Halbjahresturnus stellt sich als adäquater Zeitabschnitt heraus – so schnell verändert sich alles):

Die Holdingstruktur wird bereits in den einzelnen Gesellschaften gelebt, obwohl sie vertraglich noch nicht fixiert ist. Die Mitarbeiter sind dabei sehr verunsichert, besonders hinsichtlich des Verhältnisses zwischen den neuen Gesellschaften. Neue Konflikte entstehen, und Gesellschaftsegoismen halten Einzug. Interne Visionsprozesse sind abgelaufen, sind aber nicht bis in alle Teile der Gesellschaften und der Holding-Mutter integriert. Die Erzeugung ist am stärksten von allen von Personalabbau betroffen, der Widerstand gegen die Holdingstruktur ist dort am höchsten. Es ist dort immer noch nicht klar, wie sich der Energiemarkt tatsächlich entwickelt. Das Kernteam des *Kulturellen Wandels* hat Interviews mit spannenden Ergebnissen in den Gesellschaften und der Holding gemacht. Das Verhältnis zwischen Gesamtbetriebsrat und Vorstand ist immer noch sehr angespannt, aber diese Haltung bröckelt, da die gesellschaftsbezogenen Betriebsräte wichtiger geworden sind. Die Stadtwerke Bremerhaven gehören jetzt mit zur neuen *swb AG*-Gruppe.

Wir wollen mit den Vorbereitungen und dem Design die aktuelle Situation spiegeln. Daher lädt jetzt nicht mehr der Vorstand allein ein, sondern dies tun nun ebenfalls die Geschäftsführer. Vertreter der Stadtwerke Bremerhaven werden eingeladen. Die Sitzordnung wird nicht mehr an runden Tischen, sondern in Sitzkreisen erfolgen (die Tisch„struktur" ist also auch verändert, so wie die Unternehmensstruktur) und in homogenen Gruppen nach Gesellschaften (Erzeugung, Netze, Markt, Zentrale Dienste, Holding). Das neue Logo und die gerade entwickelte Dachmarkenstrategie für die Gruppe soll an dem Tag vorgestellt werden. Und als ganz neues Element ist vor dem Mittagessen ein Unternehmenstheater (Firma *Visual* aus Mannheim) geplant, welches der swb AG quasi einen Spiegel vorhalten soll. Das Motto dieses Mal: *Die neue Kraft – swb AG!* Wieder sind ca. 300 Personen angemeldet, eine große Halle im Kongreßzentrum ist gemietet und technisch ausgestattet und akribisch hergerichtet worden. Die Aufregung, der Streß, die Zeit, bis der Tag der Veranstaltung wieder da ist...

- Begrüßung durch den Geschäftsführer *Zentrale Dienste*, Vorstellung des Tagesprogramms durch den Subprojektleiter *Großveranstaltung*.
- „Aufwärmen" in den Stuhlkreisen: unsere Wahrnehmung der swb AG heute und ein Slogan dazu. Blitzlichter abholen.
- Interviewrunde „Talkshow": Geschäftsführer und Vorstände werden zu aktuellen Projekten, Vorhaben und Herausforderungen von uns ModeratorInnen interviewt.
- Pause.
- Kleingruppenarbeit: Was hat das bei uns ausgelöst – drei zentrale Fragen, die wir uns stellen.
- Die Kleingruppen bilden nun gesellschaftsbezogene Informationsforen in verschiedenen Teilen des großen Raums – ihre jeweiligen Geschäftsfüh-

rer/Vorstände gehen in die Informationsforen und stehen dort Rede und Antwort.
- Die Geschäftsführer und Vorstände kehren in die Talkrunde zurück und berichten über ihre Erfahrungen, Eindrücke und Gefühle in den Infoforen.
- Und jetzt, unangekündigt, die Überraschung: das Business-Theater: „Veränderung, oder: Wenn ich nur wüßte, was ich nicht weiß".
- Mittagessen.
- Spontane Reaktionen aus dem Publikum zum Theaterstück.
- Vorstellung des neuen Kernteams durch den Vorstand im Plenum.
- Die Kernteammitglieder präsentieren ihre Interviewergebnisse mit externer Moderation in den Informationsforen.
- Spontane Reaktionen in den Infoforen, Fragen.
- Pause.
- Wieder in den Kleingruppen: Reflexion: Was haben wir über unsere Gesellschaft erfahren? Was löst das bei uns aus? Welche Anregungen nehmen wir daraus mit? Unser Slogan jetzt!
- Bei je drei Kleingruppen aus jeder Gesellschaft und den Stadtwerken Bremerhaven werden Statements abgeholt.
- In Kleingruppen: Was hat der Tag in uns ausgelöst?
- Bühne frei für die neue swb AG-Kampagne (Dachmarkenstrategie) – das Video, und dabei regnet es Luftballons von der Decke – Sekt wird gereicht.
- Abschlußworte des Geschäftsführers *Markt*.

Die Reaktionen der Unternehmensöffentlichkeit waren sehr positiv, Geschäftsführer, Vorstand und Kernteam waren überzeugt vom Erfolg. Die Reaktionen während der Veranstaltung zeigten deutlich verschiedene Weisen des Betroffenseins von der aktuellen Situation und waren sehr authentisch.

Es fing an mit der Sitzordnung. Die Menschen wollten sich zunächst gemischt setzen und äußerten auch während des Tages mehrfach ihr Bedauern, nicht mit den Kollegen anderer Gesellschaften zusammenzusitzen (ein Bedauern, was sich auch im Alltag immer wieder äußerte). In der ersten Kleingruppenarbeit hatten wir nach einem Slogan gefragt, und es kamen so spontane, echte Slogans, daß wir immer wieder auf sie zurückkamen. Gleichzeitig spiegelten sie genau die verschiedenen Haltungen der verschiedenen Gesellschaften wider, so zum Beispiel: „Auf dieses Chaos können wir bauen!", „Bewegung ist leben!", „Der Kopf weiß, was er will, nur der Körper weiß es noch nicht umzusetzen", „Sind die swb ein Hühnerhaufen?", „Erzeugung nach 2005 platt gemacht?", „Wir bewegen uns, aber wohin?" In den Infoforen standen die Führungskräfte ihren Mitarbeitern Rede und Antwort; einige Führungspersönlichkeiten wurden als zu theoretisch und abgehoben empfunden, und dies wurde ihnen zurückgespiegelt – ein deutliches Zeichen dafür, daß sich die Kultur wirklich geändert hatte: Aber vielleicht hatte sich die Führung noch nicht im gleichen Tempo geändert?

Einige Gesellschaften haben nach der Veranstaltung gesellschaftsinterne Informationsforen ins Leben gerufen, um den internen Informationsfluß zu verbessern. Die sicherlich interessanteste und risikoreichste Intervention während des Tages war das Unternehmens- oder Business-Theater. Hier wurden der externe Markt, die Führung, die Mitarbeiter und die Veränderung personifiziert dargestellt. Diese vier Rollen führten einen Dialog, der kein Tabuthema ausließ: nicht den möglichen Abbau von Stellen, nicht die Angst vor Veränderung, nicht Führungsschwäche, nicht die noch schwache Kundenorientierung etc. – ein pralles, hartes Stück. Die unmittelbare Reaktion vor dem Mittagessen war ein verhaltenes Klatschen, während des Mittagessens setzte die Diskussion ein – und wir schwitzten Blut und Wasser, denn es bestand die Gefahr, daß die Stimmung umkippte. Nach der Mittagspause dann, meldete sich, abweichend vom Design, der Betriebsrat der Erzeugung zu Wort und schilderte seine Betroffenheit und seine Interpretation des Stückes als Angriff auf die Erzeugung. Die Arme flogen hoch, jetzt wollten viele Menschen auch aus den anderen Gesellschaften ihre Sicht ausdrücken. Wir gingen umher und nahmen Stichproben aus allen Teilen des Unternehmens auf. Und siehe da, es gab so viele verschiedene Interpretationen, wie es verschiedene Teile des Unternehmens gab. Und damit war die eine Interpretation entschärft und hatte sich mehr in die Richtung entwickelt: Eigentlich haben die Führungskräfte das „dickste Fett" abbekommen.

Hier war wieder zu lernen, möglichst eng an der Unternehmensrealität zu bleiben, Widersprüche zuzulassen, echte Gefühle zu Wort kommen zu lassen, Tabuthemen auch in großer Runde ansprechbar zu machen, veränderte Strukturen räumlich sichtbar werden zu lassen und vom Design und der Moderation her dafür zu sorgen, daß die Menschen Zeit hatten und Vertrauen entwickelten, sich zu äußern.

Wohin geht die Reise?

Im Sommer 1999 klärt sich einiges. Die neue swb AG mit ihren verschiedenen Gesellschaften wird vom Aufsichtsrat beschlossen, die neuen Namen *swb Enordia* (Markt), *swb Norvia* (Netze) und *swb Synor* (Erzeugung) wirken schnell identitätsstiftend. Bei neuen Gesellschaften werden Anteile gekauft. Gleichzeitig wird ein Prozeß der Entwicklung von *Balanced Score Cards* in allen swb-Gesellschaften eingeleitet: Zeitintensiv und nicht immer einfach stellen sich alle Unternehmensteile der Frage, wo ihre Märkte, wer ihre Kunden, was ihre Stärken und Schwächen, welches ihre Produkte und was ihre Kompetenzen sein müssen – und schließlich, wie und woran genau sie Erfolg messen werden. Die Führungskräfte und einige Mitarbeiter sind in den Prozeß involviert, aber in der weiten Unternehmensöffentlichkeit gilt SOPSS (Strategisch-operatives Planungs- und Steuerungssystem) eher nur ein Zungenbrecher und Zeitkiller.

Im August ergeht von Geschäftsführern und Vorstand an das Subprojekt *Großveranstaltung* der Auftrag, noch im Oktober eine erneute Großveranstaltung zu organisieren mit dem Ziel, über die gegenwärtige Unternehmensrealität und die strategische Ausrichtung zu informieren, Ertragsergebnisse zu präsentieren und die Richtung der swb AG insgesamt zu klären. Das Projekt ist wegen der Kurzfristigkeit nicht begeistert und macht auch klar, daß es einige strukturelle Dinge vorab zu klären gilt. Der Projektleiter wechselt, das Projekt ist nun kein Subprojekt mehr, sondern eines der Linie, welches zu weiteren Großveranstaltungen einige der ehemaligen Projektmitglieder als Experten hinzuzieht und für zentrale Punkte wie die Designerstellung und die Moderation mit uns zusammenarbeitet.

Innerhalb kürzester Zeit wird das Projekt arbeitsfähig und bildet wieder Hypothesen: Der Markt und die Liberalisierung erhitzen die Gemüter und machen angst (Stichwort: „Strom ist gelb"), die Gesamtstrategie der swb AG ist unbekannt, SOPSS ist unklar, die Rolle der Holding ist unklar, Interessenkonflikte zwischen den Gesellschaften haben sich verschärft, der Wettbewerb ist unter einem Dach, der Druck auf die Gesellschaften steigt, der eigene Stand der swb AG im Vergleich zu anderen Energieversorgungsunternehmen ist nicht klar. Als räumliche und soziale Designelemente sollen nun die Umwelt eingeblendet werden, die bereits erreichte Veränderung gewürdigt und die neue Richtung deutlich gemacht werden. Das Motto des Tages wird sein: *Wohin geht die Reise?* Das Projekt beschließt, dazu ein Labyrinth, eine eigene Computeranimation und ein eigenes Theaterstück auf die Beine zu stellen; ein Mitarbeiter hat einen Song zu den existierenden Unternehmensleitlinien kreiert und soll diesen vortragen – und das alles soll in knapp zwei Monaten vorbereitet werden! Es gelingt – die Einladungen sind jetzt „peppig", aber unaufwendig gestaltet. Die Stadtwerke Bremerhaven sind mit mehr Personen wieder dabei, ebenso drei Tochtergesellschaften. An dem Tag der Veranstaltung im Oktober strömen über 300 Menschen in die umgestaltete Messehalle:

- Die Menschen gehen zuerst durch ein dunkles Labyrinth. Darin sind angeleuchtete Plakate der Konkurrenz, Zeitungsartikel über die Energiemarktentwicklung und Fernsehspots zu sehen. Durch das Labyrinth kommt man in die Halle.
- Man setzt sich in gemischten Gruppen: Der Saal wird dunkel, die Computeranimation mit einem Zug – einer Lok (swb AG) und Anhängern (die Gesellschaften und Töchter) – rast über die Leinwand in eine helle Zukunft.

- Begrüßung durch einen Geschäftsführer: Motto, Ziel und Ablauf des Tages.
- „Aufwärmen" in gemischten Gruppen à ca. zehn Personen: Wir blicken auf ein Jahr – was waren positive Veränderungen? Was beschäftigt uns besonders stark, welches Anliegen haben wir für heute? – Blitzlichter werden abgeholt.
- Über die Reise durch die Stationen: Die Geschäftsführer berichten zu den Themen *Markt, Liberalisierung, Strukturveränderung* und *Beteiligungen* authentisch, manchmal knallhart.
- Kleingruppenarbeit: Wie wirkt das auf uns? Welche Fragen stellen wir uns? Worauf wollen wir dringend eine Antwort haben?
- Pause.
- Geschäftsführer und Vorstand sitzen in der Mitte auf einem leicht erhöhten Podest in einer Sitzrunde. Sie ziehen Fragen und antworten spontan.
- Vorstand überbringt schlechte Nachricht hinsichtlich des Themas *Arbeitsplätze*: Es wird betriebsbedingte Kündigungen geben.
- Moderierte plenare Fragerunde an den Vorstand.
- Mittag.
- (Veränderte Sitzordnung in gesellschaftsbezogenen, homogenen großen Gruppen) Theaterstück: „Der Kunde gestern/heute/morgen" (Begeisterungssturm).
- Präsentation *Balanced Score Cards*: Was ist BSC (ein strategisches Planungsinstrument)? Die Richtung für unsere *swb* AG-Gruppe! (Durch Vorstand und Bereichsleitung der Holding.) Blitzlicht: Reaktion in Gruppen.
- Informationsteil: SOPSS – Ergebnisse in den Gesellschaften: Wie war der Prozeß bei uns? Wo geht's lang? Woran „knabbern" wir noch? (Geschäftsführer, moderiert durch Mitarbeiter.)
- Bildung von Kleingruppen innerhalb der Gesellschaften und Reflexion: unsere Reaktion auf die Information, unser Feedback, was uns gefällt, was noch nicht klar ist, ein Bild zur weiteren Reise. Alles auf Flipcharts und an die Wände gehängt.
- Jede Gruppe präsentiert ihr Bild mit zwei Sätzen.
- Pause mit Galerie.
- Die Geschäftsführer und der Vorstand stehen an Bistrotischen auf dem Podest: unsere Reaktion auf den bisherigen Tag, was nehmen wir als Feedback mit?
- Kurzinformationsrunde zum neuen Kernteam durch den Projektleiter *Kultureller Wandel*.
- Der Song „Unternehmensleitlinien zur Veränderung" (brausender Applaus).

- Sesselbarometer: Wie war der Tag für Sie? (Auf dem Stuhl stehen: super; stehen: gut; auf dem Boden sitzen: nicht gut.)
- Schlußworte durch den Geschäftsführer.

Eine „runde Sache" – so war die Reaktion aller. Dies hat uns gezeigt, daß Großveranstaltungen, wenn sie Teil der Unternehmenskultur geworden sind, auch beim Überbringen schlechter Nachrichten hilfreich sind. (Der Tag war geradezu „gespickt" mit schwierigen und auch sehr schlechten Nachrichten.) Wenn sich die Menschen ernst genommen fühlen, wenn ihre Reaktionen in all ihrer Emotionalität und Widersprüchlichkeit erwünscht sind, wenn ihre Angst und ihre Sorgen, ihre Freude und ihr Stolz ihren Platz bekommen, dann würdigen sie auch die Tatsache, daß ihnen die Wahrheit gesagt wird. Gerüchte spielen eine geringere Rolle, denn es gibt genügend Menschen, die Zeuge sind. Die Veranstaltung hat auch gezeigt, daß die eigene Leistung der Mitarbeiter (Musik, Theater, Labyrinthbauten etc.) sehr hoch geschätzt wird – oft höher als externe Leistung, wenn eine Organisation nicht abhängig von außen ist, sondern den eigenen „Tritt" gefunden hat. Solche Großveranstaltungen haben bei der swb AG den schwierigen Weg vom lokalen Monopolisten zu einem integrierten Infrastrukturdienstleister begleitet, markiert, symbolisiert, ritualisiert und integriert.

Der Weg ist natürlich nicht zu Ende; im Mai 2000 findet die nächste Veranstaltung statt. Es wird davor in den Gesellschaften intensive Vorarbeiten geben. Wohin die Reise langfristig geht, wird dieses Unternehmen immer wieder neu für sich justieren müssen. Aber heute wissen das die Mitarbeiter, und sie setzen sich damit auseinander. Die Großveranstaltungen unterstützen sie dabei. Immer wieder machen diese Großveranstaltungen sozial klar, was im Alltag manchmal verlorenzugehen scheint: Wir sind zusammen unter einem Dach, wir leisten Großes zusammen, wir können über Schwieriges miteinander sprechen und vermeiden keine Konflikte. Es sind heute interne Großveranstaltungskompetenzen bei den Projektmitgliedern vorhanden, die einen Marktvergleich nicht zu scheuen brauchen. Die Führungskräfte stehen hinter diesen interaktiven Großveranstaltungen, bei denen sie sich immer wieder beweisen müssen, und sie meistern diese Herausforderungen zunehmend authentisch und lassen auch ihre Emotionen zu.

Wir als Berater sind beeindruckt von solch einem mutigen Unternehmen.

Teil IV

Erfahrungen

Vom „Kaninchen vor der Schlange" zum professionellen Anbieter. Großveranstaltungen in der swb AG*

Monika Holleck

1. Der Auslöser

Zu Beginn des Jahres 1997 startete in unserem Unternehmen das Projekt *Kultureller Wandel* mit dem Ziel, ein neues Selbstverständnis in bezug auf Regeln und Mechanismen als „Rückgrat" für eine moderne, zukunftsgerichtete Entwicklung zu unterstützen. Die Arbeit wurde in verschiedenen Subprojekten geleistet, deren Ergebnisse in das Unternehmen übertragen werden mußten. Das war die Geburtsstunde des Subprojekts *Großveranstaltungen*. Als Projektmitglieder wurden Mitarbeiterinnen und Mitarbeiter aus allen Teilen des Unternehmens gewonnen, um eine möglichst große Repräsentanz zu erzielen. Darüber hinaus war aufgrund des besonderen Charakters der Projektarbeit der Bereich *Marketing und Öffentlichkeitsarbeit* stark vertreten.

2. Der Start

An die besondere Situation erinnere ich mich gut: In unserer ersten Projektsitzung stellte das Beraterteam (die *Beratergruppe Neuwaldegg* begleitete das gesamte Projekt *Kultureller Wandel*) die Frage, ob wir Großveranstaltungen in Unternehmen kennen würden und ob wir an solchen Veranstaltungen schon einmal teilgenommen hätten. Mir fielen spontan die Betriebsfeste eines früheren Arbeitgebers ein, der in regelmäßigen Abständen an einem Abend alle Mitarbeiterinnen und Mitarbeiter seines weitverzweigten Filialnetzes zum geselligen Beisammensein einlud, um bei leiblichem Genuß (Essen und Tanz) für breite Kommunikationsmöglichkeiten in der Belegschaft zu sorgen.

In unserem Projekt wurde schnell klar: An diese Form der Großveranstaltung war nicht gedacht. Vielmehr sollte es sich um ganztägige Treffen der Mitarbeiterinnen und Mitarbeiter mit *inhaltlicher* Arbeit handeln, *und* sie sollten in einem Rahmen stattfinden, der gute Kommunikation zuließ. Das war für uns zu diesem Zeitpunkt nur sehr schwer vorstellbar, da keiner von uns Erfahrungen mit derartigen Großveranstaltungen hatte. – Trotz alledem, es ging voran mit den Vorbereitungen, und das in echtem „Feuereifer". Wir

---

* Vormals Stadtwerke Bremen AG.

waren überzeugt von den Zielen des kulturellen Wandels und hatten großes Interesse daran, die Inhalte des Gesamtprojekts viel weiter in den Kreis der Kolleginnen und Kollegen zu tragen.

Und so läuft es mit Dingen, die von Herzen getan werden: Unsere erste Großveranstaltung (im Juli 1997) mit etwa 100 Personen wurde eine wirklich „runde Sache" und gelang uns hundertprozentig!

3. Die Begeisterung

Die Resonanz auf diese erste Großveranstaltung in unserem Unternehmen war umwerfend, und wir wurden auf einer Welle der Begeisterung getragen. Es gab sehr viel positives Feedback, und ganz entscheidend für uns war: Wir hatten das Ziel, umfassender zum kulturellen Wandel zu informieren, erreicht.

Nachdem sich die Euphorie gelegt hatte, begannen wir mit der nüchternen Analyse unserer Arbeit und von deren Ergebnis. Ein großer Erfolgsfaktor war, daß wir die Großveranstaltung – weil es für uns ein völlig neues Metier, ohne Routine, war – von Anfang bis Ende sehr akribisch und fast schon perfektionistisch geplant und organisiert hatten. Und wir hatten uns stark auf unseren „Kundenkreis" eingestellt.

Wir hatten mit einer guten Lokalität, mit leckerer Verpflegung und einem besonderen Ambiente einen tollen Rahmen geschaffen, den die Mitarbeiterinnen und Mitarbeiter von ihrer bisherigen Arbeit nicht kannten. Hinzu kam, daß uns der „Wettergott" den ganzen Tag kräftig unterstützte und insbesondere den Abschluß des Tages (eine Schiffstour) in einem guten Licht erscheinen ließ.

Darüber hinaus war die neue Art der *Zusammenarbeit und Kommunikation* der große Erfolgsfaktor. Die im Laufe des Tages stattfindenden Diskussionen erfolgten über die traditionellen Hierarchiegrenzen hinweg, kritische Stimmen und Emotionen waren zugelassen, Kollegen und Chefs waren „zum Anfassen" da, es gab völlig neue Formen der Präsentation (Plakate, Sketche usw.).

4. Mehr Mut

Ein halbes Jahr später (im Dezember 1997) fand eine ähnliche Großveranstaltung statt. Ehrlich gesagt, war diese aber längst nicht so erfolgreich. Sie war insgesamt auch wieder eine „runde Sache". Allerdings fehlten einige gemeldete Teilnehmerinnen und Teilnehmer ohne vorherige Absage, weil das Projekt *Kultureller Wandel* an Schwung verloren hatte. Der Zeitplan im Laufe des Tages war nicht eingehalten worden, und es gab zu viele Einlagen, die als „Geschenk" die Veranstaltung auflockern sollten, die jedoch in der Summe zu „klamaukhaft" wirkten. Wir waren aber in keiner Weise entmutigt, sondern *wir lernten daraus*, noch besser die Bedürfnisse der Kolleginnen und Kollegen zu berücksichtigen und Großveranstaltungen *situationsgerecht* und paßgenau zu planen.

In dieser Phase begaben wir uns dann auch auf ein anderes Feld. Traditionell gab es in unserem Unternehmen zu Beginn des Jahres für die Führungskräfte einen Neujahrsempfang. Über Jahre hinweg hatte dieser in der gleichen, konventionellen Form stattgefunden: Ein Vorstandsmitglied hielt im Betriebsrestaurant eine Rede, in deren Anschluß die Gelegenheit bestand, sich im Kreise der Kollegen bei einem Glas Sekt zu unterhalten. Diese Kommunikationsform paßte unserer Meinung nach gar nicht mehr so recht zu unserem Unternehmen.

Deshalb schlugen wir dem Vorstand vor, den kommenden Neujahrsempfang (Januar 1998) anders zu gestalten. Damit sollte ein weiteres Signal für die notwendigen Veränderungen im Unternehmen gesetzt werden. Und wir bekamen das O.K.! Den nächsten Neujahrsempfang richtete der Vorstand in Zusammenarbeit mit dem Subprojekt *Großveranstaltungen* völlig anders aus. Als festes Element blieb die Rede des Vorstandes, aber als Rahmen wurde den Führungskräften an einem externen Ort eine moderne, lockere Atmosphäre und mehr Raum für die individuelle Kommunikation geboten. So wie die ersten Großveranstaltungen hatte und hat nun auch der Neujahrsempfang einen hohen Erlebniswert.

5. Viel Eigeninitiative

Ohne Pause ging es dann in die Planung einer „richtig großen" Großveranstaltung mit rund 500 Personen im Frühjahr des Jahres. Auftraggeber war diesmal der Vorstand. Sein Ziel war es, über die neuen Entwicklungen im Unternehmen und auf dem Markt zu informieren. Er nutzte die bewährte Form der Großveranstaltung, weil die Mitarbeiterinnen und Mitarbeiter im Dialog mit dem Vorstand die Zukunft aktiv mitgestalten sollten. Das Ziel der Veranstaltung war, den zukünftigen Weg des Unternehmens gemeinsam zu vereinbaren.

Eingeladen wurde wieder im Rahmen des Projekts *Kultureller Wandel* – und das war diesmal ein großes Hindernis. Der Betriebsrat war zwischenzeitlich aus diesem Projekt ausgestiegen, weil die erarbeiteten Veränderungsansätze in seinen Augen wohl zu weitgehend waren. Das Projekt wurde dadurch gewissermaßen zum „Prügelknaben" und konnte nicht mehr als „Zugpferd" für eine Großveranstaltung dienen. Die Anmeldungen kamen nur schleppend, und als kurz vor Beginn der Veranstaltung erst etwa 100 Teilnehmer feststanden, sagte der Vorstand die Veranstaltung kurzerhand ab.

Damit konnten wir nur sehr schlecht umgehen. Wir waren überzeugt von der Notwendigkeit dieser Veranstaltung – gerade in der Zeit galoppierender Veränderungen. Schließlich *appellierten* wir an den Vorstand und *überzeugten* ihn, eine neue Großveranstaltung zu planen. Anders als bei der Einladung zuvor trat diesmal nicht das Projekt *Kultureller Wandel*, sondern der Vorstand selbst als Einladender in Erscheinung.

6. Tolle Ergebnisse

Die Veranstaltung fand statt (im Oktober 1998) und wurde ein voller Erfolg. Die Kollegen erfuhren die neuesten Entwicklungen an der „Kundenfront", den aktuellen Stand der wichtigsten laufenden Projekte im Unternehmen und wurden über die anstehenden gravierenden Veränderungen (z. B. Schließung von Betriebsteilen) aus erster Hand informiert. Im Kreise der Kollegen spürte man, daß es wichtig war, über diese Dinge zu reden und zu hören, daß man mit seinen Ängsten und Befürchtungen nicht alleine stand. Wir waren wieder stolz darauf, daß wir eine Veranstaltung mit über 200 Personen auf die Beine gestellt und trotz der schwierigen Situation im Unternehmen mit Hilfe eines guten Designs und der professionellen Moderation der Beratergruppe ein tolles Ergebnis erzielt hatten.

Im Frühjahr des darauffolgenden Jahres (März 1999) fand dann gleich die nächste Großveranstaltung im Auftrag des Vorstandes statt. Zwischenzeitlich war das Unternehmen umstrukturiert worden, und die Mitarbeiter mußten lernen, in den neuen Realitäten zu leben. Darauf war diesmal das Design ausgerichtet. Die Sitzordnung der Teilnehmerinnen und Teilnehmer orientierte sich an den neu gegründeten Gesellschaften. Zur Verdeutlichung der neuen Wettbewerbssituation wurde erstmals das Mittel des *Business-Theater* gewählt. Eine externe Theatergruppe hielt der Belegschaft einen Spiegel vor und brachte die Dramatik der neuen Situation über die emotionale Ebene nahe.

Nach dieser Großveranstaltung ging (wie im Projekt *Kultureller Wandel* vorgesehen) die Aufgabe des Subprojektes *Großveranstaltungen* „in die Linie" über – in den neu gegründeten Bereich *Unternehmenskommunikation*. Die Kolleginnen und Kollegen dieses Bereichs (drei von ihnen waren im Subprojekt *Großveranstaltungen* aktiv) greifen bei der Planung einer Großveranstaltung jetzt nach Bedarf auf die ehemaligen Projektmitglieder sowie auf weitere „Unterstützer" zurück. Ein Ergebnis unserer Arbeit war auch eine Checkliste, welche die wichtigsten Schritte zur Organisation einer Großveranstaltung enthält und weiterhin als Raster für die erfolgreiche Vorbereitung dient.

7. Die Anbieter

Rückblickend kann ich sagen, daß diese lange Zeit des Wachsens von Großveranstaltungen in unserem Unternehmen den Projektmitgliedern eine Menge Spaß und sehr viel Erfahrungen gebracht hat. Von dem Beginn, der von Unwissenheit und Unsicherheit geprägt war, bis zum heutigen Zeitpunkt (Anfang 1997 bis Ende 1999), an dem wir uns nicht mehr scheuen, Großveranstaltungen in einer noch größeren Dimension durchzuführen (so geschehen im Oktober 1999: 350 Personen), hat sich eine enorme Entwicklung vollzogen, die uns eine gehörige Portion Selbstvertrauen gebracht hat. Und wir haben dem Unternehmen geholfen, seinen neuen Weg unter geänderten Wettbewerbsbedingungen zu finden.

Wir sind zur Zeit zwar immer noch auf die Hilfe der *Beratergruppe Neuwaldegg* angewiesen (in bezug auf die Abstimmung des Designs und die Moderation), beherrschen mittlerweile aber alle Schritte für die erfolgreiche Durchführung von Großveranstaltungen und werben eigenständig für dieses neue Instrument der Unternehmenskommunikation.

36 In der Vorbereitung liegt die Crux

Marion Keil

Großveranstaltungen bedürfen einer ganz anderen Vorbereitung als andere Interventionselemente im Rahmen von Organisationsberatungsprozessen. Da häufig viele verschiedene Unternehmensteile oder auch verschiedene Unternehmen daran beteiligt sind, sind eine gute Abstimmung, rechtzeitige Informationen etc. erforderlich. Mehrfach haben wir darauf hingewiesen, daß gerade Großveranstaltungen entweder rauschende Erfolge oder Mißerfolge sind. Den größten Anteil am Erfolg hat ein passendes Design und dessen flexible Anpassung während einer Veranstaltung. Damit alles so wirkt, als hätte dahinter keine Arbeit gesteckt, alles wie automatisch, relativ reibungslos und wie natürlich verläuft, sind im Vorfeld tausend Schritte nötig. Die folgende Checkliste kann helfen, an die vielen Dinge zu denken, die es vor, während und nach einer Großveranstaltung zu beachten gilt:

1. Der Auftraggeber

Nicht selten sind es die Berater oder Kollegen des Managements oder andere, die den Gedanken an eine Großveranstaltung in ein Unternehmen einbringen. Der Informationsstand zu dieser Interventionstechnik ist meist relativ gering. Der Auftraggeber muß in jedem Fall davon überzeugt sein, daß es den Versuch wert ist. Auftraggeber ist die Person oder Gruppe in einem Unternehmen, welche die Verantwortung für die Veranstaltung übernimmt und auch einlädt. Merken Sie, daß diese Person oder Gruppe nicht dahintersteht, dann probieren Sie andere Überzeugungsmöglichkeiten aus (z. B. ein Gespräch mit einem Auftraggeber in einem anderen Unternehmen, welches bereits eine solche Veranstaltung durchgeführt hat). Wirkt das auch nicht, warnen Sie lieber von sich aus vor der Durchführung. Steht der Auftraggeber dahinter:

1. Fragen Sie nach den Zielen der Veranstaltung.
2. Bilden Sie gemeinsam ein paar Grundhypothesen über den derzeitigen Stand im Unternehmen.
3. Sprechen Sie über das Vorbereitungsteam, das Sie brauchen, und darüber, wie es zusammengesetzt sein sollte (ca. 7 Personen, die Spaß an organisatorischer Arbeit haben, engagiert sind, die eine oder andere Ver-

anstaltung bisher organisiert haben; mehrere Hierarchiestufen, Führungspersonen sollten dabei sein).
4. Sprechen Sie einen Termin für die Veranstaltung ab (ca. 6 Monate später), und verabreden Sie Zwischentermine, in denen der Auftraggeber über den Zwischenstand informiert wird.
5. Verabreden Sie einen Termin, an dem sich das Vorbereitungsteam das erste Mal mit Ihnen trifft.
6. Verabreden Sie auch bereits eine Termin nach der Veranstaltung, an dem Sie gemeinsam alles Revue passieren lassen.

2. Die Vorbereitungsgruppe

Sie können davon ausgehen, daß das Vorbereitungsteam zunächst einmal keine Ahnung davon hat, worum es geht. Das heißt:

1. Das Team lernt sich erst einmal kennen.
2. Die Erwartungen werden geklärt.
3. Der Auftrag wird noch einmal geklärt.
4. Die Ziele des Auftraggebers werden geklärt.
5. Die Rolle und Aufgaben des Vorbereitungsteams werden erarbeitet.
6. Die Prinzipien und die Philosophie von Großveranstaltungen, wie Sie sie verstehen, werden gegenüber anderen Arten von Großveranstaltungen abgegrenzt, damit das Team am gleichen Strang zieht. Bringen Sie Artikel mit, Videos und andere Dokumente, um es plastisch zu machen.
7. Ein gemeinsamer Masterplan wird erstellt.
8. Am Ende des ersten Treffens fragen Sie noch mal die Bereitschaft zum Mitmachen ab, und
9. Sie nehmen eine gemeinsame Bewertung der ersten Zusammenarbeit vor.

3. Der Vorbereitungsprozeß

Ein großer Teil des Erfolgs in der Vorbereitung bleibt vom Vorbereitungsteam abhängig. Ein zentrales Element der Stärke eines solchen Teams ist seine Fähigkeit, Hypothesen über das Unternehmen, die herrschende Kultur, seine Geschichte und seine verschiedenen internen Interessengruppen zu bilden. Was Hypothesen sind, warum sie gebildet werden und was Kernhypothesen sind, wird erst mit dem Team erarbeitet. Dann bilden Sie gemeinsam:

1. Hypothesen,
2. extrahieren die für die Veranstaltung relevanten Kernhypothesen,
3. überlegen gemeinsam einige Grobdesignelemente,

4. sammeln einfach Ideen, die bei der Veranstaltung Anwendung finden können,
5. überlegen sich ideale Räumlichkeiten,
6. das Team macht Vorbuchungen,
7. Sie entwickeln ein Grobdesign als Arbeitsgrundlage,
8. besprechen es mit dem Team und
9. erstellen immer genaue Aktionspläne nach Projektmanagementmanier zur weiteren Vorbereitung.

4. Das Grobdesign

Das Grobdesign sollte relativ schnell von Ihrer Seite vorgeschlagen werden, da es Orientierung bietet. Wenn Sie vorher intensiv gemeinsam Hypothesen gebildet haben, wissen Sie nun genug über die aktuellen Dynamiken im Unternehmen, die Wünsche der Mitarbeiter und ihre Empfindlichkeiten, natürlich auch über die Ziele der Veranstaltung. Natürlich könnten Sie, falls es paßt, auf ein standardisiertes Design à la Zukunftskonferenz, *Open Space* oder RTSC zurückgreifen. Oder aber Sie entwickeln ein Design nur für dieses Unternehmen, die Ziele der Veranstaltung und auf diesen Tag zugeschnitten. Es ist auch sinnvoll, frühzeitig Vorstellungen über die Sitzordnung (Tische/Stuhlkreise, gemischte oder homogene Gruppen, Anzahl der Personen in jeder Gruppe, die Anzahl der Personen insgesamt) zu entwickeln.

Unter *Grobdesign* sind bestimmte Designblöcke zu verstehen, zum Beispiel Begrüßung, Aufwärmen, Infoblock, Präsentation, Kleingruppenarbeit, Plenum, Meinungsabfrage, Feedback, Marktstände, Pausen, Mittag etc. Sie können schon die kreativen Elemente einbauen, die das Team sicher bereits genannt hat. Aber machen Sie klar, daß es sich um einen Entwurf handelt, der sich noch ändert und viel feiner ausgearbeitet wird. Besprechen Sie den Entwurf mit dem Team, holen Sie Modifikationen ein, aber machen Sie keine Versprechungen, diese aufzunehmen – die Verantwortung für das Design liegt nämlich bei Ihnen.

5. Die Räumlichkeit

Die endgültige Bestellung der Räumlichkeiten sollte recht frühzeitig erfolgen, da es in Deutschland meist nicht so viele geeignete Örtlichkeiten gibt, wo man mit mehreren hundert Menschen bequem arbeiten kann (oder eben mit der Anzahl der geplanten Personen). Nach unserer Erfahrung ist darauf zu achten, daß

1. der Raum groß genug ist, daß mit vielen runden Tischen oder Stuhlkreisen die Gruppen sich nicht ins Gehege kommen (stellen Sie eine solche Gruppenkonstellation einmal auf);
2. der Raum Tageslicht und möglichst sogar eine schöne Aussicht hat;
3. keine Säulen im Raum sind;
4. der Raum nicht zu lang, sondern quadratisch ist;
5. die Muster in Tapeten oder Teppichen nicht völlig irritieren;
6. nicht alle Wände Fenster haben, so daß Sie die Wände zum Bekleben oder Pinnwandstellen gebrauchen können;
7. flache Podeste besorgt werden, die in die Mitte oder an den Kopf des Raumes gestellt können;
8. Pausen und Mittagessen in anderen Räumlichkeiten außerhalb des Veranstaltungsraums verbracht werden können, es also genügend Raum zum Gehen, Stehen und Essen gibt;
9. das Management und Personal genau weiß, worauf es sich mit einer solchen Veranstaltung einläßt, und es genügend Stühle, eventuell Tische und technische Grundausrüstung gibt, ebenso eine gute und schnelle Küche;
10. je nachdem, wie lange Ihre Veranstaltung dauert, genügend Übernachtungsmöglichkeiten vorhanden sind;
11. der Transport der Menschen hin und zurück einfach gestaltet werden kann;
12. Sie vom Tagungsort einen Plan des Raums erhalten; tragen Sie die Tisch/Stuhlkreise alle ein nach der geschätzen Anzahl Teilnehmer;
13. nur nachdem Sie den Raum gesehen haben, die endgültige Buchung vorgenommen wird.
14. Besonders schön sind werkseigene Räumlichkeiten (Werkshallen, Kantinen, Lager, Foyer etc.)

6. Das Catering

Eigentlich eine einfache Entscheidung, aber auch hier gilt es, einiges zu beachten. Tagungsorte tendieren immer noch dazu, zuviel und die falsche Nahrung anzubieten. In den Pausen sollte es Obst und belegte Brötchen geben, zu Mittag keine Menüs, sondern einfache, wenig kalorienhaltige Speisen. Vor allem sollte das Essen nicht opulent sein – dies alles sind auch Zeichen, die gesetzt und von den Teilnehmern interpretiert werden. Nur einfaches Essen um jeden Preis ist auch nicht Sinn der Sache: Wenn es nämlich nicht schmeckt, kann das die ganze Mittagspause verderben. Probieren Sie das Gericht, welches serviert werden soll, am besten mit dem Team oder einzelnen Mitgliedern einmal vor der Veranstaltung – auch, um ein Gefühl für die Schnelligkeit des Service zu bekommen. Ganz zentral ist, wieviel Zeit für das Mittagessen eingeplant wird. Je nachdem, wieviel Zeit Sie dafür vorsehen, muß es ein Buffet oder kann es ein serviertes Essen sein. Wenn es ein Buffet ist, sind bei sehr vielen Menschen mehrere Buffettische erforderlich, damit es keine unnötigen Verzögerungen gibt. Sprechen Sie die Räumlichkeit, das Timing und Ihre Vorstellungen haargenau mit dem Personal ab (oder lassen es absprechen).

7. Die Stakeholder

Wenn die zentralen Entscheidungen im Team getroffen sind, wird es Zeit, den Auftraggeber zu informieren. Jetzt sollten Sie auch schon wissen, welche Personengruppen welche Beiträge zu der Veranstaltung leisten werden, so daß der Auftraggeber das Team bei deren Informierung unterstützen kann; diese Personengruppen sollten am besten einmal zusammenkommen. Dann können das Team und Sie allen frühzeitig genug erklären, worum es geht, was von ihnen erwartet wird und bis wann was zu geschehen hat. Wichtig scheint uns auch, genau mitzuteilen, auf welche Weise, mit welcher Haltung was passieren soll – zum Beispiel: keine trockenen Vorträge, sondern Erlebnisschilderung; emotionale Anteile; nicht vortragen, sondern lieber weniger, aber lebendig sprechen. Versprecher sind in Ordnung! Um den Interessengruppen auch die Unsicherheit zu nehmen, werden sie vom Stand der Planung und dem Grobdesign informiert. Ihr Feedback wird eingeholt und im Team auch geprüft. Mindestens eine Woche vor der Veranstaltung sollten alle noch einmal kontaktiert und befragt werden, wie weit sie sind, ob es noch Fragen gibt, und sie sollten versichern, daß alles sehr gut laufen wird.

8. Der Teufel liegt im Detail – Medien und anderes

Kreative Vorbereitungsteams entwickeln äußerst kreative Ideen für die Ausgestaltung der Veranstaltung, für Rahmenprogramm, Abschlußsequenzen etc. Wir haben nicht immer das Glück, langfristig mit guten Teams zusammenzuarbeiten, so daß diese genügend Erfahrungen bei der Umsetzung haben. Unsere Aufgabe ist es aber auch nicht, die technischen Finessen umzusetzen. Vielmehr stellen wir die richtigen Fragen: Wie können die Stimmen der Präsentierenden hörbar werden? Sieht man sie aus allen Ecken? Wenn nicht, welche Medien brauchen wir (z. B. flexible Leinwände)? Wichtige Punkte sind:
1. Wer kann die Technik zur Verfügung stellen? Mischpults, Beleuchtung, Klang, Musik, Video sind heute übliche Elemente von Großgruppenveranstaltungen. Es gibt in jeder großen Stadt Unternehmen, die darauf spezialisiert sind, Ihre Kunden dabei zu unterstützen. Oft produzieren solche Firmen heute auch selbst Computeranimationen, wenn das gewünscht wird. Das alles gelingt aber nur, wenn das Team rechtzeitig mit diesen Firmen in Kontakt tritt und auch Angebote einholt – es gibt enorme Preis-, aber auch Leistungsunterschiede. Diese Dienstleister können nur so gut

sein wie die Vorgaben, die ihnen das Team macht. Wenn das erste Feindesign fertig ist, sitzt das Team mit ihnen zusammen, und sie gehen gemeinsam alles Minute für Minute durch und geben der Firma auch eine Art Regieanweisung, nach der sie sich richten soll.

2. Eine Frage ist immer wieder, ob solch eine Veranstaltung mit der Kamera festgehalten werden soll. Häufig wird der damit verbundene Arbeitsaufwand unterschätzt. Also erst einmal fragen, wozu solch ein Film dienen soll. Wenn das klar ist und die Entscheidung dafür gefallen ist, achten Sie darauf, daß nicht mehr als allerhöchstens zwei Kameras in Aktion sein werden. Ein zu großer Einsatz von Kameras kann sehr stören – und die Energie fokussiert sich mehr um die Kamera und deren Bedürfnis als um die Inhalte der Veranstaltung. Am besten sollte die Firma gleich auch den Schnitt des Films hinterher vornehmen, was aber erfordert, daß sich das Team vorher zum Inhalt des Films auseinandersetzt (sonst bekommen Sie danach ein 45-Minuten-Werk mit Monologen).

3. Soll ein Video noch vorher produziert werden, gilt es wieder, sich das Ziel und den Inhalt klarzumachen und frühzeitig genug eine Medienfirma zu beauftragen.

4. Gute andere Ideen wie das Verkleiden des Raums, eine spezielle Ausstattung und Dekoration, die Gestaltung von Namenskärtchen, Hinweisschildern etc. erfordern ebenfalls viel Arbeit. Sitzen die Menschen nicht einfach in gemischten Gruppen, sondern nach einem bestimmten Schlüssel verteilt, müssen vorab Namenslisten mit Bezeichnung der Bereiche, Abteilung etc. erstellt werden, um eine Zuordnung vornehmen zu können. Tip: Nehmen Sie immer die leichter durchzuführende Version aller Ideen, die Ihren Zielen dienen. Je komplexer, desto anfälliger für Mißverständnisse und Störungen – dies gilt auch für die Technik!

5. Frühzeitig eine Liste der nötigen Materialien zu erstellen ist sehr hilfreich. Manchmal müssen Pinnwände und Flipcharts mühselig am letzten Tag herbeigeschafft werden und sind dann viel teurer, weil sie noch angemietet werden müssen.

6. Je nach Typ von Großveranstaltung brauchen Sie vielleicht auch Laptops und Drucker, damit simultan Daten eingegeben oder Protokolle von den Teilnehmern selbst geschrieben werden können. Dazu bedarf es eines separaten Raums oder einer abgetrennten Ecke mit genügender elektrischer Versorgung, Tischchen und Stühlen. Eventuell benötigen Sie auch Personen (Nicht-Teilnehmer), die solche Dokumentationsaufgaben übernehmen. Da dies meist nicht ihrem eigentlichen Aufgabengebiet entspricht, müssen diese Personen frühzeitig angesprochen, eingeweiht werden und muß die Aufgabe mit deren Vorgesetzten abgesprochen werden.

7. Ganz wichtig: die Dokumentation der Veranstaltung! Die Dokumenta-

tion sollte den Teilnehmern nicht später als einen Monat nach der Veranstaltung vorliegen, möglichst eine animierende, mit Photos versehene und nicht zu dicke Dokumentation, die den Geist der(s) Tage(s) widerspiegelt. Legen Sie vorher den Zeitrahmen fest und die Verantwortlichen. Kommt die Dokumentation sechs Monate später, braucht sie gar nicht mehr zu kommen.

9. Die Zeit

Sie merken, die Zeit ist ein wichtiger Faktor. Ein Masterplan, eine immer wieder erneuerte Aktionsplanung, regelmäßige Teamsitzungen in immer kürzerem Zyklus, je näher die Veranstaltung rückt, und eine klare Arbeitsverteilung erleichtern die Aufgabe. Die Zeit direkt vor der Veranstaltung (der Tag davor) sollte von allen Teammitgliedern für die Arbeit vor Ort reserviert sein, von Ihnen auch! Meist sind noch tausend kleine Dinge zu tun, bis alles „steht" – oder es ist sogar doch noch ein letzter Einkauf zu machen. Planen Sie die Aktivitäten danach mit ein: die nächsten zwei Termine des Teams nach der Veranstaltung sollten schon feststehen, und zwar bald danach.

10. Das Feindesign

Das Feindesign ist jetzt fertigzustellen und sieht ungefähr so aus:

Zeit	Inhalt	Ziel	Wer	Wo/was/wer
9.00	Begrüßung, Ziel der Veranstaltung, Vorstellung aller Akteure, Übergabe zur Moderation.	Formale Eröffnung, Einstimmung	Geschäftsführer X	Podest Mitte, im Hintergrund Video
9.20	Vorstellung des Tagesablaufs und Einführung in die Haltung/Philosophie der Veranstaltung: Zeiten: ----- Regeln: ----- etc.	Gemeinsame Basis schaffen, eine besondere Atmosphäre.	Moderatorin	Podest Mitte, im Hintergrund Zeitstruktur auf Leinwand, auf Zeichen der Moderation Wechsel, X kommt aufs Podest.

Dieses Feindesign sollten alle Teammitglieder, die Einladenden, die Akteure, die eine Aufgabe über den Tag haben, und die Technik/Regie erhalten. Letztere brauchen noch eine genaue Absprache am Veranstaltungsort. Das Feindesign kann während der Veranstaltung natürlich immer noch verändert werden – es ist nie fix! Die Situation der Gesamtgruppe bestimmt den endgültigen Ablauf des Designs. Klären Sie das im Vorfeld mit allen involvierten Akteuren, sonst kann es zu Irritationen kommen. Gehen Sie das Design oft durch, geben Sie es Kollegen, prüfen Sie es auf seinen Spannungsbogen, darauf, wieviel zeitliches Spiel darin ist, achten Sie auf die Dramaturgie. Gibt es Höhepunkte? Was geschieht nach dem Mittagessen? Wo gibt es Längen? Ist es ein runder Abschluß? Gibt es genügend Möglichkeiten für die Menschen, miteinander in einem geschützten Raum zu reden? Wo könnten Übergänge zwischen verschiedenen Gruppenformen schwierig werden? Wenn Ihnen Ihr Gespür sagt, „da ist noch ein Haken", verändern Sie das Feindesign. Die Moderation muß sich damit wohlfühlen (alle anderen Akteure auch, aber Ihre Erfahrung zählt).

11. Während der Veranstaltung

Der Tag ist da. Sprechen Sie am Morgen noch einmal mit allen Teammitgliedern. Jeder weiß jetzt, was zu tun ist. Wichtig ist, daß die Teammitglieder mit dem Moderator immer in Blickkontakt bleiben, damit dieser schnell reagieren kann und Unterstützung findet, wenn es etwas zu verändern gilt. Die Teammitglieder können teilweise auch als Teilnehmer dabei sein und Ihnen immer eine Rückmeldung über die Atmosphäre und die Themen geben, die in den Kleingruppen diskutiert werden – die Moderation kann davon Elemente immer wieder aufnehmen. Egal in welchen Rollen, Sie und das Team sollten sich über den Tag hinweg immer wieder kurzschließen – in den Pausen, in der Mittagspause. Halten Sie auch dauernd Kontakt zur Regie/Technik. Sprechen Sie in den Pausen aber auch mit den Teilnehmern, um selbst einen Eindruck von deren Erleben zu gewinnen.

Zur Moderation selbst könnten wir ganze Bücher schreiben. In jedem Fall muß sie auf mindestens zwei Personen verteilt sein. Bei standardisierten Designs wie Zukunftskonferenzen oder anderem kann eine Kombination aus externer und interner Moderation sinnvoll sein (die beiden brauchen dann gesondert Zeit, alles haargenau zu besprechen und die Rollen zu klären); bei nicht standardisierten Veranstaltungen ist dies nicht ratsam. Bei Großveranstaltungen ist es wichtig, daß Sie gut aufeinander eingespielt sind. Da ja bis zu Hunderte von Augenpaaren auf Ihnen ruhen, werden die Teilnehmer jede Kommunikation zwischen Ihnen wahrnehmen. Verschiedene persönliche Stile geben vor, wie Sie die Moderation konkret ausgestalten. Wichtig scheint uns, daß sich die Moderation mit Redebeiträgen zurückhält: Sie führen nicht, Sie brillieren nicht, sondern schaffen dem Klientsystem den optimalen Raum, damit dessen Mitglieder miteinander in Kontakt treten. Je mehr verschiedene

Hierarchiestufen oder Abteilungen miteinander kommunizieren, desto besser. Manchmal ist dazu Autorität, manchmal Sanftheit, manchmal Durchsetzungsvermögen und manchmal Charme nötig. Aber nie sind wir (die Moderatoren) der Mittelpunkt, sondern immer das Klientensystem. Und weil hier *Klientensystem* gesagt wird, ist natürlich auch stark darauf zu achten, daß man Ihnen hier keine persönlichen Präferenzen, Sympathien mit einzelnen/ Gruppen oder deutliche Meinungen anmerkt – obwohl wir sie alle haben. Zum Abschluß der Veranstaltung nennen wir gerne alle Akteure, die irgend etwas beigetragen haben, besser noch: wir machen sie sichtbar – selbst wenn sie schüchtern sind!

12. Nach der Veranstaltung

Wenn Sie und das Team den (die) Tag(e) überstanden haben, herzlichen Glückwunsch! Mir persönlich geht es direkt danach so, daß ich alle Welt umarmen könnte; meine Füße sind total angeschwollen, und ich bin irgendwann so erschöpft, daß ich kaum noch etwas sehe.

Schön ist es, wenn Sie noch die Gelegenheit haben, ein paar persönliche Worte mit dem Auftraggeber zu wechseln; intensiv werden Sie die Veranstaltung zum verabredeten Termin auswerten. Die wirklichen Akteure waren die Mitglieder des Vorbereitungsteams – nehmen Sie sich Zeit für sie. Alle sind jetzt total fertig. Sie treffen sich bald auch mit ihnen zur Auswertung.

Wir haben nicht immer, aber doch öfter das Glück gehabt, daß die Großveranstaltungen in langfristige Veränderungsprozesse eingebettet waren. Für uns ist das der beste Fall. Sonst stellt sich immer hinterher die Frage, wie es weitergehen soll. Wir können nur raten, bereits weit vor der Veranstaltung das „Danach" zu thematisieren und zum Teil eines Prozesses werden zu lassen. Einmalige, mit Hochgefühlen verbundene Veranstaltungen, auf die keine wirkliche Veränderung folgt, verpuffen, sind ihr Geld nicht wert und schmälern vor allem langfristig die Motivation der Mitarbeiter, sich wieder auf so etwas einzulassen. Natürlich hat es auch mit der Kompetenz der Berater zu tun, wie das „Danach" und „Dazwischen" gestaltet wird.

Und nun viel Erfolg!

Herausgeber und Autoren

Herausgeber

Dr. Roswita Königswieser
geb. 1943 in Wien

Geschäftsführende Gesellschafterin von KÖNIGSWIESER & NETWORK (Wien, München, Bremen, Aachen). Studien der Pädagogik, Tiefenpsychologie, Soziologie und Philosophie, Lehrtrainerin für Gruppendynamik; Kernkompetenz: systemische Beratung in komplexen Veränderungsprozessen in internationalen Unternehmen, Integration von Prozess- und Fachberatung, wissenschaftliches Arbeiten und Publikationen, Weiterbildung für Veränderungsmanager und Berater. Informationen über Seminare und Beraterweiterbildung:
KÖNIGSWIESER & NETWORK
Systemische Beratung und Entwicklung GmbH
Hofzeile 29, A-1190 Wien
Tel.: 00 43/1/3 68 46 91, Fax: 00 43/64 12/5 10 24
E-Mail: info@koenigswieser.net
Internet: www.koenigswieser.net

Dr. Marion Keil
geb. 1960 in Essen

Geschäftsführende Gesellschafterin von synetz, systemisches Netzwerk für Unternehmensentwicklung und internationales Management in Rösrath bei Köln. Ihre Schwerpunkte: systemische Unternehmens- und internationale Managementberatung, Großgruppeninterventionen, Teamentwicklung, Coaching, Beraterausbildungen und besonders cross cultural communication. Sie arbeitet auf deutsch, englisch und französisch. Kontakt:
synetz GbR
systemisches Netzwerk für Unternehmensentwicklung und internationales Management
Heinrich-Heine Weg 9, D-51503 Rösrath
Tel.: 00 49/22 05/91 94 60, Fax: 00 49/22 05/91 94 61
E-Mail: marion.keil@synetz.de
Internet: www.synetz.de
Dipl.-Kaufmann Peter Bauer

Dipl.-Kaufmann Peter Bauer

Lebt in Frankfurt am Main; ist Gründungsmitglied der Beratergruppe all.in.one-zur Bonsen & Associates.
Arbeitsschwerpunkt im Bereich großflächiger Veränderungsprozesse in Unternehmen. Einen wesentlichen Teil der Arbeit bildet die Konzeption und Moderation von sogenannten „Großgruppen-Konferenzen" als unverzichtbarer Baustein erfolgreicher und schnell wirksamer Veränderungsprozesse. Diese „Werkstätten" ermöglichen die aktive Einbeziehung von bis zu mehreren hundert Menschen in die Vorbereitung von Unternehmensstrategien sowie Veränderungs- und Beteiligungsprozessen, insbesondere aber die aktive und effiziente Mitwirkung in der erfolgsentscheidenden Umsetzungsphase.
Er verfügt zudem über Erfahrung mit Großgruppen-Konferenzen in Stadt- und Regionalentwicklungsprozessen. Zusammen mit Matthias zur Bonsen bildet er im deutschsprachigen Raum Moderatoren für diese besondere Aufgaben aus (website: www.all-in-one-spirit.de).

Dr. Matthias zur Bonsen

Partner der Beratergruppe all.in.one zur Bonsen & Associates in Oberursel, die sich auf großflächige Veränderungsprozesse und das Arbeiten mit großen Gruppen spezialisiert hat. Mit zahlreichen Fachbeiträgen, Seminaren für Berater, einem E-Mail-Newsletter und der Homepage hyperlink http://www.all-in-one-spirit.de trägt er dazu bei, das Wissen über Großgruppen-Interventionen zu verbreiten.

Dr. Frank Boos
geb. 1953 in Erlangen

Geschäftsführender Gesellschafter der Beratergruppe Neuwaldegg, Wien.
Mitglied der Forschergruppe Neuwaldegg, Wien.
Leiter des Bereichs *Organisation und Personal* der Prochema GmbH, Wien.
Tätigkeitsschwerpunkte: Systemische Organisationsberatung, Begleitung komplexer Veränderungsprozesse in unterschiedlichen Kulturen, Organisationen und Projektmanagement.

Dr. med. Rainer Bosselmann

Kinderarzt, Familien-, System- und Psychotherapeut, Supervisor (DGSv), hoffnungslos austrophiler Amateurmusiker, Leitung von Ausbildungsseminaren für Sozio- und Psychodrama seit Mitte der 70er Jahre, immer öfter im Großgruppensetting aktiv, erfahrener Grenzgänger zwischen zahlreichen Methoden und Professionen, zwischen helfenden und eindeutig profitorientierten Praxisfeldern, mit Kranken und offiziell Gesunden.

Initiator der Entwicklungskonferenzen *Psychodrama Experimental* (7. Folge 2001).

Spezielles Interesse: Imagination und szenische Arbeit als integrierende Plattform für eine aktivierende Regie und partizipationsfördernde Methodenauswahl in größeren Gruppen.

Publikation: *Variationen des Psychodramas*, Meezen 1996, Verlag C. Limmer.

Internetadresse: home.t-online.de/home/Rainer.Bosselmann

Walter Bruck
geb. 1965

Ehemaliger Roland-Berger-Berater mit Schwerpunkt Business Process Reengineering.

Seit 1997 selbständiger Unternehmensberater; führte Appreciative Inquiry – Wertschätzende Unternehmensentwicklung – in Deutschland ein. Erzielt damit einen nachhaltigen Wandel bei der Arbeit an unternehmensrelevanten Themen wie z.B. Ausbau des Marktposition. Hierbei werden die menschlichen Potentiale zum Wohle des Unternehmens und seiner Mitarbeiter aktiviert.

Dipl.-Betriebswirt Uwe Cichy
geb. 1962 in Frankfurt

Freier Unternehmensberater.
Kooperationspartner der Beratergruppe Neuwaldegg, Wien.
Mitglied der Forschergruppe Neuwaldegg, Wien.
Tätigkeitsschwerpunkte: Systemische Organisationsberatung, Begleitung komplexer Veränderungsprozesse, Unternehmensstrategie, Controlling und die Begleitung von Familien in Nachfolgefragen.

Mag. phil. Grete Dorner
geb. 1957

Erstberuf Diplomkrankenschwester, nach Berufswechsel Tätigkeiten in unterschiedlichen sozio-kulturellen Arbeitsfeldern. Systemische Aus- und Weiterbildungen, Studium der Pädagogik mit den Schwerpunkten Philosophie, Wissenschaftstheorie und Erwachsenenbildung.
Seit 1991 Leiterin des EREB-Gemeindeservice im Rahmen der Förderungsstelle des Bundes für Erwachsenenbildung für die Steiermark.
Beratungs- und Lehrtätigkeit mit den Schwerpunkten systemische Organisations- und Projektentwicklung sowie systemisches Wissensmanagement.

Dr. Alexander Doujak
geb. 1965 in Klagenfurt

Geschäftsführender Gesellschafter der Beratergruppe Neuwaldegg, Wien.
Mitglied der Forschergruppe Neuwaldegg, Wien.
Tätigkeitsschwerpunkte: Systemische Organisationsberatung, Begleitung komplexer Veränderungsprozesse, Training und Beratung in den Bereichen Projektmanagement, Management von unternehmensweiten Projekt-Portfolios, Strategische Unternehmensplanung.

Dr. Ing. Thomas Endres

Studium der Werkstoffwissenschaften in Deutschland und USA, Beschäftigung mit Technologieentwicklung und Technologietransfer, Projektleiter für die Entwicklung und Zertifizierung eines QM-Systems für ein PKW-Motorenwerk in Ungarn, anschließend Change Manager in einem konzernweiten Projekt zur Prozeß- und Strukturverbesserung.
Seit 1997 Leiter Human Resource and Programme Process Development in einer multinationalen Management Agency der Luftfahrtindustrie.

Dipl.-Ing. Alexander Exner
geb. 1947

Geschäftsführender Gesellschafter der Beratergruppe Neuwaldegg.
Mitglied der Forschergruppe Neuwaldegg.
Stellvertretender Aufsichtsratsvorsitzender und Mitglied des Strategieteams der Palfinger AG.
Berater, Trainer und Manager mit den Schwerpunkten: Begleitung von komplexen Veränderungsprozessen, Unternehmensführung und systemische Organisationsentwicklung.

Mag. Ursula Gerber
geb. 1968 in Linz

Studium der Germanistik, Kunstgeschichte, Ethnologie, Philosophie in Wien.
Koordinatorin des Hochschullehrgangs Politische Bildung am IFF (Institut für interdiszipl. Forschung/Fortbildung).
Leiterin des Geschäftsfeldes *öks*-training (Österr. Kultur-Service); seit 1999 selbständige Tätigkeit als Managerin, Trainerin und systemische Beraterin im Kultur- und Bildungsbereich.

Jerry Hampton

Seit 1973 hat Jerry Hampton über 700 Gruppen moderiert, darunter 200 *Community Building Workshops*. Er absolvierte eine Ausbildung in Kleingruppenmoderation bei Dr. Cecil Osborne und später bei Dr. M. Scott Peck in *Community Building*.
Er leitete Workshops in den Vereinigten Staaten, Kanada, Australien, Neuseeland, England und Deutschland.
Jerry Hampton ist Autor von *Ongoing Community Formation and Maintenance* und einer Reihe von Fachbüchern. Er studierte Technical Journalism an der Kansas State University (BS) und ist Mitglied der Professional Journalistic Society, Sigma Delta Chi.
Er lebt in Arlington, Texas mit seiner Frau und hat vier erwachsene Kinder sowie mittlerweile acht Enkelkinder.

Univ.-Prof. Dr. phil. Peter Heintel
geb. 1940

Professor für Philosophie und Gruppendynamik am Institut für Philosophie der Universität Klagenfurt; Vorsitzender der Interuniversitären Kommission des Instituts für interdisziplinäre Forschung und Fortbildung in Klagenfurt; Leiter der Abteilung *Studienzentrum für Weiterbildung*; 1974–1977 Rektor der Universität Klagenfurt; Lehrbeauftragter an der Universität Graz; Gastprofessor an der Universität Hamburg; Vortragender und Seminarleiter an der Bundesverwaltungsakademie Bad Godesberg und der österreichischen Bundesverwaltungsakademie; Tätigkeit als Organisationsberater in zahlreichen in- und ausländischen Unternehmen.

Dipl.-Vw. Monika Holleck

Monika Holleck ist Diplom-Volkswirtin und ausgebildete Bankkauffrau. Von 1985 bis 1990 war sie bei der Deutschen Bank AG im Bereich Firmenkunden-Kreditanalyse verantwortlich tätig. 1990 wechselte sie zu der Stadtwerke Bremen AG als Assistentin des Vorstandsvorsitzenden (kaufmännischer Vorstand). 1994 übernahm Frau Holleck in diesem Unternehmen die Leitung der Internen Revision.

DI Richard Hummelbrunner
geb. 1952 in Wels

Gesellschafter der ÖAR-Regionalberatung. Konsulent u.a. für OECD und EU-Kommission.
Tätigkeitsschwerpunkte: Systemische Beratung und Organisationsentwicklung mit dem Schwerpunkt regionale Entwicklungsstrukturen und Netzwerke, Strategieentwicklung, Prozeßbegleitung (insbesondere komplexe Planungsprozesse), lernorientierte Evaluierung. Beratungstätigkeit im EU-Raum, in Mittel- und Osteuropa sowie in verschiedenen afrikanischen Ländern.

Herausgeber und Autoren

Klaus-Jürgen Hütten
geb. 1955

Diplom-Betriebswirt, Diplom-Psychologe. Studium der Betriebswirtschaft an der Fachhochschule des Landes Rheinland-Pfalz und anschließend Studium der Psychologie an der Rheinischen Friedrich-Wilhelms-Universität Bonn.
Seit 1983 freiberuflich als Trainer und Berater für die Entwicklung von Führungskräften, Teams und Organisationen branchenübergreifend im deutschsprachigen Raum tätig. Lehrauftrag für Management an der Fachhochschule des Landes Rheinland-Pfalz. Gründungsmitglied und Geschäftsführender Gesellschafter der Team 7 GmbH in Neuwied/Rhein.
Motto seiner Arbeit: In Menschen und Organisationen liegt ein Großteil des Know-hows vor, das es für die Gestaltung der zukünftigen Herausforderungen zu nutzen gilt.

Jakob Iwanowitsch
geb. 1935 in Mililitsch, Jugoslawien

Während der Tätigkeit als Dreher Besuch eines Abendgymnasiums, Studium für das Höhere Lehramt an Berufs-, Berufsfach- und Fachschulen. Erstes und Zweites Staatsexamen, Unterrichtstätigkeit bis 1971.
Sommer 1971 Wechsel in die freie Wirtschaft. Leiter des Bereichs *Personalbildung*, mit den Hauptaufgaben: Aus- und Weiterbildung, Führungskräfteentwicklung, Organisationsentwicklung, Betriebliches Vorschlagswesen. Von 1995 bis Ende 1998 Leiter der Funktion Personal-Grundsätze-Führungskräfte in der Führungsgesellschaft Freudenberg & Co.
Derzeit: Weiterhin tätig als Referent, Moderator, Berater und Coach.

Dipl.-Sozialpädagogin Barbara Klipstein
geb. 1943 in München

Geschäftsführende Gesellschafterin der Firma Spektrum GmbH, Gesellschaft für Organisationsberatung und Personalentwicklung, München.
Tätigkeitsschwerpunkte: Leadership-Entwicklung, Führungswechsel-Beratung, Begleitung von Veränderungsprozessen.

Dipl.-Ökonomin Gisela Kolaska
geb. 21. 7. 1959 in Ruda Slaska (Polen), verh.

Organisatorin der swb AG (ehemals Stadtwerke Bremen AG). Tätigkeitsschwerpunkte: Aufbau- und Ablauforganisation, Mitarbeit/Mitwirkung an Veränderungsprozessen im Unternehmen („Kultureller Wandel"), Ausbildung zur Gruppenprozeßmoderatorin im Unternehmen.

Mag. Ulrich Königswieser
geb. 1966 in Wien

Seit 1999 Mitglied der Berater- und Forschergruppe Neuwaldegg.
Tätigkeitsschwerpunkte: Arbeitseinsatz in der Strategieentwicklung und Verbesserung von Geschäftsprozessen in Industrie und Handel sowie, branchenübergreifend, Training und Organisationsentwicklung – mit den Schwerpunkten: Begleitung von Veränderungsprozessen, Führung und Gruppendynamik.

Walter Kosar (KOSILO)
geb. 1947

Regisseur, Autor, Schauspieler und Clown, 15 Jahre Erfahrung in der Wirtschaft, dann vom Straßentheater 1981 in den USA bis zum Engagement am Burgtheater 1992 unter der Regie von George Tabori.
Freischaffend tätig seit 1983. Zahlreiche eigene Theaterstücke für Kinder und Erwachsene, Autor des Buches *Blöde Briefe an g'scheite Leut*, Trainer für Theaterworkshops für Führungskräfte.
1999 Gründung von the company stage® Wien, Unternehmenstheater.

Dipl.-Wirtschaftsingenieur Hans-Jürgen Krieg

Ausbildung in Organisationsentwicklung, Coaching und systemischer Beratung.
Von 1982–1995 in unterschiedlichen Personalfunktionen bei Daimler-Benz tätig. Zuletzt verantwortlich für Personalkonzeptionen im Konzern.
Seit 1996 freiberuflicher Berater.
Lehrbeauftragter für Personal- und Organisationsentwicklung an der VWA Baden-Württemberg, Stuttgart.

Isabel und Ivan Labra

Isabel und Ivan Labra studierten in den späten 60er Jahren Psychologie an der Universität von Chile. Sie waren an der Einführung von Arbeitnehmerbeteiligungsprogrammen im Management von Industriebetrieben beteiligt. Nach dem Regierungswechsel in Chile ließen sie sich in Panama nieder und beteiligten sich an der Organisation von landwirtschaftlichen Genossenschaften in Panama und Nicaragua. 1988 wanderten sie nach Südafrika aus; im südlichen Afrika arbeiteten sie bisher in Zimbabwe, Botswana, Südafrika, Namibia und Mozambique und entwickelten Techniken der Großgruppenintervention für die Arbeit mit Basisgruppen. Sie leben ständig in Zimbabwe, wo sie den Communication Link Trust gründeten.

Filippo Leutenegger

Chefredakteur und Abteilungsleiter *Information und Kultur* von Schweizer Fernsehen DRS.
1972: Matura Typus A in Disentis/Altdorf;
1973–1978: Ökonomie-Studium mit Abschluß als Lic. oec. publ., Universität Zürich;
1978–1980: Jura-Studium, Universität Zürich;
1980–1981: Betriebswirtschafter bei der Schweizerischen Kreditanstalt (SKA);
1981–1984: Wirtschaftsredakteur SF-DRS (beim „Kassensturz");
1984–1989: Korrespondent in Italien und Tessin für SF DRS;
1989–1990: Moderator und Produzent *Schweiz Aktuell;*
1990–1993: Redaktionsleiter der Wirtschaftssendung Netto
1993–1999: Redaktionsleiter ARENA / „Abstimmungssendungen" sowie „Wahlen";
seit Nov. 1999: Chefredakteur und Mitglied der Geschäftsleitung von SF DRS.

Mag. Christine Lixl
geb. 1966 in Salzburg

Projektleiterin am Institute for International Research in Wien.
Tätigkeitsschwerpunkte: Inhaltliche Konzeption, Design und Durchführung von Managementkonferenzen und Workshops. Außerdem freiberufliche Tätigkeit als Dolmetscherin (Chinesisch) und Beraterin/Trainerin (Cross-Cultural Communication).

Herausgeber und Autoren

Dr. Anton Obholzer

Dr. Anton Obholzer ist Psychiater, Mitglied des *Royal College of Psychiatrists* sowie Kinder- und Erwachsenenpsychotherapeut. Er unterrichtet sowohl an der Tavistock-Klinik als auch am *Institute of Psychoanalysis* in London. Derzeit ist er Chief Executive der Tavistock & Portman-Kliniken in London, Vorsitzender des *Consulting to Institutions Workshop* und Senior Consultant des *Tavistock Consultancy Service*.

Er gestaltete und führte *residential group relations* und Management-Konferenzen bei vielen Gelegenheiten. Dr. Obholzer berät und lehrt breitgefächert bei Organisationsveränderungen und Widerstand gegen Veränderungen, speziell im nationalen Gesundheitswesen und im öffentlichen Sektor. Er ist Mitherausgeber und Autor einiger Artikel des *The Unconscious at Work*, Routledge, 1994, und hat viele weitere Artikel zu unbewußten Prozessen in Organisationen verfaßt. Sein Hauptinteresse gilt unbewußten Faktoren, die die zwischenmenschliche und institutionelle Kommunikation und Veränderung beeinflussen.

Mag. Christian Partner
geb. 1964 in Tirol

Mitbegründer des Beraternetzwerkexperimentes *Delphinus Delphis*, Salzburg;
Mitglied des Vorstands am Internationalen Zentrum für Kultur und Management (ICCM), Salzburg.
Tätigkeitsschwerpunkte: Lebendige Organisationsentwicklung in unterschiedlichen Systemen (Profit, Nonprofit, Familien, Netzwerke/Kooperationen, Orte/Städte/Regionen), Arbeit mit großen Gruppen, systemische Strukturaufstellungen, Coaching und Supervision, Projektmanagement, Seminare/Workshops in herausfordernden Kontexten. Beraterweiterbildung.

Mag. Michael Patak
geb. 1962 in Wien

Geschäftsführender Gesellschafter der Beratergruppe Neuwaldegg, Wien.
Mitglied der Forschergruppe Neuwaldegg, Wien.
Lehraufträge an der Wirtschaftsuniversität Wien und an der Universität Klagenfurt.
Tätigkeitsschwerpunkte: Organisationsentwicklung, Management von Nonprofit-Organisationen, Projektmanagement, Führungskräftetrainings.

Dr. Katrina Petri

Ärztin und Psychotherapeutin.
Seit mehreren Jahren als OE-Beraterin in München und Boston tätig (Ausbildung in Boston).
Schwerpunkte der Organisations-Entwicklungs-Prozesse: Unternehmens-Integration (Fusion), Organisations-Transformation, Organisations-Lernen, Organisations-Kultur, Interkulturelle OE-Projekte, systemische Selbstorganisation, Großgruppen-Interventionen (Erfahrung mit Großgruppen von bis zu 1200 Teilnehmern), Leadership, Coaching.
Dozentin am European Business College, München, Ex. MBA Program (Organizational Behavior).

Dipl.-Psychologe Werner Pfeifer
geb. 1955

1985–1990 interner Berater bei Hewlett-Packard.
Seit 1990 freiberuflicher Berater und Trainer.
Ausbilder von Organisationsberatern bei TRIAS.
Ausbildung in Transaktionsanalyse, Organisationsentwicklung und systemischer Beratung.

Herausgeber und Autoren

Mag. Joana Rabitsch

Studium der Psychologie in Straßburg und Liverpool.
Diverse Fach- und Führungsrollen in unterschiedlichen Wirtschaftsunternehmen. Seit 1998 freie Unternehmensberaterin.
Tätigkeit: Begleitung von Veränderungsprozessen, Organisationsentwicklung, Management-Trainings.
Fachliche Schwerpunkte: Strategie, Qualitätsmanagement, neue Formen des Lernens. Lehrbeauftragte an Fachhochschulstudiengängen in Wien.

Uwe A. Scheutz
geb. 1954 in Linz, Österreich

Ausbildung: Universitätslehrgang zur Ausbildung von Exportkaufleuten. Systemische Beraterausbildung 1989 und 1995.
Positionen: Selbständiger Unternehmensberater (Scheutz & Partner), Gesellschafter Spektrum Unternehmensberatung, München; Netzwerkpartner Beratergruppe Neuwaldegg.
Tätigkeitsschwerpunkte: Begleitung von Veränderungsprozessen, Team- und Einzelcoaching, Führungswechsel, Organisations- und Personalentwicklung (Leadershipentwicklung, Einführung von Mitarbeitergesprächen, Einführung von MbO, Einführung leistungsorientierter Entlohnung, Entwicklung von Lernpartnerschaften).

Prof. Dr. Josef Shaked
geb. 1929

Facharzt für Psychiatrie und Neurologie, Psychotherapeut (Psychoanalyse, Gruppenpsychoanalyse).
Ehrenpräsident des Wiener Arbeitskreises für Psychoanalyse, Leiter der Sektion Gruppenpsychoanalyse im ÖAGG, Ehrenmitglied der Sektion analytische Gruppentherapie im DAGG, Mitbegründer der Internationalen Arbeitsgemeinschaft für Gruppenanalyse in Altaussee.

Ebru Sonuc
geb. 1961 in Istanbul

Lebt seit 1981 in Wien; Mitarbeit als Beraterin bei diversen AusländerInnenberatungseinrichtungen in Wien; Produktionsleitung und Pressearbeit für diverse freie Theatergruppen in Wien; Übersetzungen von Theaterstücken in und aus der türkischen Sprache.
Projektleitung beim *öks* (Österreichischer Kultur-Service); Aufbau und Leitung des Geschäftsfeldes *öks* international.
Mitglied der ExpertInnengruppe Culture, Creativity and the Young beim Europarat; Mitglied des österreichischen UNESCO-Kulturkomitees; Aufbau und Koordination des internationalen **art**sand**education** Netzwerks.
Systemische Beraterweiterbildung bei der Beratergruppe Neuwaldegg.
Anwärterin für Gruppendynamik bei ÖGGO (Österreichische Gesellschaft für Gruppendynamik und Organisationsentwicklung).

Mag. Maarten-Jan Thissen
geb. 1966 in Tilburg, Niederlande

Ausbildung: Studium der Ägyptologie und Museumskunde an der Universität Leiden; Ausbildung in Public Relations; Ausbildung in Trainers- und Facilitatorfähigkeiten, NTL Institute, USA.
Berufserfahrungen: Trainer- und Beratungtätigkeiten, Syntegra Education & Training; 1 Jahr Ausbildungkoordinator, ING Regiobank; Trainer und Beratungstätigkeiten für JLS International.
Tätigkeitsschwerpunkte: Begleitung von Veränderungsprozessen: Change Management, Kommunikation, Teamentwicklung, Strategieentwicklung, Organisationsentwicklung, Managementtrainings im Bereich Coaching, Konfliktmanagement, Kommunikation.

Herausgeber und Autoren

Dr. Susanne Weber
geb. 1963 in Koblenz

Denkerin und Beraterin in Wissenschaft und Praxis.
Lebensprinzip: Leidenschaft, Möglichkeit, Transformation.
Arbeitsschwerpunkte: Großgruppen, Prozeßarchitekturen, Vision, Strategie, Realisierung und Ergebnissicherung.
Einsatzgebiete vorwiegend im Nonprofit-Sektor, internationale Kooperationen, interkulturelle Zusammenarbeit, regionaler Schwerpunkt insbesondere Südamerika. Derzeit als Wissenschaftlerin an der Philipps-Universität in Marburg tätig.

Dr. Michael Wimmer
geb. 1950

Musikerzieher, Politikwissenschafter, Geschäftsführer des *öks* (Österreichischer Kultur-Service), Berater des Europarats in kultur- und bildungspolitischen Fragen, Lehrbeauftragter an der Universität Wien, Verfasser von *Kulturpolitik in Österreich, Kulturpolitik in Slowenien, Funding and Ressourcing of Youth Art*.

Ingenieur HTL, Betriebsing. STV Roger Wüst

Vermessungsingenieur HTL, berufsbegleitendes Nachdiplomstudium Betriebsingenieur, NDS für 3D-Konstruktion und -Fertigung.
Ausbilder und Training von 3D-CAD-CAM-Anwendern der Automobilzulieferindustrie, ab 1990 Trainer in Beratung und Ausbildung an der Stiftung BWI der ETHZ.
Seit 1996 selbständiger Berater und Trainer für Management- und Teamentwicklung. Schwerpunkte: Einführung von Projektmanagementphilosophie mit Aus- und Weiterbildung der Mitarbeitenden, deren Unterstützung und Förderung bei der praktischen Umsetzung sowie Coaching und Persönlichkeitsentwicklung von Führungspersonen.
Weiterbildungen in Gruppendynamik SAAP, Managemententwicklung MES und systemische Beratung Neuwaldegg.

Hanna Kristina Zapp
geb. 1954, lebt in Darmstadt

Studium der Theologie, Philosophie und Germanistik. Promotion zur Dr. phil. mit dem Thema *Wenn Kindheiten zu Wort kommen* (Biographieforschung).
Zehn Jahre Tätigkeit als Gemeindepfarrerin und Fortbildnerin. Weiterbildungen im Bereich Personalentwicklung, Coaching, systemische Beratung. Seit 1990 mit leitender Funktion in der Evangelischen Kirche.
Schwerpunkte: Personalentwicklung, Organisationsentwicklung, Theologie, Kommunikation; dazu verschiedene Veröffentlichungen.

Dr. jur. Alfred Zauner
geb. 1945

Ao. Universitätsprofessor an der Wirtschaftsuniversität Wien und Organisationsberater.
Aktuelle Forschungsbereiche: Einsatz und Wirkung unterschiedlicher Steuerungsmedien; Instrumente organisatorischer Rahmensteuerung; Führung von Nonprofit-Organisationen.
Beratungsschwerpunkte: Konzeption und Moderation von Veränderungsprozessen in Unternehmen und Nonprofit-Organisationen; Coaching von Führungskräften in Changeprozessen.

Register

Abhängigkeitsgruppe 64, 81
Academy for Human Resources Development 301, 304
Ackhoff, Russell 140
AEYLS *(Asia Europe Young Leaders Symposium)* 306, 308, 312, 318
Afrika, südliches Afrika, Südafrika (Organisationsworkshops, Kirche) 196–207, 294–299
Aggressionen 25
Aktionsforschung 141
Aktionssoziometrie 283
Alban, Billie 17
Ängste 25, 51, 59, 78, 80, 108, 135 f., 153, 181, 278
Appreciative Inquiry (Summits/Zukunftsgipfel) 91 ff., 164–178, 370–376
Arbeiter 199, 204, 207, 323 ff.
Arbeitnehmervertretung 133
Arbeitsgruppe 63 f.
Arbeitslosigkeit 50
Arbeitsteilung 142 f.
Arena (Schweizer Fernsehsendung) 377 f.
Arts in Rhythm 374
ASEM *(Asia-Europe-Meeting)* 306 f., 310, 319
Asien (multikulturelles Symposium) 306–322
Aufführung/Ausstellung (Setting von Kunst) 209
Autonomie 53 ff.

Bay States Skills Corporation 132
Beck, Ulrich 100
Befragungen 275 f.
Beratung 114–125
Bertalanffy, Ludwig von 17 f.
Best of Class 329–342
Betriebsfeste 48, 405
Bierbichler, Sepp 210

Bilder (Metaphern) 81 f., 176, 311–315
Bildung 269–280
Biographien (in der Postmoderne) 101, 108, 116
Bion, Wilfred 17 f., 63 f., 69, 78, 81
Blanchard, E. B. 184
Brasilien (Unterschichten) 199, 204, 207
Bridger, W. H. 69
Broch, H. 77
Bunker, Barbara Benedict 17
Burgwaldmesse 289, 293

Camara, Helder 370
Campbell, Joseph 89
Canetti, Elias 77
Carr, W. 70
Changemanagement 296–299
Chaos (in Gruppen) 180, 184–187, 189 f., 193 ff., 205
Christentum 95 ff.
Clausewitz, Karl v. 68
CLGI *(Center for Large Group Intervention)* 38
Commitment 162
Community Building (CB) 179–195
Container 154, 156
Content Navigator (Inhaltsexperte) 311 f., 320
Cooperrider, David 93, 169
CORAT (christliche Beratungsorganisation in Nairobi) 295 f., 298 f.
Corporate identity 48
„Crusade" 259, 262, 266

Demokratie 53, 58, 111
Design (Planung von Konferenzen) 22, 412, 416 f.
Dialog 82, 150
– innerer 176
Dicks, Henry 62

Differenzierung 101
Dokumentation 263 ff., 268, 415 f.
Dönhoff, Marion Gräfin 89
Drucker, Peter 177
Duttweiler, Gottlieb 96

EFQM *(European Foundation for Quality Management)* 173
ELIA *(European League of Institutes of the Arts)* 214 ff.
Elias, Norbert 35
Emery, Fred 17 f., 69, 141
Empowerment 153, 157 f., 162
Energie 85
- positive 170
Engels, Friedrich 111
Entscheidungsfindung 58, 61, 262
Entscheidungsprozesse 343–346
Enttäuschung 25, 59 f., 81
Entwicklung 202 f.
Entwicklungsgruppe Burgwald e. V. 289, 292
EREB-Gemeindeservice (Steiermark) 269–280
Erickson, Milton H. 333
Erwachsenenbildung 269–280
Erwartungen 26, 40, 82
Euphorie 26, 59
Evangelische Zentralstelle für Entwicklungshilfe 294 f.
Experten 40, 61, 139

Face-to-face-Gespräch 17
Facilitator 137, 147, 151 f., 154 f., 159
Familie 28, 48
Farben 120, 345, 351 f.
Faschismus 45, 48, 56
FCE *(Foundation for Community Encouragement)* 180
Fehler, Umgang mit 165 f.
Feindbilder 25
„Felder" (in der Gruppe) 191
Fernsehen 102, 377–380
Fokus 85, 358
Foulkes, S. H. 69
Fragebogen 276 f.
Freiheit 54 f., 151

Freire, Paulo 199
Freizeitangebote (in Unternehmen) 48, 50
Freud, Sigmund 34 f., 64 f., 77, 81, 180
Freudenberg-Spunweb-Foren 356 f.
Führung, Führer, Leiter 35, 42, 51, 55, 74 f., 79, 81 f., 139, 147, 154, 206, 228, 230, 295 ff. 323–328, 387–393
Fusionsprozesse 123 f.
Future-Search(-Konferenz) s. Zukunftskonferenz
Future Vision 184

Gadamer, Hans-Georg 95
Geduld 101
Gefühle (bei Großveranstaltungen) 24 ff., 32, 34 f., 40, 47, 68, 73, 79, 135, 212, 277, 360
Gegenübertragung 82
Geld 106
Gemeinden, ländliche 269–280
Gemeinschaft 36 f., 103 ff., 158, 181 f., 184, 187 ff., 192 f., 195, 278
Gerüchte 25
Geschichten (in Unternehmen) 86–94, 164
Gesellschaft, moderne 28, 35 f.
„Gesetz der zwei Füße" (Selbststeuerung) 148, 151, 155, 161
Gewerkschaften 133
Gilligan, Stephen 333
Glaubwürdigkeit 41
Go with the flow (Zutrauen) 151, 155
Goffman, E. 66
Gottesdienst 103–108
Grenzerfahrungen 102
Grimm, Jacob und Wilhelm 208, 288
Großveranstaltung 9, 11 ff., 20–24, 28, 30–44, 58, 108, 258 f., 347–354, 387–401, 402–409, 410–418
Grundannahmengruppe 63 ff., 69
Gruppe / Team 46
Gruppendynamik 28, 46, 62 f., 140
Gruppen-Normen 186

Handke, Peter 210
Heimatverlust 103, 113
Heine, Heinrich 111

Hirshberg, Jerry 213
Hopkinton 2000 132 f., 135
Hubbard, Barbara Marx 98

Identifikation 109
Identität 107
Identitätsmuster 51, 57
Identitätsverlust 66 f., 80
Illusion 24, 26
Image (eines Unternehmens) 251
Imagine Chicago (Stadtentwicklungsprojekt) 176
Indianer (Mythen, Rituale) 88, 95
Indien (und NGOs) 300–305
Individualisierung 101
Individuum 47, 50, 53, 55, 66, 115
Innovation 92
Institution 46, 64
Integrierte Gesamtschule 281–287
International Development Association 10
Intervention 12, 68 ff., 83–99, 114, 121 ff., 190 f., 203 f., 208–217, 282 f., 382
Interviews 166 ff., 171, 377–380
Isaacs, W. 150
Islam 294

Jaques, Elliott 64 f., 69
Jubiläen 355 ff.
Jugendprogramme 133 f.

Kampf-Flucht-Gruppierung 64, 81
Kansas City (Jugendprogramm) 133 ff.
Kirche 28, 94, 100–113, 180, 194 f., 294–299
Kirchentag 100, 108–113
Klein, Melanie 65, 80
Kleinbauern (Afrika) 200 ff.
Kleingruppe 20, 23, 26, 41 f., 63, 80, 82, 150, 285, 309, 316
Kohärenz 85
Kollektivseele 34
Kommunikation 12 ff., 47, 182
Konflikte 33 f., 396
Konsum 53
konventionelles / neues Denken 38–43

Kooperation / Koordination 56
Kopernikus, Nikolaus 67
Krankenhäuser 71–74, 134
Kreativität 67, 158, 214, 257, 318
Kritik 33 f., 59 f., 139 f., 282 f., 321 f.
Kultureller Wandel 381, 387, 389–397, 405–409
Kunst, Künstler 208–217

Lange, Ernst 105
Lateinamerika (Organisationsworkshops) 196, 199, 204 f., 207
Laszlo, Ervin 154, 160 f.
Le Bon, Gustave 34, 77
Leere (nach M. S. Peck) 180 f., 184, 187–190
Lehrer 281–287, 343–346
Lehrlinge 335–339
Leitbilder 55 f., 122
Leith, Martin 38
Leontiev, A. N. 200
Lernen 41, 269 ff., 364
lernende Gemeinde 272 ff.
lernende Organisation 54, 248, 252, 269 ff., 323, 358, 361, 364
Lernlaboratorium 141, 143
Leutenegger, Filippo 377–380
Lewin, Kurt 17 f., 141
Lindner, Traugott 9
Lippitt, Ronald 141, 206
Liturgie, liturgische Räume / Systeme 95–99
Loyalität 24 f., 50
Luedecke, Gunther A. 120
Luther, Martin 104, 111

Macher / Visionäre 170
Machiavelli, Niccolò 68
Mackey, John 129 f.
Main, Mary 69
Management 198, 246–257, 258
Manipulation 26
„Marktplatz" (Informationen bei der Tagung) 73, 150, 152, 238, 315, 327
Marx, Karl 111
Maslow, Abraham 180, 183

Masse, Massenphänomene 25, 34, 45–61, 63, 77, 81
Meditation 303 f.
Menzies Lyth, J. E. P. 65 f.
Metaphern 117, 176, 311–315
Militär 67 ff.
Miller, E. J. 63, 69
Mind Mapping 284
Mobilität 100 f.
Moderation 43 f. *S. auch* Facilitator; Führung
multikulturelles Symposion 306–322
Musik 19, 23, 98, 360, 374 f., 401
Mythen 85–99

Narzißmus 81
Neuhauser, Peg 88 f.
Neujahrsempfang 407
NGOs (Nicht-Regierungs-Organisationen) 300–305
NTL *(National Training Laboratory)* 9

objektivierte Handlung 200
offene/geschlossene Gruppe 179, 182, 185, 188, 190 f.
öffentlicher Raum 19, 36 ff.
Open Space Technology 10 f., 70 ff., 91, 146–163, 165, 184, 281 ff., 412
Organisation 46 ff., 50 ff., 64
Organisationsentwicklung 143 f., 329, 331 ff.
Organisationsworkshop 196–207
Owen, Harrison 70, 86, 91, 146, 150, 156, 158

Paarbildung 64, 81
Pausen (Erholung, informeller Austausch) 32, 40, 43, 73
Peck, M. Scott 179 ff., 183 f.
performance 212, 215
Personalentwicklung 381–386
Planung 38, 149 ff., 198, 251, 340
Pluralisierung 101
Podiumsdiskussion 350 ff.
Politik und Diskussionskultur 377–380
Popcorn, Faith 353
Postmoderne 100 ff.

Primäraufgabe 64 f., 67, 74
Problemlösungen 41 f.
Projektarchitektur 331
Protestantismus 111, 294–299
Proust, Marcel 164
Prozeß / Struktur 39 ff., 59
Prozeßarchitektur 234 f.
Pseudogemeinschaft 184 ff., 194 f.

Raum (konkret und symbolisch) 19, 31 f., 114–125, 189, 236, 244, 278, 302, 325, 366, 383, 412 f., 415
Realität 82 f., 175
Reengineering 323 f.
Reflexion 20
Region / Grenzregion 288–293
Regression 26
Religion 68, 80, 97 f., 100–113
„Reliquien" (in Organisationen) 96
Resonanz (der Teilnehmer 157, 286, 291 f., 298 f., 304 f., 354, 385 f., 406
Rice, A. K. 63, 69
Rituale 37, 43, 80, 96 ff., 100–113
Rogers, Carl 180
Rollen(verteilung) 137 ff., 362
Rorschach, H. 180, 183
RTSC *(Real Time Strategic Change)* 91 f., 123, 159, 165, 177, 227–232, 233–245, 292, 302, 332, 412

Saint-Exupéry, Antoine de 95
Säkularisierung 101
Santos de Morais, Clodomir 199, 201, 204
Schindler-Rainman, Eva 141
„Schöpfungsgeschichten" 89 f.
Schubart, Christian Friedrich Daniel 208
Schulen 213 ff., 281–287, 343–346
Selbstbestimmung 55
Selbstorganisation 151–162
Selbststeuerung 148
Selbst-Transzendieren 183
Selbstverantwortung 148, 151, 162, 334
Sellars, Peter 214 f.
Sensitivity-Group-Bewegung 181
Shapiro, Roger 70

Sicherheitsbedürfnis 49, 56, 58
Sitzanordnung (bei Tagungen) 31, 42 f.,
 115, 118, 227, 236, 240, 244, 260,
 267 f., 296 f., 302, 332, 340, 383, 394,
 396, 415
Sketche 165, 218–223, 336, 350, 356
SOPSS (Strategisch-operatives Planungs-
 und Steuerungssystem) 399 f.
soziales System 115 f.
Spaltung 59
Spannung / Ruhe 23 f., 32
Spirit 85–99, 333
Spiritualität 109
Sport 102
Sprachbarriere 321
Srivaska, Suresh 169
strukturelle Kopplung 114 ff.
Strukturwandel 288
Sündenbock 191
Symbole, Symbolik 19, 37, 81 f., 100,
 115 f.
s. auch Raum; Sitzanordnung; Kirche
Syntegra, Niederlande 370–376
Systemdenken 131
systemisches Wissensmanagement 269 ff.
Systemtheorie 17 f.
Systemveränderung 141 f.

Tagungsprogramme 31, 134 ff., 228–232,
 237–241, 253 ff., 260 ff., 279 f., 292,
 307, 325 ff., 333 ff., 348 ff., 365 ff.,
 394 f.
Tavistock Institut 9, 18, 181
Teilnehmer 38 ff., 137 ff., 150 f.
Teilnehmerzahlen 31, 77, 149, 183, 196,
 207, 213, 290 f., 308, 316, 356, 366,
 382
Theaterspiel 218–223, 242 f., 336, 397,
 401, 408
Tratsch 20

Trist, Eric 17 f., 69, 141
Turquet, Pierre 62 f., 66 f., 69

Unternehmen 64
Unternehmenskultur 246
Unternehmenstheater 218–223

Verabschiedungsworkshop 359 ff.
Veränderungsprozesse 17–29
Verantwortung 138, 142, 157 f.
Vereinigung der Inuit-Völker der Arktis
 132
Vereinzelung 24, 78
Vertrauen 20, 41, 47, 192, 312
virtuelles Unternehmen 258–268
Vision 91, 94, 96, 122, 129, 165, 170 f.,
 230 f., 247 ff., 273, 335
Vorbereitung (von Großveranstaltungen)
 27, 38, 248, 281 f., 410–418

Wahrnehmung 86, 175
Wallfahrten 112
Weisbord, Marvin 10, 17 f., 92, 159, 290
Welser Forum 356, 360, 367
Westcare-Projekt 71–75
Wettkampf 37
Whole-Scale-Process 234, 236, 241
Widerstände 33 f., 59 f., 139 f., 159,
 282 f., 338, 396
„Wiener Kaffeehaus" (anonymer
 öffentlicher Raum) 19, 36
Wissen 269–280
Witz 80 f.

Zeit (als knappe Ressource) 40, 101, 103,
 3244 ff.
Zukunftsaussagen *(Possibility Statements)*
 173
Zukunftskonferenz 10 ff., 92, 129–145,
 281 ff., 288–293, 302, 381–386